Contraste insuffisant

NF Z 43-120-14

Q

121
2.

520

BIBLIOTHÈQUE

FRANÇOISE

DE

LA CROIX DU MAINE.

TOME SECOND.

LES BIBLIOTHÉQUES
FRANÇOISES
DE LA CROIX DU MAINE
ET
DE DU VERDIER
SIEUR DE VAUPRIVAS;
NOUVELLE ÉDITION,
DÉDIÉE AU ROI,

Revue, corrigée & augmentée d'un Discours sur le Progrès des Lettres en France, & des Remarques Historiques, Critiques & Littéraires de M. DE LA MONNOYE & de M. le Président BOUHIER, de l'Académie Françoise; de M. FALCONET, de l'Académie des Belles-Lettres.

Par M. RIGOLEY DE JUVIGNY, Conseiller Honoraire au Parlement de Metz.

TOME SECOND.

A PARIS,

Chez { SAILLANT & NYON, Libraires, rue S. Jean de Beauvais.
{ MICHEL LAMBERT, Imprimeur, rue de la Harpe, près S. Côme.

M. DCC. LXXII.

BIBLIOTHÈQUE
FRANÇOISE
DE
LA CROIX DU MAINE.

I N N.   **J O A.**

INNOCENT TOURMENTE , Poëte François. Il a écrit plufieurs Chants Royaux à l'honneur de la Vierge *.

* Il eft ainfi nommé au mot GUILLAUME ALEXIS parmi les Poëtes du Puy de Rouen; on voit pourtant bien que c'eft un faux nom.

JOACHIM DU BELLAY , Gentilhomme Angevin, Sieur DE GONNOR en Anjou, Archidiacre en l'Eglife de Notre-Dame de Paris. Cetui-cy a été l'un des plus eftimés Poëtes Latins & François de notre temps, & lequel a compofé des Œuvres, lefquels vivront autant que dureront les Langues efquelles il a écrit. Il compofa en fes plus jeunes ans la défenfe & illuftration de la Langue Françoife, enfemble un Poëme de fes amours, contenant plus de cinquante Sonnets faits en faveur de fa Maîtreffe qu'il appelle Olive. Un Recueil de Poëfie ; la traduction du

quatrième & sixième Livre de l'Enéide de Virgile , ensemble
plusieurs autres traductions de divers Auteurs ; les Regrets de
l'Auteur étant à Rome ; les Antiquités de Rome ; divers Jeux
Rustiques ; Epithalame sur le mariage du Duc de Savoie ; le
tombeau du Roi Henri II ; Discours au Roi sur le fait des quatre
Etats de son Royaume ; plusieurs passages des meilleurs Auteurs
Grecs & Latins , cités par le Roi en ses Commentaires sur le
Sympose , ou Banquet de Platon ; le tout imprimé autrefois
chez Federic Morel à Paris l'an 1569 , & depuis l'on a recouvré plusieurs autres Poësies tant Latines que Françoises , toutes
imprimées ensemble chez ledit Morel & Abel l'Angelier cette
année 1584. Il mourut le premier jour de l'an en Janvier 1559 ,
ou bien 1560 selon aucuns [1].

[1] Quand La Croix du Maine dit que Joachim du Bellay mourut en Janvier
1559 , ou , selon d'autres , 1560 , il faut entendre qu'il mourut en 1560 ,
suivant le Calendrier Romain　où l'année commence au premier Janvier ;
mais qu'il mourut en 1559 , suivant le Calendrier François , où l'année 1560
ne commença qu'au 14 Avril , jour de Pâques. Du Bellay n'avoit encore que
trente-cinq ans. (M. DE LA MONNOYE).

Joachim du Bellay étoit sourd , & mourut paralytique à trente-cinq ans ,
étant nommé à l'Archevêché de Bordeaux. On a cru mal-à-propos qu'il étoit
bâtard *, car il ne seroit jamais entré dans le Chapitre de Notre-Dame de
Paris , dont il étoit Chanoine. N. Chezy de Neuville , Abbé de Lagny , Conseiller de la Grand'Chambre , ne put jamais être Chanoine avec tout le crédit
de son frère, alors Secrétaire d'Etat, parce qu'il étoit bâtard. (M. FALCONET).

* C'est Besly qui a dit que ce du Bellay étoit bâtard , & il a été relevé à ce
sujet avec raison par Niceron & l'Abbé Goujet. Mais tous deux se sont trompés en citant l'*Histoire des Comtes d'Anjou* comme l'Ouvrage où Besly
avancé ce fait ; c'est dans l'*Histoire des Comtes de Poitou*. Besly n'a point fait
d'*Histoire des Comtes d'Anjou*. La Croix du Maine s'est mépris à son tour , en
croyant que Joachim du Bellay a été Archidiacre de Paris. Niceron qui a
consulté les Registres de l'Eglise de Paris , n'y a point trouvé le nom de
JOACHIM DU BELLAY au nombre des Archidiacres. Cette méprise a été répétée dans les notes sur la Traduction Françoise de M. de Thou , Tom. II
pag. 869. Il ne paroit pas non plus que Joachim du Bellay ait jamais été
nommé à l'Archevêché de Bordeaux , il n'en est mention ni dans les *Chroniques Bourdeloises* , ni dans les deux Editions de la *Gaule Chrétienne*. Quelques-uns ont dit que le Cardinal *Jean du Bellay* , qui mourut Arc hevêq

de Bordeaux en la même année que Joachim, étoit fur le point de fe démettre en fa faveur de cet Archevêché ; cela me paroît d'autant moins fondé
que Joachim étoit brouillé depuis quelque temps avec le Cardinal fon parent.

« Ce fut une belle guerre, dit Pâquier (Tom. I, Liv. VII, Chap. 6,
» Col. 702 & 703 de fes *Recherches*) que l'on entreprit alors contre l'igno-
» rance dont Seve, Béze & Pelletier furent les Avant-coureurs. Après fe
» mirent fur les rangs Pierre de Ronfard, Vendomois, & Joachim du Bellay,
» Angevin, tous deux Gentilshommes extraits de très-nobles races. Ces
» deux rencontrèrent heureufement . . . . . De manière que fous leurs enfei-
» gnes plufieurs fe firent enroller. . . Celui qui le premier apporta l'ufage des
» Sonnets fut le même du Bellay, par une cinquantaine dont il nous fit pré-
» fent en l'honneur de fon *Olive*, lefquels furent très-favorablement reçus
» par la France ». Cette *Olive* étoit l'anagrame de *Viole*, qui étoit le vrai
nom de fa maîtreffe.

Voy. les Mémoires de Niceron, Tom. XVI, pag. 394, & Tom. XX,
pag. 101, & la Biblioth. Françoife de M. l'Abbé Goujet, Tom. XII, pag. 117.

JOACHIM BLANCHON, Limofin. Il a écrit un Difcours
en vers, touchant la guerre civile & diverfes calamités de ce
temps, fait en forme de Dialogue, duquel les entre-parleurs
font le Monde & le Temps, imprimé à Paris chez Denis du
Pré l'an 1569. Il a davantage écrit plufieurs Sonnets amoureux,
& autres Poëfies fur différens fujets. Il a enfin réduit toutes fes
Poëfies en un jufte volume, lequel a été imprimé à Paris chez
Perier l'an 1583. Il florit à Limoges (qui eft le lieu de fa nativité) cette année 1584 *.

* Dorat, compatriote de Blanchon, a fait le Diftique fuivant à fon honneur, après avoir parlé d'autres Poëtes Limofins :

Tu quoque, Blanchoni, par his decus arte mereris,
Gallica Lemovicum carmina prima canens.

Cependant les vers de Blanchon n'ont pas eu grand fuccès, même de leur
temps ; & dans fon *Adieu aux Mufes*, il dit « qu'après les avoir fuivies
» douze à quinze ans, il avoit perdu fon temps dans leur compagnie, & que
» la pauvreté le talonnoit ». Tel a toujours été le fort des Poëtes de ce rang.

Voy. la Biblioth. Françoife de M. l'Abbé Goujet, Tom. XIII, pag. 164.

JOACHIM DU CHALARD, natif de la Souterrane en Limofin, Avocat au grand Confeil à Paris. Il a commenté les Ordonnances du Roi Charles IX, imprimées à Paris l'an 1568. Il

y a un Livre intitulé *Origine des Erreurs de l'Eglife*, écrit par Joachim du Ch. Je ne fais ce qu'il entend par Ch. [1]. Je ne penfe pas que ce foit cetuy-cy fufdit qui en foit l'Auteur. Ce Livre a été imprimé l'an 1562, fans le nom de l'Imprimeur ni de l'Auteur.

[1] Le Livre intitulé *Origine des erreurs de l'Eglife* par Joachim du Ch. peut fort bien être de *Joachim du Chalard*. Les feize vers du moins imprimés au commencement de fon *Expofition fommaire des Ordonnances de Charles IX*, tels que du Verdier les a produits, donnent lieu de le préfumer*. (M. DE LA MONNOYE).

* Le P. le Long, dans fa *Biblioth. Hiftor. de la Fr.* n°. 11268, cite une *Sommaire Expofition des trois Etats tenus à Orléans en 1560, & des Ordonnances de Charles IX fur les plaintes de ces Etats : par Joachim Charlard, Avocat au Grand Confeil, in-8°. Lyon, 1578.* C'eft le même Ouvrage que le *Commentaire*, ou *Expofition des Ordonnances de Charles IX*, dont parle ici La Croix du Maine & la Monnoye.

JOACHIM PERION, Tourengeau, Docteur en Théologie à Paris, & Religieux audit pays de Touraine, en l'Abbaye de Cormery, de l'Ordre de S. Benoît [1]. Il étoit eftimé entre les plus grands Philofophes & des mieux verfés en Grec qui fuffent de fon temps, comme il l'a bien montré par fes Dialogues de l'origine de la langue Françoife, enfemble de fa conformité avec la langue Grecque, le tout réduit en quatre Livres, imprimés à Paris l'an 1554, chez Sébaftien Nivelle, en langue Latine; mais pource qu'ils traitent de la langue Françoife; j'en ai fait mention [2]: Il floriffoit fous Henri II l'an 1554.

[1] Il fit fa profeffion de Bénédictin le 22 Août 1517, fort jeune à Cormery, lieu de fa naiffance, alla étudier à Paris en 1527, y finit fa licence en 1542, & mourut en 1559, âgé de foixante ans au plus. (M. DE LA MONNOYE).

[2] Le Livre de Périon, *De Origine linguæ Gallicæ*, eft un des plus mauvais qui ait paru fous le règne de Henri II*. (*idem*).

* Ce jugement févère de M. de la Monnoye porte fans doute fur le peu d'exactitude de Périon dans les faits & la critique, mais non fur fon ftyle, car il écrivoit fort bien en Latin, ce qui étoit rare, fur-tout parmi les Théologiens de fon temps. (M. de Thou fait de grands éloges de la Latinité de Périon).

Voy. les Mémoires de Niceron, Tom. XXXVI, pag. 33.

JOACHIM DES PORTES, Chartrain. Il a écrit en Profe Françoife un Difcours fommaire du règne du Roi Charles IX, enfemble de fa morr ; & d'aucuns de fes derniers propos, imprimé à Paris par Jean de Laftre l'an 1574 [1]. Il florifloit à Paris audit an. Quant à Philippe des Portes, Chartrain, nous en ferons mention ci-après en fon lieu.

[1] La Croix du Maine qui, de même que du Verdier, reconnoît ici Joachim des Portes pour Auteur de ce Livre, ne laiffe pas, apparemment par pure inattention, de l'attribuer à Nicolas du Mont. (M. de la Monnoye).

JOMET * GAREY, natif d'Apt en Provence, Poëte François l'an 1540, ou environ. Il a compofé plufieurs blafons des parties anatomiques du corps féminin, entr'autres le blafon du bras, imprimés à Paris avec les autres blafons recueillis de divers Poëtes François. Il a davantage écrit plufieurs Epigrammes & Dixains, imprimés avec le Livre fufdit.

* Jomet eft mis ici pour Guillaumet, diminutif de Guillaume.

JOSEPH DU CHESNE, dit Quercetanus, Baron & Seigneur de Morencé & Lyférable [1]. Il a écrit un Traité de la cure générale & particulière des Arquebufades, imprimé à Lyon par Jean Tertout l'an 1576 (in-8°.)

[1] Il étoit Médecin de François de France, Duc d'Alençon. C'étoit un Chimifte qui, s'étant déchaîné en injures contre le Médecin Jacques Aubert, Auteur du Livre *De Metallorum ortu & caufis*, s'attira en 1575, entr'autres réponfes, une Epître Macaronique fous le nom de *Magifter Antitus de Creffonnieres*, où il fut turlupiné *. (M. de la Monnoye).

* Ce Médecin étoit de Gafcogne & de la Religion Proteftante. Il a de plus compofé deux Ouvrages en vers François. Le premier Moral, ayant pour titre *La Morofcomie, ou de la folie, vanité & inconftance du Monde en cent Octonaires, avec deux chants doriques de l'amour célefte & du fouverain bien, in-4°.* Lyon, 1583 ; le fecond eft *Le grand Miroir du Monde*, imprimé en 1587, & enfuite en 1593. Il avoit promis un autre Ouvrage en quatre Livres, où il devoit découvrir toutes les merveilles du Globe terreftre : il n'a point paru.

Voy. la Bibl. Françoife de M. l'Abbé Goujet, Tom. XIV, p. 103.

JOSEPH DE L'ESCALE, ou DE LA SCALE , Gentilhomme François, fils de ce tant renommé en tous genres de
doctrine Jules Céfar de la Scala , dit Scaliger, tous deux iffus
des Ducs de Veronne en Italie , &c. Aucun ne peut douter que
cetui-cy ne foit réputé l'un des plus doctes & favants gentil-
hommes de France , foit pour les langues ou pour toutes fortes
de difciplines , de quoi rendent un affez fuffifant témoignage fes
tant doctes Œuvres mis en lumière fur divers fujets , en quoi il
n'a point dégénéré de fon père , eftimé même par fes ennemis
le plus favant de notre fiècle. Cetui-cy Jofeph de la Scala n'a
encore rien écrit en notre langue Françoife dont j'aie connoiffance , finon quelques Poëmes qui ne font en lumière [1]. Il florit
cette année 1584, & travaille fans ceffe à illuftrer les Sciences
par fes doctes écrits , tant en Philofophie qu'en Mathématiques.

[1] Nous avons un Recueil de diverfes lettres Françoifes écrites à Jofeph
Scaliger , imprimées l'an 1624, *in*-8°. à Harderwick, par les foins de Jacques
de Réves. Il feroit à fouhaiter qu'il nous eût donné les réponfes que Scaliger
y avoit faites en la même langue. A la fuite de fes Opufcules Latins , publiés
à Paris, *in*-4°. par Cafaubon, en 1610 ; on lit deux Difcours François , l'un
*De la Jonction des mers , du deffèchement des marais , & du moyen de rendre
les rivières navigables ;* l'autre *fur quelques particularités de la Milice Romaine ,*
avec des Extraits de deux lettres touchant l'explication de quelques Médailles.
Voilà , fi je ne me trompe , tout ce que nous avons en François de ce grand
homme. (M. DE LA MONNOYE).

Jofeph Scaliger , le dixième enfant de Jules-Céfar , né à Agen le 4 Août
1540, mort à Leyde le 21 Janvier 1609, fut envoyé à onze ans à Bordeaux
pour y étudier , d'où fon père le fit revenir, à caufe de la pefte. Il fe chargea
du foin de fes études , & tous les jours lui faifoit faire une déclamation. A
dix-fept ans il compofa la Tragédie d'*Œdipe*. Son père étant mort en 1558 *, il
vint peu après à Paris, où il apprit en deux mois le Grec fous Turnébe , &
fe mit en quatre mois en etat de lire tous les Poëtes Grecs. A vingt-deux
ans il embraffa le Calvinifme, apprit dans ce temps lui feul les langues
Orientales , & étoit tellement appliqué à l'étude, qu'en 1572 il ne s'apperçut
point du maffacre de la S. Barthelemi. Il étudia la Théologie fous Béze ,
fortit de France en 1590, & alla être Profeffeur de l'Univerfité de Leyde
pendant 16 ans; étant enfuite Profeffeur Honoraire à 1600 liv. de penfion, il
recevoit après foupé la vifite de Grotius , Heinfius & Vorftius, qui écrivoient
tout ce qu'ils entendoient dire à ce grand homme. Du Moulin le père a donné
cette compilation, fous le nom de *Scaligerana fecunda*. Le premier , qui eft

de Scaliger lui-même, eſt meilleur. Joſeph Scaliger avoit moins d'eſprit que Jules-Céſar ſon père, mais il étoit plus ſavant **. (M. Falconet).

* Bayle, à l'Article d'Erasme, note K, prouve par d'aſſez bonnes raiſons qu'il ne faut pas s'en rapporter à tout ce que Joſeph Scaliger racontoit de ſon père, ni à la fidélité de ſa mémoire ſur la plupart des faits qu'il citoit en converſation. Son Livre, *De Emendatione temporum*, eſt le premier Ouvrage où la Chronologie ſoit bien traitée. Il eſt très-bon, malgré les critiques amères qu'en a faites le P. Petau, Jéſuite ; il avoit intérêt de le déprimer pour faire valoir ſon *Rationarium temporum*, qui cependant n'auroit peut-être jamais exiſté ſans l'Ouvrage de Joſeph Scaliger ſur le même ſujet.

Voy. les Mémoires de Niceron, Tom. XXIII, pag. 279.

** Du Bartas parle de Scaliger en ſa *Seconde Semaine*, en ces termes : « Scaliger, merveille de notre âge, le Soleil des Savans, qui parle élégamment Hébreu, Grégeois, Romain, Eſpagnol, Allemand, François, Nubien, Arabique, Syriaque, Perſan, Anglois & Chaldaïque, & qui peut ſe transfigurer au riche & au ſouple eſprit en tel Auteur qu'il veut, digne fils du grand Jules, & digne encore de Sylve, ſon aîné, que la Gaſcogne honore ».

JOSEPH GAUCHER, Avallonnois, ou d'Avalon en Bourgogne. Il a traduit de Latin en François pluſieurs Traités de S. Auguſtin : ſavoir eſt de la vie chrétienne, avec les Traités de Charité & de la Vanité de ce ſiècle & monde inférieur, de l'Obédience & Humilité, & l'Eſchelle de Paradis, le tout imprimé à Paris par Jean Foucher l'an 1542.

JOSQUIN DES PRETZ, natif du pays de Haynault en la Gaule-Belgique, l'un des premiers & des plus excellens & renommés Muſiciens de ſon ſiècle [1]. Il a mis pluſieurs chanſons en Muſique, imprimés à Paris, à Lyon, à Anvers & autres lieux par une infinité de fois.

[1] Il falloit écrire Desprez. Simler qui dans ſon *Abrégé de Geſner* a dit *Jodocus à Prato*, devoit dire *à Pratis*. On voit que *Joſquin*, comme ſi l'on écrivoit *Joſſequin*, eſt un diminutif de *Joſſe*. La Muſique de Joſquin étoit fameuſe, même en Italie. Le Doni, dans ſa *Libraria*, au Chapitre intitulé *La Muſica Stampata*, n'oublie pas *Le Meſſe di Joſquino cinque Libri*. Voy. M. le Duchat ſur le mot Josquin Desprez, dans Rabelais au Prologue du IV.e Livre. (M. de la Monnoye).

JOSSE DE DAMHOUDERE (Meſſire) Chevalier, Docteur ès Droits, jadis Conseiller & Commis des Domaines & Finances de l'Empereur Charles V, & encore du Roi Catholique son fils, &c. Il étoit Flamand de nation, & étoit homme fort versé en la Jurisprudence. Il a écrit en Latin une Pratique judiciaire ès causes civiles, laquelle il a depuis traduite en François, imprimée à Anvers chez Jean Bellere l'an 1572. Il a écrit une pratique criminelle, imprimée en ladite ville d'Anvers. Il a écrit un autre livre qu'il a, ce me semble, intitulé le Garand des Pupiles *. Il florissoit l'an 1570.

* Le Livre que La Croix du Maine appelle le *Garand des Pupilles* est un Livre Latin de Damhoudere, intitulé *Pupillorum Patrocinium*. Il a été imprimé à Anvers en 1564, *in-4°.* On a aussi imprimé au même lieu & dans le même format, en 1571, un autre Ouvrage Latin de cet Auteur : *Paraneses Christianæ.* Sa *Pratique Criminelle* est un très-bon Ouvrage ; la meilleure Edition est celle d'Anvers, 1562, *in-4°.* beaucoup plus ample que les précédentes ; & ornée d'un grand nombre de gravures en bois ; qui ne sont pas sans mérite. Damhoudere étoit né a Bruges d'une famille noble. Il posséda long-temps de grandes charges à la Cour de l'Empereur Charles V & de Philippe II ; il avoit épousé Louise de Chantraines, qui mourut en 1575 ; pour lui il mourut le 22 Janvier 1581, dans la soixante-quatorzième année de son âge, ainsi que l'indique son Épitaphe, rapportée par Aubert le Mire. (*Elog. Belg.* pag. 85).

ISAAC HABERT, Parisien, valet de chambre du Roi Henri III, frère de Susanne Habert, Dame des Jardins, (de laquelle nous ferons mention ci-après en son ordre) tous deux enfans de feu Pierre Habert, l'un des excellens Écrivains de son temps, & duquel nous parlerons en son lieu. Ledit Isaac a mis en lumière plusieurs de ses Sonnets & autres Poësies, imprimées à Paris chez Abel l'Angelier l'an 1582. Il florit à Paris cette année 1584 *.

* Cette famille HABERT s'est fait un nom dans la Littérature. Celui-ci a fait un Poëme des *Météores* en trois Livres, suivant la Physique d'Aristote & celle de Pline, Ouvrage assez curieux. — Il fut père d'Isaac Habert, Evêque de Vabres, mort en 1668, connu par ses Ouvrages Théologiques & ses Poësies Latines.

ISAAC JOUBERT, natif de Montpellier, fils aîné de feu M. Laurent Joubert, Docteur en Médecine & Chancelier de
l'Université

l'Univerſité de Montpellier, &c. (duquel nous ferons mention ci-après). Il a traduit de Latin en François deux Paradoxes Latins de ſondit père, dont le premier eſt, que les poiſons ne peuvent être baillés à certain jour, & ne faire mourir à certain temps : le ſecond eſt qu'il y a raiſon que quelques-uns puiſſent vivre ſans manger, durant pluſieurs jours & années, le tout imprimé à Paris avec la ſeconde partie des Erreurs populaires de Laurent Joubert, père dudit Iſaac, &c. chez Abel l'Angelier l'an 1579. Il a encore écrit une apologie de l'ortographe Fran-çois, duquel fait mention Chreſtofle de Beauchaſtel en ſes anno-tations ſur l'orthographie de M. Joubert, &c. Il florit à Paris cette année 1584, âgé de vingt ans, ou environ.

ISAAC DE MALMEDY, (parent de maître Symon de Malmedy, Docteur en Médecine à Paris, &c.). Il a écrit un Traité ou brief Diſcours de l'origine & deſcente de la noble & ancienne maiſon de Crouy ou Croy en Picardie, Ducs d'Arſcot, imprimé l'an 1566 *in*-8°. & contient cinq feuilles. Il a davan-tage écrit de l'art militaire, uſité entre pluſieurs peuples & na-tions ; Diſcours de toute l'Italie, de la Cour des Princes, de l'Etat de la Nobleſſe & origine des Chevaliers. Je ne ſais s'il a fait imprimer les Livres ſuſdits. Il en fait mention en l'Epître envoyée à ſon couſin Symon de Malmedy, imprimée avec le Diſcours de la Maiſon de Crouy, &c.

ISABEAU DE VAUMENY, Damoiſelle Pariſienne, fille de M. de Vaumeny ou Vaux-menil, (l'un des plus excellens & des plus renommés hommes pour le jeu du Luth, qu'autre qui ſoit en Europe) Elle a écrit pluſieurs belles choſes tant en proſe qu'en vers François, non encore miſes en lumière. Elle florit à Paris cette année 1584.

ISNARD DE DEMANDOLS, Poëte Provençal. Il a écrit pluſieurs Poëmes en langue Provençale, non encore imprimés*.

* Voy. Jean de Notre-Dame, Chap. 65.

JULES CÆSAR LE BEGUE, Picard de nation, Poëte François, &c. Il a compofé le Rebus de la France, imprimé à Paris chez Jean le Clerc.

JULIEN DES AUGUSTINS, Lyonnois. Il a traduit de Latin en François les Fables d'Efope & les Facéties de Poge, Florentin, imprimées à Lyon par les Huguetans [1].

[1] Cette Traduction des *Contes de Poge* par Julien des Auguftins paroît différente de celle que du Verdier, au mot POGE, dit avoir été imprimée *in-*4°. chez Olivier Arnoullet. Il faudroit les conférer enfemble pour en juger. Il en parut, en 1712, une imprimée à Amfterdam, *in-*12. antique, nullement fidèle, moins ample de deux cens Contes que l'Original, avec des réflexions de l'Editeur, très-dignes d'accompagner une telle verfion. (M. DE LA MONNOYE).

JULIEN DE BAIF, Gentilhomme du Maine, Prothenotaire du S. Siège Apoftolique, Chanoine en l'Eglife du Mans, Seigneur d'Efpineu le Chevreul au Maine, parent de Lazare de Baïf, fieur des Pins en Anjou (duquel nous avons fait mention ci-deffus, comme auffi nous avons parlé de fon fils Jean Antoine de Baïf, &c). Ledit Julien de Baïf étoit homme docte & de grand jugement ; je ne fais fi c'eft celui duquel il fe voit un Difcours de fon voyage en Hiérufalem : car cettuy-cy chanta fa première Meffe au Saint Sépulchre dudit lieu ; mais pource qu'ils ont été cinq frères de ce nom de Baïf, qui ont voyagé en Hiérufalem, je ne peux affurer fi ç'a été cettuy-cy qui a compofé ledit voyage. Et faut encore noter ici une chofe très-admirable & bien digne de remarque, c'eft qu'il y a eu cinq frères de cette maifon de Baïf, lefquels fe trouvèrent en Hiérufalem, fans que pas un d'eux eût donné avertiffement de partir pour y aller, & tous s'acheminèrent fans le fçu l'un de l'autre. J'ai entendu qu'il y avoit en l'Abbaye de S. Calais & autres lieux un tableau faifant mention de cette Hiftoire ; mais elle ne s'y voit plus, à caufe que les troubles & féditions advenues pour la Religion ont caufé ces ruptures & brifemens d'Eglifes, & par conféquent ce qui étoit de beau & de mémorable en icelles. Or, pour revenir au propos,

dudit fieur d'Efpineu, Julien de Baïf, je n'ai point connoiffance d'autres de fes écrits; toutefois j'ai opinion que ce voyage
de Hiérufalem aye été compofé par icelui. Il fe voit écrit à la
main chez Monfeigneur de Malicorne, Meffire Jean de Chourfes, fon parent, en fa terre de Mengé au Maine, & autres lieux
& Seigneuries qu'il poffède. J'ai auffi entendu que Madame
Catherine de Chourfes, Abbeffe du Pré près la ville du Mans
(fœur dudit fieur de Malicorne) a la copie dudit voyage, lequel
elle fera mettre en lumière quand il lui plaira. Il floriffoit en
l'an de falut 1519.

JULIEN BAUDON, Angevin. Il a traduit de Latin en
François le Livre des Fafcinations, Charmes & Sorcelleries d'un
Auteur, nommé Varius [1] (qui eft un autre Livre que celui de
Jean Wier, dit Wierus), imprimé à Paris chez Nicolas Chef-
neau, l'an 1583 (*in*-4°.)

[1] Léonard Vair de Bénévent, Chanoine Régulier de Sainte Sophie, de
l'Ordre de S. Benoift, eft nommé *Leonardus Vairus*, au titre de fon Livre
de *Fafcino*. (M. DE LA MONNOYE).

JULIEN BELIN, Manceau, grand Muficien & excellent
joueur de Luth. Il a compofé plufieurs Motets, Chanfons &
Fantaifies, lefquelles il a réduites en tablature de Luth, imprimées à Paris chez Nicolas du Chemin, l'an 1556. Il florit au
Pays du Maine cette année 1584.

JULIEN LE BRETON, dit BRITONIS, de l'Ordre des
Frères Mineurs ou Cordelier du Convent du Mans, Confeffeur
de Madame Marie, Royne de France [1]. Il a prononcé plufieurs
Sermons François non encore imprimés. Il mourut à Paris l'an
1291, & eft enterré ès cloîtres des Cordeliers à Paris.

[1] La Reine Marie, dont ce Cordelier étoit Conféffeur, eft *Marie de
Brabant*, femme de Philippe, dit *le Hardi*, morte l'an 1321, & enterrée
aux Cordeliers de Paris. (M. DE LA MONNOYE).

JULIEN COURVAISIER, Sieur DU PLESSIS, natif de la
ville du Mans, Avocat du Roi au Siège Préfidial & Sénéchauffée

du Maine, jeune homme fort docte en Grec & Latin & très-éloquent en notre langue Françoise, en laquelle il a écrit & composé plusieurs doctes Harangues qu'il a prononcées devant Messieurs dudit Siège Présidial, lorsqu'il étoit Avocat du Roi, de laquelle charge il s'est démis pour avoir plus grande commodité de vaquer à ses études, lesquelles il préfère à toutes autres choses, & principalement aux honneurs mondains & charges publiques, lesquelles acquèrent fort peu d'amis & causent beaucoup d'inimitiés, si l'on veut exercer sa charge selon Dieu, & ne respecter les hommes que suivant leur bon droit & juste occasion de procéder, qui sont choses trop rares en ce siècle, & qui détournent les plus advisés à prendre autre parti, ou bien s'ils en ont, de s'en défaire pour avoir égard à choses qui leur pourront apporter plus de profit en leur ame & plus de réjouissance en cette vie mortelle. Il n'a encore fait imprimer aucunes de ses Œuvres Françoises non plus que de ses Latines. Il florit au Pays du Maine cette année 1584.

JULIEN DAVI DU PERRON, natif de Saint Lo en Normandie, homme fort docte, grand Théologien, Philosophe, Mathématicien & Médecin, &c. (père de Jaques Davi du Perron, duquel nous avons fait tant honorable mention ci-devant) &c. Il a écrit quelques discours très-doctes touchant les fontaines & leur origine, avec plusieurs beaux secrets sur cette matière. Il a davantage écrit un Traité de la maladie des gouttes (duquel mal il étoit fort travaillé durant sa vie) lequel Traité est si docte, que les plus savans Médecins sont contraints d'attester qu'ils n'ont rien vu ou lu, écrit de plus docte sur cette matière par les anciens Médecins. Ces Livres ne sont encore en lumière: quand il plaira à son fils de les faire imprimer, ensemble plusieurs autres que sondit père a écrits sur plusieurs différens sujets, il fera paroître combien ce lui est d'honneur que d'avoir eu pour père & précepteur tout ensemble, un si grand & docte personnage qu'étoit ledit Julien Davi du Perron. Il mourut à Paris , l'an 1583 , âgé de cinquante-cinq ans , ou environ *.

* Voy. ci-deſſus le mot Jacques Davi du Perron.

JULIEN FRESNEAU, Docteur en Théologie à Paris, de l'Ordre des Frères Prêcheurs ou Jacobins du Convent du Mans, natif de la Paroiſſe de Thorigné au Maine, non loin de la Seigneurie de la Croix, &c. homme eſtimé très-docte & fort grand Théologien (comme auſſi il étoit en effet). Il a écrit pluſieurs Livres contre Pierre Martir (l'un des plus doctes des Proteſtans) leſquels ne ſont encore imprimés , non plus que ſes Sermons & autres Œuvres en Théologie tant en Latin qu'en François. Il mourut ſous le règne de Henri III. *

* Il mourut le 24 Février 1575 à Angers un Jeudi d'après le premier Dimanche du Carême , qu'il avoit commencé à y prêcher.

JULIEN GAUCHER, Sieur de Richelieu , frère aîné de M. Gaucher , Avocat du Roi au Mans , &c. tous deux fils de M. le Lieutenant du Château-du-Loir , à dix lieues du Mans (en laquelle ville du Château-du-Loir les ſuſdits ont pris leur origine & naiſſance, &c). Cetuy-cy nommé Julien étoit homme fort docte & bien complexionné , & avoit beaucoup de bonnes parties en lui qui le faiſoient aimer , & le rendoient recommandable entre toutes compagnies d'hommes vertueux : il fut ſitôt ravi de la mort (laquelle ne pardonne à aucun) qu'il n'eut le loiſir de mettre en lumière ſes belles conceptions , car il trépaſſa à Poictiers l'an 1572 , en laquelle ville il s'étoit acheminé pour étudier aux Loix.

JULIEN HASART, natif d'Enghuien ſur les frontières de Picardie , de l'Ordre des Carmes. Il mourut l'an 1525. Je n'ai pas connoiſſance de ſes écrits François. Il y a un autre Philippes Haſart, Muſicien , duquel nous parlerons ci-après.

JULIEN DE MEDRANE , Eſpagnol , Gentilhomme ſervant de la très illuſtre Roine de Navarre , Marguerite de France,

Sœur de Henri III, &c. Il a écrit un Livre partie Espagnol, intitulé *La Sylva curiosa*, rempli de plusieurs Poëmes François, soit d'Enigmes, Epitaphes, Epigrammes & autres choses semblables, imprimé à Paris l'an 1583, auquel temps florissoit ledit Medrane en ladite ville, &c. [1].

[1] La seconde Edition, revue par Céfar Oudin, est de 1608, *in-8°*. L'Auteur ayant dessein de donner une suite de sa *Silva*, l'avoit intitulée *Libro Primero*, mais il est mort avant que d'en donner un *Segundo*. (M. DE LA MONNOYE).

JULIEN DE ROSOY, de l'Ordre des Carmes. Il a écrit un Livre qu'il a intitulé Le Relief de l'ame pécheresse, imprimé à Paris l'an 1542 chez Jean André.

JULIEN DE S. GERMAIN, Docteur en Théologie à Paris, homme des plus doctes Théologiens, & vivant d'une vie autant sainte & louable que pas un autre de sa robe, ce qui est cause de le faire tant aimer & respecter du très-chrétien Roi de France & de Polongne Henri III, lequel l'a d'ordinaire au service de Sa Majesté, pour les rares vertus qui reluisent en icelui Seigneur de S. Germain. Il a prononcé une sienne fort docte & bien élégante Oraison funèbre en l'Eglise de Notre-Dame à Paris, l'an 1583 aux honneurs funèbres de Messire Jean-Baptiste Castel, Evêque d'Arimini en Italie, Nonce de Sa Sainteté vers le Roi de France Henri III, imprimée à Paris chez Henri Thierry l'an 1583, sans que ledit sieur de Saint-Germain y aie voulu mettre son nom, pour n'être homme curieux de gloire & honneurs mondains, aussi que sa principale étude est d'écrire en Latin, comme nous dirons autre part. Il florit à Paris cette année 1584, âgé d'un soixante ans ou environ.

JULIEN TABOUÉ, ou TABOUET, dit en Latin TABOETIUS, natif de la Paroisse de Chantenay à quatre lieues de la ville du Mans, Procureur du Roi au Parlement de Chamberry en Savoye, l'an 1557. Cettui-ci étoit homme fort docte ès langues, grand Théologien, Jurisconsul & Orateur, Historien &

Philosophe, & sur-tout bien versé en la Poësie Latine, de quoi il a donné très-ample témoignage par ses Œuvres Latines mises en lumière, & imprimées à Lyon par Boudevile, Jean Edouard & autres, & encore par ses Oraisons forenses, imprimées à Lyon & à Paris. Il a écrit en prose Françoise l'Histoire de France, laquelle n'a encore été mise en lumière : Messire Gabriel de Minut, dit Munitius, fils du premier Président de Tolose (comme nous avons dit ci-dessus parlant de lui) a ladite Histoire par devers lui écrite à la main, laquelle il mettra bientôt en lumière, avec un Discours de la vie dudit Tabouet, selon que j'ai entendu des parens dudit Tabouet. Il mourut à Tolose sous le règne de Charles IX, ou environ. Jean Papon a fait un ample Discours des Arrêts donnés contre ledit Julien Taboué, lesquels se voient au Recueil qui en a été imprimé tant de fois à Paris & à Lyon, lequel Arrét il semble qu'il l'aie employé par animosiré, car il lui donne un autre titre qu'aux autres desquels il fait mention ¹, l'appelant *La Chasse du Tabouet*. Mais qui aura lu les vers Latins, composés par lui, & envoyés audit Papon, il trouvera qu'il lui a fait injure de n'avoir employé tous les autres Arrêts qu'il avoit obtenus en divers Parlemens de France, étant iceux à son profit & avantage. Voici donc la copie des vers dudit Tabouet, Procureur du Roi à Chamberry, lesquels j'ai bien voulu employer ici, pour montrer que le pays du Maine ne doit être scandalisé pour un, qui a pris naissance en icelui, & que c'est chose douteuse du fait narré audit Arrêt, puisqu'il y en a tant d'autres contraires, & qu'un seul qui a été contre lui, a été mis en lumière, & les autres Jean Papon les a passés sous silence en son Recueil.

Ad Joannem Paponèm, Forensium placitorum Collectorem repetitium, Julianus Taboëtius Jureconsultus.

> *Quòd me in calce operis, carbone notaveris atro,*
> *Hoc tibi non laudi, sed vitio dabitur.*
> *Hoc lupus & turpes faciunt morientibus ursi,*
> *Ursi odium exerces, ingluviemque lupi.*

Quæ sola officiunt, decreta novissima, narras:
Sed mea, quæ longè plura fuere, taces.
Atqui operæ pretium fuerat, placita omnia certo
Ordine, Rapsodiis inseruisse tuis.
Retia decipiunt, mi crede, forensia multos,
Quæ non tenduntur milvio & accipitri.
Centum ego decretis fueram sine fraude, Senatu
In triplici victor, præside Justitiâ.
Jure meo & causâ fretus, tandem extrà Senatum
Insperato equidem fulmine succubui.
Hactenus oppressus jacui mæroris in aula:
In prædam cecidit Musa, salusque mea.

Ces vers susdits se voient imprimés à Lyon, l'an 1560, chez Nicolas Edouard, avec plusieurs autres qu'il envoie à tous les plus renommés Présidens & Conseillers des Parlemens de France, lequel Livre il intitule *Epidictica ad Christianos pacis Authores.* Il avoit un fils nommé Raymond Tabouet, Avocat à Chamberry. Je ne sais s'il est encore vivant.

¹ Tabouet, en conséquence des lettres de révision obtenues contre lui, ayant été condamné par Arrêt du Grand Conseil, le 12 Octobre 1556, à faire amende honorable tête nue, pieds nuds, la corde au col & la torche au poing, ne pouvoit disconvenir que l'honneur de ses Parties n'eût été par-là entièrement rétabli, & le sien perdu sans ressource. La Croix du Maine auroit donc mieux fait de ne point rappeler le souvenir de cette affaire, n'ayant point sur-tout de meilleure pièce pour réhabiliter la mémoire de son ami, que celle par où il finit son Article, dans laquelle il y a même des fautes de quantité, qu'on ne pardonneroit pas à un Ecolier de troisième*. (M. DE LA MONNOYE).

* Pour bien entendre ce que dit La Croix du Maine de Tabouet, & ce qui est ajouté dans la note de M. de la Monnoye, il faut savoir que Julien Tabouet, Procureur Général du Sénat de Chamberry, s'étant deshonoré par sa conduite dans sa charge, fut reprimandé vivement par Raimond Pellisson, premier Président, en vertu d'un Arrêté de la Compagnie. Tabouet ne respirant que la vengeance, s'adressa à François de Lorraine, Duc de Guise, qui le protégeoit, & auquel il représenta le premier Président de Chamberry & quelques Conseillers comme des Magistrats, qui, par leurs prévarications méritoient des punitions exemplaires, avec confiscation de biens. Le Duc de Guise eut le crédit de faire nommer le Parlement de Dijon

pour connoître de cette affaire, ne doutant pas qu’étant Gouverneur de la Province de Bourgogne, il ne donnât aux accusations de Taboüet tout le succès qu’il pouvoit en espérer, & qu’il n’eût les confiscations des biens que le Roi lui avoit accordées dans toute l’étendue de ses gouvernemens. Cela ne manqua pas d’arriver : Pellisson & trois Conseillers du Sénat de Chamberry furent condamnés par Arrêt du 18 Juillet 1552 à faire amende honorable, la torche au poing, dans les termes prescrits par l’Arrêt, & à de très-grosses amendes. Pellisson, par le crédit du Connétable de Montmorenci, parvint à obtenir des lettres de révision, malgré les oppositions du Parlement de Dijon, qui ne put empêcher que l’affaire ne fût revue de nouveau par des Commissaires tirés en pareil nombre des Parlemens de Paris & de Dijon, & par six Maîtres des Requêtes qui leur furent joints. Ces nouveaux Juges rendirent un Arrêt le 12 Octobre 1556, par lequel Pellisson & ses co-accusés furent absous ; Taboüet condamné à faire amende honorable sur le perron du Palais, & de-là conduit au Pilori des Halles, pour y être tourné trois fois, conduit après à Chamberry, pour y renouveller la même satisfaction, & confiné ensuite en Savoye, ou en tel autre endroit du Royaume qu’il plairoit au Roi. Le premier Président & les trois Conseillers furent rétablis dans leurs charges, dont ils avoient été déclarés incapables par le Parlement de Dijon, & obtinrent de très-grosses amendes contre Taboüet, qui perdit son état, son bien & son honneur sans ressource, & que l’on croit être mort à Toulouse en 1562, où il gagnoit sa vie à enseigner le Droit.

Ménage, *Histoire de Sablé*, pag. 14, remarque avec raison que Taboüet fut condamné par Arrêt du Parlement de Paris, & non pas par Arrêt du Grand Conseil, comme le dit M. de la Monnoye. Raimond Pellisson étoit Bisayeul du fameux Paul Pellisson, de l’Académie Françoise.

Voy. le Catalogue des Ouvrages de Taboüet dans les Mémoires de Niceron, Tom. XXXVIII, pag. 240 & suiv.

JULIEN DU THIER, Gentilhomme du Maine, excellent Poëte Latin & François, & grand Musicien, neveu de Messire Jean du Thier, sieur de Beauregard, Secrétaire d’Etat sous le règne de Henri II, &c. comme nous avons dit ci-devant. Il a traduit de Latin en François l’Histoire Romaine de C. Velleius Paterculus, non encore imprimée. Il a écrit & composé plusieurs Poësies Françoises, lesquelles ne sont encore en lumière. Il florissoit l’an 1574. Je ne sais pas s’il est encore vivant.

S’ensuivent les noms d’aucuns Auteurs, lesquels j’ai mis expressément à la fin de la lettre I, pour ne savoir leurs propres appellations.

JOLIVET, natif de Paris, ancien Poëte François, fort renommé de son temps. Il a écrit plusieurs Chansons d'amours.
Il florissoit en l'an 1260, ou environ.

JONGLET, ancien Poëte François & très-excellent joueur
d'instrumens de musique en l'an 1260, ou environ, sous l'Empereur Conrad. Il a écrit plusieurs Fabliaux & Chansons d'a-
mours. Voyez Claude Fauchet qui en parle en son Recueil des
Poëtes *.

* Voy. Fauchet, Chap. 81.

I. FAUVERMY. Il a écrit en vers François un Livre intitulé
le Ruynement de Mars, imprimé à Paris du temps du Roi François I, sous lequel il florissoit.

I. DE FORGES. Il a écrit en prose Françoise le voyage de
M. de Lautrec, contenant la prise du Bosque & de Pavie, ensemble la réduction de Genes, d'Alexandrie & autres villes &
châteaux en la Duché de Milan, prises par ledit sieur de Lautrec, imprimé l'an 1527, auquel temps ledit de Forges florissoit à Pavie en Italie.

I. PALLET, Saintongeois. Il a traduit d'Italien en François
un Discours de la Beauté des Dames, imprimé à Paris par Abel
l'Angelier l'an 1578.

I. LE PAULMIER, Docteur en Médecine [1]. Il a écrit un
brief Discours de la préservation & curation de la peste, imprimé
à Caën en Normandie chez Pierre le Chandelier l'an 1580.

[1] C'est JULIEN LE PAULMIER, père de Jacques le Paulmier, dont nous
avons *Exercitationes in optimos ferè Auctores Græcos*, imprimées à Leyde,
1668, *in-4°*. Julien le Paulmier, Médecin à Caën, y mourut à l'âge de
68 ans. Il eut pour disciple Jacques de Cahaignes, Médecin aussi à Caën, qui
traduisit en François son Livre de la *Peste*, ci-dessus mentionné, & un
autre *de Pomaceo*, c'est-à-dire, *du Cidre*. (M. DE LA MONNOYE).

I. PITHOU, ou PITOU, Docteur ès Droits [1]. Il a écrit
un Livre touchant la Police & Gouvernement des Républiques,

imprimé à Lyon. Je ne fais s'il eft parent de M. Pierre & François les Pithouz, tant renommés au Parlement de Paris & autres lieux, pour leur grand favoir & doctrine, lefquels font natifs du pays de Champagne, comme nous dirons parlant dudit Pierre par ci-apres en fon ordre.

¹ Ce JEAN PITHOU étoit apparemment oncle de Pierre & François Pithou. Nicolas Bourbon l'Ancien, Liv. VIII de fes *Nugæ*, en adreffe la quatre-vingt-dix-huitième Epigramme *Joanni Pithoo, Jurifconfulto Trecenfi, eloquentiffimo viro*, qui n'eft autre affurément que le *Jean Pithou*, ici mentionné, dont cependant nul des quatre habiles Ecrivains de la vie de Pierre Pithou n'a dit le moindre mot. (M. DE LA MONNOYE).

I. RAPHAEL, Provençal, de l'Ordre de S. Dominique en Provence. Il a écrit la vie de Saint Aulzias de Sabran, Comte d'Arian, glorieux Confeffeur & vierge, imprimée à la requête de Meffire Pierre de Sabran, Seigneur de Beaudiner en Provence, &c. Jean Treperel a imprimé ladite vie à Paris il y a près de foixante ans ou plus ¹.

¹ JEAN RAPHAEL. Les PP. Quétif & Echard n'ont pu deviner la fignification de cet I. Ils mettent feulement l'Auteur en 1500, & difent qu'il dédia cette *Vie d'Aulzias* (ou *Elzear* *) à Louis XII, dont le règne commença au mois d'Avril 1498. Jean Tréperel, l'Imprimeur du Livre, n'a pas, que je fache, imprimé au-delà du quinzième fiècle. (M. DE LA MONNOYE).

* S. Elzéar, Comte d'Arian, Baron d'Anfin, &c. mourut à Paris le 27 Septembre 1323. Plufieurs Auteurs ont écrit fa vie. Celle que compofa J. Raphaël fut imprimée à Paris, en 1524, *in*-8°. Il y en a une Edition plus ancienne, *in*-4°, fans date.

I. ROBERT, Juge criminel à Nifmes en Languedoc. Il a écrit quelques Mémoires touchant les Antiquités de Nifmes, comme témoigne B. de la Tour d'Albenes, en fa Choreide ou Louange du Bal.

J. D. L. Gentilhomme François. Il a écrit un Difcours du fiège tenu devant la Charité l'an 1577, imprimé à Paris chez Jean de Laftre audit an.

J. D. L. Avocat au Parlement de Paris. Il a écrit une lettre miſſive à un Conſeiller, étant aux grands jours à Poiétiers, l'an 1567, ou 1568, imprimée audit an.

I. D. S. A. Il a écrit un Diſcours de la ſimilitude des règnes du Roi S. Loys & de Charles IX, imprimé ſur la fin de l'Hiſtoire des Albigeois, traduite par M. de Saincte-Foy.

I. D. S. M. Il a traduit en vers François, les Sentences ſelectes de Periander, Publian, Seneque & Iſocrate, imprimées à Paris l'an 1561, par Vincent Sertenas.

I. G. A. Avocat au Parlement de Paris. Il a traduit d'Italien en François, la Deſcription de toute l'Iſle de Cypre, écrite premierement en Langue Italienne, par frere Eſtienne de Luſignan, &c. imprimée à Paris, chez Guillaume Chaudiere, l'an 1580 [1].

[1] Il eſt bon de remarquer ici que cet Ouvrage eſt ci-deſſus, au mot ESTIENNE DE LUSIGNAN, rapporté par La Croix du Maine, comme écrit en François par Etienne de Luſignan même, ce que les PP. Quétif & Echard n'ont point obſervé. (M. DE LA MONNOYE).

I. R. D. L. Il a écrit une amiable Remontrance aux Lyonnois, leſquels par timidité & contre leur propre conſcience, continuent à faire hommage aux Id. imprimée avec le premier Livre des Mémoires de l'Eſt, de la F. [1]

[1] Cette Rémontrance prétendue amiable, inſérée au premier Tome des *Mémoires d'Etat de la France*, eſt d'un Proteſtant outré, qui accuſe les Catholiques Lyonnois de rendre un culte religieux à des idoles. (M. DE LA MONNOYE).

I. S. P. Il a écrit en vers François, un Diſcours ſur la mort de Gaſpard de Colligny, qui fut Amiral de France, & de ſes complices, le jour de S. Berthelemy, l'an 1572, imprimé à Paris par Mathurin Martin, audit an.

L A M.

LAMBERT D'ANEAU, ou DANEAU, Min. à G. l'an 1580, dit DANEUS *. Il a écrit deux Traités nouveaux, desquels le premier traite des Sorciers, & le second contient une brieve remontrance sur les Jeux, cartes & dez, imprimé par Jacques Beaumet, l'an 1579, *in-8º*. Il a écrit en Latin & en François, un petit Traité contre Lucas Osiander, comme témoigne Jean Bruneau, en son Discours Chrétien, fol. 77, &c.

* Ce nom s'écrit DANEAU, & non pas D'ANEAU. Ce Ministre François, né à Gien sur Loire, fut obligé de se retirer en Hollande, où il fut Professeur de Théologie à Leyde. Il fut l'un des plus zèlés partisans du Comte de Leicestre, qui ayant amené six mille Anglois au secours de la nouvelle République de Hollande, en 1685, loin de maintenir sa liberté, tenta de la subjuguer & de s'y faire reconnoître pour Roi. Daneau ne négligea rien pour lui assurer la ville de Leyde ; cette faction, dit M. de Thou, Liv. LXXVIII de son *Histoire*, étoit celle des Prédicateurs de la populace, dont le but étoit de soumettre la République naissante à la domination des Anglois. Ce Professeur fut banni des Etats de Hollande, ainsi que tous les autres Prédicateurs & Ministres qui s'étoient déclarés pour cette cabale. Il se retira en France, où il mourut à Castres, l'an 1596, âgé de soixante-six ans.

On dit qu'il se fit Calviniste à la vue du supplice d'Anne du Bourg. Teissier, Tom. IV, pag. 278. — Outre les Ouvrages cités par les deux Bibliothécaires, il a fait des *Aphorismes politiques*, dont il est parlé dans les *Mémoires de Littérature* de Sallengre, Tom. II, pag. 2 & 170... Un Commentaire sur le Livre de S. Augustin, *des Hérésies*, *in-8º*. Genève, 1678, dans lequel Bayle relève plusieurs fautes au mot MARCIONITES, note A. (M. FALCONET).

Voy. les Mémoires de Niceron, Tom. XXVII.

LAMBERT LE COURT, dit LI CORS, (selon le langage usité pour lors,) Prêtre, natif de Chasteaudun en Beaulse, près la ville de Chartres. Il a traduit de Latin en vers François, le Roman d'Alexandre le Grand, Roy de Macedone *.

* C'est-à-dire, qu'il commença à le traduire, & qu'il fut achevé par Alexandre de Paris. Pâquier remarque que dans ces temps, lorsqu'un Ou-

vrage, commencé par un bel-efprit, n'en étoit pas achevé, un autre le continuoit. *Voy.* DU VERDIER à ce mot.

LAMBERT DANEAU, Voy. ci-deffus LAMBERT D'ANEAU, écrit par A.

LAMBERT FERRIS, ancien Poëte François, l'an 1260, ou environ. Il a écrit plufieurs Chanfons amoureufes, non encores imprimées *.

* Voy. Fauchet, Chap. 64.

LANCELOT [1] DE CARLE, Evêque de Riez, Gentilhomme Bourdeloys, premierement Aumonier de M. le Daulphin de France, &c. Il étoit très-excellent Poëte Latin & François, & bien docte en Grec *. Il a écrit une Lettre ou Epître au Roy, touchant les actions & propos de feu M. le Duc de Guife, Meffire François de Lorraine, &c. depuis fa bleffure jufques à fon trépas, imprimées à Paris & en autres lieux; il a traduit de Latin en François, un Traité de Staniflaus Hofius, de l'expreffe parole de Dieu, imprimé à Paris chez Vafcofan, l'an 1562; il a traduit de Grec en vers François, l'Odiffée d'Homere, comme témoigne Jacques Peletier du Mans, fur la fin de fa Traduction des deux premiers livres de l'Odiffée, &c. il a écrit en vers François, les Cantiques de la Bible, & deux Hymnes que l'on chante en l'Eglife, imprimés à Paris, chez Vafcofan, l'an 1562; le Cantique des Cantiques de Salomon, paraphrafé en vers François, par ledit de Carle, imprimé par Vafcofan, en l'an fufdit 1562; l'Eccléfiafte de Salomon, avec quelques Sonnets chrétiens, paraphrafé en vers François, imprimé par Nicolas Edoüard, l'an 1561; Epître en vers François, contenant le procès-criminel, fait à l'encontre de la Roine d'Angleterre, Anne Boulant, &c. imprimé à Lyon, l'an 1545; il a traduit de Latin en François par le commandement de la Roine mere du Roy, l'Eloge ou vie de Henry II du nom, Roy de France, écrite en Latin par Pierre de Pafchal, Gentilhomme du bas pays de Languedoc, &c. imprimé à Paris chez Michel Vafcofan,

& d'autant que ledit Vafcofan eft mort, fes livres fe vendent chez Federic Morel, fon gendre & héritier principal, dequoi j'avertis les lecteurs, afin de trouver les fufdits livres plus aifé-ment. Il a écrit plufieurs autres Livres, mais je n'en ai pas connoiffance; il floriffoit fous Henry II, l'an 1559.

¹ Béze, en deux endroits de fon *Hiftoire Eccléfiaftique*, a parlé fort ma-lignement de la lettre qu'écrivit cet Evêque à Charles IX, touchant les der-nières heures de François, Duc de Guife, tué par Poltrot*. (M. DE LA MONNOYE).

* Ce LANCELOT DE CARLES étoit fils de Jean de Carles, Préfident au Parlement de Bordeaux. Il fut employé dans quelques négociations par Henri II, qui l'envoya à Rome en 1547, au fujet de l'alliance que le Pape avoit propofée au Roi. De Thou, qui rapporte ce fait au Liv. III de fon *Hiftoire*, donne dès-lors à Carles le titre d'*Evêque de Riez* : *Miffus & eo mox Lancilotus Carleus, Rejienfis Epifcopus*. Cependant il ne prit poffeffion de cet Evêché qu'en 1550, felon les Auteurs de la nouvelle Edition de la *Gaule Chrétienne*, qui femblent même reculer jufqu'à cette année la mort de fon prédéceffeur. (*Gall. Chrift.* Tom. I, Col. 409). On ne fait pas mieux la date de la mort de Carle, que celle de fon avénement au Siège de Riez. Il vivoit encore en 1563. Ce fut dans cette année qu'il publia à Paris, *in-8°*. un *Re-cueil de plufieurs propos tenus par François de Lorraine, Duc de Guife*, qui fut traduit en Latin par un Docteur de Sorbonne. Comme dans ce Recueil il avoit avancé contre la Ducheffe de Guife, à l'occafion de l'affaffinat du Duc, des chofes que l'on vouloit détruire, on fit imprimer la même année 1563 à Paris, *in-8°*. fa *Lettre au Roi, contenant les actions & propos de M. le Duc de Guife, depuis fa bleffure jufqu'à fon trépas*, & non pas *depuis fa mort jufqu'à fon trépas*, comme on lit dans la *Biblioth. Hiftor. de la Fr.* du P. le Long, auquel on ne peut pas imputer cette ridicule méprife de Copifte. Ronfard, Joachim du Bellay, le Chancelier de l'Hopital ont beaucoup loué les Poëfies de l'Evêque de Riez. De Lurbe dit qu'il paffa prefque toute fa vie à Paris, fort eftimé des Savans, & entièrement occupé des Lettres. .

LANCELOT VOISIN, ou DU VOESIN, fieur DE LA POPELINIERE, Gentilhomme François, né en la Gaule Aquita-nique ou Guiennoife ¹. Il a écrit l'Hiftoire des troubles & guerres Civiles avenues en France, pour le fait de la religion, depuis l'an 1555, auquel finit l'Hiftoire ou Commentaires de Jean Sleidan, Alleman de Nation, jufques en l'an 1581 ; imprimée à la Rochelle, chez François Hotin, ou Haultin, l'an fufdit 1581, en deux volumes. Faut noter que celles qui ont été écrites par Jean le Frere de Laval, & par un nommé Piguerre sont prises en partie de ladite Histoire du sieur de la Popelinìere, & que ce qu'il y a de différence, entre icelles, c'est que ils ont ôté, tout ce qu'ils ont vu qui étoit au désavantage des Catholiques, &c. Il a traduit d'Italien en François, un Livre de finesses & ruses de guerre, imprimé à Paris, l'an 1571, chez Nicolas Chesneau; le Livre des trois Mondes, imprimé à Paris chez Pierre l'Huillier, *in-4°*. l'an 1582, & depuis *in-8°*. audit an; il a écrit, (outre les Œuvres que nous avons ci-dessus alléguées,) un fort docte Livre plein de belles recherches & très-dignes de grande recommandation, sçavoir est un Traité du premier langage usité entre les François ou Gaulois, & les changemens d'icelui, ensemble des mutations de la République Françoise, avec la langue d'iceux tout ensemble; car il y a le premier langage des François, usité sous le règne de Charles le Grand, dit le Magne, (duquel nous avons parlé ci - dessus à la lettre C) lequel étoit *François - Alleman*, ou *Theutonic-Gaulois*, & depuis il a été appelé Roman ou Romain, & encore il a eu divers changemens, lesquels sont fort bien rapportés au Livre susdit, dudit sieur de la Popelinìere, lequel Œuvre n'est encore en lumiere, & c'est pourquoi (ne l'ayant point vu,) je n'en peux parler en cet endroit que comme par conjecture. Il florit cette année 1584, âgè de 40 ans ou environ, & a encore plusieurs beaux Ouvrages à mettre en lumière, tant de son invention que de sa traduction.

[1] Cet Auteur varie lui-même sur l'orthographe de son nom, qu'il écrit VOISIN & VOESIN, ce qui se rencontre dans une même Edition.—Germain de la Faille, pag. 239 de ses *Annales de Touloufe*, Tom. I, dit que la Popeliniere, auparavant Huguenot, mourut Catholique. Ce fut le 9 Novembre 1608 ; il étoit alors fort âgé. (M. DE LA MONNOYE).

L'Historien LA POPELINIERE, mourut à Paris le 8 Janvier 1608, dans le grand hiver, & fut enterré au Cimetière des Huguenots, Fauxbourg S. Germain, par le soin de du Moulin, aux frais de Scarron l'Apôtre, son parent du côté de sa première femme, auquel il n'en coûta que cinq livres Tournois. *Ex Borbonianis*. (Cette circonstance d'enterrement semble indiquer qu'il mourut Protestant, quoique le P. le Long dise le contraire, de même que

M.

M. de la Monnoye; le P. Niceron le dit aussi , sans doute sur leur autorité).
— La Popeliniere , nommé *Lancelot Voisin* par de Thou, mourut Asthma-
tique, fort vieux dans sa chaise auprès du feu , au Fauxbourg S. Germain, le
9 Janvier 1608. *Voy.* Patin, *Lett.* 150, Tom. IV. (Il auroit pu ajouter qu'il
mourut dans la misère la plus grande, à un âge fort avancé, ce qui est cer-
tifié par le *Journal de l'Etoile* , An. 1608). — Son *Histoire* excellente (nous
verrons plus bas en quoi) ses *Trois Mondes* assez bons. Laët le cite avec
éloge, c'est le jugement de l'Abbé de Longuerue, à qui je parlois de l'*Histoire
des Histoires* de la Popeliniere , qu'il ne connoissoit pas. Il ne parle point de
ce qu'il ne connoît pas , cela est louable ; mais il paroît mépriser ce qu'il ne
connoît pas. (Cela est assez ordinaire à tous ceux qui se sont arrogé une
supériorité plutôt idéale que réelle ; cette prétention n'en impose que trop
souvent au vulgaire)... (M. Falconet).

* Patin dit que la Popeliniere a beaucoup pris de Foliéta & de Buchanan.
Varillas, Tom. V de l'*Hist. des Révolutions*, dit avoir aussi remarqué avec étonnement qu'il a inséré, presqu'entiéres, les Histoires du Président de la Place &
du sieur de la Planche dans la sienne , sans avoir fait mention de ces deux
Calvinistes, en qualité d'Auteurs, quoiqu'il parle en plus d'un lieu fort avantageusement du Président de la Place, mais sans dire qu'il lui soit redevable
d'une partie de son Histoire. — Son Histoire, suivant le P. Daniel , *Hist. de
France* , Tom. III, Col. 1104 , est mal écrite pour le temps , mais remplie
d'un grand nombre d'excellens Mémoires , où il parle en homme d'Etat &
en homme de guerre, comme ayant eu bonne part aux négociations & à
l'exécution. La modération & le détail avec lequel il écrit , le fait regarder
comme l'Historien le plus digne de foi de tous ceux du Parti Huguenot qui
ont rendu compte des guerres civiles.

Voy. les Mémoires de Niceron , Tom. XXXIX , pag. 380.

LANFRANC SYGALLE *, Gentilhomme natif de Gênes
en Italie , Poëte Provençal, Jurisconsul & Orateur très-renommé, l'an 1270. Il a écrit en rithme Provençale, plusieurs chants
à l'honneur de la Vierge Marie, & un Chant funèbre, sur la
mort de sa maîtresse, Berlande Cybo , Damoiselle Provençale.
Il fut tué par quelques voleurs, près de Morgues, en allant de
Provence à Gênes, l'an de salut, 1278. Gesnerus fait mention
en sa Bibliothèque d'un Jurisconsul nommé Lanfrancus Balbus,
lequel a écrit des Décisions sur le Droit. Je ne sçai s'il entend
parler dudit Lanfranc Sigalle , & que ce mot de Balbus ne fût
son surnom, mais seulement une épithete , ** &c.

*Lanfranc Sygalle; c'est ainsi que Jean de Notre-Dame écrit son nom. Le

Jéfuite Oldoini , dans fon *Atheneum Ligufticum* , le nomme en Latin *Cicada* , comme fi on eût écrit *Cigalle*. Ce qui paroît fortifier la conjecture de La Croix du Maine que *Lanfrancus Balbus* ou *Lanfranc le Begue* , Auteur d'un Livre de Jurifprudence , eft le même que *Lanfranc Sygalle* , c'eft que ce dernier étoit homme de Loi , & bégue , au raport de Jean de Notre-Dame ; mais l'Ouvrage de cet Ecrivain fur les Poëtes Provençaux mérite bien peu de confiance. Il exifte dans les Recueils de M. de Sainte-Palaye plufieurs pièces de Poëfies de Lancelot Sygalle.

** Voy. Jean de Notre-Dame , Chap. 39.

LANTEOSME [1] DE ROMIEU , Gentilhomme , natif d'Arles en Provence. Il a traduit du Latin en vers François , les Pegmes [2] de Pierre Coftau , dit *Coftalius* , avec les Narrations Philofophiques fur ce Livre de Pegmes , qui font comme Emblêmes , &c. imprimés à Lyon , l'an 1560 , par Macé Bonhomme. Faut noter que ce Livre a été premièrement imprimé fans les Commentaires ou Narrations Philofophiques , lefquelles ont été ajoutées à la feconde impreffion du Livre.

[1] Il falloit écrire LANTEAUME plutôt que LANTEOSME , nom propre affez extraordinaire , qui a été formé d'*Anthelmus* , comme d'*Anfelmus* Anfeaume , avec cette différence que d'*Anfelmus* on n'a pas dit l'*Anfeaume* , comme d'*Anthelmus* on a fait l'*Anteaume* , en y prépofant l'article. (M. DE LA MONNOYE).

[2] Il falloit écrire auffi *Pegme* , & non pas *Pegmes* , puifque Pierre Couteau , *Petrus Coftalius* , n'a pas intitulé fon Livre Pegmes , *Pegmata* , mais Pegme , *Pegma* , dans la fignification d'un échâfaut ou théâtre fur lequel on fait paroître des perfonnages ou figures. (*idem*).

LAURE HAYART ; Prêtre , natif de la Ville de Ploërmel en Bretagne. Il a traduit en François les dix Livres des Ethiques d'Ariftote , lefquels ne font encore imprimés (comme j'ai entendu de M. de la Couldraye fon ami , Avocat au Parlement de Rennes , &c.) Il florit à Paris , l'an 1584.

LAURE [1] , ou **LAURETTE DE SADO** (Madame) , & felon aucuns DE CHIABAU , comme l'a écrit un Italien , nommé Nicolo Franco. Cette Dame Laure tant célébrée par François Pétrarque , Florentin ; étoit iffue de la noble Maifon de Sade ou Sado , tant illuftré en Avignon & par toute la Provence ; elle naquit

en l'an 1314, le quatrième jour de Juin; elle étoit très-bien
versée en la Langue Provençale, usitée de son temps; & a écrit
diverses sortes de Poësies en icelle, lesquelles ne sont encore en
lumiere; elle mourut en la Ville d'Avignon, l'an 1348, âgée
de 34 ans. Qui voudra voir ses louanges, voye les Sonnets de
ce divin Pétrarque, tant renommé par toute l'Italie & autres
lieux, où ses Œuvres ont cours. Le Roy François I écrivit ces
vers qui s'ensuivent, en faveur de ladite Dame, lesquels lui
servent d'Epitaphe ou Tombeau :

> *En petit lieu, compris vous pouvez voir,*
> *Ce qui comprend beaucoup par renommée :*
> *Plume, labeur, la langue & le debvoir*
> *Furent vaincus par l'Aimant & l'Aimée.*
>
> *O gentill'Ame, estant tant estimée,*
> *Qui te pourra louer, qu'en se taisant ?*
> *Car la parole est toujours reprimée,*
> *Quand le subject surmonte le disant.*

Je ne ferai pas ici plus ample mention de ladite Dame Laure *,
me réservant à en écrire plus amplement un Traité particulier
que j'ai écrit de sa vie, contenue avec celles de toutes les
autres doctes & sçavantes femmes de France, desquelles j'ai écrit
les vies, & en prétends faire un jour une Bibliothèque à part,
contenant leurs vies & leurs compositions, tant Latines que
Françoises.

¹ *Laure* est une corruption du nom *Laurence*. Laurent de Médicis n'est
jamais nommé que *Laurus* dans les Epigrammes de Marulle. (M. DE LA
MONNOYE).

* Cette belle Laure, tant chantée par Pétrarque, son honnête & fidèle
Amant, fut aussi célèbre par son esprit & sa vertu, que par sa beauté ; elle
étoit du nombre de ces Dames qui composoient *la Cour d'amour*, où l'on
décidoit les questions de la haute galanterie, qu'on y proposoit toujours
avec autant de retenue que de décence. La Croix du Maine dit qu'elle mourut en 1348, âgée de trente-quatre ans; d'autres disent en 1345. Elle fut
enterrée aux Cordeliers d'Avignon, dans un caveau où les corps, à ce que
l'on dit, restent incorruptibles, & où l'on voit encore celui de la belle
Laure... La passion de Pétrarque ne s'éteignit pas à la mort de celle qui en

étoit l'objet ; elle dura encore dix ans , & ce Poëte célèbre ne trouvoit de consolation que dans les lieux où il avoit vu la belle Laure : mais enfin il les quitta ; sa passion se calma , & il ne conserva plus qu'un tendre souvenir de son amante.

LAURENT BOCHEL *, natif de Crespy en Valois , Avocat au Parlement de Paris, Homme docte & ayant de bonnes Lettres. Il a écrit l'Histoire de Valois, & celle de Navarre aussi , lesquelles il espere mettre bien-tôt en lumiere. Il florit à Paris, cette année 1584. Nicolas Bergeron, Valesien, Avocat au Parlement de Paris, Homme très-docte, a pareillement écrit quelques Mémoires touchant le Duché de Valois, lequel Livre il a intitulé : *Le Valois Royal*, comme nous dirons par ci-après en son lieu.

* On écrit & on prononce Bouchel. Il mourut en 1630.

LAURENT DU BOURG, Lyonnois [1]. Il a écrit une Complainte sur les misères advenues en la Cité de Lyon , en ces derniers troubles , comprise en une Ode Françoise , imprimée à Paris, par Jean Hulpeau, l'an 1569.

[1] Son nom étoit DE Bourg. Marguerite de Bourg , à laquelle Guillaume Rouillé , fameux Imprimeur à Lyon , dédia ses Editions Italiennes des Poësies de Pétrarque & du Décaméron de Bocace , étoit parente de ce *Laurent.* (M. DE LA MONNOYE).

LAURENT DE LA GRAVIERE, Secrétaire de M. le Vicomte de Joyeuse, l'an 1558, (c'étoit le père de M. le Duc de Joyeuse , Pair de France.) Il a traduit de Latin en vers François , les six premieres Eglogues de Frère Baptiste Mantuan , desquelles il n'y en a que cinq imprimées à Lyon , par Jean Temporal, l'an 1558 , auquel vivoit ledit Auteur, lequel dit qu'il n'a voulu mettre en lumiere la sixième , d'autant qu'elle parloit irréveremment des Princes [1].

[1] Pour bien entendre cet Article , qui n'est pas conçu clairement , il faut savoir que c'est la cinquième Eglogue de Baptiste Mantuan qui n'a pas été traduite ou imprimée. Cette *Eglogue prétendue irrévérente contre les Princes ,* est une invective non-seulement contre eux , mais contre tous les grands & les riches insensibles en même temps au mérite & à l'indigence des Poëtes.

Michel d'Amboife, moins fcrupuleux que Laurent de la Graviere *, avoit traduit dès 1530 les dix Eglogues de Mantuan , & par conféquent la cinquième. (M. DE LA MONNOYE).

* Laurent de la Graviere étoit Languedocien. Il a fait quelques Epigrammes fort libres, des Epitaphes pour des perfonnes de diftinction, ou d'autres, dont la mémoire lui étoit chère. Le Recueil de ces petites Poëfies a été imprimé à Lyon en 1558.

Voy. la Bibl. Françoife de M. l'Abbé Goujet, Tom. VII, pag. 42 & 70, & Tom. XII, pag. 104.

LAURENT L'ESPRIT [1]. Il a compofé un Livre intitulé le paffe temps de la fortune des Dez, imprimé à Paris par Guillaume le Noir, l'an 1559. Je l'ai en Italien & en François, & ne fçai qui a fait la traduction.

[1] Le Doni, dans fa *Libraria prima*, le cite en ces termes *Lorenzo Spirito*, & au bas *Libro della Ventura*, fans en dire ni bien ni mal. (M. DE LA MONNOYE).

LAURENT JOUBERT, Confeiller & Médecin ordinaire du Roi de France & du Roi de Navarre, premier Docteur, Régent, Chancelier & Juge de l'Univerfité en Médecine de Montpellier. Il naquit en la Ville de Valence en Dauphiné, l'an 1529, le fixième jour de Décembre. Il étoit frere de M. François Joubert, Juge-Mage de la fufdite ville de Valence *. Cetuy-cy Laurent Joubert étoit homme fi docte, & tant bien verfé en la Médecine, & autres bons Arts, qu'il a emporté le prix par fur tous les Médecins de fon temps, de quoi font preuve fes doctes écrits Latins & François, tant bien reçus par tous endroits où la Médecine a cours. Que fi quelques-uns allèguent qu'il a parlé trop librement, & allégué quelques paffages trop lubriques en aucuns de fes Œuvres, & principalement en fes doctes Livres des Erreurs Populaires : Je veux bien que l'on fçache que le Proverbe ancien a été toujours vrai :

Barbier craintif fait playe punaife.

Ce que je veux rapporter touchant ceux qui veulent enfeigner, & ne difent pas le fecret de leur profeffion. Car fi ledit fieur Joubert a ufé de termes affez chatouilleux pour les délicates

oreilles, il lui a été de befoin de parler ainfi, s'il vouloit être
entendu, & fi on defiroit faire profit de fes Livres. J'ai peut-
être été trop long à déduire ceci, mais je l'ai fait expreffément
pour répondre à ceux qui en voudroient medire, ou l'accufer
après fa mort en ces cas fufdits. Car je refpecterai toujours ceux
qui en toutes fortes communiqueront le plus fecret de leur
fcience, comme il a fait. Or pour venir à parler de fes Œuvres
Françoifes, voici ce qu'il en a écrit. Trente Livres des Erreurs
populaires, au fait de la Médecine & régime de fanté, le tout
divifé en fix parties, dont il y en a fix Livres, imprimés à
Bordeaux chez Simon de Millanges, l'an 1578, de fort beaux
caractères, & felon l'orthographe de l'Auteur ; la feconde
partie des Erreurs Populaires, ou propos vulgaires touchant
la Médecine, &c. a été imprimée à Paris chez Lucas Breyer &
Abel l'Angelier, l'an 1579 ; Queftion vulgaire, fçavoir quel
langage parleroit l'enfant qui n'auroit jamais oui parler,
imprimée à Bordeaux par Simon de Millanges, l'an 1578 ;
Traité contre la bleffure ou coups d'arquebouze, & la maniere
d'en guarir, imprimé à Paris, l'an 1570 ; Apologie de l'orthographe dudit Joubert, divifée en quatre Dialogues ; les Matinées
de l'Ifle-Adam, efquelles il eft traité de la qualité & vertu de
tous les aliments ufités en France, & la maniere d'en ufer faine-
ment, non encore imprimées ; Traité du Ris, contenant fon
effence, fes caufes & merveilleux effets, curieufement recherchés,
raifonnés & obfervés par ledit Joubert ; plus, la Caufe morale
du Ris de Democrit, expliquée & témoignée par Hippocrat ;
Dialogue fur la Cacographie, ou mauvaife écriture Françoife,
le tout imprimé avec le Traité du Ris, chez Nicolas Chefneau,
l'an 1579, à Paris. J'ai dit ci-deffus, que ledit Joubert n'a
point écrit ce Traité du Ris en langue Latine, & de peur d'ufer
de répétition, que l'on voye ce que j'en ai dit ci-devant,
parlant de Jean-Paul Zangmaiftre, &c. Queftion des Huilles,
traitée problématiquement ; la Cenfure ou fentence de quelques
opinions touchant la décoction pour les arquebufades, le tout

imprimé, l'an 1578, par Jacques Stoër. Quant au Traité de la Peſte, ſi doctement & curieuſement écrit par lui, nous en avons parlé ci-devant, faiſant mention de Guillaume des Innocents, lequel l'a traduit ſur le Latin dudit Joubert; il a écrit pluſieurs doctes Livres appartenants au fait de la Médecine, mais nous en ferons mention en notre ſeconde Bibliothèque, qui ſera des Écrivains Latins natifs de la France & des Gaules ſeulement. Il mourut d'une dyſenterie ou flux de ventre, l'an 1582, le vingt-neuvième jour d'Octobre, à ſept heures du matin, âgé de 53 ans, en la ville de Lombez, à ſept lieues de Tholoſe, qui fut une perte indicible par tout le monde; car ce qu'il avoit appris avec tant de peine & travail, il nous l'eût enfin tout communiqué par écrits.

* Laurent Joubert fut un Médecin fort accrédité de ſon temps; il ſuccéda à Rondelet dans la place de Profeſſeur Royal en l'Univerſité de Montpellier, dont il fut Chancelier. Rondelet lui confia en mourant ſes Manuſcrits, pour les faire imprimer. Sa réputation étoit ſi grande, que Henri III le choiſit parmi tous les Médecins de France pour le conſulter ſur les cauſes de la ſtérilité de ſon mariage, eſpérant que par les ſecrets de ſon art, il lui procureroit le moyen d'avoir des enfans, qu'il déſiroit avec paſſion. Mais ſes ſoins furent inutiles, & ſes remèdes ne produiſirent aucun effet. Ce Médecin a publié beaucoup d'Ouvrages, dont *quelqu'uns ſont encore intéreſſans*. Il étoit de la Religion Prétendue Réformée. Son *Traité du Ris* avoit paru in-8°. en 1560. Il fut réimprimé avec la *Cauſe Morale du Ris de Démocrite*, traduite d'Hyppocrate, & un *Dialogue ſur la Cacographie Françoiſe*, en 1579, comme le dit La Croix du Maine; mais il faut obſerver que la verſion Françoiſe de la *Cauſe Morale du Ris* n'eſt point de Joubert; c'eſt J. Guichard, ſon beau-frère, qui a traduit cet Ecrit d'Hyppocrate. On trouvera dans Niceron un Supplément au Catalogue que donne La Croix du Maine des Ouvrages François de Laurent Joubert. M. de Thou (Lib. CXXIII) dit que cet Ecrivain a fait un *Grand Ouvrage pour prouver qu'on pouvoit vivre, même pluſieurs années, ſans manger*. C'eſt le ſecond de ſes Paradoxes, dont la première Décade avoit paru en Latin en 1566, à Lyon. Il répondit à ceux qui le critiquoient à ce ſujet, par une Addition à ce Paradoxe, inſérée dans ſes Opuſcules publiés en Latin en 1571. Iſaac Joubert, ſon fils, traduiſit en François ces morceaux, & cette verſion fut imprimée en 1579, à la ſuite de la IIe Partie des *Erreurs populaires* de Joubert le père.

Voy. les Mémoires de Niceron, Tom. XXXV, pag. 70.

LAURENT DES MOULINS. Il a écrit en vers François,

un Livre intitulé : le Catholicon des Mal-Advisés [1], autrement
appelé le Cemetiere des Malheureux *, imprimé à Paris (*en
1513, par Jean Petit & Michel le Noir, in-8°.*)

[1] Il y a une Edition de Paris, 1513, *in-8°.* du *Catholicon des Mal-avisés.*
L'Auteur, quoique Prêtre, y appelle quelquefois les choses par leur nom.
(M. DE LA MONNOYE).

* Laurent des Moulins étoit Prêtre, né à Chartres ou dans le Diocèse. Il
adresse l'Ouvrage ci-dessus cité, qui est le seul qu'on connoisse de lui (avec
une Epitaphe de la Reine Anne de Bretagne) à Millon d'Illiers, fait Doyen
de Chartres en 1508, & à N. Pigart, Chanoine & Official de Chartres,
avec lesquels il avoit eu des liaisons d'amitié. Dans cet Ecrit Moral, rempli
de passages de l'Ecriture, des Pères & des Auteurs Profanes, l'Auteur feint
que s'étant endormi dans une Chapelle bâtie dans un lieu inconnu, un Esprit
s'apparut à lui, & lui commanda d'écrire ce qu'il alloit voir... Ce lieu
n'étoit ouvert qu'aux méchans & aux débauchés. Il en peint les vices avec
assez d'énergie. Le nom de la Chapelle étoit *Douleur*, la Cloche faite de
hauts cris, l'Eau-bénite de larmes :

> Le Chapelain est à nom desconfort,
> Et les Autels sont faits de pestilence :
> Ce lieu est plein de deuil ; & pour renfort,
> Malheur y est qui suit & foible & fort,
> Quand on y va pour faire résidence...

Tout ce Poëme est une fiction sombre & mélancholique, où l'on trouve
des images fortes. Cet Ouvrage fut réimprimé à Lyon, chez Arnoullet,
en 1534, *in-8°.*

Voy. la Bibl. Françoise de M. l'Abbé Goujet, Tom. X, pag. 95.

LAURENT DE NORMANDIE, Lieutenant du Roy à
Noyon en Picardie, & Maire de ladite ville, l'an 1550. Il a
écrit quelques Livres François, lesquels je n'ai point vus. Voy.
de lui le Traité des Scandales, écrit par Jean Calvin, lequel
il lui dédie.

LAURENT PIEBOT, Docteur en Médecine en l'Université de Louvain en Flandres. Il a écrit une Prognostication pour
l'an 1541, imprimée audit an.

LAURENT DE PREMIER [1], estimé fort grand Orateur
pour son temps. Il a traduit de Latin en François les Œuvres

de

de Seneque, imprimées à Paris, par Antoine Verard; il a traduit de Latin en François, le Livre de Jean Bocace, Florentin, traitant des Nobles malheureux, contenant neuf Livres, imprimé à Paris chez Michel le Noir, l'an 1515; il a traduit le Decameron, ou Cent Nouvelles de Jean Bocace, autrement intitulé le Prince Galiot, imprimé à Paris, l'an 1485, lequel Livre a été depuis traduit en François par Jean le Maçon, & imprimé à Lyon & à Paris [2]. Il florissoit du temps de Charles VIII, l'an 1483.

[1] Le nom entier de cet Auteur est LAURENT DE PREMIER-FAICT OU DU PREMIER-FAICT, que l'on désigne cependant, comme le fait La Croix du Maine, par LAURENT DE PREMIER OU DU PREMIER. (M. DE LA MONNOYE).

[2] Outre l'Edition *in-fol.* à Paris, 1485, du *Décameron*, traduit en François par Laurent du Premier-Faict, il y en a une *in-8°.* aussi de Paris, le 27 Août 1534, en lettres Gothiques, chez Jean Petit, où il est dit que Bocace avoit écrit son *Caméron* en Latin, & que ce *Laurent* l'avoit traduit en François. Rien n'est plus ridicule que cette misérable version où Bocace n'est pas reconnoissable, jusques-là qu'à la place de quelques nouvelles de l'Original, le prétendu Traducteur en a substitué d'étrangères fort plates. Il est au reste plus ancien que ne le fait La Croix du Maine, puisque j'ai vu un Manuscrit en vélin de la version du *Décaméron*, à la fin duquel il est dit qu'il fut achevé d'être écrit le 15 Juin 1414, & que le P. Labbe, pag. 328 de sa *Nova Bibl. Manuscriptor.* rapporte *TULLE de la Vieillesse*, c'est-à-dire, le Dialogue de Cicéron *de Senectute*, mis en François par Laurent du Premier, l'an 1405, à l'instance de Louis, Duc de Bourbon. Il est encore bon d'avertir, comme j'ai déjà fait au mot ANTOINE LE MAÇON, que Pâquier & ici La Croix du Maine écrivent par mégarde JEAN LE MAÇON au lieu d'ANTOINE, & que par *Caméron Latin* il faut entendre *Décaméron Italien*, parce que anciennement l'Italien étoit appelé *il Volgare Latino*, ensorte que quand on trouve que certains vieux Romans ont été traduits de Latin en François par Luces de Salesbieres, Robert de Borron, Rusticien de Pise, ou autres, cela signifie que ç'a été d'Italien en François. (*idem*).

LAURENT DE VOZ, Muficien, Maître des Enfans de Chœur, ou de la Salette de l'Eglife Métropolitaine de Cambray. Il a mis en Musique plusieurs Chansons & Motets, imprimés.

LAZARE DE BAIF, Gentilhomme Angevin, car il naquit en sa terre des Pins, près la Flesche en Anjou; autres penfent qu'il foit du Maine, à caufe de fa Terre de Mangé, à quatre lieues du Mans, laquelle appartient dujourd'hui à fon neveu, Meffire Jean de Chourfes, Seigneur de Malicorne, Chevalier des deux Ordres du Roy, &c. Ledit Lazare [1], étoit Confeiller du Roy, & Maître des Requêtes de fon Hôtel. Il fut envoyé en * Ambaffade, de par le Roi François I, vers la Seigneurie de Venife, l'an 1532. Il étoit père de Jean-Antoine de Baïf, comme nous avons dit ci-deffus, parlant de lui en fon lieu. Ceftui Lazare de Baïf, étoit homme très-docte ès-Langues, & principalement en la Grecque. Il étoit grand Jurifconful, Poëte & Orateur. Il a traduit de Grec en vers François la Tragédie de Sophocle, intitulée Electra, contenant la vengeance d'Agamemnon, &c. imprimée à Paris, l'an 1537, par Etienne Roffet. Ladite Tragédie a été traduite ligne pour ligne & vers pour vers, comme témoigne Joachim du Bellay, en fon Illuftration de la Langue Françoife ; il a davantage traduit de Grec en vers François, la Tragédie d'Euripide, nommée Hecuba, imprimée à Paris, l'an 1550, chez Robert Eftienne, avec autres Poëfies, de l'invention dudit Lazare, il n'a voulu mettre fon nom à pas une de fes deux Traductions fufdites, finon que il fe voit en la premiere nommée Electra, compris dans les lettres capitales ou majufcules d'un Dizain, mis au devant de l'Œuvre ; ce que les Grecs appellent noms par acroftiches ; & en la feconde Tragédie nommée Hecuba, fon nom ne fe voit point auffi, mais fa devife Latine feulement, qui eft : *Rerum vices*, c'eft-à-dire, Toutes chofes ont leur tour ; il a écrit en Latin un fort docte Livre des Vaiffeaux, du Navigage, & des habits ou vêtemens, lequel a été imprimé à Paris, chez Robert Eftienne, avec les figures ou portraits des chofes fufdites. Il floriffoit fous François I, l'an 1536.

[1] Ménage dit, pag. 194 de fes *Remarques fur la vie de Pierre Ayrault*, que Lazare de Baïf fut un des huit Maîtres des Requêtes qui affiftèrent, en 1547, aux funérailles de François I. Elles fe firent le Lundi de Pâques, 11e d'Avril, qui, parce que l'année ne commençoit alors qu'à Pâques, étoit le fecond jour de 1547, d'où il s'enfuit que la mort de Baïf ayant fuivi de près celle

de François I, ne doit être mise ni en 1546, ni, à plus forte raison, en 1545, comme l'y mettent quelques-uns. C'est aussi une erreur de ne da te son ambassade à Venise que de 1532, comme La Croix du Maine, ou même de 1531, comme Ménage. Les termes que je vais citer, tirés de l'Épître VIᵉ de Pierre Bunel, du 13 Novembre 1531, font voir que Lazare de Baïf, incertain du temps auquel il devoit partir de Venise, donnoit à entendre qu'il y avoit déjà quatre ans qu'il y étoit en qualité d'Ambassadeur, *de discessu* (C'est Baïf que Bunel fait parler) *nihil certi se antè constituere posse, quàm literas è Gallia accepisset, & quoniam à voluntate Regis hæc penderent, fieri posse ut hic quartus annus quintum adduceret.* (M. DE LA MONNOYE).

 * On conserve à la Bibliothèque du Roi, parmi les Manuscrits de Dupuy, les lettres que Baïf écrivit durant son Ambassade à Venise, en 1531 & 1532, à M. l'Evêque d'Auxerre, Ambassadeur de France à Rome. Ces Lettres sont imprimées au nombre de dix-neuf parmi les *Mélanges Historiques* de Camusat, IIᵉ Part. fol. 143 & suiv. Edition de 1644.

 Voy. sur les Traductions de Lazare de Baïf le Tom. IV de la Biblioth. Franç. de M. l'Abbé Goujet, pag. 168 & 187. La Tragédie d'*Hécube* est une des plus supportables, quoique les vers en soient de toutes sortes de mesures, & la plupart très-mauvais. Il y a quelques endroits qu'on lit encore avec plaisir ; une certaine naïveté énergique en fait le mérite.

LEON ADULPHI *, ou L'ADULPHI, qui est un nom contrefait & supposé; car ce n'est qu'une anagramme ou nom retourné de Noël du Faill, ou de Phaill, écrit par ph, duquel nous parlerons ci-après. Il a écrit étant fort jeune, un petit Livre plein de facéties & propos joyeux, intitulé Discours d'aucuns propos rustiques, facétieux, & de singuliere récréation, imprimé à Paris, l'an 1554, par Estienne Grouleau : lequel Livre a été depuis imprimé sous ce nom, des finesses, ruses, ou tromperies de Ragot, Prince des Gueux, &c. il a davantage écrit un Traité qu'il appelle les Baliverneries d'Eutrapel, imprimé il y a fort long-temps; il a écrit plusieurs autres Livres, pleins de doctrine & conséquence, desquels je ne ferai pas ici mention; je me réserve d'en parler lorsque nous serons à la lettre N, quand ce viendra à ce nom de Noël du Faill, sieur de la Herisaye, &c. & dirons alors ses qualités toutes au long.

 * La Croix du Maine écrit mal ce nom ; c'est LÉON LADULFI, ou LADUL-PHI, qui est l'Anagramme de NOËL DU FAILL, ou DU PHAILL, Seigneur de

la Herifaye , Gentilhomme Breton , Confeiller au Parlement de Rennes , Auteur des *Contes d'Eutrapel* , qui eſt mal nommé dans le *Pithæana* LA CAIL. Son autre Anagramme étoit *Fol n'a Dieu*. Il en fera encore parlé à l'Article NOËL DU FAILL , fon vrai nom. M. de la Monnoye renvoie à ce qu'il en a dit , pag. 308 du VIᵉ Vol. de Baillet , *in-4°*.

LEON TRIPAULT , Orléannois , fieur de Bardis , Confeiller du Roi , au Siége Préfidial d'Orléans , homme docte en Grec & en Latin. Il a écrit un Difcours des Antiquités d'Orléans , imprimé audit lieu , l'an 1573 , & encore par quatre ou cinq autres fois diverfes , jufques en l'an 1580 ; Dictionnaire François-Grec , imprimé à Orléans , par Eloy Gibier , l'an 1577 ; il a augmenté ce Dictionnaire par après de plus de la moitié , & l'a intitulé Celt'-Hellenifme , ou Étymologie des mots François , tirés du Grec , imprimé par ledit Eloy Gibier , l'an 1581 * ; Traité d'Anagrammes , non encore imprimé ; Difcours du Siége mis devant Orléans , par la Pucelle Jeanne , contre les Anglois , mis en lumière par la diligence dudit Leon Tripaut , & imprimé à Orléans , l'an 1576 , par Saturny Hottot ¹ ; les faits & geftes de Jeanne d'Arc , dite la Pucelle d'Orléans , imprimés tant en Latin qu'en François , page pour page , &c. l'an 1583 , par Eloy Gibbier. Il florit à Orléans , cette année 1584.

* Le titre de cet Ouvrage eſt *Celt-Hellénifme , ou Etymologie des mots François , tirés du Grec , plus preuves en général de la defcente de notre langue , in-8°. Orléans ,* 1580. Tripault y prétend , comme Henri Eſtienne , qu'il faut chercher l'origine de notre langue dans la Grecque , & le prouve par un affez grand nombre de mots tirés en effet du Grec , quoiqu'il fe trompe fur beaucoup d'autres , où il montre qu'il avoit peu de critique.

Voy. la Bibl. Françoife de M. l'Abbé Goujet , Tom. I , pag. 296.

¹ On verra bien qu'au lieu de *Difcours du Siège mis devant Orléans par la Pucelle Jeanne contre les Anglois , mis en lumière ,* &c. La Croix du Maine a voulu , conformément au titre du Livre , mettre : *Difcours du Siège mis par les Anglois devant Orléans , & de fa délivrance par Jeanne la Pucelle ,* &c. Mais j'ai cru devoir laiffer paffer cette méprife , telle qu'il l'a paffée lui-même , fans l'avoir réparée dans fon *Errata*. —— On voit parmi les Poëfies de Béze des Phaleuques à l'occafion de quelque Opufcule de Tripault fur le Droit. (M. DE LA MONNOYE).

LEONARD DES AUBIERS, Gentilhomme Angevin, iſſu de l'ancienne & très-illuſtre Maiſon de la Roche des Aubiers en Anjou, &c. Docteur en Théologie, & Scholaſtiq ou maître d'Ecole en l'Egliſe de S. Julien du Mans, de laquelle il fut Doyen. Il étoit vulgairement appelé le ſieur d'Argentre, qui étoit le nom d'un Bénéfice duquel il jouiſſoit. Il étoit eſtimé l'un des plus ſçavants Théologiens de France, pour ſon temps, & avoit grande cognoiſſance des Langues Hebraique, Grecque & Latine; il a écrit une Oraiſon Funèbre ſur le trépas de Meſſire Guillaume du Bellay, Seigneur de Langey, Chevalier de l'Ordre du Roy, &c. laquelle il prononça aux funérailles & pompe funèbre dudit ſieur, en l'Egliſe de S. Julien du Mans, l'an 1543, ou environ, Elle n'eſt encore imprimée. Il mourut au Mans du calcul, gravelle & pierre, (qui eſt un mal ordinaire aux hommes de Lettres, & faiſant une étude ſédentaire ou de repos,) l'an 1555, le troiſième jour de Mars, âgé de ſoixante ans ou environ. Il étoit oncle de M. des Aubiers, Gentilhomme Angevin, Avocat au Parlement de Paris, homme fort docte, & lequel pour la connoiſſance qu'il a en diverſes Langues Etrangères, a été employé par les plus Grands de ce Royaume, pour quelques Affaires d'Etat, dont je parlerai en autre lieu plus à propos *.

* Colomiès lui a donné place dans ſa *Gallia Orientalis* ſur le ſeul témoignage de La Croix du Maine.

LEONARD DE LA VILLE. Il a revu, corrigé & augmenté un Diſcours de l'Antiquité, Origine & Nobleſſe de la Cité de Lyon, imprimé audit lieu, l'an 1579, par Guillaume Teſtefort[1].

[1] Léonard de la Ville étoit de Charoles, Maître d'Ecole & Ecrivain à Lyon. L'Ouvrage que La Croix du Maine lui attribue, n'eſt qu'une Traduction Françoiſe des *Antiquités de Lyon*, écrites en Latin par Simphorien Champier, ſous le nom de PIERCHANUS *. Il a encore décrit en vers François l'inondation arrivée à Lyon le 1e jour de Décembre 1570, quand le Rhone & la Saone ſe joignirent au milieu de la Place des Jacobins. (M. DE LA MONNOYE).

* Il a fait encore la *Dacigélaſie ſpirituelle du Roi Charles IX*, ſur les

combats & victoires obtenues contre les féditieux & rébelles Hérétiques,
extraite des Pfeaumes de David, imprimée à Lyon, 1572.

LEZIN GUIET, Angevin, frère de Martial Guiet,
(duquel nous parlerons ci-après.) Il naquit en la ville d'Angers,
l'an 1515, le treizième jour de Février. Il étoit homme fort
bien verfé en la Chorographie, ou Defcription des Pays &
Régions, &c. Il a fait la Defcription Générale du Pays &
Duché d'Anjou, réduite en Carte, pour laquelle illuftrer, il a
employé environ deux ans entiers, à vifiter tous les lieux, villes,
villages, rivières & lieux de remarque dudit Pays. Il l'a fait
imprimer l'an 1573, & le dédia à M. le Duc d'Anjou, n'étant
pour lors que Roi de Pologne, audit an 1573, pour laquelle il
reçut cent écus [1]; il a davantage écrit plufieurs autres Œuvres,
tant en profe qu'en rithme Françoife, & entre autres le Dialogue des Moines, écrit en vers Alexandrins, non encore imprimé.
Il florissoit l'an 1574, je ne fçai s'il eft encore vivant.

[1] Ménage fe trompe, lorfque, pag. 292 de fes Remarques fur la vie de
Guillaume Ménage fon pére, il dit que Lézin Guyet, Confeiller au Préfidial d'Angers, Echevin de la même Ville en 1493, fut Auteur de la première Carte de la Province d'Anjou. Il attribue avec plus de raifon, p. 468
des mêmes Remarques, cette Carte à un autre *Lezin Guyet*, fils du précédent; mais il fe trompe encore quand il dit qu'elle fut gravée en 1583, au
lieu de dire, comme La Croix du Maine, que ce fut en 1573. (M. DE LA
MONNOYE).

LEZINE GAULTIER, native de la ville du Mans, fœur
de M. Jean Gaultier, Avocat Fifcal en la ville de Laval au
Maine, fur les frontières de Bretagne, &c. tous deux enfans de
M. l'Efcuyer Gaultier. J'ai vu plufieurs Lettres fort bien dictées
& mifes par écrit de ladite Lezine Gaultier, & entre autres
celles qu'elle récrivoit à la Royne de Navarre, Jeanne
d'Albret, touchant le mariage de fon Chancelier nommé
Francour, lefquelles ne font encore imprimées. C'eft celle
qui avoit fiancé Claude de Tefferant, Gentilhomme Parifien, Auteur des Continuations aux Hiftoires prodigieufes
de Boyftuau & Belleforeft, & ce qui empêcha qu'elle ne l'époufât,

ce fut la mort trop foudaine à l'endroit dudit sieur Tesserant, qui fut cause de la privation d'un si heureux mariage. Elle florit au Maine cette année 1584.

LION IAMET, de Suffey [1] en Poictou, Seigneur de Chambrun, Secrétaire de Madame Renée de France, Duchesse de Ferrare, &c. Il a écrit plusieurs Poësies Françoises, non encore imprimées. Clement Marot & Charles Fonteine Parisien, font mention de lui en leurs Œuvres. Il florissoit l'an 1550, ou environ*.

[1] Je crois qu'au lieu de *Suffey* il a voulu dire *Sanzay*, petite Ville du Haut-Poitou près Lusignan. (M. DE LA MONNOYE).

* On a imprimé parmi les Epîtres de Clement Marot quelques Epîtres de Lyon Jamet.

LISET BENANCIO [1]. Il a écrit en prose Françoise la Déclaration des abus & tromperies, que font les Apotiquaires, &c. imprimée à Tours, l'an 1553, par Matthieu Chercelé.

[1] Baillet, dans sa *Liste des Auteurs déguisés*, reconnoît sous ce nom ANTOINE BELISE. L'Anagramme seroit entière si, au lieu de *Liset*, ou, comme du Verdier écrit, *Lisset*, il y avoit *Liscet*. La question est de savoir qui est cet *Antoine Belise*. Seroit-ce *Antoine Belisem*, Traducteur des Pseaumes en prose Françoise, dont du Verdier parle à la lettre A ? Je n'y vois pas d'apparence, non plus qu'à croire avec le même Baillet que ce puisse être *Simphorien Champier*, mort avant que le Livre imprimé sous le nom de *Liset Benancio* fût composé. Au reste c'est *Lisset* qu'il faut écrire, ainsi qu'il est imprimé, & non *Liset*. Voy. le mot PIERRE BRAILLIER. (M. DE LA MONNOYE).

LOUIS XI, Roi de France, fils de Charles VII, & de Marie d'Anjou, il naquit le troisième jour de Juillet, l'an 1423 [1]. Il se voit un Livre intitulé le Rosier des Guerres * du Roi Loys XI, Roi de France imprimé à Paris, l'an 1553, chez la veuve de Michel le Noir, &c. Je ne sçai s'il est Auteur dudit Livre, pour le moins il est en son nom. Il mourut l'an de salut 1483, le dernier jour d'Août, en son Château du Parc, près la ville de Tours sur Loire. J'ai écrit sa vie avec celle des Rois de France. Le Guidon des Guerres, composé par le Chevalier de la Tour, est un autre Livre composé plus de cent cinquante ans avant la naiſſance dudit Roi Louis, comme j'ai dit parlant ci-deſſus de Geoffroy de la Tour-Landry.

¹. La Croix du Maine écrit tantôt Louis, tantôt Loys ; du Verdier toujours Loys. J'ai repréſenté fidèlement leur ortographe. On ſait qu'au commencement du ſiècle paſſé, au lieu de Louis, on écrivoit communément Loys & Loïs. Le Dauphin même, avant la mort d'Henri IV, ſignoit Loïs, de quoi Malherbe s'étant apperçu, fut cauſe, par la raillerie qu'il en fit, que le Dauphin apprit à ſigner Louis. (Ce qu'il y a d'aſſuré, c'eſt que l'uſage ancien étoit d'écrire Loys, Pâquier l'écrit toujours ainſi). Quant au *Roſier des Guerres*, dont il eſt ici parlé, voyez la note ſur le mot ESTIENNE PORCHER. (Il y a été établi que ce Livre a été compoſé par ordre de Louis XI, mais que ce Roi n'en eſt pas l'Auteur. (M. DE LA MONNOYE).

* Le *Roſier des Guerres* fut imprimé dans l'*Epitome Hiſtorial de France* en 1523 & 1528. La Croix du Maine en cite une Edition en 1553. Cet Ouvrage fut de nouveau publié en 1606, Paris, *in-8°*. par Jean Deſpagnet, ſur un Manuſcrit trouvé au Château de Nerac, comme s'il eût paru alors pour la première fois. Si Deſpagnet avoit eu connoiſſance des Editions précédentes, il auroit vu que ſon Manuſcrit étoit très-imparfait. M. de Fontette, dans la nouvelle Edition de la *Biblioth. Hiſtor. de France*, Tom. II, n°. 27182, cite deux Manuſcrits de cet Ouvrage, qui ſe trouvent à la Bibliothèque du Roi.

LOUIS D'AMBOISE, Seigneur de Buſſy, Marquis de Reinnel, Capitaine de cinquante hommes d'armes des Ordonnances du Roi, Gouverneur & Lieutenant Général au Pays & Duché d'Anjou, premier Gentilhomme de la Chambre de Monſieur, frère du Roi, & Colonel Général de l'Infanterie Françoiſe de ſon Alteſſe, &c. Ce Seigneur de Buſſy-d'Amboiſe, étoit iſſu de la très-noble, très-ancienne & Royale maiſon d'Amboiſe en Touraine, de laquelle Meſſieurs les Comtes d'Aubigeous en Albigeois, ſont pour le jourd'hui chefs du nom & des armes, comme nous dirons au Catalogue général des Maiſons Nobles de France, lequel nous eſpérons mettre bientôt en lumière. Pour revenir à parler de Louis d'Amboiſe, j'oſerai aſſurer qu'il étoit l'un des plus vaillants & adextres Gentilhomme aux Lettres & aux Armes, que la France ait point encore vu de notre temps, dequoi il a fait aſſez preuve durant ſa vie, & l'eût encore plus montré, s'il eût vécu plus longuement;

longuement; mais une mort violente l'en a empêché. Il aimoit
& carreſſoit ſur-tout les Hommes de Lettres, & c'eſt ce qui me
le fait tant reſpecter & en parler ſi amplement; car s'il n'eût été
que Guerrier, j'euſſe réſervé cela à diſcourir amplement ès vies
des plus vaillants hommes en guerre, natifs de la France & des
Gaules. Et pour montrer qu'il avoit grande connoiſſance des
bonnes Lettres, & qu'il n'étoit pas ſeulement grand Orateur &
très-éloquent Gentilhomme, nous avons encore de lui pluſieurs
beaux vers & Poëſies Françoiſes de ſa façon, & entre autres
ces belles Stances, qui étoient comme un préſage de ſa mort.
Car en icelles il ſemble diſcourir tout le malheur qui depuis lui eſt
advenu ; elles ne ſont encore en lumière non plus que ſes autres
Œuvres. Il fut tué ſur les Terres de M. le Comte de Montſoreau, en Anjou, le Mercredi dix-neuvième jour d'Août, l'an
1579, âgé de vingt-huit ou vingt-neuf ans. Il étoit l'un des
plus favoris de ſon maître, pour les bonnes parties qui étoient
en lui, & ſur-tout pour ſa valeur & les Lettres. Il a été fait
pluſieurs Epitaphes ſur ſa mort, compoſés par les plus ſçavants
Hommes de ce ſiècle, deſquels il y en a pluſieurs imprimés, les
autres qui ſont en Grec, Latin, François & autres Langues,
le ſeront peut-être une autrefois. Jean le Frere & autres font
mention de lui en leurs Hiſtoires, les uns le louent, les autres
le blâment, chacun en écrit ſelon ſon affection particulière.
Aucuns diſent qu'il étoit Gentilhomme natif de Champagne,
les autres du Duché de Bar, & les autres Tourengeau. Je ne
ſçai au vrai le lieu de ſa naiſſance.

LOUISE L'ABÉ [1], Lyonnoiſe, femme très – docte,
vulgairement appelée la belle Cordiere de Lyon, de laquelle
l'anagramme eſt, *Belle à ſoi;* elle ſçavoit fort bien compoſer en
vers & en proſe. Elle a écrit un Dialogue en proſe Françoiſe,
intitulé le Débat de Folie & d'Honneur [2], imprimé avec pluſieurs
Poëſies de ſon invention & autres de ſes amis, le tout a été
imprimé enſemble à Lyon, par Jean de Tournes, l'an 1555,

& le titre eſt tel. Les Œuvres de Loyſe l'Abbé, Lyonnoiſe, &c. Elle floriſſoit à Lyon ſous Henry II, l'an 1555.

[1] Son nom doit être écrit LABÉ ſans apoſtrophe, ſans double B, avec l'É accentué. Pierre de S. Julien, dans ſes *Gemelles*, n°. 53, donne lieu de croire que Maurice Scève a été d'un grand ſecours à la belle Cordiere dans ſes Compoſitions. Calvin parlant d'elle en ſa réponſe à Gabriel de Saconay, Chantre & Comte de S. Jean de Lyon, la traite le plus injurieuſement du monde *. Il vaut mieux lire ce qu'en écrit Paradin, Liv. III de ſon *Hiſt. de Lyon*, Chap. 29. (M. DE LA MONNOYE).

[2] Voici l'argument de ſon Dialogue, dont le titre eſt : *Débat de Folie & d'Amour.* « Jupiter ayant invité tous les Dieux à un feſtin général, la Folie » & l'Amour eurent une diſpute pour l'entrée. L'Amour colère tira une fléche » à la Folie, qui, ayant évité le coup, ſe jetta de fureur ſur l'Amour, lui » créva les yeux, & pour couvrir la place, y mit un bandeau fée, qu'on ne » pouvoit ôter. Amour jetta les hauts cris. Jupiter informé du ſujet de la que- » relle, donna aux Parties Apollon & Mercure pour Avocats ; enſuite de quoi » ayant oüi Apollon pour l'Amour, & Mercure pour la Folie, il ordonna que la » Folie qui avoit crevé les yeux à l'Amour, ſeroit par punition éternellement » obligée de le conduire ». L'invention eſt des plus ingénieuſes, & nos Mo- dernes, du nombre deſquels eſt LA FONTAINE, ont eu tort de n'en pas faire honneur à l'inventrice. Ses Œuvres furent imprimées pour la ſeconde fois *in*-16. à Rouen, chez Jean Garou, 1556. Elles ne conſiſtent qu'en ce Dialogue, qui eſt en proſe, en trois Elégies & en vingt-quatre Sonners, dont le premier eſt Italien. A la ſuite eſt un Recueil de vers Grecs, Latins, Ita- liens & François, à ſa louange, où je n'ai trouvé ni ce Diſtique :

> Moſſe animos fertur Gallis cantata Labæa
> Vatibus, at movit doctiùs illa nates.

ni ce Quatrain :

> La célèbre Labé, qui des jeux & des ris
> Dans ſes vers, dans ſa proſe étoit toujours ſuivie,
> Sur le mont des neuf-Sœurs ne coucha de ſa vie :
> Elle aima mieux coucher avec leurs favoris. (*idem*).

* Nous ne chercherons point à juſtifier ici la conduite de *Louiſe Labé*, encore moins à contredire ce que du Verdier en rapporte. Nous dirons ſeule- ment que ſi ſa conduite a pu donner lieu à l'accuſer de libertinage, elle l'aſſai- ſonnoit du moins de tout ce que l'eſprit a de plus ſéduiſant, & les talens de plus agréable. Nos jeunes Seigneurs ignorans, ſi courus, ſi fêtés par nos Belles ; nos petits-maîtres, toujours à l'affût d'une conquête, & nos Turcarets, avec tout leur or, lui auroient vainement montré leurs deſirs ; elle auroit rejeté leur hommage : elle mépriſoit également la grandeur, la ſotiſe & l'opulence.

On ne la mettra point au rang des *Laïs*, mais on pourra la regarder comme *la Leontium*, ou *la Ninon Lanclos* de fon fiècle. Il eft aifé de fe former une idée de cette femme voluptueufe, en lifant fa troifième Elégie, où, portant la parole aux Dames Lyonnoifes, elle les prend à témoin de la douceur de fon caractère, exempt d'envie & de jaloufie. Elle y rend compte des exercices de fa première jeuneffe, de fon goût pour l'étude, pour le luth & pour la broderie, de fon courage & de fon adreffe à monter à cheval, exercices dans lefquels elle comptoit paffer fa vie. Elle avoue qu'elle n'avoit pas encore feize ans, lorfque l'Amour lui fit fentir fes feux, & s'empara pour jamais de fon cœur :

> Je n'avois vu encore feize hivers,
>
> Lorfque j'entrai en ces ennuis divers ;
>
> Et jà voici le treizième été
>
> Que mon cœur fut par amour arrêté.
>
> Le tems met fin aux hautes pyramides...
>
> . . . .
>
> Finir auffi, il a accoutumé
>
> Le feu d'amour, tant foit-il allumé.
>
> Mais las ! en moi il femble qu'il augmente
>
> Avec le tems, & que plus me tourmente.

Elle avoit alors vingt-neuf ans, fuivant ce calcul. Elle femble demander à l'amour un repos qu'elle ne cherche pas encore, & que peut-être elle n'auroit pas voulu trouver ; au moins à s'en rapporter à ce qu'elle dit dans fon dix-huitième Sonnet :

> Permets, m'Amour, penfer quelque folie,
>
> Toujours fuis mal, vivant difcrétement,
>
> Et ne me puis donner contentement,
>
> Si hors de moi ne fais quelque faillie.

Un Auteur anonyme, qui a compofé des vers à fa louange, affure qu'elle étoit au Siège de Perpignan de 1542 en habit d'homme, armée de la lance & de l'épée, montant à cheval, & combattant avec autant de force que d'adreffe :

> Là de fa lance elle ploye
>
> Le plus hardi affaillant,
>
> Et brave deffus la felle,
>
> Ne démontroit rien en elle
>
> Que d'un Chevalier vaillant.

On l'a appelée *la Belle Cordière*, non qu'elle fût mariée à un Cordier, comme on l'a dit ; fon éducation diftinguée annonce affez qu'elle étoit au-deffus d'une telle alliance, mais elle avoit époufé un Marchand qui faifoit commerce de cables & de cordes. La rue de Lyon où elle demeuroit porte encore le nom de *la Belle Cordière.*

Voy. la Biblioth. Françoise de M. l'Abbé Goujet, Tom. XII, pag. 76, & les Mémoires de Niceron, Tom. XXIII, pag. 242.

LOUIS BERQUIN, Gentilhomme Flaman, appelé par aucuns Jean Berquin. Il a écrit quelques Œuvres en Latin & en François [1]. Il fut brûlé à Paris pour le fait de la religion, l'an 1529 *, l'onzième jour de Novembre. Je n'ai point vu de fes Livres imprimés.

[1] Il mourut âgé d'environ quarante ans , étranglé en Grève , & puis brûlé l'an 1529, non pas le 11 Novembre , comme le dit ici La Croix du Maine avec Béze, mais au mois d'Avril *. (M. DE LA MONNOYE).

* Erafme qui dans fes Lettres, la quatrième du XXIVe Liv. & la quarante-huitième du XXXe Liv. parle du fupplice de Berquin , donne deux dates à fa mort, l'une du 22, l'autre du 17 Avril 1529. Berquin a traduit en François du Latin d'Erafme le *Panégyrique du Mariage* , le *Manuel du Soldat Chrétien* & la *Complainte de la paix.* Son averfion contre les Théologiens intolérans & les Moines lui firent des ennemis violens des Inquifiteurs Duchefne & Beda. Il fut deux fois en prifon , la protection de Madame Louife de Savoye, mère de François I, & celle de ce Monarque lui-même, le tirèrent d'affaire ; mais à peine fut-il hors de prifon , qu'il ofa attaquer de nouveau fes Antagoniftes avec plus de hardieffe qu'auparavant ; il fut mis une troifième fois en prifon , condamné à abjurer fes erreurs, à en faire amende honorable, & à paffer le refte de fes jours en prifon. Il avoit l'efprit trop roide pour fe foumettre à ces conditions, auxquelles il préféra la mort. Louis de Berquin étoit un très-honnête homme , de mœurs excellentes, exact fur la pratique la plus fcrupuleufe de la Loi Evangélique. Il s'éleva mal-à-propos contre plufieurs pratiques pieufes , autorifées dans l'Eglife , & qu'il croyoit condamnables. Béze (*in Iconibus*) prétend que s'il eût été foutenu par le Roi de France , comme Luther le fut par l'Electeur de Saxe, il auroit formé une Secte nouvelle, différente de celles de Calvin & de Luther. Il ajouta quelque chofe aux Ouvrages d'Erafme , qu'il traduifit , & avec lequel il eut un commerce de lettres fuivi, où l'on voit combien Erafme , qui eftimoit fincérement fa probité & fa vertu, défapprouvoit fa véhémence indifcrète.

LOUIS BERTHELEMI, Notaire Royal au Châtelet de Paris, l'an 1518. Il eft Auteur d'un Livre intitulé le Prothecole des Notaires , Tabellions, Greffiers & Sergens , &c. contenant la forme & maniere de faire tous contrats, actes de Juftice, commiſſions & rapports de Sergens à cheval & à verge, inventaires, comptes, demandes, & autres choſes ſingulières, imprimé à Paris l'an 1518, chez Durand Gerlier.

LOUIS BERTRAVAN. Il a écrit quelques Epîtres ou Apologies, pour défendre M. Joubert Docteur en Médecine & Chancelier de l'Univerſité de Montpellier, touchant ſes Erreurs Populaires, ou Paradoxes de Médecine, imprimées avec la ſeconde édition dudit Livre des Erreurs Populaires, &c.

LOUIS LE BLANC, Notaire & Secrétaire du Roi, & Greffier de la Chambre des Comptes à Paris. Il a fait un Abrégé ou Extrait à l'honneur de S. Loys Roi de France, l'an 1272, contenant les noms des Rois de France, qui ont été en la Terre Sainte, & autres choſes mémorables faites par iceux Rois, lequel Livre ſe voit écrit à la main, au Tréſor des Chartres de la Chambre des Comptes à Paris.

LOUIS LE BOULENGER *. Il a écrit un projet & calcul de la grandeur, longueur & largeur du Royaume, Pays, Terres & Seigneuries de France, par lequel on peut voir combien vaudroit le revenu du Roi; en payant deux livres tournois pour chacune ville; cinq ſols pour feu, douze deniers tournois pour chacun arpent, ou acre de terre, & douze deniers tournois, de mille livres de trafique pour chacun Marchand, &c. le tout fait par le commandement du Roi Charles IX, imprimé à Toloſe, l'an 1565, par Jaques de Grabam.

* Si nous en croyons du Verdier, le Livre de Louis le Boulenger avoit paru à Lyon dès l'an 1525. Il en donne ainſi le titre: *Calculation, Deſcription & Géographie du Royaume de France... déchiffrée juſqu'aux arpens & pas de terre en icelui compris, &c.* le tout calculé & ſommé par Loys Boulenger, *très-expert Géométrien & Aſtronome.* S'il n'y a pas de mépriſe dans la date de l'Edition de Lyon, il ne ſe peut pas que ce Livre ait été compoſé (comme le dit La Croix du Maine) par ordre du Roi Charles IX, qui ne commença à régner qu'en 1560. Au reſte, cet Ouvrage eſt ſi rare, que M. Clément, qui en parle dans ſa Bibliothèque, d'après La Croix du Maine & du Verdier, n'en a pu trouver même le titre dans les Catalogues qu'il a conſultés. Du Verdier en donne un Extrait qui eſt aſſez curieux.

LOUIS LE CHARON, Parifien, Avocat au Parlement de Paris, homme fort renommé pour la Jurifprudence & autres bonnes parties de Philofophie qui font en lui. Il s'appelle autrement Louis Charondas le Charon, Jurifconful Parifien, &c. [1]. Il a écrit un Panégyrique, ou Oraifon, à la louange du Roi Charles IX, imprimé chez Robert Eftienne, à Paris l'an 1566; les Dialogues de Louis le Charon, imprimés à Paris; la Philofophie d'Amour, traduite d'Italien en François par ledit le Charon, imprimée à Paris; les Poëfies de Louis le Charon, les amours de fa Claire, imprimées à Paris; il a mis en lumière la pratique de feu M. le premier Préfident de Paris, M. Pierre Lyfet, imprimée à Paris. Claude de Boiffieres, Dauphinois, raconte fur la fin de fon Art Poëtique François, que ledit Loys le Charon a écrit quelques Odes Saphiques, & un Poëme qu'il appelle fon Dæmon; Réponfes du Droit obfervé en France, confirmées par Arrêts de la Cour de Parlement, avec une Préface, ou Avant-Propos, contenant plufieurs Difcours de la Prudence Civile, & de l'Hiftoire Françoife, imprimées à Paris, chez Vincent le Normand, l'an 1572; trois Livres de Réponfes du Droit François, &c. Le troifième Livre de fes Réponfes, a été imprimé à Paris chez Vincent le Normand, l'an 1577. Les deux autres ont été imprimés chez Vincent le Normand, l'an 1576 & 1577; Réponfe Politique, à ceux qui lui ont demandé les moyens, pour empêcher les troubles & féditions, imprimée avec le troifième Livre de fes Réponfes; il a écrit plufieurs Livres touchant la République, du huitième defquels ladite Réponfe Politique a été extraite, & prononcée par lui en l'Affemblée des Etats du Bailliage & Comté de Clermont en Beauvaifis, au Pays de Picardie; il a écrit quatre Livres de Pandeɛtes, ou Digeftes de la Jurifprudence Françoife, non encore mis en lumière; plufieurs Livres de Philofophie, tant en Latin qu'en François; il a fait imprimer le Cours du Droit Romain, & a écrit quelques annotations fur icelui; Panégyric troifième du Devoir des Magiftrats, imprimé à Paris chez Robert

Eſtienne, l'an 1567; Commentaires ſur l'Edit des ſecondes Noces, imprimé à Paris l'an 1560; il a écrit pluſieurs autres Livres, deſquels je n'ai point connoiſſance; car je n'ai reçu aucun avertiſſement touchant ce qu'il a compoſé, non plus que de tous les autres, deſquels je fai mention en cette Bibliothèque Françoiſe. Il florit à Clermont en Picardie, cette année 1584.

¹ Son nom de famille étoit LE CARON, mais l'alluſion, quoique puérile, de *Caron* à *Charondas* lui ayant plu, il ſe fit appeler *Charondas le Caron*, ce qui fut cauſe qu'au lieu d'écrire *le Caron*, quelques-uns, comme ici La Croix du Maine, écrivirent *le Charon*. Il étoit Lieutenant au Bailliage de Clermont en Beauvoiſis, & par la légende qui eſt autour de ſon portrait, on voit qu'en 1579 il avoit quarante-trois ans, enſorte que ſi, comme on croit, il eſt mort vers 1616, on peut conclure qu'il n'a vécu guère moins de quatre-vingt ans. (M. DE LA MONNOYE).

LOYS CIANEUS. Il a traduit de Latin en François l'Hiſtoire Eccléſiaſtique, appelée vulgairement l'Hiſtoire Tripartite, &c. imprimée à Paris chez Gilles Gourbin, l'an 1568. Il y avoit un nommé Loys Cyaneus, lequel imprima les Commentaires de Calvin, ſur le Livre de Seneque, touchant la clémence de l'Empereur Néron ſon maître, l'an 1532. Je ne ſçai ſi c'eſt le ſuſdit ¹.

¹ Il falloit écrire *Cyaneüs*. C'eſt aſſurément le même qui imprima le Traité de Sénéque *de Clementiâ*, en 1532, à Paris, *in*-4°. avec les *Commentaires* de Calvin, âgé ſeulement alors de vingt-trois ans, & qui gardoit encore l'extérieur de Catholique. Cyaneüs étoit de Gand, & imprimoit pour Simon de Colines. Son nom Flamand étoit *Péers*, ſorte de bleu, que nous appelons auſſi *Pers*, en Grec Κυάνεος. (M. DE LA MONNOYE).

LOYS CORBIN, Prêtre, natif de la Paroiſſe de Vernie, à ſix lieues de la ville du Mans, &c. autrefois Précepteur de M. le Baron de Teſſé & de Vernie, &c. l'an 1570, &c. Il a écrit un Livre en l'honneur de Madame Françoiſe de Raveton, Dame dudit lieu en Normandie, femme de Meſſire Jean de la Ferriere, Chevalier de l'Ordre du Roi, Baron de Theſſé en Normandie, & de Vernie au Maine. Ce Livre traite de la Charité, & autres points de Théologie concernants la vie humaine. Il n'eſt encore imprimé, il se voit écrit à la main au cabinet de la susdite Dame.

LOYS DORLEANS, Parisien, Voy. ci-après Loys d'Orléans, écrit par O.

LOYS EMERIC, Sieur de Rochefort en Poiétou, l'un des premiers Secrétaires du Roi d'Arragon, & depuis Secrétaire du Comte de Poiétou, Philippes le Long, qui depuis fut Roi de France, l'an 1320. Il a écrit plusieurs Chansons en Langue Provençale, a la louange d'une Dame de la maison de Forcalquier, en Provence, nommée Florence. Il florissoit l'an 1321 *.

* Voy. Jean de Notre-Dame, Chap. 59, & du Verdier, let. P, Art. du Comte de Poiétou.

LOYS ENOC, natif d'Yssouldun en Berry, homme docte ès-Langues. Il a écrit une Grammaire Grecque, Latine & Françoise tout ensemble, imprimée à Paris, l'an 1546, auquel temps ledit Enoc florissoit *.

* Voy. au mot Pierre Enoc.

LOYS HESTEAU, Blesien, Sieur de Nuisement, Voy. ci-dessus Clovis Hesteau, à la lettre C.

LOYS HOELLET, Sieur du Bourg, Avocat au Siége Présidial & Sénéchaussée du Maine, Bailly de la Suze, &c. Il a écrit quelques Observations & annotations sur le Coutumier du Maine, non encore imprimées; ensemble quelques autres Recueils sur le Droit qui est sa principale profession. Il florit au Mans cette année 1584. Je le louerois ici davantage si ce n'étoit qu'il est l'un de mes plus fidèles amis, & que l'on pourroit penser que cette grande amitié me le fit dire, & non les autres parties recommandables qui sont en lui.

LOYS LE JARS, Secrétaire de la Chambre du Roi de France Henri III. Il a composé une Tragédie Françoise intitulée Lucelle, laquelle il a écrite en prose, & l'a disposée d'Actes &

scènes

Scènes, fuivant les Grecs & Latins. Elle a été imprimée à Paris chez Robert le Magnier, l'an 1576, (*in-8°.* *)

*Il y a auffi une Edition *in-12.* à Rouen, 1606, de cette Tragédie de *Lucelle.* L'Auteur, dans fon Epître Dédicatoire, foutient qu'on doit écrire les Tragédies en profe. On lit dans les *Recherches fur les Théâtres* que cette Tragédie fe trouve en vers dans la Bibliothèque de M. le Duc d'Aumont. Quelquesuns ont foupçonné que Loys le Jar étoit le père de Mademoifelle de Gournay, qu'on nomme cependant communément *Guillaume,* & non *Loys.* Quant au fentiment de Louis le Jars, qui foutient qu'*on doit écrire les Tragédies en profe,* c'eft auffi le fentiment de la Motte & de tous ceux qui ne font pas nés Poëtes. Il y a telle Tragédie, tel Drame moderne en vers, qu'on ne fauroit lire, & qui ne vaudroient pas mieux en profe.

LOYS DE LASCARS ou DE LASCARIS, iffu de la très-noble & très-ancienne maifon de Lafcaris, Sieurs des Comtes de Vintimille, Tende & la Brigue. Il a écrit en Langue Provençale un Traité des Miferes de ce monde, & un autre de la Pauvreté. Il mourut l'an 1376, ou environ*.

* Jean de Notre-Dame en a parlé, Chap. 71, mais il n'a marqué le nom propre que par la lettre initiale L, en quoi du Verdier l'a fuivi prudemment.

LOYS LASSERÉ, Prêtre, natif de la ville de Tours en Touraine, Chanoine & Granger en l'Eglife de S. Martin de Tours [1], Provifeur du Collége Royal de Champagne, fondé en l'Univerfité de Paris, autrement dit Navarre, l'an 1540. Il a écrit en profe Françoife la vie de S. Hierofme, laquelle il a revue & augmentée du tiers pour la troifième fois, & y a inféré les Vies de Madame Sainte Paule, & du Roi S. Loys, imprimées à Paris, chez Charlotte Guillard, veuve de Claude Chevalon, au Soleil d'Or, rue S. Jacques, l'an 1541, *in-4°.* & contient cinquante-une feuilles. Il floriffoit audit Collége de Navarre, l'an 1541 [2].

[1] *Le Granger de l'Eglife de S. Martin de Tours, eft l'Officier qui eft chargé de diftribuer annuellement à chaque membre du Chapitre la quantité de bled qui lui eft due.* (M. DE LA MONNOYE).

[2] Du Boulay, pag. 961 du Tom. VI de fon *Hift. de l'Univerfité de Paris,* dit que Louis Lafferé fut auffi Chanoine de l'Eglife de Paris, & qu'étant mort le 6 Septembre 1546, il fut enterré au Chœur de la Chapelle du

Collège de Navarre*. C'est à lui que la seconde Edition des *Epithètes de Textor*, *in-fol.* à Paris, 1524, est dédiée. *(idem)*.

* On s'est trompé dans la *Bibliothèque Hiſtorique de la France*, lorſqu'on a placé la mort de Louis Laſſeré en 1542. Cette méprife n'a pas été corrigée dans la nouvelle Edition.

LOYS DE LAUNAY, Médecin, demeurant en la ville de la Rochelle. Il a écrit quelques Traités contre les Livres de l'Antimoine, compoſés par Jaques Grevin, Médecin à Paris, &c. Ce Livre * dudit Loys de Launay, s'intitule de la faculté & vertu admirable de l'Antimoine, auquel ledit Grevin a fait réponſe, en ſon ſecond Livre des Venins, au vingt-quatrième Chapitre, où il traite de l'Antimoine.

* Le Livre de ce Médecin ſur l'*Antimoine* parut en 1564. Jacques Grévin qui y étoit attaqué, publia ſa réponſe en 1566, & dans la même année de Launay répondit à l'Ecrit de Jacques Grévin. Tous ces Ouvrages furent imprimés à la Rochelle, *in-8°*. Enfin Jacques Grevin mit au jour ſon *Apologie ſur les vertus & facultés de l'Antimoine... pour confirmation de l'avis des Médecins de Paris, contre ce qu'a écrit Loys de Launay, Empirique,* Paris, 1567, *in-8°*.

LOYS MAIGRET, Lyonnois *. Il a écrit un Diſcours de la Création du Monde, & d'un ſeul Créateur, par raiſons naturelles, imprimé à Paris, l'an 1554, chez André Wechel, (*in-4°*). Il a écrit un Traité touchant le commun uſage de l'Ecriture Françoiſe, auquel eſt débattu des fautes & abus, en la vraie & ancienne puiſſance des Lettres, imprimé à Paris, l'an 1545. (*Ce Livre avoit été imprimé à Paris dès 1542, in-4°.*) Réponſe à l'Apologie de Jaques Peletier du Mans, imprimée à Paris, l'an 1550, chez Wechel, (*in-4°*). Réponſe dudit Maigret, à la Replique de Guillaume des Autels, lequel par anagramme s'appelle Glaumalis du Vezelet, &c. imprimée à Paris, l'an 1551; Traité de la Grammaire Françoiſe, imprimé à Paris, l'an 1550, par Chreſtien Wechel, père d'André, &c. Défenſes dudit Maigret, touchant ſon Orthographe Françoiſe, contre les cenſures de Guillaume des Autels & ſes adhérens, imprimées l'an 1550, chez Chreſtien Wechel, (*in-4°*.)

S'ensuivent les Traductions dudit Loys Maigret.

Il a traduit en François les cinq Livres de l'Hiftoire de Polybe, Auteur Grec, imprimés à Paris; il a traduit le Livre de Platon, traitant du Monde **; il a traduit de Latin en François, les Livres de Protraiture, ou parties du corps humain, d'Albert Durer, excellent Peintre entre les modernes, imprimés à Paris chez Charles Perier, l'an 1557, (*in-fol.*) ; il a traduit quelques Livres de l'Hiftoire Naturelle de Pline, fçavoir, eft le fecond Livre fur l'Hiftoire des œuvres de nature, imprimé à Paris, par Arnoul & Charles les Angeliers, l'an 1540, in-8°. contenant dix feuilles; (*& avec des corrections, chez Chrétien Wechel, en* 1552, *in-8°. fol. 96*). Il a traduit de Latin en François, la troifième Oraifon d'Ifocrates, faite en la perfonne de Nicocles, Roi de Cypre, touchant le devoir des Sujets à leur Prince, imprimée à Paris, chez Chreftien Wechel, l'an 1544, (*in-8°*) ; il a traduit l'Hiftoire de Sallufte, Hiftorien Latin, &c. touchant la conjuration de Catelin, & la guerre Jugurthine, enfemble la première Harangue de Ciceron, contre Catelin ou Catilin, imprimée à Paris chez Wechel, (*in fol. & à Lyon chez J. de Tournes,* 1556, *in - 16*). Il a traduit le Menteur ou Incrédule de Lucian, qui eft un Dialogue récréatif & férieux, tout enfemble, imprimé avec une écriture quadrante à la prononciation Françoife, & les raifons d'icelle, mifes fur la fin de ladite traduction, le tout imprimé à Paris, chez Chreftien Wechel, l'an 1548, (*in-4°*). Il peut avoir traduit autres Livres, & en avoir compofé d'autres de fon invention, outre ceux que nous avons récités, mais nous n'en avons pas plus ample connoiffance. Il floriffoit l'an 1544 ***.

* Nous avons déjà eu occafion de parler de ce *MAIGRET* au mot JEAN PELLETIER. Il écrivoit fon nom MEIGRET. Il avoit imaginé une orthographe fingulière & nouvelle, qui devoit répondre à la prononciation. Pelletier vouloit fe conformer à celle des Manceaux, & Meigret fans doute à celle des Lyonnois. Il dut paroître affez ridicule de voir deux Provinciaux qui fe reprochoient mutuellement la prononciation vicieufe de leur pays, vouloir tous deux s'ériger en Réformateurs de la langue Françoife, qu'ils ne par-

loient bien ni l'un ni l'autre. Le Traité qu'il donna à Paris, en 1545, que La Croix du Maine cite, eut quelques partisans, qui, par dérifion, furent appelés *Meygretiftes*. Guillaume des Autels, fous le nom de *Glaumalis du Vezelet*, y répondit par un *Traité touchant l'ancienne écriture de la langue Françoife*, 1548. Meygret répliqua avec aigreur, & toute cette entreprife fe termina à fuivre l'ancien ufage ; de temps en temps cette fantaifie fe renouvelle, nous venons de la voir reparoître, & il faut efpérer qu'elle aura toujours le même fort. *Voy.* Pâquier, *Recherches*, Liv. VI, Chap. 7, & la Biblioth. Françoife de M. l'Abbé Goujet, Tom. I, pag. 83 & 84, où la *Grammaire* de Meygret eft traitée de *très-mauvais Ouvrage*.

Ce Louis MEYGRET, qui a fait tant de Traductions, étoit de la famille de Jean Meigret, Tréforier de France à Moulins, & d'un autre Jean Meigret, Préfident à Mortier fous Henri II. *Voy.* le Dénombrement de Marolles, p. 423, & les Mémoires de Niceron, Tom. XLI, p. 156. (M. FALCONET).

** La Croix du Maine fe trompe ; c'eft le *Livre du Monde*, par Ariftote. La Traduction de Meigret fut imprimée à Paris, en 1541, *in-8°*.

*** Il a de plus traduit du Latin les IIIe & IVe Livres de Columelle, *fur les Vignes*, Paris, 1542, *in-8°*. les trois Livres des *Offices de Ciceron*, Paris, 1547, *in-4°*. les deux Livres de Robert Valturin, *touchant la Difcipline Militaire*, Paris, *in-fol.* 1555 ; & du Grec, les cinq premiers Livres de Polybe, en 1552, *in-8°*. qu'il publia de nouveau avec des corrections, & la Traduction des *Fragmens* qui nous reftent des autres Livres de cet Hiftorien, à Lyon, en 1558, *in-fol.* Ainfi il vivoit encore en 1558.

LOYS MARCHANT, Secrétaire de M. l'Evêque d'Arras [1].

Il a traduit de Latin en François, la vie de Caton le Jeune, lequel eft vulgairement appelé *Cato Uticenfis*, &c. imprimée à Lyon, l'an 1554, par Georges Poncet.

[1] L'Evêque d'Arras dont il étoit le Secrétaire, eft *Antoine Perrenot*, depuis Cardinal, Archevêque de Malines & enfuite de Befançon*. (M. DE LA MONNOYE).

* Cet *Antoine Perrenot*, fils d'un Avocat de Dole, & petit-fils d'un gardeur de cochons, fit mettre fur la porte d'une belle maifon qu'il fit bâtir à Befançon : *Sic vifum Superis*, on acheva le vers, en ajoutant, *aquilam fubmittere porcis*, allufion à fon origine & au crédit qu'il avoit fur l'efprit de l'Empereur Charles-Quint.

LOYS DES MASURES, Tournifien, ou de Tournay en

la Gaule Belgique, dit en Latin *Ludovicus Mafurius Nervius*, & non pas de Tournus près Mâcon, ou de Tours en Touraine fur la rivière de Loyre, ou bien encore de Tours en Auvergne, comme le pourroient penfer aucuns, à caufe de ce mot douteux de Tournifien, &c. Ce qui m'a fait arrêter fur cette explication, ç'a été la difpute que j'en ai autrefois vu faire ¹. Il étoit fort excellent Poëte Latin & François. Il a traduit fort heureufe-ment, de Latin en vers François les douze Livres de l'Eneïde de Virgile *, Prince des Poëtes Latins, imprimés à Paris, à Lyon & en autres endroits ; il a écrit plufieurs Tragédies Saintes, fçavoir eft David combattant, David triomphant, David fugitif, toutes trois imprimées; il a traduit de Latin en François un brief fommaire touchant la doctrine des Sacremens, compofé par Théodore de B. imprimé à Lyon l'an 1564, par Jean Dogerolles; il a traduit de Latin en François, le Livre des Echets de Hierome Vida, très-docte Poëte Italien, lequel Livre s'intitule autrement la guerre cruelle du Roi Blanc, & du Roi Maure, ou More, imprimé à Paris **.

¹ Etant jeune, il s'attacha au Cardinal Jean de Lorraine, fit le voyage d'Italie, & demeura dix-fept mois à Rome. S'étant de Catholique fait Calvi-nifte, il fut Miniftre à Mets, & depuis, à caufe des troubles, à Sainte Marie de l'Hermitage, & même à Strasbourg. Il eut pour amis Salignac, Docteur de Sorbonne, Ramus, Bifet, dont nous avons des *Scholies Grecques fur Ariftophanes*, Béze, & pendant un temps Rabelais, avec lequel il rompit à caufe des invectives de celui-ci contre Calvin, ce que des Mafures a té-moigné par cette Epigramme, qui fe lit, *fol.* 118, vº. de la feconde Edition de fes *Poëfies Latines*, *in-16*, chez Thomas Guarin, à Bafle, 1574.

> Qui Rabelæfus eras placidus modò, jam quia fundens
> Verba furis, Rabie tu mihi læfus eris. (M. DE LA MONNOYE).

² La Traduction de l'*Enéide* en vers François eft ce qui fit le plus d'honneur à des Mafures, Il entreprit ce grand Ouvrage fur l'invitation du Cardinal de Lorraine. Ce Cardinal en fut fi content, qu'il en lut le premier Livre à Fran-çois I. Le Roi parut s'en amufer d'abord, mais il fut bientôt défabufé du prétendu mérite de cette Traduction par quelques Courtifans, qui fe mo-quèrent indécemment du Poëte. Il donna au public les deux premiers Livres en 1547, le troifième & le quatrième en 1555. Enfin la Traduction entière de l'*Enéide* parut en 1560, chez Jean de Tournes, à Lyon, petit *in-4º*. avec des vignettes à chaque Livre. Cette Edition eft la plus belle de toutes ; il y en a eu trois autres depuis, en 1567, 1574 & 1578, & même l'Abbé de Marolles parle d'une nouvelle Edition faite en 1606, à Lyon, chez Paul

Frelon. Quoique des Mafures eût dit que Virgile , lui étant apparu en fonge , avoit approuvé fon entreprife , & même avoit ôté la couronne de laurier qu'il portoit fur fa tête , pour la mettre fur la fienne ; quoique François Habert, dans fon Epître fur l'*Immortalité des Poëtes François* , dife que dans l'affemblée des Mufes

> Il fut parlé du gentil des Mafures
>
> Sur l'Enéide en fes graves mefures,

on ne trouve dans cette Traduction qu'un Poëte très-médiocre , qui même aujourd'hui n'en mériteroit pas le nom, un Ecrivain peu délicat & un Verfificateur dur & Profaïque , qui s'eft affez bien jugé , lorfqu'il dit dans fon Epître au Prince Charles de Lorraine :

> Non que j'ignore & ne connoiffe bien
>
> La pefanteur de ma plume , & combien
>
> Paffant en l'air , j'ai le vol peu agile
>
> Pour égaler la trace de Virgile …
>
> .   .   .   .   .
>
> Mais fi je fens trop débile ma force ,
>
> En ta grandeur je me fie & m'efforce. (*idem*).

** Sa Traduction du Poëme Latin des *Echecs* de Jérome Vida eft encore au-deffous de celle de Virgile ; c'eft une paraphrafe diffufe , ennuyeufe & languiffante ; huit vers durs & mal fonans remplacent les quatre premiers du Poëte Latin. Il a confervé dans fa Traduction barbare l'ancien nom de *Rok* , que portoit la pièce , aujourd'hui appelée *la Tour* ; fans doute qu'il trouvoit dans ce terme *Rok* quelque chofe de ferme & de dur qui plaifoit à fon oreille.

Voy. la Bibl. Franç. de M. l'Abbé Goujet , Tom. V, pag. 65, Tom. VII, pag. 99, & Tom. XIII , pag. 92. On trouve fur-tout dans le Tome V les principales circonftances de la vie de des Mafures. Son attachement au Calvinifme fufcita beaucoup de traverfes à cet Auteur.

LOYS DE MATHA [1]. Il a traduit les Epîtres d'Ifocrates, Auteur Grec , imprimées à Anvers, chez Chreftofle Plantin , l'an 1558.

[1] Etoit-il de la famille de Jean de Matha, mort l'an 1213 , Fondateur de l'Ordre des Mathurins *? (M. DE LA MONNOYE).

* S. Jean de Matha étoit de Faucon , Bourg de la vallée de Barcelonnette ; il y a des Gentilshommes de ce même nom établis en Piémont.

LOYS MICQUEAU , natif de la ville de Rheims en Champagne, Maître d'Ecole à Orléans, autrement appelé Jean-Loys

Miqueau. Il a écrit une Réponse au Difcours de Gentien Hervet ; feconde Réponfe de Jean-Loys Miqueau audit Hervet, pleine d'injures & invectives contre lui, le tout imprimé à Lyon, l'an 1564. Il régentoit au Collége de Champagne à Orléans, l'an 1564 *.

*Voy. ci-deffus JEAN-LOUIS MICQUEAU.

LOYS MIRÉ [1]. Il a décrit la vie de Jefus-Chrift notre Seigneur, compofée ou extraite des quatre Evangeliftes, réduits en une continuelle Sentence, avec les Epîtres & Leçons qu'on lit à la Meffe, durant toute l'année ; la Defcription de la Terre Sainte, avec fa Carte, réduite en petite forme par Guillaume Poftel, &c le tout imprimé à Paris chez Sébaftien Nivelle, l'an 1553.

[1] C'eft ce Louis Miré (*Ludovicus Miraus*) fecond Editeur de l'*Abrégé Latin des Novelles de Juftinien* , par Julien l'Anteceffeur. (M. DE LA MONNOYE).

LOYS DE MONTIOSIEU [1], natif du Pays de Rouergue, Gentilhomme Gafcon, homme docte ès-Mathématiques, & Précepteur efdites Sciences, de M. le Duc * de Joyeufe, Pair de France, (*& enfuite de Monfieur, frère du Roi.*) Il a écrit un Livre intitulé les Semaines de Daniel, & les jours d'Ezechiel, touchant le temps & nombre des années que Jefus-Chrift le Meffie devoit être en ce monde, imprimées à Paris, chez Jaques du Puys, l'an 1582. Il florit à Paris cette année 1584.

[1] C'eft le même que du Verdier appelle mal LOUIS DE MONJOUZIOU. On eftime fon *Gallus Romæ Hofpes* , où eft auffi fon Traité *de Sculpturâ & Picturâ* , le tout imprimé à Rome *in-4°*. 1585. Il s'eft appelé en Latin *de Montjofius*. Saumaife l'appelle *Monjocofius* ; en François l'ufage eft pour *de Montjofieu*. Il mourut l'an 1583. Son éloge eft dans le foixante-dix-huitième Livre du Préfident de Thou *. (M. DE LA MONNOYE).

* Le Duc de Joyeufe l'avoit mené à Rome, où il publia divers Ouvrages fur les Antiquités. " Lorfqu'il fut de retour en France, il dérangea fort fes » affaires, en fe chargeant du foin ruineux de purger Paris des boues dont » il étoit rempli : il fit pis encore, & l'indigne femme qu'il prit fut caufe » de la mort de ce favant homme, qui méritoit de vivre plus long-temps ».

C'eſt ainſi que s'exprime M. de Thou. Quoiqu'il parle de la mort de **Loys** Montjoſieu ſous l'an 1583, ce n'eſtque par occaſion & en quelque ſorte par anticipation qu'il en parle. La Croix du Maine dit que Montjoſieu vivoit encore en 1584, & je ne crois pas que M. de la Monnoye ſoit fondé à placer ſa mort en 1583, s'il n'a d'autre garant que ce qu'en dit M. de Thou.

LOYS D'ORLÉANS*, Pariſien, Avocat en Parlement, excellent Poëte Latin & François. Il a mis en lumière quelques Poëmes François, & entre autres quelques Imitations d'Arioſte, imprimées à Paris, chez Lucas Breyer, l'an 1572, avec autres Imitations d'aucuns Poëtes François, ſur ledit Arioſte 1. Il florit à Paris, cette année 1584.

* Louis d'Orléans, Avocat-Général de la Ligue, mort en 1629, âgé de quatre-vingt-ſept ans, n'a part dans le Recueil des *Imitations de l'Arioſte* que publia Lucas Breyer, à Paris, 1572, que pour le premier Livre de Renaud, qu'il a traduit en vers Héroïques.

Voy. la Bibl. Françoiſe de M. l'Abbé Goujet, Tom. VII, pag. 357.

C'étoit un homme vain, un Ligueur ſéditieux**, Auteur du *Banquet du Comte d'Aréte*, où il traite Jeanne d'Albret de *P*. . . Le Préſident de Harlay le fit arrêter, & on lui auroit fait ſon procès ſi ſes parens n'euſſent, moyennant cinquante écus, dépêché en diligence à Mets, où étoit la Cour, & n'euſſent obtenu défenſe de paſſer outre. Après neuf mois de priſon, il s'échappa, ſe ſauva en Flandres, revint à Paris, où le Roi lui pardonna. Sa Traduction de Tacite ne vaut rien. J. B. Fabricius en fait quelque mention, Tom. III de ſa Bibliothèque. — Il y a eu un *Renaud d'Orléans*, Conſeiller à Vannes, Sieur de Sincé, décédé ſans enfans, de qui eſt le Livre des *Obſervations de diverſes choſes remarquables ſur l'Etat, Couronne & Peuple de France*, in-4°. Vannes, 1594. (M. FALCONET).

** Aprés avoir traité la *Converſion d'Henri IV* de *ſimulée*, il paroit que Louis d'Orléans révint de bonne foi aux ſentimens qu'il devoit avoir pour ce Prince. Il avoit déjà eu, même du temps de la Ligue, quelques retours d'affection pour ſa patrie, mais qui n'avoient pas duré. Au ſujet de ces variations, on lui adreſſa les vers ſuivans :

> Si pendre te voulois, tu ne ferois que bien,
> Puiſqu'on ne peut avoir de toi miſéricorde;
> Mais ſi tu veux ſauver quelque peu de ton bien,
> Vas te jetter en l'eau, tu gagneras ta corde.

Voy. ſur ſes *Œuvres Poëtiques* la Bibl. Françoiſe de M. l'Abbé Goujet, Tom. XV, pag. 267.

LOUIS

LOUIS PAPON, Prieur de Marcilly, & Chanoine de Montbrifon en Forefts, frère puîné de Jean Papon, (duquel nous avons parlé ci-deffus,) tous deux natifs dudit Pays de Forefts, &c. Il a traduit de Latin en François, le premier Livre du Ris, de M. Laurent Joubert, Docteur en Médecine; comme témoigne ledit Joubert en fa Préface, fur fondit Traité du Ris, auquel lieu il dit qu'il y a plus de 20 ans que ledit Papon avoit traduit icelui premier Livre, &c. comme auffi en fait mention Eftienne du Tronchay, en fes Epîtres ou Lettres miffives. Mais nous avons parlé de cela par ci-devant, parlant dudit Laurent Joubert, lequel ne l'a jamais écrit qu'en François [1], & ont été imprimés à Paris chez Nicolas Chefrieau, l'an 1579.

[1] Ce qu'a ci-deffus remarqué La Croix du Maine aux mots JEAN-PAUL ZANGMAISTRE & LAURENT JOUBERT, & ce qu'il dit fur le même fujet dans cet Article, fait voir que Laurent Joubert n'a jamais compofé qu'en François fon Traité du Ris, & qu'ainfi tout ce qu'on a dit des Traductions qu'on en a faites de Latin en François n'eft qu'une fable, que pour des raifons particulières il a lui-même autorifée, comme il l'a depuis avoué. (M. DE LA MONNOYE).

LOUIS PARADIS, natif de Victray en Parthois, Chirurgien de M. le Maréchal de Biron, &c. Il a voyagé en loingtains Pays eftranges, & a écrit quelques Obfervations de fes Voyages, non encore imprimées. Ambroife Paré fait honorable mention de lui, en fon Traité de la Licorne. Il floriffoit l'an 1573. Je ne fçai s'il eft encore vivant [1].

[1] Il y a un PAUL PARADIS nommé dans les Lettres de François I, du mois de Mars 1545, pour être un des trois Profeffeurs Royaux en Hébreu. Ces Lettres fe voient dans les notes de M. Baluze fur la vie de Pierre du Chatel par Pierre Galland, pag. 150. (M. DE LA MONNOYE).

LOUIS DE PERUSIIS, Ecuyer, natif de Cumons. Il a écrit des Guerres advenues en Provence & Comté d'Avignon, l'an 1562, entre les Catholiques & ceux qui fe difent Huguenots, imprimé l'an 1565, à Anvers, chez Antoine Tilens [1].

[1] Le P. le Long, n°. 15274 de fa Biblioth. Hiftor. de Fr. (ancienne Edit.)

dit que ce difcours n'eft que l'Abrégé d'un plus ample, qui exifte manufcrit entre les mains des héritiers de feu M. de Mazaugues, mort en 1712. L'Imprimeur d'Anvers, nommé *Tilenus* par le P. le Long, & *Tiletis* par du Verdier, eft mieux nommé à la Flamande *Tilens*. (M. DE LA MONNOYE).

LOUIS LE PICARD, natif de la ville d'Alençon, Ecolier étudiant en la Faculté de Médecine à Paris, l'an 1547, auquel temps il écrivit une révolution calculée fur le Méridien de Paris, & autres lieux d'alentour ou circonvoifins, imprimée audit an 1547.

LOUIS DU PUIS, natif de Romans en Daulphiné. Il a traduit de Grec en François, le Dialogue de Lucien, intitulé *Toxaris*, ou de l'Amitié, imprimé; il a traduit de Grec en François, les Epîtres de Diogene Cynique, imprimées à Poiétiers, par Jean & Enguillebert de Marnef, l'an 1549 [1]; il a davantage traduit les Commentaires d'Ammonius, fur les Inftitutions de Porphyre, lefquelles il a traduites à Paris, l'an 1540. Il florifloit à Poiétiers, l'an 1544. Il étoit fils de Maître Guillaume du Puis, Doéteur en Medecine, & Profefleur d'icelle en la ville de Grenoble en Dauphiné, auquel il dédie fa Traduction des Epîtres de Diogene, &c.

[1] Les Epîtres publiées fous le nom de *Diogène le Cynique* font fuppofées, quoiqu'anciennes. François Accolti d'Arezzo, célèbre Jurifconfulte, en donna de fon temps une mauvaife Traduction Latine, qu'il dédia au Pape Pie II. C'eft fur cette Traduction que la Françoife, plus mauvaife encore, a été faite. (M. DE LA MONNOYE).

LOUIS REGNIER, Sieur DE LA PLANCHE, Gentilhomme Parifien [1]. Il eft Auteur (felon qu'aucuns ont opinion) d'un Livre intitulé du grand & loyal devoir, fidélité & obéiffance de Meffieurs de Paris, envers le Roi & la Coronne de France, &c. imprimé l'an 1565. Ce Livre s'appelle autrement le Livre des Marchands *.

[1] Quelques-uns ont attribué à ce LOUIS REGNIER, fieur de la Planche, le Livre imprimé fans nom de lieu, 1576, *in*-8°. fous le titre d'*Hiftoire de l'Etat de la France, tant de la République que de la Religion*; mais il n'y a nulle apparence qu'il foit Auteur de ce Livre, y étant cité, pag. 397, d'une ma-

nière méprifante , & traité , pag. 404, *d'homme politique plutôt que religieux*·
Béze , pag. 743 de fon *Hift. Eccléf.* parle en 1561 d'un Miniftre qu'il nomme
fimplement *la Planche* , & c'eft à ce Miniftre qu'André du Chefne attribue
cette Hiftoire, p. 92 de fa *Bibliothèque des Hiftoriens de France.* (M. DE LA
MONNOYE).

    * Le Livre que La Croix du Maine lui attribue a pour but principal de
juftifier M. de Montmorency , Gouverneur de Paris , de s'être oppofé à
l'entrée du Cardinal dans cette Capitale. L'Auteur introduit plufieurs Marchands haranguans dans une de leurs affemblées , tant fur les fervices rendus
à l'Etat par les Montmorencis, que fur les entreprifes des Guifes ; & c'eft par
cette raifon que ce Livre s'appeloit *le Livre des Marchands.* Cet Ecrit eft de
205 feuillets ; on y trouve quelques faits curieux. L'Imprimeur annonçoit
une feconde partie, qui devoit paroître trois jours après , mais je ne crois
pas qu'elle ait été publiée. De Thou (Liv. XXV) dit que la Planche étoit
neveu de Jean du Tillet , & un des confidens du Duc de Montmorenci. Il
y a des raifons de croire que c'eft le même la Planche , Auteur de l'*Etat de
France , tant de la République que de la Religion* , fous Henri II , publié en
1576 , *in-8°.* mais il y a auffi des raifons d'en douter , car fi dans ce Livre
il parle mal de Louis Regnier , fieur de la Planche , ce peut être afin de donner le change. Dans l'*Etat de France* , il fe montre Huguenot paffionné , &
il étoit dangereux de fe faire connoître pour tel.

    LOUIS LE ROY *, dit REGIUS , natif de Coutances ou
Conftances en Normandie, Lecteur du Roi en Philofophie, à
Paris , homme très-docte, grand Hiftorien & Orateur. En quoi
l'on peut admirer le Pays de Normandie, être très-fertile à
produire une infinité d'Hommes de grande érudition & d'un
efprit émerveillable; car outre ceux que nous avons nommé ci-
devant (lorfque nous avons fait mention de Guy le Febvre,
fieur de la Boderie,) lefquels ont pris naiffance audit Pays de
Normandie, fçavoir eft de M. Poftel, la Boderie & fes frères,
Guerfens, les du Perron père & fils, Jaques le Gras, les Che-
valiers furnommés d'Agneaux , &c. Nous y ajouterons encore
ceux-ci, defquels je ne m'étois fouvenu pour lors, fçavoir eft
Meffieurs de Silly , du Pleffis Marly , les Goffelins, les Morels,
Louis le Roy dit *Regius* , Leger du Chefne, dit *Leodegarius à
Quercu* , Richard Dinot, d'Alechamps, Jean Doublet, Ch.
Toutain , Guillaume Gueroult , Nicolas Fileul, Nic. Maillart,
Talpin , le Sénéchal, Vigor , le Hongre , Tallebot, de la Bigne

& autres en nombre infini, defquels je ferai plus ample mention autre part, & fi je les vouloy tous nommer, j'en mettroy plus de trois cent, qui tous ont écrit & compofé des Œuvres tant en Latin qu'en François ; mais je réferve ceci à dire autre part, & ne parle ici que de ceux de notre temps. Cetui-cy Louis le Roy a écrit en notre Langue Françoife, les Œuvres qui s'enfuivent. De la Viciffitude, où variété des chofes en l'Univers, & concurrence des armes & des Lettres, par les premieres & plus Illuftres Nations du Monde, imprïmée à Paris, chez Pierre l'Huillier, l'an 1577, & depuis encore par plufieurs fois ; Exhortation aux François, pour vivre en concorde, & jouir du bien de la Paix, imprimée à Paris, chez Jaques du Puis, l'an 1570 ; Projet ou Deffein du Royaume de France, pour en repréfenter en dix Livres l'Etat entier, fous le bon plaifir du Roi, imprimé chez Federic Morel, l'an 1570 ; les Monarchiques, qui eft un Traité touchant la Monarchie, & des chofes requifes à fon établiffement & confervation, avec la conférence des Royaumes & Empires plus célèbres du monde, Anciens & Modernes, &c. le tout imprimé à Paris, chez Jaques du Puis, l'an 1570, & chez Federic Morel ; Difcours fur le Royaume des Perfes & de la nourriture de leurs Rois, extrait du troifïéme Livre des Loix de Platon, imprimé à Paris chez Federic Morel, l'an 1562 ; Traité des troubles & différents advenants entre les hommes, pour la diverfité des religions, enfemble du commencement, progrès & excellence de la Religion Chrétienne, imprimé à Paris l'an 1569, chez Federic Morel ; deux Oraifons Françoifes, prononcées par lui à Paris l'an 1576, en Février, avant la lecture de Demofthene, Prince des Orateurs, la première eft des Langues doctes & vulgaires, & de l'ufage de l'Eloquence, & l'autre traite de l'état de l'ancienne Grece, depuis fon commencement jufques à ce qu'elle fut affervie par les Macédoniens ; elles ont été imprimées à Paris, chez Federic Morel, l'an 1576. Voilà quant à fes Inventions, s'enfuivent maintenant fes Traductions.

Traductions de Grec en François, par Louis le Roy.

Les Politiques d'Ariftote & de Platon, avec les commentaires ou expofitions, imprimées à Paris; le Sympofe ou banquet de Platon ¹, avec de fort doctes annotations dudit Louis le Roy; ce Livre traite de l'amour & de beauté , & contient trois Livres de Commentaires fur icelui, imprimé à Paris par Robert le Mangnier, l'an 1559; l'Exhortation d'Ifocrates à Demoniq, pleine d'enfeignemens pour induire les hommes à vivre honnêtement & aimer la vertu; l'Oraifon du règne & de la maniere de bien régner; le Symmachique, ou du devoir du Prince envers fes Sujets, & des Sujets envers leur Prince; le premier Livre de l'Inftitution de Cyrus, ou du Prince parfait, écrit par Xenophon ; les Louanges d'Agéfilas, Roi des Lacédémoniens : le tout imprimé à Paris, chez Jean Longis & Robert le Mangnier, l'an 1560; Traité du bien advenant aux Princes frères, de leur amitié mutuelle, & bonne intelligence entre eux, &c. traduit du Grec de Xenophon, imprimé à Paris par Federic Morel, l'an 1575; il a davantage traduit le Phedon, le Tymée, le Sympofe, & la Politie de Platon, contenant dix Livres de la République ou de la Juftice , aufquels il a ajouté trois Livres de l'ame, écrits par Ariftote, avec fes Etiques & Politiques, le tout imprimé à Paris; les Oraifons Politiques de Demofthene, avec quelques Livres d'Ifocrates & de Xenophon, trois Olympiques, & quatre Philippiques de Demofthene, Auteur Grec, imprimées à Paris; Traité d'Ariftote, touchant les changemens, ruines & confervation des Etats publiqs, avec les caufes & remèdes des émotions civiles , enfemble les annotations ou commentaires fur ledit Livre d'Ariftote, faits par ledit Regius, le tout imprimé à Paris chez Federic Morel, l'an 1566; le Livre de Théophrafte, touchant le feu & les vents; Traité d'Hippocrates, touchant l'air des eaux, & différences des lieux & parties du monde; Sermon de la Providence & Juftice Divine, écrit par Theodorite, Evêque de Cyropoli, ancien Philofophe & grand Théologien. Il a davantage traduit du Latin en François l'Oraifon du Seigneur Jean de Zamochie, Polonnois, fur la Déclaration de l'Election du Roi de Polongne, & pourquoi il a été préféré aux autres compétiteurs, &c. imprimée à Paris chez Federic Morel, l'an 1574, il a écrit plufieurs Livres en Latin, & entre autres la vie de Guillaume Budé, qui fut le premier Livre qui le fit connoître & le mettre en grande renommée. (*Elle fut imprimée pour la première fois en* 1540, *in-*4°.) Il mourut** à Paris fous le règne du Roi Henry III, fans avoir amaffé beaucoup de biens de fortune, fe contentant de ceux de l'efprit, &c.

* Louis le Roy, dit *Regius*, habile Humanifte & affez bon Critique, fut favant dans les langues Grecque & Latine, & fuccéda en 1570 au célèbre Lambin dans la Chaire de Profeffeur en langue Grecque au Collège Royal. Il mourut pauvre à Paris le 2 Juillet 1577. C'eft de lui que Joachim du Bellay a dit dans un de fes Sonnets :

> Mais je hais par fur-tout, un favoir pédantefque.

¹ On ne trouve point parmi les Poëfies, foit Latines, foit Françoifes de Joachim du Bellai les vers piquans, qu'au rapport de Scévole de Sainte-Marthe, il fit contre Louis le Roi. Il faut croire qu'ils ne furent pas imprimés, & qu'apparemment la querelle ne dura pas, puifque du Bellay voulut bien traduire tous les vers, tant Grecs que Latins, cités par Louis le Roi dans fes *Commentaires fur le Sympofe de Platon*. (Ce qui a trompé M. de la Monnoye, c'eft que le Roi n'eft pas dénommé expreffément dans les vers de du Bellay)... (M. DE LA MONNOYE).

Regius, *Morofus & multis invifus*, à qui François I avoit fait mettre quelques manifeftes en Latin, & des Epîtres aux Etrangers, ce qui lui valut la place de Profeffeur Royal en Grec. (M. FALCONET).

Voy. les Mémoires de Niceron, Tom. XXIX.

** M. de Thou, à la fin de fon foixante-huitième Livre, place la mort de Louis le Roi fous l'an 1579, en quoi il fe trompe ; il ajoute que ce favant avoit négligé à un tel point le foin de fes affaires domeftiques, qu'il fut obligé fur la fin de fes jours de vivre au dépens d'autrui, *Jam fenex, alienâ quadrâ vivere coaêtus*. Nous apprenons par-là que Louis le Roi mourut vieux. L'erreur de M. de Thou fur la date de la mort de le Roy fe retrouve en plufieurs endroits de la *Biblioth. Hiftor. de la France*, n°s. 5823, 17733 & 27197 de la nouvelle Edition. Dans l'ancienne Edition, n°. 1464, cette mort eft placée en 1573. La vraie date de 1577 fe trouve cependant fous le n°. 18112 de l'Edition nouvelle.

LOUIS DE SAINTE-MARTHE, Gentilhomme Poictevin.
Il a écrit plusieurs vers François non encore imprimés. Il est
parent de Scevole de Sainte-Marthe, duquel nous ferons mention ci-après [1].

[1] Au lieu de *Parent*, il falloit dire qu'*il étoit père de Scévole de Sainte-
Marthe*. Du reste, ce *Louis de Sainte-Marthe*, uniquement occupé de sa
charge de Procureur du Roi au Bailliage de Loudun, n'a jamais fait imprimer ni prose, ni vers de sa façon. (M. DE LA MONNOYE).

LOUIS LE SENESCHAL, Prêtre, &c. Il a écrit une
catholique & familière exposition des Evangiles d'un chacun
jour de Carême, & des Epîtres & Dimanches, &c. imprimée à
Paris chez Gabriel Buon, l'an 1559. Quant à Guillaume le
Seneschal, Docteur en Théologie, nous en avons parlé autre
part.

LOUIS SERVIN, Gentilhomme Parisien, Sieur DE
PINOCHES, Avocat en Parlement, jeune homme fort docte en
Grec & Latin, autrefois Disciple de François Balduin, tant
renommé pour la Jurisprudence & l'Histoire, & encore pour
la Théologie, &c. fils de M. le Contrôleur Servin & de Madame
Madelene Deschamps, femme très-docte, de laquelle nous
ferons mention ci-après [1]. Il a écrit quelques vers François à
la louange dudit sieur Balduin, son Précepteur, & encore
plusieurs Epitaphes sur sa mort, lesquels ne sont imprimés, je
les ai écrits à la main avec ceux de Madame sa mère. Il a pu
composer beaucoup d'autres choses & dresser plusieurs Mémoires
en notre langue, mais je n'en ai pas connoissance. Il florit à Paris
cette année 1584, âgé de 28 ans environ.

[1] Henri III le fit, en 1589, à Tours son Avocat-Général. Louis Servin
avoit dans sa jeunesse cultivé la Poësie Latine & Françoise. On voit par une
de ses lettres à Joseph Scaliger, du 20 Août 1598, qu'il avoit entrepris de
mettre le *Cantique des Cantiques* en vers phaleuques. Sa prétendue version de
Denys le Periegète n'a point paru, & n'auroit peut-être pas valu celle qu'en
1597 donna Benigne Saumaise, père de Claude. Ce *Denys* n'étoit pas
d'Alexandrie d'Egypte, comme on l'a cru sur la foi d'Eustathius, mais
d'Alexandrie depuis nommée Charax dans la Susiane, comme Pline, mieux

instruit, l'a marqué, Liv. VI de son *Hist. Nat.* Il n'est pas vrai non plus que Denys ait divisé son Poëme en quatre Livres ; l'Ouvrage qui est de onze cens quatre-vingt-six vers est compris en un Livre seul. Louis Servin mourut le 19 Mars 1626, & non pas en 1627*, comme dit Claude Joli sur les Opuscules de Loisel, pag. 579. (M. DE LA MONNOYE).

Son père étoit Huguenot, demeuroit à Genève avec Spifame, du temps de Henri II. *Borboniana.* (M. FALCONET).

* Louis Servin fut l'un des plus savans Magistrats de son temps. Il exerça la charge d'Avocat-Général pendant trente-sept ans, sous les règnes de Henri III, Henri IV & Louis XIII. Il mourut dans un Lit-de-Justice aux pieds de ce dernier Roi, voulant élever sa voix pour faire entendre ses Remontrances contre quelques Edits bursaux que le Roi venoit faire enregistrer. Ses efforts le firent trouver si mal, qu'il perdit sur le champ la parole & le sentiment, & expira deux heures après, le 19 Mars 1626. M. Bougier, Conseiller de Grand-Chambre, fit sur sa mort le Distique suivant :

Servinum una dies pro libertate loquentem
Vidit, & oppressa pro libertate cadentem.

LOUIS DU TAILLIS. Il a écrit en prose Françoise, une Epître Chrétienne, contenant une doctrine salutaire, pour apprendre à méprifer le monde, &c. imprimée à Douay en Flandres, par Louis de Winde, l'an 1569.

LOUIS DU TRONCHAY, Sieur DE LA FORTERIE, fils de Baptiste du Tronchay, Conseiller du Roi au Mans, & frère puîné de Georges du Tronchay, sieur de Balladé, (desquels nous avons parlé ci-dessus,) tous deux neveux de Gazal ou Gaspard du Tronchay, Médecin à Renes, &c. Ledit Louis du Tronchay naquit en la ville & cité du Mans, l'an 1545. Il étoit l'un des plus doctes & plus sçavants jeunes hommes de France, & des plus affectionnés aux lettres. Il n'entendoit parler d'aucun homme docte, qu'il ne desirât d'entrer en sa connoissance : il n'en connoissoit point de curieux d'avoir des Livres écrits à la main, qu'il ne les fréquentât, pour entrer en leur amitié, afin de les pouvoir voir, ou en transcrire quelque chose : fomme c'étoit le jeune homme de la plus grande espérance qui fut de son temps : comme le pourroient témoigner avec moi, tous ceux qui l'ont connu, & j'ai fort grand regret de ne l'avoir

oncques

onques pu hanter pour apprendre avec lui, mais il y a quatorze ou quinze ans qu'il fut tué s'étant abfenté de fon pays pour la religion. Ce qui lui avoit été prédit par Jaques Viard dit la Fontaine, Aftrologue & Mathématicien, demeurant à Gouiz, près Dureftal en Anjou. Car il fut tué par aucuns foldats, au village nommé Thou, diftant de la ville de la Charité, (près Sanferre en Nivernois,) de quatre lieues ou environ : lequel lieu fut depuis brûlé par ceux de la religion réformée, en indignation du meurtre commis à l'endroit de ce jeune homme, qui s'y étoit tranfporté pour y voir quelque chofe de remarque, comme il étoit des plus curieux de fon temps en toutes fortes de gentilleffes. Il étoit très-docte en Grec, & écrivoit bien en Latin, (comme nous dirons autre part;) & quant à fes écrits François, encore qu'il n'y en ait point en lumière, fi ai-je appris de George du Tronchay, fieur de Balladé fon frère aîné, qu'il avoit écrit une très-ample Hiftoire des troubles de France, pour le fait de la religion, laquelle il avoit écrite felon la vérité. Elle fut perdue & dérobée lorfqu'il fut tué près ladite ville de la Charité, car il écrivoit ladite Hiftoire felon les occurrences & les chofes qui fe préfentoient pour en écrire. Il a compofé plufieurs Poëmes François, lefquels ne font encore en lumière. Il mourut l'an 1569, au grand regret de tous fes amis, âgé de vingt-quatre ans.

LOUIS VINCENT, Angevin. Il a traduit de Latin en François, un Traité de l'excellence de la femme, ou de la louange du fexe féminin, écrit par Henry Corneille Agripa, imprimé à Paris, l'an 1578, auquel temps il floriffoit en ladite ville *.

* Le Traducteur de cet Ouvrage d'*Agrippa* s'appeloit Louis Vivant, & & non pas Louis Vincent.

LOUISE, ou ELOYS (Sœur), (felon le langage ufité de fon temps,) Religieufe profeffe en l'Abbaye d'Argenteuil, près Paris, en l'an de falut 1130, & depuis Abbeffe du Paraclit, &c.

Cette Dame étoit fort bien versée ès Lettres sacrées & prophanes, & écrivoit fort doctement en Latin & en François, comme il se voit par ses Lettres ou Epîtres qu'elle envoyoit à Maître Pierre Abeylard, grand Théologien pour son temps, Religieux de l'Abbaye de S. Denis en France, (comme nous dirons parlant de lui.) Jean de Meun fait très - ample mention dudit Abeylard & de sa concubine Eloys ou Loyse. Qui en voudra voir amplement, lise le Roman de la Rose, composé par ledit Jean de Meun, surnommé Clopinel. Lesdites Epîtres ne sont en lumière, Jean Moulinet en fait aussi mention dans sa traduction dudit Roman de vers en prose Françoise [1].

[1] Héloïse, car c'est ainsi qu'on est en possession d'écrire son nom, étoit née avec beaucoup d'esprit. Elle demeuroit chez un Chanoine de Paris, son oncle maternel, qui, lui voyant de belles dispositions pour les sciences, accepta volontiers l'offre que Pierre Abélard, le plus fameux Docteur de ce temps-là, lui fit de la rendre habile, s'il vouloit bien le prendre chez lui en pension, promettant de la lui payer à sa mort. La vue d'Abélard étoit de faire sa maîtresse de son écolière. Il y réussit, mais les suites en furent très-fâcheuses pour lui & pour elle. L'Histoire en est connue. Une cruelle nécessité les obligea, quoique mariés, de se séparer. Il se fit Moine, elle Religieuse. Abélard mourut Moine de Cluny, au Prieuré de S. Marcel, près Châlon-sur-Saone, le 12 Avril 1142. Héloïse ayant passé du Monastère d'Argenteuil, au Paraclet, maison fondée par Abélard dans le Diocèse de Troyes, y gouverna une Communauté de filles, dont elle fut la première Abbesse. Elle voulut, lorsqu'elle seroit morte, ce qui arriva le 17 Mai 1163, être mise dans le tombeau d'Abélard, dont, quand il fut mort, l'Abbé de Cluny lui accorda le corps, qu'elle fit enterrer au Paraclet. Ses Lettres, & celles d'Abélard, ont trouvé plus d'un Traducteur, mais point de fidèle *. (M. DE LA MONNOYE).

* Nous n'ajouterons rien à ce détail des infortunes d'Héloïse, si connues & tant chantées en toute langue & dans tous les temps, qu'un passage de Papire Masson, *Annal. Lib.* III, qui peut jeter un doute sur la naissance d'Héloïse.... *Joannes, Canonicus Parisinus, Heloysam naturalem filiam habebat, præstanti ingenio formâque* ... d'où l'on conclud qu'elle étoit fille, & non pas nièce du Chanoine qui la faisoit élever, & dont le nom étoit Jean, & non Fulbert, comme on l'appelle ordinairement. Mais ce que dit à ce sujet Papire Masson n'est fondé sur aucun témoignage suffisant pour faire rejeter l'opinion commune. *Voy.* le Dict. de Bayle, & la vie d'Héloïse, écrite avec une judicieuse critique dans le XIIe Tome de l'*Hist. Litt. de la France.*

LISET BENANCIO, (qui eſt un nom ſuppoſé comme il ſemble.) Il a écrit en proſe Françoiſe, la déclaration des abus que font les Apoticaires, imprimée à Tours, l'an 1553 *.

* On lit dans l'imprimé LISSET, & non pas LISET. Son Livre, qui fut réimprimé à Lyon, en 1557, *in-12*, fut traduit en Latin par Thomas Bertholin, ſous ce titre : *Liſeti Benancii Declaratio fraudum & errorum apud Pharmacopæos.* Francof. 1669, *in-8°.*

LOUP CAVIER (Frère), Religieux, Cordelier à Sens en Bourgongne, natif de ladite ville &c. Il a traduit de Latin en François, la Profeſſion Catholique de Sebaſtien Flach de Mansfeld, contenant vingt-deux raiſons pourquoi il a laiſſé le Lutheraniſme, pour devenir Catholique, imprimé à Paris par Antoine Houic, l'an 1576.

LUCAS GATELLUS, Poëte Provençal, l'an 1270. Il a écrit pluſieurs Poëſies non encore imprimées.

LUCAS DE GRIMAULD, natif dudit lieu de Grimauld en Provence, iſſu de parens nés à Genes en Italie. Il naquit l'an 1273 *. Il a écrit pluſieurs Chanſons & autres Poëſies en langue Provençale, à la louange de la Dame de Villeneuſve en Provence; il a davantage écrit pluſieurs Comédies, pleines de malédictions & injures contre le Pape Boniface VIII. Elles ne ſont encore imprimées. Il ſe tua de ſes propres mains l'an 1308, âgé de trente-cinq ans **.

* Puiſqu'il étoit né en 1273, & qu'il mourut à trente-cinq ans, La Croix du Maine a raiſon de placer ſa mort à l'an 1308, & Oldoini s'eſt trompé dans ſon *Atheneum Liguſticum*, en rapportant cette mort à 1303. Le même Oldoini aſſure qu'il ne nous reſte aucun des vers de ce Poëte.

** Voy. Jean de Notre-Dame, Chap. 55. Le vrai nom de ce Poëte étoit GRIMALDI.

LUCAS TREMBLAY, Pariſien, Profeſſeur ès Mathématiques à Paris, l'an 1584. Il a revu & recorrigé l'Art d'Arihmétique de Claude de Boiſſières, Dauphinois, imprimé à Paris; il a écrit pluſieurs Noëls ou Cantiques, ſur la Nativité de notre

Seigneur Jefus-Chrift, imprimés l'an 1580, à Paris chez Jean de Laftre.

LUCRECE DE MOREL, Damoifelle Parifienne, fœur puînée de Camille de Morel, & encore de Diane de Morel, (defquelles nous avons parlé ci-deffus,) toutes trois filles de Jean de Morel, Gentilhomme, natif d'Ambrun en Dauphiné, & de Damoifelle Antoinette de Loynes, (comme nous l'avons déclaré parlant des fufdites.) Cette Lucrece étoit très-docte en Grec & en Latin, & fçavoit fort bien compofer en l'une & l'autre langue, & en François auffi. Ses écrits ne font encore en lumière. Elle mourut à Paris l'an 1580, le vingt-neuvième jour de Juin [1].

[1] Des trois filles de Jean de Morel & d'Antoinette de Loynes, *Camille* étoit l'aînée, *Diane* la feconde & *Lucrece* la troifième. Les deux cadettes ne-pafsèrent pas l'an 1581. Camille vivoit encore en 1584. (M DE LA MONNOYE).

L. BOSQUIER D'ALBENAS. Il a écrit quelques Livres touchant les Antiquités de Nifmes en Languedoc, non encore imprimés que je fçache.

L. CONSTANT. Il a traduit de Latin en François, l'Hif-toire de Florus, touchant les geftes des Romains, imprimée à Paris, chez la veuve de Lucas Breyer.

M A C.

MACÉ * OGIER, Prêtre, Maître de la Maison des Ardants, située en la ville du Mans, &c. natif de la Champagne du Maine. Il eſt Auteur de la Carte, ou Deſcription Générale de tout le Pays & Comté du Maine, laquelle fut gravèe en planches de cuivre par Jaques Androüet, Pariſien, ſurnommé du Cerceau, & imprimée au Mans l'an 1539, par Mathieu de Vaucelles & Alexandre Chouen, & encore l'an 1565, par ledit Vaucelles. Ce qui eſt contenu en ladite Carte a depuis été réduit en Livre, & imprimé par Hieroſme Olivier, l'an 1559, & auparavant chez Louis Gaingnot, l'an 1558, ſuivant les Mémoires qui furent trouvés en la Bibliothèque dudit Macé Ogier, après ſa mort. Il floriſſoit du temps de François I, l'an 1530.

* Macé eſt une corruption du mot Mathieu. L'Article ſuivant en eſt la preuve.

MACÉ VAUCELLES, Imprimeur & Libraire, demeurant au Mans, &c. Voy. ci-après Mathieu de Vaucelles, qui eſt le nom qu'il a retenu & mis en ſes écrits, comme nous dirons en ſon lieu, quand nous parlerons de ceux qui ont ce nom de Mathieu.

MACLOU DE LA HAYE, natif de Montreul en Picardie, Valet de Chambre du Roi Henry II, l'an 1553. Il a écrit pluſieurs Poëſies Françoiſes, deſquelles s'enſuivent les noms, Chant de la Paix, Chant d'amour, cinq Blaſons des cinq contentements en amour, Sonnets d'amour, vingt vœux des vingt beautés de ſon amie[1], Epigrammes & Stances, le tout imprimé en un volume, chez Eſtienne Grouleau, l'an 1553, à Paris.

[1] Il devoit être bien content de trouver juſqu'à vingt beautés dans ſa maîtreſſe. Gabriel de Minut n'en compte pas tant dans la belle Paule. Néviſan, Liv. II de ſa *Sylva Nuptialis*, n°. 93, cite un Livre François, *De la louange*

& *beauté des Dames*, où fe trouve le dénombrement des trente qualités requifes pour faire une beauté complette. J'ajoute aux autres curieufes citations de Névizan le 56ᵉ Chap. du XIIIᵉ Liv. d'*Amadis*, & ce qu'en dit
Brantome, Tom. I des *Dames Galantes*. (M. DE LA MONNOYE).

MADELENE DE L'AUBESPINE (Madame), fille de
M. le Secrétaire de l'Aubefpine [1], & femme de Meffire Nicolas
de Neufville, Seigneur de Villeroy, premier Secrétaire d'Etat,
&c. (duquel nous ferons mention ci-après à la lettre N.) Cette
Dame eft fi heureufe à compofer en profe & en vers, & a
l'efprit & le jugement fi rares, qu'elle attire un chacun à la
contemplation de tant de vertus qui reluifent en elle, lefquelles
elle a comme par fucceffion de ceux defquels elle a pris origine,
& pour faire preuve de ce que j'ai dit touchant fon fçavoir &
doctrine, j'alléguerai fa Traduction des Epîtres d'Ovide, lefquelles elle n'a encore fait imprimer, non plus qu'une infinité
de Poëmes de fon invention, lefquels fortiront en lumière
quand il lui plaira. Elle florit cette année 1584 *.

[1] Elle étoit fille de Claude de l'Aubefpine & de Jeanne Bochetel. Divers
Auteurs, exactement cités dans Moréry, ont parlé de cette Dame avec
éloge. Bertaud, Evêque de Séez, en a fait l'Epitaphe dans fes Poëfies. Elle
mourut à Villeroy au mois de Mai 1596. (M. DE LA MONNOYE).

* Elle avoit été mariée en 1562. Fauvelet du Tot fe trompe dans fon
Hiftoire des Secrétaires d'Etat, lorfqu'à la pag. 81, il nomme *Marie*, la mère
de Madelaine de l'Aubefpine. Elle fe nommoit *Jeanne*, & cette erreur eft
d'autant moins excufable, qu'il rapporte lui-même, pag. 14 du même Ouvrage, l'Epitaphe de Madelaine, où il eft dit qu'elle étoit fille de Jeanne
Bochetel. Cette Epitaphe nous apprend qu'elle réuniffoit les charmes de la
figure aux talens & aux agrémens de l'efprit : *Formâ, decoris venuflate fin-
gulari . . . fexum ingenio, judicio, liberalitate, animi magnitudine, tùm eru-
ditione fuperavit*. L'Epitaphe fe voit dans une Chapelle de l'Eglife de Magny
où cette femme célèbre eft enterrée. On y lit qu'elle mourut le 17 Mai
1596, à cinquante ans moins quatre jours. Les Auteurs de l'*Hiftoire Gé-
néalogique des grands Officiers de la Couronne* ont donc mal calculé la date
de fa naiffance, Tom. IV, pag. 641, quand ils l'ont placée au 13 Mai 1546
il falloit là placer au 21 Mai. Selon leur calcul elle avoit vécu cinquante ans
plus quatre jours.

MADELENE CHEMERAUT, Dame Poictevine, parent
de Mefdames des Roches de Poictiers, &c. J'ai entendu qu'ell

a un efprit gentil & fort prompt à compofer en vers & en profe. Elle n'a encore fait imprimer aucuns de fes Œuvres, mais il s'en voit quelques écrits à la main, & entre autres plufieurs Sonnets. Elle florit à Poictiers, l'an 1584.

MAGDELENE DESCHAMPS, femme de M. le Contrôleur Servin, fieur DE PINOSCHES, en Vandomois, & mère de Loys Servin de Pinoches, Avocat en Parlement, (duquel j'ai parlé ci-deffus.) J'ai vu quelques Poëfies Françoifes, Grecques & Latines, compofées par ladite Dame, tant fur la mort de François Balduin, (homme des plus renommés pour la Jurif-prudence & l'Hiftoire qu'autre de fon temps,) mais elles ne font encore imprimées. J'en ai par devers moi quelques-unes de fa façon fur la mort du fufdit Balduin. Elle a recueilli plufieurs Mémoires touchant la police de France, non imprimés. Je n'ai pas connoiffance de fes autres compofitions Françoifes, & quant à celles qu'elle a compofées en Grec ou en Latin, j'en ferai mention autre part. Elle florit cette année 1584.

MAGDELEINE NEVEU, Dame DES ROCHES, en Poictou, mère de Catherine des Roches, toutes deux fi doctes & fi fçavantes, que la France peut fe vanter les ayant engendrées, d'avoir produit en elles les deux perles de tout le Poictou, qui eft une région abondante en toutes chofes, & fur-tout en per-fonnes d'efprit, entre lefquelles celles-ci doivent obtenir le premier rang pour leur fçavoir. Ladite Magdeleine Neveu, a écrit plufieurs Poëmes & autres Œuvres en profe, lefquelles ont été imprimées à Paris, avec celles de fa fille Catherine des Roches *. Caye Jules de Guerfens, (duquel nous avons ja parlé ci-deffus) a fait imprimer une Tragédie Françoife, prife du Grec de Xenophon, de laquelle le titre eft *Panthée*, & protefte en fon Epître, mife au devant d'icelle, qu'il n'en eft l'Auteur mais qu'elle eft de la façon de Mefdames des Roches de Poictiers. Je ne fçai s'il eft ainfi, ou bien s'il le faifoit pour s'acquérir davantage l'amitié de Catherine, laquelle il prétendoit époufer,

fi elle eût voulu tant l'honorer. Ladite Tragédie a été imprimée à Poiĉtiers, l'an 1571, chez les Bouchets, & fe voit au
devant d'icelle, un quadrain de ladite Dame des Roches
Magdeleine Neveu. Elles font encore aujourd'hui vivantes, &
floriſſent à Poiĉtiers cette année 1584, & ne ceſſent de travailler
pour fe rendre immortelles en toutes fortes dignes de perpétuelle
gloire.

   * Pâquier, *Recherches*, Liv. VII, pag. 703, Chap. 6, parlant des Poëtes
qui parurent après le règne de Henri II, dit : « avec leſquels je ne douterai
» d'ajouter mes Dames des Roches de Poitiers, mère & fille, & fpécialle-
» ment la fille, qui réluiſoit à bien efcrire entre les Dames comme la Lune
» entre les Eſtoiſes ». Catherine Neveu épouſa le Seigneur des Roches,
qu'elle appelle dans l'Epitaphe qu'elle lui a faite *François Eboiſſard, Seigneur
de la Villée*. Elle n'eut de fon mariage que Catherine des Roches, qu'elle
nourrit elle-même, & dont elle cultiva avec foin les heureuſes difpoſitions.
Elles moururent l'une & l'autre le même jour, de la peſte qui affligeoit la
ville de Poitiers, en 1587. Leurs Ouvrages réunis, & qui forment deux
Recueils fous le titre de *Premières & fecondes Œuvres*, ont toujours été imprimés enfemble. La dernière Edition de 1604 eſt la plus complette. Madame
des Roches parle ainſi dans fa première Ode du peu de liberté que les femmes
ont de fe livrer à l'étude :

> Nos parens ont de louables coutumes
> Pour nous tollir l'uſage de raiſon,
> De nous tenir cloſes dans la maiſon,
> Et nous donner le fuſeau pour la plume...

Il paroît que la mère & la fille n'eurent pas de prétention plus marquée dans
leurs Ecrits que celle d'occuper agréablement leur loiſir. Voici ce qu'en dit
Catherine des Roches dans un Sonnet adreſſé à fes Ecrits :

> Je ne penfay jamais que vous euſſiés de force
> Pour forcer les efforts de l'oubli ni du tems ;
> Auſſi je vous efcry comme par paſſe-tems,
> Fuyant d'oiſiveté la vicieuſe amorce.

   On trouve parmi les Œuvres de Catherine des Roches deux Dialogues
fort fenfés, & qu'on liroit encore avec plaiſir, *fur les avantages que les
femmes peuvent retirer de l'étude*. La mère & la fille traduiſirent enſemble en
vers François le Poëme de l'*Enlévement de Proferpine*, par Claudien.

   Les plus beaux efprits de leur temps compoſèrent à l'envi des vers Grecs,
Latins, François, Italiens & Eſpagnols fur une puce qui fut apperçue fur le
fein

fein de Catherine des Roches , aux grands jours de Poitiers , tenus en 1579.
Ils forment un Recueil imprimé en 1583 , *in-*4°.

Voy. la Bibl. Françoife de M. l'Abbé Goujet , Tom. XIII , pag. 256 , &
Tom. XIV, pag. 263.

MADELON JARRY, Sieur DE WRIGNY au Maine, Gentilhomme fort docte , grand Poëte Latin & François, Hiftorien &
Orateur. Il a écrit & compofé l'Hiftoire de France , ou de
l'origine des François, laquelle il a intitulée , *Des Faicts des
François.* Elle n'eft encore imprimée. Je defirerois que ceux
(entre les mains defquels elle fera parvenue) la feiffent imprimer : car je crois qu'elle fera pleine de belles & doctes recherches;
(comme je peux juger par quelque fragment d'icelle, lequel
j'ai écrit de fa main, contenant deux ou trois feuilles de minute;)
mais ce que j'en ai, n'eft que le brouillart de fa copie; il a
davantage écrit en Poëfie Latine & depuis traduit en vers
François, plufieurs Cantiques ou Noëls, Sonnets, Epitaphes ,
Epigrammes & autres femblables chofes, lefquelles ne font en
lumière. Il mourut en fa Terre de Wrigny, près la ville de
Sablé au Maine, l'an 1573, âgé d'un quarante ans.

MAMERT PATISSON, Imprimeur & Libraire à Paris,
homme fort docte en Grec & en Latin , & en François auffi. Je
n'ai encore point vu de fes écrits mis en lumière, fi peux-je bien
affurer que quand il voudra il en pourra faire imprimer de fon
invention, d'auffi beaux & doctes, comme ceux qu'il imprime
d'ordinaire; en quoi il eft à louer grandement pour le profit
qu'il fait au public, touchant les beaux livres qu'il imprime tous
les jours; car il ne choifit que de bonnes copies, & compofées
par hommes doctes, lefquelles il imprime fort correctes, de
beaux caractères, fur bon papier & de belle marge, qui font
toutes les perfections de l'Imprimerie; en quoi il ne dégénère de
Meffieurs les Eftiennes, en la maifon defquels il a pris alliance,
ayant époufé la veuve du fils de Robert Eftienne, père de
Henry , &c. Il florit à Paris cette année 1584 [1].

[1] Ménage, Chap. 91 du Tom. I de fon *Anti-Baillet* , a recueilli de divers

Auteurs tout ce qu'il a trouvé qui pouvoit faire le plus d'honneur à la mémoire de Patiſſon. Comme il n'a pourtant point fixé le temps de la mort de
cet habile Imprimeur, j'ajouterai ici que ce fut l'an 1600. La preuve s'en tire
d'une lettre de Caſaubon, du 23 Juillet 1602, de laquelle j'ai rapporté les
termes ſur le Tom. I de Baillet, Art. 17. (M. DE LA MONNOYE).

MARC-ANTOINE DE MURET, natif de la ville de
Limoges, en la Gaule Guiennoiſe [1], appelée des Latins Aquitaine, qui eſt auſſi le pays de Jean d'Aurat, Poëte du Roi, &
de pluſieurs autres ſçavants hommes, entre leſquels je nommerai
pour ceux de notre temps Jean de Maumont, Simeon du Bois,
dit *Boſius*, Martial Roger, Jean Jolivet, Chorographe,
Michel Nigonius, Orateur, & J. C. lequel étoit tant admirable
pour ſa divine mémoire, Antoine Valet, Docteur en Médecine,
Joachim du Challard, Meſſieurs de Selue, dont l'un fut Evêque
de la Vaur, Chreſtofle de Roſſignac, Préſident de Bordeaux,
Martial Maſurier, Docteur en Théologie, & Chanoine de
Notre-Dame à Paris, l'an 1540, &c. Jean de Sallignac, Male-
dent, Betolaud, la Garde, Maſſiot, Maillard, de la Barde, le
Roy, Beaubrueil, Blanchon, Antoine de Lauets, & autres en
nombre infini, deſquels je ferai mention autre part, ſans parler
ici des anciens, comme d'un Proſper Aquitanus, Bernardus
Guidonis, lequel floriſſoit en l'an de ſalut 1300. taiſant ici dix-
ſept Papes de cette nation, qui tous ont été hommes doctes,
deſquels nous nous réſervons d'écrire en autre lieu plus à
propos. Or pour revenir, (après cette longue digreſſion,) à
parler du ſuſdit M. A. de Muret, nous dirons qu'il eſt eſtimé
l'un des plus doctes ès-Langues, & des plus éloquents Orateurs
de notre temps, outre ce qu'il eſt bien verſé en tous arts, toutes
proſeſſions & diſciplines, deſquelles il a fait ſuffiſante preuve
par ſes lectures publiques : mais étant du jourd'hui Prêtre &
Citoyen de Rome, (qui n'eſt pas un petit honneur, car cela
n'eſt donné qu'à ceux qui méritent beaucoup, comme auparavant lui, avoit été Chreſtofle de Longueil dit *Longolius*, & de
récente mémoire Hubertus Goltzius, ſi excellent rechercheur de
l'antiquité,) il ſe contente de verſer ès ſciences plus propres à

fa profeſſion. Dès ſes plus jeunes ans il a écrit quelques Chanſons ſpirituelles, miſes en muſique par Goudimel, & imprimées
à Paris & autres lieux. Il a écrit de fort doctes & bien laborieux
Commentaires ſur les Amours de Pierre de Ronſard, leſquels
ont été imprimés à Paris, par diverſes fois chez Gabriel Buon,
& encore cette année 1584, *in-fol.* ou bien en grande marge;
il a écrit pluſieurs Oraiſons Latines, prononcées par lui à Rome
devant les Papes & tout leur Conſiſtoire ou Aſſemblée de Car-
dinaux, leſquelles ont été faites Françoiſes, ſoit par lui ou
autres, & enfin imprimées à Paris, à Lyon, à Rouen & autres
lieux, & entre autres celles pour Antoine & Jeanne, Roi &
Roine de Navarre, & celle pour Antoine de Bourbon Roi de
Navarre & Jeanne d'Albreth, Roine & Princeſſe de Bearn,
prononcées à Rome, l'an 1560. Il a écrit & compoſé pluſieurs
autres Livres en notre langue, deſquels je n'ai pas connoiſſance :
quant à ſes compoſitions Latines ſoit en vers ou en proſe, nous
en ferons mention dans notre Bibliothèque Latine, laquelle
contiendra les vies & compoſitions Latines de tous hommes de
la Nation Gauloiſe ou Françoiſe, ſans faire mention des Etrangers, deſquels le nombre eſt de cinq ou ſix mille, ſi je veux y
comprendre ceux de la Gaule Belgique ou Baſſe Almagne, &c.
Je dirai encore ceci (avant que finir ce propos de M. Muret,)
que il s'en eſt trouvé pluſieurs qui l'ont calomnié, & ont mis
des Epîtres en ſon nom pleines d'injures, leſquelles intéreſſoient
beaucoup ſon honneur, & dont il ne fut jamais Auteur, comme
il l'a proteſté en la dernière édition de ſeſdites Epîtres [2]. Et
pour montrer qu'il eſt exempt de ce que l'on lui met aſſus, je
veux bien ici employer ſon anagramme ou nom tourné, qui eſt tel
Marc Antoine de Muret. Nature droit m'a mené. Et vous voyez
en cela que le proverbe eſt vrai, qui dit ainſi :

   Conveniunt rebus nomina ſœpè ſuis,

qui eſt à dire en François :

   Les noms le plus ſouvent à leurs effets reſſemblent.

Il florit à Rome cette année 1584, encore que pluſieurs ayent fait courir le bruit qu'il fût mort, non fans s'étudier à perpétuer fa mémoire par tous louables & vertueux offices.

[1] On l'a originairement nommé DE MURET, par rapport au nom du Village où il naquit dans le Limofin ; mais il y a long-temps qu'on ne dit plus que MURET. On fait qu'il mourut à Rome, âgé à peu-près de foixante ans, le 4 Juin 1585. (Il étoit né dans le Bourg de Muret le 12 Avril 1526, ainfi il n'avoit que cinquante-neuf ans, un mois & vingt-deux jours.).... (M. DE LA MONNOYE).

[2] Les Epîtres injurieufes à Muret, défignées par La Croix du Maine, fur la fin de cet article, fe trouvent au IIIe. Liv. des *Epiftolæ clarorum virorum*, recueillies par Michel Brutus, & imprimées à Lyon *in-8°*. chez Antoine Gryphe 1561. Parmi ces Epîtres il y en a onze de Muret à Lambin, & quatre de Lambin à Muret. Celui-ci auroit fouhaité que ces Lettres n'euffent point paru, à caufe de l'idée qu'elles donnoient de certaines chofes défagréables qui lui étoient arrivées à Touloufe, & même des bruits fâcheux de même nature, qui avoient couru contre lui, pendant qu'il étoit à Padoue. De plus la dernière lettre de Lambin, datée de Lucques le premier d'Août 1559, étoit d'un bout à l'autre une invective contre Muret, qu'il prétendoit s'être approprié diverfes Remarques fur Horace, que lui *Lambin* lui avoit communiquées. Il finiffoit par le railler fur le XXIe. Chap. du VIIIe. Liv. de fes *Diverfes Leçons*, où il eft dit que les femmes fçavantes font d'ordinaire impudiques ; lui remontrant combien il étoit dangereux d'irriter ce fexe vindicatif, & que l'exemple d'Orphée auroit dû lui faire peur. Muret ulcéré ne voulut plus avoir de commerce avec Lambin, & prit le parti de défavouer les onze Lettres qu'il lui avoit écrites, proteftant qu'elles étoient de celui qui les lui avoit fuppofées. Lorfqu'il vint cependant de Rome à Paris en 1561, avec le Cardinal d'Eft fon patron, il ne laiffa pas d'y voir Lambin ; & fi l'on s'en tient, à ce que dix-huit mois après, il en écrivit à Nicot, ce fut dans cette entrevue que Lambin la larme à l'œil, en préfence de Turnébe & de Dorat, lui demanda pardon de fon offenfe. De ces deux témoins, l'un qui eft *Turnèbe*, étoit mort il y avoit quatorze ans ; l'autre qui eft *Dorat*, étoit fon compatriote & fon parent. Lambin de fon côté, n'a témoigné dans fes écrits, aucune aigreur contre Muret. Bien loin de-là, en 1563, il lui dédia comme à un de fes meilleurs amis, le IVe Liv. de fes *Commentaires fur Lucrèce*. Muret au contraire, de retour à Rome, fe répandit en injures contre Lambin, que dans fes Lettres à Gifanius il traite de *perfide & d'impofteur*. Enfin l'an 1579, lorfqu'il forma le deffein de faire imprimer fes Lettres & de les dédier à Nicot, il prit cette occafion de parler de la malice qu'avoit eu un favant qu'il ne nomme point, de lui fuppofer des Lettres dont il étoit lui-même l'Auteur. En effet, ce qui eft remarquable, il n'a fait entrer dans la Collection qu'il a dédiée à Nicot, aucune des onze Lettres dont j'ai parlé, quoiqu'elles foient très-certainement de lui. Mais ce qui n'eft guère moins remarquable, c'eft

qu'en cette même année 1579, elles furent réimprimées sous son nom
in-16. à Paris, dans le temps qu'à Rome, il les désavouoit si hautement.
(*idem*).

Muret fut Professeur de Troisième au Collège du Cardinal le Moine, où
Turnèbe professoit la Rhétorique, & Buchanan la seconde. Quels Savans réunis
dans un même Collège & combien les choses ont changé? On a prétendu
qu'alors, sur l'imputation d'une habitude vicieuse & contre nature, il fut
poursuivi, mis en prison au Châtelet, d'où il fut renvoyé, faute de preuves
suffisantes. Il quitta Paris & se retira à Toulouse, où il se fit Répétiteur en
Droit. La même accusation renouvelée, le força encore de s'enfuir, sur l'avis
que lui donna un Conseiller au Parlement, par ce vers de Virgile :

Heu fuge crudeles terras , fuge littus avarum.

De-là il vint à Padoue, où l'on prétend qu'il fut encore inquiété pour le
même fait; il passa à Venise, où il tomba malade, & ce fut alors qu'il fit
cette belle réponse qui engagea les Médecins à avoir un soin particulier de sa
santé. Voy. le *Naudæana*, pag. 41, & les Additions pag. 169. Bèze, *Hist. Eccl.*
Liv. IV. pag. 554, a donné autant de poids qu'il a pu à ces accusations, &
cela n'est pas étonnant. Muret fit à Rome une Harangue pour justifier le
Massacre de la S. Barthelemi, & y vivoit pensionné de la Ligue, & soute-
noit ce parti par ses écrits : il étoit tout naturel que les Huguenots le
regardassent comme leur ennemi, & fissent valoir toutes les circonstances
qui pouvoient le rendre odieux. On s'accorde cependant à dire que sa conduite
fut irréprochable à Rome. Le Cardinal Hippolite d'Est, avec lequel il fit un
voyage en France en 1572, le protégea constamment & lui fit beaucoup de
bien; il avoit professé à Rome dès 1563 le Droit, la Philosophie & l'Histoire,
& neuf ans avant sa mort, il y fut ordonné Prêtre, ce qui prouve que ses
mœurs étoient alors plus pures, si Bèze & Scaliger ont eu quelque raison
dans les crimes honteux qu'ils lui ont imputés —Il y a des choses curieuses
dans ses *Variæ Lectiones*: Liv. XVI. Ch. 4. il y fait la critique de la sévérité
du Pape Pie V, qui cependant a été canonisé : ce chapitre est beau.— Son
Jugement sur Suétone, (*Orat. XVII. de Tacito*) est ridicule & sent la bigotte-
rie : il décrie cet Auteur à cause des détails obscènes qui s'y trouvent. Nous
serions bien obligés à tous les Historiens, s'ils nous donnoient des anecdotes
sur les personnes dont ils parlent, aussi curieuses que celles qu'on trouve dans
Suétone, & qui caractérisent mieux, que les actions d'éclat connues de tout le
monde— Un Poëte Allemand, nommé LAMBERTUS, fit des vers contre lui,
sur ce qu'il avoit dit, qu'il voudroit avoir été damné un mois, & avoir fait les
Géorgiques.— Il est censuré, sans être nommé, comme Commentateur de
Ronsard par Verville, *Palais des Curieux*, pag. 502. » Le Commentateur
» devroit y prendre garde, mais il écrit beaucoup de choses qu'il n'entend
» pas.— On trouve plusieurs particularités sur lui dans *l'Anti-Baillet*, Part. I,
» Paragr. 23, avec les notes de la Monnoie, & dans le *Ménagiana*, Tom. III,
» pag. 132.—Baluze Limosin comme Muret, dit, dans une lettre à Sorbiere

» écrite de Fontainebleau en 1661 ». *Si Batavi tui velint, novam operum illius (Mureti) editionem procurare, lubens subministrabo cuncta ejus volumina quæ apud me sunt, scis autem esse plura.* — (La dernière édition des Œuvres de Muret & la plus complette est celle de Verone 1727 & 1730, en cinq vol. *in-8°.* On y trouve beaucoup de science, de goût, de critique, une connoissance parfaite de la langue Latine, une élocution pure. Muret étoit grand versificateur, mais il avoit peu de ce génie & de cet enthousiasme qui font & constituent le Poëte & l'Orateur.) Il a peu fait de vers François, on connoît de lui un Sonnet en cette langue, au devant de la *Médée* de Jean de la Péruse, & quelques vers pour le Roman de Dom Florès, du sieur des Essars. (M. FALCONET).

* Voy. les Mémoires de Niceron, Tom. XXVII. On y trouvera beaucoup de détails curieux sur la vie de ce Savant. Il fournit un exemple bien singulier de ces doubles réputations qui semblent inexplicables. D'un côté on lui imputoit le livre fameux *des Trois Imposteurs, l'Aloysia Sigæa ;* & ce qui est plus fort que ces calomnies, on le brûloit à Toulouse en effigie en 1554, *comme Huguenot & Sodomite,* ainsi que le portent les Registres de Toulouse. D'un autre côté, on le cite comme un *dévot, grand partisan de la Ligue, & si pénétré de zèle lorsqu'il fut Prêtre, que neuf ou dix ans avant sa mort, il pleuroit toujours en disant la Messe.* (Borboniana, page 253.)

MARC CLAUDE DE BUTET, Gentilhomme Savoisien, très-excellent Poëte & bien aimé de son Altesse, soit pour les Mathématiques ou autres disciplines, esquelles il est fort bien versé. Il a écrit une Ode de la paix, imprimée à Paris chez Gabriel Buon, l'an 1559 *. Le premier & second Livres de ses vers François, ensemble l'Amalthée, imprimés à Paris chez Michel Fezandat, l'an 1561; le troisième Livre de ses vers François, auquel il loue la vertu des plus illustres personnes de son pays. Il n'est encore imprimé; il a écrit quelques Poëmes contre Berthelemy Aneau de Bourges, &c. l'Histoire de Job, écrite en vers François, non encore imprimée ; la Maison Ruinée, non imprimée; Epithalame ou Nosses de Philibert Emanuel, Duc de Savoye, & de Madame Marguerite de France, Duchesse de Berry, sœur unique du Roi, imprimé à Paris l'an 1559, chez Robert Estienne. Je n'ai pas connoissance de ses autres écrits Latins ou François, pour n'avoir jamais eu ce bien de le voir ou connoître. Il florit en Savoye cette année 1584.

* M. C. de Butet étoit un Gentilhomme de Savoie, dont la famille vivoit

avec honneur à Chamberry , & s'étoit diftinguée par les armes. Il fut envoyé
à Paris pour y faire fes études. Ses talens le firent connoître du Cardinal de
Chatillon , qui le préfenta à Marguerite de France , qui époufa Emmanuel
Philibert , Duc de Savoie. Il fuffifoit alors d'avoir des idées extraordinaires
pour fe faire une réputation ; il effaya le premier , de faire des vers François
mefurés , comme ceux des Grecs & des Latins , & d'y conferver la rime.
» Le premier , dit Pâquier , *Recherç.* Tom I, Liv. VII, Chap. XI, p. 733, fut
» Claude de Butet , dans fes *Œuvres Poëtiques* , mais avec un affez malheu-
» reux fuccès. « Cependant il en tira gloire dans la fuite de fa vie, comme
d'une invention nouvelle qui lui étoit due. On n'a point de Recueil complet
de fes Poëfies, quoiqu'il ait paffé fa vie à faire des vers , toujours amoureux,
jamais heureux , & toujours devant mourir d'amour, ainfi que le doit un
Poëte paffionné. Il fit en conféquence fon épitaphe , qu'il adreffe à un de fes
amis, dans un Sonnet, & qui felon fes termes, ne devoit contenir que ce trifte
écriteau :

> Ci dedans eft l'amant qui facra fa jeuneffe
>
> Aux Neuf-Sœurs , & aima une demi-Déeffe ,
>
> Bien digne d'être aimé d'un amour auffi fort :
>
> Par fes vers il la fit ici bas immortelle ,
>
> Ecrivant fes beautés ; toutefois la cruelle ,
>
> Ha, trop ingratement ! lui a donné la mort.

Voyez les Recherches de Pâquier, *ubi fup.* & la Bibl. Franç. de l'Abbé
Goujet , Tom. XII. pag. 353.

MARC DU VAL, Peintre du Roi*, (furnommé BERTIN, à
caufe de fon beau-père qui s'appelloit de ce nom.) Il naquit ès
Fauxbourgs de S. Vincent près la ville du Mans , & c'étoit l'un
des plus excellents de notre temps pour le crayon, & pour le
burin, ou gravure en taille douce, & encore pour la peinture
en huile. Il étoit furnommé le Sourd, de par fon maître le Roi
Charles IX , d'autant qu'il avoit l'ouie fourde. Il a fait imprimer
plufieurs vifages des Rois & Roines , Princes , Princeffes &
grands Seigneurs de France , lefquels il avoit lui-même gravés
& faits en taille douce, & fe délibéroit (fi la mort ne l'eût fi-tôt
furpris) de faire un jufte volume des vifages de tous les Rois &
Roines de France , & autres Seigneurs de marque. Il mourut à
Paris le treizième jour de Septembre , l'an 1581 , fur les onze
heures du foir, qui étoit l'heure qu'il avoit prédit : fa femme
s'appelloit Catherine le Jolly , fa demeure étoit à Paris en la rue

de Grenelle, &c. Ce que je dy tout amplement pour l'amour
du pays, car il étoit du Maine, & ferai toujours cas de ſes
ſemblables. J'oublioiſ à dire qu'il ſe voit de ſa façon pluſieurs
Grotefques & autres peintures en taille-douce, leſquelles ont
été imprimées. Il a laiſſé après ſa mort une ſienne fille nommée
Eliſabeth du Val, Pariſienne, fort excellente pour le crayon &
encore pour autres choſes requiſes à la portraiƈture.

* Félibien n'en a pas parlé, & je ne trouve ſon nom dans aucune autre
Hiſtoire des Peintres.

MARGUERIN DE LA BIGNE, Seigneur de Lambougne,
Gentilhomme natif de Bayeux en Normandie, (iſſu de par ſa
mère de la maiſon des Barons d'Ingrande en Anjou, ſurnommés
du Parc,) Doƈteur en Théologie à Paris; premièrement Chanoine en l'Egliſe de Bayeux, & Maître d'Ecole ou Doƈteur
Scholaſtiq en ladite Egliſe, l'an 1580, & depuis grand Doyen
en l'Egliſe du Mans, après la mort de François du Parc, ſon
oncle maternel. Ce Seigneur de la Bigne, eſt fort doƈte en
pluſieurs Arts & Sciences, & ſur-tout en la Théologie, qui eſt
ſa principale profeſſion. Il a compoſé pluſieurs Livres en Latin,
leſquels ont été imprimés à Paris, chez Michel Sonnius, l'an
1580, & entre autres ſa Bibliothèque des Théologiens Grecs &
Latins, & autres Œuvres dont je ferai mention autre part. Il a
prononcé pluſieurs Harangues très-doƈtes en notre langue Françoiſe, & a fait pluſieurs Prédications, ou Sermons, tant en
l'Egliſe du Mans qu'en autres lieux, leſquels ne ſont encore en
lumière. Il florit au Mans cette année 1584, âgé d'un trente-ſept
ou trente-huit ans. Il fut député par Meſſieurs du Clergé de
Normandie, pour aller aux Etats de Blois, l'an 1576 ¹.

¹ On ne ſait guère autre choſe de Marguerin de la Bigne, que ce qu'en
remarque ici La Croix du Maine. Tout ce qu'y ajoute M. Huet, pag. 416
de ſes *Origines de Caën,* c'eſt qu'en 1591, Marguerin de la Bigne harangua
François de Bourbon, Duc de Montpenſier, qui en qualité de Gouverneur
de Normandie, préſidoit cette année-là aux Etats tenus à Caën. (Nous ajouterons qu'il fut député aux Etats de Blois en 1576 & qu'il s'y fit beaucoup
d'honneur; qu'il a entrepris le premier de donner une *Bibliothèque complette*

des

des Pères, dont il publia la première édition en 1575, en huit vol. *in-fol.* &
un neuvième Tome en 1579, ouvrage qui a été porté depuis à vingt-sept
vol. *in-fol.* Lyon 1677.) Le même donna une édition d'*Isidore de Seville*,
in-fol. 1580. (M. DE LA MONNOYE.)

MARGUERITE D'AUSTRICHE, appelée par aucuns
MARGUERITE DE FLANDRES, fille unique de l'Empereur
Maximilien, &c. femme de Philebert, Duc de Savoye. Elle a
écrit tant en prose qu'en vers François, plusieurs Œuvres, &
entre autres le Discours de ses infortunes, & de sa vie. Jean le
Maire de Belges a écrit un Livre de ses louanges, lequel il a
intitulé *La Coronne Marguaritique*, imprimé l'an 1549, à Lyon
chez Jean de Tournes. Elle mourut l'an 1532. Cette Dame
avoit été premièrement accordée par mariage au défunt Roi
de France Charles VIII, & depuis fut mariée au Duc de Savoye
susdit. Elle a composé un plaisant Epitaphe d'elle-même qui est
tel [1].

> *Cy gist Margot, la gente Damoiselle,*
> *Qu'a deux mariz, & encore est pucelle* *.

[1] M. de Fontenelle dans ses *Dialogues des Morts*, a plaisanté fort ingénieusement sur l'épitaphe que se fit Marguerite d'Autriche. Jean le Maire est le
premier qui ait rapporté ces deux vers, c'est dans sa *Couronne Marguaritique*.
Agrippa les a depuis rapportés dans l'Oraison Funèbre de cette Princesse,
mais d'une manière qui les a gâtés. (M. DE LA MONNOYE).

* La Croix du Maine ne rapporte pas fidélement cette Epitaphe. La voici :

> Cy gist Margot la gente Damoiselle,
> Qu'eut deux maris, & si mourut pucelle.

Elle fut d'abord fiancée au Dauphin, qui depuis, Roi, (Charles VIII) la
renvoya pour épouser Anne de Bretagne, en 1491 : ensuite en 1497, à Jean,
Infant d'Espagne, & ce fut dans la tempête, qui s'éleva comme elle passoit des
Pays-Bas en Espagne, qu'elle fit son Epitaphe : l'Infant mourut peu après.
En 1501 elle épousa Philibert le Beau, Duc de Savoie, dont elle n'eut point
d'enfans : il mourut en 1504, & Marguerite d'Autriche mourut à Malines,
le 1er Décembre 1530, âgée de cinquante ans, étant Gouvernante des Pays-
Bas, qu'elle avoit conduit avec autant de prudence, que de sagesse. Elle étoit
née le 10 Janvier 1480.

MARGUERITE DE CAMBIS, Damoiselle Françoise,

femme de M. le Baron d'Aigremont en Languedoc. Elle a traduit d'Italien en François, le Traité de Jean-Georges Triffin,
contenant le moyen que doit tenir la femme veuve, & comme
elle se doit porter en viduité, imprimé à Lyon chez Guillaume
de Rouville, l'an 1555, ou environ.

MARGUERITE DE FRANCE, Royne de Navarre, fille
de Henry II du nom, & sœur de Charles IX & Henry III, à
présent Roi de France, &c. [1]. Si j'ai mis cette Dame & très-
illustre Princesse, après les autres de ce nom de Marguerite, ç'a
été pour observer l'ordre alphabétiq, ou d'A, B, C, lequel
je me suis proposé de suivre en ce Recueil d'hommes &
femmes illustres, afin d'éviter tout soupçon de flatterie, & pour
ne fâcher aucuns. Que s'il m'eût été permis d'user en ceci de
ma volonté, j'eusse mis cette Dame au premier rang : car si je ne
veux demeurer ingrat de tant de faveur qu'il a plu à sa Majesté
de me porter, (sans lui avoir jamais fait service aucun, & sans
avoir eu ce bien que d'être au nombre de ses domestiques, & serviteurs ordinaires : ou bien pour ne lui avoir jamais donné occasion
d'user d'une si grande courtoisie en mon endroit.) il faut que
je confesse qu'elle m'a tant honoré de sa bonté accoutumée, que
d'avoir voulu prendre la peine de faire entendre mes desseins &
projets au Roi de France très-Chrétien Henry III, son frère,
& les lui recommander sur tout, afin que cela le rendit de plus
en plus renommé par l'Univers, & pour emporter le bruit
d'être un Prince qui eût plus avancé les Lettres, que pas un de
ses devanciers Rois de France & autres : en quoi il y a une
rencontre très-mémorable en ceci. Car une de même nom &
surnom, de même lignée, toutes deux Roines de Navarre,
sœurs des Rois de France, & toutes deux aimants les Lettres,
sçavoir est Madame Marguerite de France ou de Valois, Royne
de Navarre, sœur du Roi François I, père des Lettres, avoit
été cause que Jules Camile Italien, entra en la faveur & connoissance dudit Roi François, & cette Dame susdite a pris toutes les
peines qu'il lui a été possible, de faire entendre au Roi son frère

(mon Prince fouverain) tous mes deffeins, en intention qu’il les acceptât, tant elle defiroit de voir croître l’honneur du Roi, & qu’il ne cédât en rien à celui de fon grand père, le Roi François I, duquel la renommée ne périra jamais, tant que les Lettres & Sciences auront cours & durée : defquelles chofes je ferai plus ample mention autre part. Mais pour dire un mot de ce Jules Camile, je veux que l’on fçache qu’il n’a écrit qu’une cabale pour la mémoire, c’eft-à-dire, une fcience particuliere, & comme baillée de main en main, pour apprendre à retenir beaucoup de chofes defquelles on defireroit avoir connoiffance, & que l’Idée de fon Théâtre, imprimée en Latin & en Langue Italienne, n’eft pas femblable aux deffeins & projets que j’ai préfentés au Roi. Car je montre par effets & par Livres, que je mets fin à mes entreprifes ; jufques à là que d’en avoir écrit & recueilli fept ou huit cent volumes de Mémoires fur toutes chofes, traitans de tous arts, toutes matières, toutes langues, & toutes difciplines, voire jufques à n’avoir rien obmis de ce qui appartient aux Arts Méchaniques, & pour dire en un mot, n’ayant laiffé chofe aucune, de laquelle les hommes puiffent avoir connoiffance, dont je n’aye traité en ce grand nombre de volumes, contenant plus de trente-mille cayers ou chapitres, comme j’ai dit ci-devant parlant de moi, & de mes écrits, mais pour ne vouloir pas trop étendre mon difcours, j’advertirai ceux qui auront volonté de voir ces chofes plus amplement, d’avoir recours à ce que j’ai écrit bien au long fur la fin de cette Bibliothèque Françoife, auquel lieu j’ai parlé amplement dudit Camille, & de fa vie ². Mais pour revenir à parler de la très-illuftre Royne de Navarre, j’oferai affurer, (fans que les faveurs & bienfaits que j’ai reçus de fa Majefté, foient caufes de me le faire ainfi laiffer par écrits,) qu’elle eft ornée d’un tel & fi divin efprit, & qu’elle eft fi docte & tant éloquente, qu’elle ne cède en rien, mais furpaffe toutes celles, qui font en réputation d’être bien nourries aux Lettres : & ce qui eft le plus à admirer en ceci, c’eft qu’elle a plus de fcience née avec elle, que par acquifition ou induftrie. Elle florit cette année 1584, & prie Dieu vouloir lui donner fa grace.

[1] Elle naquit le 14 Mai 1552, & mourut le 27 Mars 1615, âgée de foixante-trois ans. Ses Mémoires imprimés pour la première fois l'an 1628, parurent fi bien écrits à Pelliffon, lorfqu'ils lui tombèrent entre les mains que, pag. 308 de la feconde édition de fon *Hiftoire de l'Académie Françoife*, il témoigne les avoir lus d'un bout à l'autre, jufqu'à deux fois en une feule nuit. (M. DE LA MONNOYE).

[2] Ce que dit La Croix du Maine fur la fin de cet article, touchant les beaux projets de Jules Camille & les fiens, doit faire rire. Ils n'ont eu nulle fuite, ni les uns, ni les autres. Encore Jules Camille eut-il l'adreffe de fe faire donner par François I, cinq cens écus d'or, & même fix cens, fuivant Girolamo Muzio, feuillet 52 de fes *Lettres*; au lieu que le pauvre La Croix du Maine, qui attendoit jufqu'à vingt-mille écus d'Henri III, n'en tira quoi que ce foit. Bien loin au refte qu'à la fin de fa *Bibliothèque* il ait parlé amplement de Jules Camille, comme il le promet, il n'en a pas dit un feul mot. Dolet s'eft contenté de le défigner dans la treizième de fes *Epîtres*, & en deux endroits de fes *Poëfies*, où il le traite de *hableur & d'ignorant*. *Gilbert Coufin* ne lui dit pas de fi groffes injures, dans une lettre, où il parle de lui affez au long, écrite de Padoue à Guillaume de Poupet, 1558 *. (*idem*).

* La vie & les aventures de Marguerite de Valois, Reine de Navarre, font trop connues pour que nous nous arrêtions à en parler; nous dirons feulement que cette bonne & aimable Princeffe furvécut à tous les enfans de Henri II & de Catherine de Médicis, & mourut, comme toute cette dernière branche des Valois, fans poftérité. Elle aima les gens de lettres, qu'elle favorifa, fit quelques Poëfies affez bonnes, & des Mémoires curieux, qui font une preuve fans replique de fon talent pour écrire... Auger de Mauléon, fieur de Granier, a été l'Editeur de ces Mémoires, qui font adreffés, non à Charles de Vivonne, Baron de la Chataigneraye, comme le prétend Auger de Mauléon, mais à Pierre de Bourdeille, Seigneur de Brantome, qui a fait, dans fes *Femmes illuftres*, la vie de la Reine Marguerite. La meilleure Edition de ces Mémoires eft celle de Liège, publiée par les foins de M. Godefroy. Voy. les *Mélanges Hiftoriques* de Colomiès.

MARGUERITE DE VALOIS, Roine de Navarre, Ducheffe d'Alençon & de Berry, native d'Angoulefme près Coignac, au Pays de Xaintonge, fœur de François de Valois premier du nom Roi de France, tous deux enfans de Charles, Comte d'Angoulefme, &c. Elle étoit femme de Henry d'Albret, Roi de Navarre *. Cette Dame étoit très-bien verfée en la

Poësie Françoise, comme elle a montré par son Livre intitulé la
Marguerite des Marguerites, imprimé à Lyon & à Paris, contenant plusieurs Comédies, & autres Poësies tant saintes que
prophanes. Le Miroir de l'ame pécheresse ; le Triomphe de
l'Agneau ; plusieurs Comédies, Odes & Oraisons écrites en
vers François, comme témoigne Charles de Sainte Marthe,
(oncle de Scevole,) en son Oraison Funèbre sur le trépas de
ladite Dame. Elle a traduit de Latin en vers François la Fable
des Faunes & Nymphes de Diane, converties en Saules, écrite
en vers Latins par Jaques de Sannazar, très-docte Poëte Italien,
laquelle il intitule *Salices* **, comme témoigne Jean-Jaques de
Mesmes, en son Epithalame sur les Nopces de M. Malasise &
de Roissy, Messire Henry de Mesmes, &c. L'Heptameron ou
sept journées de la Royne de Navarre, qui est un Livre plein
de diverses Histoires, la plûpart fabuleuses, à l'imitation de
Jean Bocace, Florentin. Ce Livre a été remis en son vrai ordre
par Claude Gruget, Parisien, & l'a intitulé l'Heptameron, ou
Histoire des Amants fortunés, des nouvelles de très-illustre &
très-excellente Princesse Marguerite de Valois, Royne de
Navarre, &c. imprimé à Paris chez Gilles Robinot, l'an 1567.
Je ne sçai si ladite Princesse a composé ledit Livre, d'autant
qu'il est plein de propos assez hardis, & de mots chatouilleux.
Elle mourut l'an 1549, âgée de cinquante-neuf ans ou environ,
le vingt-unième jour de Décembre. Qui voudra voir sa vie
amplement écrite, voye l'Oraison Funèbre faite sur la mort de
ladite Royne, tant en Latin qu'en François, imprimée à Paris
chez Chaudiere l'an 1550, composée par le susdit Charles de
Saincte-Marthe. Il se voit un juste volume d'Epitaphes composés sur sa mort, écrits en diverses Langues par les plus sçavants
hommes de l'Europe : il a été imprimé à Paris chez Michel
Fezandat, & Robert Granjon, l'an 1551. Theodore de Beze a
semblablement écrit sa vie dans son Livre des Hommes &
Femmes Illustres ¹. Plusieurs doctes personnages s'étudièrent à
chercher quelques belles devises sur son nom retourné, que

l'on appelle vulgairement anagramme, & y trouvèrent celles-ci. *De vertus ai ma gloire*, ou bien *De vertus l'image Royal* ***.

* Elle fut mariée en premières noces, l'an 1509, avec Charles, dernier Duc d'Alençon, que François I fit reconnoître pour premier Prince du fang, & qui mourut à Lyon, en 1525, de la douleur que lui caufa la perte de la bataille de Pavie. Elle époufa en fecondes noces, en 1527, Henri d'Albret, Roi de Navarre, dont elle eut Jeanne d'Albret, qui époufa Antoine de Bourbon, père de Henri IV. Cette Princeffe, célèbre par fa beauté & par fon efprit, « fit paroître, dit Pâquier, par fa *Marguerite des Marguerites* (ainfi eft intitulée fa Poëfie) » combien peut l'efprit d'une femme, quand » il s'exerce à bien faire ». Elle avoit, dit M. de Thou (*Hift.* Liv. VI) un naturel des plus heureux, & un génie des plus grands. Les gens de lettres, qu'elle traitoit avec bonté, & qu'elle aimoit, la comblèrent d'éloges qu'elle méritoit, firent des Infcriptions, & frappèrent des médailles, où ils l'appeloient la *dixième Mufe* & la *quatrième Grace*... Un de fes valets-de-chambre, *Jean de la Haye*, publia fes Œuvres Poëtiques, en 1547, fous ce titre : *Les Marguerites de la Marguerite des Princeffes, très-illuftre Royne de Navarre*. Les Contes qu'on lui attribue, faits à l'imitation de ceux de Bocace, & qui paroiffent fi peu s'accorder avec la fuite de la vie de cette Reine & la dignité du trône, font l'effet du goût de fon fiècle, où la licence de l'expreffion étoit portée à l'excès, & on n'en doit rien conclure contre la régularité de fes mœurs & de fes fentimens. On en jugera par la manière dont elle parle au Roi fon frère dans fa quatrième Epître, où elle le loue d'avoir renoncé à fes paffions & à fes amours illicites, & d'avoir reconnu fes erreurs. Rien n'eft plus modefte & plus fage, que le ton qu'elle emploie dans cette occafion.

** La Croix du Maine fe trompe ici, en difant, que le Poëme de la Reine Marguerite, eft une Traduction de l'Eglogue de Sannazar: c'eft bien le même fujet, mais traité d'une manière toute différente, au point qu'il paroît à peine que cette Princeffe eût lu les vers de Sannazar. Il a pour titre *Fable du faux Cuyder, contenant l'Hiftoire des Nymphes de Diane, tranfmuées en faules, faite par une notable Dame de la Court, envoïée à Madame Marguerite, fille unique du Roi de France*, in-8°. Lyon, 1547 ; c'eft-à-dire, à *Marguerite de France Ducheffe de Berry & de Savoye, Princeffe de Piémont, fille de François I, & dès-lors fa nièce*.

¹ De la manière dont s'explique La Croix du Maine, on croiroit que Bèze a fait un Livre où font contenues les vies des hommes & des femmes illuftres. Ce Livre pourtant n'eft autre, que celui qui a pour titre, *Icones* ; & la prétendue vie de cette Reine, qu'un court éloge que je vais tranfcrire, uniquement pour faire voir l'illufion : *Francifco Regi fratri Margaretam fororem adjungere fas efto, dignam licet quæ vel in ipfius facrarii penetrali collocetur, feminam ut ingenii elegantiâ, & acumine, fratri parem, fic pietatis cognitione, & juvandæ Chrifti Ecclefiæ zelo, quo fratris iras pro viribus temperavit,*

& cui conservatos plurimos viros debemus, laude dignam, sempiternæ quamvis ipsius gloriæ, nonnullam in ultimâ tandem ipsius ætate credulitas labem asperserit. (M. DE LA MONNOYE).

*** Nous ajouterons ici un fait, qui prouve avec quelle bonté, cette excellente Princesse traitoit les savans. Jaques le Févre d'Etaples, dont La Croix du Maine & du Verdier ne parlent point, quoiqu'il ait été un des plus habiles Théologiens du 16ᵉ siècle, & qu'il ait composé plusieurs bons Ouvrages qui ont été imprimés, se retira sur la fin de ses jours à Nérac auprès de la Reine de Navarre, qui l'admettoit souvent à sa conversation. Un jour cette Princesse ayant dessein de dîner chez lui, elle y attira quantité de Savans. Le bon homme le Févre parut triste pendant le repas, la Reine s'en apperçut, & le plaisanta agréablement à ce sujet ; il lui fit l'aveu de ce qui le chagrinoit en ces termes : « Je me vois, Madame, en l'âge de 101 an, sans avoir touché de » femme, & je ne me souviens point d'avoir fait aucune faute dont ma » conscience puisse être chargée en laissant le monde, si ce n'est une seule » que je crois qui ne se peut expier. . . Comment pourrai-je subsister devant » le Tribunal de Dieu, moi qui ayant enseigné en toute pureté l'Evangile » de son fils à tant de personnes qui ont souffert la mort pour cela, l'ay ce- » pendant toujours évitée dans un âge même où, bien loin de la devoir » craindre, je la devrois plutôt desirer ». . . (Regrettoit-il de ne s'être pas déclaré ouvertement pour les Protestans, avec qui il avoit eu les plus intimes liaisons, quoiqu'il ne se fût pas retiré du sein de l'Eglise Catholique)... La Reine, qui étoit éloquente, le consola si bien, & par de si bonnes raisons, que le bon vieillard lui dit : « Il ne me reste donc plus que d'aller à Dieu » que je sens qui m'appelle, ainsi je ne dois pas différer » ; jetant ensuite les yeux sur la Reine, il lui dit : » Madame, je vous fais mon héritière. — Je » donne mes Livres à Mᵉ Girard le Roux (Prédicateur de la Reine); ce que » je possède & mes habits aux pauvres, je recommande le reste à Dieu. — Que » me reviendra-t-il donc de votre succession, dit la Reine ? — Le soin de » distribuer ce que j'ai aux pauvres. — Je le veux, répliqua la Reine, & je » vous jure que j'ai plus de joie de cela que si le Roi mon frère m'avoit fait » son héritière. — Le bon homme parut tout-à-fait joyeux : Madame, dit-il, » j'ai besoin de quelque repos, & s'adressant à ceux qui étoient à table, adieu, » Messieurs ». Il alla se mettre sur un lit, où il expira si doucement, que l'on crut qu'il s'endormoit, en 1527. — *Voy.* les Mêlanges Historiques de Colomiès, & la Biblioth. Françoise de M. l'Abbé Goujet, Tom. XI, pag. 404.

MARIE DE CABOCHE, Damoiselle Parisienne, fille de M. Caboche Secrétaire du Roi de Navarre, & de Damoiselle Catherine le Beau. Je ne doute pas que plusieurs ne trouvent hors de propos, (selon leur petit jugement) que j'aye mis cette Damoiselle au rang de celles qui ont écrit : vu qu'elle n'a rien

compofé, mais quand ils entendront que je ne me fuis contraint
à cela fi étroitement, que de vouloir feulement parler de ceux
qui ont écrit, ils trouveront fort féant & comme chofe faite
avec confidération, de n'avoir voulu taire le nom de cette
Damoifelle, laquelle s'eft acquis une telle réputation à l'endroit
des plus excellens Peintres qui ont vu de fes ouvrages, tant en
la peinture au crayon qu'autrement, qu'il s'en trouvera plufieurs
de ceux qui fe penfent maîtres en cet art, lefquels voudroient
avoir changé leur fcience avec la fienne : car je peux témoigner
de cela, que les crayons qu'elle fait pour fon plaifir, & non
pour autre chofe que pour ne vouloir difcontinuer en ce bel
exercice qu'elle a appris en fes tendres ans, font fi heureufement conduits & façonnés par elle, qu'il n'y a rien à redire : &
pour dire un mot de ce tant louable exercice de protraiture, je
veux bien que l'on fçache qu'il étoit fi recommandé dés anciens,
qu'il n'y avoit que les nobles qui le puffent exercer, & fi quelques-uns s'y addonnoient, fans avoir ce titre de nobleffe, cela
leur faifoit obtenir ce privilége d'être mis au rang des Gentilshommes. J'ai donc mis cette Damoifelle en ce rang d'hommes
& femmes illuftres pour les vertus & louables occupations qui
font en elle, fans faire mention des autres chofes qu'elle a
apprifes par l'inftruction de Madame fa mère, comme entre
autres la langue Italienne, la Mufique, & autres chofes que je
paffe ici fous filence pour ufer de briéveté. Elle florit à Paris
cette année 1584, âgée de quatorze ou quinze ans.

MARIE DE COSTEBLANCHE, Damoifelle Parifienne
très-docte en Philofophie & Mathématiques. Elle a traduit trois
Dialogues de Pierre Meffie, Efpagnol, touchant la nature du
foleil, de la terre, & de toutes les chofes qui fe font & appa-
roiffent en l'air, &c. imprimés à Paris chez Federic Morel, l'an
1566, auquel temps elle floriffoit à Paris *.

* Claude Gruget avoit traduit avant elle ces trois Dialogues de Pierre
Meffie.

MARI

MARIE DENTIERE, native de Tournay, en la Gaule Belgique. Elle a écrit une Epître contre les Turqs, Juifs, infidelles, faux Chrétiens, Anabaptistes & Luthériens, imprimée l'an 1539, auquel temps elle vivoit.

MARIE DE FRANCE, Damoiselle Françoise, fort bien versée en la Poësie usitée de son temps, sçavoir en l'an de salut 1260, ou environ. Elle a mis en vers François les Fables d'Esope Moralisées lesquelles elle a traduites de langue Angloise en la notre Françoise, comme témoigne Claude Fauchet en son recueil des Poëtes *.

  * Voy. Fauchet, Cha. 84.

MARIE DE LA HAYE, Damoiselle très-docte. Je n'ai point vu de ses écrits, mais Claude de Boissières, Dauphinois lui a dédié son Art Poëtique, & l'extolle grandement pour son sçavoir.

MARIE DE PIERRE-VIVE, Damoiselle Lyonnoise, Dame DU PERON. J'ai vu plusieurs louanges de cette Dame, faites par beaucoup d'Ecrivains de son temps, mais je n'ai pas connoissance de ses écrits. Elle florissoit du temps du Roi François I, l'an 1540.

MARIE DE ROMIEU, Damoiselle native de Vivarets en Languedoc, sœur de Jaques de Romieu, Gentilhomme Gascon, & nièce de M. des Auberts, &c. Elle a mis en lumière ses premières Œuvres Poëtiques, contenant un brief Discours, que l'excellence de la femme surpasse celle de l'homme, imprimées à Paris chez Lucas Breyer, l'an 1581. Elle a davantage écrit en prose Françoise, une instruction pour les jeunes Dames, imprimée à Lyon par Jean Dieppi, l'an 1573, sans y mettre son nom que par lettres capitales en cette sorte M. D. R. Elle florit cette année 1584 *.

  * Voy. l'Article de JACQUES DE ROMIEU, frère de Marie.

MARIE STUART, ou ESTUARD, Roine d'Eſcoſſe,, femme de François de Valois II du nom, Roi de France, fils de Henri II, &c. Cette Dame & très-illuſtre Princeſſe a beaucoup de perfections & vertus recommandables, & principalement touchant les Arts & Sciences, dequoi elle donna un ſuffiſant témoignage, (lors qu'elle prononça en la préſence du Roi de France Henry II, accompagné de la plûpart des Princes & Seigneurs de ſa Cour) une Oraiſon Latine, en forme de Paradoxe, par laquelle elle ſoutint, qu'il eſt bien ſéant aux femmes de ſçavoir les Lettres & les arts libéraux, &c. laquelle Oraiſon elle a depuis traduite en François. Mais elles ne ſont encore en lumière, non plus que ſes Poëſies Françoiſes. Antoine Fouquelin, de Chauny en Vermandois, fait très-honorable mention de ladite Royne, en ſa Rhetorique Françoiſe, laquelle il lui a dédiée, & racompte d'elle ce que j'ai dit ci-deſſus. Elle florit cette année 1584. Dieu lui veuille donner accroiſſement d'honneur & de proſpérité en toutes ſortes *.

* Il s'en falloit beacoup que cette Princeſſe infortunée *florit* en 1584, comme le dit La Croix du Maine, qui lui *ſouhaite accroiſſement d'honneur & de proſpérité en toutes ſortes.* Elle languiſſoit alors, depuis près de quinze ans, dans les horreurs d'une cruelle priſon, d'où elle ne ſortit que pour porter ſa tête ſur un échafaut, le 18 Février 1587, âgée de quarante-deux ans. Cette Reine étoit d'une grande beauté, ſavoit le Latin & cinq autres langues, écrivoit également bien en proſe & en vers, protégeoit les Savans qu'elle aimoit, & les beaux Arts. Mais ſes goûts & ſes talens ne l'empêchèrent pas de faire mille fauſſes démarches, qui la réduiſirent enfin à chercher un aſyle dans les États de ſa plus cruelle ennemie, d'Eliſabeth, Rèine d'Angleterre, qui lui offrit toute ſureté & une retraite honorable, pour s'aſſurer, ſous ces prétextes ſpécieux & attrayans, de ſa perſonne. La politique cruelle & la diſſimulation odieuſe d'Eliſabeth, qui feignit de plaindre la Reine d'Ecoſſe, lorſqu'elle la conduiſit ſur l'échaffaut, développèrent toute la barbarie de ſon caractère. La fermeté que montra dans ſes derniers momens l'infortunée Marie Stuard, le courage & la bonté avec leſquels elle conſola ſes domeſtiques, la fierté vraiment Royale avec laquelle elle traita les Miniſtres d'Eliſabeth, lui firent pardonner toutes les erreurs qui l'avoient réduite à ces terribles extrêmités ; on ne vit plus que l'injuſtice & l'irrégularité de la procédure inique qui, contre tout droit, la condamnoit à mort. Toute l'Europe plaignit ſon ſort, & ſon ſupplice ſera toujours la honte du règne de ſon ennemie

MARIN LE FEBVRE, Chirurgien, demeurant à Illiers en
Beauffe, l'an 1577. Il a traduit de Latin en François un petit
Traité en forme de Dialogue, contenant les merveilleux effets
de deux admirables Fontaines situées en la Forêt d'Ardenne,
& le moyen d'en user pour plusieurs maladies, imprimé à
Paris l'an 1577.

MARIN LIBERGE, Manceau ou Mançois, natif de la
Chapelle Soëf au Pays & Comté du Maine près Bellesme au
Perche, &c. Docteur ès Droits, par ci-devant Lecteur ordinaire
en cette profession en l'Université de Poictiers, & maintenant
à Angers, homme docte en Droit, & grand Orateur & Historien, Philosophe & Poëte Latin & François, &c. [1]. Il se voit
de lui un Discours très-ample du siége de Poictiers, & de tout
ce qui s'est fait & passé de mémorable durant icelui, l'an 1569,
lequel Livre il envoya à M. des Matraz Jean Beautru Angevin,
lequel le fit imprimer à Paris audit an 1569, chez Nicolas
Chesneau, sans que l'intention de l'Auteur fût telle; ce Livre a
été depuis imprimé à Poictiers l'an 1570, chez Pierre Boisateau,
avec plusieurs augmentations d'Epitaphes, Latins & François,
sur la mort des illustres hommes qui furent tués devant ledit
siège. Je n'ai point connoissance de ses autres écrits en notre
Langue. Quant à ceux qu'il a composés en Droit & sur l'Histoire,
& touchant les Oraisons* Latines faites par lui, nous en traite-
rons dans notre Bibliothèque Latine. Il florit à Angers, ville
Capitale du Pays & Duché d'Anjou, cette année 1584, & fait
leçons ordinaires en sa profession de Jurisprudence.

[1] Ménage, dans la vie de son père, dit que Liberge, tout habile Juris-
consulte qu'il étoit, ayant eu communication de quelques leçons manuscrites
de Cujas, les dictoit librement comme siennes à ses Ecoliers, ce que Cujas
ayant su, témoignoit aux Angevins qui alloient l'écouter à Bourges, « qu'il
» leur en étoit d'autant plus obligé, qu'ils auroient pu s'épargner cette peine,
» ayant leur Cujas à Angers ». Il rapporte aussi dans ses Remarques sur la vie
de P. Ayrault plusieurs autres particularités de ce Professeur, qui mourut l'an
1599 ou 1600. (M. de la Monnoye).

* Voy. les Mémoires de Niceron, Tom. XL, pag. 52, où il est dit que

la dernière action publique de Liberge, fut un Difcours qu'il prononça en 1598, en préfence d'Henri IV, & que ce Prince l'écouta avec tant de plaifir, qu'après avoir embraffé & loué publiquement Liberge, il accorda en fa faveur à l'Univerfité d'Angers le droit d'appetiffement de pintes à partager avec la Maifon-de-Ville. Il ne furvécut pas beaucoup à cet honneur, étant mort en 1599 ou 1600. Je fais cette remarque, parce que dans le Manufcrit de M. de la Monnoye la mort de Liberge, à la fin de la note ci-deffus rapportée, eft marquée à l'année 1619 ou 1620. On a fait la même faute dans la *Biblioth. Hiftor. de la France*, nouv. Edit. n°. 18065. Gilles Bry, dans fon *Hift. du Perche*, pag. 374, a parlé de Marin Liberge, qu'il dit être de la Paroiffe de Bellou-le-Trichard. Il n'a compofé en François, que le Livre cité par La Croix du Maine. Il a été réimprimé à Poitiers, en 1621.

MARIN SOREAU, Médecin & Aftrophile de la ville de Sées en Normandie. Il a écrit & compofé le Prognoftiq fatal pour l'an de grace 1548, imprimé à Rouen en ladite année.

MARTIAL D'AUVERGNE, Procureur au Parlement de Paris, l'an 1480, natif de Lymofin, encore qu'il s'appelât Martial d'Auvergne, &c. [1] Il a écrit en vers François l'Hiftoire de Charles VII, Roi de France, lequel Livre il a intitulé les Vigiles du Roi Charles VII, & contient comme il conquit la France fur les Anglois, & les Duchés de Normandie & de Guienne, &c. imprimé à Paris par diverfes fois *; il a davantage écrit quelques Prières à Notre-Dame, intitulées les Dévotes louanges à la Vierge Marie, &c. imprimées à Paris par Jean du Pré, l'an 1492; il a compofé en profe Françoife, cinquante Arrêts d'Amours, imprimés à Paris l'an 1528, & auparavant lefdits Arrêts ont été commentés de fort doctes annotations par un Jurifconful Lyonnois nommé *Benedictus Curtius Symphorianus*, & ont été imprimés à Lyon & à Paris **. Plufieur Auteurs font mention dudit Martial d'Auvergne, & entr autres *Lilius Gregorius Giraldus* de Ferrare en Italie, leque parle de lui en fes Dialogues des Poëtes de notre temps, *fol.* 77 Jean de Luc, J. C. Parifien dit *Lucius*, en fait auffi mention & ledit Curtius de Saint-Saphorin près Lyon, en fes Commen taires fufdits *fol.* 18. J'ai fouvenance d'avoir lu dans les Hiftoir de France, que cettui Martial d'Auvergne mourut à Paris d'un fiévre chaude, & qu'il se précipita dans l'eau, étant pressé de la fureur de son mal : ce que firent plusieurs autres de son temps, pour la même maladie***.

¹ On varie beaucoup sur le lieu de la naissance de cet Auteur. Lilius Gyraldus & Jean du Luc le font *Auvergnac*, en quoi ils ont tort. Benoît le Court, de qui ils tenoient ce qu'ils ont su touchant Martial, n'ayant pas dit qu'il fût *Arvernus*, mais *origine Arvernus*. Du Verdier, en le nommant *Martial de Paris*, *dit d'Auvergne*, semble dire, quoique moins claire-ment, la même chose que Benoît le Court. La Croix du Maine, fondé apparemment sur ce que le nom de baptême, *Martial*, est très-commun dans le Limosin, veut que ce *Martial*, appelé *d'Auvergne*, fût *Limosin*. Pour moi je le crois né à Paris, où il étoit Procureur au Parlement, & que *d'Au-vergne* étoit devenu son nom de famille, parce que ses Ancêtres étoient natifs d'Auvergne, où le nom de baptême, *Martial*, pouvoit s'être facilement répandu par les alliances contractées dans le Limosin, Province voisine. Quelques-uns ont cru avec trop de facilité, sur la foi de La Croix du Maine, que ce jeune Procureur au Parlement, & Notaire au Châtelet de Paris, qui, au rapport de la *Chronique Scandaleuse*, saisi au mois de Juin 1466 d'un accès de fièvre chaude, se précipita du haut de sa chambre dans la rue, & se blessa dangereusement, sans néanmoins en mourir, est le *Martial* dont il s'agit. Mais ce Procureur n'étant nommé dans aucune des Editions de cette *Chronique*, il ne me paroît pas qu'une conjecture si hasardée doive être reçue. Le Compilateur des *Mémoires de Littérature*, & le P. le Long, copié par l'Auteur de la Préface imprimée au-devant des *Vigiles de Char-les VII*, à Paris, 1724, *in-*8°. ont extrêmement brouillé ce fait. Quant aux *Arrêts d'amour*, le nombre est de 51 dans les plus anciennes Editions. La plus ample de toutes, est celle de Rouen, *in-*16, 1587, parce que, outre le 52° *Arrêt* & les *Ordonnances sur les Masques*, qui sont deux pièces de l'in-vention du nommé Gilles d'Aurigny, dit *le Pamphile*, elle contient de plus un 53° *Arrêt*, rendu par l'Abbé des Cornars, en ses grands jours tenus à Rouen, *pour servir de Réglement touchant les arrérages requis par les femmes à l'encontre de leurs maris*. Lilius Gyraldus que j'ai ci-dessus repris d'une faute, en a fait une seconde au même endroit, lorsqu'au lieu de dire, con-formément à Benoît le Court, que Martial d'Auvergne étoit *Cognitor Se-natûs Parisiensis*, Procureur au Parlement de Paris, il a dit *Coactor Senatûs Parisiensis*, charge jusqu'ici inconnue (à moins qu'elle ne désigne un *Huissier*)... (M. DE LA MONNOYE).

*Ce Poëme est celui qui a le plus contribué à la réputation de son Auteur. Il est de six à sept mille vers de différentes mesures. Il est tout à la louange de Charles VII, & il a été intitulé *Les Vigiles de la mort du Roi Charles VII*, à cause de la forme singulière sous laquelle il est conçu, qui est celle des Vigiles des Morts. Au lieu de Pseaumes, ce sont des récits historiques, où le Poëte rapporte les malheurs & les glorieux exploits de fon Héros & les événemens principaux de fon règne ; les leçons font remplacées par des complaintes fur la mort du Roi , dans lefquelles on célèbre fes vertus. Cet Ouvrage a été réimprimé à Paris , en 1724 , en 2. vol. *in-8°.*

** A la fuite des *Arrêts d'Amours ,* réimprimés à Amfterdam , en 1731 , on a imprimé une pièce curieufe , reconnue pour être de Martial d'Auvergne, qui a pour titre : l'*Amant rendu Cordelier à l'obfervance d'Amours.* Les deux Bibliothécaires ne parlent point de cette pièce.

***Ce que dit ici La Croix du Maine, du genre de mort de Martial d'Auvergne, eft abfolument faux, ainfi que M. de la Monnoye l'a déjà remarqué dans la note ci-deffus. On ne peut en douter , après fon Epitaphe rapportée dans les Additions de Joly , au Liv. I des *Offices de France* de Loifeau , Tom. I , fol. 144. Elle finit ainfi :

> Sous Jefus-Chrift , en bon fens pacifique
> Patiemment rendit fon efperit,
> En May treize ce jour là fans replique
> Qu'on difoit lors mile cinq cent & huit.

Ce Poëte étoit l'homme de fon fiècle qui écrivoit le mieux. On remarque dans toutes fes productions du génie , de la force , de la pénétration , & une forte d'élégance naïve qui plaît encore , & qui annonce qu'il étoit franc, fincère , & ennemi déclaré du vice. La peinture qu'il fait de la vie champêtre eft charmante :

> Mieux vaut lieffe
> L'accueil & l'adreffe ,
> L'amour & fimpleffe
> Des bergiers pafteurs,
> Qu'avoir à largeffe
> Or , argent, richeffe,
> Ne la gentilleffe
> De ces grans Seigneurs;
> Car ils ont douleurs
> Et des maux greigneurs ;
> Mais pour nos labeurs
> Nous avons fans ceffe
> Les beaulx prés & fleurs,
> Fruitaiges , odeurs,
> Et joye à nos cueurs
> Sans mal qui nous bleffe.

Voy. les Mémoires de Niceron , Tom. IX & X , pag. 171 & 273 , & l. Bibl. Françoife de M. l'Abbé Goujet , Tom. X , pag. 39.

MARTIAL DES CHAMPS, ou DESCHAMPS, Lymofin,
Médecin de l'Univerfité de Paris, & ordinaire de la maifon de
Ville de Bordeaux en Guienne, l'an 1573. Il a écrit en profe
Françoife, une Hiftoire tragique & miraculeufe, d'un vol &
affaffinat commis au Pays de Berry en la perfonne dudit Martial
des Champs, à laquelle il a ajouté une contemplation Chrétienne
& Philofophique, contre ceux qui nient la providence de Dieu,
le tout imprimé à Paris chez Jean Bien-né, l'an 1576. Jean
d'Aurat, Lymofin, Poëte d_ Roi, a mis en vers Latins l'Hiftoire
fufdite [1]. Cette Hiftoire a été depuis imprimée & falfifiée, car
les noms des perfonnes, & le Pays & les dates ont été changés,
dequoi j'avertis les Lecteurs en paffant.

[1] La Traduction de cette Hiftoire en vers Latins par Dorat ne fe trouve
point parmi fes Poëfies *. Martial des Champs étoit de Périgueux. (M. DE LA
MONNOYE).

* La Traduction Latine fut imprimée la même année que l'Ouvrage même
de Martial des Champs, fous ce titre : *Martialis Campani è latronum manibus
divinitùs liberati , Monodia Tragica,* Paris , 1576 , in-8°.

MARTIAL GUIET, Angevin, frère puîné de Lezin Guyet
(duquel nous avons parlé ci-deffus,) tous deux natifs de la
ville d'Angers. Il a écrit en vers François, un Poëme qu'il
intitule le Monde renverfé, & autres Poëfies lefquelles ne font
encore imprimées : elles fe voyent écrites à la main par devers
Maître Pierre Olivier, fieur du Bouchet, Avocat au Mans, &c.
Il a traduit de Latin en François, la Pandore de Meffire Jean
Olivier, Evêque d'Angers, dit *Janus Olivarius,* elle n'eft
encore imprimée.

MARTIAL MASURIER, Lymofin, Docteur en Théologie,
Chanoine & Pénitentier en l'Eglife de Notre-Dame à Paris, l'an
1540, ou environ. Il a écrit l'Inftruction & Doctrine pour fe
bien confeffer & prier Dieu pour fes péchés, imprimée à Paris.

MARTIN ARNAULT, natif de Loches en Touraine,
Bachelier en Théologie, Curé de l'Eglife S. Saturnin à Tours,

Chantre & Chanoine en l'Eglife de S. Martin en ladite ville de Tours, l'an 1572. Il a écrit en profe Françoife un Catechifme, ou Doctrine Abrégée, pour faire profeffion de Foi, maintenir les Catholiques, en leur religion, & réduire les errants en la foi à l'union de l'Eglife univerfelle, imprimé à Tours chez Pierre Regnard, l'an 1572, ou environ.

MARTIN BASANNIER, ou **BASANIER**, Parifien, jeune homme fort docte, & bien verfé ès Mathématiques, & ayant grande connoiffance de la Théorique & pratique de Mufique, lefquelles fciences il a en partie apprifes de fon induftrie, & partie auffi de M. Jean Goffelin, garde de la Bibliothèque du Roi, fon précepteur efdites fciences. Il a écrit un Livre des Ephemerides perpétuelles, du jour & de la nuit : réformées depuis l'an de correction 1582, felon les régles perpétuelles du Calendrier Grégorien, & fupputées pour la région de France, & plufieurs villes notables d'Europe, imprimées à Paris par Pierre le Verrier, l'an 1583, & fe vendent chez Benoît Ravot dit des Spheres. Il a écrit plufieurs beaux fecrets touchant la Théorique & Pratique de Mufique, obfervée des Anciens, & le moyen de l'avoir pareille en notre fiècle : mais pour ce que fes Livres font écrits en Latin, j'en ferai mention autre part. Il florit à Paris cette année 1584. L'Anagramme dudit Bafanier eft tel, *Martinus Bafanerius*, *Mufæ nubar in Aftris*, tourné par M. d'Aurat, Poëte du Roi, lequel j'ai ici employé pour la rencontre de fa profeffion.

MARTIN DU BELLAY (Meffire), Chevalier de l'Ordre du Roi, & fon Lieutenant Général en Normandie, Prince d'Yvetot en ladite Normandie, à caufe de Madame Yfabeau Chenu, fa femme, Dame dudit lieu, &c. laquelle Seigneurie d'Yvetot a autrefois été érigée en titre de Royaume, de par le Roi de France, Clotaire I du nom, l'an de falut 560, comme nous dirons autre part [1]. Cettui-ci étoit frère puîné de M. le Cardinal du Bellay, & de Meffire Guillaume du Bellay,

Seigneur

Seigneur de Langey, defquels nous avons parlé ci-devant. Il a écrit les Mémoires des chofes les plus mémorables qu'il a vues & obfervées ès-guerres, efquelles il a été employé pour le fervice des Rois de France fes maîtres, depuis l'an 1513, jufques au temps du Roi Henry II. Lefdits Mémoires ont été imprimés avec ceux de M. de Langey fon frère, l'an 1569, à Paris, chez Pierre l'Huillier, par la diligence de Meffire René du Bellay, Baron de la Lande en Anjou héritier des fufdits. Meffire Henry des Mefmes Seigneur de Roiffi & Malafife, a communiqué fes Mémoires écrits à la main, compofés par Meffieurs du Bellay, à fin de les faire imprimer plus corrects fur la copie qu'il en avoit : en quoi il ne faut taire ici le nom de M. Capel, Docteur en Médecine, lequel s'eft beaucoup travaillé pour l'édition d'iceux *. Le fufdit Martin du Bellay, mourut à Glatigny au Perche, l'an 1559, le neuvième jour de Mars, qui eft une des plus anciennes maifons de France, de laquelle étoit Seigneur Landry de la Tour, Conneftable de France, fous le règne de Chilpéric, en l'an de falut 587, & depuis elle eft venue par fucceffion à la maifon du Bellay en Anjou, &c.

¹ La Tradition touchant la *Seigneurie d'Yvetot érigée en Royaume par Clotaire (pour avoir tué dans l'Eglife de Soiffons Gauthier, Seigneur d'Y-vetot)* eft fabuleufe. Gaguin qui, plus de neuf cens ans après la chofe prétendue arrivée, eft le premier qui l'ait rapportée, la met, non pas en 560, comme fait ici La Croix du Maine, mais en 536, dernière année du Pontificat d'Agapet I, qu'il dit avoir menacé le Roi d'excommunication, s'il ne réparoit fon crime par quelque fatisfaction mémorable. Ceux de la maifon du Bellay qui font en poffeffion de cette terre, ne laiffent pas de fe qualifier encore, finon *Rois*, du moins *Princes d'Yvetot*. (On trouve dans les Mémoires de l'Académie des Belles-Lettres une Differtation de M. l'Abbé de Vertot fur le *prétendu Royaume d'Yvetot*. . . . (M. DE LA MONNOYE).

* Montagne, parlant de ces Mémoires (*Effais*, Liv. II, Chap. 10 fur la fin) dit : « C'eft toujours plaifir de voir les chofes écrites par ceux qui ont » effayé comme il les faut conduire, mais il ne fe peut nier qu'il ne fe trouve » évidemment en ces deux Seigneurs (*du Bellay*) ici un grand defchet de la » franchife & liberté d'écrire qui reluit ès anciens de leur forte : comme au » Sire de Joinville. . . & de plus frefche mémoire en Philippe de Comines. » C'eft ici plutôt un Plaidoyer pour le Roi François contre l'Empereur

» Charles cinquième qu'une Histoire. Je ne veux pas croire qu'ils ayent rien
» changé quant au gros du fait ; mais de contourner le jugement des évé-
» nemens souvent contre-raison , à notre avantage, & d'omettre tout ce qu'il
» y a de chatoüilleux en la vie de leur maître, ils en font métier. . . On peut
» couvrir les actions secretes ; mais de taire ce que tout le monde sait , & les
» choses qui ont tiré des effets publiques & de telle conséquence , c'est un
» deffaut inexcusable. Somme pour avoir l'entière connoissance du Roi Fran-
» çois , & des choses advenues de son tems, qu'on s'adresse ailleurs , si on
» m'en croit. — Il y a cependant , dit-il plus bas , quantité de choses dignes
» d'être sçues & des discours non vulgaires ».

Martin du Bellay fut toute sa vie employé dans les expéditions militaires
& dans les négociations. Il nous a laissé des Mémoires sur les événemens
auxquels il a eu part , & dont il a été témoin. M. de Thou en parle comme
d'un Ouvrage écrit avec autant de sagesse que d'élégance : *Historiam prudentei
juxtà ac purè scriptam.* Ces Mémoires n'ont paru que dix ans après sa mort
La première Edition est celle que cite La Croix du Maine , en 1569
in-fol. On en a donné quantité d'autres depuis. On trouvera leurs dates dans
la *Biblioth. Histor. de la France,* & plus exactement encore dans la *Biblioth.*
de Clement , Tom. III , pag. 168. Hugues Sureau a traduit en Latin les
Mémoires de Martin du Bellay , & les a publiés en cette langue à Francfort
en 1574. Cette Traduction ; qui n'a point été réimprimée , est assez rare. On
conserve à la Bibliothèque du Roi, un Exemplaire imprimé des Mémoire
de Martin du Bellay , avec des notes manuscrites de François de Noailles
Evêque d'Acqs , mort en 1585. Cet Evêque avoit été chargé de diverse
Ambassades en Angleterre , à Venise , à Constantinople. On a publié en
1763 l'Histoire de ses négociations & celles de son frère Antoine de Noailles
On a placé à la tête un petit Abrégé de sa vie , dans lequel il n'est poin
parlé de ses notes sur du Bellay , & M. Lambert paroît ne les avoir pas
connues , puisqu'il n'en a point fait usage dans la nouvelle Edition qu'il
donnée des Mémoires de du Bellay , en 1753. Cette nouvelle Edition, est en
quelque sorte une Traduction , l'Editeur ayant changé seulement le langag
trop suranné de l'Auteur. Le P. le Long (N°. 7604 de sa *Bibl. Hist. de la Fr.*)
fait un reproche injuste à La Croix du Maine , en l'accusant d'avoir attribu
à Guillaume Cappel la publication des Mémoires de Martin du Bellay , au
lieu que ce fut René du Bellay , son gendre , qui les mit en lumière. La Croi
du Maine en convient ; il ajoute seulement que Cappel se donna des soin
pour l'Edition. Ces Mémoires sont divisés en dix Livres , mais les V , V
& VII sont de Guillame , frère de Martin. Quelques Ecrivains , tels qu
Bayle dans son *Dictionnaire,* & D. Liron, dans sa *Biblioth. Chartraine ,* s
sont trompés , quand ils ont cru que le VIIIe Livre étoit aussi de Guillaume

MARTIN BUCER, Alleman de nation. Il a écrit un nombre infini de Livres en Latin & en François, il a traduit la Bibl

imprimée l'an 1540 & 1546, à G. [1]. Il a écrit autres Œuvres
defquelles je ne ferai ici mention & pour caufe. Il mourut en
Angleterre l'an 1551, fa vie a été imprimée à Strafbourg en
Allemagne, &c. [2].

[1] Bucer n'a rien écrit en François. La *Bible imprimée à Genève l'an* 1541
& *1546*, n'eft autre que celle de Robert Olivétan, imprimée à Neufchatel
en Suiffe, l'an 1535, de laquelle les Miniftres de Genève retouchèrent le
ftyle dans leurs Éditions. (M. DE LA MONNOYE).

[2] Il mourut à Cambrige le 27 Fevrier 1551, dans fa foixante-unième année, felon le calcul de Melchior Adam, ce qui fuppofe que Bucer naquit
à Scheleftat * dans la Haute-Alface au commencement de 1491. (*idem*).

* M. Clement, dans fa *Bibliothèque Curieufe*, Tom. V, pag. 357, a prétendu prouver que Bucer n'étoit point de *Scheleftat*, comme tous les Bio-
graphes l'affurent, mais qu'il étoit de *Strasbourg*. Il cite pour garant Martin
Difenback, Juif converti, Auteur d'un Ouvrage Allemand, imprimé à
Francfort en 1709. Je traduirai ici le paffage qu'il cite : *M. Schilter fe fouvient
que l'on peut prouver, par les Archives de la Ville de Strasbourg, que Bucer étoit
NATIF STRASBOURGEOIS, & que fon père NICOLAS BUTZER (c'eft ainfi
que s'écrivoit fon nom) vivoit encore en 1523, comme Bourgeois de Strasbourg,
année où fon fils MARTIN BUTZER vint en cette Ville, où il fut Miniftre
du S. Evangile. A ce fujet M. Schilter m'a envoyé la lettre d'excufe de Bucer
aux Magiftrats de Strasbourg, datée de 1523, qu'il avoit copiée d'après l'Original dans les Archives de Strasbourg, dans laquelle j'ai trouvé que Bucer dit
quelquefois expreffément que Strasbourg eft fa patrie, & qu'il eft fils d'un Bourgeois de cette Ville*, &c. Cependant M. Schœpflin, dans le Tom. II de fon
Alfatia Illuftrata, pag. 341 & 386, dit que " Bucer étoit de Scheleftat, qu'il
" vint de Weffembourg à Strasbourg, en 1521, avec d'autres Réformateurs,
" & que la Ville lui donna le Droit de Bourgeoifie le 1 Décembre.

MARTIN FRANC, ou LE FRANC *, natif de la ville
d'Arras en Artois, en la Gaule Belgique, fur les frontières de
la Picardie, (felon Jean le Maire de Belges en fa Coronne
Marguaritique,) & felon Claude Fauchet, il étoit natif de la
Comté d'Aumalle en Normandie [1]. Cettui-ci Martin le Franc
étoit Poëte, Philofophe, Hiftorien & Orateur très-eftimé pour
fon temps. Il fut Secrétaire du premier Duc de Savoye, &
depuis Prevôt & Chánoine de Lauzanne, Prothenotaire du S.
Siége Apoftolique, & enfin Secrétaire du Pape Fœlix, & du
Pape Nicolas, l'an 1447. Il a écrit un Livre contre le Roman

de la Rofe, intitulé le Champion ** des Dames, imprimé à Paris il y a plus de foixante ans; il a écrit en vers François & en profe tout enfemble, un Livre intitulé l'Eftrif de Fortune & de Vertu, contenant trois Livres, imprimé à Paris par Michel le Noir, l'an 1505, *in-4°.* & contient dix-huit feuilles, de caractères bâtards. Il floriffoit du temps de Philippes de Bourgongne, auquel il a dédié plufieurs de fes Livres.

* Le vrai nom de cet Auteur étoit Martin le Franc., & il ne faut pas s'arrêter à ce qu'on lit dans l'Epître Dédicatoire de fon Livre Martin Frano, ce qui ne peut être qu'une faute d'impreffion. La preuve en eft, 1°. que le P. Labbe, p. 313. de fa *Nova Bibl. Manufc.* n°. 193., rapporte, *Eftrif de vertu & de fortune par Martin le Franc,* Prevôt de Laufanne, *dédié à Philippe le Bon, Duc de Bourgogne.* 2°. Ce qu'en dit François Philelphe, dans fon *Elégie,* à fon fils Marius, étant alors à la Cour de Savoye, où l'Article le eft confervé même dans le Latin, *Poëfies Lyriques,* Liv. V, Carm. 6, cité par M. le Préfident Bouhier dans fon Exemplaire de La Croix du Maine, au mot Martin le Franc :

> Nec tibi Martini le Franci nomen & omne
> Excidat officium, quo benè promeruit.
> Hunc pariter leges decorant, hominumque Deûmque:
> Hic in Socratico pulvere victor adeft.
>
> Quidquid totus habet terrarum maximus orbis
> Quidquid & Oceanus, Æthereusque Globus;
> Tu, le France, tenes, nec in Æthera rectus apertum
> Ignoras cui fint regna petenda Jovis.
>
> Te, le France, meos primùm reor inter amicos.
> Ducendum, Talem te fimul effe volo. …

ᵗ Comme Cet Auteur parle fouvent d'Arras dans fon *Champion;* & qu'il dédia ce Livre, de même que fon *Eftrif de vertu & de fortune,* à Philipp le Bon, Duc de Bourgogne, Souverain des Pays-bas, je trouve moins d vraifemblance à le croire d'*Aumale* avec Faucher, que d'*Arras* avec Jean Maire. (M. de la Monnoye).

** Malgré l'éloge, que fait Philelphe, de Martin le Franc, il n'y a guère d Poëte plus ignoré que lui, quoiqu'il y ait des chofes affez plaifantes dans fo *Champion des Dames,* fur-tout au fujet de la Pucelle d'Orléans, où un certai Malebouche, toujours prêt à contredire le *Champion des Dames,* racon des faits affez finguliers, & qui peuvent avoir donné des idées à des Poër très-modernes. Ce Malebouche prend un fecond, appelé *Vilain Penfer,* q

enchérit encore fur tout ce qu'il a dit contre les femmes, qui traite fort mal
Éve, & qui dit :

> Telle la mère fut, & telles
> Les filles furent & feront
> De l'homme ennemies mortelles.
> Et jamais ne s'amenderont...

Il ne peut croire que Dieu ait pardonné à Éve, & il la damne fans rémiffion.
Malebouche n'oublie pas la fable de la *Papeffe Jeanne*, pour montrer qu'il n'y
a rien dont les femmes ne foient capables, fur quoi il s'écrie :

> O Benoift Dieu ! Comme oza famme
> Veftir chafuble & chanter mefle.

Ce Poëme, quoique très-peu connu, eft plaifant par l'efpèce de ridicule
qui y règne. On en connoît deux Editions, l'une *in-fol.* à deux colonnes, en
caractères demi-Gothiques, fans date, ni lieu d'impreffion ; l'autre *in-8°.* à
Paris, par Pierre Vidoue pour Galiot Dupré, 1530.

Voy. la Bibl. Françoife de M. l'Abbé Goujet, Tom. IX, pag. 187.

MARTIN FUMÉE, Gentilhomme Parifien, fieur de Marly-
le-Chaftel, fils de M. des Roches Fumée, qui eft une très-
noble & très-ancienne famille en Touraine, de laquelle étoit
Seigneur Meffire Adam Fumée, Chancelier de France du temps
de Loys XI, l'an 1499, duquel font defcendus tant d'illuftres
& fçavants hommes, comme nous dirons autre part [1]. Ce
Seigneur de Marly-le-Chaftel, a recueilli de plufieurs Auteurs
Latins & François, l'Hiftoire des Indes, laquelle il a fait imprimer à Paris l'an 1577. Je n'ai pas vu fes autres écrits. Il floriffoit audit an 1577, & ne fçai s'il eft encore vivant, car je n'ai
pas eu ce bien que de le voir encore ou connoître, que par fes
doctes écrits. Au demeurant je dirai en paffant, qu'ayant lu fa
préface fur fon Hiftoire des Indes, il conffffe n'avoir pu recouvrer les Navigations de Fernand ou Ferdinand Cortez Efpagnol,
&c. pour employer en l'Hiftoire fufdite. Mais je veux bien
l'avertir, & ceux qui auroient envie de voir cette Hiftoire dudit
Cortez, que je l'ai par devers moi : & leur en ferai auffi-tôt
part, comme j'ai fait par le paffé, & fais encore tous les jours
des Livres rares qui font en ma poffeffion, tant je fuis defireux

de profiter au public, par tous honnêtes moyens. Auſſi que
pluſieurs des plus grands & doctes perſonnages de notre temps
n'en ſont demeurés ingrats, car ils ont confeſſé en leurs Œuvres,
avoir reçu cette faveur de moi, que de les avoir ſecourus de
mes exemplaires & Livres écrits à la main. Ce que je ne répète
pour la gloire qu'ils m'en ont donnée en leurs écrits, mais pour
faire déclaration du déſir que j'ai de faire le ſemblable à tous
autres qui auront recours à moi, en toutes choſes qui ſeront en
ma puiſſance.

[1] Il étoit fils d'Antoine Fumée, qui étoit frère de *Martin*, ſieur de Genilly, & fils d'un autre *Martin*, petit-fils d'Adam Fumée, Garde des
Sceaux. La Croix du Maine fait ici beaucoup de fautes touchant cet *Adam
Fumée*, qu'il dit avoir été *Chancelier de France ſous Louis XI*, en 1499.
Louis XI, comme on ſait, mourut en 1483. Adam Fumée, qu'en 1472 il
avoit fait Maître des Requêtes, fut Garde des Sceaux ſous Charles VIII,
en 1492, & mourut en 1494. (M. DE LA MONNOYE) *.

* Martin Fumée, Seigneur de Marli-le-Châtel, étoit fils de Martin
Fumée, Seigneur des Roches, & de Martine d'Aleze. Il avoit épouſé, en
1573, Marie Louet. Voy. l'*Hiſt. des Grands Officiers de la Couronne*,
Tom. VI, pag. 422. Beaucoup de perſonnes de cette famille ont porté le
nom de *Martin*, ce qui jette quelque confuſion dans cette généalogie.

MARTIN FUMÉE [1] (Meſſire), Seigneur de Genilly,
Chevalier de l'Ordre du Roi, autre que le ſuſdit ſieur de Marly-
le-Chaſtel, &c. frère de Meſſire Adam Fumée (duquel nous
avons parlé au commencement de ce Livre,) & encore frère de
Meſſire Nicolas Fumée, jadis Abbé Commendataire de l'Abbaye
de la Couſture au Maine, & maintenant Evêque de Beauvais
en Picardie, & Pair de France, &c. Ce Seigneur de Genilly eſt
très-docte & très-accompli Gentilhomme. Il a compoſé pluſieurs
beaux Traités non encore mis en lumière. Il floriſſoit en l'an 1575.

[1] Ce MARTIN FUMÉE, n'eſt autre que celui, qui, dans ſa lettre datée de
Marly le 4 Octobre 1569, & imprimée au-devant du *Roman d'Athenagoras*,
dit l'avoir traduit de Grec en François. Il étoit frère cadet d'*Adam Fumée*,
troiſième du nom, dont il eſt parlé, lettre A, & oncle de *Martin Fumée*,
mentionné dans l'Article précédent. Le mot *Genilly* eſt écrit *Genillé* au bas
de la lettre de Martin Fumée. (M. DE LA MONNOYE) *.

* MARTIN FUMÉE, dont il s'agit ici, me paroît avoir été le même que celui

dont il s'agit dans l'Article précédent , puisqu'il étoit frère de *Nicolas* , Abbé de la Couture , qui fut enfuite Evêque de Beauvais.

MARTIN GREGOIRE, natif de Tours en Touraine , Docteur en Médecine. Il a traduit de Grec en François les fept Livres de Claude Galien, de la compofition des médicaments; comme témoigne Jean Breche de Tours en fes Œuvres.

MARTIN GUERIN, Prêtre, natif de Loches en Touraine. Il a mis par écrit la maniere de la paix, impétrée de la Roine du Ciel , laquelle lui avoit été révélée en l'an de falut 1500. Elle fe voit écrite à la main fur parchemin , en l'Eglife de Saint Gatien de Tours. Ce que j'ai appris du Livre intitulé , *Liber Mirabilis* [1] , lequel en fait très-ample mention.

[1] Le Livre qui a pour titre *Liber Mirabilis* , eft un Recueil de fauffes Prophéties & de révélations fuppofées , parmi lefquelles fe trouvent celles de Jérome Savonarolle. Il eft imprimé à Paris , *in-8°.* fans date , divifé en deux parties, l'une Latine , qui finit au feuillet 110 ; l'autre Françoife , qui finit au 28 , le tout en Lettres Gothiques. L'Ecrit de Martin Guérin, contenu dans cette feconde Partie, bien loin d'être fort ample , ne contient guère qu'un feuillet. (M. DE LA MONNOYE).

MARTIN DU PIN, Doyen de S. Ladre d'Avalon. Il a traduit de Grec en Francois l'Exhortation de S. Juftin, Philofophe & Martyr, aux Gentils, imprimée à Paris, chez Claude Fremy. Il floriffoit en l'an 1540 *.

* Voy. le même mot dans *DU VERDIER*.

MARTIN RAVAULT, Licencié en Droit, natif de Sens en Bourgongne. Il a compofé en Latin & en François un Livre intitulé le Caton des Princes & Gouverneurs, comprenant le jufte état & gouvernement d'une chofe publique, & la maniere de vivre fans reproche, imprimé à Paris par Denis Janot, l'an 1536, auquel temps floriffoit ledit Auteur.

MARTIN SEGUIER , Confervateur des Priviléges Apoftoliques en l'Univerfité de Paris. Il a écrit une Epître qu'il a envoyée à un Gentilhomme François, étant en Almagne , imprimée à Paris par Federic Morel, l'an 1580. Prieres du Roi, Soupirs du bon Pasteur, Oraison pénitentielle, Oraison pour le matin, Prière pour le soir, Expositions de quelques Hymnes de l'Eglise, le tout composé par ledit Martin Seguier, &imprimé à Paris l'an 1578, par Federic Morel; il a davantage écrit un Traité de la grandeur, puissance, bonté & sapience de Dieu, rédigé en paraphrase sur trois psalmes de David; l'Exposition de quelques Hymnes de l'Eglise en pareil nombre de vers & de syllabes que le Latin, le tout imprimé ensemble par Nicolas Chesneau, l'an 1575, à Paris, auquel temps il florissoit audit lieu.

MARTIN TALLEBOT, natif de Caux en Normandie, Docteur en Théologie à Paris, homme très-docte & fort renommé entre les prédicateurs de l'Eglise des Catholiques. Il a écrit plusieurs Sermons & autres Livres en Théologie, je ne sçai s'il les a fait imprimer. Il florissoit sous le règne de Charles IX, durant lequel temps il mourut, (si j'ai bonne souvenance.)

MATHIAS FRIZON, Docteur en Médecine, en l'Université de Louvain en Flandres. Il a écrit en François une prognostication nouvelle pour l'an 1540, imprimée à Paris audit an 1540, par Jean l'Homme.

MATHIEU BEROAL, ou BEROALDE, Parisien, homme fort docte, grand Théologien, Historien & Mathématicien, père de François Beroalde, sieur de Verville (duquel nous avons parlé ci-devant [1].) Il a écrit une Chronologie Latine. Quant à ses compositions Françoises, tant sur la Théologie que sur les Mathématiques ou l'Histoire, elles ne sont encore en lumière, & s'il y en a quelques-unes, je m'assure que le sieur de Verville son fils les publiera pour l'honneur de son père. Il florissoit l'an 1573, j'entends qu'il est mort sous le règne de Henry III.

[1] Il court une vie manuscrite du grand-père de Madame de Maintenon, le fameux *Théodore Agrippa d'Aubigné*, faite par lui-même, où il est parlé avec éloge de MATHIEU BÉROALDE, qu'il dit avoir eu pour Précepteur.

Mathieu

Mathieu ayant été père de *François*, Auteur du Livre intitulé *Le Moyen de parvenir*, je renvoie à la differtation qui s'en trouve à la fin du quatrième volume du *Menagiana*. Elle contient diverfes particularités hiftoriques, tant du père que du fils, curieufement recherchées. Jofeph Scaliger, qui avoit beaucoup de confidération pour Mathieu Béroalde, ne laiffe pas de rejeter avec raifon fa *Chronique*, comme pleine d'abfurdités. On le trouve quelque part appelé *Dyonifianus*, parce qu'il étoit né dans la petite ville de S. Denis près Paris, & lui-même le marque ainfi dans fa *Chronique*. Il mourut l'an 1584. Voy. la *Gallia Orientalis* de Colomiès, p. 45. (M. DE LA MONNOYE).

Mathieu Béroalde, le Chronologifte, né à S. Denis, fils de Simon Brevart, Barbier à S. Denis, élevé au Collège du Cardinal le Moine par François Vatable, qu'il reconnoît pour fon bienfaiteur, étoit de la Religion Réformée. J'ai vu fon teftament, fait à Sancerre en 1572, ce qu'a ignoré M. de la Monnoye, *Menagiana*, Tom. IV, qui, pag. 318, à l'occafion du *Moyen de parvenir*, nous dit des chofes bien différentes de celles dont la Bibliothèque *Media Ætatis*, Tom. V, pag. 856, fait mention. (M. Béroalde mourut Miniftre à Genève). . . (M. FALCONET).

Voy. les Mémoires de Niceron, Tom. XXXIV, pag. 221.

MATHIEU DE BOUTIGNY [1], Page de Maître François de Sagon, Secrétaire de l'Abbé de S. Evroul, qui eft un nom fuppofé touchant ledit Boutigny (comme il femble). Il a écrit en vers François le Rabais du caquet de Frippellipes, & de Marot dit Rat-Pelé, additionné avec les comments, imprimé à Paris il y a près de cinquante ans. Ce font toutes invectives faites par Sagon ennemi de Clement Marot.

[1] Ce MATHIEU DE BOUTIGNY, prétendu *Page de François Sagon*, n'eft autre que *Sagon* lui-même, à l'imitation de *Fripelipes*, *valet de Marot*, qui n'eft autre que Marot. Voy. les Articles de FRANÇOIS SAGON & CLEMENT MAROT. (M. DE LA MONNOYE).

MATHIEU COIGNET, Confeiller du Roi, & Maître des Requêtes de fon Hôtel, Ambaffadeur de fa Majefté vers les ligues des Suiffes & autres Nations étrangères, &c. Il a écrit un Livre intitulé, l'Inftruction aux Princes de garder la foi promife, imprimé à Paris chez Jaques du Puis, l'an 1583. Il florit à Paris cette année 1584, âgé de foixante ans ou environ.

MATHIEU DE COUCY, Hiftorien François. Il a écrit

des Chroniques, lesquelles se voyent écrites à la main, & non encore imprimées, comme témoigne Gilles Corrozet, en son Trésor de l'Histoire de France, sur la fin dudit Livre.

MATHIEU, ou MAHIEUX *, de Gand, ancien Poëte François, vivant en l'an 1260, ou environ. Il a écrit plusieurs Poësies Françoises en forme de Dialogues.

* Fauchet, Chap. 67, ne l'appelle que MAHIEUX, synonime de *Mathieu* en Picardie. Du Verdier n'en parle point.

MATHIEU DE LAUNOY, Prêtre, Docteur en Théologie, jadis Ministre de la Religion prétendue Réformée, & maintenant réduit à l'Eglise Catholique & Romaine [1]. Il a écrit une Réponse Chrétienne à vingt-quatre Articles de Pierre Pineau, dit des Aigues, imprimée à Paris chez Guillaume Chaudiere, l'an 1581. Défense dudit de Launoy tant pour lui que pour Henry Pannetier [2], contre les fausses accusations & perverses calomnies des Ministres, imprimée à Paris chez Guillaume de la Noüe, l'an 1578. Il florit à Paris cette année 1584 *.

[1] Ce fut un homme fort décrié, qui fut forcé de quitter le parti des Protestans pour sa mauvaise conduite, & dont l'Eglise Catholique, dans laquelle il rentra, n'a jamais pu se faire honneur. (Il étoit Prêtre avant de se faire Calviniste ; quand il eut abjuré, il devint l'un des plus furieux Ligueurs, ce qui lui valut la Cure de S. Merry, qu'il fut obligé de quitter ensuite, & de se retirer en Flandres, où on croit qu'il mourut). *Voy.* son Article dans Bayle, où par un passage qu'on y lit du Cordelier Henri Sedulius, pag. 283 de sa *Réponse à l'Alcoran des Cordeliers*, il paroît que ce *Launoy*, en 1605, étoit encore plein de vie. (M. DE LA MONNOYE).

[2] Ce nom s'écrit PENNETIER, comme La Croix du Maine l'a fait au mot HENRI PENNETIER, & se prononce PANNETIER. (*idem*).

* M. de Thou (Liv. LXXXVI, sous l'an 1587) dit que Mathieu de Launoy s'étant fait Protestant, devint Ministre, & se maria ; mais que sur le déclin de l'âge, dégoûté de sa femme, & plus las encore de sa misère, il revint à la Religion Catholique ; & comme on ne se fioit pas trop à sa conversion, il crut devoir se joindre aux Ligueurs pour écarter les soupçons qu'on avoit contre sa bonne foi. De Thou dit ailleurs (Liv. XCV, sous l'an 1589) qu'il avoit quitté les Protestans par la crainte d'être puni d'un adultère dont il avoit été convaincu. Si nous en croyons les *Mémoires de la Ligue*

(Tom. VI, p. 326, nouvelle Edition) il fut pendu en effigie à Sedan, pour avoir fait un enfant à sa cousine. Il se défendit mal dans son *Apologie*, citée par La Croix du Maine, imprimée à Paris, *in-*8°. 1575, lorsqu'il revint au Catholicisme. Il nous apprend dans cette *Apologie* que c'étoit en 1560 qu'il avoit embrassé la Religion Protestante. Le Traducteur de M. de Thou l'appelle toujours LAUNAY au lieu de LAUNOY. C'est ainsi qu'il est aussi nommé dans les *Mémoires de la Ligue*.

MATHIEU DE VAUCELLES, Imprimeur & Libraire au Mans, en laquelle ville il naquit le Mardi dix - huitième jour de Janvier, l'an 1507. Ledit Vaucelles étant fort jeune, écrivit quelques Poësies Françoises, contre Clément Marot, sous le nom de Poëte champêtre, lesquelles ont été imprimées il y a plus de quarante ou cinquante ans. L'on voit plusieurs de ses compositions, tant en vers qu'en prose, sur la fin du Catéchisme de Père Emond Auger, de l'Ordre des Jésuites; sçavoir est l'Oraison à Dieu, & autres Poëmes; il a écrit plusieurs Noëls ou Cantiques, sur l'avénement de Notre Seigneur Jesus-Christ, imprimés par lui - même à diverses années; Epitaphes sur le trépas de M. de Hangest, Chanoine en l'Eglise du Mans, & encore sur la mort de M. de Langey, & plusieurs autres personnes illustres; le Panégyric des Sciences, lequel il présenta à Monsieur frère du Roi, lorsqu'il passa par la ville du Mans, en l'an 1577. Il a davantage écrit plusieurs Poëmes à l'honneur de Messieurs les Evêques du Mans, & entre autres aux Entrées de M. le Révérendissime Cardinal de Rambouillet, Evêque du Mans, faites en ladite ville, imprimés par lui. Il est cause que la Carte ou Description du Maine, écrite par Macé Ogier, Prêtre, (duquel nous avons parlé ci-dessus,) a été imprimée par lui & Alexandre Chouen, en l'an 1539, & depuis encore en l'an 1565, avec une fort docte Epître de sa façon, discourant des louanges du Maine, &c. Il se trouve plusieurs Livres imprimés par ledit Vaucelles, lequel en ses premières éditions, se nommoit *Macé de Vaucelles* simplement : & depuis en ses autres Œuvres il s'est appelé *Mathieu de Vaucelles*, qui est un même, quand au Latin *Matthæus*, de quoi j'avertis les lecteurs, afin qu'ils ne pensent pas que ce foient deux divers Auteurs, encore qu'il fe foit appelé de ces deux divers noms : & penfe que ce qui fut caufe qu'il fe nomma depuis *Mathieu de Vaucelles* & non pas *Macé Vaucelles*, ce fut à l'occafion de l'heureux anagramme qui fe trouve en ce nom, qui eft tel, *Dieu veult l'ame chafte.* Il mourut au Mans l'an 1578, le Jeudi premier jour de Janvier, âgé de 72 ans, auquel mois il avoit été né.

MATHIEU DE VAUZELLES, Lyonnois, Docteur ès-Droits & Avocat au Parlement de Dombes, & Sénéchauffée de Lyon, l'an 1549. Il a écrit un Traité des péages, divifé en fix parties, imprimé à Lyon l'an 1550, par Jean de Tournes, *in-*4°. contenant 27 feuilles. Ce Livre eft plein de fort belles & doctes recherches. Il floriffoit à Lyon audit an 1549.

MATHURIN CORDIER, Normand, & felon d'autres Percheron, ou natif du Perche [1]. Il a écrit en François, le miroir de la Jeuneffe, imprimé à Poctiers l'an 1559, pour Pierre & Jean Moines frères. Ce Livre a été depuis imprimé à Paris par Jean Ruelle & autres, l'an 1560, fous ce nom de Civilité Puérile; il a écrit en vers François, plufieurs Remontrances & Exhortations au Roi & aux Etats de fon Royaume, &c. imprimées l'an 1561, à G. Il eft Auteur du Livre Latin, intitulé les Colloques de Mathurin Cordier, &c. Il étoit encore vivant fous le règne de Charles IX, & étoit âgé d'environ quatre-vingt ans.

[1] Il régenta la Sixième toute fa vie, en diverfes Villes, à Paris, Nevers, Bordeaux, Neuf-chatel, Laufanne, Genève, où il mourut, âgé de quatre-vingt-cinq ans, le 8 Septembre 1564. Il avoit été originairement Prêtre à l'Eglife de Notre-Dame des Bonnes-Nouvelles à Rouen. Auffi a-t-on cru qu'il étoit plutôt de Normandie que du Perche : *Gente Normannus*, dit le Docteur Jean de Launoy, *Hift. Colleg. Navar.* pag. 699. Calvin, qu'il avoit eu pour difciple au Collège de la Marche, l'engagea depuis à changer de religion, en reconnoiffance de quoi Maturin Cordier, qui affectionnoit Calvin, en a fait un des perfonnages de fes *Colloques.* La Croix du Maine, du Verdier & plufieurs autres écrivent mal avec un H MATHURIN. Il eft vifible que *Maturinus* venait de *Maturus*, il faut écrire MATURIN. (M. DE LA MONNOYE).

MATHURIN HERET, Docteur en Médecine en l'Univer-
sité de Paris, & faisant profession d'icelle en la ville du Mans,
&c. homme bien docte & bien versé en plusieurs Arts & Sciences. Il est natif de la Paroisse du Breil près Connerray, à cinq
lieues du Mans : ce que je suis bien aise de dire, pour le voisinage
dudit lieu du Breil, fort proche de la Seigneurie de la Croix au
Maine, &c. Il a traduit de Grec en François, les problêmes
d'Alexandre Aphrodisée, excellent Médecin & ancien Philosophe, avec annotations bien doctes dudit Heret, & avec plus de
soixante problêmes de son invention, le tout imprimé à Paris
chez Guillaume Guillard, l'an 1555 ; il a traduit de Grec en
François, le Sympose ou Banquet de Platon, avant que Louis
le Roi dit *Regius* eût fait imprimer sa Traduction ; ledit Livre
traduit par Mathurin Heret a été imprimé à Paris, il y a près
de trente ans ; il a traduit de Grec en François, les Histoires de
Dictis de Crete, & de Dares Phrygien, auparavant que Jean de
la Lande, Gentilhomme Breton, les eût traduites ; Discours sur
les Mathématiques, non encore imprimés ; Traité contre l'Arrêt
donné au Parlement de Dole en Bourgongne, touchant un
homme transmué en loup-garou, non encore imprimé. Je ne
fais point ici mention de ses Poëmes Latins & autres Œuvres de
sa profession : je me réserve à en parler dans ma Bibliothèque
Latine. Il florit au Mans cette année 1584, exerceant fort
heureusement la Médecine, & travaillant sans cesse, afin de
profiter au public en toutes sortes.

MATHURIN MAURICE, Xaintongeois. Il a écrit un
Traité de la vraie Noblesse, & nourriture d'icelle pour les enfans
généreux, imprimé à Paris l'an 1551 ; il a écrit un Livre intitulé
la Revenche, & Contre-dispute de frère Anselme Turmede,
contre les bêtes, imprimée à Paris chez Nicolas Chesneau, l'an
1554. Il florissoit en l'an 1552.

MATHURIN DU REDOUER, Licentié ès Loix. Il a
traduit d'Italien en Langue Françoise, le Nouveau Monde, &

les Navigations faites ès-terres neuves, par Emery Vespuse, Florentin, imprimées à Paris par Galliot du Pré, l'an 1516 [1].

[1] La Traduction dont parle ici La Croix du Maine ayant été imprimée à Paris en 1516, ne peut avoir été faite sur la Traduction Italienne du *Recueil des Navigations* que Jean-Baptiste Romusio fit imprimer à Venise en 3 vol. *in-fol.* en 1563 ; ainsi ce devoit être sur le Latin d'Americ Vespuce, comme le dit du Verdier, au même mot (DU REDOUER) que la Traduction imprimée à Paris a dû être faite : (sur quoi il y a encore à remarquer que dans ce *Recueil de Navigations*, il n'y a que la cinquième Navigation qui soit d'Americ Vespuce, à la tête de laquelle on lit *Translatée de langue Espagnole en Italien, & d'Italien en François*, ce à quoi M. de la Monnoye n'a pas fait attention)...(M. DE LA MONNOYE).

MATHURIN DU ROCHET, natif de la Ferté au Maine, Avocat au Siége Présidial du Mans, homme fort docte, & sur tout de bonne vie. Il a écrit quelques Mémoires pour les cayers qui furent présentés aux Etats de Blois l'an 1576, auxquels il assista, ayant été député pour le tiers Etat, avec M. Philippes Taron, sieur de la Groye, (duquel nous ferons mention ci-après). Il a semblablement recueilli plusieurs belles propositions qui se firent en ladite Assemblée des Etats, par les plus doctes & sçavants hommes de France, députés pour haranguer : il ne les a encore fait imprimer, non plus que ses autres compositions. Il florit au Mans cette année 1584.

MATHURIN DU TRONCHAY, Gentilhomme du Maine, Sieur DE VAUTORTE, natif de Mayenne la Juhel. Il a composé en vers François, une Instruction des Princes, & autres Œuvres tant en prose qu'en vers. Je ne sçai s'il les a fait imprimer. Il étoit parent de Messieurs de Balladé, sieurs du Tronchay, en quoi l'on peut voir combien cette maison a été fertile en bons esprits. Car d'icelle sont issus Baptiste, Gazal, Georges & Louis les du Tronchaiz, & encore cetui-ci, tous hommes doctes, & desquels nous avons fait très-honorable mention ci-dessus, parlant d'eux chacun en leur rang. Ledit sieur de Vautorte florissoit l'an 1580. Je ne sçai s'il est encore vivant *.

* Ce DU TRONCHAY, ainsi que ceux du même nom, dont il est parlé dans

cet Article, ne font guère connus que par les petites pièces de vers qu'ils compofoient à l'honneur des Auteurs de leur connoiffance, & qui font imprimées au-devant de quelques Livres.

MAURICE PONCET *, Docteur en Théologie en l'Univerfité de Paris, Religieux de l'Ordre de S. Benoît, homme fort docte, & des plus hardis Prédicateurs de ce fiècle : car il a tellement le zèle de la Religion Chrétienne en recommandation, qu'il ne craint aucunement de reprendre toutes fortes de vices, defquels il peut avoir connoiffance, fans refpecter en cela aucun quel qu'il foit, tant il eft ardent à reprendre, & hardi pour enfeigner, & defireux que l'on fe corrige des fautes que l'on commet chacun en fon état. Il a écrit & compofé en François, une Oraifon Funèbre, fur la mort de Meffire Euftache de Conflans, Vicomte d'Auchy, laquelle il prononça le dernier jour d'Août l'an 1574, en l'Eglife de Brecy-le-Buiffon. Elle a été imprimée à Paris chez Michel Somnius, audit an 1574; Remontrance à la Nobleffe de France, de l'utilité & repos que le Roi apporte à fon peuple, & de l'inftruction qu'il doit avoir pour le bien gouverner, imprimé à Paris chez ledit Somnius, l'an 1572. Je n'ai pas connoiffance de fes autres écrits François, & quant à fes Latins, nous en ferons mention autre part. Il florit à Paris cette année 1584, non fans fe travailler beaucoup à prêcher & annoncer au peuple la parole de Dieu.

* Il étoit natif de Melun, & Religieux Profez en l'Abbaye de S. Pierre de la même ville. Selon Remillard, *Hiftoire de Melun*, pag. 627, M. Crevier s'eft trompé dans fon *Hiftoire de l'Univerfité*, Tom. VI, pag. 386, lorfqu'il a cru que Poncet étoit natif de Meaux. Il fut Curé de S. Afpais à Melun, puis de S. Pierre des Arcis à Paris. Il fe diftingua fort en 1583 par fes prédications contre la Confrairie des Flagellans, inftituée par Henri III, qui l'exila à Melun ; mais il eut bientôt la permiffion de revenir à Paris, où il mourut le 27 Novembre 1586, & non pas en 1589, comme le dit le P. le Long dans fa *Biblioth. Hiftorique de la France*, n°. 15762 de la nouvelle Edition. Du Verdier cite de lui plufieurs Ouvrages dont La Croix du Maine ne parle point.

MAURICE DE LA PORTE, Parifien, frère puîné d'Ambroife de la Porte, tous deux hommes bien doctes & très-

éloquents [1]. Cetui-ci nommé Maurice, a mis en lumière un
fien docte, laborieux & très-utile Livre d'Epithètes : Œuvre
non-feulement néceffaire à ceux qui font profeffion de la Poëfie,
mais encore pour toutes fortes d'Hiftoires, &c. imprimé à Paris,
chez Gabriel Buon *in-*8°. l'an 1571, qui fut la première édition,
& depuis imprimé chez le même Buon *in-*16. par plufieurs &
diverfes fois. Il mourut à Paris l'an 1571, le vingt-troifième
jour d'Avril, âgé de quarante ans.

[1] Ambroife de la Porte, frère aîné de Maurice, mourut, comme nous
l'avons remarqué en fon lieu, l'an 1555. La Caille, pag. 139 de fon Livre,
parlant de ces deux frères, confond l'aîné avec le cadet, lorfqu'au lieu de
dire *Maurice*, il dit qu'*Ambroife* mourut le 23 Avril 1571. (M. DE LA
MONNOYE).

MAURICE SCEVE, Lyonnois, iffu de l'ancienne famille
des Sceves à Lyon, homme fort docte & fort bon Poëte François,
grand rechercheur de l'antiquité, doué d'un efprit emerveillable,
de grand jugement & fingulière invention. Ce que je peux juger
pour avoir lu fes écrits, qui témoignent affez les chofes fufdites *; il a traduit d'Efpagnol en François la déplorable fin de
Flammette, qui eft une belle & gentille invention de Jean de
Flores Efpagnol, imprimée à Lyon chez François Jufte, l'an
1535, *in-*8°. & contient neuf feuilles, le tout imprimé en
caractères bâtards, &c. Delie, objet de plus haute vertu, &c.
qui eft une Poëfie amoureufe, contenant quatre cent quarante-
neuf Emblêmes, imprimés à Lyon *in-*8°. & depuis à Paris
chez Nicolas du Chemin *in-*16, l'an 1564. Il femble, à qui
voudra prendre garde de près au titre de fon Livre, qui eft
Delie, &c. qu'il veuille entendre l'*Idée* de plus haute vertu.
Car Delie & l'Idée (par anagramme ou nom retourné) eft une
même chofe, fans vouloir entrer en l'étymologie Grecque ou
Latine de cette diction. Ce que j'ai dit en paffant, pour ce que
plufieurs s'arrêteront fur l'explication du titre de ce Livre. Il a
davantage écrit en vers François, une Eglogue de la vie folitaire,
laquelle il intitule la Saulfaye, imprimée à Lyon l'an 1547, de
laquelle je préfume qu'il en foit Auteur, encore qu'il n'y ait
mis

mis fon nom, mais fa devife feulement, qui eft telle : *Souffrir non fouffrir;* il eft Auteur de la Defcription de l'entrée du Roi Henry II, faite à Lyon fur le Rône, l'an 1548, imprimée audit lieu l'an 1549, chez Guillaume Rovile, avec les figures & protraicts des chofes les plus excellentes, repréfentées en icelle, &c. il a compofé en vers François, un Livre intitulé le Microcofme ou Petit monde, comme témoigne celui qui a fait les additions au promptuaire des médailles **. Il floriffoit à Lyon l'an 1559, auquel temps Henry II du nom, Roi de France, mourut. Jean de Tournes lui a dédié une Epître, laquelle fe voit imprimée au commencement des Sonnets de Petrarque, imprimés par lui l'an 1547, en laquelle il le loue grandement.

* Maurice Sceve étoit, dit-on, de la maifon des Marquis de Sceva du Piémont, dont une branche étoit venue s'établir à Lyon. Celui dont nous parlons fut Echevin de cette Ville, & y jouit d'une grande réputation. « Les » premiers Poëtes François, dit Pâquier (*Recherc.* Tom. I, Liv. VII, Chap. 6, pag. 701) » firent profeffion de plus contenter leurs efprits que l'opinion du » commun peuple : le premier qui franchit le pas, fut Maurice Sceve » Lionnois. . . Si eft-ce qu'arrivant fur l'âge il voulut prendre autre train. Se » mettant en butte à l'imitation des Italiens, une maîtreffe qu'il célébra fous » le nom d'*Elie*, non en Sonnets (car l'ufage n'en étoit encore introduit) » ains par Dixains continuels, mais avecques un fens fi ténebreux & fi » obfcur, que le lifant je difois être très-content de ne l'entendre pas, puif- » qu'il ne vouloit être entendu. Comme il fut le premier en ce fujet, il » mérita cet éloge de du Bellay :

> Gentil efprit, ornement de la France,
> Qui, d'Apollon fainctement infpiré,
> T'es le premier du peuple retiré
> Loin du chemin tracé par l'ignorance. . .

** Le *Microcofme*, ou *Petit Monde*, eft celui de tous les Ouvrages de Sceve qui lui a fait le plus d'honneur; il eft en vers Héroïques, partagé en trois Livres. Le fujet de ce Poëme eft *l'Homme*; il montre, dans fon Auteur, de la philofophie & des connoiffances, mais exprimées d'une manière fort obfcure. Les confeils de Maurice Sceve furent fort utiles à Marot dans le féjour qu'il fit à Lyon; ils furent unis d'amitié, & Marot en a parlé fur ce ton en plufieurs endroits de fes Œuvres. —Voy. la Bibl. Franç. de M. l'Abbé Goujet, Tom. XI, pag. 442.

MAXIMILIEN DE VIGNACOUR, Gentilhomme Arthefien, ou d'Arthois en la Gaule Belgique, Poëte Latin & François, neveu de M. François Balduin, tant renommé pour ſa Juriſprudence, tous deux natifs de la ville d'Arras, &c. Il a écrit en vers François, l'Epitaphe & autres Ecrits funèbres, ſur le décès de Damoiſelle Cl. de Beaufort, fille du Seigneur de Boilleuz, imprimés à Douay en Flandres l'an 1582, par Jean Bogard. Il floriſſoit à Paris l'an 1583. J'entends qu'il eſt dujourd'hui en Eſpagne.

MELCHIOR DE FLAVIN, de l'Ordre des Cordeliers ou de S. François. Il a écrit premièrement en Latin, & depuis traduit en François, une Remontrance de la vraie Religion : adreſſée au très-Chrétien Roi de France Charles IX, imprimée à Paris.

MELIN, ou MERLIN [1] DE SAINT GELAYS, natif d'Angouleſme, Abbé de Reclus, Aumônier de M. le Dauphin de France, l'an 1525, iſſu de la très-noble & ancienne maiſon des ſieurs de S. Gelays en Aquitaine, & parent d'Octavien de S. Gelays, Evêque d'Angouleſme, (duquel nous ferons mention ci-après). Je n'oſe dire ce que j'ai entendu dudit Melin, & en quelle qualité il appartenoit audit Evêque [*], juſques à ce que je m'en ſois plus avant informé par ceux de cette maiſon, leſquels en peuvent plus ſçavoir que moi, (pour leur appartenir de plus près). Si dirai-je toutes fois qu'il étoit eſtimé l'un des plus doctes hommes de la Cour du Roi François I, père des Lettres, & ſi je veux ici répéter les louanges que lui a données l'Auteur du Livre intitulé *Le Quintil Cenſeur*, (qui eſt un Traité fait contre Joachim du Bellay, par Charles Fontaine, Pariſien) je dirai qu'il ſçavoit compoſer en tous genres de vers, & ſur tout qu'il étoit excellent pour les Lyriques, leſquels il mettoit en muſique, les chantoit, les jouoit & ſonnoit ſur les inſtruments étant Poëte & Muſicien vocal & inſtrumental, (afin d'uſer des termes dudit Auteur) étant encore Mathématicien, Philoſophe, Orateur, Théologien, Juriſconſul, Médecin & Aſtronome [2] : bref docte en tous Arts & Sciences [**]. Après ſa mort, il a été imprimé un volume de ſes Œuvres Poëtiques, à Lyon l'an 1574, chez

Antoine de Harſy [3]; il a traduit de Grec en François, la Tragédie de Sophoniſba, imprimée à Paris [4]; il eſt cauſe que les
voyages aventureux du Capitaine Jean Alphonſe, Xaintongeois,
ont été imprimés à Poiƈtiers l'an 1559, par les Marnefs, leſquels il recouvra avec grande peine, pour en faire le public
participant; le Courtiſan de Meſſire Balthazar de Chaſtillon,
traduit premièrement d'Italien en François, par Jean Colin, a
été revu & recorrigé par ledit Melin de S. Gelays, & imprimé
à Paris chez Gilles Corrozet, l'an 1549, Gabriel Chapuis,
Tourengeau l'a auſſi traduit (comme nous avons dit ci-deſſus [5]).
Il floriſſoit ſous les règnes de François I, & Henry II. Pierre de
Ronſard fait mention de lui en pluſieurs de ſes Œuvres, diſant
qu'il lui étoit fort contraire, & mépriſant ſes Poëſies devant les
Rois, comme jaloux de voir qu'un autre emportât le prix par
ſur lui, qui étoit eſtimé le premier de la Cour, &c. Ce qui ſe
voit ès vers où il dit : *Garde moy de la tenaille de Melin*, ou en
paroles ſemblables, entendant parler dudit Melin de S. Gelays.

[1] On écrit MELLIN, MELIN & MERLIN. Le plus régulier des trois eſt
MELLIN, nom d'un Saint, autrefois Patron d'une Egliſe en la Province de
Cornouialles, en Angleterre. *Melin* a été introduit par la prononciation.
Merlin s'eſt dit par alluſion, & bien des gens même ont cru, que *Mellin* &
Melin, étoient une corruption de *Merlin*. De-là vient que dans les *Epîtres* de
Longueil, il eſt appelé *MERLINUS GELASIANUS*, & que Marot ne l'appelle
preſque jamais que MERLIN. Rabelais, par un déguiſement flatteur, Cha-
pitre dernier de ſon premier Livre, l'appelle MERLIN LE PROPHÈTE. (M. DE
LA MONNOYE).

* Ce que La Croix du Maine n'oſe dire ici, c'eſt que *Mellin fut fils d'Oƈlavien de S. Gelais, Evêque d'Angoulême* : c'eſt l'opinion commune. Mellin
naquit en cette Ville, & y fut élevé avec ſoin ; je ne ſais ſur quoi eſt fondé
ce que l'on trouve écrit dans les Recueils de M. Falconet : .. *Melin de S.
Gelais, bâtard, petit-neveu d'Oƈlavien*. . . On cite le *Ducatiana*, pag. 72 &
73. — Mais l'opinion de tous les Lexicographes eſt telle que je l'ai rapportée
d'abord.

[2] Thevet dit que Mellin de S. Gelais, à l'âge de vingt ans, étant allé en
Italie pour y étudier en droit, ne goûta point cette étude, & ne s'attacha
qu'à la Poëſie & à l'Aſtrologie Judiciaire. Il le fait Auteur d'un Livre *de Fato*,
imprimé, ſans qu'il y eût mis ſon nom, & dont on n'a, que je ſache, aucune connoiſſance particulière. Une négligence digne de Thevet, c'eſt

qu'ayant marqué avec foin que S. Gelais, mort au mois d'Octobre, fut enterré âgé de foixante-fept ans fix mois quinze jours à S. Thomas du Louvre (aujourd'hui S. Louis) il a précifément omis l'année de fa mort. Une note qu'on a copiée de moi au-devant du *S. Gelais* de Paris, *in*-12, 1719, a fait voir que ceux qui mettent cette mort en 1554 fe trompent. Il vivoit encore le 21 Décembre 1557, comme il paroît, pag. 10 de fes Œuvres, *in*-8°. à Lyon, 1574, & ne mourut qu'en 1558. (M. DE LA MONNOYE).

** Ce fut fans doute à fon retour d'Italie qu'il embraffa l'Etat Eccléfiaftique. Ses talens déjà connus engagèrent François I à lui donner l'Abbaye de Notre-Dame de Reclus, Ordre de Cîteaux, au Diocèfe de Troyes ; il le nomma enfuite Aumônier du Dauphin, depuis Henri II, charge que ce Prince lui conferva. Il fut encore Bibliothécaire du Roi. Jaloux des Poëtes fes contemporains, il chercha toujours à les déprimer à la Cour ; *on craignoit, fuivant l'expreffion de Ronfard, d'être pincé par la tenaille de Mellin.* Pâquier, *Rech.* Tom. I, Liv. VII, Chap. 5, p. 700, dit que Clement Marot & Mellin de S. Gelais eurent le prix entre tous les Poëtes ; « auffi fembloient- » ils avoir apporté du ventre de leur mére la Poëfie. . . Mellin produifoit de » petites fleurs & non fruits d'aucune durée, c'eftoient des mignardifes qui » courroient de fois à autres par les mains des Courtifans & des Dames de » Cour, qui lui eftoit une grande prudence, parce qu'après fa mort on fit » imprimer un Recueil de fes Œuvres, qui mourut prefque auffitôt qu'il vit » le jour ». Ce jugement de Pâquier eft trop févère ; ces petites pièces fugitives font la plupart bien conçues, heureufement exprimées, & feroient honneur aux bons Poëtes de nos jours, dont beaucoup ne négligent pas d'aller püifer dans ces fources. Les mœurs, de fon temps, étoient à la Cour d'une liberté extrême ; ainfi il ne faut pas s'étonner, que le facré & le prophane foient toujours mêlés dans ces petites pièces fugitives, c'étoit le goût du moment, & le moyen de plaire & de fe faire lire ; cependant ce Poëte avoit de la philofophie, & il paroît qu'il étoit peu fenfible aux événemens, même les plus triftes : on en jugera par cette maxime :

> Si pour fe plaindre, & pour larmes jetter,
> On pouvoit rompre un malheur furvenu ;
> Les pleurs devroient poids de l'or s'achetter,
> Comme fur tous remède cher tenu.
> Mais puifqu'un mal ne peut n'eftre advenu,
> Soit qu'en pleurions, ou rions jour & nuit,
> De quoi nous fert fe plaindre & mener bruit,
> Et nous donner nouveaux maux & alarmes ?
> Si n'eft ainfy qu'un arbre porte fruict,
> Ainfi douleur doit apporter des larmes.

3 Outre cette Edition de fes Œuvres, il y en a une autre de 1582 par Benoift Rigaud, Lyon, & celle de Paris, 1719. (M. DE LA MONNOYE).

4 La *Sophonisbe*, que le bon La Croix du Maine croit tirée du Grec, comme

s'il y avoit jamais eu de Tragédie Grecque fur ce fujet, eft une pure Traduction de la *Sophonisbe* Italienne de Jean-Georges Triffin, jufques-là qu'à l'imitation de celle-ci, qui eft en vers non rimés, celle de S. Gelais eft en profe, hors les Chœurs qui font en vers rimés. Claude Mermet, comme on le peut voir en fon Article, la mit toute depuis en vers François, & la fit imprimer à Lyon en 1584. (*idem*).

5 Il faut voir, au mot JAQUES COLIN, ce qui a été dit du foin que S. Gelais avoit pris de revoir & mettre au jour la Traduction du *Courtifan de Balthafar Caftiglione*. (*idem*).

Voy. les Mémoires de Niceron, Tom. V & X, & la Biblioth. Françoife de M. l'Abbé Goujet, Tom. XI, pag. 456.

MICHEL D'AMBOISE, Ecuyer *, Seigneur de Chevillon, l'an 1540, furnommé en fes Œuvres l'Efclave Fortuné, &c 1. Il a écrit en vers héroïques la déploration de la mort de Meffire Guillaume du Bellay, Seigneur de Langey, imprimée à Paris l'an 1543, par Felix Guibert; il a traduit d'Italien en vers héroïques, le ris de Democrite, & les pleurs d'Heraclite, (anciens Philofophes,) fur les folies & mifères de ce monde, écrits premièrement en Langue Italienne, par Meffire Antoine Philereme Fregofe, Chevalier Italien, imprimés à Paris l'an 1547, par Arnoul l'Angelier.

* Il étoit fils naturel de Charles d'Amboife, Amiral de France, & Lieutenant Général du Roi en Lombardie. Il naquit dans le Royaume de Naples au commencement du feizième fiècle : fon père l'envoya dans fa terre de Sagone, pour y être élevé avec fon fils légitime ; mais le père étant mort très-promptement en 1511, il n'eut pas le temps d'affurer à fon fils naturel de quoi vivre. Georges d'Amboife, fils de Charles, en eut foin. Georges ayant été tué à vingt-deux ans à la bataille de Pavie, où l'on croit que Michel, fon frère naturel, l'avoit fuivi, il perdit toutes fes reffources ; on lui confeilla de s'appliquer à l'étude du Droit, pour trouver quelque moyen de fubfifter ; il s'y appliqua, plus par néceffité que par goût, & l'abandonna enfuite. Il trouva une retraite chez Madame de Barbéfieux de la Rochefoucauld (Antoinette d'Amboife, nièce de Charles fon père) qui le prit pour Secrétaire. Il devint amoureux d'Ifabelle du Bois, Demoifelle de Madame de Barbéfieux, qui le mit dehors de fa maifon avec la Demoifelle du Bois; ils fe marièrent, & fe retirèrent fans doute à Chevillon, terre d'un petit revenu. Après deux ans Michel d'Amboife perdit fa femme & le fils dont elle venoit d'accoucher. La mauvaife fortune le pourfuivit toujours, & fes chagrins augmentèrent. Nous voyons par fes Ouvrages qu'il n'étoit occupé qu'à

chercher des protecteurs & des secours qu'il ne trouvoit pas ; des créanciers impitoyables lui faifoient faire de longues retraites dans les prifons de Paris. Telle fut toute la fuite de la vie d'un pauvre Poëte, qui avoit pris, on ne fait pourquoi, le titre diftinctif d'*Efclave fortuné*. Il mourut en 1547, à peu près ; car on ne voit plus aucun de fes Ouvrages paffé cette date, qui doit être celle de fa mort. Tant qu'il vécut, il ne ceffa d'écrire, pour fubvenir à fes befoins les plus preffans. On ne trouve dans fes vers ni élégance, ni poëfie ; ce n'eft qu'une trifte profe rimée, comme la plupart des vers de fon temps. Du Verdier donne un Catalogue affez détaillé de fes Ouvrages, mais il eft complet dans les Mémoires de Niceron, Tom. XXXIII, pag. 333. On y trouvera ce titre fingulier : *Epîtres Vénériennes de l'Efclave fortuné, privé de la Cour d'Amour, nouvellement faites & compofées par lui*. Ces *Epîtres Vénériennes* font des efpèces de modèles de la manière dont il prétend que des amoureux doivent écrire à leurs maîtreffes.

Voy. la Biblioth. Françoife de M. l'Abbé Goujet, Tom. X, pag. 327.

[1] La Croix du Maine dit que Jean Bouchet dans plufieurs de fes Ouvrages, a pris le furnom d'*Efclave fortuné*. Ces Ouvrages ne me font point connus, & je doute qu'un autre que Michel d'Amboife, ait pris ce furnom, dont s'eft moqué Joachim du Bellay, Chap. 1er du Liv. II de fon *Illuftration de la langue Françoife*. (M. DE LA MONNOYE).

MICHEL DE BONNIERES, natif du Pays de Picardie, Jéfuite, ou de la Compagnie de Jéfus, & Préfèt de leur Collège fondé à Paris, &c. homme docte en Théologie, Philofophie, & ayant plufieurs autres bonnes parties en lui, & fur tout fe délectant à la mufique, en laquelle il a acquis une grande perfection, &c. Il a prononcé plufieurs doctes Difcours fur divers fujets, & principalement touchant la Théologie, en l'Affemblée ou Congrégation qui fe fait ordinairement au Collège defdits Jéfuites à Paris, après vêpres, chacun Dimanche & aux jours de Fête, lefquelles ne font encore en lumière, non plus que fes autres Œuvres. Il florit à Paris cette année 1584.

MICHEL BOUCHER, Sieur DE BOIS-COMMUN. Il a écrit une Oraifon aux François, fur la mort du magnanime Prince Jean de Bourbon, Comte d'Anghien, imprimée à Paris par Jean Caveiller l'an 1557, auquel temps floriffoit ledit Auteur.

MICHEL BOURRÉE, Sieur DE LA PORTE, Avocat au Siége Préfidial & Sénéchauffée du Maine, Poëte Latin & François. Il a écrit plufieurs Poëmes en l'honneur de Saint Julien, premier Evêque du Mans, imprimés à Angers & au Mans; il a écrit & compofé plufieurs Noëls ou Cantiques, fur l'avénement de Jefus-Chrift, imprimés au Mans. Il a davantage compofé en vers François, le Paranymphe du mariage du Roi Charles IX, avec Madame Elizabeth d'Auftriche ; Ode Panégyrique du Maine, imprimée à Angers : elle contient les louanges des Manceaux, &c. Elégie fur le trépas de Madame d'Averton au Maine, nommée Françoife de la Chapelle, femme de Meffire René de Bourré, Chevalier de l'Ordre du Roi, Seigneur de Jarzé, Chemiré & Aurillé, &c. imprimée au Mans; il a écrit plufieurs autres Poëmes François, en la louange de Meffieurs de Rambouillet, & entre autres, de M. le Révérendiffime Cardinal de Rambouillet, Charles d'Angennes Evêque du Mans, tant alors qu'il faifoit fon entrée en ladite ville, qu'autrement ; il a écrit plufieurs Tragédies & Comédies Françoifes, defquelles je ne fçai pas les titres. J'ai autrefois vu celle qu'il fit en Latin fur la mort de M. de Guife, tué par le fieur de Meray, furnommé Poltrot : mais elle n'eft encore imprimée non plus que fes autres Œuvres. Il florit au Mans cette année 1584, s'adonnant du tout à fa principale profeffion, qui eft la Jurifprudence : fon grand-père s'appelloit Jean Ory, Avocat au Mans l'an 1530, ou environ, (comme nous avons dit ci-deffus, parlant de lui à la lettre I,) ce que j'ai expreffément répété, d'autant que l'un & l'autre fe font pleuz à même profeffion du Droit & de la Poëfie tout enfemble.

MICHEL BUREAU, natif de la Paroiffe de Champ-Genefteux, au bas Pays du Maine, Abbé de la Coufture, près le Mans, Docteur en Théologie à Paris, Evêque de Hieropole. Il a prononcé plufieurs Harangues devant les Rois de France, & a dreffé plufieurs Mémoires touchant la Police & Juftice, lefquels ne font encore imprimés, non plus que fon Livre Latin, qu'il a intitulé *De Libertate Ecclefiaftica*, lequel nous avons par devers nous écrit à la main. Guillaume le Rouillé d'Alençon en fait mention en ſes annotations, ſur les Couſtumes du Maine, & parle de lui en termes honorables. Il mourut au Mans en ſon Abbaye de la Couſture, le ſixième jour de Juin, l'an 1518, & eſt enterré en icelle. Le proverbe qui eſt en uſage (principalement au Maine) a pris ſon origine de lui, qui eſt tel, *Bureau vault bien Eſcarlate*, ou bien *Le Bureau eſt auſſi fin qu' Eſcarlate;* ce qui fut dit par lui, comme en colère, parlant avec M. le Cardinal de Luxembourg, Evêque du Mans, l'an 1518, lorſqu'ils avoient procès enſemble, touchant leurs juriſdictions, en quoi l'on voit l'équivoque de ſon nom Bureau, pour Blanchet, & drap non teint avec une alluſion ſur l'habit de Cardinal, qui eſt d'eſcarlate, eſtimée la plus riche couleur ou teinture en draps de laine; ce que j'ai dit comme en paſſant, à cauſe que pluſieurs ne ſçavent que veut dire ce proverbe ſuſdit.

MICHEL DE CASTELNAU *, Chevalier de l'Ordre du Roi, Conſeiller en ſon Privé Conſeil, Capitaine de cinquante hommes d'armes de ſes Ordonnances, Gouverneur de S. Dizier, & Ambaſſadeur pour ſa Majeſté en Angleterre. Il a traduit de Latin en François, le Livre de Pierre de la Ramée, dit *Ramus,* traitant des mœurs & façons des anciens Gaulois, imprimé à Paris chel Wechel il y a plus de vingt ans, & depuis chez Denis du Val, l'an 1581; il a écrit un Recueil de Mémoires des choſes qu'il a traitées & maniées en ſon temps, tant en ſes Ambaſſades qu'autrement, &c. comme témoigne B. du Puis, en ſon Epître miſe au devant du Livre ſuſdit [1]. Je ne ſçai ſi ledit Ambaſſadeur eſt encore vivant. Il floriſſoit l'an 1562.

* Michel de Caſtelnau, Sieur de Mauviſſiere, naquit en Touraine à la Mauviſſiere vers l'an 1520. On dit qu'il avoit la mémoire ſi fidèle, qu'il retint preſqu'en entier un Sermon prononcé devant le Roi, le jour de Pâques, par le célèbre Jean de Monluc, Evêque de Valence, & le répéta au Cardinal de Lorraine. On peut voir dans ſa vie, par le Laboureur, les diverſes négociations dont il fut chargé, & les expéditions militaires auxquelles il eut part. Il mourut à Joinville en Gâtinois en 1592. Il écrivit ſes Mémoires pendant ſa dernière Ambaſſade en Angleterre, qui dura dix ans & trois mois, & qui finit en 1585. Il les compoſa pour l'inſtruction de ſon fils *Jacques de Caſtelnau,* auquel ils ſont adreſſés, & qui ne les publia que trente ans après

la

la mort de son père, en 1621, *in-4°*. Son fils, qui se nommoit aussi *Jacques*, & qui fut Maréchal de France, étant au lit de la mort, engagea Jean le Laboureur à donner une nouvelle Edition des Mémoires de *Michel*, son grand-père. Le Laboureur y joignit un fort grand nombre de pièces justificatives ou relatives, de sorte que l'Edition qu'il publia forma deux gros volumes *in-fol*. Elle ne fut publiée qu'en 1659, & dédiée à *Jacques de Castelnau*, qui l'avoit fait entreprendre. Il étoit mort dès 1658, le 15 Juillet, & non pas en 1659, comme on le lit dans Niceron (Tom. XIV, pag. 121). Il y a une méprise bien plus forte dans le *Dictionnaire Bibliograph. d'Osmont* (Tom. I, p. 173) où l'on cite ce *Jacques de Castelnau*, mort en 1658, comme l'*Auteur des Mémoires*. Ils furent publiés une troisième fois par *Jean Godefroy*, avec de nouvelles pièces tirées de la Bibliothèque de S. Germain-des-Prés. Elles concernent les négociations de la Mothe-Fenelon & de Michel Castelnau en Angleterre, depuis 1572 jusqu'en 1578. Cette dernière Edition parut, en 1731, en 3 vol. *in-fol*. Les deux premières Editions sont encore recherchées de quelques curieux, parce qu'elles sont rares, sur-tout la première : mais c'est le seul mérite qu'elles aient conservé. La Bibliothèque publique de Londres conserve beaucoup de lettres originales de Castelnau de Mauvissiere, non encore imprimées, & la plupart fort curieuses, parmi les Manuscrits de la Bibliothèque Harleienne & parmi ceux de la Bibliothèque Cottonienne. On peut voir, entr'autres, dans la première, le Manuscrit coté 1582, & dans la seconde le Manuscrit coté *Titus; B. VII*. Nous savons que M. de Bréquigny, de l'Académie des Belles-Lettres, auquel nous sommes redevables de ce que nous venons de dire sur ce MICHEL DE CASTELNAU, a copié un grand nombre de ces Lettres, qui pourroient former un bon supplément aux Mémoires de Castelnau.

[1] Michel de Castelnau (employé à diverses négociations importantes sous les règnes de Charles IX & de Henri III) cinq fois Ambassadeur en Angleterre, mourut l'an 1592. Ses Mémoires, depuis 1559 jusqu'en 1570, furent imprimés par les soins de Jaques de Castelnau son fils, à Paris, *in-4°*. 1621, & depuis en 2 vol. *in-fol*. avec les Additions de Jean le Laboureur, Paris, 1659. (M. DE LA MONNOYE).

MICHEL COIGNET, natif d'Anvers, ville capitale de Flandres, en la Gaulle Belgique, jeune homme de grand esprit, & très-sçavant en Mathématiques ; il a composé l'instruction des points les plus excellents & nécessaires, touchant l'art de naviger, imprimée à Anvers chez Henry Hendrix l'an 1581, *in-4°*. & contient treize feuilles. Il florissoit audit Anvers l'an 1580. Loys Guichardin Florentin, neveu de François, &c. fait très-ample & très-honorable mention de lui, en sa Description des Pays-Bas, traduite par François de Belle-Foreſt. Voy. le feuillet dudit Livre *fol.* 175 de la première édition.

MICHEL DUSSEAU, ou bien DU SEAU, dit *à Sigillo*, Garde-Juré de l'Apoticairerie à Paris. Il a ſommairement traduit & commenté, ſuivant le texte Latin, un Livre qu'il a intitulé *Enchirid, ou Manipul des Miropoles, & Tyroncles Pharmaco-poles*, lequel titre eſt difficile à entendre, & principalement à ceux qui n'ont pas grande connoiſſance du Grec & du Latin, & voulant icelui Auteur parler François qui fût entendu de tous, il devoit (ſelon mon jugement) lui donner ce titre d'Epitome ou Abrégé pour les Apoticaires, & apprentifs en cet art, lequel mot d'Enchirid ou Manipul, ſe peut traduire en François *Manuel*, c'eſt-à-dire Livre ou autre choſe qui ſe peut porter aiſément en la main, à cauſe de la petiteſſe & peu de peſanteur. Si je me ſuis arrêté ſur l'explication de ce mot, ç'a été afin d'avertir les Auteurs de ne donner point de titres difficiles, ou inſcriptions obſcures à leurs Livres, &c. & ne l'ai fait pour autre raiſon : car j'aimerai toujours ceux qui écriront des Livres profitables, comme a fait ledit Michel du Seau, lequel a fait imprimer à Lyon ſon Livre ſuſdit, l'an 1561, par Jean de Tournes, auquel temps il floriſſoit *. Je ferai mention de ſes Œuvres Latins autre part : & quant à ſes François, je n'en ai point connoiſſance d'autres.

　* Il y en a une Edition faite à Genève, en 1656, *in-12.*

MICHEL FERRIER, natif de Cahors en Quercy. Il a mis en muſique les Pſalmes de David, traduits en François par Clement Marot, imprimés à Paris chez Nicolas du Chemin, l'an 1568.

MICHEL FOUQUES, & ſelon autres FOUCQUÉ, natif de la Paroiſſe de Ste Cecile, près le Port Gaultier, au Pays du Maine, tirant vers Tours, &c. Prêtre & Vicaire perpétuel en l'Egliſe de S. Martin de Tours en Touraine, ſur la rivière de

Loyre, &c. Il a écrit en vers François, la vie de Notre Seigneur Jesus-Chrift, les Actes des Apôtres, la vie de Notre-Dame, la vie de S. Martin de Tours : tous lefquels Livres ne font encore en lumière. Il fe voyent écrits à la main en ladite Eglife de S. Martin à Tours. Il mourut âgé de foixante ans ou environ : & floriffoit du temps de François I *, felon que j'ai entendu d'Antoine Pichon, Manceau, homme docte en Grec & en Latin, & duquel nous ferons mention autre part.

* A juger par la date des Editions des Ouvrages de cet Auteur, telle que du Verdier la rapporte, cet Auteur doit avoir plutôt vécu fous Henri II, & même Charles IX, que fous François I.

MICHEL GRELLET (Frère), Cordelier, Gardien du Convent d'Angoulefme, Cuftode de Xaintes, Prédicateur ordinaire, entretenu par M. l'Abbé de Mairemonftrier * en Touraine, Meffire Jean de la Rochefoucault, &c. Il étoit grand Théologien, & a écrit plufieurs Livres, defquels je n'ai pas connoiffance.

* Que l'on ne s'y trompe pas, *Mairemonftrier* veut dire ici *Marmoutier*.

MICHEL DE L'HOSPITAL (Meffire), premièrement Confeiller du Roi au Parlement de Paris, & depuis Chancelier de Madame la Ducheffe de Savoye, & enfin Chancelier de France, après la mort de Meffire François Olivier, &c[1]. Il naquit au pays d'Auvergne, environ l'an 1504. Son père s'appelloit Jean de l'Hôpital, & étoit l'un des principaux Confeillers de Charles, Duc de Bourbon, & de fes plus grands favoris, (comme nous dirons autre part). Ledit Chancelier étoit fort grand Théologien, & encore plus fçavant Jurifconful, bon Philofophe, & Orateur très-éloquent : & outre cela, il avoit acquis une perfection pour compofer en tous genres de vers Latins, (comme nous dirons autre part plus à propos); il a compofé en François, une fort docte Harangue, laquelle il prononça en la préfence du Roi, tenant fes Etats à Orléans, au mois de Janvier l'an 1561, elle a été imprimée à Blois, par Julien l'Angelier, audit an 1561, *in*-4°. & contient six feuilles; il a prononcé plusieurs autres Harangues, tant en Latin qu'en François, lesquelles ne sont encore imprimées; j'entends que plusieurs de ses amis sont après, à recouvrer tous ses Œuvres pour les faire imprimer [2]. Il mourut l'an 1573, le treizième jour de Mars, âgé de soixante-huit ou soixante-neuf ans. Qui voudra voir un assez ample Discours de sa vie, voye son Testament en date du dix-neuvième Avril, lequel il fit & signa de sa main audit an : mais je croi qu'il ne soit pas imprimé; je ne l'ai vû qu'écrit à la main. Theodore de Beze a écrit sa vie, & l'a mis au rang des hommes illustres, (comme aussi il le méritoit, pour beaucoup de raisons) mais il ne le loue pas assez dignement, pour quelques particulières occasions. J'ai écrit un Discours de la vie dudit Chancelier, lequel je ferai imprimer avec celles des Chanceliers de France.

[1] Nous allons donner (d'après les Recueils de M. Falconet) quelques particularités curieuses sur le célèbre Chancelier de l'Hôpital, dont il est mention dans cet Article, né à Aigueperse de Jean de l'Hôpital, Médecin du Connétable de Bourbon, fils d'un Juif d'Avignon selon Mézeray, &, suivant les notes sur de Thou, fils d'un Médecin de la Duchesse de Lorraine. Charles de Bourbon étant sorti de France en 1523, Jean de l'Hôpital son Médecin, le suivit en Espagne & en Italie. *Michel*, son fils, étudioit alors à Toulouse, âgé de 18 ans, par conséquent né en 1505. En 1526, il alla trouver son père en Italie, qui l'envoya étudier le Droit à Padoue, où il passa six ans. De-là il vint à Rome, où il fut honoré d'une charge d'Auditeur de Rote, qu'il quitta pour suivre le Cardinal de Grammont, qui lui avoit promis de l'avancer en France; mais le Cardinal étant mort en 1534, Michel de l'Hôpital, sans emploi, se détermina à suivre le barreau, ce qu'il fit avec tant de succès, que trois ans après, en 1537, Jean Morin, Lieutenant Criminel du Châtelet de Paris, se détermina à lui donner en mariage sa fille unique, *Marie Morin*, qui lui apporta en dot une Charge de Conseiller au Parlement de Paris, dont il fut pourvu le 14 Juin de cette même année. Il fut ensuite, par la protection du Cardinal de Lorraine, Chancelier de la Princesse Marguerite, sœur de Henri II, depuis Duchesse de Savoye, premier Président de la Chambre des Comptes de Paris en 1554, Conseiller d'Etat en 1559, Chancelier de France en 1560, n'ayant pas voulu accepter cette charge que Bertrandi n'y eût renoncé (parce que Bertrandi, fait Garde des Sceaux par commission, avoit eu parole qu'à la mort du Chancelier Olivier, qui ne voulut jamais se démettre, il seroit fait Chancelier). — Excellent Juge & très-savant. Il commençoit toujours ses Harangues par une comparaison tirée de la Médecine. Il étoit désintéressé & refusoit l'ar-

gent : il dit hautement dans une harangue « qu'il aimeroit mieux la pauvreté
» du Préfident de la Vacquerie, que toutes les richeffes du Chancelier Rolin ».
Quand on lui demandoit fur quoi il affigneroit le douaire de fa femme, « fur
» mon bonnet quarré, répondoit-il. — Loifel, *Dialog.* pag. 492. — Plufieurs
traits de fes Ecrits ont fait préfumer qu'il penchoit fort vers le Proteftan-
tifme, Liv. III, *Ep. ad Carolum Cardinalem Lotharing.* qui commence : *Quam
te noftra diù...* On lit, *Nam Romá, nec vir, nec equus melior, redit unquam.*
L. VI, *ad Barthol. Fagum...* Epift. *ad Chriftoph. Thuanum :*

Audax tum Romana cohors, collecta Tridenti
Exemplo fancire novo, jus cœpit iniquum.

Ibid. Epift. *ad Annam Eftenfem :*

Agnofco te veræ Relligionis alumnam.

Il ne fcella les facultés de Légat du Cardinal de Ferrare, qu'en écrivant de fa
main fous le fceau, *me non confentiente.* Hift. Eccléf. des Egl. Réfor. Liv. IV,
pag. 555. — François Hotman l'appelle *Solon Galliarum....* Cependant il
eft peint, dans les *Images* de Bèze, avec une chandelle derrière lui, pour figni-
fier, dit Sponde (*ad An.* 1573) « qu'il avoit porté le flambeau afin d'éclairer
» les autres, mais non pour s'éclairer lui-même ». — Il fut le principal En-
tremetteur de l'Edit de 1560 aux Etats d'Orléans, fut l'inftigateur & le
promoteur de celui de Rouffillon 1563, & de celui de Moulins 1566. Ces trois
Edits contiennent une infinité d'articles en matière de police, & de beaux
Réglemens, « qui paffent d'un long entrejet nos anciennes Ordonnances, à
» la mienne volonté qu'ils euffent été obfervés, dit Pâquier, Liv. XIX,
Lettre xiv, pag. 574, 575 & 576. Ces trois Edits ont été rendus « fous un
» jeune Roi violent; (Charles IX) de même que fous Sévére, & Caracalla fon
» fils, les plus belles Loix du Digefte font dûes à Cerbidius Scævola & à
» Papinian, principale reffource du Droit des Romains ; ainfi que fous
» Alexandre, à Ulpian & Paule ; fous Gordian III, à Mifithée fon beau-père,
» & fous Juftinian à Tribonien. *Id.* Liv. XIX, Let. xvi. — Pâquier dit encore que » le Chancelier, par Edit particulier, fit défenfes d'ufer d'autres
» viandes que du bouilli à dîner, & de réferver le rôti pour le fouper ». Il fe
retira fur la fin de fes jours dans fa maifon de Vignai en Beauce, *Id.*
Liv. XXII, Let. v. Son *Projet de Pacification*, en 1562, fut traverfé par
l'Univerfité & le Parlement. *Hift. de l'Univ. de Paris*, Tom. VI, pag. 143.
— Dans les *Mémoires de la vie d'Aubigné*, pag. 33 de l'Edition *in-8°*. Amft.
1731, il eft dit que « fon père avoit les originaux de l'entreprife d'Amboife,
» & que le feing du Chancelier de l'Hopital étoit à une de ces pièces : que lui
» d'Aubigné, ayant ces pièces, les brûla à Talci, fur ce que Salviati, Sei-
» gneur du lieu, lui avoit confeillé de tirer dix mille écus du Chancelier,
» en lui remettant ces pièces à Etampes, où il s'étoit retiré, dans le voifinage
» de Talci ». Il faut remarquer, que d'Aubigné étoit amoureux de Diane
Salviati fa fille, & étoit en grande difette d'argent, ce qui rend l'action plus

belle encore, fi elle eft vraie. — Le teftament du Chancelier, daté du 12 Mars 1573, fe trouve dans Brantome, *Vie du Connétable de Montmorency.*

Le Chancelier de l'Hopital faifoit fi bien des vers Latins, que la Satyre *de Lite*, qui eft la première Epître du fecond Livre, dans les anciennes Editions, a été commentée par Boxhornius, comme l'Ouvrage d'un ancien Poëte inconnu. Pridæus s'y trompa de même, & dit à ce fujet *Satiræ de Lite Autor prifcus & venuftus* dans fes notes fur l'Apologie d'Apulée, pag. 54... Colomiès, *Recueil de particularités*, ff. 123. (M. Falconet).

[2]La Croix du Maine & du Verdier ayant fini leur Bibliothèque en 1584, n'ont pu voir alors la belle Edition des Poëfies du Chancelier de l'Hopital, qui fut faite à Paris *in-fol.* en 1585, chez Mamert Patiffon. On reconnoît par une lettre de Jacques Gillot à Jofeph Scaliger, du 9 Janvier 1602, qu'il y a eu d'autres Epîtres du même Chancelier, écrites de fa propre main, lefquelles ayant été, je ne fais comment, égarées, furent vendues à un Paffementier avec plufieurs autres papiers que l'on croyoit inutiles; & que Pierre Pithou, accoutumé à vifiter les boutiques des Artifans, où il déterroit fouvent de bons Manufcrits, démêla heureufement celui-ci, & le fauva. Ce Manufcrit paffa aux mains de François Pithou, frère de Pierre, & depuis en celles de Pierre Pithou, Confeiller au Parlement de Paris, neveu de ces Meffieurs. On croyoit que ce dernier en procureroit l'impreffion, comme le marque l'endroit d'une lettre que lui écrivoit Claude Sarrau, le 23 Octobre 1644. *Voy.* Colomiès, pag. 418 de fes Œuvres, de l'Ed. de Hambourg, *in-4°.* 1709. — Le Chancelier de l'Hopital n'eut qu'une fille unique, nommée *Madeleine*, qui époufa Robert Huraut, Maître des Requêtes, dont elle eut Michel Huraut de l'Hopital, Seigneur du Fay & de Belesbat, Auteur des libres difcours qui parurent en 1588, & Chancelier de Navarre, qui avoit époufé la fille du Préfident Pibrac, & mourut en 1592. (M. de la Monnoye).

* On a donné depuis une Edition plus complette des Poëfies du Chancelier de l'Hopital, mais où l'ordre n'eft pas le même que dans celle de 1585, fous ce titre : *Carmina, Editio à prioribus diverfa & auctior...* Amftelodami, 1732, *in-8°.* Pet. Wlaming.

Voy. les Mémoires de Niceron, Tom. XXXI, pag. 226.

MICHEL MAROT, fils de Clément Marot *. Il a écrit quelques Poëfies Françoifes, qui ont été imprimées avec les contredits à Noftradamus, compofés par le Seigneur du Pavillon, près Lorriz en Gâtinois, duquel nous avons fait mention cidevant à la lettre A, parlant d'Antoine Couillard, qui eft le nom dudit fieur du Pavillon, &c. imprimés à Paris l'an 1560, par Charles l'Angelier [1].

* Michel Marot, fils de *Clement*, & petit-fils de *Jean*, fit plutôt des

vers par droit de fucceffion, comme fils & petit-fils de Poëte, que par aucun talent reconnu pour la Poëfie. Tout ce que l'on fait de lui, c'eft qu'il fut Page de Marguerite de France, & qu'il paffa quelque temps à Ferrare. On ne fait d'ailleurs, ni combien il vécut, ni quand il eft mort; on ne connoît pas même le nom de fa mère. Sa devife étoit *Trifte & penfif.* Il avoit peu de fortune; il s'en plaint dans fes vers, qui ont été réimprimés à la fuite de ceux de Jean Marot, fon grand-père, à Paris, 1722, & en Hollande, 1731.

¹ Ménage, Chap. 37 du Tom. I de fes *Obfervations fur la Langue Françoife*, cite une Edition des Œuvres de Clément Marot à Niort, où fe trouve une Epigramme de Michel Marot, fils de Clément, au fieur du Pavillon. Elle a été originairement tirée des *Contredits à Noftradamus,* defquels La Croix du Maine & du Verdier font mention. Elle y eft accompagnée d'une lettre de Clément, père de *Michel,* prétendue écrite de Ferrare, à ce fieur du Pavillon. L'Epigramme peut bien être de *Michel Marot*; mais *Clément* n'étoit pas capable de faire une auffi mauvaife pièce, qu'eft la lettre adreffée fous fon nom à du Pavillon. C'eft affurément celui-ci, & Michel Marot, très-indigne fils de Clément, qui la lui ont fuppofée. (M. DE LA MONNOYE).

Voy. la Bibl. Françoife de M. l'Abbé Goujet, Tom. XI, pag. 103.

MICHEL DE MENEHOU, Maître des Enfans de Chœur de l'Eglife de S. Maur des Foffés près Paris. Il a écrit une nouvelle Inftruction, contenant en brief les préceptes ou fondemens de la mufique, tant pleine que figurée, imprimée à Paris chez Nicolas du Chemin, l'an 1571.

MICHEL MENOT, Docteur en Théologie à Paris, de l'Ordre des Frères Mineurs ou Cordeliers, &c. Il a écrit plufieurs volumes de Sermons, lefquels il a faits & prononcez, tant en la ville de Paris, (en l'Eglife de S. Jean en Grève) qu'en l'Eglife de Tours en Touraine, &c. lefquels fe voyent imprimés à Paris chez Claude Chevallon, l'an 1525. Ses Expofitions fur les Epîtres du Carême, ont été imprimées à Paris chez ledit Chevallon l'an 1519, & fes Sermons de l'Enfant Prodigue. Henry Eftienne en a fait plufieurs Extraits, lefquels il a employés en fon Apologie pour Herodote, imprimée par lui l'an 1567, ou environ. Et ce qui me fait mettre entre les Ecrivains François, cet Auteur fufdit, c'eft que fes Sermons font remplis de

mots & dictions Françoises, & de plusieurs autres Discours,
tellement mêlés & entrelâcés, que l'on peut connoître qu'il
étoit de Nation Françoise, & que ce qu'il avoit ainsi parlé
Latin-François, que c'étoit pour se mieux expliquer, & donner
à entendre à ceux qui n'avoient pas connoissance de la Langue
Latine [1]. Il florissoit du temps du Roi Loys XII, & au commencement du règne de François I. Je ne sçai pas de quelle nation
il étoit, sinon qu'il étoit François : mais je ne sçai de quelle
province de France. Ses Œuvres sont plus recherchées que
celles de Olivier Maillard, ou bien de Michel Barlette [2] &
autres semblables Ecrivains, lesquels ont fait des prédications si
hardies & tellement libres, qu'ils n'ont craint en cela aucun,
tant ils étoient ardents pour annoncer la parole de Dieu : Et si
quelques-uns recherchent leurs Œuvres, par sur tous autres
Théologiens de leur temps, c'est pour voir les abus de tous
états découverts par iceux plus évidemment, que par les autres
Prédicateurs du temps passé : car ceux-ci ont été extrémement
hardis à écrire, & encore plus à prêcher en publiq : & n'ont
point craint d'employer en leurs Livres, les vices qui avoient
cours de leur siècle, afin que l'on s'en corrigeât. Ce qui est cause
que tant de personnes en sont curieux : & si ils convertissent ou
tournent les Discours des susdits Docteurs en Théologie, autrement qu'en bonne part, cela tournera sur eux, & les scandali-
sera, & non pas les inventeurs ou Auteurs desdits Sermons. Ce
que j'ai dit assez amplement, pour ce que la plus grande partie
de ceux qui recherchent les Œuvres des trois Auteurs susdits,
ne le font que pour s'en penser rire & moquer : mais les bien
advisés n'en font pas ainsi : car l'on doit penser au but final & à
l'occasion principale qui les faisoit ainsi parler, & au siècle où ils
étoient, & non pas aux Discours ou répréhensions couchées en
leurs Livres, en tels termes qu'il leur a semblé bon de ce faire.
Ce que j'ai dit si amplement ici, je l'ai raçompté pour beaucoup de raisons : c'est pour faire penser plus d'une fois ceux-là
qui donnent si libre jugement des Auteurs, (& principalement

des

des Œuvres de Théologie) fans avoir égard de quelles perſonnes ils parlent, & à quelle conſéquence peuvent être tournés
leurs propos ainſi vainement prononcés. Si les ſufdits Auteurs
ont failli, je ne les veux foutenir, mais je veux juger de tout en
la meilleure part, fans jamais me vouloir déclarer par trop
affectionné.

[1] Le jargon Latin-Barbare des Moines du quinzième au ſeizième ſiècle a
donné l'idée du Style Macaronique, très-réjouiſſant, quand il eſt bien mis
en œuvre. Trois Prédicateurs, *Barlette, Maillard & Menot*, le premier
Jacobin, les deux autres Cordeliers, font rire dans les ſujets les plus ſérieux,
par leur manière ſeule de s'exprimer. Menot ſur-tout, eſt incomparable en de
certains endroits. Ses *Sermons de la Madeleine, du mauvais riche, de l'Enfant
Prodigue, du Miracle des cinq pains*, &c. ſont des chef-d'œuvres en ce genre.
Il mourut apparemment ſous Louis XII, ou tout au plus tard en 1518. Il
parle comme *de viſu*, de l'horreur, que du temps de Louis XI, on avoit pour
les blaſphémateurs. *Vidi*, ce ſont ſes paroles du feuillet 48, Col. 2 de ſon
Carême de Tours, *ſunt viginti-quatuor anni tempore Regis Ludovici, & Caroli,
quod ſpuebantur in faciem blaſphemi*. Une preuve qu'il étoit mort dans le
temps à-peu-près que j'ai marqué ; c'eſt qu'au-devant d'une Edition de ſes
Sermons, *in-8°*. en lettres Gothiques, 1519, à Paris, l'Imprimeur Claude
Chevallon dit, dans une petite Préface, que les Sermons du R. P. Michel Me-
not, rédigés avec ſoin en un corps, lui avoient été apportés pour les imprimer.
Ce n'eſt donc pas une petite erreur à Bayle d'avoir cru, pag. 195 de ſon
Supplément, Col. 1, que vers 1553 Catherine de Médicis avoit aſſiſté à un
Sermon de Menot. (M. DE LA MONNOYE).

[2] Barlette, mal nommé ici *Michel*, s'appeloit *Gabriel*. La Croix du Maine
s'en eſt fié à Henri Etienne, qui, Chap. 5 de ſon *Apologie d'Hérodote*, a
nommé *Michel* ce Jacobin, quoique dans le Chapitre ſuivant il cite un
paſſage, où ce Moine, rapportant un fait qui lui étoit arrivé, dit en termes
exprès : *Ego Gabriel*. Barlette vivoit encore en 1495, comme le donne à
entendre, ce que dans ſon Sermon de S. Etienne, il dit du Roi de Naples
Alfonſe II, qui dans ce temps-là n'oſant attendre l'arrivée de Charles VIII,
ſe retira en Sicile. Léandre Albert, honteux des impertinences qui ſe trouvent dans les Sermons, publiés ſous le nom de ſon Confrère Barlette, n'a
pas trouvé de meilleur expédient, que de les déſavouer comme ſuppoſés.
(*idem*).

Voy. les Mém. de Niceron, Tom. XXIV, pag. 386, & ſur GABRIEL
BARLETTE le Tom. III, pag. 1.

MICHEL DE MONTAGNE * (Meſſire), Seigneur dudit
lieu en Perigort, Chevalier de l'Ordre du Roi, & Gentilhomme

ordinaire de fa Chambre, Maire & Gouverneur de Bordeaux,
&c. Il naquit en fon Château de Montagne l'an 1533, le
dernier jour de Février. Il fut premièrement Confeiller du Roi
audit Parlement de Bordeaux, mais après la mort de fon frère
aîné, il fe défit de cet état, pour fuivre les armes. Il a époufé
la fille de Meffire Jofeph de la Chaffagne, l'un des plus renommés Confeillers dudit Parlement, père de M. de Preffac, Geufroy de la Chaffagne, Gentilhomme ordinaire de la Chambre
du Roi, (comme nous avons dit, parlant de lui ci-devant en
fon lieu). Faut noter en paffant (qu'à *la page* 274, *Tom. I.*
de cette nouvelle Edition) il y a une faute en l'impreffion de
ce Livre, touchant le nom dudit Jofeph : car l'Imprimeur
a failli, ayant mis Ifaac au lieu de Jofeph : ce qui fera corrigé à la feconde édition. Pour revenir à parler de ce Seigneur
de Montagne, je dirai librement que les Œuvres qu'il a mis
en lumière, font tellement fuffifantes pour témoigner de fa
grande doctrine & jugement émerveillable, & encore de fa
diverfe leçon, ou variété d'Auteurs qu'il a lûs, qu'il n'eft
befoin en ceci d'en parler plus avant, à l'endroit de ceux qui
auront confidéré la ftructure de ce beau Livre, qu'il a intitulé
Effais : lequel a été imprimé à Bordeaux chez Simon de Millanges, l'an 1580, en deux volumes, & depuis encore l'an 1582,
par lui-même, & à Rouen auffi & autres divers lieux, tant cet
Ouvrage a été bien reçu de tous hommes de Lettres. Et afin
d'éclaircir le titre de ce Livre, qu'il appelle *Effais*, & pour dire
ce qu'il contient, & pour quelle raifon il l'a ainfi intitulé, j'en
dirai ici mon avis en paffant. En premier lieu ce titre ou
infcription eft fort modefte, car fi on veut prendre ce mot
d'Effais, pour coup d'Effai, ou apprentiffage, cela eft fort
humble & rabaiffé, & ne reffent rien de fuperbe, ou arrogant :
& fi on le prend pour Effais ou expériences, c'eft-à-dire,
Difcours pour fe façonner fur autrui, il fera encore bien pris en
cette façon : car ce Livre ne contient autre chofe qu'une ample
Déclaration de la vie dudit fieur de Montagne, & chacun
chapitre contient une partie d'icelle : en quoi me plaît fort la

réponse que ledit Sieur fit au Roi de France Henry III, lorsqu'il lui dit que son Livre lui plaisoit beaucoup. Sire (répondit l'Auteur) il faut donc nécessairement que je plaise à votre Majesté, puisque mon Livre lui est agréable, car il ne contient autre chose qu'un Discours de ma vie & de mes actions. J'ai entendu qu'il s'en trouve aucuns, lesquels ne louent pas assez dignement ce Livre d'Essais, & n'en font pas autant de cas comme il le mérite : mais pour donner mon jugement en ceci, j'ose assurer (sans que je craigne que les hommes exempts de passion, ou affection particulière, m'en puissent démentir) que ce Livre est très-recommandable, soit pour l'institution de toutes personnes, & pour autres choses très-remarquables qui sont comprises en icelui. Et afin de dire en un mot ce que j'en pense, je dirai que si Plutarque est tant estimé pour ses beaux œuvres, que cetui-ci le doit être pour l'avoir imité de si près, principalement en ses Opuscules : Et si Plutarque a été estimé seul entre les Sçavants, duquel les œuvres dussent demeurer, (s'il arrivoit que la perte se fît de tous les autres Auteurs) je di que celui qui l'a suivi & imité de plus près, doit être le plus recommandable après lui, tout de même que celui étoit estimé le plus excellent Peintre qui peindoit le mieux après Apelles. Mais c'est peut-être trop s'arrêter sur un article, il faut venir aux autres écrits dudit sieur de Montagne [1]. Il a traduit de Latin en François, les Dialogues de la nature de l'homme, écrits par Raymond Sebond ou Sebeïde, de nation Espagnole, homme estimé le plus profond Théologien, & des plus grands Philosophes de son temps, lequel florissoit à Tholose il y a deux cens ans ou environ, & y exerçoit la Médecine [2]. Ledit sieur de Montagne a traduit le Livre susdit, par le commandement de son père, lequel le faisoit expressément, tant pour l'instruire en la crainte de Dieu, que pour le façonner de plus en plus à apprendre les bonnes Lettres, & à s'exercer aux Langues. Ces Dialogues ont été imprimés à Paris chez Gabriel Buon, l'an 1569, & chez Gilles Gourdin audit an. Ce Livre susdit s'intitule autrement, la

Théologie naturelle de Raymond Sebon, Docteur excellent entre les modernes. Il a écrit un Discours sur la mort d'Estienne de la Boëtie, Conseiller du Roi à Bordeaux, (son plus grand & plus fidel ami) &c. lequel Livre a été imprimé à Paris, par Federic Morel, l'an 1572, avec la Ménagerie de Xenophon, & autres Traductions faites par ledit de la Boëtie, (comme nous avons ja récité ci-devant parlant dudit Auteur). Il florit à Bordeaux cette année 1584, âgé de cinquante ans, & ** continue à profiter à la République en toutes sortes & façons très-louables. Il y a un autre de ce nom de Montagne, Président à Montpellier, duquel nous ferons mention autre part.

* Le nom de famille de M. de Montagne, étoit *EYQUEM*, qu'il dit être celui d'une maison connue en Angleterre. (*Essais*, Tom. III, pag. 358). — Il étoit fils de Pierre Eyquem, Ecuyer, Seigneur de Montagne, successivement premier Jurat de la Ville de Bordeaux en 1530, Sous-Maire en 1536, Jurat une seconde fois en 1540, Procureur de la Ville en 1546, enfin Maire depuis 1553 jusqu'en 1556. Il mourut de la pierre, en 1559, à l'âge de 74 ans. Michel de Montagne naquit, suivant La Croix du Maine, le dernier jour du mois de Février 1533; fit ses études au Collège de Bordeaux, & les finit à l'âge de 13 ans. Il fut pourvu d'une charge de Conseiller au Parlement de la même Ville, qu'il ne garda pas long-temps. « De ce peu, dit-il, que je » me suis essayé en cette vacation, je m'en suis dégoûté ». Il fit ensuite différens voyages, fut honoré par Charles IX du Collier de l'Ordre de S. Michel, fut élu Maire de Bordeaux en 1581, place dans laquelle il succéda au Maréchal de Biron, & mourut le 13 Septembre 1592 en son Château de Montagne, âgé d'un peu moins de soixante ans. Il eut de Françoise de la Chassagne, son épouse. une fille, nommée *Eléonore*, mariée au Vicomte de Gamaches —Voy. les Mém. de Niceron, Tom. XVI, pag. 207.—Aucun Auteur n'est plus connu. Je ne rapporterai rien des divers jugemens qui ont été portés sur sa personne & ses *Essais*, je me contenterai de dire avec un bel-esprit du dernier siècle « que quoique Montagne ne manque point de » s'égarer dès l'entrée de chaque Chapitre, il est un des Ecrivains du monde » qui, sachant le moins ce qu'il va dire, sait le mieux ce qu'il dit »... (Costar, *Apologie pour Voiture*, pag. 203.

¹ *Voy.* touchant MONTAGNE & ses Œuvres, les témoignages rapportés au-devant de l'Edition de Coste, renouvellée à Paris, 3 vol. *in*-4º. 1725, (& depuis Edition de Londres (Trévoux) Jean Nourse, 1739, 6 vol. *in*-12)...(M. DE LA MONNOYE).

² La Croix du Maine suppose avec Montagne, son contemporain, dont,

pour la première fois , les *Essais* parurent en 1580 , que Raimond de Sé-
bonde florissoit quelques deux cens ans auparavant, c'est-à-dire , en 1380,
ce qui ne s'accorde point avec la *Chronologie* de Trithème , suivant laquelle
ce Médecin Espagnol florissoit en 1430. Voy. plus haut le mot JEAN MARTIN,
Parisien , & les Mémoires de Niceron , Tom. XVI, pag. 216. (*idem*).

** La Croix du Maine s'est trompé sur l'époque de la naissance de Montagne. Son Epitaphe porte qu'il mourut *le jour des Ides de Septembre ,*
(c'est - à - dire , le 13 Septembre 1592) & qu'il avoit vécu cinquante-
neuf ans sept mois & onze jours. Il étoit donc né le 3 Février 1533.
Parmi le grand nombre d'Editions des *Essais* de Montagne , il y en a
cinq qu'il est bon de distinguer : 1°. la première de toutes , à Bordeaux ,
1580 , *in-8°.* qui ne contient que les deux premiers Livres , elle est fort
rare. 2°. Celle de Paris , 1588 , *in-4°.* augmentée d'un troisième Livre ,
avec beaucoup d'additions dans les deux premiers. 3°. Celle de Paris ,
in-fol. 1595 , sur une copie trouvée après la mort de l'Auteur , plus ample
de plus d'un tiers. 4°. Celle de Mademoiselle de Gournay , avec la Traduction des passages Grecs & Latins , que Niceron a datée de 1635 , *in-fol.* mais
qui avoit paru *in-4°.* dès 1625. 5°. Enfin celle de Coste , à Londres , 1724 ,
in-4°. 3 volumes avec des Remarques , répétée à Paris en 1725 dans le même
format , à la Haye , en 1727 , en 5 volumes *in-12.* avec peu de différence ;
& à Londres , en 1754 , en 10 volumes *in-16.* Les *Essais* de Montagne ont été traduits en Italien & en Anglois. J'observerai au sujet de
l'Ouvrage de Raimond Sibon , traduit par Montagne, qu'il y en avoit déjà
deux versions Françoises : la première par Eléonore , Reine de France, seconde femme de François 1 , & sœur de l'Empereur Charles V, imprimée
à Paris en 1551. La Croix du Maine n'en a point parlé , comme le remarque
le Continuateur de la *Biblioth. Littéraire du moyen âge ,* Tom. VI , pag. 117.
Il nous assure que ce Livre , très-peu connu des Bibliographes , fut vendu à
Leipsik dans une vente publique , en 1739. La seconde version de l'Ouvrage
de Sibon, quoique plus connue , est au nombre des Livres rares. Elle fut faite
par Jean Martin , & imprimée à Paris , en 1566 , *in-8°.*

MICHEL DE NOSTRE-DAME, dit NOSTRADAMUS ,
Docteur en Médecine , natif de la ville de Salon de Craux en
Provence , frère de Jean de Nostre-Dame, (duquel nous avons
parlé ci-devant,) & père de Cesar de Nostre-Dame, duquel
nous avons aussi fait mention. Ce Michel de Nostre - Dame ,
étoit estimé & à bon droit l'un des plus grands Astrologues de
son temps. Il a écrit un nombre infini d'Almanachs & Prognostications, lesquelles étoient tellement reçus , & se vendoient si
bien , que plusieurs en ont fait à son imitation , & ont emprunté

le nom dudit Noſtradamus, pour qu'elles euſſent plus grand
vogue & réputation : de façon que s'en trouvant pluſieurs miſes
en ſon nom (qui étoient compoſées par gens ignares, & par
conſéquent pleines de menteries) cela fut cauſe que pluſieurs
écrivirent contre lui, entre leſquels fut Antoine Couillard, ſieur
du Pavillon, près Loris en Gâtinois, lequel a mis en lumière un
Livre intitulé les Contredits à Noſtradamus, imprimés à Paris
l'an 1560, chez Charles l'Angelier. D'autre part Eſtienne Jodelle
Pariſien, très-excellent Poëte Latin & François, fit ce diſtique
contre lui, lequel eſt extrémement loué d'aucuns, pour l'équivoque ou alluſion ſur les noms, &c.

> *Noſtra damus, cùm verba damus, nam fallere noſtrum eſt :*
> *Et cùm verba damus, nil niſi Noſtra damus.*

Mais tous hommes doctes ne font pas peu d'eſtime des prophéties dudit Noſtradamus, entre leſquels je nommerai M. d'Aurat
Poëte du Roi, tant eſtimé de ſon ſiècle, lequel eſt ſi heureux
truchement ou fidel interprête des Quadrains & Prophéties
dudit *Noſtradamus*, qu'il ſemble que ce ſoit le génie dudit
Auteur, & comme ſous-Prophète, appellé des Grecs *Hipo-
phitis* *. Je ne doute pas que quelques-uns n'accomparent ces
Prophéties ſuſdites au ſon des cloches, deſquelles on interprête
le ſon comme on veut, &c. Les Quadrains ou Prophéties dudit
Noſtradamus, ont été imprimés à Lyon l'an 1556, par Sixte
Denyſe, & encore à Paris & autres lieux, à diverſes années;
Prédictions pour vingt ans, continuant d'an en an juſques en
l'année 1583, imprimées à Paris l'an 1567, par Guillaume
Niverd, lequel a imprimé pluſieurs de ſes Prophéties : enſemble
Jaques Keruer & autres qui ont imprimé ſes Almanachs &
Prognoſtications; ſingulières receptes pour la ſanté du corps
humain, imprimées à Poictiers l'an 1556; le vrai & parfait
embelliſſement de la face, & conſervation du corps en ſon
entier, contenant pluſieurs receptes très-ſecrètes, pour le fard,
le tout diviſé en deux parties, imprimé à Anvers chez Plantin,

---

* ὑποφήτης

l'an 1557. Il dédie ce Livre à son frère Jean de Notre-Dame, Procureur en la Cour de Parlement d'Aix en Provence. Il a traduit de Latin en François la Paraphrase de Galien sur l'Exhortation de Menodote aux études des bons Arts, & mêmement de la Médecine, &c. imprimée à Lyon chez Antoine du Rosne, l'an 1557. Je n'ai pas connoissance de ses autres écrits. Il mourut l'an 1566, en Juillet, âgé de soixante-deux ans, six mois & dix-sept jours, comme j'ai appris par son Epitaphe lequel a été fait sur sa mort. Il se trouve protraict en l'an de son âge cinquante-neuf, & de salut 1562; sa devise étoit *Felix ovium prior ætas*.

[1] Le Distique, *Nostra damus, cùm verba damus*, est des plus jolis. On l'attribue ici à Jodelle. Cependant je le trouve dans le Livre des *Allusions* de Charles Utenhove, Gantois, pag. 108, & Patin le lui donne dans une lettre du 30 Août 1655 à André Falconet, où il dit que Frédéric Spanheim, *in dubiis Evangelicis*, le cite comme de Bèze. (M. DE LA MONNOYE).

Nostradamus, né a S. Remi en Provence de race Juive, de la Tribu d'Issachar, à ce qu'il prétendoit, citant le passage des *Paralipom*. Liv. I, Chap. 12, v. 32, *de filiis Issachar viri eruditi* *. (M. FALCONET).

* Ce NOSTRADAMUS, à notre grand étonnement, jouit d'une considération qui flatteroit bien aujourd'hui les plus grands génies. Henri II ayant lu ses sept premières *Centuries*, en fut si content, qu'il voulut voir l'Auteur, le fit venir à la Cour, lui donna deux cens écus d'or. Charles IX, en passant en Provence, lui donna des marques publiques de son estime. C'est que sa science prétendue tenoit à l'Astrologie Judiciaire, dont on faisoit alors beaucoup de cas, & dont on imaginoit qu'il avoit pénétré les Mystères les plus secrets. Citons ici deux Ouvrages, dans lesquels pourront puiser, ceux qui voudront connoître, avec quelque détail, Nostradamus & ses célèbres Quatrains : 1°. *Eclaircissement des véritables Quatrains de Nostradamus*, Paris, 1556, in-12. 2°. *Concordance des Prophéties de Nostradamus, avec la vie de l'Auteur*, par Guynaud, Paris, 1693, in-12.

MICHEL DE NOSTRE-DAME, ou NOSTRADAMUS

le jeune, fils du susdit, a composé un Almanach ou Prophétie de l'an 1568, imprimé à Paris, & en autres lieux *,

* Voy. plus haut le mot CESAR NOSTRADAMUS.

MICHEL RIS, dit RITIUS [1], Neapolitain ou de Naples en

Italie, Docteur ès-Droits, Conseiller du Roi en son Grand-Conseil, & au Parlement de Paris l'an 1505, sous le règne du Roi Loys XII. Ledit de Ris ou Ritius, étoit vulgairement appelé l'Avocat de Naples. Il a écrit un Traité du devoir des Gens de Guerre, & de leurs privilèges, composé en la ville de Blois près Touraine l'an 1505, & imprimé à Paris audit an par Gaspard Philippes. Il dédia son Livre au Roi de France Loys XII, du temps duquel il florissoit.

[1] Il s'appeloit en Italien *MICHELE RICCIO*. Son attachement au service de Charles VIII, lui procura la Charge d'Avocat du Roi au Royaume de Naples nouvellement conquis, celle de Conseiller au Grand-Conseil, & de plus, en 1496, celle de Conseiller au Parlement de Dijon, qu'il garda jusqu'au 26 Juin 1502, nonobstant sa résidence à Milan, où Louis XII, en 1598, l'envoya, pour y faire les fonctions de premier Sénateur *. (M. DE LA MONNOYE).

* La *Biblioth. Histor. de la France*, nouvelle Edition, n°. 15695, dit qu'il mourut Conseiller au Parlement de Dijon, en 1515; mais il faut plutôt croire M. de la Monnoye. Ce qui est certain, c'est qu'il n'en prend point le titre dans son Epître Dédicatoire, datée de l'an 1505, qui est à la tête de son Ouvrage Latin sur les Rois de France, imprimé à Rome cette même année, ni dans l'adresse de la lettre, que lui écrivit sur cet Ouvrage, Janus Parrhasius. Ses titres sont : *Patricius Neapolitanus, Civilis & Pontificii Juris Consultissimus, Gallorum Regis à Consilio.*

MICHEL ROTÉ, Clerc d'office de Madame Renée de France, Duchesse de Ferrare & de Chartres, &c. Il a traduit de Latin en François l'Apologie de *Marius Æquicolus*, Gentilhomme Italien, faite contre les médisans de la Nation Françoise, imprimée à Paris par Jean Bonfons l'an 1550, auquel temps florissoit l'Auteur.

MICHEL DE LA SERRE, Gentilhomme Provençal. Il a écrit une Remontrance au Roi Henry III, sur les Discours contenus en la République de I. B. A. imprimée à Paris chez Federic Morel, l'an 1579 [1]; il a écrit un autre Discours fait à Monseigneur frère du Roi, sur l'Etat des affaires de Flandres, imprimé à Paris. Il a davantage écrit autres Livres sur plusieurs

différens

différens fujets, lefquels ne font encore imprimés. Il florit à Paris cette année 1584.

* Du Verdier ayant trouvé l'Epître Dédicatoire fignée *M. DE LA SERRE*, a rapporté le nom de l'Auteur fous la lettre initiale *M*, ne devinant pas qu'elle fignifiât *MICHEL*. En récompenfe il a fait connoître par les propres termes de Bodin quel avoit été le fuccès du Livre * (*que la Serre fut mis en prifon, obligé de fe rétracter de tout ce qu'il avoit écrit dans fon libelle, & la vente du Livre défendue*). Quant à La Croix du Maine, le Lecteur entendra bien que ces trois lettres J. B. A. fignifient JEAN BODIN, Angevin. Ménage, dans fes *Remarques fur la vie de Pierre Ayrault*, pag. 143, appelle mal *Jean de la Serre* ce *Michel de la Serre*, & le fait de *Montpellier*, quoique, felon La Croix du Maine, il fût *Gentilhomme Provençal.* (M. DE LA MONNOYE).

* Son Livre contre Bodin eft intitulé *Remontrances fur les pernicieux difcours de la République de Jean Bodin*, Paris, 1579, in-8°. Bodin y répondit, ainfi qu'aux autres critiques de fa *République*, dans l'*Apologie* qu'il publia en 1581, fous le nom de RENÉ HERPIN.

MICHEL DE SAINCT PIERRE, Chirurgien de M. le Duc de Lorraine. Il a écrit des Tables Méthodiques touchant l'Anatomie du corps humain, imprimées à Paris avec celles de Jacques Guillemeau d'Orléans, l'an 1571, chez Galliot du Pré, & Jean Charon.

MICHEL SONNIUS, Libraire très-renommé demeurant à Paris. Il a fait traduire plufieurs Livres en notre Langue Françoife, au devant defquels il y a des Préfaces en fon nom, foit qu'il en foit Auteur ou autrement. Il florit à Paris cette année 1584, & travaille fans ceffe à faire imprimer plufieurs bons Livres en diverfes Langues.

MICHEL TROTÉ, Sieur DE LA GODAIRIE, au Maine, (qui eft le lieu de fa nativité,) Principal du Collége de Bayeux à Paris, après la mort de Jean le Frere, de Laval au Maine, &c. tous deux hommes fort doctes, & encore que cettui-ci dernier principal, n'aye mis aucuns de fes Œuvres en lumière, fi eft-ce que je n'ai pû m'abftenir (pour mon devoir) & office de bon difciple, de faire très-honorable mention de lui, & le mettre au rang des hommes illuftres, tant pour ne demeurer ingrat envers lui pour les bonnes Lettres que j'ai apprifes par fon moyen dès mes plus tendres ans, que pour n'ignorer pas comme il mérite de louange par autre part : étant docte en Grec & en Latin, & ayant cette perfection de bien coucher par écrit, & autres vertus qui le font tant refpecter de Meffieurs de Rambouillet, qu'il a plufieurs de leurs meilleures affaires à manier, & de celles qui font de grande conféquence, tant ils ont connu de fidélité en lui. Il florit à Paris cette année 1584.

MICHEL DE VASCOSAN [1], l'un des plus célèbres & des plus renommés Libraires & Imprimeurs non-feulement de Paris, (auquel lieu il faifoit fa réfidence,) mais encore de toute la France, tant pour fon fçavoir que pour toutes les autres perfections requifes en l'art d'Imprimerie : car tous les Livres qu'il imprimoit étoient recommandables, tant pour les Auteurs d'iceux, pour les beaux caracteres & le bon papier, pour la correction, & pour la belle marge : en quoi nous avons ci-devant les Eftiennes & Mamert Patiffon leur allié, & encore les Morels, pere & fils, duquel le gendre s'appeloit Federic fon principal héritier. Ledit Vafcofan floriffoit fous les règnes de François I, Henry II & Charles IX, Rois de France, & eft mort fous Henry III, au grand regret de tous amateurs des bonnes Lettres.

[1] Il étoit d'Amiens, avoit époufé en premières noces une des filles de Joffe Badius, nommée *Catherine*, logeoit toujours chez lui quelque homme de lettres, comme *Jacques Peletier*, *Jean Martin*, *Guillaume Poftel*, *Jean-Louis Strebée*, &c. étoit confidéré des Savans, qui fe faifoient un honneur de lui écrire des lettres Latines, comme à leur égal : témoin les deux de Jule Scaliger, dans l'une defquelles il le traite non-feulement de *docte*, mais de *très-docte*. Il a d'ordinaire fort bien imprimé en Latin & en François. En Grec ce n'eft pas la même chofe, parce qu'il n'avoit point d'autres caractères en cette langue, que ceux que fa femme lui avoit apportés en dot. On en peut juger par fon *Phrynicus*, *in-8°*. 1532, où il eft aifé de reconnoître le Grec de Badius. (M. DE LA MONNOYE).

MICHELET (Maître), Docteur d'Angers. Il a écrit un Sermon dit l'*Ofanna*, comme témoigne M. René Benoît en

ſes Scholies, pour le premier Dimanche des Advents au troiſième volume des vies des Saints, *fol.* 1045.

MILES [1] **DE NORRY**, Gentilhomme Chartrain, Poëte
François, Philoſophe & Mathématicien. Il a écrit une Arithmétique, contenant la réduction, tant des eſpèces de monnoyes de
toutes ſortes, ſervantes à faire tous payemens & receptes, que
des aulnes, braſſées, cannes, palmes, poids, & autres meſures
d'un pays à l'autre, imprimé à Paris, chez Gilles Gourbin. Il a
davantage écrit en vers François un Poëme qu'il intitule l'Univers, traitant en icelui pluſieurs points des arts Mathématiques,
imprimé à Paris chez Gilles Beys, l'an 1583 *. Il florit cette
année 1584.

[1] MILES eſt plus correct que MILLES, comme l'écrit du Verdier. Rabelais,
Chap. 5 du Liv. III, écrit MILES D'ILLIERS, en Latin *MILO*. La corruption
a néanmoins fait quelquefois écrire *MILLO*. Parmi les lettres de Gaguin il
s'en trouve une, adreſſée *Miloni Dillerio*, *Epiſcopo Carnotenſi*, qui eſt le
Miles d'Illiers de Rabelais. Le père de Roland eſt nommé dans nos vieux
Romans *Miles d'Angiers*, dans les Italiens *Milon d'Anglante*. (M. DE LA
MONNOYE).

* Dans ſa jeuneſſe il compoſa des Farces & des Tragédies, plus comiques
que ſérieuſes, que les Enfans ſans ſouci jouèrent ſur leurs trétaux, dont on
ne croit pas qu'aucune ait été imprimée. Sa *Deſcription du Ciel*, en quatre
Livres, où il parle du mouvement des Cieux, des Signes du Zodiaque, des
Planètes & des Météores, eſt un Poëme où il étale tout ce que l'on ſavoit
à-peu-près de Phyſique en ſon temps. On voit à la tête un Sonnet de l'Auteur
au bas de ſon portrait, où il s'adreſſe à ſes enfans, & leur dit :

> Voyés beaucoup, le veoir meurit le jugement ;
> Souffrés pluſtot la mort, qu'au front une infamie ;
> Reſiſtés à fortune, & qu'elle n'ait pouvoir
> De vous faire paſſer rien outre le devoir...

Voy. la Biblioth. Françoiſe de M. l'Abbé Goujet, Tom. XIII, pag. 60.

MILES PIGUERRE, Officier du Roi à Chartres. Il a écrit
l'Hiſtoire de France, touchant les troubles advenus pour la
religion : ce qu'avoit fait auparavant lui, Jean le Frère de Laval,
qui ſont toutes imitations du ſieur de la Popeliniere, Lancelot
du Voeſin, excepté quelques articles, qui ne leur ſembloient pas

à leur avantage, comme nous avons dit ci-devant, lorsque nous avons fait mention des susdits. L'Histoire dudit Piguerre a été imprimée à Paris chez Robert le Fizelier, l'an 1582, *in-fol.* Ledit Piguerre fut tué, il y a quelque temps, & n'ai point sçu comment & par qui.

MUTIUS CALVUS, Archevêque de Zara *. Il a écrit une Réponse à l'Oraison de M. le Cardinal de Lorraine, au nom du Concile général de Trente, laquelle il prononça en l'Assemblée dudit Concile, l'an 1562, le vingt-quatrième jour de Novembre, elle se voit en François imprimée à Paris, mais je ne sçai qui en est le Traducteur, ou bien si ledit Mutius l'a traduite lui-même.

* Cet Archevêque, dans la liste des Prélats qui assistèrent au Concile de Trente, est appelé *MUTIUS CALVINUS*, & non pas *CALVUS*.

S'enfuivent quelques Auteurs inconnus par leurs premiers noms, & lesquels nous sommes contraints de mettre ici ne sçachant pas leur première appellation.

...... MARCHEBRUSC, Gentilhomme Poictevin, issu de la très-noble & très-ancienne maison des Chabots en Poictou. Il a écrit en Langue Provençale, un Traité de la Nature d'Amour, non encore imprimé. Il en a écrit un autre qu'il a intitulé *Las Taulas d'Amour.* Il florissoit en la ville d'Avignon en Provence, l'an 1346.

* Voy. Jean de Notre-Dame, Chap. 62.

M. BRETAGNE *, Lieutenant Général en la Chancelerie & Vierg de la Ville & Cité d'Authun en Bourgogne. Il a écrit & composé la Harangue du Peuple du Tiers État de France, prononcée par lui devant le Roi Charles IX, tenant ses Etats à S. Germain en Laye, imprimée à Orléans, l'an 1561. Il florissoit audit an 1561. Je ne sçai s'il est encore vivant. Cette Harangue se voit aussi imprimée avec les Commentaires de la R. au deuxième Livre.

* Il falloit dire JACQUES BRETAGNE. Il fut Maire d'Autun, & frère de

Claude Bretagne , Doyen du Parlement de Dijon. La Harangue qu'il fit au nom du Tiers-Etat, en 1561 , fut imprimée cette même année , non-feulement à Orléans , mais à Paris. On l'inféra dans les *Commentaires de l'État , de la Religion & République* , par la Place, en 1565. On la trouve auffi dans *les Mémoires de Condé* , Tom. I, pag. 620. La *Bibliothèque des Auteurs de Bourgogne* affure que Jacques Bretagne n'a point laiffé d'autres Ecrits.

M. C. Poëte Latin & François. Il a compofé l'Epitaphe & Lamentation fur le trépas de M. le Duc de Martigues, lequel fut tué au fiège de S. Jean d'Angely, imprimé à Tours par Pierre Regnard , l'an 1569, *in-8°* [1].

[1] Le Seigneur dont il eft ici parlé, tué en 1569 au Siège de S. Jean d'Angély , eft *Sébaflien de Luxembourg* , mal nommé ici *Duc de Martigues*. Mézerai dit *Comte*, mais ce n'eft ni *Comte*, ni *Duc*, c'eft *Vicomte* qu'il falloit dire. Cette Vicomté fut érigée en Principauté , lorfqu'en 1609 Céfar, Duc de Vendôme , fils légitimé d'Henri IV, époufa Françoife de Lorraine, Ducheffe de Mercœur , nommée , en faveur de ce mariage , *Princeffe de Martigues*. (M. DE LA MONNOYE).

M. DE LA FAYE [*]. Il a écrit un Præface fur le Traité des Scandales, écrit par J. Cal. imprimé à G. l'an 1565.

[*] C'eft vraifemblablement un parent d'*Antoine de la Faye* , Miniftre à Genève , dont il eft parlé à la lettre A.

M. G. de M. Il a écrit en vers François la Defcription de la prife de Calais & de Guynes, enfemble quelques autres vers au Peuple de France, le tout imprimé à Paris chez Barbe Regnault.

M. R. B. Il a écrit un Poëme François traitant de la fource des Guerres, & le moyen pour acquérir la Paix, imprimé à Paris chez Jean Ruelle, l'an 1558.

M. THEART, dit BARAISE [1]. Il a écrit en vers François une Elégie fur la mort de Meffire Loys d'Amboife, Baron de Buffy, & Marquis de Reinel, imprimé à Angers par René Trois-Mailles, l'an 1579, *in-4°*.

[1] Ménage , dans fes Remarques fur la vie de fon père , *Guillaume Ménage* , parle de ce *MICHEL THÉARD* , *fieur de Baraife*, qu'il dit , pag. 284, avoir été *Avocat du Roi au Préfidial d'Angers*. (M. DE LA MONNOYE).

M. VASQUIN, Docteur ès-Droits. Il a traduit de Latin en François le Traité de la fréquente Communion, écrit par Chreſtofle de Madrid Docteur en Théologie, de la Compagnie de Jeſus, imprimé à Paris chez Thomas Brumen, l'an 1581.

...... MAISONFLEUR, Gentilhomme François, excellent Poëte. Il a écrit en vers un Œuvre excellent & plein de piété, ſçavoir eſt les Divins Cantiques, à l'imitation de ceux de Salomon, & des Pſalmes de David, imprimés à Anvers par Jaques Heinrik, l'an 1580, lequel œuvre a été mis en lumière par un ſien ami, après la mort dudit ſieur de Maiſonfleur *.

* Il ſe nommoit ESTIENNE DE MAISONFLEUR.

...... DE MALESTROIT (Monſieur), Conſeiller du Roi & Maître ordinaire de ſes Comptes à Paris, l'an 1566. Il a écrit deux Paradoxes * ſur le fait des monnoyes, imprimés à Paris avec la Réponſe de Jean Bodin, Angevin, aux ſuſdits Paradoxes, l'an 1568, chez Martin le Jeune, & encore depuis par pluſieurs fois. Ledit ſieur de Maleſtroit floriſſoit à Paris ſous Charles IX, Roi de France, auquel il dédia & préſenta ſes Paradoxes ſuſdits audit an 1566.

* Le but de cet Auteur, dans ſes *Paradoxes ſur les Monnoyes*, eſt de prouver, que le ſurhauſſement des Monnoyes, ne cauſe point de renchériſſement réel dans le prix des choſes, parce qu'on ne donne point pour l'achat, une plus grande quantité d'or ou d'argent, qu'on n'en donnoit auparavant. Jean Bodin répondit à ces Paradoxes, qui furent imprimés en 1568, & pluſieurs fois depuis.

...... MENESSIER, ou MENNESIER (ſelon aucuns), Orateur & Chroniqueur de Madame Jeanne, Comteſſe de Flandres. Il a écrit le Roman ou Hiſtoire fabuleuſe de Perceval le Gaulois, Chevalier de la Table Ronde, imprimé à Paris par Galiot du Pré, l'an 1530. Voy. ci-après Nenneſier, à la lettre N, auquel lieu nous parlerons de lui plus amplement [1].

[1] Borel, au mot PERCEVAL, dans la Table Alphabétique des Auteurs qu'il cite en ſon *Tréſor*, écrit *MANÉCIER*, plus correctement comme je

crois, & le fait Auteur du *Roman de Perceval* , qu'il dit contenir plus de
foixante mille vers. (M. DE LA MONNOYE).

...... DE MONTAGNE (Monſieur), Préſident à Montpellier, homme docte [1]. Il a écrit l'Hiſtoire de la Roine d'Ecoſſe,
non encore imprimée, enſemble l'Hiſtoire de notre temps,
(ſelon qu'aucuns de ſes amis me l'ont rapporté. Il florit à Paris
cette année 1584. J'ai fait mention ici-deſſus de Meſſire Michel
de Montagne, Maire & Gouverneur de Bordeaux, Chevalier
de l'Ordre du Roi, &c. dequoi j'advertis les Lecteurs, afin que
l'on ne prenne l'un pour l'autre.

[1] Ce MONTAGNE, dont le nom de baptême eſt ignoré , faiſoit attendre
une Hiſtoire de France qui n'a jamais paru , quoique vantée long-temps auparavant dans une Préface de du Haillan , ce qui a donné lieu à du Verdier
de s'en moquer, au mot PIERRE PASCHAL. (M. DE LA MONNOYE).

...... DE LA MOTHE ROULLANT (le Sieur), Lyonnois.
Il a écrit les facétieux Devis des cent & ſix nouvelles, très-
récréatives pour réveiller les bons & joyeux eſprits, &c. (qui
eſt le titre du Livre ſuſdit,) imprimé à Lyon l'an 1570, par
Benoît Rigault [1].

[1] Le nommé LA MOTTE ROULANT , ou , comme La Croix du Maine &
du Verdier écrivent, ROULLANT, eſt dit avoir écrit les *Facétieux Devis des
cent ſix Nouvelles*, imprimées *in-8°*. à Paris , chez Jean Réal , 1550, & à
Lyon , *in-16* , chez Benoiſt Rigaut , 1574 , quatre-vingt-dix-ſept deſquelles
ſont à la lettre dans le *Recueil des plaiſantes & facétieuſes Nouvelles*, imprimées à Lyon , *in-16*. chez Euſtace Barricat , 1555. Il eſt même à remarquer
que comme ce Recueil contient cent neuf Nouvelles, celles de la Motte
Roulant ſont en pareil nombre, quoique , par erreur, le titre n'en compte
que cent ſix , & que le deſſus des pages, depuis le commencement juſqu'à
la fin , porte : *Les facétieux Devis des cent Nouvelles Nouvelles*. Elles ſont
effectivement à cinq près , ſavoir , la 83 , la 90, la 92 , la 93 & la 105,
toutes extraites, quoiqu'en autres termes, de l'ancien Livre intitulé *Les cent
Nouvelles Nouvelles* , dont la première Edition eſt en petit *in-fol*. à deux
colonnes , chez Antoine Verard , à Paris , ſans date. La ſeconde eſt encore à
deux colonnes , Paris , mais *in-4°*. chez Nicolas Deſprés pour Jean Petit.
La troiſième eſt celle d'Olivier Arnoullet, auſſi *in-4°*. à Lyon , 1532 , a
longues lignes. Elles ſont toutes trois Gothiques. C'eſt une erreur à Furetière ,
dans ſon *Dictionnaire* , au mot LOURDAUT , d'avoir dit, qu'on attribue ces

100 *Nouvelles* à Louis XI; on ne les lui a jamais attribuées , & des 100 que contient le volume , il n'y en a que six qu'on suppose avoir été dites par *Monseigneur*, c'est-à-dire , suivant l'avertissement de la Préface , par Monseigneur le Dauphin, qui fut depuis Louis XI , retiré alors en Brabant au Château de Guenèpe près de Bruxelles. (M. DE LA MONNOYE).

NICOLAS

N I C.

NICOLAS L'ANGELIER, Evêque de S. Brieu en la baſſe Bretagne Armorique, homme fort doĉte & très-éloquent. Il a écrit une Remontrance, pour le Clergé de France, prononcée devant le Roi Henri III, le troiſième jour d'Oĉtobre, l'an 1579, elle a été imprimée audit an 1579 *.

* Il mourut à Dinant, au mois de Septembre 1595.

NICOLAS AUDEBERT, natif d'Orléans, Conſeiller du Roi au Parlement de Rennes en Bretagne, fils de Germain Audebert, Conſeiller du Roi à Orléans, homme tant renommé pour ſon ſçavoir, & ſur-tout pour l'heur qu'il a, de compoſer ſi heureuſement tant de beaux Œuvres en vers Latins, entre leſquels eſt la Venetiade, ou Hiſtoire des Venitiens, imprimée depuis peu de jours en-ça, (comme nous dirons autre part plus à propos,) du ſçavoir duquel Germain Audebert, n'a point dégénéré ſon fils Nicolas, car il eſt fort bien verſé en l'une & l'autre Langue, & a compoſé pluſieurs doĉtes vers tant en Grec & Latin qu'en notre Langue Françoiſe, comme il ſe peut voir en ce qu'il a écrit ſur la mort de Odet de Turnebu, ou Turnebe, fils de ce grand perſonnage Adrian Turnebe, tant renommé par tout l'Univers, leſquelles Poëſies ſont imprimées chez Mamert Patiſſon avec les autres ſur le trépas dudit Odet. Il florit cette année 1584, & donne une certaine eſpérance de montrer un jour par effet, (tant par les Lettres qu'autrement) les dons & graces que Dieu lui a départies *.

* Il mourut âgé de quarante-deux ans, le 29 Décembre 1598, cinq jours après Germain Audebert ſon père.

NICOLAS BARRÉ. Il a écrit quelques Diſcours, ſur la Navigation du Chevalier de Villegagnon, ès Terres de l'Amérique, imprimés à Paris chez Martin le Jeune, l'an 1558, in-8°. Il floriſſoit en l'an de ſalut 1555.

NICOLAS BERGERON, natif du Duché de Valois, Avocat au Parlement de Paris, homme très-docte & bien versé en sa profession, sans faire mention des Langues Grecque & Latine, & autres sçiences, qu'il a apprises ès plus célèbres Universités de France, (dont je ferois plus ample récit, sinon que ceux qui sçavent que je lui suis intime & parfait ami, penseroient qu'une trop grande amitié me le fit mettre par écrit & non la vérité de la chose, comme elle est). Il a écrit & composé plusieurs divers Traités, (desquels la plus grande partie sont politiques, en faisant mention de la Police & Réglement de Justice), &c. dont voici le Catalogue, suivant le mémoire qu'il en a fait imprimer pour en faire part à ses amis, soit ou pour conférer d'iceux, ou pour recevoir mémoires d'eux, afin de rendre les œuvres susdits plus accomplis & parfaits. L'Histoire Valesienne, touchant la louange & illustration, tant du Pays, que de la maison Royale de Valois, de laquelle l'Auteur a fait un Extrait qu'il a intitulé *Le Valois Royal*, imprimé à Paris chez Gilles Beys, l'an 1583; Table Historialle, contenant un abrégé de ce qui est advenu de plus notable depuis le commencement du Monde, jusques à présent, imprimée à Paris chez Jean le Clerc, Auvray & autres, l'an 1584, & à plusieurs autres diverses années : cette Table avoit été autrefois imprimée à Paris chez Vascosan, l'an 1562, tant en Latin qu'en François, sous ce nom de Sommaire des Temps; Description de l'Etat, Gouvernement & Justice de France, suivant le dessein qu'il en a fait imprimer à Paris chez Jean Richier l'an 1574, réduit en Table : Ledit œuvre entier n'est encore imprimé, mais seulement la Table du dessein & projet d'icelui; Recueil de plusieurs Arrêts notables, ajoutés à ceux qui avoient ja été recueillis par Jean Papon, imprimés à Paris chez Robert le Mangnier l'an 1584. Il a revu & recorrigé deux Traités de M. Claude d'Espense, Docteur en Théologie, imprimés à Paris chez Guillaume Auvray, l'an 1575; le procès-verbal Latin & François, de l'exécution testamentaire, de feu Pierre de la Ramée *dit Ramus*, touchant la profeſſion des Mathématiques, inſtituée par lui, &c. imprimé à Paris chez Jean Richier, l'an 1576 *.

Voilà ce qui ſe voit imprimé, touchant les Œuvres & compoſitions dudit ſieur Nicolas Bergeron : s'enſuit maintenant le Catalogue de celles qu'il a compoſées, leſquelles ne ſont encore en lumière, mais il eſpère de les faire imprimer quand la commodité s'en préſentera.

Enſeignement pour tirer plaiſir & profit de l'Hiſtoire; l'Arbre univerſel de la ſuite & liaiſon de tous les Arts & Sciences; l'Hiſtoire du Droit des François; la vraie méthode pour bien écrire & diſcourir; Extrait de quelques Edits & Ordonnances, non encore imprimées, leſquelles il a réduites ſuivant les règnes des Rois de France, qui les ont faites; Inſtruction à la lecture des Coutumes de France, avec les expoſitions des termes & façons de parler les plus obſcures; Projet pour bien dreſſer une générale réformation tant de la Juſtice que du Domaine; Avis du vrai & naturel langage François, traitant de ſon origine, accroiſſement & perfection; Avertiſſement pour bien traiter les Arts & Sciences, en langue vulgaire, & ſingulièrement en François; le Palais Royal de Paris, comprenant la recherche mémorable de l'Antiquité tant des Bâtimens, que des Juriſdictions & Reſſorts d'icelui; le Calendrier de la Cour de Parlement, touchant l'obſervation des temps, jours & heures des plaidoiries, & autres ſolennités & cérémonies; Somme Théologique en façon de Cathéchiſme artificiel & Catholique, tant en Latin qu'en François; Devis Méthodique de la vraie Rhétorique & Dialectique Françoiſe; Amas ou Recueil, des réglemens des Juges, & Officiers de Juſtice; Mémoire Géographique des quatre parties de l'Univers; Dénombrement des plus illuſtres maiſons & familles du monde, avec un Diſcours de l'invention & uſage des Armoiries; Traité de la Gaule-France, démontrant la vraie ſource, commencement, ſuccès & avancement des François; Paradoxes, ou ſingulières propoſitions politiques,

avec plufieurs graves queftions; Promptuaire de la Langue Françoife, par une Nomenclature méthodique; Bréve difpofition &
interprétation des Ordonnances des Eaux & Forêts; Annotations fommaires, fur la Coutume de Valois; Formulaire de
pratique pour les Avocats & Procureurs accommodée à notre
temps; Paraphrafe fur les inftitutes & règles de Droit; Inftruction & Table analitique de l'Amirauté & Marine, avec le
Recueil des Edits & Ordonnances de même argument. Je ne fai
point ici mention de plufieurs autres Opufcules & Traductions,
enfemble de beaucoup d'Epitaphes, Epigrammes Grecs, Latins
& François, compofés par ledit fieur Bergeron. Il florit à Paris
cette année 1584, non fans prendre peine de profiter au public
en toutes façons, dignes d'un homme vertueux.

* On a de ce même Bergeron une *Hiftoire des Canaries*, mais fabuleufe.
Il fait partir Béthencourt en 1402 , qui ne partit qu'en 1413 ou 14. Il fait
expédier les Bulles de l'Evêque des Canaries par le Pape à Rome, & il n'y
avoit alors qu'un Antipape, que la France, ni l'Efpagne ne reconnoiffoient
pas. Il y a un Livre Efpagnol, imprimé depuis, *in-4°.* de la découverte des
Canaries, mais très-rare. —Il a aüffi fait une *Encyclopédie*, traduite en Portugais par Manoel Pinto Villalobos.—Voy. *Barbofa. Bibl. Lufitan.* Tom. III,
pag. 343. — Nicolas Bergeron mourut l'an 1623.

NICOLAS BERTRAND, ou **BERTRANDI**, Avocat au
Parlement de Tolofe, Docteur ès Droits, & Profeffeur d'iceux
en l'Univerfité de ladite ville. Il a écrit en Latin les geftes des
Tolofains [1], lefquels il a depuis traduits en François, imprimés
à Tolofe l'an 1517, auquel temps il floriffoit fous le règne du
Roi François I *.

[1] Son Livre, *De Geftis Tolofanorum*, fut imprimé à Touloufe, *in-fol.*
l'an 1515. L'Auteur mourut en 1527. C'eft le même que du Verdier nomme
Nicole Bertrand. Il en eft de même de tous les noms de *Nicole*, que
l'on trouvera dans les deux Bibliothécaires. Ils font fynonymes de *Nicolas*,
& imités de l'Italien *Nicolo*. Anciennement on difoit *Nicole* au lieu de *Nicolas*, auffi-bien pour homme que pour femme. (M. de la Monnoye).

* L'Ouvrage de Bertrandi eft plein de fables, jufqu'aux temps de Raimond, Comte de S. Gilles. Quant aux tems fuivans, l'Auteur a parlé d'après
la Chronique de Guillaume de Puy-Laurens & de Bernard de la Güionie.

Evêque de Lodève, qu'il n'a presque fait que transcrire. Guillaume de Puy-Laurens étoit Chapelain de Raimond le Jeune, & vivoit en 1245. Bernard de la Guionie mourut Evêque de Lodève en 1331.

NICOLAS BORNIE, Esleu d'Artois, natif de la ville d'Arras en la Gaule Belgique, homme de rare doctrine, grand Orateur, excellent Poëte & grand Historien. Je n'ai pas connoissance de ses écrits, mais j'ai lu la Description des Pays-Bas, faite par Loys Guicchiardin, neveu de François, &c. imprimée l'an 1582, à Anvers, auquel lieu il fait très-honorable mention dudit Bornie, *fol.* 413 & 414 de la première édition, &c.

NICOLAS CHESNEAU, dit Querculus, Prêtre, natif de Turteron au Comté de Rhetelois, ou de Rhetel, Doyen & Chanoine de S. Symphorien, en l'Eglise de Rheims en Champagne, l'an 1580. Il a traduit de Latin en François, cinq Livres de la Messe Evangelique, & de la vérité du corps & sang de Notre Seigneur Jesus-Christ au Sacrement de l'Eucharistie, lesquels furent premièrement écrits en Langue Allemande, par un Fabry d'Hailbrun, & traduits en Latin par *L. Surius* : sur laquelle version Latine de Surius, ledit Chesneau a fait sa Traduction Françoise, des cinq Livres susdits, imprimés à Paris chez Claude Fremy, l'an 1562; il a traduit de Latin en François quelques Œuvres de M. René Benoît, Angevin, Docteur très-renommé à Paris & autres lieux; l'Histoire de l'Eglise Métropolitaine de Rheims *, (premièrement écrite en Latin par Floard ou Flodoard, Chanoine d'icelle Eglise, en l'an de salut 966,) & depuis traduite en François, par icelui Chesneau, imprimée à Rheims par Jean de Foigny, l'an 1580, *in-4°*. & contient 57 feuilles. L'Histoire Latine du susdit Flodoard ou Floard n'est encore en lumière, comme nous dirons autre part. Il a traduit de Latin en François, un Discours de Claude de Sainctes, sur les moyens anciennement pratiqués par les Princes Catholiques, contre les sectes, imprimé à Paris chez Claude Fremy, l'an 1563, *in-8°*. & contient 12 feuilles. Il florissoit à Rheims en Champagne, l'an 1580. Je ne sçai s'il est encore vivant, & n'ai pas connoissance de ſes autres écrits , ſoit de ſes Traductions ou de ſes inventions.

* Le Manuſcrit ſur lequel Nicolas Cheſneau , dit *Querculus* , a traduit l'*Hiſtoire de l'Egliſe de Reims* , par Flodoard , n'étoit pas complet à beaucoup près. L'Edition Latine , qui fut donnée trente ans après (en 1611) eſt plus ample de plus d'un quart. Voyez la Préface de l'Edition de Flodoard , par Colvenier , en 1618.

NICOLAS CHESNEAU , Angevin , natif de la Paroiſſe de Cheffes en Anjou , Libraire très-renommé en l'Univerſité de Paris. Il ſe voit pluſieurs Préfaces , Epîtres , & autres Diſcours au devant des Œuvres qu'il a imprimées , deſquelles encore qu'il n'en ſoit l'Auteur , ſi ſe trouvent elles miſes en ſon nom. Il mourut l'an 1584. François de Belleforeſt le loue fort en ſon Livre de la Coſmographie au Chapitre d'Anjou , &c. comme auſſi il le mérite bien , pour les beaux Livres qui ont été imprimés par ſa diligence , & ayant fait les frais d'iceux , aidé de ſes amis , car autrement il n'y eût pu ſatisfaire.

NICOLAS LE CLERC , dit DE JUIGNÉ , Gentilhomme du Maine , iſſu de la noble maiſon de Juigné au Maine , & parent de Meſſieurs de Coulaines , ſurnommés le Clerc , &c. Il a traduit de Grec en François , la Deſcription des miſères & calamités des derniers temps , de la conſommation du monde , du Royaume de l'Antechriſt , & du ſecond avénement de notre Seigneur Jeſus-Chriſt , &c. le tout écrit premièrement en Grec , par Saint Hippolite , Evêque & Martyr , imprimé à Paris chez Nicolas Cheſneau , l'an 1566 , & depuis chez Colombel , l'an 1579 [1]. Il floriſſoit ſous Charles IX , l'an 1566.

[1] Touchant l'époque du Martyre & le pays de S. Hyppolite , Auteur du *Traité de l'Antechriſt* , voyez les diverſes opinions des Savans , recueillies , pag. 203 du Liv. I , Chap. 1 de la *Biblioth. Grecque* de Jean-Albert Fabrice. Ceux qui reculent le plus ſa mort , ne la mettent pas au-delà de l'an 250. (M. DE LA MONNOYE).

NICOLAS CLEREL , Normand , Chanoine de Rouen. Il a écrit un Recueil de ce qu'il prononça en l'Aſſemblée des Etats

Provinciaux de Normandie, tenus à Rouen le Jeudi vingt de Novembre l'an 1578, imprimé audit an avec le Difcours de ce qui s'eft paffé aufdits Etats Provinciaux de Normandie, &c.

NICOLAS DAVY, (lequel depuis s'eft toujours nommé en fes Œuvres *Dany*, & ne fçai pourquoi il déguifoit ainfi fon nom, muant la lettre U, en N, &c.) natif de la ville du Mans, Archidiacre de S. Crefpin le Grand, en l'Eglife de Soiffons en Picardie, l'an 1580. Il a traduit de Latin en François un Dif-cours de la différence des Efprits, écrit premièrement en Italien, par Seraphin de Ferme, excellent Prédicateur, imprimé à Reims, chez Jean de Foigny, l'an 1581. Il a écrit plufieurs autres Livres, defquels je n'ai pas fouvenance à cette heure. Il mourut à Soiffons, l'an 1583. Et pour dire encore un mot de cettui-ci nommé Nicolas Davy, je ne fçai s'il étoit honteux que par ce nom l'on connût fa race, ou fon extraction, qui étoit de fort baffe qualité : ou bien s'il craignoit que fe nommant de fon propre & vrai nom, il fût reconnu pour un Manceau. Ce qu'il n'a dû faire pour cette raifon derniere alléguée : car fans que je me laiffe tranfporter à l'amour que je porte au lieu où j'ai pris mon origine & naiffance, j'oferai dire que le Pays du Maine a été de tous temps très-fertil à produire toutes fortes d'hommes vertueux, & excellents aux lettres & aux armes.

NICOLAS DENISOT, natif de la ville & cité du Mans, autrefois Précepteur des trois Sœurs, Princeffes en Angleterre, Mefdames Anne, Marguerite, & Jeanne de Seimour. Cettui-ci a été furnommé le Comte d'Alfinois, & mêmement il a fait imprimer plufieurs Livres fous ce nom, qui n'eft que fon ana-gramme, ou nom retourné, car dans ce nom de *Nicolas Deni-fot*, vous y trouverez, *Conte d'Alfinois*. Ce que le Roi François fçut bien entendre quand il dit que ce Comté d'Alfinois n'étoit pas de grand revenu, puifqu'il n'étoit que de *fix noix*, qui étoit un équivoque ou allufion fur ce mot *d'Alfinois*. Ledit Nicolas Denifot naquit l'an 1515, & étoit iffu de l'ancienne &

bien illuſtre famille des Deniſots au Perche, deſquels il y en a eu pluſieurs de marque, qui ſe ſont pleuz à faire leur demeure au Maine, & entre autres M. le Bailly Daſſé, Maître Jean Deniſot père dudit Nicolas. De cette maiſon eſt encore iſſu M. Gerard Deniſot, natif de Nogen au Perche, Docteur en Médecine à Paris, homme très-docte en Grec & en Latin, & duquel nous ferons mention autre part, enſemble de M. le Préſident des Eſleuz du Mans, lequel s'appelle auſſi de ce nom. Mais pour revenir à parler dudit Comte d'Alſinois, il a été eſtimé fort bon Poëte & Orateur tant en Latin qu'en François, & ſur-tout très-excellent à la peinture, principalement pour le crayon. Car auparavant qu'elle fût en ſi grand uſage entre les François, comme elle eſt dujourd'hui; il étoit eſtimé le premier de ſon temps, pour un qui n'en faiſoit pas profeſſion autrement que par plaiſir. Il ſçavoit fort bien écrire, & même la Carte du Maine, gravée en eau forte, eſt de ſa façon, j'entends quant à l'écriture des noms des Paroiſſes, contenues en celle qui fut imprimée l'an 1539, & encore depuis en l'an 1565. Car celui qui en fit le deſſein eſt Jaques Androuet ſurnommé du Cerceau, & l'Auteur ou Inventeur d'icelle eſt Macé Ogier, comme nous avons dit ci-deſſus, lorſque nous avons parlé d'eux, en leur rang. Or voici les compoſitions de Nicolas Deniſot, ſçavoir eſt : les Cantiques du premier avénement de Jeſus-Chriſt, imprimés à Paris chez la veuve de Maurice de la Porte, l'an 1553, avec la muſique d'iceux; il a recueilli & fait imprimer le Tombeau de Madame Marguerite de Valois, Roine de Navarre, dans lequel il y a pluſieurs vers de ſa façon, imprimés à Paris chez Michel Fezandat & Robert Granjon l'an 1551; Annotations ſur une Ode de Pierre de Ronſard, au Préface deſquelles il promettoit de continuer ſes Commentaires ſur toutes ſes Œuvres, mais la mort comme je crois l'en a empêché, & l'a prévenu en cela, comme auſſi elle a fait en pluſieurs autres ſiens beaux deſſeins; il a écrit quelques vers meſurés à la forme des Elegiaques Grecs & Latins, deſquels il s'en voit quelques-uns impri-

més

més avec l'Art Poëtique de Thomas Sebilet, Avocat en Parlement, duquel nous ferons mention ci-après; il a composé une partie des Contes & Discours plaisans, contenus au Livre intitulé *Les Nouvelles Récréations de Bonaventure des Periers*, comme nous avons dit ci-dessus, parlant de Jaques Peletier du Mans, qui en partie est Auteur dudit Livre, &c. Il a écrit un Livre de Prières à Dieu, imprimé à Paris & autres lieux; il a écrit plusieurs autres Cantiques & Noëls, autre que les susdits, imprimés au Mans [1]. Il mourut à Paris l'an 1559, âgé de quarante-quatre ans, qui fut la même année que mourut son bon maître le Roi Henry II.

[1] Voy. dans le Tom. VI du Baillet, *in-4°.* au bas de la page 24, la note sur Nicolas Denisot *. La famille des *Denisots* subsiste encore au Mans. René Denisot, mort au mois de Novembre 1707, y étoit Avocat du Roi. Les Chroniqueurs de la Ville, disent que c'est le *Ragotin du Roman Comique*. (M. de la Monnoye).

Dans le *Ducatiana*, pag. 25, il est dit, que Nicolas Denisot, surnommé *le Comte d'Alsinois*, est l'Auteur des Contes attribués à Bonaventure des Periers. (M. Falconet).

* Il étoit de l'ancienne & illustre famille des Denisots au Perche. Jean Denisot, Bailli d'Assé, s'étoit établi dans le Maine. Le titre de *Comte d'Alsinois* étoit l'Anagramme de son nom. *Nicolas*, dont il est ici question, naquit au Mans l'an 1515. Il passoit pour homme de génie, & eut de son temps la réputation d'être bon Poëte Latin & François. Il fut en liaison avec tous les Auteurs célèbres, ses contemporains, qui lui donnèrent beaucoup de louanges. Il fit quelques vers mesurés & sans rime dans la forme des vers Latins; des vers Elégiaques, Hendécasyllabes, Phaleuques, dont on croit communément que Jodelle fut l'inventeur, mais qui furent essayés avant lui par un Poëte nommé Mousset, qui traduisit l'*Iliade* & l'*Odyssée d'Homère* en vers François Hexamètres. Daubigné, qui nous l'apprend dans la Préface de la seconde Partie de ses *Œuvres mêlées*, cite ce commencement de la version de l'*Iliade*, composée vers l'an 1530 :

> Chante, Déesse, le cuer furieux & l'Ire d'Achillès,
> Pernicieuse qui fut, &c.

Or, ce ne fut qu'en 1553, que Jodelle donna le premier essai de ses vers non rimés & mesurés. (Voy. *Recherches* de Pâquier, Liv. VII, Chap. xi). Pâquier soutient en cet endroit, que cette forme de vers vaut mieux que celle de nos vers rimés, & il en cite plusieurs de Denisot, qu'il nomme le *Comte d'Alsinois*. — Voy. la Bibl. Franç. de M. l'Abbé Goujet, Tom. XIII, p. 4.

NICOLAS LE DIGNE, Champenois, excellent Poëte François entre les modernes. Il a écrit un Difcours fatyrique, imprimé avec le Livre de François Beroalde de Verville, l'an 1584, chez Timothée Jouan. Il a écrit & compofé plufieurs Tragédies Françoifes non encore imprimées, fçavoir eft Afarcé, Hercules Oëteus, traduite fur le Latin de Seneque, Jepthé, prife du Latin de Georges Buchanan, le plus excellent Poëte de notre temps, laquelle Tragédie de Jepthé ou le vœu, Florent Chreftien a auffi traduite, &c. Il florit à Paris cette année 1584 *.

*Nous ne trouvons rien, qui nous indique, ni le lieu, ni la date de la naiffance de Nicolas le Digne. Le premier Recueil de fes Poëfies fut publié en 1601 par les foins de fon ami Antoine de la Foreft, Ecuyer, Sieur du Pleffis, fous le titre de *Fleurettes du premier Mélange de Nicolas le Digne, Sieur de l'Efpine-Fontenay*. On y apprend que le Digne paffa au moins toute fa jeuneffe à voyager & à fe divertir. On lit au Sonnet 52 du Recueil cité, adreffé au fieur du Pleffis : ..

> J'ai regretté cent fois, ta *Rofe*, & ma *Clélie*,
> Lorfque deffus les fleurs où le Tevron s'esbat,
> A l'heure que Phœbus modère fon efclat,
> Nous paffions doucement notre mélancholie.

Il paroît qu'il exerçoit alors la profeffion des armes, & ce devoit être environ l'an 1590. Il dit ailleurs, qu'*il a vifité autrefois la miraculeufe Chapelle de Lorette*; mais de tous fes voyages, tant dans les pays étrangers, que par toute la France, le réfultat eft felon lui : ..

> J'ay toute la France fuivie,
> J'ay faict l'amour en mille lieux;
> Je ne fcaurois dire en ma vie
> Où je me fuis trouvé le mieux. ...

On voit que, dans fes voyages, il cherchoit à s'inftruire par la connoiffance des objets particuliers. Paffant par la Bourgogne, il s'occupa à examiner la fource de la Seine, & il grava fon nom fur un rocher qui s'élevoit au-deffus de la fource :

> Je laiffe icy mon nom & ma devife efcrite
> Deffus ce dur rocher, pour durer longuement,
> Promettant de chanter un jour plus dignement
> La force de ton cours, ta gloire & ton mérite.

On ne retrouve plus le rocher où il grava fon nom ; il feroit même difficile de déterminer l'endroit où il pouvoit être situé , parce qu'il paroît que, depuis un siècle & demi environ, le terrein sur lequel coule la Seine au sortir de sa source , s'est considérablement abaissé. Un monument, découvert en 1763 au mois de Mars, auroit pu servir à fixer l'ancien lieu de sa source, si le cours d'eau subsistoit encore. Des Paysans trouvèrent en terre, sous des tas de pierres qui avoient servi à quelques constructions, des anciens instrumens de sacrifices , tels que passoires, couteaux, chaudrons , tout-à-fait brisés & rongés par la rouille; ce qu'il y avoit d'entier, étoit une barque de vingt-deux pouces de long, sur douze de large au milieu , la proue terminée par une tête d'oiseau de rivière , assez bien faite ; la pouppe avoit eu un gouvernail, qui étoit arraché ; sur le pont , conservé en entier, étoient quatre Rameurs , en attitude de gens qui travaillent, le dos courbé & les bras étendus ; au milieu un trou quarré, qui avoit servi à placer un arbre , auquel étoit attachée une voile Latine. L'arbre ne se retrouva point, mais la voile étoit entière , de cuivre rouge très-fin & très-souple , sur laquelle la rose des vents avoit été imprimée , & on n'en devoit compter alors que vingt-quatre , à en juger par les lignes qui restoient. Un curieux découvrit ce monument singulier , & peut-être unique , & l'acquit dans le moment où des Chaudronniers alloient l'acheter pour le fondre. Il a passé depuis dans le Cabinet de M. de Bourbonne , Président-à-Mortier au Parlement de Dijon. La forme du petit bâtiment , & celle des deux petits Rameurs qui restent , quoiqu'assez correcte , n'a rien de l'élégance du style Grec, ni de la régularité des ouvrages Romains dans ce genre , de sorte qu'on peut regarder ce monument comme vraiment Gaulois, & dès-lors très-rare ; il doit remonter à une haute antiquité , & probablement, c'est une offrande que les anciens Commerçans ou Navigateurs sur la Seine étoient venus apporter à sa source , lorsqu'il étoit d'usage de placer une divinité particulière à l'origine de chaque fleuve. Ce fait, qui peut intéresser l'Histoire Littéraire de la Navigation Françoise, n'étant consigné dans aucun Ecrit public, est rapporté ici pour que la mémoire ne s'en perde pas, & que l'on sache un jour où retrouver un monument si précieux dans son espèce.

Revenons à Nicolas le Digne. Après avoir porté les armes & voyagé longtemps , il changea d'état, & devint Ecclésiastique. Dans une Edition de quelques-unes de ses Œuvres , faite en 1614 , il est désigné sous le titre de *feu M. le Digne , vivant Prieur de Condé & de l'Enfourchure.* Sans doute qu'alors ses occupations devinrent plus sérieuses , on en peut juger par l'Ouvrage qui a pour titre : *La Couronne de la Vierge Marie* , dédiée en 1610 à Marie de Médicis, mère de Louis XIII. Ce sont des Sonnets pour chaque grain de Chapelet, & des Hymnes ou Poëmes pour chaque fête de la Vierge , avec une Paraphrase des sept Pseaumes de la Pénitence , dont Nicolas Bourbon a fait l'éloge.

Voy. la Biblioth. Françoise de M. l'Abbé Goujet, Tom. XIV, pag. 140.

NICOLAS DURAND, furnommé Villegagnon, Vice-Amiral de Bretagne & Chevalier de Malthe, ou de l'Ordre de S. Jean de Hierufalem, l'an 1557, natif de Provins en Brie, près la Comté de Champagne *. Il a écrit une Réponfe aux Libelles & injures publiées contre lui, imprimée à Paris chez André Wechel, l'an 1561; Traité de la Guerre de Malthe, & de l'iffue d'icelle, fauffement imputée aux François, imprimé à Paris par Charles Eftienne, l'an 1553. Il floriffoit en l'an 1557, fous Henry II, du temps duquel il fit le voyage ès Terres-Neuves : plufieurs ont écrit fa vie, & entre-autres un nommé Richier, &c.

* Le Chevalier de Villegaignon fut un de ces hommes finguliers, dont le caractère mérite encore plus d'attention que les Ecrits. Il naquit à Provins en Brie, ou plutôt au Château de Villegaignon, qui n'en eft qu'à trois lieues. Il étoit brave, fpirituel, entreprenant, fachant fe fervir de fa plume comme de fon épée ; il fut de l'expédition de Charles-Quint contre Alger, en 1541, dont il écrivit la Relation, qui fut imprimée à Paris en 1542, *in-8°*. En 1548, il paffa en Ecoffe avec quantité de Gentilshommes François, qui allèrent défendre ce Royaume de l'invafion des Anglois. En 1551 il contribua beaucoup à la défenfe de Malthe, affiégée par les Turcs. Ayant été fait enfuite Vice-Amiral de Bretagne, il conçut des projets de fortune & d'établiffement en Amérique, qu'il parvint à exécuter en partie, avec des rufes qui ne font plus dans le caractère François. Il feignit d'être Calvinifte, pour gagner la confiance de l'Amiral de Coligny, &, par fa protection, il obtint du Roi Henri II, deux vaiffeaux armés, & dix mille livres pour les premiers frais de la Colonie qu'il devoit établir au Brefil. Il quitta les côtes de Normandie le 12. Août, & arriva à Rio Janeiro le 10 Décembre 1555. Il avoit emmené avec lui des Miniftres de la Religion Réformée, & tout fon équipage étoit prefque compofé de Proteftans. Il écrivit même, par le retour des vaiffeaux qui l'avoient tranfporté en Amérique, à Calvin, de lui faire paffer encore quelques Miniftres, & il lui envoya, entr'autres, Jean de Léry, dont nous avons parlé plus haut. Il fit paroître d'abord beaucoup d'attachement pour la nouvelle Réforme, il célébra la Cène publiquement avec les Miniftres Réformés ; mais il n'agiffoit pas de bonne foi avec eux : ils s'en apperçurent, firent quelques mouvemens féditieux; Villegaignon les renvoya ; mais avant leur départ il leur fit leur procès, qu'il remit au maître du vaiffeau, avec ordre de donner la caffette où il étoit enfermé, au premier Gouverneur ou Juge du port où ils aborderoient; qu'il exhortoit à faire brûler les quinze paffagers qu'il lui défignoit, comme des Hérétiques révoltés. Heureufement ces papiers tombèrent entre les mains d'Officiers Proteftans, auxquels la con-

duite de Villegaignon parut abominable. Calvin en fut informé ; il écrivit avec chaleur contre ce procédé ; Villegaignon y répondit. La guerre de plume fut très-vive ; pendant ce temps l'établissement du Bresil ne réussissant pas au gré du Chevalier , il en partit avec ses meilleurs effets , revint en France , où il trouva le moyen de persuader au Connétable de Montmorenci , que jamais il n'avoit été dans les opinions des Novateurs ; il donna même des défis publics à Calvin ; enfin il parvint à regagner la confiance de son Ordre , dont , en 1568 , il fut Ambassadeur en France , jusqu'en 1570 , qu'il quitta cette charge , pour raison d'infirmités. Il mourut peu après à sa Commanderie de Beauvais , près de Nemours. Du Verdier a donné un Catalogue assez exact de ses Ecrits , qui font voir qu'il étoit mauvais Controversiste. —Voy. encore les Mémoires de Niceron , Tom. XXII.

NICOLAS ELLAIN, Parisien, Poëte Latin & François *. Il a écrit un Discours Panégyrique , sur la réception & entrée de Messire Pierre de Gondy , Evêque de Paris , l'an 1570 , le neuvième jour de Mars , imprimé à Paris par Denys du Pré , audit an 1570. Il a davantage écrit quelques Sonnets & autres Poësies , imprimées à Paris chez Vincent Sertenas , l'an 1561 , auquel temps il florissoit audit lieu.

* Ellain, ayant achevé ses études , suivit le Barreau , qui eut pour lui peu d'attraits , à en juger par le Sonnet qui commence : *Être au Palais à me rompre la tête.* . . Il quitta la chicane pour suivre les Muses , qui l'amusèrent davantage , mais qui l'enrichirent moins. Ses vers sont faciles , & on peut le laisser au rang moyen dont il se contentoit.

Voy. la Bibl. Françoise de M. l'Abbé Goujet , Tom. XIII , pag. 81.

NICOLAS FAVIER , natif de Troye en Champagne , Conseiller du Roi aux Enquêtes à Paris , fils de Nicolas Favier , Conseiller en Parlement , &c. Il a écrit un Discours en vers François , sur la mort de Messire Gaspard de Colligny , Amiral de France , imprimé à Paris l'an 1572. Il florit cette année 1584. Je n'ai pas connoissance de ses autres compositions Latines ou Françoises.

NICOLAS LE FEBVRE, natif de Falaise en Normandie , frère puîné de Guy le Febvre sieur de la Boderie , &c. (comme nous avons dit ci-dessus ,) tous deux hommes très-doctes ès Langues. Cettui-ci nommé Nicolas , il a traduit de Latin en François le docte Livre de Jean Pic, Comte de la Mirandole en Italie, traitant de la Création du Monde en sept jours, lequel il intitule du mot Grec *Heptaplus*, imprimé à Paris l'an 1579, avec l'Harmonie du Monde, traduite par Guy le Febvre son frère *. Il florit à Paris cette année 1584, quant à Nicolas le Febvre Parisien, Conseiller du Roi ès Eaux & Forêts [1], &c. jeune homme fort docte en Grec & Latin aussi bien que le susdit, nous en ferons mention autre part, de quoi j'ai bien voulu avertir les lecteurs, de peur que les noms semblables de l'un & de l'autre, ne les fissent méprendre.

* NICOLAS, frère du savant Guy le Févre de la Boderie, aida beaucoup son frère, dans le travail qu'il avoit entrepris pour l'Edition de la *Polyglotte d'Anvers*, en 1570, & passa quelque temps avec lui dans les Pays-Bas, à ce sujet, ce qui prouve qu'il étoit habile dans les langues Orientales. Outre l'Ouvrage cité par les deux Biblothécaires, on a de lui un petit Traité Latin sur l'étude des langues Orientales, Paris, *in-4°*. 1588. On trouve encore dans le Recueil des Poësies de son frère Guy, deux pièces de vers de sa façon, très-médiocres, la première qui a pour titre *Fantaisie sur le tombeau de Pierre le Févre de la Boderie*; la seconde, *Ode en faveur de la Galliade de Guy de la Boderie*. — Voy. les Mémoires de Niceron, Tom. XXXVIII, pag. 313, & la Bibl. Françoise de M. l'Abbé Goujet, Tom. XIII, Art. GUI LE FEVRE DE LA BODERIE.

[1] Ce NICOLAS LE FÉVRE, Parisien, qu'en 1584 La Croix du Maine appelle *jeune homme*, avoit alors quarante ans. (M. DE LA MONNOYE).

NICOLAS [1] FILEUL, natif de la ville de Rouen en Normandie, lequel s'appelle en Latin *Nicolaus Fillelius Quercetanus*, &c. & duquel la devise est, *Fatis contraria fata rependens*, &c. homme fort docte & très-excellent Poëte Latin & François. Il a écrit en vers alexandrins, un Poëme François, qu'il intitule les Théâtres * de Gaillon en Normandie, imprimé à Rouen l'an 1566, par Georges Loiselet. La Tragédie d'Achille, laquelle il fit représenter & jouer publiquement au Collége de Harcourt à Paris, le vingt-unième jour de Décembre l'an 1563, imprimée à Paris chez Thomas Ricard, audit an 1563, *in-4°*. & contient huit feuilles; la Coronne de Henry le victorieux Roi de Polongne, imprimée à Paris chez Gabriel Buon l'an 1573, *in*-4°. & contient six feuilles. Il a écrit plusieurs autres Tragédies Latines & Françoises, lesquelles ne font encore en lumière. Il florissoit à Paris au Collége de Harcourt, l'an 1563. Je ne sçai s'il est encore en vie.

[1] La Croix du Maine qui écrivoit FILEUL, prononçoit FILEUIL, de la même manière qu'on écrivoit *Deul*, *Ecueul*, & qu'on prononçoit *Deuil*, *Ecueil*, &c. (M. DE LA MONNOYE).

* Les *Théâtres de Gaillon*, que La Croix du Maine appelle un *Poëme François*, ne font autre chose que deux pièces de Théâtre de Filleul, réunies fous ce titre : l'une est une Tragédie intitulée *Lucrece* : l'autre une Comédie, qui a pour titre, *Les Ombres*. Ces deux pièces furent représentées à Gaillon devant le Roi Charles IX.

NICOLAS FLAMEL, natif de Pontoise, à sept lieues de Paris, ancien Poëte François, Ecrivain ou Maître d'Ecriture, Peintre & Philosophe, Mathématicien & Architecte, & surtout grand Alchimiste (comme l'assurent aucuns [1]). Il a écrit un Sommaire Philosophique, contenant plusieurs secrets de l'Alchimie ou Pierre Philosophale, imprimé à Paris avec les trois Traités de la transformation métallique, chez Guillaume Guillard, l'an 1561, avec les Préfaces de Jaques Gohorry, Parifien, lequel a discouru amplement dudit Flamel, comme aussi ont fait plusieurs Philosophes de notre temps, defquels la plus grande partie croyent (ou pour le moins ils s'étudient de le persuader aux autres) que ledit Flamel avoit ce don, de sçavoir faire la Pierre Philosophale, & qu'il ne se pouvoit faire autrement, vu les fondations, les superbes édifices, & autres chofes de remarque qu'il a faites en son temps. Car quelques-uns ont laissé par écrit, qu'il étoit riche de plus de quinze cent mille écus, outre les aumônes, dotations, & autres dons immenfes qu'il fit, tant au Cemetiere des Innocents à Paris, à Sainte Genevieve des Ardents, & à S. Jaques de la Boucherie, (auquel lieu il est à demi de relief, avec son écritoire au côté, & le chaperon sur l'épaule). Mais afin de dire ce que plusieurs anciens maintiennent, & assurent être véritable, touchant les grands biens & richesses dudit Flamel, & ce qui le rendit si renommé pour ſes facultés : ce fut qu'il eût la dépouille des plus riches Juifs qui furent chaſſés de Paris en ſon temps, avec leſquels (encore qu'il fût Chrétien) il avoit intelligence, & ſuccéda à leurs biens pour la plus grande partie, car il avoit connoiſſance de ceux qui étoient redevables auſdits Juifs, leſquels il eût accuſés au Roi, ou bien à ceux qui en avoient la confiſcation : mais il ſe conten-toit de partager avec les créditeurs & redevables aux Juifs, ſans les découvrir ou encuſer. Et pour que l'on n'eût connoiſ-ſance de cela, il feignit avoir trouvé la Pierre Philoſophale : & de peur que l'on ne fit trop diligente information de ces choſes, il s'adonnoit à bâtir & fonder des Egliſes, afin que l'inimitié que on lui eût pû porter, ceſſât en ſon endroit : qui étoit un bon moyen de ſe ſauver, & principalement entre les Pariſiens, qui ſont tant addonnés à la dévotion. Voilà ce que j'en ai pû apprendre, mêmement de ceux qui ont fait la plus grande pro-feſſion de cette Philoſophie, & entre-aûtres de M. de Spay, Gentilhomme du Maine, nommé Pierre Hoyau, homme de bien, & lequel n'a jamais abuſé ou trompé aucun en cet art, ſe con-tentant de ſon étude particulière en cette ſcience, & autres curioſités émerveillables, touchant les choſes naturelles. Pour revenir à parler dudit Flamel, il eſt Auteur du Livre intitulé la transformation des métaux (ſelon que pluſieurs en ont opinion). Ce Livre ſe voit écrit à la main en pluſieurs Bibliothèques, & entre-autres en celle de M. de la Richardiere, demeurant en la maiſon de M. de Clermont, &c. lequel ſe commence ainſi.

Je te veux premièrement montrer la nature de tous métaux, &c.

Ledit Nicolas Flamel floriſſoit en l'an de ſalut 1393, & l'an 1409. Il eſt enterré au Cemetiere des Innocents à Paris, avec ſa femme nommée Perronnelle : auquel lieu ſe voit un Tableau peint en huile, rempli de pluſieurs figures, qui ſervent comme d'Enigmes, pour vouloir montrer la connoiſſance qu'il avoit de la Pierre Philoſophale, &c. Celui qui a écrit la Préface aux Lecteurs, imprimée au devant du Livre de Roch le Bailly, ſieur

de

de la Riviere, Médecin en Bretagne, intitulé le Demofterion, &c. fait ample mention dudit Flamel, enfemble Jaques Gohorry, & Gilles Corrozet.

[1] Naudé, pag. 341 de fon *Mafcurat*, conte l'hiftoire des richeffes de Flamel, à-peu-près comme La Croix du Maine, avec cette différence que, fans prendre garde que Flamel, felon tous les Auteurs qui en ont parlé, vivoit encore au commencement du quinzième fiècle, il le met fous Philippe Augufte, mort l'an 1223. Borel, en deux ou trois endroits de fon *Tréfor Gaulois Alphabétique*, favoir, pag. 157, 543 & 588, parle fort confufément de Flamel. Mais le plus ridicule de tous, eft le nommé LA MARTINIERE, qui, dans fon Livre intitulé *le Tombeau de la Folie*, ou le *Chymique ingénu*, veut que ce foit Flamel lui-même, qui ait fait imprimer fon Traité de la *Transformation Métallique*, comme fi en 1409, ou, felon d'autres, en 1413, temps de la mort de Flamel, l'Imprimerie eût été connue. (M. DE LA MONNOYE).

[*] On fait que les Alchimiftes prétendent très-férieufemant que Nicolas Flamel, qui étoit arrivé à la perfection du grand œuvre, & avoit trouvé le fecret admirable de l'Elixir de vie, ou du breuvage d'immortalité, vit encore dans un canton ignoré de l'Afie, où il jouit d'une fanté inaltérable. Quoi qu'il en foit de cette prétention, & des événemens fabuleux qu'ils débitent pour l'accréditer, il eft certain que fi Flamel, pour s'approprier une partie des richeffes des Juifs, & en jouir tranquillement, fut perfuader à fes contemporains qu'il avoit trouvé la pierre philofophale, il en favoit beaucoup plus qu'eux. Nous avons vu, il y a peu de temps en France, un homme fingulier, qui a fixé fur lui l'attention pendant un moment, & qui n'étoit pas fâché qu'on le foupçonnât d'avoir ce fecret merveilleux. Il avoit d'ailleurs beaucoup de connoiffances, qu'il devoit à la Chimie en grande partie. Cet homme fe faifoit appeler ici *le Comte de S. Germain*.

NICOLAS DES GALARS, dit GALASIUS, Miniftre à G. l'an 1560 ou environ [1]. Il a traduit plufieurs Livres François de J. Cal. en Langue Latine, defquels fait mention Symlerus.

[1] Il faut joindre à cet Article ce que La Croix du Maine avoit très-mal-à-propos transféré à la fin de la lettre N, en ces termes : *N. des Gallars, Miniftre de l'Eglife des François en la ville de Londres en Angleterre, a écrit en Latin, & depuis traduit en François la forme de police Eccléfiaftique, inftituée à Londres en l'Eglife des François, imprimée l'an 1561, auquel temps il faifoit fa demeure & réfidence en ladite Ville de Londres.* — C'eft en effet, comme le prouve fort bien Bayle, au mot GALLARS, le même Miniftre qui paffa de Genève à Londres, & de Londres fe rendit au Colloque de Poiffy.

L'orthographe la plus correcte de ce nom, est, en François, DES GALLARS, en Latin *GALLASIUS*. (M. DE LA MONNOYE).

N. des Gallars passe pour être Auteur de l'*Histoire Ecclésiastique des Eglises Réformées*, conjointement avec Bèze. Il est fait mention de lui dans cette Histoire, Liv. II, pag. 137, comme *Ministre de Genève, envoyé à Paris*, & pag. 490, dans la Table, il est dit : *des Gallars, dit de Saule* ; pag. 603, Liv. IV, *de Bèze & des Gallards en conférence avec Montluc & Despenses* ; on trouve quelques particularités qui le concernent dans le Dictionnaire de Bayle , au mot GALLARS. (M. FALCONET).

NICOLAS GAULTHIER, dit GALTHERUS, natif de la ville de Sablé au Maine, à dix lieues de la ville du Mans, Docteur en Théologie. Il a écrit plusieurs Sermons, & autres Livres tant en Latin qu'en François. Il florissoit sous Charles IX. J'entends qu'il est mort, mais je ne sçai pas en quelle année *.

* Il fut Fondateur des petites Ecoles de Sablé, comme le dit Ménage, pag. 267, sur la vie de Guillaume son père.

NICOLAS GODIN, Docteur en Médecine. Il a traduit de Latin en François la pratique de Maître François de Vigo [1], imprimée à Paris l'an 1531, & à Lyon aussi.

[1] Ce n'est pas FRANÇOIS, c'est JEAN DE VIGO que s'appeloit l'Auteur de la Chirurgie, traduite de Latin en François par Nicolas Godin *. Jean de Vigo, Génois, étoit Chirurgien de Jules II. (M. DE LA MONNOYE).

* Je trouve dans les Ecrits de feu M. Falconet le titre suivant (n°. 7450): *La Chirurgie Militaire, par Nicolas Goddin, traduite par Jacques Blondel*, Anvers, 1548, *in-*12.

NICOLAS DE GONNESSE, Maître ès Arts & en Théologie l'an 1401. Il a achevé de traduire de Latin en François, les deux derniers Livres de Valere le Grand, duquel les sept premiers avoient été premièrement traduits, du temps de Charles V Roi de France, l'an 1364, ou environ, par Maître Simon de Hesdin, Théologien, (duquel nous ferons mention ci-après), imprimés à Lyon sur le Rhône, l'an 1485, *in-fol.* de grand papier, & contient 220 feuilles de caractères bâtards, par Mathieu Husz [1]. Ledit Nicolas de Gonnesse acheva de traduire ledit Livre, en l'an susdit 1401, par le commandement

de M. le Duc de Berry & d'Auvergne, Comte de Poiĉtou, &c. à la Requête de Jaquemin Coveaux fon Tréforier, l'an fufdit 1401.

¹ La Traduĉtion de Nicolas de Gonneffe, comme en fait foi l'ancien Manufcrit, cité, pag. 253 du *Menagiana*, Tom. I, commence par le 5ᵉ Chap. du VIIᵉ Liv. d'où il s'enfuit qu'il n'eft pas vrai, ni que Nicolas de Gonneffe ait traduit les trois derniers Livres entiers, comme du Verdier le donne à entendre (au même mot) ni que Simon de Hefdin ait traduit entièrement les fept premiers, comme le donnent à entendre La Croix du Maine & du Verdier. Suivant le même Manufcrit, le nom de *Jaquemin Couraux* eft plus correĉt que celui de *Jaquemin Coveaux*. (M. DE LA MONNOYE).

NICOLAS LE GRAND, Parifien, Doĉteur en Médecine à Paris, Confeiller & Médecin du Roi de France Henry III. Cettui-ci étoit l'un des plus doĉtes Médecins de Paris, & avoit telle vogue & pratique, qu'il amaffa une infinité de biens par fon art & profeffion de Médecine : car j'ai entendu que l'inventaire de fes biens fe montoit à deux cent mille écus. Je n'ai point vu de fes compofitions Françoifes, finon plufieurs confultations & receptes, non encore imprimées, & quant à fes Latines, j'en ferai mention autre part. Il mourut à Paris d'une hydropifie ou enflure d'eaux, le famedi vingt-quatrième jour de Septembre, l'an 1583, âgé de foixante-trois ans, & fut enterré fort folennellement, le Lundi enfuivant, en l'Eglife de S. Severin à Paris, affifté d'un fort beau convoi, & de perfonnes tous de marque, qui étoient en nombre infini.

NICOLAS DE LA GROTTE, Valet de Chambre & Organifte du Roi de France Henry III. Il a mis en mufique les Chanfons de Pierre de Ronfard, Philippes des Portes, Jean-Antoine de Bayf, de Syllac, & autres excellents Poëtes François, imprimées à Paris par Adrian le Roy & Robert Ballard, frères, l'an 1570. Il a écrit & compofé plufieurs autres chofes en mufique, defquelles je n'ai pas connoiffance. J'oferai affurer que l'anagrame, qui a été fi heureufement fait par Jean Dorat, Poëte du Roi, fur le nom dudit fieur de la Grotte, eft tout divin & fatal, (s'il faut ainfi parler) lequel eft tel, *Nicolaus Grotus. Tu fol* *organicus.* Car tous ceux qui ont eu cet heur, de l'ouir jouer de l'épinette, & fur les Orgues & autres Inftrumens de mufique, témoigneront avec moi, qu'il eft bien difficile d'en trouver un en notre fiècle, qui foit plus parfait & accompli en cet art, & fuis en doute s'il s'en trouvera jamais un qui le paffe en douceur de jeu, en délicateffe de main, & profondité de mufique, & connoiffance de fon art, & qui puiffe donner un fi bel air, & fon agréable à fon jeu, comme il fait, fans vouloir ici ôter l'honneur dû à ceux qui excellent en cette fcience. Si ce que je viens de dire n'eft véritable, & trouvé tel des autres, je dirai qu'ils font jaloux de lui, pour fes perfections, ou bien incapables d'en donner leur jugement. Il florit à Paris cette année 1584.

NICOLAS DE GROUCHY, Normand, dit Gruchius, homme très-docte, grand Philofophe, & bien verfé en la connoiffance des fciences humaines. Il a traduit de Latin en François, l'Hiftoire des Indes de Portugal, contenant comme l'Indé a été découverte, par le commandement du Roi Emanuel : enfemble la guerre que les Portugais ont faite, pour la conquête d'icelles, par Fernand ou Ferdinand Lopez Efpagnol, imprimée à Anvers l'an 1576, *in-4°*. Elle fe vend à Paris chez Jean Parent. Il floriffoit l'an 1555. Roland Pierre loue fort ledit de Grouchy en fa Traduction de Theodorite. Je ferai mention de fes écrits Latins autre part *.

* Il mourut l'an 1572.

NICOLAS DU GUERNIER, (*C'étoit fon vrai & unique nom*) Normand, Poëte Latin & François, l'an 1536. Jean le Blond, d'Evreux, le loue fort en fon Livre, qu'il a intitulé le Printemps, imprimé audit an 1536.

NICOLAS HAUVILLE, Il a mis en lumière un Difcours en vers François, de la préfentation de Meffeigneurs les enfans de France, par Madame Alienor, avec l'accompliffement de la paix & profits du mariage, &c. imprimé.

NICOLAS DE HERBERAY, Sieur des Essars, Gentilhomme Picard, Commiſſaire ordinaire de l'Artillerie du Roi *. C'étoit le Gentilhomme le plus eſtimé de ſon temps pour parler bien François, & pour l'art oratoire. Il a traduit d'Eſpagnol en notre langue, un Traité de l'honnête & pudiq amour d'Arnalte & Lucenda, autrement intitulé, l'amant mal traité de ſon amie, imprimé à Paris chez Vincent Sertenas, l'an 1541 **; il a traduit l'Hiſtoire de Joſephe. (*Paris, Etienne Grouleau*, 1557); il a traduit d'Eſpagnol en Francois, pluſieurs Livres d'Amadis de Gaule, imprimés à Paris par diverſes fois ***. Il floriſſoit ſous Henry II, l'an 1555 [1]. Sa deviſe Eſpagnolle étoit telle, *Acuerdo olvido*, qui eſt à dire en François, *Souvenir & oublier*, ce que les Latins diroient, *Memor oblivio* : & ce qui m'a fait employer ces choſes en ce lieu, c'eſt pour avoir vu que pluſieurs, (mêmement de ceux qui penſent bien entendre la Langue Eſpagnolle) ne ſçavoient pas interpréter cette deviſe.

* Il n'eſt connu que par ſes Ouvrages : il y prend les qualités de *Commiſſaire ordinaire de l'Artillerie du Roi, & Lieutenant en icelle, ès Pays & Gouvernement de Picardie, de Monſieur de Briſſac, Grand-Maître & Capitaine Général d'icelle Artillerie.*

** Outre l'Edition d'*Arnalte & de Lucenda*, rapportée par La Croix du Maine, & celle de Lyon, 1550, citée par du Verdier; il y en a une autre de Lyon, 1570, à l'Ecu de Milan, *in-16.* avec la Traduction Italienne de Bartholomeo Maraffi Fiorentino.

*** Il n'a traduit que les huit premiers Livres d'*Amadis*, par ordre du Roi François I, qui mourut en 1547, dans le temps qu'Herberay achevoit le huitième Livre. Les ſeize autres ont été continués par différens Auteurs, & n'ont été achevés d'imprimer qu'en 1615. Cette Traduction fit beaucoup d'honneur au ſieur des Eſſards « On peut, dit Pâquier, *Recherches*, Liv. VII, Chap. 5, pag. 702, » ceüillir dans ce Roman toutes les belles fleurs de notre langue » Françoiſe. Jamais Livre ne fut embraſſé avec tant de faveur que ceſtuy » l'eſpace de vingt ans, ou environ : & néantmoins la mémoire en ſemble » être aujourd'hui évanouie ». De Herberay mourut l'an 1552, comme il paroît par une Epître d'Etienne Pâquier, qui eſt à la tête de la Traduction du neuvième Livre d'*Amadis*, par Claude Colet, imprimée en 1553, dans laquelle il marque qu'il étoit mort depuis peu de temps ; ainſi La Croix du Maine prolonge mal-à-propos ſa vie juſqu'à 1555. Ceux qui ne ſauront pas la bévue d'un Allemand, touchant la devise *Acuerdo Olvido*, la trouveront dans la *Première Journée de l'Hexaméron Rustique* de la Mothe le Vayer.

Voy. les Mém. de Niceron, Tom. XXXIX, pag. 203.

¹ Guillaume Rouillé, que d'autres nomment *Roville*, ou *Rouville*, fameux Imprimeur à Lyon, y imprima, en 1557, *in-4°*. un Dialogue Italien, intitulé : *Ragionamento Havuto in Lione da Claudio de Herberé, Gentilhuomo Franzese, e da Alessandro de Gli Uberti Gentilhuomo Fiorentino sopra Alcuni Luoghi del cento Novelle del Boccaccio*, sans qu'on y trouve quoi que ce soit qui fasse connoître, si ce *Claude* étoit fils, ou, en quelque degré que ce fût, parent de Nicolas. (M. DE LA MONNOYE).

NICOLAS HOUEL, ou bien HOEL, Bourgeois de Paris, autrefois Marchand Apothicaire en ladite ville, & maintenant premier Inventeur, Intendant &. Gouverneur de la Maison de la Charité Chrétienne, établie à Paris l'an 1578, &c. duquel la devise est *Scopus vitæ Christus*, &c. Il a écrit un Traité de la peste, auquel il est amplement discouru de l'origine, cause, préservation & curation d'icelle, avec les vertus & facultés de l'électuaire de l'œuf, duquel jadis souloit user l'Empereur Maximilien, le tout imprimé à Paris, chez Galiot du Pré, l'an 1573, *in-8°*. en 5 feuilles ; Traité de la Thériaque & Mithridat, contenant plusieurs questions générales & particulières, avec un entier examen des simples médicamens qui y entrent : le tout divisé en deux Livres par ledit Hoüel, imprimés à Paris *in-8°*. l'an 1573, & contiennent 20 feuilles ; l'Histoire de la Roine Arthemise, écrite en prose, divisée en quatre Livres, laquelle il a depuis réduite en quartons, de peintures de blanc & noir, façonnées par les plus rares Peintres de France & d'Italie, accompagnée de plusieurs vers François, servants d'explication à ladite Histoire, composés par les plus excellents Poëtes de notre temps. Cette Histoire n'est encore en lumière : elle se voit au cabinet dudit Nicolas Hoüel : laquelle il a composée par le commandement de la Roine mère du Roi, & a fait une dépense infinie, & presque incroyable, pour rendre cette Histoire parfaite & accomplie de tous points : Je ne sçai pas quelle récompense il a reçu pour ses travaux, mais je sçai bien qu'il y a em-

ployé la plûpart de fon induftrie, & de fes moyens; Avertiffement & Déclaration, de l'inftitution de la maifon de la Charité
Chrétienne, établie ès Fauxbourgs de S. Marceau à Paris,
l'an 1578, avec plufieurs faintes Exhortations, &c. le tout
imprimé à Paris chez Pierre Chevillot, l'an 1580; l'Hiftoire
des François, non encore imprimée. Il a écrit un abrégé de
ladite Hiftoire, contenant les vies de chacun Roi de France,
avec leurs vifages, ou reffemblances, tirées après le naturel,
& avec les Defcriptions des batailles qu'ils ont données, le tout
en taille douce. Ce Livre n'eft encore imprimé [1]. Il florit à Paris
cette année 1584, âgé de 60 ans ou environ.

[1] Le P. le Long, dans fa *Biblioth. Hiftor. de la France*, n°. 6500, a
conjecturé que l'*Abrégé de l'Hiftoire Françoife, avec les Effigies des Rois
jufqu'à Henri III*, par H. C. étoit peut-être l'Abrégé de cette même Hiftoire,
rapporté ici par La Croix du Maine, entre les Ouvrages de Nicolas Houel.
On croit qu'alors H. fignifieroit HOUEL ; mais que fignifiera C, & pourquoi
cet Auteur, fi c'eft Nicolas Houel, aura-t-il fupprimé fon nom propre ?
(M. DE LA MONNOYE).

NICOLAS DE HOUSSEMAINE, Docteur Régent en
l'Univerfité d'Angers. Il a écrit un Traité ou régime fingulier
contre la pefte, imprimé avec le Livre de M. Jean Goëurot,
intitulé le fommaire entretenement de vie.

NICOLAS DE HUS, Sieur D'ANNERY, près de Metz en
Lorraine. Il a écrit un Recueil d'Hiftoires, defquelles fait men-
tion Richard de Waffebourg en fes Antiquités de la Gaule
Belgique.

NICOLAS JACOB, Auftrafien. (Je ne fçai fi c'eft un nom
fuppofé & contrefait). Il a traduit de Langue Allemande en
François, un Livre intitulé Diette Impériale, ou Ordonnances
& réfolution de l'Empereur, & des Etats du S. Empire, déli-
bérée & arrêtée, en la dernière journée tenue à Spire, l'an
1570. Plus la forme de Capitulation, l'ancien Droit des Reitres,
l'Ordonnance & Difcipline Militaire renouvellée, les articles
établis pour l'Infanterie, pour la facrée Majefté de l'Empereur

& lefdits Etats, le tout contenant près de deux cens articles; imprimés à Paris chez André Wechel *in-8°.* l'an 1571, & contient 18 feuilles.

NICOLAS LEONIQUE [1], Poëte François & Orateur. Il a traduit d'Italien en profe Françoife, les queftions problématiques d'amours, imprimées chez Nicolas de Bruges *.

[1] Léonique, ou Laonique, & Nicolas, font un feul & même nom, comme en Grec Λεόνικος, Λαόνικος, Νικόλαος, & Νικόλεως, font fynonymes. Le nom de famille de cet Auteur étoit Thomæus, en Italien *Thomeo*, & de-là Thomé, nom d'une famille confidérable à Lyon. Nous avons de Leonicus Thomæus, mort à Padoue au mois de Mars 1531, *Quæftiones aliquot naturales cum amatoriis problematibus viginti.* Il n'a écrit qu'en Latin, point en Italien, quoique ce fût fa langue naturelle, & bien moins en François, qu'il ne favoit pas. Quelques-uns de fes Ouvrages, comme fes trois Livres *de variâ Hiftoriâ*, & fes vingt *Problêmes d'amour* ayant été traduits de Latin en Italien, l'ont été enfuite d'Italien en François. Le nom de l'Imprimeur, *Nicolas de Bruges*, ou *de Burges*, paroît fuppofé. (M. de la Monnoye).

* On trouvera le détail de fes Ouvrages dans la *Biblioth. infimæ Latin.* par Fabricius, Tom. IV, pag. 788, où il eft dit que Léonique mourut à trente-fept ans, en 1533. Bayle le fait mourir à foixante-quinze ans ; mais toujours dans cette même année. La date de fa mort eft auffi la même dans les *Annales* de Sponde, dans l'*Index Chronolog.* de Bulchocer, &c. Mais M. le Duchat a rectifié cette date dans fes notes fur le 24ᵉ Chap. du Liv. I de Rabelais (note 2ᵉ) d'après un paffage d'une lettre écrite par le Bembe, le 28 Mars 1531, dans laquelle il mande à fon ami que Léonique venoit de mourir. *Il noftro Buon meffer Leonico, l'altro di fine fua vita.*

NICOLAS DE LEUZE, dit de Fraxinis, Docteur en Théologie. Il a traduit de Latin en François, la Defcription du voyage de Hierufalem, imprimée à Anvers l'an 1576.

NICOLAS DE LIVRE, Seigneur de Humerolles. Il a traduit d'Italien en François, le Difcours du tremblement de terre, de Lucio Maggio, Gentilhomme Bolongnois, fait en forme de Dialogue, &c. imprimé à Paris chez Denis du Val, l'an 1575 [1].

[1] J'ai vu un Exemplaire du Livre de la *Précellence de la langue Françoife*, par Henri Etienne, où Nicolas de Livre, autrefois Maître de cet Exemplaire,

avoit

avoit marqué de fa main divers termes, tant de guerre que de Fauconnerie , dont il difoit avoir appris l'intelligence à l'Auteur. (M. DE LA MONNOYE).

NICOLAS MARTIN, Muficien, demeurant en la Cité de S. Jean de Morienne en Savoye, l'an 1556. Il a compofé des Noëls, & plufieurs Chanfons, tant en Langue Françoife que Savoifienne, avec les notes de mufique, imprimées à Lyon chez Macé Bonhomme, l'an 1556. Le commencement de ces Chanfons eft tel, *Bellas je me fuy mochiaʒ par voʒ beyfier.*

NICOLAS MELLIER , Avocat en la Sénéchauffée & Siège Préfidial de Lyon. Il a écrit une fommaire explication de l'Edit du Roi, par lequel il ordonne que dorénavant les mères ne fuccèdent à leurs enfans, ès biens provenus du côté paternel, mais feulement ès meubles & conquêts, provenus d'ailleurs, imprimée à Paris par Gervais Mallot, l'an 1576, *in-8°.* & contient fix feuilles. Il floriffoit à Lyon, l'an 1572.

NICOLAS DU MONT , natif de la ville de Saumur en Anjou, Correcteur de Livres en l'Univerfité de Paris, homme docte, & extrémement laborieux. Cettui-ci encore qu'il n'eût rien mis par écrit, mérite pour la peine & diligence qu'il prend à l'impreffion des bons Livres, d'être mis en ce rang. Il a conduit & dreffé la meilleure partie des copies & ouvrages, qui fe font imprimés en ladite ville de Paris, depuis douze ou quinze ans en ça, en toutes langues & profeffions, & encore y eft aujourd'hui tellement occupé, que malaifément lui eft-il loifible de refpirer, comme fçavent tous ceux qui le connoiffent. Il a toutefois écrit à heures dérobées les Traités qui s'enfuivent. Difcours fommaire du règne de Charles IX, Roi de France très-Chrétien. Enfemble de fa mort, & d'aucuns de fes derniers propos, imprimé par Jean de Laftre, 1574 ; Avertiffement venu de Rheims, du Sacre, Coronnement & Mariage de Henry III très-Chrétien, Roi de France & de Pologne, avec un Epithalame, imprimé par Denis du Pré 1575 ; Salutation à la Roine de France Loyfe de Lorraine, fur fon arrivée & bien-venue à Paris, le 27 de Février 1575, imprimée par Denis du Pré en ladite année; la nouvelle conquête des villes de Thunis & de Biserte, faite sur les Turcs & Mores, par le Seigneur Dom Jouan d'Austrie, au mois d'Octobre dernier, imprimé chez Jean Dallier 1573; Extrait des Lettres d'un Gentilhomme de la suite de M. de Rambouillet, Ambassadeur du Roi au Royaume de Polongne, à un Seigneur de la Cour, touchant la légation dudit Seigneur & autres choses mémorables observées en son voyage de Cracovie, le 12 de Décembre 1573, imprimé par Denis du Pré; Congratulation & réjouissance sur la grande & inespérée nouvelle advenue de l'élection de Monsieur, frère du Roi, au Royaume de Pologne, imprimée à Paris par Denis du Pré, 1573; les honneurs & triomphes faits au Roi de Pologne, tant par les Princes Allemands en son voyage, que par ses sujets à sa réception; qui fut à Miedzeris le vingt-quatrième jour de Janvier dernier passé 1574, briévement récitée par une lettre missive, qu'un Gentilhomme François écrit de Posnanie, imprimés par Denis du Pré, 1574; les Obsèques & Funérailles de Sigismond Auguste, Roi de Pologne dernier défunt : plus l'Entrée, Sacre & Coronnement de Henry à présent Roi de Pologne : le tout fait à Cracovie, ville capitale dudit Royaume, au mois de Février 1574, & récité par deux lettres missives d'un Gentilhomme François, imprimées par Denis du Pré, 1574; l'Entrée, Sacre & Coronnement de Henry à présent Roi de Polongne : le tout fait à Cracovie, ville Capitale dudit Royaume, & récité par une lettre missive d'un Gentilhomme François, imprimé par Denis du Pré, 1574; la Déclaration des Seigneurs de Pologne, pour le retour du Roi en France, ensemble une Ode au Roi, sur le même sujet, imprimées par Denis du Pré, 1574; la réception du Roi par l'Empereur Maximilian, & l'Archiduc Ferdinand, & les Venitiens, imprimée par Denis du Pré, 1574; l'arrivée du Roi en France, & la réception de sa Majesté par la Roine sa mere, & Messeigneurs le Duc d'Alençon & le Roi de Navarre, avec un sommaire Discours des princi-

pales chofes furvenues depuis fon partement de Venife, imprimé
par Denis du Pré, 1574; les Feux de joie faits à Paris, pour
l'arrivée du Roi en France, avec l'ordre tenu à fon entrée &
réception en la ville de Lyon, en Septembre 1574, imprimés
par Denis du Prè; Réjouiffance fur la Paix, & ceffation des
armes, imprimée chez ledit du Pré. Il a traduit de Latin en
François, la Harangue de M. le Cardinal de Lorraine, prononcée
au Concile de Trente, avec la réponfe imprimée par Jaques
Macé; la Régle du Tiers Ordre de S. François, imprimée chez
Nicolas Chefneau; de la vie & mœurs des Empereurs, recueillies
des Œuvres de Sextus Aurelius Victor, depuis Augufte Cefar,
jufques à Theodofe l'Empereur, imprimé chez Claude Micard,
avec l'Hiftoire de Juftin; les exemples mémorables, tant des
Ethniques que des Chrétiens, pris & ramaffé des plus approuvés
Auteurs, par André Eborenfe, Portugais; les Epîtres de Saint
Hierome Stridonien, eleues & choifies : divifées en trois Livres
par la diligence de Pierre Canifien, Théologien; Ælian de
l'Hiftoire diverfe, quatorze Livres en Latin & François. Ces
derniers ne font encore imprimés. Je laiffe les Epîtres, Préfaces, Avant - Propos & Arguments qu'il a compofés & fait
imprimer devant les Offices de Ciceron, Virgile, Salufte &
autres, avec une infinité d'Indices & Tables de Livres. Il florit
à Paris cette année 1584, & eft celui qui a été le correcteur
de l'impreffion de cette mienne Bibliothèque des Auteurs François, &c.

NICOLAS DE MONTREUX, Gentilhomme du Maine,
fils de M. de la Mefnerie, Maître des Requêtes de la maifon de
Monfieur, frère du Roi, &c.*. Il a écrit & compofé de fon
invention le feizième Livre d'Amadis de Gaule, l'an 1577,
n'étant pour lors âgé que de quinze ou feize ans; il a été imprimé
à Paris chez Jean Poupy, audit an 1577. Il a compofé plufieurs
Tragédies Françoifes, & entre-autres celle de Hannibal, lefquelles ne font encore en lumière; le Primtemps d'Eté, à l'imita-

tion du Livre de Jaques Yver, lequel appelle son Livre le Primtemps d'Yver, qui est un équivoque ou allusion sur son nom, & sur la saison de l'Hiver. Benigne Poissenot a aussi écrit un Discours qu'il appelle l'Eté, comme nous avons dit ci-dessus. Il a davantage composé en vers François, les amours de Diane, & de Delie, & plusieurs autres Poëmes, lesquels il espère mettre bien-tôt en lumière sous le nom d'*Olenix du Mont Sacré,* qui est son anagrame, &c. la suite ou continuation de l'Arioste Italien, (tant renommé entre les Modernes) laquelle contient un Discours des faits les plus illustres de Messeigneurs de Bourbon, non encore imprimée; les Bergeries de Juliette, qui est une imitation de la Diane *de Georges de Montemaior,* faites en faveur de M. le Baron de la Vernye au Maine, & de Madamoiselle de Tessé sa sœur. La Tragédie du jeune Cyrus, prise du Grec de Xenophon, laquelle fut représentée à Poictiers l'an 1581, avec la Comédie qu'il a intitulée *La Joyeuse*; les Tragédies de Camma, les Tragedies d'Isabelle & de Fleurdelys prises de l'Arioste, ensemble celle de Paris & d'Oënoné, avec une Comédie qu'il intitule la *Decevante.* Il florit à Paris cette année 1584.

* Suivant ce que dit La Croix du Maine, Nicolas de Montreux a dû naître vers 1571, puisqu'il commença à composer ou traduire le seizième Livre d'*Amadis* à quinze ou seize ans, imprimé en 1577. N. de Montreux n'est guère connu, que par ses Ouvrages & ce qu'en dit La Croix du Maine. On n'a rien de lui au-delà de 1608, ce qui fait croire qu'il est mort peu après, âgé d'environ quarante-sept ans.

Voy. les Mém. de Niceron, Tom. XXXIX, pag. 196, & les *Recherches sur les Théâtres,* par M. de Beauchamps, second âge, pag. 52, Edit. *in*-4°.

NICOLAS DE NANCEL, natif de Noyon en Picardie, Docteur ès-Arts & en Médecine à Paris, exerceant la Médecine en la ville de Tours sur Loyre, l'an 1581, homme docte ès Langues Grecque & Latine, Poëte, Mathématicien & Philosophe, &c. Il a écrit un fort docte & très-ample Discours de la peste, divisé en trois Livres, imprimé à Paris chez Denis du Val, l'an 1581, *in*-8°. & contient 24 feuilles. Ambroise Paré,

Chirurgien tant-renommé, fait grand cas de ce Livre & le recommande fur tous les autres, comme j'ai lû dans fon Traité de la pefte, &c. Ledit Nancel a traduit de Grec en profe Françoife, le Miroir des Rois & des Princes, écrit en Grec par Agapetus, & envoyé à l'Empereur Juftinien, imprimé à Tours l'an 1582. Il a compofé plufieurs Œuvres en Latin, tant en vers qu'en profe, & a traduit beaucoup d'Auteurs Grecs en Langue Latine. Il florit à Tours cette année 1584[1].

[1] Nicolas de Nancel mourut dans la place de Médecin des Religieufes de Fontévraud, à laquelle Eléonor de Bourbon, Abbeffe de l'Ordre, tante de Henri IV, le nomma en 1687[*]. Au commencement du Catalogue qu'il a publié de fes Œuvres, il témoigne qu'en 1600, il étoit dans fa foixante-unième année ; d'où il s'enfuivroit que fi, comme le dit Scévole de Sainte-Marthe, il eft mort âgé de près de quatre-vingt ans, il feroit mort en 1620, cinq ans après Etienne Pâquier, après lequel, par conféquent, il auroit dû être placé dans les Eloges de Scévole. (M. DE LA MONNOYE).

[*] Nicolas de Nancel, né en 1539 à Nancel, Village fitué entre Noyon & Soiffons, fit fes premières études à Paris, Bourfier au Collège de Prefles fous Pierre Ramus, qui en étoit Principal. A 18 ans il eut une chaire dans ce Collège, où il enfeigna les langues Latine & Grecque, après quoi il commença à étudier en Médecine. Les troubles du Royaume l'obligèrent à fe retirer en Flandres, en 1562, où il fut nommé à une place de Profeffeur en Grec & en Latin à l'Univerfité de Douay, que le Roi d'Efpagne venoit d'établir. Il quitta cette place en 1565, & revint à Paris, où il fut obligé de reprendre fon premier état de Profeffeur au Collège de Prefles. Pendant ce temps il fe fit recevoir Docteur en Médecine à Paris. Il alla à Soiffons, où, fon art ne pouvant lui procurer les moyens de vivre, il refta peu ; & en 1569 il s'établit à Tours, où il fit un mariage avantageux avec Catherine de Loyac, veuve de Paul Cay, Médecin d'Arras, âgée de vingt-fept ans. En 1587 il quitta Tours pour aller à Fontevrault, où il paffa le refte de fa vie. M. de Sainte-Marthe prétend qu'il y mourut en 1611, âgé dès-lors feulement de foixante-onze ans. Pierre de Nancel, fon fils, publia après fa mort quelques-uns de fes Ouvrages, dont le principal a pour titre : *Analogia Microcofmi ad Macrocofmum, id eft, relatio & propofitio univerfi ad hominem*, &c. Paris, Claud. Morel, 1611, fol...

Voy. les Mémoires de Niceron, Tom. XXXIX, pag. 288.

NICOLAS DE NEUFVILLE (Meffire), Chevalier des deux Ordres du Roi, Seigneur de Villeroy, premier Secrétaire d'Etat, fous le règne du Roi Henry III, & auparavant fous

Charles IX, son frère, défunt. Ce Seigneur de Villeroy n'a rien fait imprimer de ses doctes Harangues prononcées devant les Majestés des Rois de France, ses Maîtres, non plus que de ses Mémoires * & Affaires d'Etat, qu'il a maniées en France, depuis dix-huit ou vingt ans en ça. Quand sa commodité le permettra, il en fera part à ceux de son siècle, & lui en seront redevables pour le bien & profit qu'ils en recevront. C'est celui qui a épousé la fille de M. de l'Aubespine, Secrétaire d'Etat, de laquelle le nom est Magdeleine de l'Aubespine, Dame très-docte, (dont nous avons fait mention ci-dessus). Il y a un autre Seigneur appellé de ce nom de Ville-ray, lequel s'appelle *Ville-ray-riant*, Maître des Requêtes de l'Hôtel du Roi, & fils de M. le Président Riant, (comme nous dirons autre-part, lorsque nous ferons mention des Ecrivains en Latin). Si j'ai parlé ici bien amplement, ç'a été pour donner intelligence de ces deux Seigneurs, desquels la Seigneurie n'est pas beaucoup dissemblable, & afin que l'on ne se puisse abuser ou méprendre en iceux, &c. Il florit cette année 1584, sous le règne du Roi Henry III, duquel il est extrêmement aimé & respecté, pour les bons & agréables services qu'il a faits & fait encore chacun jour à sa Majesté **.

* Les Mémoires de Nicolas de Neufville de Villeroy ont été publiés cinq ans après sa mort par Auger de Mauléon, sieur de Granier, sous le titre de *Mémoires d'Etat servant à l'Histoire de notre temps, depuis* 1561 *jusqu'en* 1604. Il y a peu d'anecdotes, & c'est plutôt l'Apologie de ce Ministre, que l'Histoire des événemens de son temps. Le célèbre Sully en a fait une critique assez sévère, sous le titre de *Discours de l'excellence des Mémoires d'Etat de M. de Villeroy*. Ce Discours est imprimé dans le Tom. VII des *Mémoires de Sully*, Edit. *in-12*, pag. 229. Il y a dans les Manuscrits de Dupuy & de Bethune, à la Bibliothèque du Roi, plusieurs Ecrits de M. de Villeroy, tels que des Lettres, des Harangues, &c. &c.

** Il mourut le 22 Novembre 1617, âgé de soixante-quatorze ans. Ses Mémoires, auxquels il n'avoit pas mis la dernière main, parurent *in-4°*. l'an 1622. Ils ont depuis été remis en 4 vol. *in-12*.

NICOLAS DE NICOLAY, Sieur D'ARFUEILLE ET DE BEL-AIR, Gentilhomme Dauphinois, Valet de Chambre &

Cofmographe * du Roi, Commiffaire ordinaire de fon Artillerie, & à la Defcription Générale du Royaume de France. Il
naquit au Pays du Dauphiné, l'an 1517. Il eft Auteur d'une
lettre miffive, contenant le Difcours de la Guerre faite par le
Roi Henry II, l'an 1549, pour le recouvrement du Pays de
Bollongnois fur la mer, imprimé à Lyon l'an 1550, par Guillaume Rouville. Les navigations, pérégrinations & voyages
faits en Turquie, contenant plufieurs fingularités veues & obfervées par ledit Nicolay, le tout divifé en quatre Livres, avec les
figures au naturel, tant des hommes que des femmes, felon la
diverfité des Nations, leur port, maintien, habits & accouftre-
ments, leurs Loix, Religion, & façon de vivre en temps de
paix & de guerre, avec plufieurs Hiftoires mémorables advenues de notre temps; le tout imprimé à Venife, & depuis à
Anvers par Guillaume Sylvius, l'an 1576, *in-4°*. & contient
56 feuilles. Ce Livre fufdit a été fi bien reçu de plufieurs Nations, qu'il a été traduit ès Langues, Italienne, Efpagnole,
Angloife, & autres étrangères. Il a davantage fait plufieurs
Cartes & Defcriptions Géographiques, Topographiques, &
Chorographiques, des Pays, Cités, Châteaux, & Ports de Mer,
avec le plan relevé de la Cité de Conftantinople, Siège de l'Empire des Turcs, enfemble l'ordre, état, offices, gages & dignités de la maifon de leur Empereur, l'ordre qu'il tient en fes
armées, tant par mer que par terre, & lorfqu'il chemine par
fes Pays. Ces Livres ici ne font encore en lumière. Il en fait
mention en fon Epître au Roi, mife au devant de fes Navigations. Il a traduit d'Efpagnol en François, l'art de naviguer de
Pierre de Medine Efpagnol, Pilote du Roi d'Efpagne, fur les
Indes Occidentales, lequel il a illuftré de plufieurs figures &
annotations. Il a été imprimé à Lyon chez Guillaume Rouville,
l'an 1554, & depuis à Rouen l'an 1577, chez Robert Mallard,
& autres (*à Lyon 1576 in-4°. &c.*). Il a recueilli, & réduit en
forme de Defcription Hidrographique, & repréfenté en Carte
Marine, & routier ou pilotage, la navigation du Roi d'Ecoffe

Jacques V du nom, autour de fon Royaume & Ifles Hebrides & Orchades, avec les additions dudit Nicolay, touchant l'art de naviger, imprimé à Paris chez Gilles Beys l'an 1583, *in-4º*. & contient douze feuilles. S'il a écrit & compofé autres Œuvres que les fufdites, je m'affure que fes parens & alliés, les mettront en lumière, pour le bien & foulagement du public, & entre autres fes Cartes ou Defcriptions particulières de plufieurs Nations de France, lefquelles j'ai vu écrites & peintes de fa main, & faites par fon induftrie. Il mourut à Paris, du mal de gravelle, ou calcul, l'an 1583, le Vendredi vingt-cinquième jour de Juin, âgé de 67 ans, & fut enterré le jour enfuivant en l'Eglife de S. Sulpice, à côté gauche du grand Autel, ès Faux-bourgs de S. Germain à Paris, &c.

* Il prend le titre de *Géographe du Roi* dans fa *Lettre fur le recouvrement du Boulonnois* & dans fa *Defcription du Berry*. Il fe qualifie *Premier Géographe du Roi* dans fa *Defcription du Lyonnois*. Ces deux Defcriptions font demeurées manufcrites : l'une fe trouve parmi les Manufcrits de Colbert ; la Roque a cité un fragment de l'autre dans le Tom. I des *Preuves de la Généalogie de la maifon d'Harcourt*.

** Dans le Catalogue de la *Bibl. Colbert.* on trouve un Manufcrit de Nicolas de Nicolai, nº. 981, qui a pour titre *Defcription du Berry par N. de Nicolai, Daufinois, Géographe ordinaire, & Valet-de-Chambre du Roi*. Le même Manufcrit eft répété, nº. 1623.

NICOLAS OSBER, Gentilhomme Normand, Avocat du Roi à Carentan en Normandie, du temps du Roï François I. Il a écrit en vers François, quelques Poëmes à la louange de Meffieurs du Parlement de Rouen, & autres hommes doctes de ladite ville & Pays de Normandie, lequel Livre il a intitulé les figures & Epithètes de Meffeigneurs du Parlement de Rouen, le tout a été imprimé avec le Recueil des Mots dorés de Caton, l'an 1545.

NICOLAS PAVILLON ¹, Parifien, Avocat au Parlement, homme docte en Grec & en Latin, & excellent Poëte ès fufdites Langues, & en François auffi, comme il fe peut voir par plufieurs de fes compofitions ès Langues fufdites, & encore par les

vers

vers qu'il a écrits ſur la mort de Meſſire Loys d'Amboiſe ſieur de Buſſy, (duquel nous avons fait ſi honorable mention ci-devant à la lettre L. Quant au Tombeau ou Epitaphes de M. de Buſſy d'Amboiſe, il ne les a encore fait imprimer *, non plus que ſes autres Œuvres. Il a traduit de Grec en François les Sentences de Theognide Poëte Grec, imprimées à Paris chez Guillaume Julien, l'an 1578. Il florit à Paris cette année 1584.

¹ On a de cet Auteur l'Epitaphe de Jules-Céſar Scaliger, qu'on peut voir, pag. 156 des *Epitaphes Françoiſes*. C'eſt ſans doute le même dont il eſt parlé dans la liſte Alphabétique de Loyſel. — Etienne Pavillon, de l'Académie Françoiſe, mort l'an 1705, étoit arrière-petit-fils de ce *Nicolas Pavillon*. (M. Falconet).

* C'eſt auſſi ſans doute à lui qu'il faut attribuer l'Ouvrage ſuivant, dont La Croix du Maine ne parle point : *Diſcours ſur l'Hiſtoire des Polonois & l'E-lection du Duc d'Anjou, avec une Epître au Roi de Pologne, ſur ſa bien-venue à Paris, par Nicolas Pavillon, Pariſien.* Paris, 1573, in-8°.

NICOLAS PITHOU, Sieur de Champ-Gobert, frère de Meſſieurs Pierre & François les Pithouz, tous trois natifs du Pays de Champagne, & hommes très-doctes & très excellens en leurs profeſſions. Je n'ai point vu de ſes écrits * : mais Hieroſme de Bara le loue fort en ſon grand Blaſon d'armes, au feuillet 136 & 193, de la ſeconde édition dudit Livre, imprimé à Lyon chez Berthelemy Vincent, *in-4°.* l'an 1581.

* On trouve parmi les Manuſcrits de Dupuy, n°. 698, l'*Hiſtoire Ecclé-ſiaſtique & Séculière de la Ville de Troye en Champagne, contenant pluſieurs choſes remarquables en fait de Religion, depuis 1550 juſqu'en 1593, par Nicolas Pithou.*

NICOLAS POGET, Chirurgien, très-excellent en ſon art. Il a écrit une Apologie ou Défenſe contre les médiſans de M. Laurent Joubert, Docteur Régent & Chancelier en l'Univerſité de Montpellier.

NICOLAS LE POIX, Médecin de M. le Duc de Lorraine (frère d'Antoine le Poix, duquel nous avons parlé ci-devant,) &c. Il a écrit une Epître miſe au devant du docte Diſcours des

Médailles de ſon frère ſuſdit, lequel a été mis en lumière par la diligence dudit Nicolas, après la mort de ſon frère Antoine. Ce Livre de Médailles a été imprimé à Paris chez Mamert Patiſſon, *in·4°.* l'an 1579.

NICOLAS RAPIN, Gentilhomme Poictevin, très-excellent Poëte Latin & François, Vice-Sénéchal au bas Pays de Poictou, &c. Il a écrit pluſieurs Poëmes en François, & entre les autres une Ode ſaphique rithmée, ſur la mort de M. de Billy , Abbé de S. Michel en l'Herm, imprimée à Paris chez Pierre l'Huillier, l'an 1582, avec l'Eloge dudit Jaques de Billy, qui mourut l'an 1581 ; les Plaiſirs du Gentilhomme Champêtre, avec pluſieurs Sonnets amoureux , le tout imprimé à Paris chez la veuve de Lucas Breyer, l'an 1583 , avec un Recueil de pluſieurs autres Poëmes, ſur le même ſujet, écrits par pluſieurs doctes hommes de France, lequel Œuvre s'intitule les plaiſirs de la vie ruſtique, &c. Pluſieurs vers ſur la pulce de Madame des Roches de Poictiers, imprimés l'an 1582, chez Abel l'Angelier, avec le Recueil des autres Auteurs qui en ont écrit ; Chant XXVIII du Roland le furieux d'Arioſte, montrant quelle aſſurance on doit avoir aux femmes, traduit en François par ledit Nicolas Rapin, & imprimé à Paris chez la veuve Lucas Breyer, l'an 1572. Je n'ai pas connoiſſance de ſes autres compoſitions en François. Je ferai mention de ſes Latines autre part. Il florit en ſon pays de Poictou cette année 1584,

     * Nicolas Rapin naquit à Fontenay-le-Comte en Poitou , vers l'an 1535. Il fit ſes études à Poitiers avec Scévole & Louis de Sainte-Marthe. Il fut enſuite reçu Avocat au Parlement de Paris, revint dans ſa patrie, où il exerça une charge de Judicature, & ſe maria en 1565. Il eut beaucoup d'enfans, & ſans doute peu de fortune, ainſi qu'on en peut juger par ce qu'il dit dans les Stances adreſſées à M. de Roſny :

        Je ſuis de ſept enfans chargé ,

        A cent créanciers engagé ,

        Et mes forces ſont conſommées

        Des frais que j'ay faicts aux armées.

Il étoit Maire de Fontenay, en 1570 , lorſque les Huguenots aſſiégèrent &

prirent cette ville , d'où ils le forcèrent de se retirer. En 1576 il acheta la
charge de Prévôt des Maréchaux de France , créée pour Fontenay & le Bas-
Poitou. Il l'exerça avec tant d'exactitude , qu'il se fit plus craindre qu'aimer.
En 1584 Achille de Harlay , premier Président du Parlement de Paris , lui fit
donner la charge de Lieutenant de Robe-courte dans la Prévôté de Paris. Il
s'attacha au parti du Roi Henri III, qui le fit Grand-Prévôt de la Connétablie.
On lit dans les *Mémoires de l'Etoile* , Tom. I, pag. 251 , qu'en 1588 il fut
chassé de Paris pour être bon serviteur du Roi , & dépouillé de son état. Il
y fut rétabli par Henry IV, & en jouissoit encore en 1599. Mais se sentant
âgé , ne pouvant plus remplir avec exactitude les devoirs d'une place aussi
fatiguante , il se retira dans sa patrie , où il avoit une maison agréable ; il
y mourut dans le grand hiver de 1608, vers le 13 Février , âgé de soixante-
huit ans. — Ce fut , dit Pâquier (*Rech.* Tom. I, Liv. VII, Chap. 11, p. 735)
« un homme qui savoit aussi bien s'aider de la plume en vers Latins &
» François , que de l'épée , quand la nécessité de son état le requéroit ».
L'Ode Saphique rimée que Rapin fit à la louange de Ronsard, & que Pâquier
rapporte toute entière , n'en sera pas une preuve bien concluante. Il étoit
meilleur Poëte Latin , talent qu'il conserva jusqu'à la fin de ses jours. On
en peut juger par ce qui en est rapporté dans les *Mémoires de l'Etoile.* « Le
» Mardi 18 Mars 1608 on m'a donné les vers suivans, que M. Rapin fit
» trois heures avant que de mourir : car son fils lui demandant comment il
» se portoit, Prenez la plume , lui répondit-il , & écrivez : ...

> Qui digitis floccos legit , & sua complicat in se
> Lintea , miraturque manus spectator ocellis,
> Cui summi digiti frigent , manibus pedibusve ,
> Et nasi supremus apex; cui .   .   .
> .   .   .   .   .
> .   .   .   . Singultu vox hæret acuto :
> Qui matulæ oblitus læsi dat signa cerebri,
> Et linguæ titubans non se regit ordine sermo :
> Ejus spes nulla est , animumque videbis ovantem
> Scandere supremas multo cum gaudio ad arces.

Cette description est d'une vérité qui frappe , & annonce une grande présence d'esprit dans le mourant. Il est dit encore au même endroit du Livre
cité, « qu'il gronda son fils, le Religieux, d'avoir appelé les Jésuites à sa
» mort », ce qui rend plus que douteux ce que dit le Jésuite Garasse (Liv. II
de sa *Doctrine Curieuse*, p. 124) que « M. Rapin mourut entre les mains de
» quatre Pères de sa Compagnie, avec un sentiment merveilleux, de ce qu'il
» rendoit son ame entre les mains de ceux qu'il avoit persécutés toute sa vie ,
» sans les connoître ». Cet Auteur , peu exact dans tout ce qu'il rapporte ,
avoit un intérêt particulier à paroître bien informé des circonstances de la
mort de Rapin , & à les faire valoir comme une espèce de réparation so-
lennelle faite à la société ; mais les derniers sentimens de Rapin , exprimés

dans les vers que nous avons rapportés , démentent tout ce qu'il allégue. Il mourut à Poitiers , & il fut enterré à Fontenay sans pompe , comme il l'avoit ordonné. On grava sur son tombeau , & par ses ordres , l'Epitaphe qu'il s'étoit faite :

> Tandem Rapinus hic quiescit, ille qui
> Nunquam quievit, ut quies esset bonis.
> Impunè nunc grassentur & fur & latro;
> Musæ ad sepulchrum Gallicæ & Latiæ gemant.

Les Œuvres Latines & Françoises de Rapin furent imprimées *in*-4°. à Paris , 1610 , par les soins de MM. Gillot & de Sainte-Marthe , ses amis. Ses vers Latins , & sur-tout ses Epigrammes , par leur sel , ont mérité l'estime des Savans. Il a eu beaucoup de part à la *Satire Ménippée ;* il en a fait les vers avec Passerat , & il est Auteur de la Harangue de M. le Recteur Rose, Evêque de Senlis , & de celle de l'Archevêque de Lyon.

Voy. les Mém. de Niceron , Tom. XXV , pag. 397 , & la Bibl. Franç. de M. l'Abbé Goujet , Tom. XIV , pag. 119.

NICOLAS REINCE, Parisien , Secrétaire de M. le Cardinal du Bellay , Evêque de Paris , & Ambassadeur pour le Roi François I à Rome. Il a traduit de François en Italien , l'Histoire de Philippes de Comines , à la Requête de Paule Jove , Historien tant renommé de notre temps , comme témoigne le même Paule Jove , en son Epître au Cardinal Fernese , mise au devant de ses Eloges , ou Description des vies des hommes doctes de l'Univers , &c. laquelle Traduction a été imprimée à Venise. François Billon Secrétaire , racompte qu'icelui Reince étoit si fidel à son Maître , qu'il refusa un jour d'un riche Seigneur , ami de l'Empereur , cinq mille ducats pour laisser seulement transcrire , ou prendre la copie des papiers & mémoires concernants les affaires d'Etat , & par lui mandés en Italie par l'espace de trente ans. Ce qui fut cause que l'Empereur Charles V , dit une fois au Pape Jules III du nom , (en présence de Charles, Cardinal & Evêque de Mâcon , Ambassadeur pour le Roi de France , François I du nom vers les Romains , & autres personnes de qualité) que il n'avoit point en toute l'Italie un plus grand Adversaire que le susdit Secrétaire Nicolas Reince [1]. Il florissoit à Rome , l'an 1530.

[1] Le P. le Long , n°. 12773 de sa *Bibl. Hist. de Fr.* (ancienne Edit.) dit que

les Lettres de Nicolas Reince, réfidant à Rome pendant les années 1534, 35, 36 & 37, font confervées manufcrites dans la Bibliothèque du Roi. Sa Traduction Italienne des *Mémoires de Philippe de Comines* fut imprimée par les foins de Paul Jove, qui en parle en ces termes dans fa lettre au Seigneur Etienne Colonne, datée de Rome le 14 Juin 1545 : *Io Pregai M. Nicolas Rencio Segretario di Franzia che me voleffe tradurre quella ftoria di Francefe in Italiano, per darne fpaffo con utilita a fignori miei, e cofi l'habbiamo fatta fare e ftampare.* Il en parle auffi dans l'Epître Dédicatoire de fes *Eloges des Savans*, adreffée, non pas à un *Cardinal Farnéfe*, comme dit La Croix du Maine, mais à *Oĉtave Farnéfe*, Gouverneur de Rome, gendre de Charles-Quint, & fils de Pierre-Louis, Duc de Parme & de Plaifance : *Argentoni*, dit-il, *viri graviffimi hiftoriam mihi nuper expetenti Nicolaus Rentius vetus ac humaniffimus amicus meus è Gallicâ linguâ in Italicam caftâ fide traduxit.* Une chofe encore à quoi il faut prendre garde, c'eft que ce Cardinal, *Charles*, Evêque de Mâcon, en préfence duquel La Croix du Maine dit que Charles-Quint s'expliquoit au Pape Jule III, touchant Nicolas Reince, n'eft autre que le Cardinal Charles Hémard, mort en 1540, dix ans avant le Pontificat de Jules III, enforte qu'il faut aider ici à la lettre, & par *Jule III*, entendre le Cardinal *Jean-Marie de Monte*, qui depuis, au 8 Février 1550, fut Jule III. (M. DE LA MONNOYE).

NICOLAS RENAULT, Gentilhomme, natif d'Aix en Provence. Il a écrit en vers François, un Livre qu'il intitule, les chaftes amours, enfemble plufieurs Chanfons d'amour, imprimées à Paris l'an 1565, chez Thomas Brumen *. Il a davantage écrit un Difcours en profe, des guerres & troubles advenus en Provence, l'an 1562, imprimé l'an 1564, fi ce n'eft lui qui en eft Auteur, pour le moins y a-t-il ces lettres au devant du Livre N. R. P. [1]. Il floriffoit à Lyon, l'an 1564.

* Les *Chaftes Amours* de Nicolas Renault avoient pour objet Anne de Vallavoir, qu'il paroît avoir époufée, & que la mort enleva à l'âge de vingt-un ans, lorfque Renault n'en avoit encore que vingt-huit. L'éloge qu'il fait d'Hieres, dans un de fes Sonnets, fait croire qu'il en étoit. Il a chanté fa maîtreffe, ou fa femme, fous le nom de *Lucrece*, à laquelle cependant il adreffe des difcours très-libres. Ses Poëfies confiftent en foixante-fix Sonnets, plufieurs Chants d'Amour & deux Fables allégoriques, *le Pin*, & *l'Oranger*. On juge par un Sonnet de Gallois Abot, Gentilhomme François, imprimé au-devant des Poëfies de Nicolas Renault, qu'il étoit mort, lorfqu'elles parurent en 1565.

[1] Le P. le Long, n°. 15272 de fa *Bibliothèque Hiftorique de la France*, n'héfite point à dire que ces trois lettres *N. R. P.* fignifient *Nicolas Regnault*,

Provençal, & ajoute que ce Difcours eft auffi imprimé au Tom. II des *Mémoires de Louis de Bourbon, Prince de Condé, in-8°.* 1565. (M. DE LA MONNOYE).

     Voy. la Biblioth. Françoife de M. l'Abbé Goujet, Tom. XIII, pag. 84.

NICOLAS DE RONSARD, Sieur DE ROCHES, Gentilhomme du Maine, autrement appellé Nicolas-Horace de Ronfard, parent de Pierre de Ronfard, &c. *. Il a écrit plufieurs Poëmes François, lefquels ne font encore en lumière. Il eft excellent pour la mufique & jeu du luth, & autres parties requifes à un Gentilhomme. Il florit cette année 1584.

     * On ne voit pas que Ronfard, en aucun endroit de fes Poëfies, l'ait reconnu pour fon parent.

NICOLAS ROYER, de l'Ordre des Frères Précheurs ou Jacobins, Prédicateur de la Roine mère du Roi. Il a écrit plufieurs Traités en Théologie, lefquels ne font encore imprimés, enfemble plufieurs Sermons ou Prédications faites par lui. Il florit à Paris cette année 1584.

     * Les PP. Quétif & Echard ne l'ont pas mis dans leur Bibliothèque.

     NICOLAS SALCOIN, dit SALCONI, Hiftorien, natif de Poiétou. Il a premièrement écrit en François l'Hiftoire des parties d'Orient, que lui avoit diétée frère Haiton, fieur de Courfy, coufin du Roi d'Armenie, laquelle fuivant le commandement du Pape Clement V, * il a traduite par après en Latin en la ville de Poiétiers, en laquelle il floriffoit en l'an 1307, comme nous avons dit ci-deffus à la lettre H, *Tom. I,* parlant de Haiton, *pag.* 359 *de cette nouvelle Edition.*

     * Fabricius, dans fa *Bibliothèque de la baffe Latinité*, prétend qu'il fe nommoit *NICOLAUS FALCO* (Tom. I, pag. 86, & Tom. V, pag. 385). *Nicolaus Salconius, vitiosè pro Falcone.* Cependant je lis dans la Préface de la plus ancienne Edition de l'Ouvrage de Hayton, en Latin, que le nom de l'Auteur dont il s'agit étoit NICOLAS SALCONI. Je citerai le paffage qui confirme ce que rapporte La Croix du Maine : *Porrò interpres ejus* (Haythoni) *fuit Nicolaus Salconi, qui ex mandato Summi Pontificis Clementis V in Civitate Pitavienfi primò hunc librum Gallicè fcripfit, prout ab Haytono diétabatur; ac deindè in Latinum, ut potuit, vertit anno fcilicet Domini* 1307.

NICOLAS THEVENEAU , Avocat au Siège Préſidial de Poiĉtiers, duquel la deviſe & l'anagramme tout enſemble eſt tel , *En haut vole ſcience ,* &c. Il a écrit un Traité de la nature de tous Contrats, paĉtions & convenances, & ſubſtances d'iceux, avec un Recueil de pluſieurs Arrêts donnés ès Cours Souveraines & Parlemens de France, &c. leſquels concernent la même matiere ſuſdite, le tout imprimé à Poiĉtiers, par Enguilbert de Marnef, l'an 1559, ou environ. Il a traduit de Latin en Franςois le Manuel de M. Jean Imbert , Rochelois, imprimé par pluſieurs fois; Paraphaſes dudit Theveneau, ſur les Coutumes & Loix Municipales, du pays de Poiĉtou, imprimées ; Paradoxes Forenſes, traitans des contrats, en la première partie d'iceux : duquel Livre il a fait l'Epitome ou Abrégé comme nous avons dit ci-deſſus. Il floriſſoit à Poiĉtiers l'an 1559. Je ne ſçai s'il eſt encore vivant.

NICOLAS DE THOU (Meſſire), Gentilhomme Pariſien, Evêque de Chartres, &c [1]. Il a écrit un juſte volume de la maniere d'adminiſtrer les Sacremens, imprimé à Paris, chez Jaques Kerver, l'an 1580. Il florit cette année 1584[*]. Je n'ai pas connoiſſance de ſes autres écrits.

[1] Il mourut l'an 1599. (M. DE LA MONNOYE).

[*] Il étoit oncle paternel du célèbre Hiſtorien de Thou, qui n'eut pas moins que vingt-un frères ou ſœurs. Nicolas étoit né en 1502. Il fut Evêque de Chartres en 1573. Ce fut lui qui ſacra Henri IV, dans l'Egliſe de Chartres, avec un Chrême miraculeux qui ſe gardoit à Marmoutiers, & que l'on jugea pouvoir ſuppléer à celui de la ſainte Ampoulle de Reims. (De Thou , *Hiſt.* Liv. CVIII). Il mourut, non en 1599, mais le 5 Novembre 1598, & fut enterré à Paris à S. André-des-Arcs, lieu de la ſépulture de ſa famille. Voyez la note tirée du *Nécrologe de l'Egliſe de S. Pierre de Chartres,* rapportée dans la nouvelle Edition du *Gallia Chriſtiana ,* Tom. VIII, Col. 1190. Il écrivit *l'Ordre obſervé au Sacre & Couronnement d'Henri IV,* & cet Ouvrage, imprimé à Paris , *in-8°.* & *in-12.* en 1594 , a été inſéré dans le *Cérémonial* de Godefroy , Tom. I , pag. 346.

NICOLAS VERGECE, Grec de nation, natif de Conſtantinople (ſelon aucuns) & neveu de *Meſſer Angelo ,* homme tant renommé pour ſçavoir bien écrire en Grec, & tranſcrire les

Livres rares en cette Langue, &c. [1] Il a écrit quelques vers François fur la mort d'Adrien Turnebe, outre ceux qu'il avoit fait en Grec & Latin. Il a davantage compofé quelques Epitaphes fur la mort de feu Meffire Gilles Bourdin Procureur du Roi au Parlement de Paris, &c. Il mourut au Pays de Normandie, l'an 1570, ou environ.

[1] Ce n'eft pas de Conftantinople, c'eft de Candie qu'étoit Nicolas Vergéce, de même qu'Ange Vergéce, fon oncle. La Croix du Maine n'avoit pas lu, ou ne fe fouvenoit pas d'avoir lu, cette Epitaphe de Nicolas Vergéce, dans Ronfard :

> Crète me fit, la France m'a nourri,
>
> La Normandie ici me tient pourri.
>
> O fier deftin qui les hommes tourmente,
>
> Qui fait un Grec à Coutance périr !
>
> De quelque part qu'on puiffe ici mourir,
>
> Un feul chemin nous mene à Rhadamante. (M. DE LA MONNOYE).

NICOLAS VIGNIER, Docteur en Médecine, natif de Bar fur Seine, frère de M. Vignier, Prevôt dudit lieu de Bar, &c. * Il a écrit en quatre Livres, un fommaire de l'Hiftoire des François, recueilli des plus certains Auteurs antiques, imprimé à Paris chez Sebaftien Nivelle, *in-fol.* l'an 1579 ; ce Livre eft plein de belles recherches de titres ou enfeignemens pris des Tréfors, Chapitres & Eglifes, ou autres lieux efquels font demeurés les Regiftres de plufieurs chofes mémorables ; Table de l'Etat & origine des anciens François, imprimée à Troye en Champagne, l'an 1582, chez Claude Garnier, *in-4°.* & contient 15 feuilles, avec privilége du Roi pour dix ans ; la Bibliothèque Hiftoriale, contenant la difpofition & concordance des temps & des Hiftoires, enfemble l'Etat des plus renommées Monarchies & Principautés de la Terre ; les Faftes des anciens Romains, Grecs & Hebreux ; Traité de l'an & de fes parties : ces Livres dont j'ai fait mention ci-deffus ne font encore imprimés **, mais j'en ai vû le Catalogue compris dans le privilége de fon Traité de l'Etat & origine des anciens François, &c. Il florit cette année 1584, & devons efpérer de lui plufieurs beaux

&

& doctes Livres, car il est extrémement bien versé en l'Histoire & sur toutes, en celle de notre France : je parlerai de ses Œuvres en Latin autre part.

* Ce laborieux Ecrivain naquit en 1530, à Bar-sur-Seine, de Gui Vignier, Avocat du Roi, & d'Edmonde de Hors. Il fit ses études à Paris, & s'appliqua à la Jurisprudence & à la Médecine. Ayant embrassé le Calvinisme, il se retira en Allemagne, où il exerça la Médecine avec succès, & où il se maria. On prétend que la lecture des Pères qu'il fut obligé de faire pour composer sa Bibliothèque Historiale, lui fit reconnoître ses erreurs, qu'il vint abjurer en France. Sa femme refusa de le suivre, ainsi que ses deux fils, *Nicolas & Jean*, qui restèrent attachés à la Religion réformée. L'aîné fut ensuite Ministre à Blois, mais rentra, comme son père, à la fin de ses jours, dans le sein de l'Eglise Catholique. Celui dont nous parlons eut les titres de *Médecin du Roi & d'Historiographe de France*. Henri III l'honora d'un brevet de Conseiller d'Etat au camp devant Pontoise, le 29 Juin 1589. Il mourut à Paris, à l'âge de soixante-six ans, le 13 Mars 1596, & fut enterré à l'Eglise de S. Etienne-du-Mont, sa Paroisse. Le plus curieux & le plus rare de ses Ouvrages, est celui qui a pour titre : *Traité de l'ancien état de la petite Bretagne, & du droit de la Couronne de France sur icelle, contre les faussetés & calomnies des deux Histoires de Bretagne, composées par le sieur d'Argentré,* Paris, 1619, *in-4°.* Il fut imprimé par les soins de Nicolas Vignier, son fils, qui y a mis une longue Préface.

Voy. les Mémoires de Niceron, Tom. XLII, pag. 21.

** Ceux de ses Ouvrages que La Croix du Maine cite comme manuscrits, ont été imprimés depuis en 1588 : savoir, 1°. sa *Bibliothèque Historiale*, en 3 vol. *in-fol.* auxquels on en ajouta un quatrième, en 1650, long-temps après sa mort. 2°. Ses *Fastes des Romains, in-4°.* avec le *Traité de l'an & des mois*. Vignier a composé encore d'autres Ecrits, dont La Croix du Maine n'a point parlé. 1°. De la *Noblesse, Ancienneté, &c. de la troisième maison de France*, Paris, 1587, *in-8°.* 2°. *Recueil de l'Histoire de l'Eglise*, publié par son fils, *Nicolas Vignier*, à Leyde, en 1601. 3°. *Raisons & causes de préséance entre la France & l'Espagne*, Ouvrage traduit de l'Italien, & publié par son fils Jean Vignier, en 1608. 4°. *Histoire de la maison de Luxembourg*, continuée & publiée par Duchesne, Paris, 1617, *in-8°.* réimprimée avec des augmentations, en 1619, *in-4°.* 5°. *Traité de l'ancien Etat de la petite Bretagne*, Paris, 1619, *in-4°.* publié par Nicolas Vignier son fils. Le système qu'il y soutient sur l'*Etablissement des Bretons dans les Gaules*, a été fortement réfuté par M. Gallet, dans de savans Mémoires, qui furent publiés par M. l'Abbé des Fontaines ; à la suite de son *Histoire des Ducs de Bretagne*, & qui ont été réimprimés plus exactement sur le Manuscrit original, à la fin du Tom. I. de l'*Histoire de Bretagne*, par D. Morice. On peut voir aussi, pag. 900 du même volume la note de D. Morice fur l'Ouvrage de Vignier. On trouve parmi les Manufcrits de Dupuy, à la Bibliothèque du Roi, des *Remarques fur les troubles arrivés en France pour des exactions extraordinaires*, par Nicolas Vignier.

NICOLAS VOLCHIR, ou VOLQUIER et VOLKIR, dit en Latin Nicolaus Volcirus Cerisvicinus [1], natif de Serouville en Efpagne, furnommé le Poligraphe, Maître ès Arts, Secrétaire ordinaire & Hiftorien d'Antoine Duc de Calabre & de Lorraine, &c. l'an 1525. Poëte Latin & François, Hiftorien & Orateur, a écrit en vers François, la Chronique abrégée des Empereurs, Rois & Ducs d'Auftrafie, avec le Quinternier & fingularités du Parc d'honneur, (qui font les titres ou infcriptions du Livre fufdit) le tout imprimé à Paris par Nicolas Couteau pour Didier Maheu l'an 1530, de caractères bâtards. Il a traduit d'Italien en François un Commentaire ou petit Traité des geftes des Turcs, écrit premièrement par Paule Jove, &c. imprimé à Paris chez Chreftien Wechel. Il a recueilli le Sermon du jour des Cendres, fait fur le *Pater Nofter*, prononcé par frère Jean Glapion, natif de la Ferté-Bernard au Maine, imprimé avec plufieurs autres compofitions dudit Auteur, l'an 1523, à Paris, comme nous avons dit ci-devant, lorfque nous avons parlé dudit Jean Glapion, Confeffeur de l'Empereur, &c. Il a écrit quelques Traités contre les Luthériens, defquels fait mention Richard de Waffebourg en fes Antiquités de la Gaule Belgique. Il a traduit de Latin en François la Phifiognomie de Maître Michel l'Efcot, imprimée à Paris chez Denys Janot, l'an 1540. Il a écrit en Latin & en François, l'Hiftoire & Recueil de la triomphante & glorieufe victoire obtenue contre les Luthériens par Antoine Duc de Calabre, de Lorraine & de Bar, imprimée à Paris l'an 1526, *in-fol.* & contient 42 feuilles. Il floriffoit en Lorraine, l'an 1525.

[1] Je n'entends ni le Latin *Cerisvicinus*, ni le François Serouville, ou, comme l'écrit du Verdier, Seronville. La conjecture de M. le Préfident Bouhier eft que Nicole Volkyr, car c'eft ainfi que l'Auteur écrivoit fon nom, tant de baptème que de famille, étoit de *Xérès de la Frantera*,

dans l'Andaloufie, & que de *Xera*, nom Latin de *Xérès*, il a fait Serou-ville, à la Françoife, pour Xérouville. (M. de la Monnoye).

Fin des noms des Auteurs qui fe commençoient par ce nom de Nicolas : *S'enfuivent ceux qui s'appellent* Nicole, *tant hommes que femmes.*

NICOLE AUBERT, Poëte François. Il a écrit quelques Chants Royaux à l'honneur de la Vierge Marie *.

* C'eft un des Poëtes du Puy de Rouen, mal nommé par du Verdier Nicole Rupert.

NICOLE BAQUENOIS, Imprimeur à Rheims en Cham-pagne, pour M. le Cardinal de Lorraine. Il a compofé un brief Traité de l'Ordre du divin Office des Religieufes, fervantes à Dieu, fous la réformation de Fontevraux, imprimé à Rheims par ledit Bacquenois, l'an 1558.

NICOLE BERGEDÉ, de Vezelay en Bourgongne. Il a écrit en vers héroïques l'Arrêt des trois efprits fur le trépas de Meffire Claude de Lorraine, Duc de Guife, plus un Cantique de la paix, le tout imprimé à Paris par Eftienne Grouleau, l'an 1550. Les Odes pénitentes du moins que rien, qui eft fa devife, &c. imprimées à Paris *.

* Nicolas, ou Nicole Bergedé, né à Vezelay, Ville du Nivernois, dans la Généralité de Paris, d'abord Licentié ès Loix, enfuite Préfident au Préfidial d'Auxerre, affligé de la mort de quantité de Princes, de François I, de la Reine de Navarre fa fœur, du Duc de Guife, &c. fit éclater fes re-grets dans quelques pièces en vers de dix fyllabes, qu'il intitula, *Le moins que rien, fils aîné de la terre*, titre affez convenable au fujet qu'il traitoit. Ces Poëfies furent imprimées, en 1558, *in-8°*. à Paris. Ses *Sonnets*, fes *Eglo-gues*, fes *Odes Pénitentes*, imprimées à-peu-près dans le même temps, prouvent que ce Poëte, d'une imagination trifte fans doute, ne s'occupoit que de fujets lamentables. On ne fait rien fur le temps de fa mort ; il avoit été marié, & laiffa un fils, nommé *Helie Bergedé*, Avocat au Bailliage d'Auxerre, & Bailli de Vezelay. Il a compofé fix Livres en vers, *De la France triomphante*, & quelqu'autres pièces, qui font reftées manufcrites entre les mains de fes defcendans.

Voy. la Bibl. Françoife de M. l'Abbé Goujet, Tom. XIII, pag. 76.

NICOLE DE CHARMOY, Avocat en Parlement. Il a écrit un Traité de la paix, imprimé à Paris l'an 1543, chez Charles l'Angelier.

NICOLE COLIN. Il a traduit d'Espagnol en François les sept Livres de la Diane de Georges de Montemaior, imprimés à Rheims chez Jean de Foigny, l'an 1578. Il florissoit à Rheims en Champagne, audit an 1578.

NICOLE DURAND, surnommé VILLEGAGNON, Voy. ci-dessus NICOLAS DURAND.

NICOLE ESTIENNE, Parisienne, fille de Charles Estienne, & femme de M. Jean Liébaut, tous deux Docteurs en Médecine, desquels nous avons fait mention ci-dessus, ensemble de Jaques Grevin, Médecin, lequel écrivit en sa faveur les Amours d'Olympe, &c. Elle a écrit plusieurs Poësies Françoises non encore imprimées, & entre autres les réponses aux Stances du Mariage, écrites par Ph. des P. Le mépris d'Amour, non encore imprimé, non plus que les susdites Stances. Davantage elle a composé une Apologie ou Défense pour les femmes, contre ceux qui les méprisent. Ce Livre est écrit en prose, & n'est encore imprimé. Elle florit à Paris cette année 1584.

NICOLE GIGANTIS, de l'Ordre des Cordeliers de la Province de France. Il a écrit l'art ou instruction pour apprendre à écrire en grosses lettres, & la maniere de faire lesdites grosses lettres, avec la différence de situer les points, &c. imprimée à Paris par Philippes le Noir, l'an 1530. Il a écrit un petit Traité pour apprendre à lire & à orthographer, imprimé audit lieu.

NICOLE GILLES, Notaire & Secrétaire du Roi, & Secrétaire du Trésor, jusques en l'an 1496. Il a été estimé l'un des premiers Historiens & Chroniqueurs de la France pour son temps, comme il a assez montré par les Annales & Chroniques de France, composées par lui, & imprimées tant de fois à Paris & ailleurs, lesquelles ont été revues & corrigées, & augmentées juſques en l'an 1552, par Denis Sauvage, ſieur du Parc *. Il floriſſoit ſous Loys XII, l'an 1500.

* La première Edition de ſes *Annales* fut faite à Paris, en 1492, *in-4°.* & la ſeconde, en 1498, *in-fol.* Je n'en connois point d'autres qui aient paru du vivant de l'Auteur ; mais on en fit après ſa mort, avec diverſes continuations ; car ſon Livre, qu'on n'oſe à peine citer aujourd'hui, fut autrefois très-eſtimé. Ses principaux Continuateurs ſont, *Denys Sauvage, Belleforeſt* & *Gabriel Chappuys.* La dernière Edition, continuée juſqu'en 1617, parut cette même année en 2 vol. *in-fol.* Dès 1572, on avoit imprimé, *in-fol.* à Baſle, une Traduction Latine des *Annales* de Nicole Gilles, & le P. le Long (*Biblioth. Hiſtor. de la Fr.* n°. 7433) aſſure que cet Auteur eſt le premier qui ait fait mention du *Royaume d'Yvetot.* Cependant Gaguin s'eſt vanté qu'aucun Ecrivain François n'en avoit parlé avant lui : *Mirari licet à nullo Franco Scriptore Literis fuiſſe commendatum,* & l'Ouvrage de Gaguin ne parut que cinq ans après la première Edition de celui de Nicole Gilles. Au reſte, je ne ſuis pas à portée de vérifier, ſi la première Edition de Nicole Gilles, qui eſt fort rare, fait effectivement mention du *Royaume d'Yvetot,* ou s'il n'en eſt parlé que dans les Editions poſtérieures. Quoi qu'il en ſoit, ces deux Hiſtoriens en parlent d'une façon ſi différente, qu'il n'y a pas lieu de croire que l'un des deux ait copié l'autre. Je remarquerai ici qu'il y a ſur le *Royaume d'Yvetot* une Diſſertation de M. l'Abbé de Vertot dans le IVᵉ Tom. des *Mémoires de l'Académie des Belles-Lettres* (pag. 728) & des recherches encore plus curieuſes, ſur ce ſujet, dans la *Deſcription de la Haute Normandie,* par D. Touſſaint du Pleſſis (Tom. I, pag. 173). L'Ouvrage de D. du Pleſſis eſt médiocre, mais le morceau que j'indique n'eſt point de lui. Il lui a été fourni par M. de Foncemagne, ſi profond dans la connoiſſance de notre Hiſtoire. J'ai cru que cette Anecdote ne ſeroit point déplacée dans un Livre deſtiné à faire connoître notre Littérature Françoiſe.

NICOLE GRENIER. Il a écrit & compoſé pluſieurs Livres en Théologie, deſquels s'enſuivent les noms. L'Harmonie de la foi, imprimée à Paris par Claude Fremy, l'an 1565 ; le Bouclier de la foi, contenant deux tomes, imprimés à Paris, chez Marnef, Eſtienne Grouleau, Claude Fremy & Cavelat, ès années 1566 & 1567 * ; l'Epée de la Foy, imprimée l'an 1564 ; l'Inſtitution de l'Euchariſtie, imprimée à Paris ; l'Alliance de Dieu, imprimée à Paris ; Traité de la juſtification de l'homme Chrétien, qui ſe fait au Saint Sacrement de Confeſſion, imprimé à Paris ; le Fondement de la Foy, imprimé à Paris ; Pratique de l'homme Chrétien, imprimé, l'an 1565, à Paris chez Claude

Fremy; Doctrine Catholique de l'invocation des Saints, imprimée à Paris; Second tome du bouclier de la foi, imprimé l'an
1565, chez Claude Fremy; les Méditations dudit Nicole Grenier, imprimées à Paris l'an 1563.

* Bayle avoit vu une Edition du *Bouclier de la Foy*, imprimée à Avignon,
en 1549, & qui n'étoit pas la première. Voy. *Diction*. Art. LUTHER, note EE.

NICOLE DE HAULTPAS, Médecin de Doulens en Picardie, l'an 1554. Il a écrit un Livre de la contemplation de nature
humaine, contenant la formation de l'enfant au ventre maternel,
imprimé à Paris chez Michel Vafcofan, l'an 1555, *in-8°*. &
contient trois feuilles.

NICOLE LE HOULX. Il a traduit de Latin en François,
les Sympathies & antipathies, de plufieurs chofes mémorables,
contenant les naturels accords & difcords, amitiés & inimitiés
d'icelles : le tout écrit en Latin par Antoine Mizault, imprimé
à Paris chez Pierre Beguin, l'an 1556.

NICOLE LE HUEN (Frère), natif de Lifieux en Normandie, Religieux du Couvent de Ponteaudemer en ladite Normandie, au Diocèfe de Rouen. Il a compofé & réduit en profe,
le Voyage de Hierufalem, imprimé à Lyon l'an 1488 *.

* Son Ouvrage eft intitulé : *La Pérégrination de outre-mer en Terre fainte*.
Il a été réimprimé plufieurs fois, depuis la première Edition citée par La
Croix du Maine. L'Auteur étoit Carme, & prend le titre de *Chapellain &*
Confeffeur de la Reine Charlotte ; c'étoit *Charlotte de Savoye*, feconde femme
de Louis XI, morte en 1583. Une partie du Livre de Nicole le Huen traite
des *Croifées & entreprifes faites par les Rois & Princes Chrétiens pour le re-*
couvrement de la Terre fainte ; ainfi il peut fervir à l'*Hiftoire des Croifades*.

NICOLE LESCARRE (Dom), Poëte François. Il a écrit
fept Chants Royaux à l'honneur de la Vierge.

NICOLE LOUPVANT, Grand Prieur de l'Abbaye de S.
Michel, Chevalier & Pélerin de Hierufalem. Il a écrit quelques
vers François mis au-devant des Antiquités de la Gaule Belgique, compofées par Richard de Waffehourg.

NICOLE DE MAILLY, natif de Picardie. Il a écrit &
compofé en rithme Françoife, un Livre intitulé la divine connoiffance, extraite du vieil & nouveau Teftament, enfemble les
divins Cantiques de l'ame regrettante, avec l'expofition de
l'Oraifon Dominicale, le tout imprimé à Paris par Galiot du
Pré, l'an 1541, *in-*8°. & contient 12 feuilles.

NICOLE DE MANES, Préfident de Luxembourg, homme
très-docte, appellé par aucuns de Naves. Il a écrit un Recueil
d'Hiftoires, duquel fait mention Richard de Waffebourg, tant
au Catalogue des Auteurs, defquels il s'eft aidé, pour écrire fes
Antiquités de la Gaule-Belgique, qu'au feuillet 157 de fondit
Livre, page 2. Il mourut l'an 1546. Gefnerus fait mention en
fa Bibliothèque d'un Hiftorien nommé *Nicolaus Mameranus
Luxembergenfis.* Je ne fçai fi c'eft le même de Manes dont nous
avons parlé [1].

[1] On ne connoît non plus NICOLE DE MANES, que NICOLE DE NAVES de
l'Article fuivant. On ne dit point en quelle langue ce DE MANES, ou DE
NAVES, a écrit. Ni l'un ni l'autre de ces noms n'a aucun rapport avec *MA-
MERANUS*, qui n'a écrit qu'en Latin, & qu'on ne peut pas dire qui foit
mort en 1546, puifqu'on a de lui un *Abrégé de l'Hiftoire de Charles-Quint*,
depuis 1519 jufqu'à 1548. (M. DE LA MONNOYE).

NICOLE DE NAVES, Hiftorien, Préfident de Luxembourg. Voy. ci-deffus NICOLE DE MANES, car je croi que ce
n'eft qu'un, & qu'il y a faute en l'impreffion du Livre de
Waffebourg ci-devant allégué, lequel l'appelle de ce nom de
Naves en la Table des Auteurs, & au feuillet 157, il le nomme
de Manes, &c.

NICOLE DE NERVAL, Poëte François. Il a écrit quelques
rondeaux à l'honneur de la Vierge.

NICOLE ORESME, Docteur en Théologie, Grand Maître
du Collége de Navarre, fondé à Paris, Chanoine de la Sainte
Chapelle en ladite ville. Il fut efleu Evêque de Lyfieux en Normandie, l'an 1377, & felon autres, il étoit Evêque de Bayeux,
Précepteur de Charles V, Roi de France, l'an 1364 [1]. Il a tra-

duit à la Requête, & par commandement du Roi Charles V, son Maître les Ethiques, Politiques & Œconomiques d'Aristote, & plusieurs Livres de Ciceron & autres Auteurs; il a traduit la Bible de Latin en François [2]; il a écrit un Traité des Monnoyes, tant en langue Latine que Françoise : le Latin se trouve imprimé, quant à la traduction Françoise, nous l'avons par devers nous écrite à la main sur parchemin de fort belle écriture, il contient 26 chapitres [3]; il a traduit de Latin en François le Livre de Plutarque, des remèdes de l'une & de l'autre fortune, prospere & adverse, imprimé à Paris l'an 1534, *in*-4°. & contient 35 feuilles. Il a traduit les Livres d'Aristote du Ciel & du Monde, par le commandement du Roi Charles V, lequel lui donna pour récompense l'Evêché de Lisieux, comme j'ai lû dans l'Epître de M. Jean Gosselin, garde de la Bibliothèque du Roi, &c. mise au devant de sa Traduction du Calendrier Grégorien. Plusieurs Auteurs font mention dudit Nicolas Oresme *, sçavoir est Loys Lasseré en la vie de S. Hierosme, *fol.* 379, & Jean Du-Tillet aux Chroniques de France, & encore Papyrius Masson en ses Annales, lequel en cinq ou six endroits, l'appelle *Nicolaus Oresimus* au lieu de *Oresmius*, mais c'est la faute de l'Imprimeur & non de l'Auteur.

[1] On croit qu'il étoit de Caën, où subsistent encore plusieurs familles de ce nom, suivant le témoignage de M. Huet, pag. 331 de ses *Origines de Caën*. C'est une erreur de dire que Nicole Oresme fut *Evêque de Bayeux*, il le fut de Lisieux en 1377, & mourut en 1382. (M. DE LA MONNOYE).

[2] Tous ceux qui lui ont attribué une *Version Françoise de la Bible*, se sont trompés. Richard Simon, dans la seconde Partie de son *Histoire Critique du Nouveau Testament*, Chap. 28, a fait voir qu'il n'y avoit alors d'autre Bible Françoise connue, que celle de Guiars-des Moulins, Chanoine, & depuis Doyen de S. Pierre d'Aire, commencée au mois de Juin 1291, & finie, non pas comme il dit, à la S. Remi 1297, mais au mois de Février 1294. Ce qui a trompé Richard Simon, c'est que Guiars des Moulins, après avoir marqué le mois de Février 1294, temps auquel il avoit fini sa Traduction, ajoute qu'en 1297, le jour de S. Remi, il fut fait Doyen de S. Pierre d'Aire. Cette *Bible* n'est autre chose, comme le Traducteur lui-même le remarque, qu'une version de l'*Histoire scholastique* de Pierre Comestor. (*idem*).

[3] Le Traité de Nicole Oresme, *De mutatione monetarum*, que La Croix
du

du Maine dit contenir vingt - fix Chapitres dans la Traduction Françoife manufcrite qu'il en avoit , n'en contient que vingt - trois dans l'Original Latin. — Le nom ORESME fe trouve énoncé diverfement. Il l'eft de trois manières différentes dans les Œuvres de Jean Pic de la Mirande , pag. 393 , par exemple , de l'Edition de Bâle , 1601 , *Orem ; pag. 283 , Orefmius, &,* pag. 494, *Orefinus ,* qui, pag. 360 des Œuvres de fon neveu, dans la même Edition , eft changé en *Orefinus ,* par la mauvaife divifion d'une lettre en deux , favoir, d'une *m* en un *i* ponctué & une *n* ; car pour ce qui eft d'*Orefimus* dans Papyre Maffon, il ne faut pas croire que ce foit une faute d'impreffion ; c'eft de deffein que Maffon a dit *Orefimus,* fuppofant que de-là venoit *Orefme ,* comme de *centefimus* centième, de *vigefimus* vingtième, &c. (*idem*).

Le Traité , *de Antichrifto & ejus Miniftris ,* mis dans le IX⁰ Tome de l'*Ampliffima Collectio* des Bénédictins , n'eft pas de Nicolas Orefme , on le foupçonne fait par Guillaume de Saint-Amour. *Orefme* pourroit être l'Anagramme de *S. Amore.* Ce Traité a été fait entre 1260 & 70 , au temps de la vacance de l'Empire , après la dépofition de Frédéric. *Merc. de France ,* Octobre , 1750, pag. 61. (M. FALCONET).

* Nicole Orefme contribua à étendre le goût des bonnes études , qui commençoit à s'établir fous le Roi Charles V, « fous lequel , dit Pâquier (*Rech.* Liv. VII , Chap. 5 , pag. 699) » tout ainfi que le Roïaume fe trouva riche » & floriffant , auffi les bonnes Lettres commencèrent de prendre leur force , » lefquelles il eut en telle recommandation , qu'il fit mettre en François la » plus grande partie des Œuvres d'Ariftote par Maiftre Nicole Orefme , qu'il » fit Evêque de Lifieux ».

NICOLE OSMONT , Poëte François. Il a écrit quelques Chants Royaux , à l'honneur de la glorieufe Vierge Marie.

NICOLE DU PUIS. Il a écrit plufieurs Rondeaux à l'honneur de la Vierge.

NICOLE RAVENIER , Poëte François. Il a écrit plufieurs Rondeaux & Ballades en l'honneur de la Vierge, tous ces Rondeaux des trois fufdits Auteurs ont été imprimés enfemble , avec plufieurs autres de divers Auteurs *.

* Ces trois Poëtes du Puy de Rouen , font cités par du Verdier , au mot GUILLAUME ALEXIS.

NICOLE SEELLIER , Scribe du Chapitre de Paris. Il a traduit de Latin en François un Traité de Guillaume , Evêque de Paris, touchant la doctrine & enseignement de prier Dieu, imprimé à Paris pour Antoine Verard, l'an 1511, *in-8°.* & contient 11 feuilles.

NICOLE TURBOT, Poëte François. Il a écrit plusieurs Chants Royaux à l'honneur de la Vierge.

NICOLE LE VESTU, Poëte François. Il a écrit plusieurs Chants Royaux & Ballades en l'honneur de la Vierge Marie.

* Ces deux Poëtes sont du Puy de Rouen, comme les trois qui les précédent.

NICOLE DE VOISIN, Religieux des Minimes de Nyjon, près Paris. Il a composé un Livre intitulé le Trésor de l'ame, qui est une très ample confession des péchés que commettent les hommes, & la façon d'en demander pardon à Dieu, imprimé à Paris chez Michel le Noir, l'an 1516, *in-4°.* & contient six feuilles.

NICOLE VOLKIR, Voy. ci-dessus NICOLAS VOLKIR, dit LE POLYGRAPHE.

NOEL ALIBERT, Lyonnois, Valet de Chambre de la Roine de Navarre. Il a composé quelques Œuvres, desquels je n'ai pas connoissance.

NOEL BACHELOT, Curé de la Place, en la ville de Sées, en Normandie. Il a envoyé plusieurs copies extraites par lui, des Offices des Eglises particulières de Normandie & du Maine, dont les vies de S. Constantin & de S. Frambault [1], (compagnons) ont été écrites entre plusieurs autres. Voy. de ceci l'Avertissement de Nicolas Chesneau, Libraire de Paris, &c. mis au devant du troisième volume de l'Histoire des Saints.

[1] *S. Frambaud,* pieux Solitaire au Maine, nommé ailleurs *S. Fraimbours,* ou *Frambourd,* vivoit au septième siècle. On en fait la fête le 15 Août. Il y a pour lui une Hymne parmi celles de Santeuil. Les Paysans d'Ivri & de Senlis défigurent scandaleusement le nom de ce Saint. (M. DE LA MONNOYE).

NOEL DU FAIL ou DU FAILH, Gentilhomme Breton,

fieur DE LA HERISAYE, en Bretagne, Confeiller du Roi au
Parlement de Rennes. Il a mis en lumière un fien Livre qu'il a
intitulé, Mémoires, Recueils, ou Extraits des plus notables &
folemnels Arrêts du Parlement de Bretagne : le tout contenant
douze cent Arrêts divifés en trois Livres : le premier contient les
Arrêts donnés en l'Audience, le fecond ceux des Chambres,
le tiers eft des Mélanges. Il ont été imprimés à Rennes l'an 1579,
chez Julien du Clos ; il a écrit une fort belle & docte Hiftoire de
Bretagne non encore imprimée ; Il a réduit par lieux communs
tout le Droit Civil à la fufcitation de *Eguinarius Baro*, & de François Duarin, tous deux Bretons, & des plus renommés Jurifconfultes de notre temps. Il a écrit (étant encore fort jeune d'ans)
quelques Livres, lefquels il a fait imprimer fous le nom de *Leon
l'Adulphi*, comme nous avons dit ci-deffus. Il a maintenant pris
pour fa devife, & anagramme tout enfemble, ce qui s'enfuit
Fol n'a Dieu. Nous avons fait mention de lui ici deffus à la
lettre L, lorfque nous avons parlé dudit *Leon Adulphi*. Il florit
à Rennes en Bretagne cette année 1584, & s'il n'étoit détenu
du mal des gouttes, (qui le travaille & tourmente fans ceffe,)
il feroit bientôt imprimer plufieurs beaux Œuvres de fa façon *.

* Voy. plus haut, au mot LEON LADULFI, & touchant EGUINARIUS
BARO, dont il eft parlé dans cet Article, les *Contes d'Eutrapel*,
Chap. 4. Du Verdier, au mot BALIVERNERIES D'EUTRAPEL, dit que Noël
du Fail a fait les *Contes d'Eutrapel*.

NOEL TAILLEPIED (Frère), Religieux de l'Ordre de S.
François, du Couvent de Pontoife, à fept lieues de Paris. Il a
écrit l'Hiftoire des vies, mœurs, actes, doctrine, & mort de
Martin Luther *, André Carloftad & Pierre Martir, imprimées
à Paris chez Jean Parent, l'an 1577 ; brief Traité & Déclaration
de l'an Jubilé, & de l'efficace des pardons & indulgences données & octroyées par le Pape aux fidèles Chrétiens, l'an 1576,
imprimé à Paris chez Jean Parent, audit an 1576 ; il a traduit
en François, & réduit en Epitome ou Abrégé, les Œuvres de
la Philofophie d'Ariftote, fçavoir eft la Dialectique, Phyfique,

& Ethique, imprimées à Paris chez Jean Parent, l'an 1583. Il florit cette année 1584.

* Outre la *Vie de Martin Luther*, dont parle La Croix du Maine, Taillepied avoit aussi publié, en 1577, à Paris, *in-*12. l'*Histoire de la vie, mœurs, actes & doctrine de Théodore de Bèze*, dont La Croix du Maine ne parle point. Elle fut traduite en Latin par Pantaléon Thevenin, & imprimée à Cologne en 1580, *in-*12. Depuis que la Bibliothèque de La Croix du Maine eut paru, Taillepied fit imprimer divers Ouvrages : 1°. l'*Histoire de l'Etat & République des Druides, Eubages, Sarronides, Bardes, Vacies, anciens François, Gouverneurs du Pays des Gaules, depuis le déluge jusqu'à Jesus-Christ*, Paris, 1585, *in-*8°. Ouvrage sans critique & plein de fables. 2°. L'*Antiquité de Pontoise*, à Rouen, en 1587, *in-*8°. 3°. Dans la même Ville, du même format, & la même année, le *Reueil des Antiquités & Singularités de la Ville de Rouen*. Il mourut en 1589, & non en 1585, comme il est dit dans la première Edition de la *Biblioth. Histor. de la Fr.* n°. 951.

S'ensuivent les noms de plusieurs Auteurs incertains & inconnus par leurs propres noms ou appellations.

NAPOLIS, ancien Poëte François, l'an 1300, ou environ. Il a écrit un Livre des Jeux partis d'Amours, non encore imprimé.

..... NENNESSIER, & selon d'autres MENESSIER, Orateur de Madame Jeanne, Comtesse de Flandres. Il a écrit le Roman ou Histoire fabuleuse de Perceval, le Gaulois : elle se trouve imprimée à Paris chez Galiot du Pré, l'an 1530, & a été réduite en prose par un Auteur inconnu, comme nous avons dit ci-devant à la lettre M, parlant dudit Menessier, autrement appellé Nennessier.

..... NESSON, ancien Poëte François, Voy. ci-après PIERRE NESSON, à la lettre P.

N. CHAPPERON, Prêtre. Il a traduit d'Italien en François cinq opuscules, dont s'ensuivent les noms. Que celui qui sert à Dieu, est le plus sage du monde ; de la dignité & excellence du Chrétien ; que c'est de Jésus-Christ, & pourquoi il est venu au monde ; du mariage spirituel, entre Jésus-Christ, & l'âme Chrétienne ; que l'homme n'a point de plus grand ennemi que soi-même. Le tout a été imprimé à Rheims en Champagne, par N. Bacquenois, l'an 1558, *in-8°.* & contient 7 feuilles.

N. CLEMENT DE TRELES, Secrétaire de M. le Duc d'Anjou, l'an 1581, Poëte Latin & François. Il a mis en lumière un sien Livret d'Anagrammes, avec les vers François contenant lesdits Anagrammes, imprimés l'an 1582. Il dédia ce Livre à M. de la Vergne.

N. EDOARD *. Il a traduit de Latin en François le Discours de la guerre de Malthe, écrit premièrement en Latin, par Nicolas Durand, surnommé Villegangnon, &c. imprimé à Lyon l'an 1553, par Jean Temporal.

* Ce NICOLAS EDOARD étoit Imprimeur à Lyon. Il y imprima, en 1560, aux frais de Sebaſtien Honorat, le Traité de *Joannes Bruyerinus, Campegius, de re Cibaria,* & mit à la fin de l'Edition *Lugduni ſuis typis excudebat Nicolaus Edoardus, Campanus, M. D. LX.*

N. N. D. L. F. duquel la devise eſt *Avec le temps.* Il a écrit en vers François un Poëme ſur les entrées du Roi de France Charles IX, & de la Royne ſa femme, l'an 1571, imprimé à Paris chez Guillaume Nyverd, l'an 1577.

N. ROUSSEAU, Notaire Royal, demeurant à Orléans en l'an 1573. Il a écrit le Diſcours de l'entrée du Roi de Polongne, faite à Orléans le vingt-quatrième jour de Juillet en l'an 1573, avec les Harangues faites à ſa Majeſté, le tout imprimé à Orléans audit an 1573, par Eloy Gilbier [1].

[1] Le P. le Long, n°. 10693 de ſa *Bibl. Hiſtor. de la France,* le nomme NICOLAS, & dit que ce même Diſcours eſt imprimé, pag. 918 du Tome I de Godefroi, c'eſt-à-dire, du *Cérémonial François,* recueilli par Théodore Godefroi, mort l'an 1649, & mis en lumière la même année par Denis Godefroi, fils de Théodore, en 2 vol. *in-fol.* à Paris, chez Sébaſtien Cramoiſi. (M. DE LA MONNOYE).

N. DE SENIGHAN, ancien Poëte François. Il a écrit & compoſé un Chant Royal de la Fontaine d'aménité, enſemble pluſieurs Rondeaux leſquels il préſenta au Puy de Dieppe en

Normandie, &c. Pierre Fabry *, fait mention dudit Senighan en fon Livre intitulé le grand & vrai art de pleine Rhéthorique, &c.

* Pierre Fabri, dont le vrai nom eſt le Febvre, écrit *Senighen*, mais on prononçoit *Senighan*.

O C T.

OCTAVIEN DE SAINT GELAIS, Evêque d'Angoulefme, l'an 1495, fils de Meffire Pierre de S. Gelais, Chevalier, fieur de Montlieu, iffu de la noble & très-ancienne maifon de S. Gelais, Seigneurs de Lanfac, &c. * Cetui-ci nommé Octavien étoit père de Melin de S. Gelais, (felon qu'aucuns l'affurent) il a écrit & compofé en l'an de fon âge vingt-quatre, un Livre intitulé, le Séjour d'honneur, lequel traite de la conduite de l'homme, &c. imprimé à Paris chez Jean Treperel, *in-4°.* & contient 26 feuilles. Il a dédié ce Livre au Roi de France, Charles VIII. Il a traduit en vers François l'Eneide de Virgile, & quelques Livres de l'Odiffée d'Homere, imprimés à Paris **; le voyage du Roi de France Charles VIII, au pays d'Italie, imprimé; un Livre intitulé le Politique, imprimé; il a traduit les Epîtres d'Ovide, & le Livre de l'Art d'Aimer [1], imprimé; il a traduit de Latin en François un volume intitulé les perfécutions des Chrétiens; toutes les Œuvres de Virgile ont été traduites en vers François par ledit Octavien, & imprimées à Paris, il y a plus de foixante ans; Complaintes & Epitaphes fur la mort du Roi Charles VIII, imprimés avec le Verger d'honneur, traitant de l'entreprife & voyage de Naples, &c. imprimé à Paris chez Jean Treperel, *in-4°.* & contient 58 feuilles, duquel Livre fufdit, appellé *le Verger d'honneur*, ledit de S. Gelais n'en eft Auteur que d'une partie, encore que fon nom y foit : car André de la Vigne en a compofé la plus grande partie, comme nous avons dit ci-deffus à la lettre A. Auffi que Arnoul Ferron, Confeiller du Roi à Bordeaux l'affure ainfi, en fon Hiftoire du Roi Charles VIII [2]. Ledit Evêque floriffoit l'an 1495. Henry Eftienne Parifien, fait mention de lui en fon Apologie pour Herodote, & récite une Hiftoire de lui fort plaifante ***. Je n'affure pas qu'elle foit véritable, car elle dérogeroit à fa qualité d'Evêque.

* Octavien de Saint-Gelais naquit à Cognac en 1465, ou 1466, de Pierre

de Saint-Gelais , Marquis de Monlieu & de Sainte-Aulaye , de l'ancienne maison des Lezignem , en Poitou, & de Philiberte de Fontenay. Il fit ses études au Collège de Sainte Barbe à Paris. Son cours de Philosophie étant achevé , comme il se destinoit dès-lors à l'Etat Ecclésiastique , il alla prendre des leçons de Théologie dans les Ecoles de Navarre ; mais il paroît qu'il s'appliqua plus aux Belles-Lettres & à la Poësie qu'à l'étude de la Théologie. Il entreprit , étant encore très-jeune , les Traductions de l'*Odyssée d'Homère* , de l'*Enéide de Virgile* , & de *quelques Héroïdes d'Ovide*. Ces Traductions sont mauvaises. Il faisoit des vers avec une extrême facilité ; malheureusement on n'y trouve ni goût, ni génie, mais quelques-uns plaisent seulement par leur naïveté. Comme il n'étoit occupé que de ses plaisirs, il se livra tout entier à la galanterie , & il passe pour constant que *Mellin de Saint-Gelais étoit son fils*. L'habitude de vivre avec les femmes les lui avoit fait connoître, & lui inspira peu d'attachement pour elles. Aussi étoit-il toujours disposé à changer de maîtresse , comme il le dit lui-même dans ce Rondeau :

> Je serviray selon qu'on me poyra ,
>
> Et m'en mettray du tout à mon devoir ;
>
> Mais si ma Dame ne me veult point voir ,
>
> Incontinent la première m'aura.
>
> Et puis en parle, qui parler en sçaura ;
>
> Selon le bien que je pourrai avoir
>
>   Je serviray.
>
> Maudit-soit-il qui autrement fera ,
>
> Ne qui jamais aura autre vouloir :
>
> Car quand de moy , chacun peut bien sçavoir
>
> Que tout ainsi que l'on me traictera ,
>
>   Je serviray.

Il regardoit la constance dans les hommes comme un sentiment de dupe , & il en peint fort plaisamment les suites :

> Pour être loyal à sa Dame ,
>
> Savés-vous ce qu'il en advient ?
>
> De joyeux, dolent on devient ;
>
> Car point n'est de loyale femme.

Personne n'a parlé plus gaîment que lui de ces infidélités , dont les Poëtes même de nos jours font des descriptions si lamentables :

> Bonnes gens, j'ay perdu ma Dame ,
>
> Qui la trouvera, sur mon ame ,
>
> Combien qu'elle soit belle & bonne ,
>
> De très-bon cœur je la lui donne ,
>
> Sans en prendre débat à ame . .

Après

Après quelques années de la plus bouillante jeunesse, passées dans l'ivresse des plaisirs, Octavien de S. Gelais essuya une longue & dangereuse maladie, suivie d'un épuisement si grand, qu'il fit craindre pour sa vie. Il se peint lui-même, dans cet état, comme un vieillard chagrin & mélancholique, qui voit avec regret qu'il ne peut plus jouir. Alors l'ambition prit la place de la volupté. Il s'introduisit à la Cour, où sa naissance, ses talens déjà connus, & quelques pièces de vers qu'il présenta à Charles VIII, lui ouvrirent bientôt le chemin de la fortune. Le Roi de France demanda pour lui l'Evêché d'Angoulême, vacant par la mort de Robert de Luxembourg, en 1494, & il l'obtint du Pape Alexandre VI, auquel le Chapitre d'Angoulême avoit remis son droit de nomination. Trois ans après, en 1497, Octavien se retira dans son Evêché, où il ne s'occupa plus que des devoirs de son ministère. Il mourut en 1502, âgé de trente-six ans. Ainsi on a raison de lui faire dire dans son Epitaphe :

> Nec medios vitæ natura reliquerat annos,
> Debita quandò feræ solvo tributa neci.

** Les premiers Essais d'Octavien de S. Gelais furent, comme nous l'avons dit ci-dessus, les *Traductions de l'Odyssée & de l'Enéide*, qu'il fit sur quelques mauvaises versions Latines, où il fut peu jaloux d'approcher des beautés des Originaux. Il leur prête souvent ses propres idées, qu'il rend toujours dans un style obscur & prolixe, mêlé de mots barbares, qui n'étoient plus employés depuis long-temps par les bons Ecrivains. —Voy. la Biblioth. Françoise de M. l'Abbé Goujet, Tom. IV, pag. 19, Tom. V, pag. 49 & 50.

¹ La Croix du Maine, trompé sans doute par Henri Etienne, attribue à Octavien de S. Gelais la Traduction, *de Arte amandi*, qu'au mot AUBIN, ou ALBIN DES AVENELLES, il dit avoir été imprimée chez Bonfons, avec le *Remède d'Amour*, traduit du Latin de Pie II, en vers François de cinq pieds, par Albin des Avenelles. Il y a une Edition *in-16.* de ce *Remède d'Amour*, à Paris, chez Estienne Groulleau, 1556. Le nom de *Maître Albin des Avenelles* est à la tête. Cet Ouvrage est précédé de trois autres, dont le premier est intitulé *Ovide de l'Art d'aimer*, le second *la Clef d'amour*, & le troisième *les sept Arts libéraux d'amour*, tous trois en vers de quatre pieds, sans nom d'Auteur, & d'un style plus antique de beaucoup que n'est celui de des Avenelles, à qui, par conséquent, du Verdier a tort d'attribuer cette *Clef* & ces *sept Arts libéraux d'amour*, qui ne lui appartiennent pas plus que le prétendu *Art d'aimer d'Ovide*, en vers François de quatre pieds. L'Auteur Anonyme de ces trois Ouvrages a voulu renfermer en un Livre les trois d'Ovide, *de Arte amandi*, mais dont, bien loin d'être Traducteur, il n'est qu'un véritable corrupteur. L'Abbé de Marolles, pag. 62 de la Préface qu'il a mise au-devant de son *Virgile*, en vers François, attribue à Octavien, apparemment sur la foi de La Croix du Maine, la Traduction des trois Livres d'*Ovide de l'Art d'aimer*, & cela dès 1495, parce qu'il avoit lu dans La

Croix du Maine que cet Evêque floriſſoit en 1495. (M. DE LA MONNOYE).

On a une traduction des *Héroïdes d'Ovide*, reconnue conſtamment pour être d'Octavien de S. Gelais. Il y en a quatre Editions. La première ſous ce titre, *Les vingt-une Epîtres d'Ovide, tranſlatées de Latin en François par Révérend Père en Dieu, Octavien de S. Gelais, Evêque d'Angoulême*, petit *in-4°*. Gothique, ſans date, Paris, par la veuve de Jehan Trepperel, & Jehan Jehannot, Libraire & Imprimeur, avec le *Portrait d'Ovide*. . . 2°. le même petit *in-4°*. Gothique, avec figures, & le Latin en marge, Paris, 1525. . . 3°. Les mêmes, nouvellement revues & corrigées, 1538, *in-12*. ſans nom de lieu ni d'Imprimeur, avec une Eſtampe à la tête de chaque Epître. . . 4°. Les mêmes, à Rouen, par Nicolas le Roux pour Pierre Regnault, Libraire à Paris, 1544, *in-16*.

 ² Un Ouvrage dont nos deux Bibliothécaires n'ont point parlé, & qui eſt conſtamment de cet Auteur, c'eſt une Traduction qu'il dit lui-même avoir faite des *Amours d'Euriale & de Lucrèce* (Hiſtoire décrite fort au long, en proſe, par Enéas Sylvius, qui fut depuis Pape, ſous le nom de *Pie II*, & que La Croix du Maine appele mal-à-propos l'*Art d'aimer, ou le remède d'amour*). Voici comme Octavien de S. Gelais en parle dans une Stance du Liv. IV de ſon *Séjour d'honneur* :

> Quant au premier, le livre tranſlatai
>
> . D'Euryalus & de Dame Lucreſſe,
>
> Et qu'en François de Latin le jettai ;
>
> Selon mon ſens & ma lourde ſimpleſſe,
>
> Par le vouloir & pour la charge expreſſe
>
> D'une Dame, qui ce me commanda.

Il y a lieu de croire que ce fut en rime, & que cette verſion eſt celle-là même qui ſe trouve dans la Bibliothèque du Roi, n°. 844, ſelon le P. Labbe, pag. 350 de ſa *Biblioth. nova Manuſcript*. (Il y a à craindre que M. de la Monnoye ne ſe ſoit trompé, ſur la foi du P. Labbe, & que ce qu'il croit être un Manuſcrit, ne ſoit l'Exemplaire imprimé qu'on voit à la Bibliothèque du Roi, petit *in-fol*. de gros caractère, publié par Antoine Vérard, à Paris, le 6 Mai de l'an 1493). . . — Voy. la Biblioth. Franç. de M. l'Abbé Goujet, Tom. X, pag. 231. (M. DE LA MONNOYE).

*** L'Hiſtoire que La Croix du Maine ne veut pas raconter, eſt le « Défi » prétendu fait à l'Evêque d'Angoulême, qui s'étoit vanté de répondre à » quelque propoſition qu'on lui fit en vers, & ſur le champ, & ſur les mê- » mes rimes. Comme il alloit, dit-on, commencer la meſſe, quelqu'un » s'approcha de lui, & lui dit à l'oreille :

> L'autre jour, venant de l'Ecole,
>
> Je trouvai la Dame Nicole,
>
> Laquelle étoit de verd vêtue.

La Réponse de l'Evêque fut fur le champ, à ce que dit Henry Etienne,

> Ote-moi du col cette étolle,
> Et fi foudain je ne l'accolle,
> J'aurai la gageure perdue.

Mais ce n'eft qu'un Conte affez plaifant, où l'on fait parler mal-à-propos Octavien de S. Gelais. François I, auquel on attribue la propofition de la gageure, & les trois premiers vers du Sixain, étant né en 1494, n'avoit que huit ans, lorfqu'Octavien mourut. C'eft ce que M. de la Monnoye a démontré, Tom. II du *Ménagiana*, pag. 81 & 82.

ODET TURNEBE ou TURNEBU, & felon autres DE TOURNEBŒUF, natif de Paris, fils aîné de ce tant renommé Adrian Turnebe dit *Turnebus*, & de Magdeleine Clement fa femme, &c. jeune homme, lequel ne dégénéroit en rien du fçavoir de fon père [1] : car il avoit fort bien étudié, & appris beaucoup de langues, & de bonnes difciplines, fuivant l'inf-truction qu'il avoit eue de défunt fon père, & de plufieurs doctes hommes fes précepteurs, entre autres d'Antoine Valet Lymofin, Docteur en Médecine à Paris, (lequel je nomme par honneur). Icelui Odet Turnebe a écrit plufieurs vers Grecs, Latins & François defquels il y en a quelques-uns, avec le Recueil des Poëmes faits en diverfes Langues, fur la pulce de Madame des Roches de Poictiers, &c. Quant à fes autres compofitions je n'en ai pas connoiffance *. Il fut premièrement Avocat en la Cour de Parlement, & enfin il fut pourvû de l'état de premier Préfident en la Cour des Monnoyes à Paris, à la pourfuite duquel état il mourut d'une fièvre chaude, l'an 1581, âgé de vingt-huit ans, huit mois & vingt-huit jours **. Il fe voit un Recueil d'Epitaphes en plufieurs Langues, compofés fur fa mort, par les plus doctes hommes de France, lequel a été imprimé à Paris chez Mamert Patiffon, l'an 1582. Il étoit frère aîné d'Eftienne Turnèbe, Confeiller en Parlement, & d'Adrien Turnebe II du nom, duquel nous avons parlé ci-deffus, à la lettre A, tous trois fort doctes ès Langues, & bien fçavans en la Jurifprudence.

[1] Ce qu'a diligemment ici ramaffé La Croix du Maine, eft tiré de l'Inf-

cription sépulchrale Latine , consacrée à la mémoire d'Odet de Tournebu , dans le *Recueil des Epitaphes* , imprimées chez Patisson. Odet, de tous les fils d'Adrien , étoit celui qui promettoit le plus. Il parloit fort bien sa langue, on en peut juger par la Comédie posthume que nous avons de lui , intitulée, *Les Contens* , tirée peut-être de l'Italienne du *Parabosco* , dont je n'ai vu que le titre *I Contenti.* (M. DE LA MONNOYE).

*On ne connoît d'autres Poësies d'Odet de Tournebu , qu'une pièce de plus de deux cens vers de dix syllabes , sur la puce de Mademoiselle des Roches , & douze Sonnets sur les ruines de Lusignan , ville du Poitou , assiégée en 1572 par Louis de Bourbon , Duc de Montpensier , & démolie par les ordres de ce Prince. La Comédie en prose , *Les Contens* , fut imprimée en 1585.—Voy. la Bibl. Franç. de M. l'Abbé Goujet, Tom. XIII , p. 270.

** Puisqu'il mourut en 1581 , n'ayant pas encore vingt-neuf ans , comme le dit La Croix du Maine , il ne pouvoit être l'Auteur de l'Epître Dédicatoire des Commentaires d'Adrien Turnebe son père , sur les Livres de Varron, *de linguâ Latinâ* , qui lui est attribuée par Niceron (Tom. XXXIX, pag. 344) , car ces Commentaires parurent en 1556 , & Odet n'avoit alors qu'environ quatre ans. C'est bien assez qu'il ait composé, à quatorze ans, l'Epître Dédicatoire du Commentaire de son père sur les Oraisons de Cicéron , *de Lege Agrariâ* , publié en 1566. Il a fait encore l'*Epître au Lecteur* , placée à la tête du Commentaire de son père sur Horace , qu'il fit imprimer en 1577. Toutes ces Epîtres sont en Latin ; ainsi il n'est point étonnant que La Croix du Maine n'en ait point fait mention. Mais il paroît qu'il ne les a pas connues , puisqu'après avoir parlé des vers de cet Auteur , non-seulement en François , mais en Grec & en Latin , il ajoute qu'*il n'a pas connoissance de ses autres Compositions.*

ODOARD THIBAULT, Mathématicien, demeurant à Louvain en Flandres, l'an 1550. Il a composé une prognostication pour l'an susdit 1550, imprimée à Paris chez Guillaume Niverd , plus l'Almanach ou Prognostication pour l'an 1551 , imprimée à Rouen, par Guillaume de la Mothe, audit an 1551.

OGIER FERRIER, Tolosain, Docteur en Médecine, &c. Voy. ci-devant AUGER FERRIER , *Tom. I*, à la lettre A , *Pag. 62 de cette nouvelle Edition.*

* Il mourut l'an 1588 , âgé de soixante-quinze ans.

OLIVIER BISSELIN [1], Homme très-expert au Pilotage , ou art de naviger. Il a composé & ordonné les Tables de la déclinaison ou éloignement que fait le soleil de la ligne équinoxiale , chacun jour dès quatre ans , plus la Déclaration de l’Aſtrolabe pour en uſer au pillotage par tout le monde , imprimés à Poiĉtiers par Jean de Marnef, l’an 1559.

¹ Bisselin. C’eſt ainſi que ce nom s’écrit (& non pas Bosselin, comme a fait du Verdier) conformément à ces mots qui ſe liſent à la fin de l’Edition ici marquée : *Ce Livre a été ainſi ordonné par Olivier Biſſelin, homme très-expert à la mer, & achevé d’imprimer à la fin du mois d’ Avril en l’an* 1559. Il contient ſept feuilles d’impreſſion, & ſe trouve à la ſuite des *Voyages* de Jean Alfonſe, chez le même Jean de Marnef, *in-*4°. Poitiers , la même année. — Il y a eu ſous Louis XII, & peut-être ſous Louis XI, un *Olivier Baſſelin Foulon* , à Vire en Normandie , prétendu inventeur des Chanſons nommées communément *Vaudevilles* , au lieu qu’on devroit, dit Ménage , après Charles de Bourgueville , dans ſes *Antiquités de Caën* , les nommer *Vaudevires* , parce qu’elles furent premièrement chantées au Vaudevire , nom d’un lieu proche de la ville de Vire ; étymologie que je ne puis recevoir , le mot *Vaudeville* étant très - propre & très - naturel pour ſignifier ces Chanſons, qui vont à *Val de ville* , en diſant *Vau* pour *Val* , comme on dit à *Vauderoute* & à *Vauleau* ; outre qu’on ne ſauroit me montrer que *Vaudevire* ait jamais été dit en ce ſens. Charles de Bourgueville eſt le premier qui a imaginé cette origine , & ceux qui l’ont depuis débitée , n’ont fait que le copier. Je ne nie pas qu’Olivier Baſſelin , ou , comme Cretin l’appelle , *Bachelin* , n’ait fait de ces ſortes de Chanſons , & que ſon nom ne ſoit reſté dans quelque vieux couplet; mais les Vaudevilles étant auſſi anciens que le monde , il eſt ridicule de dire qu’il les a inventés. (M. de la Monnoye).

OLIVIER CONRAD , natif de Meun ſur Loire , Cordelier, ou de l’Ordre de S. François , audit lieu ¹. Il a écrit en proſe Françoiſe, la vie de S. Pol , premier des Apôtres de Jeſus-Chriſt, &c. extraite des Aĉtes des Apôtres. Il a davantage écrit & compoſé en François, le Miroir des Pécheurs : le tout a été imprimé à Paris & en autres lieux.

¹ Son vrai nom étoit Conrard , en Latin *Conrardus* , dans ſes Poëſies, imprimées à Paris chez Denys Roce, *in-*4°. *Conrardus* , dans l’Edition de Chrétien Wechel , *in-*8°. 1530 , a été preſque par-tout changé en *Conradus*, & cette ſeconde dénomination a été ſuivie par nos deux Bibliothécaires. *Meun* n’étoit pas le lieu de ſa naiſſance, comme le dit La Croix du Maine : ce qui l’a trompé , c’eſt qu’Olivier Conrard, au titre de ſes Poëſies Latines , eſt qualifié *Minorita Magdunius*, ce qui ſimplement veut dire qu’*il étoit Cordelier à Meun.* Le Gâtinois, comme il le déclare lui-même , étoit ſon pays natal :

Eſt mihi Mogniacum vaſtino pagus in agro
Prima ubi nativæ gentis origo meæ.

Il fit ses études à Paris, & s'y distingua par ses vers Latins, dans lesquels il paroissoit avoir si bien attrapé le tour de ceux de *Faustus Andrelinus*, Poëte de Charles VIII, qu'il s'en acquit le surnom de *Faustulus*. (M. DE LA MONNOYE).

OLIVIER GOUYN, natif de Poictiers. Il a écrit un Livre traitant de toutes sortes de Jeux défendus & prohibés, & des ruses & finesses qui s'y commettent, imprimé à Poictiers & à Paris. Ce Livre est pour défendre & dissuader les jeux de hasard.

OLIVIER DE GRACE, & selon autres OLIVIER LE GRAS, Docteur & Astrologue en l'Université de Louvain en la Gaule Belgique. Il a écrit plusieurs Prognostications & Almanachs, imprimés à Paris & à Rouen en diverses années, sçavoir est pour l'an 1544, 1548, 1549, auquel tems il florissoit en ladite ville de Louvain en Flandres.

OLIVIER DE LORGUES, Poëte Provençal. Il a écrit plusieurs Poëmes en Langue Provençale non encore imprimés.

OLIVIER MAILLARD (Frère), Docteur en Théologie, de l'Ordre des Frères Mineurs ou Cordeliers, & depuis des Observantins à Narbonne, l'an 1500, qui sont ceux de l'étroite Observance de S. François. Il étoit natif de la Bretagne Armorique ou Gauloise, comme l'assure Nicolas Bertrand Tolosain, en son Histoire des Tolosains *. Ledit Olivier Maillard a écrit en Latin plusieurs Sermons & autres Œuvres en Théologie, desquels nous ferons plus ample mention autre part ; & en François, il a composé une Confession de Foi, imprimée à Paris par diverses fois. Il mourut à Narbonne, au Convent des Observantins l'an 1502, auquel lieu il est enterré. Henry Estienne fait mention de lui & de ses Sermons [1] en son Apologie pour Herodote, mais nous avons ja parlé de ceci quand nous avons fait mention de Michel Menot.

* D'autres prétendent qu'il étoit natif de Paris.

[1] Ce Cordelier, de la manière dont on prêchoit vers la fin du quinzième siècle, a été un des plus fameux Prédicateurs de son temps. Il disoit har-

diment aux Rois leurs vérités. Sur quoi un valet-de-chambre de Louis XI l'ayant averti que son maître le feroit jeter à la rivière ; « va lui dire , lui répondit le Moine sur le champ, » que j'arriverai plutôt au Ciel par eau, que » lui avec ses chevaux de poste ». Le mot étoit d'autant meilleur, que le Roi venoit d'établir les postes en France. Olivier Maillard faisoit joliment des vers François , on en peut juger par une de ses Ballades, rapportée par Pierre le Febvre , Liv. II de son *Grand Art de pleine Rhétorique*. Il fut Général de son Ordre , & c'est lui, dit-on, qui, gagné par l'or d'Espagne, fit un point de conscience à Charles VIII , dont il étoit Confesseur, de restituer à Ferdinand les Comtés de Cerdagne & de Roussillon, sans retirer les trois cens mille écus qu'elles avoient coûté à Louis XI. La réplique d'Olivier Maillard à l'Envoyé de ce Roi , est ainsi exprimée dans ces quatre vers de Josse Badius , au titre 101 de sa *Navis Stultifera* , plus rare de beaucoup que celle de Sebastien Brand :

> Quidam notus homo, cùm propter libera verba
> Submergendum undis cēnseret Rex metuendus :
> Dic , ait , hoc Regi : per aquas maturiùs altos
> Advehar ad Cœlos , per equos ac ipse volantes.

Il vivoit encore en 1501. (M. DE LA MONNOYE).

Voy. les Mém. de Niceron , Tom. XXIII , p. 47.

OLIVIER DE MANARD, Flamand de Nation, Poëte & Orateur François. Il a écrit plusieurs Poëmes en Langue Françoise , & entre autres une Ode imprimée sur la fin du Livre des Esprits, composée par Robert du Triez, Flaman, &c. Je n'ai pas connoissance de ses autres écrits. Il florissoit en l'an 1563.

OLIVIER DE MAGNY, Quercinois, ou de Cahors en Quercy, (qui est le lieu de la naissance de Clement Marot, & de Hugues Salel , excellents Poëtes François), &c. * Il a écrit une Hymne sur la naissance de Madame Marguerite de France, fille du Roi très-Chrétien Henry II, imprimée à Paris chez Arnould l'Angelier l'an 1553 , avec plusieurs autres vers lyriques dudit Auteur ; Soupirs Amoureux dudit Olivier de Magny, imprimés à Paris. Les Odes dudit Auteur ont été imprimées à Paris chez André Wechel, l'an 1559. Il étoit fort bon Poëte Lyrique, & a composé plusieurs autres Poësies desquelles je n'ai pas connoissance [1]. Il mourut bientôt après qu'il eût été reçu

Secrétaire du Roi Henry II. Il avoit pour son Mecène, M. d'Avanson, Conseiller du Roi en son privé Conseil.

* Olivier de Magny, Compatriote de Clement Marot & de Hugues Salel, tous deux Poëtes, fut fils de Michel de Magny, pourvu d'une charge honorable dans sa patrie, à ce que dit son fils, & de Marguerite de Parra. Salel & Magny firent d'inutiles efforts pour arriver, par leurs productions, à la célébrité de Clément Marot. Joachim du Bellay, qui avoit connu particulièrement Olivier de Magny, nous apprend dans ses *Allusions*, en vers Latins, qu'*il étoit grand d'esprit, & petit de corps.* . .

> Magnus es ingenio, quamvis sis corpore parvus.

Si la faculté de faire une grande quantité de vers désigne beaucoup d'esprit, Magny avoit droit d'y prétendre ; c'est à ceux qui auront la patience de les lire d'en juger. Jean d'Avanson, Seigneur de Marcel, Conseiller du Roi en son Privé Conseil, envoyé Ambassadeur à Rome, sous le Pontificat de Jules III, entre 1550 & 1555, emmena avec lui Olivier de Magny, dont il se servit utilement dans ses négociations. Notre Poëte, qui avoit rimé dès sa plus tendre jeunesse, donna un Recueil de ses premières productions, sous le titre de ses *Amours* ; il y chante sa passion pour *Castianire* dans une soixantaine de Sonnets & plusieurs Odes, dont le mérite est à-peu-près égal ; il le dédia à Hugues Salel. L'année suivante, 1554, il publia ses *Gayetés*, Poësies libres, & souvent licentieuses, qu'il adressa à son ami Pierre Paschal. Ce sont des petites pièces, des espèces de Chansons ou de Madrigaux, adressées la plupart à des Ecrivains de son temps. Il publia en 1557 cent soixante-seize Sonnets, qu'il intitula ses *Soupirs*, dédiés à M. du Thiers de Beauregard. On doit les regarder comme l'Histoire d'une partie de sa vie, & sans doute qu'il lui étoit de la plus grande facilité d'écrire ses aventures en vers. C'étoit son occupation journalière :

> Selon les passions où j'ay été submis,
>
> Ou bien, ou mal, d'amour ou de mes ennemis,
>
> J'ay descrit chacun jour la cause toute telle.

A la sollicitation de Jean de Pardeillan, qui avoit beaucoup loué ses Sonnets, il revit toutes ses Poësies, & en donna une Edition nouvelle en 1559, divisée en cinq Livres, qu'il dédia à M. d'Avanson, protecteur déclaré de Magny, & de tous les gens de lettres de son temps, auxquels il rendit tous les services dont il fut capable. Ce Poëte prodigua les éloges à ses protecteurs, ainsi qu'à ses maîtresses ; fut-il heureux dans ses amours ? C'est ce qu'il laisse à deviner. La fortune ne le favorisa guère ; il ne cessa de la poursuivre, il espéra toujours. Voici ce qu'il en dit dans le cent quarante-sixième de ses Sonnets :

> Ce n'est pas tout, Paschal, l'infame pauvreté
>
> De tant de longs ennuys redouble l'aspreté,

Et

Et fait tous mes penfers auffi freſles qu'un verre.

Mais plus doux , fi j'en ai , me feront les bienfaits ;

Car celui ne fait pas, que veut dire la paix ,

Qui n'a premièrement éprouvé de la guerre.

On voit au Liv. II de ſes *Odes* , Ode VIII , qu'il avoit entrepris la Traduction du *Zodiaque de la vie humaine* de Marcel Palingenius , que ſans doute il ne finit pas. — Henri II donna à Olivier de Magny une charge d'un de ſes Secrétaires , dont il eſt probable qu'il ne jouit pas longtemps. On croit qu'il mourut vers 1560.

¹ Colletet, pag. 45 de ſon *Diſcours du Sonnet* , après avoir dit « qu'Olivier » de Magny écrivoit d'un ſtyle aſſez doux , & même aſſez fleuri pour ſon » ſiècle » , en rapporte un Sonnet en Dialogue , pièce extrêmement applaudie à la Cour de Henri II. (M. DE LA MONNOYE).

OLIVIER DE LA MARCHE (Meſſire)*, Chevalier , natif

de Franche-Comté en Bourgongne , Grand Maître d'Hôtel du Roi de Caſtille. Il a écrit un Livre partie en proſe , & partie en vers François , intitulé le parement & triomphe des Dames d'honneur , lequel a été augmenté & annoté par M. Pierre Defray Champenois, imprimé à Paris l'an 1510 , par Jean Petit, & Michel le Noir. Il a davantage compoſé une Chronique des choſes faites & paſſées de ſon temps , imprimée à Anvers. Il floriſſoit en l'an 1464.

* Olivier de la Marche , d'une maiſon ancienne au Comté de Bourgogne , entra dès ſa première jeuneſſe au ſervice de Philippe-le-Bon , Duc de Bourgogne , duquel il étoit parent du côté de Marguerite de Flandres , Ducheſſe de Bourgogne , Ayeule de Philippe. On trouve , *Olivier de la Marche* , né environ l'an 1422 , au rang des Ecuyers ordinaires du Duc , avant l'an 1440. Il fut enſuite Maître-d'Hôtel du Duc Charles-le-Guerrier, & Capitaine de ſes Gardes. En 1465 , il fut fait Chevalier à la journée de Montlhéri , par le Duc de Bourgogne. Par les Lettres de ce même Prince à Meſſire Claude de Neufchatel , Seigneur du Fay , Chevalier , Gouverneur de Luxembourg , on voit qu'Olivier de la Marche commandoit le corps de réſerve de l'armée du Duc de Bourgogne à la bataille de Nuiz , au mois de Mai 1475 , & qu'il contribua beaucoup aux avantages que ce Prince remporta. En 1477 , il fut fait priſonnier à la bataille de Nancy , où le Duc de Bourgogne perdit la vie. Olivier ayant payé ſa rançon , paſſa au ſervice de Maximilien d'Autriche , qui avoit épouſé l'héritière de Bourgogne. Il eut la charge de Grand-Maître-d'Hôtel de ſa maiſon , qu'il conſerva ſous Philippe-le-Beau , fils de Maximilien & de Marie de Bourgogne. Il fut envoyé pour complimenter

Charles VIII fur fon avénement au trône. Il mourut à Bruxelles, en 1501, âgé de près de quatre-vingt ans, & fut enterré dans l'Eglife des Chanoines Réguliers de Cawemberg. — Ce brave Chevalier ne fut pas uniquement occupé du fervice de fes maîtres, & de la profeffion des armes, il employa fes loifirs à cultiver les lettres, dont le goût fe renouveloit alors. Ses *Mémoires ou Chroniques*, font un Ouvrage néceffaire pour la connoiffance de l'Hiftoire des deux derniers Ducs de Bourgogne ; on y trouve fur les ufages de fon temps, fur les fêtes & la pompe fingulière de la Cour des Princes où il vivoit, des defcriptions qui ne font point ailleurs. Ils furent imprimés à Lyon en 1562. L'Edition de Bruxelles, *in*-4°. 1614, eft la plus complette. — Un *Traité des duels & des gages de bataille*, *in*-8°. *Le Chevalier délibéré*, *ou la vie & la mort de Charles*, *Duc de Bourgogne*, *qui trépaffa devant Nancy au mois de Janvier* 1476, c'eft-à-dire, 1477, avant Pâques. Cet Ouvrage a été imprimé à Paris *in*-4°. en 1489 & 1495. Il a été mal-à-propos attribué à Georges Chaftelain. Il y décrit les voyages & les aventures merveilleufes d'un Chevalier errant, qui marche armé de toutes pièces, & qui fe bat en différentes rencontres, avec des adverfaires qui font autant de perfonnages moraux, tels que Meffire *Accident*, *Débile*, ou *Mort naturelle*, qui rencontrent l'Hermite *Entendement*, que *Defir* veut arrêter, mais que *Souvenir* fait paffer outre. Il y fait mention, en vingt-huit Stances, qui fe fuivent, des Princes & Seigneurs morts de fon temps. C'eft une efpèce de Roman, mêlé de profe & de vers, où il y a quelque invention & des Defcriptions affez bien frappées. — Le *Parement*, ou *Triomphe des Dames d'honneur*, eft un autre Ouvrage, plus moral que celui dont nous venons de parler, & qui donne une idée de la galanterie de ce temps-là, au moins parmi ceux qui avoient confervé les mœurs anciennes ; l'Auteur dit l'avoir compofé pour une perfonne qu'il aimoit ; mais on voit que c'eft une fiction, qu'il étoit alors avancé en âge, & fans doute marié depuis long-temps. Voici fes premières réflexions fur fon engagement . . . .

> Se fuyvre veuil la fenfualité ;
> Je l'aymeray d'amour fole & mondaine ;
> Mais felon Dieu, raifon, & équité,
> Je doys aymer d'amour de charité ;
> C'eft la fente de loyaulté certaine :
> Boëce nous dit que c'eft amour haultaine,
> D'aymer fa Dame toujours & en tout lieu,
> Pour l'exaulcer & mettre devant Dieu.

Il définit enfuite l'amour :

> Ung cheur en aultre enté,
> Qui deffaifit fa franche voulenté,
> Pour en aultruy la mettre par pur don.

Cet amour fait de grands progrès dans fon cœur, il s'affure de la conftance de son affection si bien placée : il trouve dans sa maîtresse la beauté réunie à la vertu ; & , après avoir examiné ce qu'il pourroit lui préfenter , digne de ses excellentes qualités . . .

> Peintre ne suis pour sa beauté pourtraire :
> Mais je conclus un habit luy parfaire
> Tout vertueulx , affin que j'en refponde ,
> Pour la parer devant Dieu & le monde.

il lui préfente donc un habillement complet , qui nous met au fait de la toilette des femmes de qualité de ce temps , qui vouloient allier la modeftie avec les bienféances de leur état; il donne à sa maîtreffe les *Pantouffles d'humilité*, lés *Soulliers de foing & bonne diligence* , les *Chauffes de perfeverance* , le *Jarretier de ferme propos* , la *Chemife d'honnêteté* , le *Corfet* , ou la *Cotte de chafteté* , la *Pièce de bonne penfée* , le *Cordon* , ou *Lacet de Loyaulté* , le *demy ceingt de magnanimité* , l'*Efpinglier de patience* , la *Bourfe de libéra-lité* , le *coufteau de juftice* , la *Gorgerette de fobriété* , la *Bague de foi* , la *robbe du beau maintien* , la *Ceinture de dévotte mémoire* , les *Gants de charité* , le *Pigne de remords de confcience* , le *Ruban de crainte de Dieu* , les *Patenoftres de devotion* , la *Coiffe de honte de meffaire* , les *Templettes de prudence* , le *Chaperon de bonne efpérance* , les *Paillettes de richeffe de cueur* , le *Signet & les Anneaux de nobleffe* , enfin le *Miroër d'entendement par la mort*. Il faut avouer que voilà une toilette bien trifte pour une jolie femme. Si celles du temps paffé s'en fervoient , il eft certain que les jolies femmes de notre temps s'en paffent. Ces diverfes pièces fervent de titre à autant de moralités mifes en vers , & diftinguées par Chapitres , au nombre de vingt-fix. On peut juger de l'efprit qui y règne , par ce qui eft dit au cinquième Chapitre :

> Honnefteté fe connoît en maintien ;
> En beau parler, répondre & enquérir,
> Honnefteté fe voit ; qui l'entend bien,
> En tous eftats par querir le moyen,
> Sans ravaller, ne trop haut acquerir :
> Honnefteté fe doit bien abftenir
> De nuls tromper, & plus d'eftre trompée,
> Car la folie feroit trop achetée.

Cet Ouvrage a été imprimé à Paris, en 1510, en lettres Gothiques.—Olivier de la Marche a encore compofé, en vers de huit fyllabes , un petit Ouvrage , intitulé , *De la puiffance de nature* , *& comment les corps céleftiaux gouvernent naturellement le monde* , & il n'eft point imprimé.— Voy. les *Mém. des Infcriptions & Belles-Lettres* , Tom. II , pag. 743 & fuivantes ; & l'*Etat de la Maifon & Officiers des Ducs de Bourgogne* , & *Lettres de Charles-le-Guerrier*, à la fuite des *Mémoires pour fervir à l'Hiftoire de France & de Bourgogne* , *in-4°.* Paris, 1729 , & la Bibl. Françoife de M. l'Abbé Goujet, Tom. IX,

D d ij

pag. 372 , &c. — La terre de la Marche a paffé depuis long-tems dans la famille des *Fyots* , du Parlement de Dijon , dont deux premiers Préfidens.

OLIVIER DE LA VERNADE , grand Orateur & Poëte. Je n'ai point vu de fes écrits : mais Berrengier de la Tour d'Albenas en fait grand eftime , & le loue grandement en fes Œuvres. Il floriffoit en l'an 1558.

OMER TALON , natif du pays de Vermandois en Picardie, lequel s'appelle en Latin *Audomarus Taleus* , homme fort docte & grand Orateur , très-grand ami & familier de Pierre de la Ramée , dit *Ramus* , lequel l'appelloit ordinairement fon frère , comme l'on voit en fes Œuvres [1]. Il a beaucoup écrit en Latin, & en François auffi : mais je n'ai pas vu fes compofitions Françoifes. Sa Rhétorique Latine a été traduite & imitée par Antoine Fouquelin , Vermandois, qui étoit le pays des trois fufdits perfonnages. Ledit Omer Talon mourut à Paris en l'an 1562.

[1] On fait qu'Omer Talon & Ramus étoient extrêmement unis. Leur liaifon étoit fi étroite , que Ramus publioit fouvent des Ouvrages de fa façon , fous le nom d'*Omer Talon*. Perfonne , en effet , ne doute qu'en 1556 , la réponfe , intitulée *Audomari Thalæi admonitio ad Adrianum Turnebum* , ne fût de Ramus. Turnébe le donna bien à entendre dans la réplique qu'il y fit la même année , fous le nom de *Léger Duchefne*. Il s'y moqua d'un bout à l'autre du pauvre Talon , lui témoignant qu'il n'y avoit guère d'apparence que dans le déplorable état où l'on favoit fa fanté , on eût voulu le charger du travail d'une réponfe. A tout moment il revient à la charge fur ce mal , qu'il ne nomme point , mais qu'on n'en devine que plus aifément , & finit par cet avis charitable : *Valetudinem tuam cura diligenter.* Omer Talon mourut l'an 1562. (M. DE LA MONNOYE).

TALÆUS. le grand ami de Ramus, grand-oncle du célèbre Avocat du Roi Talon , Curé de S. Nicolas du Chardonnet fur la fin de fa vie , mourut d'une maladie que Turnébe lui reproche en ces termes : *Valetudo tua famâ non conflat. . . Ex Borbonianis* , Tom. I , pag. 262. — Les *Talons* du Parlement defcendent de *Jean Talon* , frère aîné d'*Omer* , Avocat au Parlement. Il y en a eu plufieurs de ce nom d'*Omer* , le premier dont il eft queftion dans cet Article : le fecond , fils de *Jean* , dont il eft parlé dans Loifel , pag. 591 , qu'il dit neveu & difciple d'*Audomarus* , fans parler de *Jean* , fon père. Ce fecond vécut 60 ans. Il étoit Procureur du Roi au Châtelet , & fut député à l'affemblée des Notables de Rouen ; le troifième , fils cadet du fecond, Avocat-Général , dont on a les Mémoires , imprimés en 1732 , le quatrième, petit-fils du troifième, *Marquis du Boulai*, Colonel du Régiment d'Orléanois, mort en 1709, & père du dernier, Préfident à Mortier, mort en 1745, ou 46. (M. FALCONET).

ORONCE FINÉ, Dauphinois, dit *Fineus*, (*Profeſſeur en Mathématiques, ſous François I*, Lecteur du Roi en Mathématiques à Paris, homme très-docte, & grand Mathématicien *. Il a écrit en François cinq Livres de la Coſmographie ou Sphere du monde **, avec une Epître touchant la dignité, perfection & utilité des ſciences Mathématiques, imprimée à Paris; l'explication & uſage de l'anneau Horaire; la Carte ou Deſcription de la France & des Gaules, imprimée à Paris l'an 1557, par Alain de Matoniere. (*Elle avoit paru dès l'an 1525, chez Coline*); Epître exhortative, touchant la perfection & commodité des Arts libéraux, Mathématiques, imprimé à Paris par Pierre le Bret, l'an 1531. Il mourut à Paris en ſa maiſon, le ſixième jour d'Octobre l'an 1555, à quatre heures après midi, qui fut l'heure de ſa nativité, l'an de ſon âge ſoixante-un ou environ. Il eſt enterré en l'Egliſe des Carmes à Paris. Antoine Mizault, Docteur en Médecine, a fait un Diſcours de ſa vie & le catalogue de ſes écrits Latins & François.

* Oronce Finé naquit à Briançon en Dauphiné, l'an 1494, de François Finé, Médecin de cette Ville. Il perdit dans ſa première jeuneſſe ſon père, qui ne lui laiſſa point de fortune; il vint à Paris, où les ſecours d'Antoine Sylveſtre, ſon Compatriote, Profeſſeur du Collège de Montaigu, le mirent en état d'être reçu au Collège de Navarre, où il fit ſes Humanités & ſa Philoſophie. Il fit des progrès dans les Mathématiques, qui le rendirent célèbre de bonne heure. Il fut du nombre des membres de l'Univerſité que François I fit arrêter en 1518, parce qu'elle s'oppoſoit à la réception du Concordat; il ne ſortit de priſon qu'en 1524, ſur la requête préſentée par la Faculté des Arts, à la Reine mère, alors régente. Ce fut la véritable cauſe de ſa priſon, & non pas celle que Corneille Agrippa rapporte dans la lettre 62.e du 4e Livre, où il prétend que Finé s'étoit attiré la diſgrace de la Cour, par l'horoſcope qu'il avoit fait du Connétable de Bourbon, où il annonçoit ſes nouveaux triomphes. Oronce Finé avoit épouſé Deniſe Blanche, dont il eut ſix enfans; qu'il laiſſa auſſi pauvres qu'il avoit vécu, mais auxquels le mérite du père fit des protecteurs. Il mourut le 6 Octobre 1555, dans ſa ſoixante-deuxième année, & fut enterré aux Carmes Billettes. Il fut le premier Profeſſeur de Mathématiques au Collège Royal, fondé par François I. Sa deviſe étoit :

Virescit vulnere virtus ; allusions à sa vie dure , & souvent persécutée par l'envie. . . *Voy.* dans les Mémoires de Niceron , Tom. XXXVIII , le Catalogue de ses Ouvrages nombreux , où on trouve , Art. 17 , *De Quadraturâ circuli* , &c. Paris , 1544 , *in-fol.* Livre où il se glorifie d'avoir trouvé la quadrature du cercle. . . *Voy.* l'Hist. du Collège de Navarre , par Launay.

** Son Livre , *de la Sphère du Monde* , avoit paru d'abord en Latin , en 1542 , *in-fol.* & sous un titre un peu différent, en 1551 , *in-4°.* Ce fut en cette même année 1551 qu'il le publia , aussi traduit en François, & du même format. Il mit à la tête de cette Traduction son Epître, *sur la perfection des Sciences Mathématiques* , qu'il avoit publiée vingt ans auparavant (en 1531, *in-8°.*) Outre les Ouvrages dont parle La Croix du Maine , Finé a publié en François , 1°. Des *Canons & Documens très-amples* , *touchant l'usage & pratique des communs Almanachs* , avec une *Introduction sur l'Astrologie Judiciaire.* Je ne connois que la seconde Edition , qui est de 1551 , *in-8°.* 2°. *Description de l'Horloge Planétaire* , *faite par l'ordre de M. le Cardinal de Lorraine* , *de l'invention d'Oronce Finé* , 1553 , *in-4°.* 3°. *La Théorie des Cieux & des sept Planettes* , Paris , 1557 , *in-8°.* Nous avons aussi en François une *Géométrie Pratique* d'Oronce Finé , mais il la composa en Latin ; & la Traduction Françoise , qui ne parut qu'en 1570 (*in-4°.*) , long-temps après sa mort, est de PIERRE FORCADEL , selon La Croix du Maine , à l'Article de ce dernier. M. de Thou parle d'Oronce Finé , comme étant un de ceux qui réveillèrent le goût des sciences en France. (*Hist.* Lib. XVI , *ad ann.* 1555).

OUDARD DE LACENIE, Poëte François, l'an 1260 , ou environ. Il a écrit plusieurs Poësies d'Amours , non encore imprimées *.

*Voy. FAUCHET , Chap. 41.

OZIL DE CADARS, Ecuyer de Philippes le Long, Roi de France, & Comte de Poictou, en l'an 1320. Il a écrit en Langue Provençale , un Traité de l'art de bien aimer ; les louanges d'une grande Dame & Princesse d'Angleterre , nièce du Comte de Poictou *.

* Voy. JEAN DE NOTRE-DAME , Chap. 59 , & DU VERDIER , lett. P. Art. du COMTE DE POITOU.

PAISANT DE MEZIERES, ancien Poëte François [1]. Il a écrit en vers François plusieurs Romans, & entre autres celui qui s'intitule le Roman de la Mule sans frein, duquel parle Geufroy Thory, de Bourges, en son champ Fleury.

[1] Il vivoit au commencement du treizième siècle. Son nom de baptême pourroit bien, selon le *Dictionnaire Hagiologique* de Chatelain, venir de *PAXENTIUS*, honoré le 23 Septembre à Paris, sous le nom de *S. Paxens*, & en Berry, sous celui de *S. Paissens* ; ce qui est d'autant plus vraisemblable que Mezières en Brenne, d'où étoit le Poëte ici nommé, est dans le voisinage du Berri. (M. DE LA MONNOYE).

PALAMEDES GONTIER, natif d'Auxerre en Bourgongne. Il a écrit quelques Œuvres desquelles je n'ai pas connoissance [1].

[1] Ce PALAMÈDE GONTIER fut Greffier en chef du Parlement de Dijon, tige des GONTIERS, Conseillers depuis plus de cent cinquante ans en ce même Parlement. (Ils ont quitté la robe depuis environ quarante ans, & ont pris le parti des armes. Il en reste deux, l'aîné, ancien Capitaine de Dragons ; le second, Lieutenant-Colonel du Régiment de Tournaisis, connu sous le nom de *Gontier d'Auvillars*). PALAMÈDE est un nom propre assez singulier, connu du temps de la guerre de Troie, quoiqu'il ne se trouve ni dans l'*Iliade*, ni dans l'*Odyssée* ; mais comme il y a un autre PALAMÈDE, célèbre dans les *Romans de la Table ronde*, c'est de-là vraisemblablement que l'ont tiré nos anciens, qui lisoient bien plutôt *Lancelot du Lac*, & *Tristan de Léonnois*, que l'*Enéide de Virgile*. (M. DE LA MONNOYE).

PANTALEON THEVENIN, natif de Commercy en Lorraine, homme docte, & grand Philosophe. Il a écrit de fort doctes Commentaires, sur l'Hymne de la Philosophie de Pierre de Ronsard, imprimés à Paris chez Jean Febvrier, l'an 1582, *in-4°* contenant 16 feuilles. Il a davantage écrit & composé un juste volume d'annotations fort laborieuses, sur la Semaine de Guillaume de Salluste, sieur du Bartas, lesquelles il a envoyées à Paris audit Jean Febvrier pour faire imprimer. Je les ai vues écrites à la main. J'ai opinion qu'on les imprimera en brief ; Recueil de

Sonnets préfentés à M. le Duc de Lorraine, l'an 1578. Il florit cette année 1584, au Pont-à-Mouſſon en Lorraine.

PAPYRIUS MASSON [1], Avocat au Parlement de Paris, natif de la ville de S. Germain de Laval, au pays de Forêts, ſous l'Archevêché de Lyon, homme très-docte, grand Orateur & Hiſtorien, & des mieux verſés en l'Hiſtoire antique & moderne. Il a écrit les Annales ou plutôt Chroniques des Rois de France, en Latin & en François : le Latin a été imprimé à Paris par pluſieurs fois, mais ſa Traduction Françoiſe n'eſt encore en lumière; Diſcours entier des choſes qui ſe ſont paſſées à la réception de la Roine & mariage du Roi de France Charles IX, imprimé à Paris par Nicolas du Mont l'an 1570, *in*-8°. contenant 7 feuilles [2]. Il a écrit pluſieurs Eloges ou vies des plus illuſtres hommes de notre temps : ce Livre n'eſt encore du tout imprimé, & le reſte il le mettra bientôt en lumière : ce qu'il en a fait imprimer eſt en Latin, & j'ai opinion qu'il le traduira en notre Langue. Il a auſſi écrit l'Hiſtoire d'Eſpagne, & les vies des Papes*, leſquelles ne ſont encore imprimées : mais nous en ferons mention autre part, pour ce qu'elles ſont en Langue Latine : enſemble de ſon frère nommé Jean Maſſon, tous deux hommes très-doctes, & grands rechercheurs de l'antiquité. Il floriſſent à Paris cette année 1584. Ledit Papyrius, outre les Œuvres ſuſdites, a compoſé le Catalogue des fleuves & rivières les plus renommées de France, & en a fait la Deſcription: Ce Livre n'eſt encore imprimé.

[1] La bonne orthographe eſt PAPIRIUS. Les Grecs, conformément au Latin *Papirius*, écrivent toujours Παπίριος, jamais Παπύριος. MASSON, qui d'abord écrivit *Papyrius*, ſe réforma dans la ſuite, & changea l'*y* en *i* Romain. Il reprit auſſi le nom de baptème de *Jean*, & le retint avec le ſurnom de *Papirius*, qu'il avoit trouvé dans l'ancienne famille des *Maſſons*, rencontre qui ne contribua pas peu à le lui faire adopter. Jean Papire le Maſſon mourut le 9 Janvier 1611, dans ſa ſoixante-ſeptième année. Voy. FRANÇOIS HOTMAN, & JEAN LE MASSON. (M. DE LA MONNOYE).

[2] Il n'y a de lui nul autre Ouvrage François, que ce *Diſcours touchant le mariage d'Eliſabeh d'Autriche avec Charles IX. (idem).*

Papire Maſſon, enterré aux Billettes à Paris, né en 1544. Voy. *Les Hommes Illuſtres*

Illuſtres de Perrault, Tom. I, p. 47.—Dans l'*Etat de la France ſous Charles IX*, Tom. II, fol. 349, il eſt traité de *Jéſuite renié aux gages de Chiverni*, au ſujet de ſon démêlé avec Hotman ſur le *Franco-Gallia*. — Voy. les Mém. de Niceron, Tom. V, pag. 182. (M. Falconet).

* Papirius Maſſon avoit été Jéſuite ; & , lorſqu'il fut ſorti de cette ſociété, & qu'il vint enſeigner au Collège du Pleſſis, il rendit compte de ſa ſortie avec tant d'honnêteté dans la Harangue qu'il fit à l'ouverture de ſes leçons, que ceux même qu'il avoit quittés en furent très-ſatisfaits. Il s'appliqua enſuite à l'étude du Droit, & s'attacha au Chancelier de Chiverny en qualité de Bibliothécaire. Il fut non-ſeulement Avocat au Parlement de Paris, comme le dit La Croix du Maine, mais Référendaire en Chancellerie, & Subſtitut du Procureur-Général. Il ſe maria, mais ne laiſſa point d'enfans. Je ne crois pas que ſes *Eloges* aient jamais été traduits en François. Sa *Vie de Jean, Comte d'Angoulême*, l'a été deux fois, 1°. par Jean Duport, ſieur de Roſieres, en 1589 ; 2°. par Jean le Maſſon, en 1613. Le P. Niceron n'a pas diſtingué ces deux Traducteurs. L'*Hiſtoire d'Eſpagne* de Papirius Maſſon n'a point paru. Son Livre, *Des Rivières de France*, ne fut imprimé qu'après ſa mort. On en a fait une Traduction Françoiſe, mais elle eſt demeurée manuſcrite. Ses *Vies des Papes* ſont écrites en Latin, & furent imprimées à Paris, en 1586, *in-4°*. Je n'en parle que pour remarquer une méprise bien ſingulière de Perrault, dans ſes *Hommes Illuſtres* (Vie de Papirius Maſſon): Les *Vies des Papes* ont pour titre, *De Epiſcopis Urbis*, où Perrault s'eſt imaginé que c'étoient les *Vies des Evêques de Paris*.

PARDOUX DU PRAT, Docteur ès Droits, natif de la haute Marche, dit en Latin *Pardulphus Prateius Auguſtobuſcoducenſis*, &c. petit fils de Guillaume du Prat, grand Philoſophe. Il a traduit de Latin en François, l'Inſtitution de la vie humaine, dreſſée par Marc Antonin, Empereur Romain. Elégie de Solon, Prince Athénien, ſur le fait & vie des humains, à cauſe des ruines des villes. Remontrance d'Agapetus Evêque, faite à l'Empereur Juſtinien, touchant l'Office d'un Empereur ou Roi, le tout traduit en François par ledit Pardoux, & imprimé à Lyon par Gabriel Cotier l'an 1570, *in-8°*. & contient 13 feuilles. Ce Livre a été mis en lumière après la mort de l'Auteur, par Antoine Peronnet, &c. Il a davantage écrit pluſieurs Commentaires & annotations, ſur les Edits ou Ordonnances Royales *. Il floriſſoit ſous Henry II.

* La Croix du Maine auroit pu citer le Livre intitulé : *Théorique de l'Art*

des Notaires, traduit du Latin par Pardoux Duprat, imprimé à Lyon, en 1582, *in-*12.

PASCHAL ROBIN DU FAUZ, Gentilhomme Angevin, fieur dudit lieu du Fauz, en Ville-Evêque, à trois lieues d'Angers, auquel lieu il naquit, le jour de Pâques fleuries, le trentième jour de Mars l'an 1538. Cetui-ci eſt homme fort docte en Grec & en Latin, grand Hiſtorien & Poëte, & a fur tout une exacte connoiſſance de l'Hiſtoire de France, & principalement de celle de ſon pays d'Anjou, étant doué d'une merveilleuſe promptitude d'eſprit, & d'une mémoire ſingulière. Ce que je dy pour l'expérience que j'en ai faite, l'ayant connu fort familierement. Il a écrit l'Hiſtoire & Chronique du pays & Duché d'Anjou, enſemble un Recueil des Généalogies des plus illuſtres maiſons dudit pays, & autres voiſines d'Anjou. Ce Livre n'eſt encore imprimé. Il a écrit un petit Diſcours, ſervant comme d'avant-coureur d'icelle Hiſtoire, dans lequel il traite de l'excellence & antiquité d'Anjou, & des Princes qui y ont commandé & en ſont ſortis, imprimé à Paris chez Emanuel Richard, l'an 1582; il a fait un Recueil de tous les plus mémorables Epitaphes, qui ſe voyent ès Egliſes d'Angers, & autres lieux auſſi, non encore imprimé; Regrets ſur le trépas de Meſſire Tymoleon de Coſſé, Comte de Briſſac, imprimé a Paris l'an 1569, chez Jean Hulpeau; la Tragédie d'Arſinoé, laquelle il fit jouer & repréſenter en public, en la ville d'Angers l'an 1572, au Collége d'Anjou, elle n'eſt encore imprimée. Sonnets d'Etrènes, enſemble pluſieurs vers Latins & François ſur l'Anagramme & alluſions aux noms de divers hommes & femmes illuſtres : le tout imprimé à Angers chez René Piquenot, l'an 1572. Il a traduit de Latin en François, le docte Livre du Domaine de M. René Chopin Angevin, Avocat au Parlement : laquelle traduction n'eſt encore en lumière; je ſçai s'il a achevé de tranſlater tout ledit Livre, mais je ſçai bien qu'il l'avoit entrepris, & l'avoit fort avancé; il a traduit & écrit de ſon invention pluſieurs vies de Saints & Saintes femmes, imprimées à Paris chez

Nicolas Chefneau, avec les trois grands volumes de l'Hiftoire
des Saints; Elégie fur le trépas de Meffire Charles de Coffé,
premier Comte de Briffac, Maréchal de France, &c. imprimée
à Paris l'an 1564, chez Thomas Richard; Monodie fur le trépas
de Meffire François de Lorraine, Duc de Guife, imprimée par
ledit Thomas Richard, l'an 1563; Regret fur le trépas de
Meffire Sebaftien de Luxembourg, Vicomte des Ifles de Martigues, imprimé à Paris chez Jean Hulpeau & Guillaume Niverd,
l'an 1569; Difcours au Roi fur les machinations des H. * en l'an
1564; Difcours à Maître Pierre Ayrault, Lieutenant Criminel d'Angers, touchant les Antiquités d'Anjou. (J'ai opinion
que c'eft celui duquel nous avons parlé ci-deffus); Elégies fur
les amours de Rofine; Sonnets fur les amours de Marguine;
Fatraz fur les amours de Renée; ces trois Livres d'amours ne
font encore imprimés. Hymne au Roi Charles IX, fur fa naiffance, préfentée à fon entrée à Angers, le 6 de Novembre,
l'an 1565; Hymne au Roi, fur l'anagramme de fon nom; ces
deux Hymnes ne font encore imprimées. Il a fait plufieurs anagrammes outre les fufdits, lefquels ne font encore imprimés; les
Vendanges, & plufieurs autres Poëfies, imprimées à Nantes en
Bretagne l'an 1572, par Jaques Rouffeau; plufieurs Epitaphes
fur la mort de fa première femme, Damoifelle Julienne Sybille,
iffue de la noble maifon de la Buronniere près Château-neuf,
en Anjou, & de par fa mère de la maifon de Bufes au Maine,
furnommés de Germaincour, &c. Ces Epitaphes ne font encore
imprimés. J'en ai la plûpart écrits à la main par l'Auteur. Il
florit au pays d'Anjou cette année 1584. Je ferai mention de fes
compofitions Latines, dans ma Bibliothèque Latine des hommes François ou de nation Gauloife, lefquels ont écrit en
Latin.

* La lettre *H* fignifie *Huguenots*, ou *Hérétiques*.

PASQUIER PYNARD, natif de Dreux en Normandie,
Aftrologue & Mathématicien. Il a écrit un Almanach & Pro-

gnoſtication pour l'an de ſalut 1552, contenant la Déclaration de pluſieurs & néceſſaires termes d'Aſtrologie, imprimé à Paris chez Chreſtien Wechel audit an 1552, auquel temps floriſſoit ledit Pynard en l'Univerſité de Paris.

PASQUIN ROMAIN, &c. Sous ce nom ſuppoſé de *Paſquin Romain* *, l'on a vu pluſieurs libelles injurieux, envoyés à *Paſſevent Pariſien*, qui eſt un autre nom déguiſé.

* Le *Paſquin Romain*, dont il eſt ici queſtion, eſt un perſonnage imaginaire, de même que le *Paſſevent Pariſien*. L'uſage à Rome étoit dans le ſeizième ſiècle, & même dans le dix-ſeptième, d'afficher des libelles ſatyriques au Carrefour où étoit le torſe, ou ſtatue mutilée d'un ſoldat Romain, auquel on donna le nom de *Paſquin*, qui étoit celui d'un Tailleur, homme plaiſant & cauſtique, frondeur d'habitude, & grand Nouvelliſte, chez lequel s'aſſembloient tous les gens de ce même caractère. Sa boutique étoit dans ce Carrefour, & la ſtatue mutilée que l'on y trouva, & qui y fut placée, a conſervé le nom de *Paſquin*. (Voy. la *Deſcription d'Italie* de M. l'Abbé Richard, Tom. VI, pag. 273, Edit. de 1769). Comme dans le ſeizième ſiècle les railleries, les bons mots & les libelles de Paſquin étoient fameux, les Proteſtans feignirent un commerce entre lui & Paſſevent Pariſien.

PASSEVENT PARISIEN, &c. L'Auteur de ce Livre, intitulé *Paſſevent Pariſien*, a écrit une Réponſe à Paſquin Romain, contenant la vie de ceux qui ſont allés demeurer à Genêve, le tout fait en forme de dialogue, lequel a été imprimé à Lyon, & à Paris auſſi l'an 1556, par Nicolas Buffet [1]. Ledit Auteur nommé Paſſevent, promet un Commentaire & des Annotations ſur la Canonique de S. Jaques, & ſur la première de S. Jean, & ſur l'onzième Chap. de la première de S. Paul aux Corinthiens, & ſur le XXIII de S. Mathieu.

[1] Ce Libelle, attribué par quelqu'un à Artus Deſiré, eſt d'Antoine Cathelan. — *Voy*. le VIe Tom. de Baillet, *in*-4°. pag. 537, colon. 1, & l'Art. Antoine Cathelan, Tom. I, pag. 31 de cette nouvelle Edit. (M. de la Monnoye).

PAUL ANGIER, natif de Carentan en Normandie, Poëte François. Il a écrit en vers, une brième défenſe en la perſonne de l'honnête amant pour l'amie de Cour, contre la contr'amie. Il a intitulé ſon Livre, l'Expérience * de M. Paul Angier Caren-

tenois, imprimé à Lyon par Jean de Tournes, avec le Livre de
la parfaite amie d'Antoine Heroët [1].

    * L'*Expérience*, ou le *Coup d'Essai* de Paul Angier, eut si peu de succès,
qu'il ne continua pas sa carrière Poëtique ; cette pièce est froide, sans légéreté, sans goût ; les injures y tiennent souvent lieu de raisons ; ainsi ce n'est
pas à tort qu'on a qualifié ce Poëte, *le dernier des novices Rimeurs.*

    [1] Guillaume des Autels, sous le nom de G. Teshault, dans une Epître
en vers, insérée, pag. 230 des Poësies de Charles Fontaine, parle avec
beaucoup de mépris de ce Poëme de Paul Angier, uniquement, comme
il est visible, pour flatter Charles Fontaine. (M. de la Monnoye).

    V. la Bibl. Françoise de M. l'Abbé Goujet, Tom. XI, pag. 153.

PAUL BIENASSIS, natif de la ville de Poictiers. Il a traduit de Latin en François, & annoté les deux Livres des divers
travaux & enfantemens des femmes, & par quel moyen l'on
doit subvenir aux accidents qui peuvent advenir, devant & après
iceux travaux, imprimés à Paris par Jean Foucher l'an 1563,
auquel temps florissoit l'Auteur susdit.

PAUL DE LA FOY, Ecuyer, Musicien & Mathématicien
du Roi de Nortvege & Suede, &c. Faut noter que ce sont tous
noms supposés, & que plusieurs Livres pleins de facéties, ont
été composés par A. F. sieur des R. & encore par son frère M.
de G. lesquels ont été mis sous le nom dudit Paul de la Foi,
sans y vouloir mettre le leur, à cause des rangs honorables qu'ils
tenoient *.

    * Ces lettres initiales A. F. R. G. signifient Adam Fumée, Sieur des
Roches, & M. de Genilly. Voy. les mots Adam & Martin Fumée.

PAUL DU MONT, Douisien ou de Douay en la Gaule
Belgique. Il a traduit de Latin en prose Françoise, plusieurs
Livres imprimés à Paris, & Douay en Flandres.

PAUL DE VOLANT, Tourangeau, Avocat au Parlement
de Rennes en Bretagne, homme docte, & sur tout bien versé
en la Poësie. Il a écrit en vers François un Poëme touchant
l'élection du Roi de Pologne Henry III du nom à présent Roi

de France, imprimé à Paris; le Profsphonematique au Roi
Henry III, imprimé à Paris; la Tragédie de Pyrrhus, non
encore imprimée, (comme j'ai entendu de fon ami & le mien
auffi François de la Coudraye, Avocat en ladite ville de Rennes). Je n'ai pas connoiffance de fes autres Œuvres. Il florit en
Bretagne cette année 1584.

PERNETTE et PERRINE, ou bien PERRONNELLE DU
GUILLET, native de Lyon fur le Rhône, femme très - docte.
Elle a écrit plufieurs Livres tant en profe qu'en vers *. Elle mou-
rut l'an 1545, comme témoigne Guillaume Paradin en fon
Hiftoire de Lyon, *fol.* 356 **.

* PERNETTE DU GUILLET, dite COUSINE, mourut encore jeune le 17
Juillet 1545. Antoine du Moulin, Maconnois, qui fit imprimer les Poëfies
de Pernette à Lyon, 1545, peu de mois aprés fa mort, nous apprend dans
l'éloge qu'il en fait, adreffée aux Dames Lyonnoifes, qu'*elle étoit fi habile
en tous inftrumens muficaux, foit en Luth, Efpinettes & autres, qu'elle donnoit caufe d'esbahiffement aux plus expérimentés.* Elle favoit l'Italien & l'Efpagnol, étoit déjà fort avancée dans l'étude de la langue Latine, lorfque
la mort l'enleva; fa vertu & fa bonne conduite la firent extrêmement regretter de fon mari. Ses Poëfies furent réimprimées à Paris dès 1546. On
trouve parmi fes vers François quelques pièces Italiennes. Ce Recueil a
pour titre : *Rymes de gentile & vertueufe Dame Pernette du Guillet.* Ce ne
font prefque que des penfées diverfes fur la différence de l'amour & de
l'amitié; on voit qu'elle céda enfin à l'amour, mais le plus honnête :

> Ne pleures plus, Amonr : car à toy fuis tenue,
> Véu que par ton moyen vertu chaffa la nüe,
> Qui me garda long-tems de me congnoiftre nue,
>   Et fruftrée du bien,
> Lequel, en le gouftant, j'ayme, Dieu fçait combien.

** Voici tout ce qu'en dit Paradin, au lieu cité par La Croix du Maine.
« Pernette du Guillet, toute fpirituelle, gentille & très-chafte, laquelle a
» vecu en grand renom de tout meflé fçavoir, s'eft illuftrée par doctes
» & éminentes Poëfies, pleines d'excellences de toutes graces. Elle trépaffa
» de ce fiècle en meilleure vie, l'an de falut 1545. Les Poëtes François cé-
» lébrèrent fes obféques ».

PERCEVAL DORIE, Gentilhomme natif de Gênes en
Italie, Gouverneur d'Avignon & d'Arles, pour Charles I du

nom , Comte de Provence , &c. Ledit Perceval étoit grand Philofophe , & bon Poëte en Langue Provençale. Il a écrit un
Traité de la guerre de Charles Roi de Naples , & du Tyran
Mainfroy. Il a davantage écrit en rythme Provençale , un Livre
intitulé *La fine folie d'amours.* Il mourut à Naples l'an 1276 *.

* Voy. Jean de Notre-Dame , Chap. 38.

PERRINET DU PIN , natif de la ville de la Rochelle en
Guyenne , Orateur François & Hiftorien , l'an 1447. Il a écrit
en vieil langage François , une Hiftoire ou Roman , qu'il appelle
la conquête de Grece , faite par Philippes de Madien , furnommé le Chevalier à l'Epervier blanc , imprimé à Paris l'an 1527 ,
chez Galiot du Pré.

PERROT DE NÉESLE , ancien Poëte François , vivant
en l'an de falut 1264. Il a écrit plufieurs Poëmes du jeu parti
d'amours , non encore imprimés *.

* Voy. Fauchet , Chap. 112.

PHANETTE , ou THIENNETTE , & felon d'autres Estephanette de Gantelines , Dame de Romanin , Damoifelle
Provençale , tante de Madame Laure de Sado , native d'Avignon , tant célébrée par Pétrarque , (comme nous avons dit ci-
deffus à la lettre L.) [1] Cette Dame de Gantelines , a écrit &
compofé plufieurs Poëfies en Langue Provençale , lefquelles ne
font encore en lumière. Elle floriffoit dans Avignon , l'an 1348.

[1] Les Provençaux ne connoiffent pas le mot Thiennette. Auffi Jean de
Notre-Dame , Chap. 65 , & ailleurs , dit Phanette , ou Estephanette
des Gantelmes , & non pas des Gantelines , comme La Croix du Maine
a mal lu. (M. de la Monnoye).

PHILEBERT BONET , Docteur ès Droits , Juge & Lieutenant Général au Bailliage de Beaujolois , Avocat en Parlement ,
l'an 1553. Il a écrit un Traité des procès Judiciels , & quand
c'eft mal fait ou non , de les avoir & foutenir , imprimé à Paris
par Claude Fremy , l'an 1553. Il a écrit un fommaire des grands

biens, vertus & bontés que Dieu a donnés aux femmes, & qu'elles ont communément plus que les hommes, imprimé à Paris chez Simon Calvarin, l'an 1558. Il florissoit à Paris l'an 1556.

PHILEBERT BOYER, natif de la ville de Paroy en Charrolois, Procureur en la Cour de Parlement à Paris. Il a composé & mis en lumière, l'instruction pour le fait des Finances, imprimée à Paris l'an 1581, par Ambroise Drouard, laquelle il a depuis augmentée de beaucoup, & a été imprimée l'an 1583, à Paris. Il a davantage écrit une pratique civile & criminelle, divisée en trois Livres, contenant une infinité d'Arrêts très-mémorables, imprimée à Paris chez Robert le Mangnier, l'an 1583, laquelle il a dédiée à M. le Président Brisson, &c. Il florit à Paris cette année 1584.

PHILEBERT BRETIN, Docteur en Médecine, Poëte, Philosophe & Mathématicien, natif d'Aussonne sur la Sône, près de Dole en Bourgongne [1]. Il a traduit de Grec en François, les Œuvres de Lucien excellent Philosophe, imprimées à Paris chez Abel l'Angelier, l'an 1581, *in-fol.* en la traduction duquel Livre il a vaqué par l'espace de dix ans [*]. Il a remis en son entier, & repurgé de fautes, le Guidon de Chirurgie, écrit il y a près de trois cens ans, par Guy de Cauliac; il a traduit en François, les Aphorismes d'Hipocrates. Je ne sçai s'ils sont imprimés. Il a écrit quelques Poëmes d'amour, non encore imprimés [**]; il a composé les prédictions & révolutions de chacun an. Il promet de réduire en un corps les Auteurs Grecs, Arabes, Latins & François, qui ont écrit en l'art de Médecine : ce que l'on peut appeller les Pandectes de Médecine. Il a écrit plusieurs Livres en Latin, & entre autres une Grammaire fort méthodique. Il florit cette année 1584. Si j'avois connoissance de ses autres écrits François, j'en eusse fait le récit : mais il m'est du tout inconnu, sinon par ses Œuvres qu'il a mis en lumière.

[1] Etienne Tabourot, dans ses *Bigarrures*, au Chap. des *ALLUSIONS*, parle

parle ainſi de Philibert Bretin , ſans le nommer : *Comme un certain Tranſla-*
teur de bons Auteurs Grecs & Latins en mauvais François , qui dérive ſon nom
Philibertus *de* Φίλος & Βέρτος *, pour vertus, quaſi dicat* aime-vertus , *n'eſt-il pas*
digne qu'on en faſſe cas , puiſque lui-même l'a mis en lumière en un ſiècle ſi poli ?
Ce paſſage de Tabourot donna lieu à Philibert Bretin de changer ſa première
deviſe, fort impertinente, en celle de Φίλη Βάρτος (qui eſt un peu forcée). Il
mourut dans ſa quarante-cinquième année , le 29 Juin 1595 , à Dijon , où il
fut enterré à S. Michel. (M. DE LA MONNOYE).

* La Croix du Maine ſe trompe , lorſqu'il dit que Bretin employa dix
ans à traduire Lucien. Bretin nous apprend lui-même dans la Préface de ſa
Traduction , qu'il n'y employa que ſix années.

** Ses *Poëſies amoureuſes & ſes Mêlanges Poëtiques* avoient paru dès 1576.
Elles ſont adreſſées à ſa Dame , & il proteſte qu'elles n'ont été compoſées
que pour lui plaire ; il n'y parle que d'amour , qu'il examine en Phyſicien
& en Médecin , plus qu'en Poëte. Il donne la définition & la forme de
l'amour, paſſe à ſes effets, les compte & les explique; il entre dans le détail des
déſirs que cette paſſion excite... le tout pour inſtruire *Marguerite Chapelain ,*
que l'on ne connoît pas autrement que comme la Dame de Philibert Bretin.
Tout cela ſuppoſe un Poëte très-médiocre. — Voy. la Bibl. Franç. de M. l'Abbé
Goujet, Tom. XII , pag. 364 , où il eſt dit que l'*Auteur fut reçu Docteur en*
Médecine à Dijon , le 19 Mars 1574 ; il falloit dire qu'*il fut agrégé au*
Collège des Médecins de cette Ville. Il n'y avoit point alors d'Univerſité établie
à Dijon , & actuellement même, il n'y a point de Faculté en Médecine, &
les choſes , quant à cet objet , y ſont ſur le même pied qu'en 1574.

PHILEBERT BUGNION *, Mâconnois, Docteur ès Droits, Avocat en la Sénéchauſſée de Lyon & Parlement de Dombes, & depuis Conſeiller du Roi , & ſon Avocat en l'élection de Lyon & pays de Lyonnois. Il a écrit des Commentaires ſur les Ordonnances , établies aux Etats Généraux, tenus en la ville de Bloys, par le Roi Henry III du nom, imprimés à Lyon l'an 1583 , pour la ſeconde fois, par Jean Patraſſon. Il a davantage écrit un Livre , intitulé Conſeil Politique **. Il florit cette année 1584.

* Lipenius l'a mal-à-propos appelé BIGNON dans le Livre intitulé *Biblio-*
theca realis Juridica, pag. 2. La *Biblioth. Hiſtor. de la France ,* n°. 15068 ,
cite comme un Ouvrage de cet Auteur *Chronica Urbis Matiſſanæ ,* imprimée
à Lyon en 1559 , & dont la Traduction Françoiſe par Nicolas Edoart, parut
au même lieu, en 1560, *in-*8°. Ce Livre eſt de François Fuſtaille , & Bugnion

en fut feulement l'Editeur. Voy. *Biblioth. des Auteurs de Bourgogne*, Tom I, pag. 117. On y trouvera un Catalogue exact des nombreux Ecrits de Philibert Bugnion.

** Ce grave Jurifconfulte fut encore Poëte , & fa lyre fut toujours montée fur le ton amoureux pour chanter fa *Gelafine* :

> Qui vaut autant en François que riaute ,
>
> Allegre , amene , éveillée , plaifante ,
>
> Pour qui les Dieux laifferoient leur Olimpe , &c.

Il fit imprimer à Lyon , 1557 , le Recueil des Poëfies qu'il compofa pour elle. Il contient cent quatorze Sonnets, entremêlés de Chants , d'Epigrammes , de Rondeaux , d'Odes , d'Elégies , où l'on ne voit que l'expreffion de fes fentimens amoureux , & les charmes de fa belle. Il mourut vers l'an 1590. Du Verdier a donné un Catalogue affez détaillé de fes différens Ouvrages. — Voy. la Bibl. Franç. de M. l'Abbé Goujet , Tom XII , p. 113.

PHILEBERT JAMBE DE FER , Lyonnois. Il a mis en mufique les cent Pfalmes de David , traduits par Jean Poictevin , imprimés à Paris chez Nicolas du Chemin , l'an 1558 [1].

> [1] La Croix du Maine , ici , & au mot JEAN POICTEVIN , dit que *Philebert Jambe de Fer a mis en mufique les cent Pfeaumes de David , traduits en vers François par Jean Poictevin* , mais on voit dans du Verdier , au même mot PHILIBERT JAMBE DE FER , qu'il *a mis en mufique tous les Pfeaumes de Marot & de Bèze , & feulement le cent dix-neuvième de Jean Poictevin.* Richard Craffot a mis auffi en mufique le cent cinquantième Pfeaume , comme du Verdier le marque en fon lieu. (M. DE LA MONNOYE).

PHILEBERT DE LORME , Lyonnois , Confeiller & Aumônier du Roi Charles IX ; Abbé de S. Eloy près Noyon en Picardie , & de S. Serge ou Sierge près Angers , Architecte ou Intendant des Bâtimens du Roi , & de la Roine fa mère , Catherine de Médicis , tant au Louvre qu'aux Tuilleries , Anet & S. Maur des Foffés , & autres Châteaux & Maifons fomptueufes , defquelles il a été conducteur de l'œuvre entier , ou bien les a parachevées & redreffées par fon induftrie [1]. Il a écrit plufieurs beaux & doctes Livres , touchant l'Architecture & façon de bâtir , imprimés à Paris chez Federic Morel , l'an 1569 ; Traité de la nouvelle façon de bien bâtir , & à petits frais ; il a écrit plufieurs autres Livres d'Architecture , & a inventé une nouvelle façon de Charpenterie pour couvrir les maifons.

Loys le Roy, dit *Regius*, fait très-honorable mention dudit Philebert de Lorme, en son Livre de la vicissitude des choses, ensemble Antoine Mizault, dit *Misaldus*, ès Livres qu'il lui a dédiés, imprimés à Paris chez Federic Morel, &c. Ledit Architecte florissoit sous Charles IX, l'an 1567*.

¹ Ronsard ayant fait contre de Lorme, Abbé, Architecte, une Satyre, qui avoit pour titre, *La Truelle crossée*, de Lorme, pour s'en venger, un jour que Ronsard, à la suite de la Reine mère, étoit prêt à entrer aux Thuileries, lui en fit fermer la porte. Ronsard, à qui le sieur de Sarlan la fit aussitôt ouvrir, y crayonna dans le moment ces mots en lettres Capitales FORT. REVERENT. HABE. La Reine, voyant cet Ecrit, voulut, en présence de quelques hommes doctes, & même de l'Abbé de Lorme & de Ronsard, qui se trouvèrent là, savoir ce que cela signifioit, d'autant plus que de Lorme disoit que c'étoit une injure qu'on avoit dessein de lui faire. « Non, lui dit » Ronsard, prenant la parole, ce n'est pas une injure, *Fort. Reverent. Habe*, » que vous prenés pour trois mots François mal orthographiés, sont trois » mots Latins, qui, étant lus comme ils doivent l'être, ne signifient autre » chose, sinon *Fortunam Reverenter Habe*, avis dont tout homme subite- » ment élevé par la fortune doit faire son profit ». Claude Binet, qui rap- porte cela dans la vie de Ronsard, ne laisse pas de reconnoître de Lorme pour habile dans l'Architecture. Rabelais, Chap. 61 du IV° Liv. l'appelle *Messere Philebert de Lorme, grand Architecte du Roi Mégiste*. C'étoit alors Henri II. Il mourut vers 1577. (M. DE LA MONNOYE).

* Philebert de Lorme mourut au mois de Janvier 1570, suivant la nou- velle Edition du *Gallia Christiana* (Tom. IX, col. 1073) & non pas vers 1577, comme le dit M. de la Monnoye, & comme plusieurs l'ont écrit. Il est vrai que son Livre intitulé, *Nouvelles inventions pour bâtir à petits frais*, qu'il fit imprimer à Paris, *in-fol.* porte la date de 1576 : mais l'Epître Dé- dicatoire à Charles IX, qu'il a mise à la tête, est datée du 8 Septembre 1561. Il nous apprend dans sa Préface qu'il l'avoit écrit par ordre de Henri II.

PHILEBERT MILET, Champenois. Il a écrit quelques Œuvres, mais je n'en sçai pas les titres ¹.

¹ Ménage, Tom. II de ses *Observations sur la langue Françoise*, p. 273, cite une Edition de 1570 du Dictionnaire de Charles Estienne, laquelle il dit être dûe à un auteur qui ne s'est désigné que par ces lettres *Ph. M. C.* Comme ni lui, ni d'autres ne les ont interpretées, je les interpréte moi de ce *Philebert Milet, Champenois*. (M. DE LA MONNOYE).

PHILEBERT DE PINGON, Gentilhomme Savoisien, natif de Chamberry, &c. Référendaire ou grand Rapporteur

au Parlement de Savoye, fils de Loys de Pingon, &c. Il a écrit plusieurs Mémoires & recherches des nobles & anciennes maisons des Ducs de Saxe & de Savoye, desquelles il a fait imprimer à Turin un fort docte & bien laborieux Œuvre, l'an 1581. Je ne l'ai point vu traduit en François, mais j'ai opinion qu'il le mettra en lumière en cette Langue, afin que l'honneur de son maître & la grandeur de sa maison soit connu de plus en plus ; il a davantage écrit un Livre touchant les Médailles. Je ne sçai s'il est imprimé. Quant à ses Mémoires touchant la Savoye, & ses antiquités écrites en notre Langue, (qui sont autres que les susdits) il ne les a pas encore fait imprimer : ce sera quand il lui plaira, qu'il en fera part au public. Il florit cette année 1584 *.

* Il mourut l'an 1587, âgé de cinquante-huit ans.

PHILEBERT POPILLON DU RIAU, Gentilhomme Bourbonnois, sieur D'ARFUEILLE. Il a écrit vingt-quatre Sonnets amoureux, imprimés à Lyon chez Berthelemy Honorat, l'an 1574.

PHILEBERT DE VIENNE, Champenois, Avocat au Parlement de Paris. Il est Auteur d'un Livre intitulé le Philosophe de Cour, imprimé à Paris par Estienne Grouleau, l'an 1548. Il florissoit sous François I du nom, l'an 1547.

PHILEBERT LE VOYER (Messire), Sieur DE LIGNEROLLES, Chevalier de l'Ordre du Roi, &c. Ce Seigneur de Lignerolles étoit l'un des plus éloquents Gentilshommes de France, & pour ce fait il a été employé en divers Ambassades, par le feu Roi Charles IX, son maître. Je n'ai point vu de ses écrits mis en lumière. Il mourut en l'an 1571, le dixième jour de Décembre. Nous faisons mention de lui ci-après, en parlant de M. René Flacé, (lettre R) lequel a composé une Oraison Funèbre à sa louange. Je ferai plus ample mention dudit sieur de Lignerolles ès vies des Gentilshommes du Maine, ensemble de Madame Anne de Caurienne son épouse, lorsque je ferai mention des maisons nobles d'Italie, duquel pays elle est

iſſue, car ſon père Meſſire Æmillio de Caurienne étoit Chevalier Florentin, ce que j'ai déjà traité amplement en la Généalogie des ſieurs de Lignerolles.

PHILIPPE D'ALCRIPE, Sieur DE NERY EN VERBOS,
(qui eſt un nom ſuppoſé) [1]. Il a écrit un traité plein de men-
ſonges & Contes facétieux, faits pour rire & paſſer temps,
lequel il a intitulé par ironie ou moquerie, la Nouvelle Fabrique des excellens Traités de la vérité, imprimé à Paris l'an
1579.

[1] D'ALCRIPE, par tranſpoſition de lettres, eſt LE PICARD, ſieur DE NERI,
ſieur *de Rien en verbos*, *en paroles*, par alluſion au Latin *verba*. Le Livre, que
j'ai lu autrefois avec plaiſir, conſiſte en faits qui n'ont nulle vraiſemblance,
mais dont le ridicule eſt divertiſſant. (M. DE LA MONNOYE).

PHILIPPES DES AVENELLES. Il a traduit de Grec en
François, quelques Œuvres d'Appien Alexandrin, imprimées à
Paris.

PHILIPPES DE BEAUMANOIR, Bailly de Clermont en
Beauvaiſis. Il a écrit & compilé le grand Coutumier de Beauvai-
ſin en l'an de ſalut 1283, lequel ſe voit écrit à la main, en la
Bibliothèque de Nicolas Bergeron, Avocat en Parlement, &c.
Jean du Tillet fait mention de lui en ſes Mémoires, & pluſieurs
autres Auteurs ſemblablement.

PHILIPPES CAMUS. Il a traduit de Latin en François, le
Roman d'Olivier de Caſtille, & d'Artus d'Argalée, imprimé à
Genêve, il y a plus de cent ans [1].

[1] Au lieu d'*Argalée*, il falloit écrire *Algarbe*, & remarquer que le Roman
d'Olivier de Caſtille n'a jamais, quoiqu'en diſe le titre, été traduit du
Latin, non plus que les Romans de Lancelot, de Triſtan, & pluſieurs autres, dont on a fauſſement prétendu que les Originaux étoient Latins. (M. DE
LA MONNOYE).

PHILIPPES CHRESTIEN, Avocat au Parlement de Grenoble en Dauphiné. Il a recueilli pluſieurs Arrêts notables donnés
ès Souveraines Cours & Parlemens, enſemble ès Sièges Préſi-

diaux du Royaume de France, fur les matières civiles les plus
fréquentes & ordinaires, imprimé à Lyon l'an 1558, chez
Jean Pidié *in*-8°. & contiennent 19 feuilles. Il floriſſoit à Grenoble l'an 1558.

PHILIPPES DE COMMINES (Meſſire), Chevalier, Seigneur
d'Argenton, fur les limites de Poiƈtou & de Berry, Sénéchal de
Poiƈtou l'an 1468, fous Loys XI, iſſu de la noble maiſon de
Commines, près de Meſſine fur le Fleuve du Lys, au bas pays
de Flandres. Il naquit en l'an de ſalut 1445. Il a été eſtimé le
plus excellent Hiſtoriographe de ſon temps, & le plus véritable.
Il a écrit en François la Chronique de Loys XI *, Roi de France
ſon maître, laquelle a été imprimée à Paris l'an 1529, par François Regnault, & depuis par Abel l'Angelier & Thomas Perier,
l'an 1580, & encore à Lyon par Jean de Tournes & autres.
Jean Sleidan l'a traduite en Latin, & Nicolas Reince Pariſien,
l'a traduite en Langue Italienne, ſelon que nous avons dit ci-
deſſus parlant des ſuſdits Sleidan & Reince. Il mourut à Argenton en Poiƈtou, & ſelon autres en Berry l'an 1509, le dix-
ſeptième jour d'Oƈtobre, âgé de ſoixante-quatre ans **. Il eſt
enterré en l'Egliſe des Auguſtins à Paris, dans la Chapelle qu'il
fit édifier audit lieu, en laquelle ſe voit l'effigie d'icelui & de ſa
femme auſſi, nommée Helene de Chambes, de la maiſon des
Comtes de Montſoreau en Anjou, enſemble de ſa fille, nommée
Jeanne de Commines, femme du Comte de Poinƈtievre ou Pen-
thievre, (pour parler ſelon aucuns). Jean Sleidan a écrit ample-
la vie dudit Philippes de Commines, au devant de ſa traduction de ſon Hiſtoire. Loys Guichardin en fait auſſi mention en
la Deſcription de Flandres, *fol.* 389 de la première impreſſion,
enſemble pluſieurs autres Hiſtoriens.

* Les Mémoires de Philippe de Commines contiennent ce qui s'eſt paſſé
de plus intéreſſant ſous les règnes de Louis XI & Charles VIII. Voici le jugement qu'en porte Michel de Montagne, Liv. II, Chap. 10 de ſes *Eſſais.*
« En mon Philippe de Commines il y a cecy : vous y trouverés le langage
» doux & agréable d'une naïve ſimplicité, la narration pure, & en laquelle
» la bonne foy de l'Auteur reluit évidemment, exempte de vanité, parlant

» de foy & d'affection, & d'envie parlant d'autruy : fes difcours & enhorte-
» mens accompaignés plus de bon zèle & de vérité, que d'aucune exquife
» fuffifance, & tout par-tout de l'authorité & gravité, repréfentant fon
» homme de bon lieu, & élevé aux grands affaires ».

**On ne s'accorde pas fur le jour de la mort de cet Ecrivain célèbre. On convient que ce fut en 1509 ; mais les uns, comme Swertius, la placent au XVI des
Kal. de Septembre, c'eft-à-dire, au 17 Août, & les autres, comme Voffius,
au XVI des Kal. de Novembre, c'eft-à-dire, au 17 Octobre. Son Château
d'Argenton étoit des dépendances d'Iffoudun, & par conféquent en Berry.
Ainfi Valere André s'eft trompé, quand il a fuppofé que ce Château étoit
en Poitou ou en Anjou. Il a été détruit par ordre de Louis XIV. Les *Mémoires* de Comines ont été imprimés bien des fois, mais il ne faut s'arrêter
qu'à fept Editions principales : 1°. La première, à Paris, en 1523, *in-fol.*
publiée par les foins de Jean de Selve, premier Préfident au Parlement de
Paris. Elle eft divifée en fix Livres, & ne s'étend que depuis 1464 jufqu'à la
mort de Louis XI. 2°. En 1528 on réimprima, à Paris, ces fix Livres, auxquels
on en joignit deux autres, qui renferment l'Hiftoire de Charles VIII ; 3°. en
1552 parut encore à Paris l'Edition de Denys Sauvage, qui corrigea le texte
fur un Exemplaire original ; 4°. en 1649, on imprima, *in-fol.* au Louvre,
l'Edition de Comines, à laquelle Théodore Godefroy avoit travaillé, &
que Denys, fon fils, acheva. Elle contient beaucoup de pièces juftificatives.
5°. En 1706, Jean, fils de Denis, donna une nouvelle Edition de Comines,
avec des notes & des pièces nouvelles. Elle ne confiftoit d'abord qu'en 3 vol.
*in-*8°. mais fept ans après on y ajouta un quatrième volume, qui renferme de
nouvelles pièces, relatives à l'Hiftoire que Comines a écrite ; 6°. le nombre
de ces pièces fut encore augmenté, dans une Edition, que le même Jean Godefroy publia à Bruxelles, en 1723, en 5 vol. *in-*8°. 7°. Enfin, en 1747,
parut à Paris l'Edition de Comines, en 4 vol. *in-*4°. publiée par Lengler,
avec des remarques & grand nombre de pièces qui n'avoient point jufqu'alors
été publiées. On a eu foin d'exclure celles que M. Duclos avoit fait imprimer à la fin de fon *Hiftoire de Louis XI*, & on s'eft borné aux plus importantes de celles qui compofoient l'immenfe recueil que M. l'Abbé le Grand
avoit raffemblé fur l'Hiftoire de ce Prince. Ce recueil curieux eft confervé à
la Bibliothèque du Roi. Beaucaire a dit, qu'un homme de foi lui avoit affuré
avoir vu un Exemplaire des *Mémoires* de Comines, plus ample & plus entier, que ceux qui étoient pour lors connus ; mais Beaucaire mourut en 1591,
& fon Hiftoire parut en 1580, & l'on avoit depuis long-temps l'Edition de
Sauvage, qui prétendoit avoir revu l'Ouvrage de Comines fur un Exemplaire
original. Beaucaire n'a donc pu dire que les *Mémoires* de Comines avoient
été altérés par Jean de Selve, qui les avoit publiés le premier. Plufieurs ont
foupçonné (& Beaucaire eft de ce nombre) que les Livres VII & VIII, qui
contiennent l'*Hiftoire de Charles VIII*, ne font point de Comines, parce
qu'on y trouve des erreurs confidérables fur des chofes que Comines ne pou-

voit ignorer; mais tous les Manufcrits qui ont été jufqu'ici confultés, n'ont rien fourni qui puiffe fonder ce foupçon. Comines a été traduit dans prefque toutes les langues de l'Europe. Il y en a deux Traductions Latines; une de Sleidan, qui n'eft qu'un Abrégé, & qui parut pour la première fois en 1545; l'autre entière, par Barthius, publiée, en 1619, à Francfort; deux Traductions Italiennes, l'une, en 1544, par Nicolas Reince, dont on a parlé ci-deffus à fon Article; l'autre par Laurent Conti, en 1612, une Angloife en 1576, une Flamande, en 1578; une Allemande, en 1580; une Efpagnole, en 1643, & depuis affez peu de temps une Hollandoife, en 1757... *Comines, felon l'Abbé de Longuerue, n'avoit qu'un naturel très-heureux & de l'expérience... Les Miniftres de Louis XI ne pouvoient guère profiter avec lui, il ne fe découvroit pas toujours à eux, & il les trompoit.* Quelqu'un faifant un grand éloge des Mémoires de Comines : *Allez-vous-en dire cela à l'Abbé le Grand,* répondit Longuerue, *il travaille depuis quarante ans à faire voir que Comines ne fait ce qu'il dit.*

PHILIPPES DANFRIF, natif de Cornuaille en la baffe Bretagne Armorique ou Gauloife, Tailleur général des effigies du Roi, pour les monnoyes de France, homme très-excellent pour la gravure & le burin, fort grand Ingénieur, & inventeur de plufieurs beaux inftruments Mathématiques, defquels il en a mis en lumière quelques-uns, & entre autres ceux pour le Globe, pour l'Aftrolabe, & pour les Horloges, &c. Il florit à Paris cette année 1584.

PHILIPPES HEBERT, natif de Rouen en Normandie, Philofophe & Médecin de la Faculté de Montpellier. Il a écrit un Almanach ou Prognoftication pour l'an 1550, imprimé à Rouen audit an, enfemble celle pour l'an 1552, imprimée audit lieu en l'an 1552, auquel temps il floriffoit.

PHILIPPES DE HURAULT (Meffire), Vicomte de Cheverny, Chancelier des deux Ordres du Roi, par ci-devant Garde des Seaux de France, & maintenant Chancelier en Chef, après la mort de Meffire René, Cardinal de Birague, &c. Gouverneur & Lieutenant Général pour fa Majefté ès Provinces d'Orléans, pays Chartrain, Eftampes, Blois, Amboife, Dunois & Lodunois, &c. Ce Seigneur de Cheverny, mérite d'être mis au plus honorable rang des hommes illuftres & favorifant les Lettres, comme le témoignent affez tous ceux qui lui ont dédié

leu

leurs Livres : auffi que l'on a affez d'expérience de fon fçavoir
par les Etats & Offices qu'il a adminiftrés en ce Royaume depuis
vingt ou trente ans en ça : Et encore pour les beaux Edits &
Ordonnances politiques qu'il a dreffées durant fa charge de
Garde-Seaux, & depuis qu'il eft Chancelier en chef, qui eft
caufe de le faire tant aimer & refpecter du Roi Henri III fon
maître. Nous n'avons encore rien qui aye été mis en lumière
fous fon nom : mais il a prononcé plufieurs très-doctes Harangues, & dreffé plufieurs Mémoires d'Affaires d'Etat, lefquels
ne font encore imprimés : quand il lui plaira de les communiquer au public, enfemble ce grand nombre de Livres écrits à la
main, qui font en fa riche & magnifique Bibliothèque, il fe rendra de plus en plus aimé des hommes doctes, & fera un plaifir
indicible à toute la poftérité. Ce que je crois qu'il fera pour le
bien & avancement du public, duquel il eft tant amateur. Afin
de dire encore un mot de cet honorable Seigneur, je veux bien
avertir que la maifon de laquelle il eft iffu, eft tellement recommandable, pour ceux qui ont rendu fervice aux Rois de France,
tant par les Lettres que par les armes, que peut-être s'en trouvera-
t-il peu, qui foient portant robbe longue, lefquels fe puiffent
vanter d'une plus ancienne & plus illuftre famille. Car dès l'an
1327, il y avoit un nommé Philippes de Hurault, Seigneur de
S. Denis & de la Grange, &c. lequel floriffoit fous le règne de
Philippes de Valois, Roi de France, & mourut en l'an 1350,
duquel Philippes, cetui-ci Chancelier de France, portant même
nom & furnom, & pareilles armes, & encore Seigneur defdites
Seigneuries, tant en Vandomois, que au Perche & au Maine,
eft defcendu en ligne directe, comme il l'a fait apparoître par la
preuve & atteftation de fa nobleffe ou généalogie, laquelle fe
voit collationnée à l'original, & mife au coffre de l'ordre des
Chevaliers du S. Efprit, fignée par Meffieurs de Chavigny, &
de la Vauguyon, & au bas de Neuf-ville Sécretaire d'Etat &
Tréforier dudit ordre, en date de l'an 1578, en Décembre. Il

florit cette année 1584, sous le règne du très-Chrétien Roi de France & de Polongne, Henry III.

* Philippe Hurault de Cheverny, né le 25 Mars 1528, Garde des Sceaux en 1578, Chancelier en 1583, mourut le 30 Juillet 1599, dans la soixante-onzième année de son âge. Sa vie fut écrite par un de ses fils, nommé, comme lui, *Philippe*, qui fut Abbé de Pont-Levoi, puis Evêque de Chartres. Il avoit rassemblé les papiers de son père, & comptoit les publier avec cette vie, qu'il devoit placer à la tête; mais il mourut en 1620, sans avoir exécuté ce projet. Ce ne fut que seize ans après, qu'on vit enfin paroître les Œuvres du Chancelier de Cheverny, sous le titre de *Mémoires d'État* (1636, *in-4°*.) Ils ont été réimprimés depuis en 2 vol. *in-12*. en 1664 & en 1720. Ces Mémoires, qui s'étendent depuis 1567 jusqu'en 1599, ne contiennent pas autant de particularités, qu'on auroit pu en attendre d'un homme aussi instruit. On y a joint deux instructions, l'une à son fils, l'autre à sa fille aînée, *Marguerite Hurault*, que la nouvelle Edition de la *Biblioth. Histor. de la Fr.* (Tom. II, pag. 368) nomme *la Marquise de Rasle*. C'est une faute d'impression, & il faut lire *la Marquise de Nesle*, car elle avoit épousé en premières noces le Marquis de Nesle, qui mourut en 1590. M. de Thou (Liv. CXXIII) place la mort du Chancelier de Cheverny au 29 Juin 1599, & le suppose âgé de soixante-douze ans & quelques mois, ce qui ne s'accorde pas avec les dates que j'ai marquées ci-dessus, & que j'ai tirées de l'*Histoire Généal. des Grands Officiers de la Couronne*, Tom. VI, pag. 501.

¹ M. le Président Henault le nomme par-tout CHÉVERNI, & non CHIVERNI. Dans le premier Exemplaire des Mémoires de Cheverny, donné à la Bibliothèque du Roi, on a remarqué que ce Livre avoit été imprimé par les soins des Jésuites. Cependant, tant qu'il vécut, les Jésuites ne purent rentrer en France. (M. FALCONET).

PHILIPPES DE LAUTIER, Gentilhomme Parisien, issu du pays de Dauphiné, &c. Général en la Cour des Monnoies à Paris, sous les règnes de François I & Henry II, oncle de Mademoiselle de Champ-Bauldouin, Anne de Lautier, veuve de M. le Conseiller Groslot, &c. (comme nous avons dit ci-dessus à la lettre A). Il a écrit un Livre fort docte, & très-curieux, touchant la valeur des Monnoies *, ensemble leurs proctraits : & enfin il a recherché tout ce qui se peut desirer en cette matière ou sujet, touchant toutes sortes d'espèces de Monnoies, & prinpalement de celles de France, tant antiques que Modernes : desquelles il y en a un grand nombre en son cabinet. Il n'a encore

fait imprimer ce Livre, mais j'ai opinion que pour le defir qu'il
a de profiter au public, qu'il le mettra bientôt en lumière **.
Il florit à Paris cette année 1584, âgé de foixante ans, ou
environ.

* Cet Ouvrage a été publié par Jean-Baptifte Haultin, Confeiller au
Châtelet de Paris, fous le titre de *Figures & empreintes des Monnoyes des
Rois de France, depuis le commencement de la Monarchie*, Paris, 1619,
in-4°. Ce Livre eft rare.

** Il étoit d'Ambrun, & fit, en 1559, un *Traité de l'ancienneté du
prix & de la qualité des Monnoies*. ALLARD, *Bibl. du Daufiné*, pag. 135.

PHILIPPES, furnommé LE LONG, XLVIIe Roi de France,
& de Navarre, Comte de Poiétou, en l'an de falut 1316 [1]. Ce
Roi de France, nommée Philippes, a fort aimé la Poëfie Provençale, ufitée de fon temps, en témoignage de quoi il a écrit
plufieurs Poëmes en cette Langue, lefquels ne font encore imprimés. Il entretenoit à fa fuite plufieurs Poëtes Provençaux, defquels nous avons fait mention en cette Bibliothèque. Il mourut
le deuxième jour de Janvier, l'an 1320. Il eft enterré en l'Eglife
de S. Denis en France.

[1] C'eft de lui que, fous le nom de COMTE DE POITOU, il eft parlé dans
Jean de Notre-Dame, Chap. 59, & dans du Verdier, à la lettre P, au mot
COMTE DE POICTOU. (M. DE LA MONNOYE).

PHILIPPES DE LUXEMBOURG (Meffire), Cardinal &
Evêque du Mans, iffu de la très-illuftre maifon des Princes de
Luxembourg, &c. Il naquit en l'an 1446, au Diocèfe d'Arras
en la Gaule Belgique. Il étoit fils de Tibault de Luxembourg,
Seigneur temporel de Fiennes au Diocèfe de Therouenne en
en Picardie, & de Madame Philippes de Meleun, fille du fieur
d'Antoing Jean de Meleun, (comme nous avons déduit bien
plus amplement ès vies des Evêques du Mans, & en la généalogie de la très-illuftre & ancienne maifon des Princes de Luxembourg). Cettui-ci nommé Philippes eft fondateur du Collège du
Mans, fitué en l'Univerfité de Paris, & a bâti plufieurs fuperbes
Palais & Maifons fomptueufes ; & entre autres le Château

d'Yvray l'Evêque, à une lieue du Mans, ensemble le Collége de S. Benoît au Mans : & ne sçai pourquoi ses armes n'y sont comme ès autres lieux qu'il a édifiés, sinon que ses Exécuteurs de Testament ont voulu avoir la gloire après sa mort des choses qui devroient être en Commémoration dudit Cardinal, comme entre autres de ce Collége situé en ladite ville, lequel fut bâti des deniers dudit Evêque, & toutefois un Chanoine du Mans y a fait mettre ses armes, & non celles dudit Cardinal. Pour revenir à parler dudit Seigneur, je n'ai rien vu de ses écrits, qu'un Testament fait quelque temps après son trépas, ensemble quelques pardons & indulgences, touchant les sept stations en l'Eglise du Mans, lesquelles il obtint du Pape, lorsqu'il étoit Légat. Il mourut le vingt-deuxième jour de Juin l'an 1519, âgé de soixante quatorze ans. Il est enterré en l'Eglise de S. Julien du Mans : ses armes sont d'argent au Lyon de gueulles, à la queue fourchée & nouée, ou passée en sautoir, écartelées de la maison des Baux en Provence, qui sont d'argent à l'étoile de gueulles, à seize rais ou rayons, lesquelles j'ai expressément blasonnées à cause que l'on voit une infinité d'endroits au Maine & autres lieux où elles sont dépeintes.

PHILIPPES DE MORNAY [1], Sieur du Plessis Marly en Normandie, Gentilhomme des plus doctes de France, & réputé pour tel, par tous ceux qui ont vraie & entiere connoissance de lui & de ses écrits : ce qui est une chose assez rare & peu commune en France & autres lieux, de voir des Gentilshommes issus de grande maison, (comme est cetui-ci, qui est descendu des Seigneurs de Longueville, l'une des plus renommées & anciennes Seigneuries de Normandie, &c.) avoir les Lettres en si grande recommandation, & y avoir tant profité, qu'ils font honte & surpassent en cela ceux qui en font profession ordinaire, sans s'adonner à autres exercices. Mais pour revenir aux écrits & compositions de ce Seigneur du Plessis, voici ce qu'il a fait de son invention en notre Langue Françoise ; Discours de la vie & de la mort : qui est un traité fort docte, & très-excellent, impri-

mé à Paris chez Périer & Auvray, l'an 1580 & l'an 1584. J'ai
opinion que le sujet de ce Livre a été pris sur l'équivoque ou
allusion du surnom dudit sieur du Plessis, qui est *Mornay* : car
en ce mot se trouve le nom du trépas & de la naissance tout
ensemble, qui est la vie & la mort : si cela n'est ainsi, je ne
pense pas m'être beaucoup éloigné de ce que les plus ingénieux
pourroient rechercher en cela. Il se trouve un Dialogue de la
vie & de la mort, composé en Langue Toscane, par Maître
Innocent Ringhier, Gentilhomme de Bolongne la grasse en
Italie, lequel a été traduit en François par Jean Louveau d'Orléans, & imprimé à Lyon l'an 1557, par Robert Granjon :
mais encore que le titre de ce Livre dudit Italien, soit pareil à
celui du sieur du Plessis : si est-ce qu'il y a bien grande différence
de l'un à l'autre : de quoi j'avertis ceux qui pensent quand ils
voyent un Livre, de même titre, ou semblable inscription, que
ce ne soit qu'une répétition ou imitation du premier Auteur,
à celui qui en a pareillement écrit. Il a davantage écrit un des plus
beaux, & des plus doctes Livres que nous ayons encore point vu,
en notre Langue Françoise, traitant de la vérité de la Religion
Chrétienne, contre les Athées, Epicuriens, Payens, Juifs,
Mahumedistes & autres infidèles, imprimé à Anvers chez
Chrestofle Plantin l'an 1582, *in-4°.* & depuis chez Jean Richier, à Paris audit an 1582 & l'an 1583, & encore à G.
audit an. Ce Livre a été si bien reçu en notre France, que
l'Auteur d'icelui l'a écrit en Langue Latine, afin qu'il fût veu
& leu de plusieurs Nations étrangères, lesquelles n'ont pas
connoissance de notre Langue vulgaire : il a été imprimé en
ladite Langue Latine à Anvers, chez le susdit Chrestofle
Plantin, l'an 1583, & en autres lieux. Il a écrit un Traité de
la providence de Dieu, duquel il fait mention en ses Œuvres.
Je ne sçai s'il est imprimé. Traité de l'Eglise, imprimé à Londres, l'an 1578. Il florit cette année 1584, & est employé
d'ordinaire pour les affaires du Roi de Navarre, son maître. Si j'avois connoissance de ses autres écrits, j'en ferois plus

ample récit en ce lieu : mais je n'ai vu que les fufdits mis en lumière *.

¹ Il mourut le 11 Novembre 1623, âgé de foixante-quatorze ans. On lui a fait diverfes Epitaphes ; mais on ne pouvoit lui en faire qui lui convînt mieux que celle-ci :

> Cy gît Mornay, cet homme habile,
> Mort à foixante & quatorze ans,
> Il en devoit vivre dix mille,
> N'étant pas mort en mil fix cens.

Cela veut dire qu'il n'y a pas de vie, pour longue qu'elle fût, à laquelle il ne pût efpèrer d'atteindre, n'étant pas mort de honte après la difpute avec l'Evêque d'Evreux, le 4 Mai 1600 à Fontainebleau. (Voyez fur ce jugement févère de M. de la Monnoye ce qui a été dit de cette difpute au mot JAQUES DAVI DU PERRON, Cardinal)... (M. DE LA MONNOYE).

Sa femme augmenta de plus de moitié l'Hiftoire imprimée de la vie de fon mari, ou fes Mémoires, qui font très-curieux, pour ce qui s'eft paffé depuis 1572 jufqu'à fa mort. Voy. le *Mercure François*, Tom. II, VI, VII & VIII. Il mourut en fon Château de la Foreft en Poitou, où il fe retira, après que Louis XIII lui eût ôté, en 1621, le gouvernement de Saumur. Il a toujours été loué pour fa douceur. Il eft dit dans le *Huetiana*, pag. 127, qu'*il avoit plus de réputation que de mérite*. (M. FALCONET).

*Philippe de Mornay a publié de fon vivant beaucoup de petites pièces, qui fe trouvent imprimées parmi les *Mémoires de la Ligue*, & divers Ouvrages de controverfe, qui firent beaucoup de bruit quand ils parurent. Perfonne n'ignore qu'on le nommoit *le Pape des Huguenots*, tant fon mérite & fon favoir lui avoient donné d'autorité parmi ceux de fa fecte. Deux de fes plus confidérables Ouvrages font, le *Traité de l'Euchariftie*, & l'*Hiftoire de la Papauté*, tous deux *in-fol.* Le dernier a pour titre, *le Myftère d'iniquité*, ce qui défigne affez dans quel efprit il eft écrit. Ses *Mémoires* ne parurent que long-temps après fa mort. Ils furent publiés par Jean Daillé, en 1624 & 1625, en 2 vol. qui s'étendent depuis l'an 1572 jufqu'en 1599. On en publia la fuite en deux autres volumes, en 1652, & cette fuite s'étendoit depuis 1600 jufqu'en 1623. On fait cas de ces *Mémoires*, qui contiennent quantité de lettres, de dépêches, d'inftructions, de difcours concernant les affaires auxquelles Mornay eut part. Il eut un grand crédit auprès de Henri IV. Il s'oppofa, tant qu'il lui fut poffible, à fon abjuration, & quand elle fut faite, Mornay fe retira de la Cour.

PHILIPPES OGIER. Il a écrit le Catalogue des Eglifes & rues de Paris, avec la dépenfe qui fe fait chacun jour en ladite

Ville & Fauxbourgs, avec plufieurs autres petites recherches curieufes, &c. le tout imprimé à Paris il y a plus de cinquante ans.

PHILIPPES DE PARIS, ou LE PARISIEN, ancien Poëte François, l'an 1260 ou environ. Il a écrit quelques Poëfies, non encore imprimées, Claude Fauchet en fon Livre des Poëtes François, ne le nomme que *Philippes Pa.* mais j'ai trouvé par autre endroit, que c'étoit Philippes de Paris [1].

[1] On ne devine pas aifément les noms écrits à moitié. Fauchet, Chap. 58 de fes *Poëtes*, parle d'un *Philippe Pa*, qu'il nomme ainfi, parce qu'il ne le trouvoit pas autrement nommé dans fon Manufcrit. La Croix du Maine dit, avoir reconnu, par un endroit qu'il ne fpécifie point, que c'étoit *Philippe de Paris*, & veut en être cru fur fa parole, comme s'il ne pouvoit pas y avoir eu un *Philippe Pa*, puifque les noms de *Sa* & d'*O* font célèbres, & que du Verdier produit un *Philippe de Pas*. (M. DE LA MONNOYE).

PHILIPPES DES PORTES, natif de la ville de Chartres en Beaulfe, Abbé des Abbayes de Jofaphat & de Tyron, au Diocèfe de Chartres, Chanoine de la Sainte Chapelle à Paris, &c. [1] Ledit fieur des Portes, s'eft en fes jeunes ans addonné à la poëfie Françoife, laquelle étoit comme née avec lui, & s'eft tellement fait renommer pour fes élégantes & agréables com-pofitions, qu'il a emporté le prix par fur tous ceux de fon temps en ce genre d'écrire : foit pour la douceur de fon ftyle & façon de compofer très-agréables à tous, ou pour avoir fçu imiter tant heureufement les plus renommés Poëtes Grecs & Latins, & encore les Modernes, Italiens, & d'autre Nation, que tous d'une voix lui ont donné la gloire, par deffus les autres : ou pour le moins les feconds rangs, après ceux qui étoient les plus eftimés. L'on a recueilli un jufte volume de tous fes poëmes François, lequel a été imprimé à Paris chez Mamert Patiffon & autres, par plus de vingt diverfes fois, tant fes Œuvres ont été bien reçues de toutes fortes d'hommes, & fur toutes chofes caref-fés & chéris par les Rois de France fes maîtres, Charles IX & Henry III, qui l'ont tant aimé qu'il n'a jamais été éconduit ou

refufé de quelque chofe qu'il leur ait demandée, tant il leur a
fçu plaire, par fes façons & actions louables. Mais à fin de dire
librement, ce que j'ai connu en ce Seigneur Philippes des Portes,
je ne craindrai point à difcourir en bref de la profeffion qu'il
fait maintenant, toute différente de fa première étude ou vacation. Car voyant qu'il poffédoit des biens en l'Eglife, il a voulu
s'addonner du tout à la Sainte Théologie, pour s'acquitter de
fa charge, envers Dieu & les hommes, & pour empêcher que
ceux qui feroient jaloux de fon bonheur, ne miffent en avant,
que cela lui fût mal féant, de poffeder des bénéfices. Donc pour
ce faire il a tellement embraffé (depuis quelques années) la
Théologie, & Saintes Lettres, qu'il eft aujourd'hui eftimé l'un
des plus promus en cette faculté, qu'autre qui s'y foit adonné
depuis long-temps en ça : ce que je crois tant par expérience,
que par le fidèle rapport de ceux qui me l'ont confirmé, comme
fçavants & experts en cela, & en devifant fans flaterie. Davantage il a tellement en recommandation les Lettres Grecques, &
la Philofophie, que pour en communiquer & apprendre des plus
fçavants, il a d'ordinaire en fa maifon, des plus doctes hommes
de ce fiècle : & fi quelques-uns penfent que ceci foit dit, par
trop à fon avantage, je les prie d'attendre d'en juger lorfqu'ils
en auront auffi bonne connoiffance, comme j'en peux avoir,
encore que je n'aye pas eu cet heur, de l'avoir fréquenté auffi
fouvent, & avec telle familiarité, comme je l'euffe bien defiré
fouventefois. Je ne penfe pas avoir écrit ceci, fans qu'il s'en
trouve quelques-uns qui ayent opinion de moi, que je le faffe
par tranfport d'amitié, ou pour efpérer en fa faveur, mais je
prie ceux qui auront cette opinion de moi, de croire qu'en tout
cet Œuvre, je n'ai donné louange à aucun, qui ne foit véritable, & que s'il étoit autrement, cela tomberoit fur moi, &
feroit du tout à ma confufion : car je le ferois par ignorance,
ou par moquerie, ou bien par une trop grande amitié, en leur
endroit, qui font trois vices lefquels j'ai fuis entre tous autres
ordinaires aux Ecrivains d'Hiftoires. Et dirai bien qu'en ceci j'ai
imité

imité la devife, attribuée à M. de Langey, Meffire Guillaume du Bellay qui étoit telle, *Ami de tous & de nul l'ennemi.* Pour revenir à parler dudit fieur des Portes, il a écrit en profe plufieurs très-doctes, & bien faintes prières à Dieu, lefquelles ne font encore imprimées, non plus que fes autres Œuvres, en Théologie, foit touchant la Trinité & autres beaux fujets, pris des Saints Docteurs de l'Eglife. Il florit à Paris cette année 1584, âgé d'environ quarante ans, & ne ceffe de faire toutes fortes. d'amis, & principalement à l'endroit des hommes de Lettres, afin de ne dégénérer du naturel qu'il a dès fes plus tendres ans.

* Philippe des Portes naquit à Chartres, en 1548, de Philippe des Portes, les uns difent *Drapier*, les autres *Bourgeois* de cette Ville, & de Marie Edeline. Etant venu à Paris, il s'attacha à un Evêque, que l'on ne nomme pas, avec lequel il alla en Italie, où il apprit parfaitement l'Italien, & s'appliqua enfuite à traduire les Poëtes. De retour en France, il s'adonna à la Poëfie Françoife, qu'il débarraffa de cet attirail d'expreffions Grecques, de termes ampoulés, d'épithètes impropres, de tours obfcurs & contraints, que Ronfard y avoit introduits; fa Poëfie, dit Pâquier, *eft douce & coulante.* Elle fe lit même encore avec plaifir, tandis que les vers durs & Gothiques de Ronfard ne font plus fupportables :

> Ce Poëte orgueilleux, trébuché de fi haut,
> Rendit plus retenus des Portes & Bertaut. BOILEAU.

Il eft certain que des Portes connut mieux le génie de notre langue, & contribua à la former. Ses talens, à leur aurore, trouvèrent de puiffans Protecteurs. Le Duc d'Anjou le mena avec lui en Pologne, en 1573; il en revint l'année fuivante avec ce Prince, qui régna fous le nom de *Henri III.* Il combla des Portes de biens, lui donna, en 1582, l'Abbaye de Tiron, au Diocèfe de Chartres, celle de Jofaphat au même Diocèfe, en 1589, & peu après celle de Bonport, Ordre de Cîteaux, au Diocèfe d'Evreux, près du Pont de l'Arche, & un Canonicat à la Sainte Chapelle de Paris. Tous ces bénéfices lui rapportoient alors dix mille écus de rente. Après la mort funefte du Roi Henri III, il fe retira à fon Abbaye de Bonport, où la fréquentation de l'Amiral de Villars, & l'attachement qu'il prit pour lui, le rendit Ligueur; ce qui le fit nommer dans le *Catholicon*, POËTE DE L'AMIRAUTÉ. Cependant il eut dans la fuite les bonnes graces de Henri IV, qui l'aima. Les Poëfies Galantes l'occupèrent une partie de fa vie ; il y renonça fur la fin, & ne s'occupa plus que de compofitions morales ou pieufes. Il fut peu fenfible aux critiques que l'on fit de fes Ouvrages; quoique dans l'opulence, il vécut ſans faſte , ſans orgueil , avec un déſintéreſſement marqué & une grande tranquillité d'eſprit , ſur-tout lorſqu'il étoit à ſon Abbaye de Bonport :.

> Là , franc d'ambition , je voy couler ma vie ,
>
> Sans envier aucun , ſans qu'on me porte envie ;
>
> Roi de tous mes deſirs , content de mon parti ,
>
> Je ne m'appaſte point d'une vaine eſpérance ,
>
> Fortune ne peut rien contre mon aſſeurance ,
>
> Et mon repos d'eſprit n'eſt jamais diverti.

Il mourut dans ſon Abbaye de Bonport , le 5 Octobre 1606 , âgé de ſoixante ans & cinq mois , ainſi que le prouve l'Epitaphe que fit mettre ſur ſon tombeau ſon frère Thibaut des Portes , ſieur de Bevillier , grand Audiencier de France. On a fait pluſieurs Editions des Poëſies de Des Portes. La première , en 1573 , *in-4º.* à Paris , Robert Eſtienne ; 2º. 1579 , *in-4º.* Paris , Patiſſon ; 3º. à Anvers , en 1591 ; 4º. à Paris , 1600 , *in-8º.* 5º. à Paris , 1602 , *in-8º.* 6º. à Rouen , 1611 , *in-8º.* — Voy. les Mém. de Niceron , Tom. XXV , pag. 307 , & la Bibl. Franç. de M. l'Abbé Goujet , Tom. XIV , pag. 65.

Les recueils de M. Falconet nous fourniſſent quelques Anecdotes ſur la vie de Des Portes , que nous allons rapporter. « Il étoit gentil , agréable , » ſurnommé *le Mignard* , parce qu'il s'étoit formé ſur les Italiens , gouver- » noit le corps & l'eſprit de la Ducheſſe de Retz , *Claude-Catherine de Cler-* » *mont* , mère de l'Archevêque de Paris , étoit bon négociateur , & contribua » beaucoup à faire rentrer la Province de Normandie ſous l'obéiſſance de » Henri IV , qui aimoit à le voir , & voulut lui donner l'Archevêché de » Bordeaux , qu'il refuſa , diſant qu'il n'étoit pas d'une vie aſſez exemplaire ; » il aimoit beaucoup ſes aiſes ; il ne voulut être ni Prêtre , ni marié , de peur » qu'étant l'un , il ne lui prît envie d'être l'autre. Il eut d'une fille de Village , » qu'il tenoit renfermée chez lui , un bâtard , nommé *Philippin* , qui devint » fou ; on le diſoit enfant du laquais qui portoit à manger à la fille ; on en a » dit de même des autres enfans , qu'il croyoit avoir eus des femmes qu'il avoit » entretenues. Ronſard eſtimoit des Portes le premier Poëte de ſon temps ». Il ordonna de chanter après ſa mort le Pſeaume *Quàm dilecta Tabernacula* , ce qui donna occaſion de dire , qu'il ne croyoit pas plus au Purgatoire , que M. de Beaune , Archevêque de Bourges , qui n'avoit point ordonné de ſer- vice pour le remède de ſon ame. Voy. le *Journal d'Henri IV* , 1606 , Tom. III , p. 291 , & les *Lettres* de Patin , Tom. II , Let. 292. On lit dans le *Perroniana* , Article de Ronsard , qu'*il étoit plus ſavant qu'homme de France & de la Chrétienté.* Il avoit une Bibliothèque nombreuſe & bien choiſie , toujours ouverte aux gens de lettres , auxquels il prêtoit volontiers des Livres.

PHILIPPE DU PRAT * , Damoiſelle Pariſienne , ſœur aînée d'Anne du Prat , (de laquelle nous avons fait mention ci-deſſus).

enfemble de Madame Anne Seguier leur mère, Dame de la Vergne, femme en premières noces, de Meſſire François du Prat, Baron de Thiert : duquel mariage ſont iſſues ladite Philippe & Anne, toutes deux ne dégénèrent en rien du ſçavoir de leur mère, car elles ſont tellement ornées d'une rare Littérature, & ont l'eſprit ſi clair-voyant, (ſans que je faſſe ici mention de la connoiſſance qu'elles ont en la poëſie & art oratoire, juſques à là que d'écrire & parler en Latin) que c'eſt choſe bien digne de recommandation, & qui mérite que leur nom s'étende auſſi loin, comme je m'aſſure que leurs écrits & doctes compoſitions leur acquerront de renommée. Elles n'ont encore fait imprimer leurs compoſitions, ſoit en proſe ou en vers, mais j'ai opinion qu'elles porteront tant de faveur à nos François, que de les leur communiquer, & les en faire participans. Elles floriſſoient à Paris cette année 1584.

* Philippe du Prat, & ſa ſœur Anne du Prat, étoient arrières-petites-filles du Chancelier Antoine du Prat, & filles de François du Prat, qui a formé la branche des Barons de *Thiers*, & non pas de *Thiert*, comme l'écrit La Croix du Maine. Elles furent toutes deux mariées. Celle dont il s'agit dans cet Article étoit l'aînée. Elle épouſa le Baron de Conac en Limouſin. Anne Seguier, leur mère, ſe maria à Hugues de la Vergne. Son premier mari étoit mort en 1583, & La Croix du Maine, qui écrivoit en 1584, la nomme *Dame de la Vergne* ; ainſi ce fut vers le commencement de l'an 1584 qu'elle ſe remaria : ce que j'obſerve, parce que la date de ſon ſecond mariage n'eſt point marquée dans l'*Hiſtoire des Grands Officiers de la Couronne*, Tom. VI, pag. 457.

PHILIPPES DE QUIERLAVEINE, fils aîné du ſieur de la Cornuere & des Patiz, Gentilhomme du Maine, &c. Il a écrit trente-ſix Sonnets ſur l'Adieu ou congé qu'il prend de Damoiſelle Lucrece le Gras, fille aînée du ſieur de la Freſnaye Meſcrin, ſa maîtreſſe, &c. leſquels ont été imprimés au Mans par Marin Chalumeau l'an 1579. Il florit au Maine cette année 1584.

PHILIPPES TARON, Sieur de la Groye au Maine, & natif dudit lieu, Avocat au Siège Préſidial du Mans. J'ai ci-

devant fait mention de M. Jean Aubert, fieur de la Moreliere,
& ai dit que c'étoit l'un des plus renommés de tout le Mans,
voire du Maine, & des lieux d'alentour, tant pour la Jurifprudence, que pour les Confultations qu'il fait chacun jour : mais
fi ayant loué ce Seigneur Aubert je ne faifois auffi par même
moyen un récit des louanges dues à ce Seigneur de la Groye,
pour les femblables parties & vertus recommandables, qui font
tellement égales en ces deux perfonnages, qu'à peine j'en pourrois
donner mon jugement, fans encourir trop de hazard à l'endroit
de ceux qui font connoiffants les fufdits. Je dirai que fi l'un d'eux
mérite une infinité de louanges pour fa doctrine & érudition,
que l'autre n'en doit avoir moins, tant pour les affaires ou il a
été employé, foit aux Etats à Orléans & à Blois, & autres
endroits, efquels il s'eft montré tellement vertueux, qu'il n'a
point tant craint fes Majeftés, qu'il n'ayt prononcé librement
ce qu'il voyoit devoir être obfervé pour bien régir & policer
un Royaume. Il n'a encore mis aucunes de fes Œuvres en lumière,
mais s'il veut tant porter de faveur à ceux de fon pays, que de
les faire participans de fes doctes Commentaires & annotations
fur les Coutumes du Maine, certes il fe rendra de plus en plus
digne d'immortalité; & de ma part je fouhaite qu'il le faffe,
enfemble qu'il ne fe montre avare de ce beau Recueil d'Arrêts,
& des Confultations qu'il a recueillies depuis cinquante ans,
ou environ, qu'il a fait profeffion de la Jurifprudence. Il
florit au Mans cette année 1584, âgé de plus de foixante & dix
ans.

PHILIPPES DE VICTRAY [1], Evêque de Meaux près Paris,
ancien Poëte François. Il a écrit quelques poëfies en notre langue,
lefquelles ne font pas imprimées. Nicolas *de Clemangis*, en a
traduit quelques-unes en Latin. Ledit Evêque floriffoit il y a
plus de cent ans *.

[1] Il falloit plutôt dire DE VITRI. Cet Evêque mourut le 10 Juin 1351 *,
& floriffoit par conféquent cent cinquante ans plutôt qu'il n'eft dit ici. Ses
vers François, au nombre de trente-deux, fuivis de la Traduction qu'en a

faite en vers Latins Nicolas de Clémangis, ont été imprimés à la fin de l'Edition *in-16.* que Jean de Tournes le fils donna l'an 1591 en Espagnol, en François & en Italien du Livre que Guévare a intitulé, *El menos precio de corte y alabanca de aldea.* Ces vers, appelés vulgairement *les dits de Franc Gontier,* du nom de *Gontier,* Villageois que le Poëte introduit, tendoient à faire voir que la vie rustique de ce *Gontier* & d'*Hélène,* sa femme, étoit préférable à la vie de la Cour. Pierre d'Ailly, au commencement du siècle suivant, opposa aux dits de Franc Gontier une Description de la vie pompeuse, mais inquiète & chagrine d'un grand Seigneur, en pareil nombre de vers François, qu'on appela *les Contredits de Franc Gontier,* & que Nicolas de Clémangis mit aussi en vers Latins; le tout imprimé dans l'endroit ci-dessus marqué. Ces *Dits* & *Contredits* étant fort en vogue du temps de Villon, lui donnèrent lieu de faire d'autres *Contredits dits de Franc Gontier,* qu'on peut voir dans ses Poësies, avec l'Argument que Marot y a mis, où il a dit que ces pièces ne furent faites du temps de Villon, que parce que c'est alors principalement qu'elles eurent cours. On dit que Philippe de Vitri, à l'instance de Charles V, & de Jeanne de Bourbon, femme de ce Roi, mit en vers François les *Métamorphoses d'Ovide,* & que le Manuscrit s'en voit à la Bibliothèque de S. Victor à Paris. (M. DE LA MONNOYE).

* M. de la Monnoye s'est trompé. Il a pris l'année où Vitry fut fait Evêque de Meaux pour l'année de sa mort. Il parvint au Siège Episcopal de cette Eglise en 1351, & mourut le 9 Juin 1361. (Voy. le *Gall. Christ.* Tom. VIII, Col. 1636). Il étoit grand Musicien, & c'est à lui que fut écrite la trentetroisième des Lettres Familières de Pétrarque, adressée *Au Musicien Philippe de Vitry.*

PIERRE D'AILLY, Docteur en Théologie, & Chancelier de l'Université de Paris, dit en Latin *de Alliaco,* qui est une très-noble & très-ancienne maison en Picardie, auquel nom *de Alliaco* plusieurs se sont trompés, l'ayant traduit en François *d'Alliac* au lieu *d'Ailly,* qui est sa vraie appellation. Cetui-ci étoit natif de la ville de Compiegne en Picardie. Il fut Evêque de Cambray, & enfin Cardinal & Légat, sous le Pape Jean XXIII, ce qu'il obtint pour sa grande doctrine & érudition, & principalement en la Théologie, en laquelle faculté, il étoit le plus renommé Docteur de son temps. Il fut Précepteur de Jean de Gerson, duquel nous avons parlé ci-devant *. Il a écrit en François, un Livre intitulé les sept degrés de l'Echelle de Pénitence, figurés & exposés sur les sept Psalmes Pénitentiels, imprimé à Paris [1]. Il a écrit plusieurs vers François en rithme usitée

de son temps, lesquels ont été mis en vers Latins, par Nicolas
de Clemangis. J'en ai vu quelques-uns imprimés, il y a plus de
cent ans, quant à ses compositions Latines, lesquelles sont en
grand nombre, nous en ferons mention autre part. Il mourut
en France l'an 1425.

* Pierre d'Ailly fut un de ces hommes, qui doivent leur célébrité & leur
fortune à leur mérite, & aux circonstances heureuses où ils se trouvent. Il
naquit à Compiègne de parens pauvres & inconnus en 1350. Il entra, en
1372, Boursier au Collège de Navarre, parmi les Etudians en Théologie. En
1380 il fut reçu Docteur, eut un Canonicat de Noyon; & quatre ans après
il fut Grand-Maître de ce même Collège. Sa réputation étoit déjà brillante:
il prêchoit avec succès; il soutint, en 1387, devant l'Antipape Clement VII,
que la France reconnoissoit, & qui siégeoit à Avignon, la Sentence prononcée par l'Université de Paris, contre un Jacobin Arragonois, qui nioit l'Immaculée Conception. Cette action d'éclat lui valut, en 1389, la place de
Confesseur & d'Aumônier du Roi Charles VI. Il fut, peu après, Chancelier de
l'Université, & Trésorier de la Sainte Chapelle de Paris. En 1395, il fut
nommé à l'Evêché du Puy en Velay, l'année suivante à celui de Cambray.
Il se distingua aux Conciles de Pise & de Constance, fut fait Cardinal en
1411, & fut ensuite employé à diverses légations. Les Registres de l'Eglise
de Cambray portent qu'il mourut le 9 Octobre 1425, étant Légat du S.
Siège dans la basse Allemagne, & qu'au mois de Juillet suivant, on apporta
son corps à Cambray, où il fut enterré dans l'Eglise Cathédrale, derrière
le grand Autel. Cette date paroît la plus sûre de toutes. Quelle différence
entre la fortune de Gerson, disciple de Pierre d'Ailly, & celle de son maître, quoique le premier eût peut-être plus de mérite, & certainement plus
de science que le second! — Launoy, *Hist. du Collège de Navarre*, pag. 134,
l'appelle *Aquila Franciæ, atque aberrantium à veritate mulleus indefessus.* Son
entêtement pour l'Astrologie Judiciaire est remarquable. Bellarmin, Lib.
*de Scriptor. Ecclesiast. Unum est in quo reprehenditur hic Auctor, quod videlicet
sensisse videatur Christi Nativitatem prænosci potuisse ex Genethliacis observa-
tionibus, atque ad hoc adduxerit apparitionem Stellæ quæ apparuit Magis.*
Vossius, Lib. *de Scient. Mathemat.* pag. 215, observe que P. d'Ailly, dans
son Livre, *de Concordiâ Historiæ & Astrologiæ divinatricis,* a soutenu que le
déluge de Noé, la naissance de Jesus-Christ, les Miracles & les Prodiges
ont pu être devinés & prédits par l'Astrologie, & qu'il rapporte les naissances, changemens & ruines des Républiques & des Religions aux conjonc-
tions des hautes Planètes. — Une telle doctrine, soutenue avec érudition,
& une certaine éloquence, dans un temps où les ténèbres de l'ignorance
étoient encore bien épaisses, a peut-être contribué, plus qu'on ne pense,
à la fortune de Pierre d'Ailly. — Il présidoit à la Session du Concile de
Constance, où Jean Hus fut condamné au feu: il l'exhorta beaucoup à se

foumettre & à fe rétracter, avant de prononcer l'Arrêt de condamnation, mais le Novateur ne fe rendit pas, & fut brûlé.

¹ Voyez, au mot Antoine Belard, la correction de l'erreur de La Croix du Maine, touchant le Livre des *Sept Degrés de l'Echelle de Pénitence*, qu'il a cru que Pierre d'Ailly avoit écrit en François, & remarquez une autre erreur, touchant ce qu'il dit, que " ce Cardinal a » compofé plufieurs vers François, mis en vers Latins par Nicolas de Clé-» mangis », parce que, quand il feroit vrai que le Cardinal auroit fait plufieurs vers François, de quoi l'on peut fort bien douter, il feroit toujours faux que Clémangis les eût tous traduits en vers Latins, puifque les *Contredits de Franc Gontier*, qui font les feuls qu'il a traduits, n'excédent pas le nombre de trente-deux vers, comme nous l'avons obfervé ci-deffus, au mot Philippes de Victray. (M. de la Monnoye).

PIERRE AIRAULT, Angevin, dit *Ærodius*, Lieutenant Général Criminel au Siège Préfidial, & Sénéchauffée d'Anjou, Maître des Requêtes de l'Hôtel de M. le Duc d'Anjou, frère du Roi, &c. Cette famille des Airaults en Anjou, a été très-renommée de tout temps, & encore de fraiche mémoire nous en avons eu en France pour Garde - Seaux, Meffire François Errault de Chemens, fieur dudit lieu en Anjou : & encore a produit plufieurs doctes hommes, qui ont fait profit à la République, tant par les Lettres que par les armes. Le fufdit Pierre Airault, a écrit en François, un Traité de l'ordre & Inftruction Judiciaire, dont les anciens Grecs & Romains ont ufé, en accufations publiques, conféré à l'ufage de notre France, imprimé à Paris l'an 1576, *in-*8°. & contient 12 feuilles. La Pratique en Droit, imprimée à Paris l'an 1576; Recueil de vingt-un Plaidoyers, faits en la Cour de Parlement à Paris, avec les Arrêts fur ce intervenus, imprimés à Paris chez Martin le Jeune, l'an 1568; Harangue faite à Monfeigneur le Duc d'Anjou, frère du Roi, &c. à fon arrivée en fa ville d'Angers, depuis fon Apennage, qui fut le 7 de Janvier l'an 1570, imprimée à Angers chez René Piquenot, audit an 1570. Il a écrit plufieurs autres Livres, defquels je n'ai pas connoiffance : Il florit à Angers cette année 1584 ¹.

¹ Il mourut à Angers, le 21 Juillet 1601, âgé de foixante-cinq ans. Gilles

Ménage, dont il étoit Ayeul maternel, en a écrit la vie en Latin, & l'a illuftrée en François de remarques favantes & curieufes, *in-*4°. à Paris, 1675, lefquelles appuyent celles de La Croix du Maine, touchant la parenté des *Ayraults* & des *Erraults*. (Sa famille fubfifte encore à Angers, où elle poffède la même charge). — Voy. les Mém. de Niceron, Tom. XVII, pag. 327. (M. DE LA MONNOYE).

PIERRE AMADIS, dit AMADEUS ET AMADISIUS, natif du Diocèfe d'Auch en Gafcongne, & Chanoine audit lieu, Poëte Latin & François. Il a écrit plufieurs Poëmes François, contenant plufieurs Sonnets, avec les anagrammes ou noms retournés, de plufieurs illuftres hommes & dames, lefquels il me fit voir à Paris l'an 1583, ils ne font encore imprimés. Il florit en fon pays de Gafcongne cette année 1584; âgé d'environ cinquante ans.

PIERRE AMY, dit AMIUS, Sieur du Pont, natif de la ville du Mans, Confeiller du Roi au fiège Préfidial & Sénéchauffée du Maine, très-docte & très-excellent Poëte Latin [1]. Il n'a encore fait imprimer fes Poëmes Latins, non plus que fes autres compofitions Françoifes. Il florit au Mans cette année 1584.

[1] Il eft différent de ce PIERRE AMY, Confrère de Rabelais, au Couvent des Cordeliers de Fontenay-le-Comte, & qui, de même que Rabelais, fe défroqua. Au-devant de l'*Apologie des Femmes*, écrite en Latin par Amauri Bouchard, Préfident au Préfidial de Saintes, & depuis Maître des Requêtes, il y a une Epître de ce PIERRE AMY à André Tiraqueau, de laquelle le deffus eft tel : *Petrus Amicus, Sodalis Francifcanus Andreæ Tiraquello fuo.* Le Livre de Bouchard fut achevé d'imprimer le 19 Janvier 1522, fuivant l'ancien Calendrier, chez Badius, *in-*4°. L'Auteur, feuillet 9, v°. y parle ainfi de ce Cordelier : *Judicet Sodalis ille Francifci, qui, quod eft, id verè & amicus, & nofter eft.* Il dit *Nofter*, parce qu'il adreffe la parole à Tiraqueau. Ceci, par occafion, foit dit pour illuftrer ce qu'on trouve dans Rabelais, Chap. 10 du Liv. III, touchant ce PIERRE AMY, connu d'ailleurs par les Epîtres de Budé. (M. DE LA MONNOYE).

PIERRE ANDRÉ, natif du Dorat, Chirurgien à Poictiers, l'an 1563. Il a écrit un Traité de la préparation de l'Antimoine, & les vertus & propriétés d'icelui, enfemble un Traité de la Dyffenterie, & de fes remèdes, imprimés à Poictiers l'an 1563.

PIERRE

PIERRE, ou PERRIN D'ANGECOUR *, Gentilhomme Champenois, ancien Poëte François. Il a écrit plusieurs Poësies non encore imprimées. Il florissoit en l'an 1220 ou environ.

* Son nom étoit D'ANGECORS. Voy. FAUCHET, Chap. 19.

PIERRE L'ANGLOIS, Ecuyer, Sieur DE BELESTAT. Il a écrit un Discours des Hieroglyphes, ou Sculptures sacrées des Ægyptiens, ensemble des Emblêmes, Devises, & Armoiries : & outre cela cinquante-quatre Tableaux Hieroglyphiques, pour exprimer toutes conceptions, à la façon des Ægyptiens, le tout imprimé à Paris, chez Abel l'Angelier l'an 1583, in-4°. contenant 30 feuilles. Il florit à Lodun en Poictou, cette année 1583. Nous ferons mention de lui ci-après, quand nous parlerons de *Pierre Marin Blondel Lodunois*, &c.

PIERRE D'ANTON, Abbé d'Angle, Voy. JEAN D'AN-THON, (*Tom. I. pag.* 484 *de cette nouvelle Edition*).

PIERRE D'AUVERGNE, surnommé LE VIEIL, natif de Clermont en Auvergne, très-ancien Poëte François. Il a écrit plusieurs Poëmes & entre autres un qui est à la louange des Poëtes Provençaux de son temps. Il a écrit une Satyre contre les Siciliens, touchant le massacre qu'ils firent des François, qui étoient à Naples pour Charles I du nom. Chansons spirituelles. Chanson à la louange de Clarette des Baux, Damoiselle Provençale, &c. Le Contrat du corps & de l'ame. Il mourut à Clermont en Auvergne l'an 1280 ou environ. Dante, Poëte Florentin, fait mention de lui en son Livre de la vulgaire éloquence, &c *.

* Jean de Notre-Dame en parle amplement, Chap. 49.

PIERRE AVRIL, Poëte François assez ancien. Il a écrit quelques Chants Royaux en l'honneur de la glorieuse Vierge Marie.

PIERRE BALTHAZAR, appellé en Langue Flamande BALTENS, natif du pays de Brabant, Citoyen d'Anvers en l'an 1578, homme fort ingénieux & d'un esprit émerveillable, fort bon peintre & graveur, excellent pour l'écriture & grand rechercheur de l'antiquité. Il a écrit en François les Généalogies, & anciennes defcentes des Foreftiers & Comtes de Flandres, avec une brefve Defcription de leurs vies & geftes, imprimées à Anvers par André Bax, *in-fol.* l'an 1580, contenant 32 feuilles le tout avec des protraicts defdits Comtes de Flandres tirés après le naturel fur taille douce. Armoiries & devifes des Chevaliers de la Toifon d'or, lequel Œuvre il a entre les mains, il n'eft encore en lumière. Il florifloit à Anvers l'an 1580.

PIERRE LE BAULD, Prêtre, Chantre & Chanoine en l'Eglife Collégiale de Notre-Dame à Laval, Orateur & Hiftoriographe de Madame Jeanne de Laval, Roine de Hierufalem, &c. Il a écrit l'Hiftoire de la noble & ancienne maifon de Laval au Maine, fieurs de Victray en Bretagne, laquelle s'appelle autrement *La Chronique de Victray*, &c. contenant les faits & geftes, enfemble les conquêtes des Seigneurs de Laval, Comtes de Victray, depuis leur première origine, jufques en l'an de falut 1486. Ce Livre n'eft encore en lumière, nous l'avons par devers nous écrit à la main. Il a davantage écrit un Difcours de l'origine & antiquité de ladite ville de Laval, lequel nous avons auffi écrit à la main. Il florifloit en l'an de falut 1538 *.

* Voy. la Biblioth. Hiftor. du P. le Long, n°. 14861 & 14900, anc. Edit.

PIERRE BELLIER, Docteur ès Droits, Confeiller du Roi au Châtelet de Paris, homme docte. Il a traduit de Grec en François les Œuvres de Philon Juif, imprimées à Paris chez Nicolas Chefneau l'an 1576, *in-fol.* Il a davantage traduit un Difcours dudit Auteur touchant l'état & devoir du Juge, imprimé à Paris chez Guillaume Chaudiere, l'an 1569. Il florit à Paris cette année 1584.

PIERRE BELLOY, Tolofain, Confeiller du Roi au Siège Préfidial de Tolofe, homme docte ès Langues, & très-fçavant Jurifconful, lequel a une exacte connoiffance des Hiftoires faintes & profanes, comme nous dirons ci-après. Il a écrit une Déclaration du droit de légitime fucceffion, fur le Royaume de Portugal, appartenant à la Roine mère du Roi très-Chrétien, imprimée à Anvers & à Paris l'an 1582, *in-8°.* & contient 18 feuilles. Panégyric ou Remontrance pour les Sénéchal, Juges-Mage & Criminel, Lieutenants, Conseillers, Avocats & Procureurs du Roi, Juges & Magistrats en la Sénéchauffée, & Siège Préfidial de Tolofe, contre les Notaires & Sécretaires du Roi de ladite ville, &c. imprimée à Paris chez Gervais Mallot l'an 1582, *in-4°.* & contient 9 feuilles. Requête verbale pour les fufdits Seigneurs & Officiers de Tolofe, contenant une Apologie & défenfe, à l'avertiffement publié au nom des Docteurs Régents de l'Univerfité de Tolofe, &c. faite en jugement le 15 de Novembre l'an 1583, par ledit fieur Belloy par devant Meffieurs les Maîtres des Requêtes ordinaires de l'Hôtel du Roi, &c. imprimée à Paris l'an 1583, *in-8°.* & contient 11 feuilles. Brlève explication de l'an courant 1583, felon le Calendrier Grégorian, imprimée à Paris l'an 1583 chez Henry le Bé, *in-8°.* & contient 8 feuilles. Supputations des temps depuis la création du monde jufques en l'an de falut 1582, féparée en deux colonnes diverfes. Elle s'imprime à Paris cette année 1584. Je ferai mention de fes écrits Latins, autre part, n'étant ici notre intention d'en traiter, mais feulement de fes écrits François. Il florit à Paris cette année 1584.

* Il étoit de Montauban. Henri IV le fit fon Avocat-Général au Parlement de Touloufe.

PIERRE BELON *, du Mans, Docteur en Médecine en l'Univerfité de Paris, aucuns difent qu'il eft natif de la paroiffe d'Oyfay au Maine, & les autres de Foulletourte, mais tant y a qu'il eft Manceau, &c. Il étoit penfionnaire du Roi Henry II, & avoit deux cens écus de gages. Il a beaucoup & long-temps voyagé ès pays eftranges, & a écrit plufieurs beaux Livres de fes voyages & pérégrinations, entre lefquels font ceux-ci. Les Obfervations de plufieurs fingularités, & chofes mémorables trouvées en Grece, Afie, Judée, Ægypte, Arabie & autres pays eftranges, rédigées en trois Livres, imprimées à Paris chez

Gilles Corrozet, & Guillaume Cavelat l'an 1555, avec les figures d'hommes, d'oiseaux, animaux & autres semblables choses dignes de mémoire; l'Histoire des Poissons, traiant de leur nature & propriété, avec les protraicts d'iceux, imprimée à Paris chez Robert Estienne en Latin & en François; de la nature des Oyseaux de toutes sortes, avec leurs protraicts, imprimée à Paris chez Cavelat; les Remontrances sur le défaut du labour & culture des plantes, & de la connoissance d'icelles, contenant la maniere d'affranchir & apprivoiser les arbres sauvages, &c. imprimé à Paris chez Gilles Corrozet l'an 1558, *in-8°.* contenant 12 feuilles. Il a traduit en François les Œuvres de Dioscoride, traitant des simples, & les a commentées : elles ne sont encore imprimées, il en fait mention en son Epître mise au devant de ses Observations, dédiées à M. le Cardinal de Tournon son Mecene. Il avoit projetté plusieurs autres beaux desseins, mais la mort violente de laquelle il finit sa vie, l'empécha de les exécuter & mettre à fin, ensemble plusieurs beaux Livres, d'aucuns desquels s'ensuit le titre; l'Histoire des Serpents, non encore imprimée, de laquelle il fait mention en son Livre de l'Agriculture, *fol.* 24. *pag.* 6. Il a traduit le Livre des Plantes de Théophraste, Auteur Grec, non encore imprimé. L'Histoire des étranges poissons marins, avec la vraie peinture & Description du Dauphin, & de plusieurs autres de son espèce, le tout divisé en deux Livres, imprimés à Paris par Regnaut Chaudiere, l'an 1551, *in-4°.* avec les protraicts & figures desdits poissons. Il a écrit plusieurs autres Mémoires non encore imprimés, desquelles nous avons quelques fragments écrits de sa main. Il a écrit plusieurs Livres en Latin dont nous ne faisons pas ici mention, Il fut tué (non loin de la ville de Paris) par un sien ennemi l'an 1564.

* Il étoit né à la Soulletiere, Village près de Fouletourte au pays du Maine. Il le dit lui-même dans ses *Observations* (Lib. I, Chap. 7). En 1553, lorsqu'il publia ce Livre pour la première fois, il avoit trente-six ans, comme on le voit par le portrait qui est à la tête. Ainsi il étoit né vers 1517. Ce même Ouvrage fut réimprimé en 1554; ainsi l'Edition de 1555

citée par La Croix du Maine , paroît n'être que la troisiéme. Toutes trois
font de Paris, *in*-4°. Il y en eut une Edition , *in*-8°. la même année 1555 ,
à Anvers , à laquelle on joignit une Table des Matières. Enfin on publia au
même lieu une verfion Latine de ce Livre , en 1589. Son Ouvrage fur *les
Poiffons* , avoit d'abord paru en Latin, à Paris, en 1553 , *in*-4°. *De Aquati-
libus Libri duo*. Il le traduifit lui-même en François, & le publia en cette
langue, en 1555 , *in*-12. Il donna auffi la même année fon Livre fur *les Oi-
féaux* , à Paris , *in-fol*. & en 1557, *in*-4°. Ses *Portraits des Oifeaux , Serpens ,
Herbes , Arbres , Hommes & Femmes d'Arabie & d'Egypte* , enrichis de *Quatrains , avec la Carte du mont Athos & du mont Sinai*. Son Livre fur le *Défaut
de culture des Plantes* , fut traduit & publié en Latin, à Anvers, en 1589 ,
in-8°. Son Ouvrage fur les *Etranges Poiffons marins , avec leurs portraits
gravés en bois* , &c. n'a point été réimprimé , & eft fort rare ; aucun des
Ouvrages de Belon n'eft commun : mais ceux, fur-tout qui n'ont pas été réimprimés , font d'une rareté qui augmentera , d'autant plus qu'il y a moins
d'apparence que jamais qu'on les réimprime ; car les Figures qu'il faudroit
graver coûteroienr beaucoup , & l'Hiftoire Naturelle s'eft tellement perfec-
tionnée depuis Belon , que fes Ecrits , à ce fujet , deviennent de jour en
jour moins utiles. Belon a été accufé de *Plagiat* , & M. de Thou a donné
croyance à cette accufation (*Hift*. Lib. XVI) ; mais Belon a été fort· bien
défendu par le P. Niceron (Tom. XXIV, pag. 40) ; par M. Clement (*Bibl.
Curieufe* , Tom. III, p. 104 , & plus au long encore par D. Liron , *Singularités
Hiftor*. Tom. I, p. 438 & fuiv. Celui qui a traduit en Latin les deux Ouvrages
de Belon (fes *Obfervations* , & fon Traité du *Défaut de culturc*) fe nommoit
CHARLES DE L'ECLUSE , natif d'Arras, Médecin des Empereurs Maximilien II
& Rodolphe II. Il s'appeloit en Latin *CAROLUS CLUSIUS* , ce qui a trompé
M. Clement, qui l'a nommé en François CHARLES CLUSIUS. Que de méprifes
pareilles , occafionnées par l'ufage de latinifer les noms propres ! Il avoit un
logement au Château de Madrid , dans le bois de Boullogne. Un foir qu'il
y retournoit , il fut affaffiné à l'entrée du bois , au mois d'Avril 1564.
D. Liron (*ubi fuprà* , pag. 454 , conjecture qu'il n'avoit pas plus de cinquante-
cinq ans.

PIERRE BERCHORE ¹ , Poictevin , dit autrement BER-
THORE² , Prieur du Monaftere de S. Eloy à Paris, de l'Ordre de
S. Benoît , natif du village de S. Pierre du Chemin , à trois
lieues de Poictiers , fous l'Evêché de Maillezais. Il a traduit de
Latin en François par le commandement du Roi Jean , les Déça-
des de Tite-Live Padouan * , tant renommé pour l'Hiftoire
Romaine. Il mourut en l'an de falut 1362.

¹ C'eft plutôt PIERRE BERCHEURE que BERCHORE , ainfi qu'il fe nomme

lui-même, & *Prieur de S. Eloy de Paris*, comme il se qualifie, en dédiant sa Traduction de *Tite-Live* au Roi Jean, où il dit que « cette Traduction » est son quint Ouvrage, que le premier est le Reductoire moral, le second » le Repertoire moral, le tiers le Breviaire moral, le quart la Mappemonde ». Voy. sa notice dans l'*Histoire Littéraire* de D. Rivet; & du Radier, Tom. I, pag. 557. (M. Falconet).

² Le P. Labbe, p. 309 de sa *Nova Biblioth. Manuscript.* cite un Exemplaire des *Décades de Tite-Live*, mises en François par Pierre Berteure (le mot est ainsi écrit) Prieur de S. Eloi, dédiées au Roi Jean. Ce Bénédictin mourut l'an 1362. Son nom, pag. 11 du Catalogue des Livres de Madame la Princesse, est écrit Pierre Berseur, mais mal. (M. de la Monnoye).

* Il y a un beau Manuscrit de sa Traduction de *Tite-Live* dans la Bibliothèque de Sorbonne, en 2 vol. *in-fol.* Il en est fait mention dans la *Biblioth. de la Basse Latinité*, par Fabricius, Tom. V, pag. 728. Le P. Niceron en parle aussi dans la vie de Tite-Live (*Mém.* Tom. V, pag. 181). Il dit que *ce Manuscrit est orné de figures en taille-douce.* On se tromperoit, si sur cette expression l'on s'imaginoit que ce sont des gravures. Cette Traduction n'a point été imprimée.

PIERRE BERTRAND, Médecin, demeurant à Bezas en Guienne. Il a composé en forme de Dialogue, la Dialectique Françoise pour les Chirurgiens, imprimée à Paris l'an 1571, par Denys du Pré.

PIERRE BESSANT, très-excellent pour l'écriture, de laquelle il fait profession de montrer & enseigner en la ville de Paris cette année 1584, & auparavant. Il a recueilli plusieurs Sentences des Proverbes de Salomon, lesquelles il a réduites en soixante & dix quadrains, de diverses rithmes, imprimés à Paris l'an 1583.

PIERRE BOISTUAU, surnommé Launay, natif de Nantes en Bretagne, homme très-docte & des plus éloquens Orateurs de son siècle, & lequel avoit une façon de parler autant douce, coulante & agréable qu'autre duquel j'aye leu les écrits ¹. Il a écrit premièrement en Latin, & depuis traduit en François un fort beau & bien docte Traité, qu'il appelle le Théâtre du Monde, discourant des miseres humaines, & sur la fin du Livre il traite de l'excellence & dignité de l'homme, le Latin n'a en-

core été imprimé, mais quant au François, il l'a été par plus
de vingt fois diverses, tant à Paris qu'à Anvers, à Lyon, à
Rouen, & autres lieux. Robert le Mangnier & Jean Longis, l'ont
imprimé par plusieurs fois à Paris *in-8°*. & *in-16*. ou petite marge.
Il a traduit une partie de l'Histoire Ecclésiastique de Nicephore
& autres, imprimée à Paris chez Marnef & Cavelat. Les Histoires prodigieuses, extraites de plusieurs excellents Auteurs Grecs
& Latins, tant sacrés que prophanes, imprimées à Paris l'an
1561, & encore depuis par plusieurs fois par Vincent Sertenas
& autres. Lesdites Histoires ont été augmentées par François de
Belleforest, & par Claude de Tesserand Parisien, comme nous
avons dit-cidessus; l'Histoire de Chelidonius, imprimée à Paris;
les six premières Histoires tragiques, traduites de l'Italien de
Bandel, imprimées à Paris par diverses fois, avec les continuations ou suites de traduction dudit Bandel, par François de
Belleforest : mais pour dire ce qui me semble touchant ces deux
Auteurs, les six premières dudit Boistuau sont si excellentes, &
traduites si heureusement, que quand l'on sort de sa traduction
pour entrer en celle dudit Belleforest, le changement est étrange :
car cettui-ci avoit rendu son Œuvre bien poli & limé, pour ne
l'avoir précipité à l'impression, & Belleforest avoit fait ses
traductions à mesure que l'on imprimoit son Œuvre, qui est
cause que les premières sont plus élabourées que les dernières.
Elles ont été imprimées à Paris par une infinité de fois, chez
Gervais Mallot, Jean de Bordeaux, Robert le Mangnier, &
autres; les Amants fortunés, autrement intitulé l'Heptameron [2]
de la Royne de Navarre, lequel a été remis en son entier par
Claude Gruget Parisien, comme nous avons dit ci-dessus. Je ne
sçai au vrai qui est l'Auteur de ce Livre, car il a été imprimé à
diverses fois sous divers noms d'Auteurs; Traité de la paix &
de la guerre : duquel il fait mention au troisième Livre de son
Théâtre du Monde. Je n'ai point vu ledit Traité imprimé;
Traité de l'Eglise Militante; Traité des pierres précieuses, dans
lequel il traite des impostures & tromperies des lapidaires qui

penfent contrefaire les pierreries & joyaux. Ce Livre n'eft encore en lumière, il en fait mention en fes Hiftoires prodigieufes; Traité de l'excellence & dignité de l'homme, écrit en Latin & en François par ledit Boiftuau, lequel a été imprimé par plufieurs fois avec fon Théâtre du Monde, comme nous avons dit ici-deffus. Il a davantage traduit fort doctement & avec beaucoup d'heur, les Livres de la Cité de Dieu, écrits par S. Auguftin, lefquels ne font encore en lumière : ceux qui les ont retirés par devers eux après la mort de l'Auteur, ne les devroient pas retenir fi long-temps à les faire imprimer, tant pour l'amour du défunt, que pour l'utilité & profit de tous amateurs des Lettres. Il mourut à Paris l'an 1566. Il eft enterré au cimetiere des Écoliers à Paris, près l'Eglife de S. Eftienne du Mont.

[1] Il a paffé dans fon temps pour un beau parleur, avoit quelque lecture, du refte fort fuperficiel, ne fachant abfolument point de Grec, & n'entendant qu'affez médiocrement le Latin. Dans fon Difcours de l'*Excellence de l'Homme*, vers la fin de l'extrait que du Verdier en a donné, voici comme il explique ces mots de Pline, Liv. VII, Chap. 52 : *Reperimus inter exempla, Hermotimi Clazomenii animam relicto corpore errare folitam* ; il dit que *Clazomène fortoit fouvent hors de fon corps*, prenant Clazomène, la patrie d'Hermotime pour Hermotime lui-même. (M. DE LA MONNOYE).

[2] On ne fait pourquoi La Croix du Maine appelle *Heptameron*, l'*Hiftoire des Amans fortunés*, dédiée à Madame de Bourbon, Ducheffe de Nivernois, imprimée à Paris en 1558. (M. FALCONET).

PIERRE DE BONIFACIIS, Gentilhomme natif de Provence, iffu de la noble maifon des Bonifaces, grand Alchimifte, & fort entendu en la magie, (felon que les Auteurs de ce temps-là, ont laiffé par écrit). Il étoit fort bon Poëte Provençal. Il a écrit en rithme Provençale un Traité de la Vertu & propriété des Gemmes ou pierres précieufes. Il mourut l'an 1583.

F. PIERRE BONNEAU, Cordelier, Docteur en Théologie en l'Univerfité de Poictiers, Prédicateur excellent & homme de grande doctrine. Je n'ai point veu de fes écrits imprimés. Les Proteftants le firent mourir au pays d'Angoulefme, ou ès envi-

rons

rons l'an 1569, le premier jour de Mai, comme récite Jean le Frere en son Histoire de notre temps, de la dernière édition *in-fol.* imprimée chez Guillaume de la Nouë, sans y avoir mis son nom, &c.

PIERRE BOTON, Mâconnois. Il a écrit en vers François les Amours de Camille, contenant plusieurs Elegies & Complaintes amoureuses : ensemble les resveries & discours d'un amant désespéré, le tout imprimé à Paris par Jean Ruelle, l'an 1573 *.

* Ce Poëte nous apprend qu'il commença à rimer très-jeune, dans *l'Avril* de ses ans. Ses *Amours de Camille* sont les plaintes d'un malheureux amant, qui ne peut arriver au but de ses desirs, & qui, ayant perdu tout espoir, s'endort, & rêve des choses singulières, qu'il décrit d'un style plat. Cinq Elégies, beaucoup de Sonnets & quelques Odes, répondent parfaitement au titre de *Rêveries & Discours d'un Amant désespére.* Dans son *Avis au Lecteur*, il dit qu'*étant imbu & favorisé du sacré Aër des Muses, qui le poussera à entreprendre choses plus graves & sérieuses que non pas ces Amours, il donnera d'autres fruits de ses études*; mais on ne connoît rien de lui que ce qu'en annonce La Croix du Maine.

Voy. la Biblioth. Françoise de M. l'Abbé Goujet, Tom. XII, pag. 402.

PIERRE BOULENGER, natif de Troye en Champagne, je n'ai point vu ses écrits imprimés *.

* C'est le même que le suivant.

PIERRE BOULENGER, Poictevin [1], Historiographe Latin & François *. Je n'ai encore vu aucunes de ses compositions, mais Pierre l'Anglois sieur Bel-estat fait honorable mention de lui en son Livre des Hiéroglyphes au troisième tableau, *fol.* 24. *pag.* 6. (*lisez fol.* 24 *verso*). Il florit cette année 1584.

[1] Pierre Boulenger, quoique né à Troies, ayant demeuré les deux tiers de sa vie à Loudun, où il se maria & eut famille, passa dans l'esprit de bien des gens pour natif dudit lieu. On parla de lui comme d'un homme, dont les Œuvres, soit Latines, soit Françoises, d'Histoire ou d'Eloquence, de Morale ou de Religion, faisoient honneur au Poitou, qu'on croyoit son pays natal. Il ne faut donc pas s'étonner que La Croix du Maine dise n'avoir vu aucuns Ecrits imprimés du Troyen Pierre Boulenger, puisque, dans la prévention où il étoit, il les attribuoit tous au prétendu Pierre Boulenger,

Poitevin. Une preuve évidente de sa méprise ; c'est qu'il l'appelle *Historiographe Latin & François*, qualité dûe au Troyen Pierre Boulenger, qui, au rapport de Scévole de Sainte-Marthe, dans l'éloge qu'il en a fait, avoit écrit en beau Latin une *Histoire de France*, partie de sa composition, partie de celle qu'il avoit traduite du François de du Haillan. On a de lui une Oraison Latine, imprimée chez Féderic Morel, *in-8°*. 1560, *De præstantiâ Literarum*, touchant l'utilité qu'il y auroit à établir en toutes les villes suivant l'Ordonnance, & dans tous les Bourgs du Royaume, des Maîtres pour enseigner les Lettres *gratis* aux pauvres Ecoliers. Cette Oraison est très-digne d'être lue, & suffit pour faire juger du talent qu'il avoit de bien écrire en cette langue. — S'étant établi à Loudun, où il enseignoit le Grec & le Latin à la jeunesse, il s'y maria, & eut, entr'autres enfans, *Jule-César Boulenger*, fameux Humaniste, Théologien, Prédicateur, qui entra aux Jésuites, y demeura plusieurs années, en sortit, &, y étant rentré, mourut plus que septuagénaire, à Cahors, l'an 1628, ayant laissé divers Ouvrages, témoins de son érudition. (M. DE LA MONNOYE).

* Pierre Boulenger, *Historiographe Latin & François* ; c'est ainsi que La Croix du Maine le qualifie ; mais il devoit dire *Historiographe Latin de France*, car il paroît n'en parler que d'après les *Hiéroglyphes* de Langlois de Belestat. C'est ainsi que Belestat le nomme, en lui dédiant son troisième *Tableau Hiéroglyphique*. Je ne crois pas que Pierre Boulenger ait rien écrit en François : mais il a publié en Latin une *Histoire de France*, traduite en grande partie de du Haillan, qui suffisoit pour fonder la qualification que lui donne Belestat.

PIERRE DE BOUSSY, Tournisien.

Il a écrit en vers François une Tragédie intitulée Méleagre, imprimée à Caën en Normandie, l'an 1582.

PIERRE DE BRACH, natif de Bordeaux en Gascongne,

Poëte François. Il a fait imprimer un juste volume de ses poësies Françoises en ladite ville de Bordeaux, chez Symon de Milanges, l'an 1582 *.

* Pierre de Brach, ami du Poëte du Bartas, & son compatriote, exerçoit, à ce qu'il paroît, la profession d'Avocat ; car dans ses occupations l'étude des Loix avoit la préférence sur celle des Belles-Lettres, la Jurisprudence l'occupoit tous les matins : . . .

> Dès que le retour du jour m'a résveillé,
> Je sors du lit en suivant ma coustume,
> Qui de long-tems m'a pour règle ordonné
> Que le matin à la Loi soit donné. . . .

Il publia son Recueil de Poësies en 1576, divisé en trois Livres ; le premier, dédié à Diane de Foix de Candale , depuis Comtesse de Gurson, contient des Sonnets, des Odes, des Elégies, des Chansons, où le Poëte célèbre son *Aymée* , qu'il épousa dans la suite ; le second, dédié à M. de Sansac ; Archevêque de Bordeaux, contient l'Hymne ou l'Eloge Historique de Bordeaux, un Poëme sur le combat de David & de Goliath , & quelqu'autres pièces ; le troisième est un mélange d'Elégies, de Sonnets , de Stances ; tous ces vers n'offrent , comme le dit l'Auteur lui-même , que *la même note d'une Chanson trop souvent rechantée* , c'est-à-dire, les plaintes , les desirs, les regrets , les comparaisons d'usage chez les Poëtes amoureux. Il vivoit encore en 1600.

Voy. la Biblioth. Françoise de M. l'Abbé Goujet , Tom. XIII, pag. 322.

PIERRE BRAILLIER , Marchand Apotiquaire demeurant à Lyon, l'an 1557. Il a écrit un Traité contenant la Déclaration des abus & ignorances des Médecins , qui est une Réponse contre le Livre de *Liset Benancio* , Médecin, imprimé à Rouen chez Thomas Mallard l'an 1557, & à Lyon chez Michel Jove [1].

[1] Un Médecin , sous le nom de *Liset Benancio* , ayant publié un Livre intitulé, *Déclaration des abus & tromperies des Apothicaires* , imprimé à Tours, suivant La Croix du Maine, en 1553 , & , suivant du Verdier, en 1556 , un Apothicaire, nommé *Pierre Braillier* , y fit , en 1557 où 1558 , une Réponse, intitulée *Déclaration des abus & ignorances des Médecins.* Voy. ci-dessus, pag. 39 , à l'Art. LISET BENANCIO *. (M. DE LA MONNOYE).

* Le Livre de Benancio fut imprimé pour la première fois à Tours , en 1553, *in-12.* puis à Lyon , en 1557, *in-12.* Cette même année 1557 , parut aussi , à Lyon, le Livre de Pierre Braillier.

PIERRE BROHÉ, natif de Tournon sur le Rhône. Il a traduit de Latin en François le Livre de Jean Sulpice de Saint Alban , dit *Verulanus* [1], traitant des bonnes & honnêtes contenances de la jeunesse, imprimé à Lyon par Macé Bonhomme, l'an 1555.

[1] La Croix du Maine se trompe, en croyant que *Verulanus* signifie *natif de S. Alban* , Bourg d'Anglererre, dit autrefois *Verulan* , & il ignore que Jean Sulpice , qu'il fait Anglois, né à Vérulan , étoit Italien , né à Véroli , Ville de la Campagne de Rome. (M. DE LA MONNOYE).

PIERRE BRISSON, Sieur DU PALAIS, natif de la ville de Fontenay le Comte en Poictou , frère de Messire Bernabé Brisson

Préfident au Parlement de Paris (duquel nous avons parlé tant honorablement ici devant), &c. Il a écrit un fort beau & docte Livre touchant l'Inftruction & nourriture du Prince, imprimé à Paris chez Pierre l'Huillier, l'an 1582. Il floriffoit en l'an 1583.

*La *Biblioth. Hiftor. de France*, n°. 18332, lui attribue l'*Hiftoire au vray des Guerres Civiles ez pays de Poitou*, *Aunis, Saintonge & Angoumois, depuis l'an 1574 jufqu'en 1576*, Paris, 1578, *in-12*.

PIERRE CAPEL, Gentilhomme Provençal, natif de la ville de Nice, fils de Pierre Antoine Capel & neveu de Jean Capel, Seigneur de Chafteau-neuf. Il a écrit en vers François une déploration fur les miferes advenues par la peftilence en la ville de Nice l'an 1580, imprimée à Paris l'an 1583, par Pierre Chevillot. Il floriffoit à Paris audit an 1583.

PIERRE CARDENAL, natif d'Argence près Beauquaire. Il étoit eftimé l'un des plus doctes Poëtes de fon temps en toutes Langues, & fur toutes en la Provençale, ufitée de fon temps [1]. Il a écrit un Livre des louanges de la Dame d'Argence. Il mourut à Naples l'an 1302, ou environ.

[1] Le Jacobin Armand de Beauvis, *Armandus de Bellovifu*, dans le quatre-vingt-dix-feptième de fes Sermons, cite en ces termes Pierre Cardenal plus ancien que lui d'un fiècle : *Et ad hoc rectè locutus eft ille inventor Petrus Cardinalis, qui hoc modo cecinit in coblâ fuâ*, enfuite de quoi il rapporte le paffage, non pas dans le langage de l'Original, mais en Latin. Le mot *Inventor*, en cet endroit, exprime le *Troubadour* des Provençaux, fynonyme du François *Trouverre*, alors en ufage dans la fignification de Poëte. Voy. JEAN DE NOTRE-DAME, Chap. 54. (M. DE LA MONNOYE).

PIERRE CASTELLAN ou DU CHASTEL [1], & encore par aucuns nommé CHASTELLAIN dit *Caftellanus*, Evêque de Mâcon & de Tulles, & depuis pourvu de l'Evêché d'Orléans, en l'an 1544, ou environ, homme très-docte & des plus eftimés de fon temps. Il a écrit une très-élégante Oraifon de l'adolefcence & vie du Roi François I du nom, qui eft comme un brief Difcours de fes geftes, faits & actions les plus remarquables. Cette Oraison Funèbre fut prononcée par ledit Evêque le vingt-troisième jour de Mai, l'an 1547, tant à Paris en l'Eglise de Notre-Dame, qu'à S. Denis en France. Les susdites Oraisons ont été imprimées à Paris par Robert Estienne l'an 1547. Henry Estienne fils dudit Robert fait mention de cet Evêque en son Apologie pour Herodote en plusieurs endroits, ensemble Pierre de S. Julien, Doyen de Châalon, en ses Antiquités de Bourgongne, au Chapitre de Mâcon, *fol*. 295 & 296 *. Il florissoit en l'an 1547, sous le règne du Roi François I & encore depuis sous Henry II son fils.

[1] Il mourut le 3 Février 1552, suivant le calcul Romain. Sa vie a été écrite en beau Latin par Pierre Galand. On ne voit de lui en François que les *Oraisons Funèbres de François I*, & de plus la Relation des Obséques du même Roi, le tout publié par les soins de M. Baluze, à la suite de la vie de ce Prélat. On trouve dans les *Epistolæ claror. viror.* de la Collection de Jean-Michel Brutus, Lyon, 1561, *in-8°.* une Epître de du Chastel, fort courte, mais bien Latine, à Denys Lambin, du 27 Janvier 1547. (M. DE LA MONNOYE).

* Son vrai nom étoit DU CHASTEL, & non CASTELLAN ; Pierre Gallandius, dans sa vie, dit qu'il étoit du Maconnois & d'une famille noble ; tous les autres Lexicographes, & Bèze, en parlent comme d'un homme d'une naissance obscure ; cependant il fut envoyé à Dijon à l'âge d'onze ans, pour y étudier sous un maître habile, appelé PIERRE TURREAU, *PETRUS TURRELLUS* ; il avoit de grandes dispositions aux sciences, qu'il mit si bien à profit, qu'au bout de six ans il fut en état d'enseigner le Grec & le Latin. Il voyagea ensuite en France, en Suisse, en Italie, en Grèce & dans tout le Levant, apprit les langues Orientales, & se mit par ses études continuelles en état d'être regardé comme un des plus savans hommes de son siècle. A son retour de Constantinople, il passa par Dijon, où il resta quelque temps, & où il lui arriva, selon l'Historien de sa vie, une aventure qui a quelque rapport au commencement de celle d'Abélard avec Héloïse ; mais la mère de la Demoiselle fut plus prudente & plus sage que le vieux Fulbert, il n'y eut point d'éclat. Du Chastel vint à la Cour de François I, auquel il avoit été spécialement recommandé par M. de la Forest, Ambassadeur à Constantinople, qui avoit conçu la plus haute idée des talens de du Chastel. Le Roi prit plaisir à la conversation d'un homme aussi généralement instruit, & qui s'exprimoit de la manière la plus heureuse & la plus éloquente ; il devint Lecteur & Bibliothécaire du Roi, fut fait Evêque de Tulles en 1539, de Macon en 1544. Henri II, qui voulut le conserver à la Cour, lui donna la charge de Grand-Aumônier de France en 1548, & le fit passer à l'Evêché

d'Orléans en 1551, où il mourut d'apoplexie le 3 Février 1552, trois jours après qu'il en eût été attaqué, comme il prêchoit. — Il ne fut jamais d'avis, que le Roi François I souffrît, que les Novateurs répandissent leurs erreurs dans le Royaume, mais il fut fort opposé à toutes les violences que l'on exerçoit contre eux : il vouloit qu'on les ramenât par les voies de la douceur & de la persuasion. Si tous les Prélats de son temps eussent été aussi éloquens, aussi instruits, aussi touchans que lui, peut-être y auroit-on réussi. — On sait qu'un jour le Cardinal de Tournon, grand ennemi des Protestans, lui reprochant sa modération, il lui répondit : « J'ai parlé en Evêque, vous » agissez en bourreau ». Sa vie écrite par Gallandius est curieuse, & il y a de lui un long Article dans le Dictionnaire de Bayle, au mot CASTELLAN. Le nom de cet Auteur est une nouvelle preuve de ce que j'ai dit à l'Article de PIERRE BELON, sur l'inconvénient de latiniser les noms François des personnes. Le Traducteur de M. de Thou a traduit le nom *CASTELLANUS* par CHATELAIN ; La Croix du Maine le nomme CASTELLAN OU DU CHASTEL, c'est ce dernier nom qui est le véritable. On s'étoit trompé sur sa naissance, lorsqu'on l'avoit cru de bas lieu. Les Auteurs de la *Nouvelle Gaule Chrétienne* l'avoient dit sur la commune opinion, en parlant de du Chastel comme Evêque de Macon ; ils se sont corrigés, lorsqu'ils en ont parlé comme Evêque d'Orléans.

PIERRE LE CHANDELIER, &c. Homme docte, duquel l'anagramme est tel, *Le péché y rendra l'ire.* Il a mis en lumière quelques Mémoires de l'Histoire de notre temps, imprimés à la Rochelle l'an 1573. Ce qui m'a fait penser que cettui-ci eût nom *Pierre le Chandelier*, c'est que voyant cette devise susdite assez contrainte, je me doutai incontinent qu'il y avoit un anagramme caché sous icelui, & enfin l'ayant recherché, j'y rencontrai ce nom susdit : s'il s'en trouve un autre, je le veux bien, mais voilà ce que je pense qu'il ait mis en lumière. L'Auteur de la susdite Histoire florissoit en l'an de salut 1572 *.

* Le P. le Long, n°. 7846, s'en est tenu à la conjecture de La Croix du Maine.

PIERRE DE CHANGY, Ecuyer. Il a extrait un sommaire des XVI premiers Livres de l'Histoire Naturelle de Pline, lequel a été mis en lumière par Blaise de Changy son fils, imprimé à Lyon par Jean de Tournes, l'an 1551.

PIERRE CHAPELAIN, Maître Chirurgien en la ville du Mans, de laquelle il est natif, homme très-expert en son art,

&c. Il a écrit & composé un Discours touchant le préservatif de
de la Peste, imprimé au Mans l'an 1551, par Denis Gaignot.
Il a bien augmenté ce Livre de plusieurs receptes contre ladite
maladie, mais il n'est encore réimprimé. Je ne sçai si ledit Chapelain est encore vivant. Il florissoit au Mans l'an 1582.

PIERRE CHARPENTIER, natif de Tolose, Avocat du
Roi au grand Conseil, homme très-docte & fort grand Jurisconsul. Il a écrit plusieurs Livres tant en Latin qu'en François,
lesquels ont été imprimés pour la plûpart : mais je ne sçai si ceux
qui sont mis en son nom, il les voudroit avouer pour siens,
d'autant qu'il y en a plusieurs, qui lui ont mis assus des Livres
desquels il n'étoit pas Auteur. La lettre adressée à François
Portes Candiois, a été imprimée sous le nom dudit Charpentier [1], ensemble autres pareilles choses imprimées l'an 1572,
tant en Latin qu'en François. Il florit à Paris cette année 1584.
J'ai vu un sien Traité Latin touchant le port des armes, mais je
ne sçai si la traduction Françoise est faite par lui. Il a été imprimé à Paris en l'une & l'autre Langue [2].

[1] L'Original de la lettre à François Porte est Latin, 1572, *in-8°*. *Petri
Carpentarii Epistola ad Franciscum Portum Cretensem circà persecutiones
Ecclesiarum Galliæ.* La réponse, aussi Latine, de Portus, *in-4°*. est de l'année
suivante. La cinquante-deuxième Epître de Bèze est adressée, en ces termes, à
Charpentier, sur ce que, de Protestant, il étoit redevenu Catholique : *Petro
Carpentario, Jurisconsulto, qui se posteà omnium hominum maximè ingratum
& sceleratissimum præbuit.* Elle est du 1 Avril 1570. (M. DE LA MONNOYE).

[2] L'Original de ce *Traité* (ou Epître) *du port des armes* est Latin. Il fut
imprimé à Paris, *in-8°*. l'an 1575, sous ce titre : *Pium & Christianum de armis
consilium cum Petri Fabri responsione.* La réponse est intitulée : *Petri Fabri
responsio ad Petri Carpentarii Sævum de retinendis armis, & pace repudianda
consilium.* Charpentier vivoit encore en 1584. Voy. BAYLE au mot CHAR-
PENTIER (PIERRE) *. (idem).

* Voici ce qu'on lit à son sujet dans les *Mémoires de la Ligue*, Tom. VI,
pag. 51 de la nouvelle Edition. *Pierre Charpentier ayant par quelques années
feint d'être de la Religion Réformée & fait publique profession du Droit Civil
à Genève... Chassé par sa mauvaise conscience, s'en retira d'heure, & se trouva
en France du temps des massacres, en 1572, fut envoyé pour espion en Allemagne, où il écrivit certain libelle fameux, solidement réfuté lors par un docte*

Perſonnage. M. de Thou a développé ce dernier fait dans le cinquante-troiſième Livre de ſon Hiſtoire. Il nous y apprend, que Charpentier, ayant trouvé retraite la nuit du maſſacre de la S. Barthelemy, chez Pompone de Bellievre, s'attacha à ce Protecteur, & lui laiſſa voir des diſpoſitions qui portèrent la Cour à l'employer. Il avoit ſuivi Bellievre, qui avoit été envoyé en Suiſſe, pour y juſtifier le maſſacre auprès des Cantons. Charpentier s'en alla à Strasbourg dans un deſſein ſemblable, & ce fut là qu'il écrivit ſa lettre à François Portus, datée du 15 Septembre 1572, où il s'efforce, non-ſeulement d'excuſer le maſſacre de la S. Barthelemy, mais de prouver que cette action atroce, étoit juſte & néceſſaire. Portus, ou quelque autre, ſous ſon nom, publia le 1 Mars de l'année ſuivante une Réponſe fort aigre à la Lettre de Charpentier. La Lettre & la Réponſe ſont imprimées dans l'*Etat de la France ſous Charles IX,* Edit. de 1579, Tom. I, *fol.* 368 & ſuiv.

PIERRE DE CHASTEAU-NEUF, Sieur dudit lieu, Poëte Latin & Provençal. Il a écrit des Satyres contre les Princes de ſon temps. Poëſies dédiées à Madame Beatrix, héritière de Provence; Traité des largeſſes d'Amour. Il floriſſoit en l'an de ſalut 1276 *.

    * Voy. Jean de Notre-Dame, Chap. 42.

PIERRE LE CHEVALIER, Poëte François. Il a écrit quelques Chants Royaux à l'honneur de la Vierge*

    * Voy. du Verdier, au mot Guillaume Alexis.

PIERRE CHOLIN, Suiſſe de nation, Profeſſeur à Zury, homme docte ès Langues, autrefois Précepteur de Th. de Beze [1]. Il a écrit une Grammaire de la Langue Françoiſe. Ledit de Beze & Geſnerus en font mention.

    [1] Il étoit de Zug, & Profeſſeur en Humanités à Zurich; ſa *Grammaire Françoiſe,* écrite en Latin, & illuſtrée de phraſes Allemandes, traduites en François, n'a point été imprimée. Il mourut l'an 1542. (M. de la Monnoye).

PIERRE CHRESTIEN, natif de Poictou, M. à Caën en Normandie, ès années 1558 & 1559. Il a écrit un Traité touchant le Rebaptizement, comme témoignent François de Belleforeſt, & Jean le Frère de Laval en leurs Hiſtoires, ſçavoir eſt ledit Belleforeſt au ſecond volume de ſes grandes Annales de France, *fol.* 1693, *pag.* 6, & ledit Jean le Frère en ſon Hiſtoire de France, *fol.* 355, de l'impreſſion *in-fol.*

PIERRE

PIERRE DE CLINCHAMP (Meſſire), Chevalier de l'Ordre du Roi, Seigneur de la Buiſſardiere au Maine, &c. Ce Seigneur a été fort amateur des Lettres, & avoit beaucoup d'érudition, comme j'ai entendu par quelques-uns de mes amis qui
m'ont aſſuré qu'il avoit traduit quelques Décades de l'Hiſtoire
Romaine de Tite-Live, & autres Auteurs : elles ne ſont en
lumière. Je ne ſçai ſi la mort qui l'a prévenu en a été cauſe, car
il trépaſſa en ſa Terre & Seigneurie de la Quentiniere près S.
Calais au Maine, l'an 1576, le Jeudi ſeizième jour d'Août. Je
ferai mention de lui plus amplement en la Généalogie de cette
noble & ancienne maiſon de Clinchamps.

PIERRE DE COLONGNE, M. de l'Egl. Réformée à Mets
l'an 1563. Il a écrit pluſieurs Traités imprimés à Lyon l'an
1564, chez Jean d'Ogeroles, deſquels Livres je ne veux mettre
les titres, & pour cauſe *.

* Voy. le Catalogue de ſes Ouvrages dans DU VERDIER.

PIERRE CONSTANT, natif de Langres, homme docte &
gentil Poëte François. Il a écrit un Poëme intitulé la République
des Abeilles, imprimé à Paris chez Gervais Mallot l'an 1582,
auquel temps il floriſſoit, je ne ſçai s'il eſt encore vivant *.

* Il vivoit encore en 1595, à Dijon. Il a écrit auſſi la *Cauſe des Guerres
Civiles de France*, in-8°. Morel, 1597, & *Invective contre le parricide attenté
ſur le Roi Henri IV*, in-8°. Morel, 1595. Voy. les *Mém. de Condé*,
Tom. VI, Edit. de 1743.

PIERRE COUDEMBERG, Apotiquaire demeurant à
Anvers l'an 1568. Il a traduit de Latin en François & enrichi
d'annotations le Guidon des Apotiquaires, c'eſt-à-dire la forme
& maniere de compoſer les médicaments, premièrement traitée
par *Valerius Cordus*, imprimé à Lyon l'an 1575, par Rouville.

PIERRE DE COURCELLES, natif de Candes en Touraine,
homme docte ès Langues Hébraïque, Grecque & Latine. Il a
traduit en vers François, le Cantique des Cantiques de Salomon,

enſemble les lamentions de Hieremie le Prophète, le tout imprimé à Paris chez Robert Eſtienne, l'an 1564; la Rhétorique Françoiſe, imprimée à Paris chez Sebaſtien Nivelle, l'an 1557; la Calomachie, qui eſt un Poëme François, dans lequel ſe voit un combat entre les quatre gouverneurs du Monde. Il fait mention de ce Livre en ſes autres Œuvres. Je ne ſçai s'il eſt imprimé. Il floriſſoit à Paris en l'an 1561.

PIERRE DE CRAON (Meſſire), & ſelon autres DE CREON, ancien Poëte François, en l'an 1250 ou environ. Il a écrit quelques Poëſies, non encore imprimées *.

* Voy. FAUCHET, Chap. 52, & MÉNAGE, *Hiſt. de Sablé*, p. 146 & 147.

PIERRE DE CROIX (Frère) [1]. Il a traduit de Latin en François, une Epître de Michel de Bay, Profeſſeur en Théologie à Louvain, &c. traitant de l'union des Etats du Pays Bas, imprimée à Paris chez Antoine Houic, l'an 1579.

[1] Guillaume Gazet, dans ſa *Bibliothèque Sacrée du Pays-Bas*, pag. 109, & les PP. Quétif & Echard, dans leur *Bibliothèque des Jacobins*, pag. 392 du Tom. II, ne le nomment pas autrement que PIERRE DE CROIX, & non DE LA CROIX, comme fait du Verdier. Il mourut le 27 Avril 1614, âgé de ſoixante-douze ans. *Michel de Bay*, dont il traduiſit en François l'*Epître touchant l'union des Etats du Pays-Bas*, eſt le fameux *Baïus*, mort le 16 Septembre 1589, âgé de ſoixante-dix-ſept ans. (M. DE LA MONNOYE).

PIERRE CUEURET, [1] & ſelon d'autres CURET, Chanoine en l'Egliſe de S. Julien du Mans, l'an 1510. Il a traduit de Latin en François, les Sermons de S. Effrem, lequel Livre s'intitule autrement, *La Fleur de Prédication*. Il a été imprimé à Paris par Antoine Verard, il y a plus de 60 ans. Il a revu & recorrigé les Actes des Apôtres, faits & compoſés en vers François par Arnoul & Simon les Grebans frères, natifs de Compiegne en Picardie, &c.

[1] Cœur s'écrivoit anciennement CUEUR, & de-là CUEURET, diminutif de CUEUR, comme le Latin *CORCULUM*. Outre CUEURET & CURET, La Croix du Maine, inſatiable de variations, écrit encore CUEUVRET ci-deſſous, au mot SIMON GREBAN. Ce fut à la Requête du Cardinal Philippe de

Luxembourg que Pierre Cueuret traduifit les *Sermons de S. Effrem*, imprimés à Paris, *in-fol.* — Voy. le P. Labbe, pag. 352 de fa *Nova Biblioth. Manufcriptor.* (M. DE LA MONNOYE).

PIERRE DE CUGNIERES, ou CUNIERES (Meffire) [1], Chevalier, dit en Latin *Cunerius*, ou bien, *à Cuneriis*, & felon le vulgaire, il a été nommé en dérifion de ce qu'il s'étoit bandé contre les Eccléfiaftiques, *Maître Pierre du Coignet ou Quignet*, &c. Il fut Confeiller & Avocat de Philippes de Valois Roi de France l'an 1328, & felon d'autres il étoit feulement fon Procureur, & outre cela Archidiacre en l'Eglife de Notre-Dame à Paris. Il étoit Seigneur de Saintines près Verberie, au Duché de Valois. Il époufa Madame Jeanne de Nery *. Ledit de Cugnieres a écrit & mis en lumière une fienne Oraifon ou Harangue, par laquelle il s'efforce de prouver, que le glaive de S. Pierre n'étoit que fpirituel, & que touchant le temporel, qu'il n'appartenoit aux Eccléfiaftiques d'en avoir une connoiffance, & tant s'en faut l'adminiftration, propriété & poffeffion **. Ce font ici les mots defquels ufe Pierre de S. Julien, Doyen de Chalon en fes Antiquités de Bourgongne, au Chapitre de Chalon, *fol.* 470, parlant dudit de Cugnieres. M. le Cardinal d'Authun, Meffire Pierre Bertrand, fit réponfe à la Harangue dudit de Cugnieres, laquelle fe voit imprimée en plufieurs endroits, & quant à celle de fon adverfaire elle n'eft pas fi commune ***. Ledit Avocat du Roi eft enterré en l'Eglife de S. Julien de Saintines en Valois. Je ferai plus ample mention du fufdit au Difcours de fa vie, lequel j'ai écrit avec les vies des hommes d'Etat ou de robbe longue.

[1] Les deux Harangues Latines, l'une de Pierre de Cugnieres, l'autre de Pierre Bertrand, Evêque d'Autun, prononcées le 9 Décembre 1329, en préfence du Roi Philippe de Valois, font imprimées dans Goldaft, au Tom. I de la *Monarchie de l'Empire*, & féparément plus d'une fois, en divers endroits, indiqués par le P. le Long, p. 122 de fa *Bibl. Hift. de Fr.* anc. Edit. La mémoire de cet Avocat fut extrèmement décriée dans la fuite parmi les Eccléfiaftiques, qui, par dérifion, l'appeloient *Pierre du Cuignet*, fynonyme de *Coignet*, parce que anciennement on difoit *Cuing* pour *Coing*; fur quoi l'on peut voir le Poëme intitulé, *Pétromachie* de Joachim du Bellay. Les zélés

serviteurs du Roi , ont toujours cependant honoré le nom de Pierre de
Cugnieres , jusques-là qu'en 1630 , le Parlement de Rouen ordonna la sup-
preffion d'une Table Chronologique , où le nommé Tanquerel avoit mis
Pierre de Cugnieres au nombre des Hérétiques de 1329. (M. DE LA
MONNOYE).

*Il n'étoit donc point Archidiacre de Notre-Dame de Paris, puisqu'il étoit
marié ?

** « Le premier qui hafarda , dit Pâquier, *Recherc.* Liv. III , Chap. 32
& 33 , pag. 286 & 287 , » de franchir le pas , & de combattre les entre-
» prifes de la Cour d'Eglife fut Maiftre Pierre de Congneres , Advocat du
» Roi en la Cour de Parlement de Paris ; d'àutant que ce n'étoit pas une
» petite entreprife de s'attacher à un tel corps , comme étoit celui des Prélats,
» chacun defquels pefoit quelque chofe en fon endroit , & unis tous en gé-
» néral , ils fembloient être invincibles. — Sur la plainte que fit de Cugnieres
» de tous les abus qu'il vouloit être détruits par l'authorité Royale , en l'an
» 1329, le Roi Philippe de Valois ordonna que tous les Prélats de la France
» fe trouveroient en fon Parlement , huit jours après la S. André de cette
» année. Le Roi féant en fon Lit-de-Juftice, affifté de plufieurs Princes &
» Grands-Seigneurs , & de fa Cour de Parlement , Pierre de Cugnieres
» ayant pris fon thème fur un paffage de la Sainte-Ecriture fort à propos:
» *Reddite Cæfari quæ funt Cæfaris , & Deo quæ funt Dei* » , il parla avec un courage étonnant des abus contre lefquels il s'élevoit , & qu'il fpécifia ; mais
Pierre Bertrand , Evêque d'Autun lui répondit avec tant de force , d'éloquence & d'adreffe dans un Difcours où il prit pour texte , *Deum timete ,
Regem honorificate* , que le Roi , indécis d'abord , fe détermina enfin pour
conferver les privilèges des Eccléfiaftiques dans toute leur étendue. Pierre
Bertrand eut le chapeau de Cardinal , & Pierre de Cugnieres s'attira la haine
d'un Corps riche & puiffant , qui ne ceffa de lui témoigner fon reffentiment.
« Et encore , dit Pâquier , pour vengeance de cette pourfuite , firent met-
» tre un marmot en un coin de Notre-Dame de Paris , que nous appelons
» par une rencontre & équivoque de furnom où il eft mis , Maiftre Pierre
» du Coignet , n'ayant toutes fois par ce fobriquet effacé le bien & utilité que
» ce grand Advocat du Roi pourchaffa à tous les fiècles à venir ». Ainfi Pierre
de Cugnieres n'a pas proprement mis en crédit l'appel comme d'abus , mais
il a donné lieu au parti que prirent depuis les Parlemens , protégés en cela
par l'autorité Royale , de recevoir appelans comme d'abus de la Jurifdiction
Eccléfiaftique , ceux qui s'en croient léfés. Gerfon , comme nous l'avons remarqué plus haut , renouvella la doctrine de Cugnieres , & lui donna toute
la force qu'elle méritoit. C'eft même du Difcours de Pierre Bertrand que le
mot d'*Abus* a été tiré , ayant qualifié d'*Abus* ce que de Cugnieres appeloit
Torts & Entreprifes.

*** La Croix du Maine ne s'exprime pas exactement , quand il dit que

Cugnieres *mit en lumière fa Harangue*, mais qu'*elle n'eft pas fi commune que la Réponfe qu'y fit Pierre Bertrand*. 1°. Il fembleroit par-là, que la Harangue de Cugnieres auroit été imprimée, & elle ne l'a jamais été; 2°. on ne la connoît que par les Extraits qu'en ont faits ceux qui y ont répondu. On peut lire à ce fujet une Lettre curieufe de M. Burnet dans le Tom. I du *Recueil des Libertés de l'Eglife Gallicane*, imprimé en 1731. Cette Lettre y eft placée à la tête d'une Edition de la Réponfe de Pierre Bertrand, beaucoup plus correcte que dans les Editions précédentes. M. de la Monnoye s'eft trompé, lorfqu'il a cru que la Harangue de Pierre de Cugnieres fe trouvoit imprimée avec la Réponfe de Pierre Bertrand; on en trouve feulement des Extraits cités dans la Réponfe pour les réfuter.

PIERRE DAGUES *, Sieur DE LA BIONNIERE, Avocat au Parlement de Paris, iffu de l'ancienne famille des Dagues au Maine, &c. Il a écrit plufieurs Poëmes François, defquels il y en a quelques-uns imprimés, les autres ne le font pas encore, & ne fçai s'il les mettra en lumière, d'autant qu'il s'addonne maintenant à une étude plus férieufe, qui eft la Jurifprudence : & ce qu'il a compofé en vers dès fes plus jeunes ans, peut-être ne prendra-t-il la peine de le faire imprimer, mais bien ce qu'il obferve de beau & de fingulier en fa profeffion du Droit, qu'il exerce au Parlement de Paris, en laquelle ville il florit cette année 1584. Si ce n'étoit que nous fommes de même nation & intimes amis, je dirois davantage de louanges de lui, mais peut-être qu'aucuns rapporteroient cela à notre amitié fi entière fans penfer que la vérité me le fit dire.

   * Cet Avocat eft vraifemblablement le même que celui dont le nom, pag. 591 & 652 des Opufcules de Loifel, fe trouve mal écrit PIERRE DAGNÉS.

PIERRE DANCHE, Ecuyer. Il a écrit en vers François le blafon des bons vins de France, le blafon de la belle fille, & celui du beau cheval, le tout imprimé à Paris par Marnef.

PIERRE DESRAY, natif de Troye en Champagne *. Il a revu, corrigé & augmenté le Livre de Meffire Olivier de la Marche, intitulé le parement & triomphe des Dames d'honneur. Il a davantage recueilli & affemblé les grandes Chroniques de Charles VIII Roi de France, commençant dès l'an 1484, jufques en l'an 1496 , imprimées à Paris chez Jean Petit & Michel , l'an 1512. Ce Livre se voit imprimé sur la fin du troisième volume des Chroniques de *Monstrelet*. Il a traduit de Latin en François, un Livre des gestes , faits & conquêtes de Godefroy de Buillon en Hierusalem, imprimé à Paris chez Jean Petit, l'an 1500 ou environ. Il a traduit de Latin en François, les postilles & expositions des Epîtres & Evangiles des Dimanches, avec celles des Fêtes solemnelles. Il florissoit en l'an 1410 , sous le règne du Roi Loys XII.

* Ses Ouvrages Historiques sont , 1°. une continuation de Monstrelet , intitulée *Les Grandes Chroniques du très-Chrétien Roi de France Charles VIII , recueillies & assemblées par Pierre Desray , simple Orateur de Troye en Champagne*. Elles forment la seconde continuation des Chroniques de Monstrelet (*fol.* 208 , v°. du Tom. III de l'Edition de 1572). On les trouve aussi dans le Recueil de Godefroy , sur l'Histoire de Charles VIII , pag. 190 , sous le titre de *Relation du voyage de Charles VIII*. On les a placées encore à la fin de la *Chronique de Bretagne*, par Alain Bouchard , & à la suite de la Traduction des *Chroniques Françoises* de Gaguin , par le même Desray. 2°. La Traduction des *Chroniques* de Gaguin , avec une Continuation jusqu'en 1514. Il y en a une Edition Gothique , en 1536 , *in-fol.* & une autre, *in-*4°. Paris , 1538. La première est assez rare. C'est une faute d'impression dans La Croix du Maine , lorsqu'on y lit que Desray *florissoit en 1410 , sous Louis XII* ; on sent qu'il faut lire 1510. Il vivoit encore en 1514 , puisque sa Continuation de Gaguin s'étend jusques-là.

PIERRE DROUET [1] **DE GAILLARD**, Avocat au Parlement de Paris , homme fort docte & bien versé en l'Histoire, tant sacrée que prophane , &c. natif de Landres en Champagne au Diocèse de Rheims. Il a composé un Livre de la méthode que l'on doit garder en la lecture des Histoires, imprimé à Paris chez Pierre Cavelat l'an 1579. Il avoit auparavant mis en lumière une Table chronologique & méthodique, pour la connoissance de toutes les Histoires du monde, imprimée à Paris l'an 1570 , chez Martin le Jeune. La Chronologie, contenant l'ordre des temps , depuis la création du monde jusques à notre temps. Elle n'est encore imprimée , il espère la mettre bientôt sur la presse. Il florit à Paris cette année 1584.

[1] DROUET est ici une corruption de *Droit* ; mais ce que l'on ne devine-

roit pas, c'eſt que *Droit*, ou *Droüet*, eſt la Traduction du mot Latin *Juſtus*. L'Auteur, qui ſe nommoit *Juſtus*, lorſqu'il écrivoit en Latin, prenoit le nom de *Droit* en François, par une ſingularité qui lui étoit particulière; car le nom *Juſtus*, qui a été celui de pluſieurs Saints, les uns Confeſſeurs, les autres Martyrs, n'a jamais dû être rendu en François que par *Juſte*, nom par où l'on ſait que Jule Scaliger appeloit volontiers Joſeph ſon fils; nommé au baptême *Joſephus Juſtus*. On voit une Edition Latine de Baptiſte Fulgoſe, *in-*8°. à Paris, chez Pierre Cavellat, 1558, avec ce titre: *Baptiſtæ Fulgoſii Factorum, Dictorumque memorabilium Libri IX, à Petro Juſto Gaillardo, Campano, in Senatu Pariſienſi Advocato, aucti & reſtituti*, qui ne laiſſe aucun doute ſur le vrai nom de l'Avocat Gaillard. (M. DE LA MONNOYE).

PIERRE DIVOLÉ, ou DIVOLAY (Frère), Docteur en Théologie à Paris, de l'Ordre des Frères Prêcheurs ou Jacobins, natif de la ville d'Auxerre en Bourgongne, & Provincial de France. C'étoit l'un des renommés Prédicateurs de ſon Ordre, & des plus ſçavants Théologiens. Il a écrit & compoſé pluſieurs Sermons, imprimés à Paris chez Nicolas Cheſneau & autres: enſemble pluſieurs autres Livres en Théologie. Il mourut à Paris l'an 1568, le trentième de Mars. Il eſt enterré en l'Egliſe des Jacobins à Paris.

PIERRE DORÉ (Frère), Docteur en Théologie, natif d'Orléans, de l'Ordre des Frères Prêcheurs ou Jacobins de Chaalons en Champagne. Il a écrit une Oraiſon Funèbre, ſur le trépas de Meſſire Philippes Chabot, Amiral de France, imprimée avec ſon Traité de la miſère de la vie humaine, ſur la fin dudit Livre, imprimé à Paris (1543 *in-*12). Oraiſon Panégyrique ou louangere de Meſſire Claude de Lorraine Duc de Guiſe, lequel mourut l'an 1550, imprimée à Paris audit an *in-*8°. & contient 15 feuilles; l'Anti-Calvin, imprimé à Paris chez Sebaſtien Nivelle, l'an 1568; Paradoxes, imprimés à Paris chez Oudin Petit; l'Image de vertu, imprimé à Paris chez Eſtienne Grouleau, l'an 1559, *in-*16. & chez Oudin Petit *in-*8°. l'Eſpérance aſſurée, imprimée à Paris *; le Paſſe Solitaire; le Triomphe du Roi ſans pair; la Piſcine de patience; l'Arbre de vie; le Collége de Sapience; le Dialogue des Chrétiens, les Allumettes du feu divin [1]; la Conſerve de Grace;

Dialogue entre le Samaritain & Dieu; Méditations de la Meſſe; Déploration de la vie humaine; l'Adreſſe du Pécheur; le Cerf ſpirituel; Œuvres de Pénitence; le Pâturage de la Breby; Collations Royales; le Teſtament d'Amour; l'Arche de nouvelle alliance; la Tourterelle, imprimée chez Baquenois; Traité de la vie & mort Chrétienne, imprimé chez ledit Baquenois. Victoire de toutes tribulations, chez Sebaſtien Nivelle; le Dialogue inſtructoire des Chrétiens, en la foi, eſpérance & amour de Dieu, imprimé à Paris chez Guillaume Bonnemere. Il a écrit pluſieurs autres Œuvres, deſquelles je n'ay pas connoiſſance. Il floriſſoit à Paris en l'an 1550, ſous le règne du Roi Henry II.

* On recherche quelques-uns des Livres de ce Moine, à cauſe du ſtyle ridicule & de la ſingularité des titres. Pour mieux la faire ſentir, je rapporterai les titres entiers de quelques-uns, trop abrégés par La Croix du Maine. 1°. L'*Arbre de vie, appuyant les beaux Lys de France*; 2°. Le *Collège de Sapience, fondé en l'Univerſité de Vertu*; 3°. La *Conſerve de Grace, priſe du Pſeaume* CONSERVA ME; 4°. La *Tourterelle de Viduité*; 5°. Les *Allumettes du Feu Divin, pour faire ardre les cœurs humains en l'amour & crainte de Dieu.* Ce dernier Livre fut imprimé, en 1538, *in-16.* & pluſieurs fois depuis en divers formats. En voici encore deux autres, dont La Croix du Maine ne parle point; 1°. Les *Neuf Médicamens du Chrétien malade*; 2°. L'*Anatomie & Myſtique Deſcription des membres & parties de* NOTRE SAUVEUR JESUS-CHRIST. Ce Livre me rappelle celui dont parle le *Valeſiana*, pag. 46, & dont le *Journal des Savans* a rendu compte (mois de Décembre 1703). Ce Livre, imprimé à Paris, en 1668, fut auſſi compoſé par un Moine, ſous le titre de *Dévote Salutation des membres ſacrés du corps de la glorieuſe Vierge, mère de Dieu.* Je reviens à Pierre Doré. Il eſt probable que tant d'Ouvrages ridicules de ce Jacobin ont donné lieu à Rabelais de le déſigner ſous le nom de *Notre Maître Doribus,* qu'il ſuppoſe avoir prêché publiquement ſur la burleſque origine de la *Rivière des Gobelins* (Pantagruel, Liv. II, Chap. 22, pag. 204). *Voy.* la Remarque de le Duchat ſur cet endroit, La Croix du Maine n'a pas connu la première Edition de l'*Anti-Calvin* de Pierre Doré; elle eſt de 1551, *in-8°.* à Paris, chez Nivelles.

¹ Pierre Doré naquit à Blois, & mourut le 19 Mai 1669, à Paris. On recherche ſon Livre des *Allumettes du Feu Divin,* uniquement, je penſe, à cauſe du titre burleſque. (M. DE LA MONNOYE).

PIERRE DURAND, Bailly de Nogent le Rotrou au pays du Perche, ſur les frontières du Maine, &c. Il étoit très-docte
Poëte

Poëte Latin, & a compofé plufieurs beaux vers en l'une & l'autre Langue, lefquels ne font encore imprimés. Je ne craindrai point (étant tombé à propos pour faire mention dudit fieur Durand) d'expliquer ici l'Enigme qui fe voit écrite fur fa maifon, en ladite ville de Nogent au Perche, qui eft un paffage ordinaire pour tous ceux de Bretagne, Anjou, le Maine & autres lieux voifins qui font le voyage à Paris. Cette devife eft telle :

De Pierre Blanche je fuz faite Durand Février.

Laquelle eft tellement obfcure, que fans avoir connoiffance des Equivoques contenus en icelle, elle ne pourroit être folue, finon par ceux qui en font les Auteurs, qui l'ont déclarée par après. Car il femble que ladite maifon, faite de Pierre Blanche, aye été bâtie au mois de Février, qui eft un temps incommode pour la maffonnerie, & encore pour être le plus court de tous les autres mois, ce qui feroit impoffible de faire à un homme médiocre en biens, de la bâtir fi riche comme elle eft, fçavoir de pierre de taille, ou autre femblable, en fi peu de temps qu'un mois. Mais afin de ne retenir les lecteurs plus long-temps à en fçavoir la vraie explication, la voici. Ledit *Pierre Durand* & fa première femme, nommée *Blanche Février*, firent faire cette maifon durant leur mariage, tellement que la maifon étant introduite comme parlante, femble dire ces mots, *Je fuz faite de pierre blanche durant le mois de Février*, en quoi vous voyez les équivoques ou allufions. Ce qui m'a fait arrêter à l'explication de cette Enigme, ç'a été pour avoir autre fois veu (paffant par-la) faire des gageures fort grandes touchant ceux qui fe vantoient de la pouvoir expliquer, & n'en pouvoient venir à bout, & autres voyant cette infcription, n'y prennent pas garde, penfant qu'il ne faille entendre en cela qu'un fens commun, comme ès autres chofes mifes ordinairement fur les portes, ou frontifpices des fuperbes Bâtiments.

PIERRE EBERARD, Inquifiteur de la Foi. Il a écrit la vie de la Benoifte Daulphine du Puy-Michel, Comteffe d'Arian, femme & époufe de S. Aulzias de Sabran, Comte d'Arian, &c. imprimée à Paris par Jean Trepperel, il y a plus de foixante ans [1].

[1] Le Jacobin, Auteur de la *Vie de Dauphine de Puy-Michel*, eft nommé *Pierre Eberardin* dans l'Exemplaire que le P. Echard en a vu, imprimé à Paris in-4°. chez Jean Trepperel, fans date, & qu'il cite, Tom. I de fa *Bibliothèque des Jacobins*, pag. 896. Cette vie eft dans le même volume, précédée d'une beaucoup plus ample, favoir celle de S. Aulzias, écrite par un autre Jacobin Provençal, nommé *Jean Raphaël*, dont le nom fe trouve dans La Croix du Maine, Tom. I, à la fin de la lettre J. (M. DE LA MONNOYE).

PIERRE D'ELBENE, Gentilhomme François, Confeiller & Aumônier de la Roine mère du Roi, iffu de la très-noble & très-ancienne maifon d'Elbene ou d'Albene, tant renommée à Florence, & par toute l'Italie, & encore parent d'Alphonfe d'Albene, Abbé de Haultecombe en Savoye (comme nous avons dit ci-deffus à la lettre A). Cetui-ci n'a rien fait imprimer de fes compofitions Grecques, Latines, ou Françoifes, efquelles Langues il eft fort bien verfé, fans parler des autres vulgaires. Il florit à Paris cette année 1584 [1].

[1] Dans le Recueil des *Epítres Françoifes*, écrites à Jofeph Scaliger, il y en a trois de ce *Pierre Delhéne*, Abbé de Notre-Dame d'Eu, mort l'an 1590, au camp d'Henri IV devant Paris. On doit écrire DELBÉNE, & non pas D'ELBENE. (M. DE LA MONNOYE).

PIERRE EMOTE, Docteur en Théologie à Paris, Chanoine Théologal en l'Eglife de Laon en Laonois au pays de Picardie, &c. Il a écrit un premier tome de Sermons & Exhortations Chrétiennes, fur les Advens ou autres femblables fujets, imprimés à Paris chez Nicolas Chefneau, l'an 1582.*

* Il étoit, en 1572, Licencié de Sorbonne de la Maifon de Navarre.

PIERRE D'EPINAC (Meffire), Archevêque & Comte de Lyon, Primat des Gaules, Confeiller du privé Confeil du Roi, &c. iffu de la noble & ancienne maifon d'Epinac en Forêts, & de par fa mère iffu de la tant renommée & illuftre famille d'Albon, Seigneurs de S. André, &c. Ce Seigneur d'Epinac fut député

aux Etats de Blois, par Meſſieurs du Clergé de France, (que
l'on appelle autrement l'Etat Ecclefiaſtiq,) au nom defquels il
prononça une très-docte & très-éloquente Oraifon devant le
Roi Henry III, féant aufdits Etats Généraux le Jeudi dix-fep-
tième jour de Janvier l'an 1577, imprimée à Paris chez Pierre
l'Huillier audit an, par diverfes fois, & en diverfes marges ou
grandeurs de papier, & encore imprimée en d'autres villes de
France, tant elle a été bien approuvée de tous. Avant que finir
mon propos, touchant le fufdit Seigneur, je dirai ce que j'ai en
opinion de fon fçavoir & doctrine, qui eſt telle (felon que j'en
ai pu concevoir par fes doctes écrits) que je n'ai point leu
d'Oraifon Françoife tant remplie de traits d'Orateur, & fi
pleine de beaux Difcours rares, & faifant pour le fujet ou matiere
propofée, qu'eſt celle-là qu'il prononça à Bloys. Car à qui
prendra garde de près à la ſtructure & liaifon d'icelle, à la fuite
des propos, & autres chofes requifes en un Orateur très-accompli (fans faire mention du beau & poli langage, duquel elle eſt
toute remplie) l'on jugera facilement qu'il s'en trouvera peu ou
point qui puiffent mieux faire que lui. J'en'ai point veu d'autres fiens
écrits ou compofitions, mais par cet échantillon (comme l'on
dit) l'on pourra aifément juger du refte, qu'il pourroit bien
faire, s'il vouloit mettre la main à la plume. Il florit cette année
1584*.

* Pierre d'Epinac étoit né le 10 Mai 1540. Il fut Chanoine & Comte de
Lyon à dix ans, & il n'en avoit que vingt-fix, quand il fut député vers le
Roi par fon Chapitre, pour s'oppofer à la publication du Concile de Trente.
Il fut nommé Archevêque de Lyon en 1574, ou par la mort, ou par la
démiffion volontaire d'Antoine Dalbon, fon grand-père maternel. On peut
voir fa vie écrite avec affez de détails dans le Tom. IV du *Gallia Chriſtiana*,
nouvelle Edition, colon. 187 & fuiv. On y lira comment il s'attacha au
parti de la Ligue, vers l'an 1580, piqué de n'avoir pu obtenir le chapeau
de Cardinal. Il fut arrêté avec le Cardinal de Guife, en 1588, après la mort
du Duc, & mis dans une étroite prifon : mais ce Prélat n'en profita que
pour fe lier au parti du Duc de Mayenne. Tout le Royaume s'étant déclaré
pour Henri IV, il fut le dernier qui lui refta oppofé. Il mourut de la goutte,
le 9 Janvier 1599. De Thou, qui en parle fouvent, loue fon efprit & fes
talens, mais il blâme fon ambition démefurée. On lui a reproché de plus fa

prodigalité , ſes débauches ; on l'a même accuſé d'avoir eu commerce avec ſa propre ſœur ; mais dans ces temps de troubles & de haines , les imputations les plus atroces ſe répandoient & ſe recevoient avec la même légéreté. On lui attribue un Ecrit en faveur des Guiſes , intitulé : *Réponſe à un Avertiſſement.* Il s'y agit principalement de les juſtifier des ſoupçons d'en vouloir à la Couronne. Le P. le Long (*Biblioth. Hiſtor. de la France* , n°. 18468 de la nouv. Edit.) dit que cette Réponſe fut compoſée par Pierre d'Eſpinac ſur les Mémoires du Duc de Nevers. Il n'eſt pas étonnant que La Croix du Maine n'en ait point parlé , parce qu'elle ne parut qu'en 1585 , *in-8°.* On l'a réimprimée depuis dans les *Mémoires de Nevers* , Tom. I , pag. 693 , & dans les *Mémoires de la Ligue* , Tom. I , pag. 149 de la nouv. Édition.

Il mourut le 9 Janvier 1599 , dans ſa cinquante-neuvième année.

PIERRE L'ESCOT , Gentilhomme François , Conſeiller & Aumônier ordinaire du Roi , Seigneur de Clagny , l'un des plus renommés Architectes de France. Il a fait pluſieurs plans & protraicts , des plus ſuperbes & magnifiques palays & maiſons ſomptueuſes de France , entre leſquels Edifices ou bâtimens de marque , ſont ceux du Louvre à Paris , duquel il donna le devis du temps de François I , & ſous le règne duquel il floriſſoit , & encore ſous Henry II. Loys le Roy & pluſieurs autres le recommandent fort en leurs Œuvres , & entre autres Pierre de Ronſard , au deuxième Livre de ſes poëmes au troiſième volume , lequel il lui dédie. Les Œuvres dudit ſieur de Clagny , ne ſont encore en lumière , ils ſe voyent écrits à la main , avec une infinité de protraicts , deſſeins , & autres beaux ouvrages faits de ſa main , en la Bibliothèque de ſon neveu M. de Clermont , ſieur de Clagny , ſurnommé l'Eſcot , Conſeiller Eccléſiaſtiq au Parlement de Paris , & Chanoine de Notre-Dame audit lieu , &c.

PIERRE FABRE , dit FABER * , Il a écrit un Traité en Latin & en François , par lequel on peut apprendre en quel cas il eſt permis à l'homme Chrétien de porter les armes , & par lequel il eſt répondu à Pierre Charpentier , imprimé l'an 1576. L'Auteur d'icelui vivoit en l'an de ſalut 1575.

* Il y a apparence que l'Auteur prit ce nom par rapport à celui de Pierre Charpentier , ſon adverſaire.

PIERRE FABRY, ou LE FEBVRE, Curé de Meray, natif de Rouen en Normandie. Il a écrit un Livre, intitulé le grand & vrai art de pleine Rhétorique, imprimé à Paris chez Pierre Sergeant, l'an 1539, *in-8°.* & contient 31 feuilles.

PIERRE DU FAUR, natif de Tolofe, Préfident en ladite Cour, homme docte ès Langues, & très-fçavant en la Jurifprudence, comme ont été tous ceux de cette illuftre maifon. Il a écrit plufieurs fort beaux & doctes Livres tant en Latin qu'en François *. Je n'ai pas connoiffance finon de ceux qui font en Latin, & entre autres les *Semeftres*. Il florit à Tolofe cette année 1584. Nous avons parlé de Guy du Faur, fon parent (lettre G) *Tom. I, pag. 296 de cette nouv. Edition.*

* PIERRE DU FAUR (DE S. JORY) fe nommoit en Latin *PETRUS FABER SAN-JOVIANUS.* On fait grand cas de tout ce que cet Auteur a publié. Je ne fache pas qu'il ait rien écrit en François, outre fes *Semeftres*, dont parle La Croix du Maine. Nous avons de lui un Ouvrage fur les Jeux Gymniques des Anciens, fous le titre d'*Agonofticon*, ou *Traité des Magiftrats Romains*, & un Livre, intitulé *Dodecamenon, five de Dei nomine & attributis.* Tous ces Ecrits font en Latin. Il vécut jufqu'en 1600, & mourut d'Apoplexie, âgé d'un peu plus de foixante ans, en parlant dans le Parlement de Toulouse, dont il étoit alors premier Prèfident, non pas, comme quelques-uns l'ont dit, en prononçant un Arrêt, mais en *Exhortant les Magiftrats & Officiers de Ville, fuivant la coutume folennelle de cette Cour.* Voy. l'*Epître Dédicatoire des Controverfes de Seneque*, traduites par Chalvet, intime amide du Faur, & Préfident au même Parlement. Voy. aüffi De Thou, à la fin du CXXIII^e Liv. de fon *Hiftoire.*

PIERRE FERGET, ou FARGET *, Docteur en Théologie, de l'Ordre des Auguftins, du Convent de Lyon, l'an 1483. Il a traduit de Latin en François un Livre, intitulé la Confolation des pauvres pécheurs, fait par manière de procès, meu entre Belial procureur d'Enfer & Jefus-Chrift fils de la Vierge Marie, rédempteur de nature humaine. Ce Livre s'intitule autrement *Belial*, il a été imprimé à Paris il y a plus de cent ans. Il a tranflaté de Latin en François un Livre intitulé les Fleurs & manières de faire des temps paffés, & des faits merveilleux de Dieu, tant en l'Ancien Teftament, comme au nou-

veau, imprimé à Geneve l'an 1495. Il floriffoit en l'an de falut
1480.

* PIERRE FERGET, ou FARGET. il y a peu d'Auteurs dont le nom ait été
autant défiguré que celui-là. On l'a appelé FALGET, FERGET, SARGET,
LARGET, FORGET. Voy. le *Diction.* de Profper Marchand, Article FARGET,
qui eft le vrai nom. La Croix du Maine ne l'a pas reconnu fous le nom de
PIERRE SARGET, dont il a fait un Article particulier. Voici fes Ouvrages, fur
quelques-uns defquels on s'eft auffi mépris. 1°. Il a travaillé à la révifion de
la Traduction Françoife du Nouveau-Teftament, conjointement avec Julien
Macho, Religieux de fon Ordre. Cette Traduction fut publiée à Lyon chez
Barthelemy Buyer, *in-fol.* de petit format, & en mauvais caractères Gothiques. Cette Edition, qui eft très-rare, ne porte point de date, & les Bibliographes ne s'accordent pas fur l'année à laquelle on doit la rapporter. Les
uns veulent que ce foit en 1458, d'autres l'avancent jufqu'en 1500. La première de ces dates ne peut fe foutenir, la feconde eft peut-être trop peu
ancienne. Le P. le Long (*Biblioth. Sacr.* Tom. II, pag. 46) rapporte cette
Edition, avec affez de vraifemblance, à l'an 1477. 2°. Farget publia, en
1482, une Traduction Françoife du *Speculum vitæ humanæ*, fous le titre de
Miroir de la vie humaine, à Strasbourg, petit *in-fol.* Gothique. 3°. En
1585, à Lyon, *in-fol.* une verfion Françoife, par Jean Corbichon, Religieux
de fon Ordre, du Livre *Des propriétés des chofes*, verfion que Farget avoit
revue. 4°. Le Livre, cité par La Croix du Maine, *Confolation des pauvres
Pécheurs*, &c. ou *Bélial*, fut imprimé dès 1482, *in-fol.* fans nom de lieu,
ni d'Imprimeur, fous le titre de *Procès fait & dénoncé entre Belial*, *Procureur d'Enfer*, & JESUS, *fils de la Vierge Marie*, & *Rédempteur de la
nature humaine*, *tranflaté de Latin en commun langage par Pierre Farget*, &c. Il fut fouvent réimprimé depuis. C'eft le même Livre que du
Verdier cite ainfi, à la fuite de la lettre P, parmi les *Livres* dont les Auteurs font incertains, *Procès du Bélial*, &c. ignorant que c'eft une Traduction, par P. Farget, d'un Ouvrage Latin de Jacques Palladius, furnommé *Théramo*, du lieu de fa naiffance. (Voy. *Dictionnaire* de Profp.
Marchand, Tom. II, pag. 118, Article PALLADIUS, note D). 5°. Les
Fleurs & manières de faire des tems paffez. C'eft encore une Traduction du
Latin, comme le dit La Croix du Maine. Elle fut d'abord imprimée à Paris,
en 1478, *in-fol.* puis à Lyon en 1483, enfuite à Genève, en 1495. (Cette
Edition eft celle que La Croix du Maine a connue), & enfin à Paris, en
1505. Dans un Avertiffement, qui eft à la tête, on lit que cet Ouvrage
s'appelle autrement le *Petit Fardelet des Faits*, ou *le Fafciculo.* Cela met
fur la voie pour reconnoître que ce n'eft autre chofe que la Traduction du
Fafciculus temporum. Cette Traduction eft, plus bas, attribuée à PIERRE
SARGET par La Croix du Maine, qui a fait ainfi deux Ouvrages d'un
feul, comme du même Auteur il en a fait deux, en croyant, fur une lé-
gère altération de nom, que P. SARGET étoit différent de PIERRE FARGET.

Il y a eu plufieurs autres Editions du Livre dont je parle, poftérieures à celles que j'ai citées, & beaucoup de méprifes, fur-tout cela. On les trouvera relevées pour la plupart dans le *Dictionn.* de Profp. Marchand, Tom. I, pag. 248, notes.

PIERRE FONTAINE, ou DE FONTAINES, Hiftorien François, dit *Petrus Fontanus*, natif de Vermandois en Picardie, Maître des Requêtes du Roi de France S. Loys en l'an 1270, ou environ *. Il a écrit en vieil langage François, ufité de fon temps, un Livre intitulé *Li Livres de la Reigne*, lequel traite de la Juftice & Police. Jean Syre de Joinville, Hiftorien dudit Roi S. Loys, fait mention du fufdit Pierre de Fontaines, enfemble Meffieurs Choppin, Pithou, Bergeron & autres Auteurs en plufieurs endroits de leurs Livres. Le fufdit Livre n'eft encore imprimé.

* Voici ce qu'en dit Joinville (pag. 13 de l'Edit. du Louvre) en parlant de S. Louis, qui jugeoit les procès de fes Sujets, affis fous un arbre, au bois de Vincennes : *Cil fe lévoient qui partie avoient, & lors il (le Roi) difoit, taifés-vous tous, & l'on vous deliverra l'un après l'autre; & lors il appeloit Monfeigneur Pierre de Fontaines & Monfeigneur Geffroy de Villette, & difoit à l'un d'eux, délivrez-moi cette partie.*

PIERRE FORCADEL, natif de la ville de Beziers en Languedoc, Lecteur du Roi ès Mathématiques à Paris, frère d'Eftienne Forcadel, Jurifconful &c. Il a compofé une Arithmétique Françoife, contenant quatre Livres, imprimée chez Charles Périer, l'an 1565 & l'an 1567. Il a traduit de Latin en François, la pratique de la Géométrie d'Oronce Finé Dauphinois, en laquelle eft compris l'ufage du Quarré Géométrique, & de plufieurs autres inftruments fervants à même effet : enfemble la maniere de bien mefurer toutes fortes de plans & quantités corporelles, avec les figures & démonftrations, le tout imprimé à Paris chez Gilles Gourbin, l'an 1570; la Defcription de l'aneau Horaire, imprimée à Paris chez Mathurin Prevoft, l'an 1568. Il a traduit en François les Elémens d'Euclide Auteur Grec, avec annotations & commentaires dudit Forcadel, imprimés à Paris l'an 1564, chez Charles Périer. Il a traduit de Latin en François l'Arithmétique de *Gemma Frifius*; Traduction de la Muſique d'Euclide, imprimée à Paris chez Charles Périer 1565 ; Traduction du premier Livre d'Archimede, des choſes également peſantes, imprimée chez ledit Périer audit an ; Traduction & comments du Livre d'Archimede, touchant les poids, & des choſes tombantes en l'humide, imprimés chez ledit Périer, audit an 1565 ; Deux Livres de Proclus, touchant le mouvement, traduits par ledit Forcadel, & imprimés à Paris l'an 1565 [1]. Il floriſſoit à Paris ſous Charles IX & Henry III, ſous le règne duquel il mourut.

[1] Pierre Forcadel ignoroit abſolument le Grec, & n'entendoit pas fort bien le Latin, enſorte qu'il ne faut pas prendre à la lettre ce qu'on dit ici de ſes verſions Françoiſes d'*Euclide*, d'*Archimède* & de *Proclus* ; il ne les donna que ſur des verſions Latines, dont il devinoit le ſens à demi-mot, parce que la parfaite intelligence qu'il avoit de la matière, ſuppléoit, chez lui, au défaut de l'intelligence de la langue. C'eſt au moins ce qu'en rapporte Gaſſendi, Liv. II de la vie de Peireſc. (*Lecteur du Roi ès Mathématiques*, doit s'entendre de *Profeſſeur au Collège Royal*). Il mourut en 1577. (M. DE LA MONNOYE).

PIERRE DE LA FOREST, natif du pays de Nevers, Médecin à Montpellier. Il a traduit de Latin en François un Traité de la cure ou guériſon de la pierre ou gravelle, imprimé à Paris avec un Livre intitulé *La propriété & vertu des eaux*.

PIERRE DE LA FOREST (Meſſire) *, Chancelier de France & Cardinal l'an 1353, natif de la paroiſſe de la Suze à quatre lieues du Mans, &c. Je n'ai point veu de ſes écrits, ſinon un fort beau Teſtament qu'il fit en Avignon en date du vingt-cinquième jour de Juin 1361, auquel an il mourut âgé de cinquante-ſix ans, lequel nous avons par devers nous écrit à la main **.

* Pierre de la Foreſt, né en 1305, Chancelier du Duc de Normandie en 1347, Evêque de Tournay en 1349, Chancelier de France & Evêque de Paris à la fin de la même année, Archevêque de Rouen en 1351, ne fut annobli qu'au mois d'Octobre 1354. Il fut Cardinal en 1356, deſtitué de ſa charge de Chancelier en 1357, rétabli en 1359 ; enfin il ſe retira à Avignon, où il mourut en 1361, le 27 Juin, ſelon le *Gall. Chriſt.* Tom. XI. La Croix du Maine dit qu'il avoit fait un teſtament le 25. Si l'on veut voir

quelques

quelques erreurs commifes au fujet de Pierre de la Foreft, on peut con-
fulter le Tom. VII du *Gall. Chrift.* colon. 134 & 135.

** Les Etats Généraux de 1356, affemblés après la perte de la bataille de
Maupertuis, obligèrent le Dauphin Charles à confentir à la deftitution des
premiers Magiftrats, tels que le Chancelier de la Foreft, que leur vertu
rendoit fufpects à ceux qui vouloient profiter des malheurs publics.

PIERRE FRANCO ou FRANCONE, natif de Turiers
en Provence, demeurant à Orange, &c. homme très-expert en
l'art de Chirurgie. Il a écrit un Traité des *Hernies* *, qui eft
une maladie commune aux hommes, avec un ample déclaration
de toutes les efpèces defdites Hernies, & autres parties de la
Chirurgie, fçavoir eft de la pierre, des yeux & autres maladies,
imprimé à Lyon l'an 1561, chez Thibault Payan *in-8°.* &
contient 36 feuilles. Il floriffoit audit an 1561.

* La première Edition de fon *Traité des Hernies* eft de 1556, à Lyon,
in-8°. L'Edition citée par La Croix du Maine, eft la feconde, & contient des
augmentations.

PIERRE GALAND, dit GALLANDIUS, Picard de nation,
Lecteur ordinaire & profeffeur en Philofophie en l'Univerfité
de Paris, Chanoine en l'Eglife de Notre-Dame en ladite ville,
& principal du Collége de Boncour, fitué à Paris, oncle de M.
Gallandius, lequel lui a fuccédé en ladite charge & office de
principal à Boncour, & a tellement imité fon oncle, pour faire
florir fon Collége en hommes doctes, qu'il a bien fçu pratiquer
les plus fçavants & éloquents de l'Univerfité pour le rendre de
plus en plus très-célèbre, par les maîtres & leurs auditeurs tout
enfemble : entre lefquels je nommerai par honneur Meffieurs
Boffulus, le Grand, (dit *Magnus*,) & Daniel d'Auge, dit
Augentius. Je n'ai pas connoiffance des autres. [1] Pour revenir à
parler dudit Pierre Galandius, voici ce qu'il a mis en lumière.
L'Oraifon très-docte & très-élégante, touchant les louanges du
Roi François I du nom. Cette Oraifon a été imprimée à Paris
en Latin & en François chez Michel Vafcofan. Il floriffoit fous
le règne de François I & Henry II.

[1] Il étoit d'Aire en Artois. Son neveu, Principal après lui du Collège de

Boncourt, se nommoit *Guillaume*, oncle de *Jean*, son successeur en cette Prin-cipalité. C'est *Jean*, qui a été intime ami de Ronsard, & qui mourut en Janvier 1612, non pas *Guillaume*, comme le dit Moréri. Pierre Galland & Pierre Ramus, en 1549 & 1550, mirent en rumeur toute l'Université pour la Doctrine d'Aristote. Ramus la combattoit ; Galland, que son adversaire appeloit *Gallonius*, la défendoit. Rabelais les turlupina tous deux dans le Prologue de son quatrième Livre. Joachim du Bellay, dans le Poëme qu'au mot PIERRE DE CUGNIERES j'ai ci-dessus allégué, en fit autant ; il paroît néanmoins que l'un dans sa prose, l'autre dans ses vers, traitèrent un peu plus doucement Ramus que Galland. Celui-ci, quoique homme de mérite, s'est acquis moins de réputation dans la République des Lettres. On ne voit pas que le Président de Thou, ni Scévole de Sainte-Marthe, l'aient honoré d'aucun éloge. Il eut beau envoyer un Exemplaire de son invective contre Ramus à Lambin, celui-ci, tout ennemi qu'il étoit de Ramus, ne put se ré-soudre à la lire. Galland étoit cependant un des hommes de son siècle qui par-loit le mieux Latin. (Galland eut part à l'estime de François I, fut Chanoine de Notre-Dame de Paris). Il mourut le 31 Août 1559. (M. DE LA MONNOYE).

Son *Discours sur la mort de François I* étoit Latin , & fut imprimé en 1547, Paris, Vascosan. Turnèbe, son Disciple, le loua en différentes occa-sions ; Bayle, Article de RAMUS, a confondu *Guillaume Galland*, Député de l'Université dans les affaires des Jésuites, avec *Pierre*, son oncle. (M. FALCONET).

PIERRE GALLISARD (Frère), Docteur en Théologie, de l'Ordre des Frères Prêcheurs d'Arles en Provence [1]. Il a extrait des Livres de la Sainte Ecriture, une sommaire explication des commandemens de Dieu. Plus il a traduit de Latin en François, un Livre de S. Augustin, de la vie chrétienne : le tout a été imprimé à Lyon par Benoît Rigault l'an 1577, *in-8°*. & con-tient 9 feuilles.

[1] Il mourut l'an 1577. Les Bibliothécaires Jacobins écrivent GALISSART, ayant trouvé ce nom ainsi écrit, suivant l'usage ancien de terminer par la syllabe *art*, en François, les noms qui, en Latin, se terminoient en *ardus*, & généralement tous ceux que nous terminons en *ard*, comme il est aisé de le reconnoître dans les vieilles Editions. Les Bibliothécaires que je viens de citer, n'ont point connu le *Pulicis Encomium* de leur Confrère, *Physicâ ra-tione tractatum*, *Auctore Dominicano Petro Gallissardo*, *Araquæo*, imprimé à Lyon, *in-8°*. chez Jean de Tournes, 1550, où *Araquæo* ne peut pas si-gnifier *natif d'Arles*, quoique, suivant les Dominicains allégués, il fût *Arelate natus* ; je croirois plutôt qu'il y avoit fait sa principale résidence, mais qu'il étoit né aux *Arqs*, Marquisat en Provence près de Draguignan. Son *Eloge*

de la puce, eft fort au-deffous de celui que Calcagnin, plus de dix ans auparavant, avoit fait de cet infecte. Chevrèau, pag. 388 de fon *Chevræana*, fe trompe, lorfqu'au lieu d'un *Eloge de la puce*, il en attribue un *de la Fièvre-quarte*. (M. DE LA MONNOYE).

PIERRE GARCIE, dit FERRANDE, natif de S. Gilles fur Vye. Il a écrit & compofé un Livre, intitulé le grand Routier, pilotage, ou encrage de Mer, tant des parties de France, Bretagne & Angleterre, que ès haultes Almagnes, enfemble les dangers des ports, havres, rivières, & chenals des régions fufdites, enfemble le compoft ou calendrier très-néceffaire pour la Mer ; les jugemens d'Oleron, touchant le fait des Navires. Le tout a été imprimé à Rouen en Normandie chez Jean Bourges, & depuis à la Rochelle par Berthelemy Breton, l'an 1560. Ledit Pierre Garcie, furnommé Ferrande floriffoit en l'an de falut 1483.

PIERRE GENTIEN, natif de Paris, ancien Poëte François en l'an 1304, iffu de l'ancienne famille des Gentiens à Paris, &c. Il a écrit plufieurs poëmes en la Langue ufitée de fon temps, lefquels ne font encore imprimés, & entre autres fe voit de lui un Livre, dans lequel il nomme quarante ou cinquante des plus belles Dames de fon fiècle. Voy. de ceci Cl. Fauchet en fon Traité des Poëtes (*chap.* 27 *& dernier*).

PIERRE GENTIL, natif de Vendôme, fes Œuvres ne font encore en lumière.

PIERRE GILBERT, Tolofain [1]. Je n'ai pas connoiffance de fes compofitions Françoifes.

[1] Peut-être a-t-il voulu dire PIERRE GRÉGOIRE, Jurifconfulte, mort l'an 1597, dont je ne fache pas que nous ayons autre chofe, en François, que fa *Réponfe au Confeil du Moulin fur la diffuafion de la publication du Concile de Trente*. Du Verdier donne un long Catalogue de fes Ouvrages Latins. (M. DE LA MONNOYE).

PIERRE GOUESLIER, Sieur DE LA GOUESLERIE, au Maine, duquel lieu il eft natif, &c. Enquêteur du Roi au Siège

Préſidial & Sénéchauſſée du Maine. Il a écrit un Epithalame ou chant nuptial, ſur le mariage de Meſſire Jean de Chourſſes, Chevalier des deux Ordres du Roi, Seigneur de Malicorne, &c. & de Madame Françoiſe de Daillon, ſœur de M. le Comte de Lude en Anjou, &c. Ce Livre n'eſt encore imprimé, il contient environ de ſix cent vers François. Il le préſenta lui-même audit ſieur de Malicorne, l'an 1578. Il a davantage écrit pluſieurs autres Epithalames, enſemble pluſieurs Chants Lyriques, & autres ſortes de Poëmes François, deſquels il y en a pluſieurs imprimés au Mans par Hieroſme Olivier, l'an 1575 & 1576, &c. Pluſieurs Epitaphes Latins & François, tant en proſe qu'en vers, ſur la mort de *Marguerite Hervé*, fille de M. du Panon, l'une des plus belles, ſages, vertueuſes & accomplies filles de tout ſon ſiècle. Ils ne ſont encore imprimés. Il a traduit quelques Eglogues de Baptiſte Mantuan, non encore imprimées. Il florit au Mans cette année 1584. Il a compoſé pluſieurs autres Œuvres en François, tant en vers qu'en proſe, leſquels il pourſuit après avoir donné relâche à ſes plus ſérieuſes études, & vaqué à ſa principale profeſſion. Je ne dy rien ici du plaiſir qu'il prend à la Muſique, tant vocale que inſtrumentale, & combien il s'en ſçait heureuſement acquitter, qui eſt un exercice aimé & chéri de toutes perſonnes d'eſprit & d'entendement, & ſur tout bien venu & careſſé entre les hommes d'étude. Si je ne craignois que l'amitié qu'il me porte ſi grande, & celle que je lui ai pareille, ou plus grande encor, ne fût cogneue tellement de tous ſes amis & les miens, que l'on ne pourroit ici voir ſes louanges ſans ſoupçon de flatterie, j'en parlerois davantage, mais cela m'en empêche.

PIERRE GRINGORE, dit VAUDEMONT, Hérault d'Armes de M. le Duc de Lorraine, &c. Poëte François & Orateur, fort eſtimé de ſon temps *. Il a écrit & compoſé en vers François, un Œuvre qu'il a intitulé *Les menus propos de Mere Sotte*, imprimés à Paris chez Philippes le Noir, l'an 1521. comme il ſe voit par l'acroſtiche contenu dans un huictain mis fur la fin du Livre, qui eſt une façon ſubtile pour cacher ſon nom : par les lettres majuſcules ou capitales, contenues ès premiers mots ou dictions de chacune ligne, comme ont fait pluſieurs autres Auteurs, &c. Notables enſeignemens, Adages & Proverbes dudit Pierre Gringore, imprimés à Paris par Galiot du Pré, l'an 1528 ; les folles entrepriſes, qui eſt un Œuvre écrit en vers François, contenant pluſieurs choſes morales, imprimé à Paris. Le nom de l'Auteur ſe voit ſur la fin dudit Livre, mis de la façon que nous avons récitée ici-devant. Il floriſſoit en Lorraine, l'an 1520.

* On préſume que Pierre Gringore, qui, ſur la fin de ſa vie, écrivit ſon nom *Gringoire*, y ajoutant un *i*, pour en adoucir la prononciation, étoit Lorrain, ſur ſon emploi & ſa profeſſion d'*Hérault d'armes du Duc de Lorraine* ; c'eſt dans cette qualité qu'il prenoit le nom de *Vaudemont* ; & celui de *Mère Sotte*, relativement aux pièces de théâtre qu'il compoſoit, & où il jouoit le perſonnage de *Mère Sotte*. Son premier Ouvrage connu eſt de 1500 ; il a pour titre : *Le Caſteau d'Amours*, imprimé en lettres Gothiques, à Paris, *in-8°*. Simon Voſtre, & Lyon, *in-12*. François Juſte. Son dernier Ouvrage eſt de 1544. Ce ſont des *Heures de Notre-Dame, tranſlatées de Latin en François, & miſes en Rhytme*, &c. Paris, Antoine Bonnemere, 1544, *in-8°*. Il paroît qu'il ne vécut pas long-temps après cette date, & il devoit être âgé, étant Auteur depuis quarante-quatre ans. On trouve dans les Mém. de Niceron, Tom. XXXIV, pag. 47 & ſuiv. un Catalogue détaillé de ſes Ouvrages. — Sa principale occupation étoit, ſelon le ſtyle de ſon temps, d'être *Compoſiteur, Hiſtorien & Facteur de Myſtères*, ou *Comédies*, dans leſquelles il jouoit un perſonnage. La principale de ſes pièces eſt celle intitulée : *Le Jeu du Prince des Sots, & Mère Sotte, joué aux Halles de Paris, le Mardi gras de l'an* 1511. Cette *Moralité & Farce* fut repréſentée par ordre exprès de Louis XII, durant le cours des différends de ce Prince avec le Pape Jule II, & la République de Veniſe ; Gringore y fit le perſonnage de *Mère Sotte*, dont il conſerva le nom. — Sa deviſe étoit *tout par raiſon, raiſon par-tout, par-tout raiſon*. La plupart de ſes Ouvrages ſont moraux, & ſa verſification, de même que ſon ſtyle, étoient plus clairs, & s'entendoient mieux que ceux de la plupart des Ecrivains de ſon temps. On en peut juger par ce Quatrain, qu'il attribue à un Sage, nommé MARQUEZ :

> Qui bien ſe mire, bien ſe voit,
> Qui bien ſe voit, bien ſe congnoit,
> Qui bien ſe congnoit, peu ſe priſe,
> Qui peu ſe priſe, ſage eſt.

Il dit ailleurs : . . . . . .

> Raiſon de bien peu ſe contente,
> Sans appeter grande nobleſſe,
> De beſongner eſt diligente,
> Et amaſſe peu de richeſſe.

Les *Contredits du Prince des Sots*, autrement appelé *Songe-creux*, imprimés en 1530, *in-8°*. Paris, Galliot Dupré, ſont un Ouvrage anonyme, mais que l'on a conſtamment attribué à Gringore. Dans cette compoſition ſatyrique & morale, l'Auteur examine les différens états de la vie, & expoſe ce qu'ils ont d'avantageux & de déſavantageux; il y donne des leçons qui tendent à la Miſantropie, & ſon ton, quoique toujours ſérieux, eſt plaiſant au fond. Il paroît qu'il avoit à ſe plaindre du mariage, & qu'il étoit fâché de s'y être engagé; car, en parlant de ſa femme, il dit :

> Treize deniers l'ai achetée,
> Mais, par ma foy, c'eſt trop vendu :
> Qui pour le prix me l'a baillée,
> Que par ſon col fût-il pendu.

On a encore de lui les *Menus Propos*, *in-8°*. Paris, 1522; la *Chaſſe du Cerf des Cerfs*, *in-8°*. les *Abus du monde*, *in-8°*. Paris, 1509, & l'*Eſprit de paix*, compoſé à l'honneur de Louis XII, *in-8°*. 1510. — On croit qu'il mourut à Paris, & fut enterré à l'Egliſe de Notre-Dame, comme il eſt écrit, mais ſans preuve, au Tom. II de l'*Hiſtoire du Théâtre François*, pag. 250. —Voy. la Bibl. Françoiſe de M. l'Abbé Goujet, Tom. XI, pag. 212.

PIERRE GROSLIER, Avocat à Lyon, l'an 1555. Il a écrit & compoſé en proſe Françoiſe, un plaidoyé pour un amoureux injuſtement détenu priſonnier, appellant au Siège Royal Criminel de Lyon, imprimé à Paris l'an 1556, par Eſtienne Deniſe *.

* Il auroit fallu imprimer ce Plaidoyé, en quelque Edition, à la ſuite des *Arrêts d'Amours.*.

PIERRE GROSNET *, Prêtre, natif d'Auxerre en Bourgongne, Maître ès Arts, & Licentié en Droit Canon & Civil. Il a recueilli les ſentences & mots dorés de toutes les Tragédies de Seneque, imprimées à Paris chez Denis Janot, l'an 1534. Les mots dorés du ſage Caton tant en François qu'en Latin, recueillis par ledit Groſnet, imprimés à Paris par Alain Lotrain, l'an 1543, & depuis chez Jean Bonfons. Il a écrit premièrement en Latin & depuis traduit en François, un Livre intitulé le defenhortement du péché de luxure, & généralement de tous les péchés mortels, imprimé à Paris l'an 1537. Il floriffoit du temps de François I, Roi de France.

* PIERRE GROSNET, ou GROGNET, étoit, fuivant M. l'Abbé le Beuf (*Hift. d'Auxerre*, Tom. II, pag. 503) de Toucy, petite Ville à quatre ou cinq lieues d'Auxerre. On ne fait ni la date de fa naiffance, ni celle de fa mort. On voit, par fes Ouvrages, qu'il étoit né dans le quinzième fiècle, & qu'il étoit mort avant le milieu du feizième. La principale utilité de fes Poë-fies, eft dans les faits hiftoriques, dont il a confervé la mémoire ; ce font des efpèces de Chroniques rimées, que l'on relit encore avec plaifir, fur-tout celle qui a pour titre : *Recollection des merveilleufes chofes & nouvelles adve-nues au noble Roïaume de France en notre tems , depuis l'an de Grace* 1480. Il la finit en 1530, & la dédie à Jean de Dinteville, Maître-d'Hôtel ordinaire du Roi. Cette Chronique a été réimprimée dans le *Mercure de Novembre*, 1740. Une autre pièce, peut-être plus curieufe encore, c'eft celle qui a pour titre : *De la loüange & excellence des bons Facteurs , qui bien ont compofé en rime , tant de-çà que de-là les Monts ;* elle contient une notice d'un grand nombre de Poëtes, depuis Alain Chartier & Jean de Meun, jufqu'au temps où l'Auteur écrivoit. On a, du même Auteur, une Paraphrafe en profe de quelques Tragédies de Sénèque , imprimée chez Denys Janot , Paris, 1534, *in*-8°. On ne doutera pas qu'il ne fût Bourguignon, par la colère qu'il témoigne dans le Rondeau *contre les Taverniers qui broullent les vins :*

> Broulleurs de vin, malheureux & mauditz,
>
> Gens fans amour, faulx en faicts & en dictz;
>
> Qui ne tendez qu'en damnable avarice,
>
> Soyez certains que divine juftice
>
> Vous pugnira, de bien bref, je le dis.
>
> Les vins nouveaulx vous feront interditz,
>
> Point n'en burez ; car des fois plus de dix, .
>
> Dieu qui tout voit, congnoit votre malice,
>
> Broulleurs de vin , &c.

Voy. la Bibl. Françoife de M. l'Abbé Goujet , Tom. X , pag. 383.

PIERRE LE GUILLARD, ou L'EGUILLARD ; Avocat à Caën en Normandie, l'an 1580. Il a écrit plufieurs quadrains François*, touchant la louange des barbes rouges, imprimés à Caën l'an 1580, ou environ, avec des annotations fur lefdits quadrains.

* Il les publia avec des annotations , fous le titre de *Pogonerythrée.*

PIERRE HABERT *, natif d'Yſſouldun en Berry , frère de François Habert (duquel nous avons parlé ci-devant) &c. Ledit Pierre étoit Valet de Chambre ordinaire du Roi, & ſon écrivain, &c. Il a écrit un Livre, intitulé la manière de bien dicter & compoſer toutes ſortes de Lettres miſſives, imprimé à Paris par pluſieurs fois ; Traité du bien & utilité de la paix , & des maux provenants de la guerre, le tout en vers Alexandrins, imprimé à Paris par Claude Micard, l'an 1568 ; l'Inſtitution de vertu, imprimée à Paris, le moyen de promptement & facilement apprendre en lettre Françoiſe, à bien lire, prononcer & écrire : enſemble la manière de prier Dieu , en toutes ſes néceſſités, imprimé à Paris. Il floriſſoit ſous les règnes du Roi Henry II & Charles IX. Cettui-ci Pierre Habert étoit père de Iſaac Habert Pariſien , Valet de la Chambre du Roi , enſemble de Madame des Jardins Suſanne Habert , comme nous dirons en leur lieu.

* PIERRE HABERT, frère de FRANÇOIS , dont il a été parlé, & de CLAUDE, Greffier à Buzançois, commença par être *Maiſtre Eſcrivain à Paris* ; c'eſt la qualité qu'il prend à la tête de l'Ouvrage intitulé , *Le Miroir de vertu, & Chemin de bien vivre, contenant pluſieurs belles Hiſtoires par Quatrains & Diſtiques moraux, le tout par Alphabet , avec le ſtile de compoſer toutes ſortes de lettres, miſſives, quittances & promeſſes : la ponctuation & accens de la langue Françoiſe : l'inſtruction & ſecret de l'art de l'Eſcriture.* Ce Recueil a eu trois Editions, la première, en 1569 ; la ſeconde , en 1574 ; la troiſième, en 1587. Dans la ſeconde, dédiée au Roi Henri III , l'Auteur ſe qualifie de *Conſeiller du Roi, Secrétaire de ſa Chambre, de ſes Finances, Maiſon & Couronne de France, Baillif de ſon Artillerie, & Garde du Scel d'icelle* ; ce qui prouve que ſon talent lui avoit ouvert le chemin de la fortune. Le *Miroir de vertu,* dont nous avons parlé, eſt en proſe ; le *Chemin de bien vivre,* en vers ; l'*Inſtruction de l'art de l'Eſcriture,* en vers. Ce ſont là les Ouvrages connus de Pierre Habert, avec ceux que les deux Bibliothécaires rapportent. Il eut de ſon mariage , avec Jaqueline de Montmillet , *Iſaac & Suſanne Habert,* qui ſe ſont faits une réputation plus brillante dans la Littérature que leur père.

Voy. la Bibl. Franç. de M. l'Abbé Goujet , Tom XIII, p. 48.

PIERRE HAMON , natif de Blois, Secrétaire de la Chambre du Roi *. Cettui-ci étoit le plus renommé de France, voire de l'Europe, pour la perfection qu'il avoit d'écrire en toutes

ſortes

fortes de lettres. Il a fait imprimer plufieurs alphabets ou Livres d'Exemples, réduits par ordre d'A, B, C, lefquels ont été gravés en taille-douce, & imprimés à Paris tant chez Lucas Breyer que autres, l'an 1567. Il a fait la Defcription des Gaules en douze Cartes, écrites de fa main fur parchemin, lefquelles il préfenta à M. le Révérendiffime Charles Cardinal de Lorraine. Elles ne font encore imprimées. Il fut enfin repris de Juftice, & condamné à être pendu & étranglé. Ce qui fut exécuté à Paris en la place de S. Jean en Grève, l'an 1569, le Lundi feptième jour du mois de Mars [1].

* Pierre Hamon avoit été Maître à écrire de Charles IX, & devint fon Se-crétaire du Cabinet, felon Papyre Maffon, dans l'Eloge de ce Prince. Hamon avoit formé le projet de mettre au jour des modèles de toutes les Ecritures du monde, anciennes & modernes. Il pénétra dans les Archives de S. Denis & de S. Germain-des-Prez, & tira, avec beaucoup d'adreffe, des modèles fur les originaux qui s'y trouvent. Ces modèles font demeurés ma-nufcrits ; mais ayant été communiqués à Dom Mabillon, lorfqu'on impri-moit fa *Diplomatique*, il fit ufage de quelques-uns. C'étoit en 1566 & 1567 que Hamon s'occupoit à faire ces copies ; mais il ne pouffa pas fort loin ce travail : *Opus imperfectum nefcio quo cafu reliquit) dit Mabillon) & pauca La-tinorum Alphabeta depinxit, quæ nec in publicos ufus venerunt.* Diplom. pag .45. Je ne fais fi les Alphabets imprimés, dont parle La Croix du Maine, ont quelque chofe de commun avec les modèles d'anciennes écritures, dont je viens de parler, ou fi ce ne font pas de fimples exemples pour apprendre à écrire. D. Mabillon a publié dans fa *Diplomatique*, pag. 456, l'*Alphabet Tironien*, que Hamon avoit tiré d'un Manufcrit du Roi & d'un Pfeautier de S. Germain-des-Prez. Hamon ne fe fervit de l'habitude qu'il avoit con-tractée, d'imiter fidèlement les anciennes écritures, que pour fabriquer de fauffes pièces. Il en fut puni comme il le méritoit, & comme le rapporte La Croix du Maine. Voy. la *Nouvelle Diplomat.* Tom. VI, pag. 201.

[1] M. l'Abbé le Clerc, dans fes *Remarques fur Moréri*, au mot HAMON, après avoir dit que, fuivant le P. Liron, pag. 171 de fa *Bibliothèque Char-traine*, "Pierre Hamon fut pendu comme fauffaire, ajoute que, fuivant l'*Hiftoire des prétendus Martyrs du Calvinifme*, pag. 709, » ce même Pierre » Hamon, qui étoit Huguenot, fut exécuté, non pas pour aucune fauffeté » commife, mais pour caufe de religion ». (Ce que dit La Croix du Maine femble autorifer le récit de D. Liron)... (M. DE LA MONNOYE).

PIERRE HASSARD, d'Armentieres, Médecin, &c. Il a traduit de Latin en François, un Traité de la pefte, écrit par

Théophraste Paracelse, imprimé à Anvers chez Plantin, l'an 1571. Il florissoit à Bruxelles en Flandres, l'an 1570.

PIERRE HEINS, natif d'Anvers, Poëte François & Theutonic aussi, (qui est la langue usitée en la Gaule Belgique). Il a écrit en vers François, le Miroir du monde. Loys Guichiardin fait mention de lui en sa Description des Pays-Bas, *fol.* 175.

PIERRE LE HUCHER. Il a écrit en vers François une Epître consolatoire, imprimée avec plusieurs Epigrammes spirituels, mis en musique, &c. imprimés l'an 1566.

PIERRE HUGON, Gentilhomme de Dompierre, valet de Chambre du Comte de Poiĉtou, Philippes le Long, qui depuis fut Roi de France, l'an 1320. Il a écrit plusieurs poësies en Langue Provençale, à la louange de Madame Beatrix d'Agoult. Il florissoit en l'an de salut 1321 *.

*.Voy. JEAN DE NOTRE-DAME, Chap. 59, & DU VERDIER, au mot COMTE DE POICTOU.

PIERRE DE ICKEHAN *, ou YCKEHAN, par y Grec, Anglois de nation, natif de Cantorbery, étudiant à Paris l'an 1274. Il a écrit en langage François, la Généalogie des Rois de Bretagne, & la Généalogie des Rois d'Angleterre, non encore imprimées. *Baleus* & *Symlerus* en font mention.

* PIERRE ICKEHAM, ou plutôt D'YCKAM (comme on doit l'écrire) étoit de Cantorbéry, mais il fut élevé à Paris. Ses deux Ouvrages sur la *Généalogie des Rois de France*, & de *celle des Rois d'Angleterre*, sont écrits en François. Voy. BALEUS, IV, 43, & PITSEUS, p. 355. Il avoit encore composé en Latin une *Histoire d'Angleterre, depuis Brutus jusqu'à Edouard I*, sous le règne duquel il vécut. Elle n'a point été imprimée, non plus que ses *Généalogies*, citées par La Croix du Maine. Les Manuscrits de son *Histoire* sont fort communs en Angleterre. On en trouve dans la Bibliothèque Bodléiene à Oxford, dans celle du Collège du Corps de Christ à Cambrige, dans la Bibliothèque des Archevêques de Cantorbéry à Lambeth, & dans la Bibliothèque Cottonienne à Londres. Le Manuscrit, où cette Histoire se trouve dans cette dernière Bibliothèque, est mal indiqué par le P. le Long. Ce Manuscrit est coté *Domitianus A. III*. Tannerus parle d'un *Pierre d'Yckam, Moine de Cantorbéry, mort en 1289*, qui paroît être le même que celui dont il s'agit ici. Voy. *Biblioth. Britannico-Hybernica*, p. 787. (Cette note nous a été fournie par M. de Bréquigny).

PIERRE LAGNIER, natif de Compiegne en Picardie. Il a recueilli plusieurs belles Sentences de Ciceron, lesquelles il a fait imprimer en Latin & en François.

¹ Robert Breton *(Robertus Britannus)* lui a écrit plusieurs lettres Latines, imprimées à Toulouse , *in-4°.* 1536 , mais vides de faits. (M. DE LA MONNOYE).

PIERRE DE LARRIVAY, Champenois. Il a traduit d'Italien en François, l'Institution morale du Seigneur Alexandre Piccolomini, imprimée à Paris chez Abel l'Angelier, l'an 1581. Il a écrit quelques vers François, sur la mort de Messire Jean de Voyer, père de M. le Vicomte de Paulmy, imprimés à Paris. Il a traduit d'Italien en François, deux Livres de Philosophie fabuleuse, imprimés à Paris chez Abel l'Angelier, l'an 1577, dédiés à M. le Vicomte de Paulmy. Il a traduit d'Italien en François, le second & dernier volume des Nuits facétieuses de *Messire François Straparole*, imprimés l'an 1577, à Lyon par Rouville *. Les six premières Comédies Françoises dudit Pierre de l'Arrivay, imprimées à Paris l'an 1579, dédiées à François d'Amboise Conseiller, pour lors Avocat au Parlement, & maintenant Conseiller de Rennes en Bretagne.

* La Traduction des huit dernières *Nuits de Straparole* fut son premier Ouvrage , comme il le dit lui-même dans l'*Avis au Lecteur*. Les cinq premières avoient été traduites par Jean Louveau. Outre ses six premières Comédies, dont parle La Croix du Maine , il en avoit composé dix autres, dont trois seulement ont été imprimées en 1611. Elles sont toutes en cinq Actes & en prose. On en trouvera les titres dans les *Recherches sur les Théâtres*, Tom. I, pag. 498, Edit. *in-12.* & pag. 67 de l'Edit. *in-4°.* L'Auteur les a toutes dédiées à François d'Amboise. Il se vante, dans une de ses Epîtres Dédicatoires, d'être le premier qui ait mis sur la Scène des pièces dont les sujets sont François. Il est aussi le premier en France qui ait composé en prose des Comédies, je dis *composé*, car on en avoit traduit en prose , mais on n'en avoit composé qu'en vers. Il crut devoir justifier cette hardiesse, & il se fonde principalement sur ce que, faisant parler des gens du commun, il devoit employer leur langage ordinaire. Il allégue aussi l'exemple des Italiens, qui n'écrivent leurs Comédies qu'en prose. Du Verdier se trompe ; en attribuant la *Nephecocugie* (la Nuée des Cocus) à Pierre Larrivey ; elle est de Pierre le Loyer. L'Auteur de la *Biblioth. des Théâtres* s'est aussi mépris ,

en attribuant à un *Jean* de Larrivey les fix premières Comédies , qui appar-tiennent à *Pierre* , ainfi que les trois dernières.

PIERRE DE LESNAUDIERE [1], Scribe des priviléges de l'Univerfité de Caën en Normandie , natif de la paroiffe d'An-villes en Auge , au Diocèfe de Lyfieux. Il a écrit en profe , un Livre de la louange du mariage , enfemble un Recueil des ver-tueufes & illuftres femmes , imprimé à Paris chez Sergeant , il y a cinquante ans & plus ; Traité contre les mauvaifes femmes. Je ne fçai s'il eft imprimé. Il floriffoit à Caën en Normandie , l'an 1520.

[1] Le nom de PIERRE DE L'ESNAUDERIE , car c'eft ainfi que l'Auteur l'écri-voit , a été diverfement corrompu. Névizan , & plufieurs autres , écrivent *Lénaudiere* ; Gefner , & fes Continuateurs , *de Levanderii* pour *de Levanderiis* , & à la Table *Levanderius* ; Chaffeneuz , *Lefvanderie* ; M. Huet , retranchant la lettre *f* muette , *l'Enauderie*. Il a fait dans fes *Origines de Caën* , Ch. 23 , v°. 105 , des recherches très-curieufes , touchant cet Ecrivain , natif de Caën , dans la Paroiffe de S. Germain d'*Auvillers* en Auge , & non pas d'*Anvilles*. Son nom de famille étoit *le Monnier*. Il prit le nom de *l'Enauderie* d'un lieu ainfi appelé , qui lui appartenoit. Il fut marié , & , après la mort de fa femme , il fe fit Eccléfiaftique. Son Livre le plus connu eft un Traité *De Doctoribus* , *& eorum privilegiis* , à Paris , *in*-8°. l'an 1516. Je doute que l'Auteur ait paffé l'an 1520. (M. DE LA MONNOYE).

PIERRE DE LESPIAU (Frère) , Bachelier en Théologie , Prédicateur ordinaire de la Roine de Navarre , fous-Prieur de l'Abbaye de Sainte Croix de Bordeaux en Gafcongne. Il a écrit plufieurs Traités en Théologie , enfemble plufieurs vers. Il floriffoit en l'an 1580.

PIERRE LE LIEUR , Poëte François. Il a écrit quelques Chants Royaux à l'honneur de la Vierge.

PIERRE DE LISLE , Anachorite (qui eft le nom qu'il fe donne) natif de Bourbonnois. Il a extrait de plufieurs Auteurs , tant Anciens que Modernes , la fource & origine de tous les Rois & Ducs de France , avec leurs faits & geftes , imprimée l'an 1521 (*in*-8°.) Il a écrit en vers & rithme Françoife les vies de S. Berthelemy Apôtre , S. Sulpice , Evêque , & des fept frères Martyrs. Le voyage de la Terre-Sainte, divifé en trois Livres, lequel il intitule *l'Adventurier*.

PIERRE LISET, natif du Pays d'Auvergne, autrefois premier Préfident à Paris, & enfin Abbé de S. Victeur, ès Fauxbourgs de ladite ville, homme très-docte, & grand Jurifconful *. Il a écrit en François la pratique & manière de procéder tant à l'inftitution & décifion des caufes criminelles que civiles, enfemble la forme & maniere d'informer efdites caufes civiles & criminelles, imprimé à Lyon par Benoît Rigault, l'an 1567, par la diligence de Loys le Charon Parifien. *Eguinarius Baro*, Jurifconful des plus renommés, fait mention de ce Livre en fes Œuvres. Difcours de la forme de pourfuivre le fien en jugement, & de l'ordre tel que les Rois & le Parlement ont voulu être gardé, à l'adminiftration & décifion des procès. Ce Livre n'eft encore imprimé : Loys le Charon en fait mention en fes Œuvres. Ledit fieur Préfident a beaucoup écrit de beaux & doctes Livres en Latin [1]. Il florifſoit fous le règne du Roi Henry II, l'an 1557.

* Pierre Lifet étoit de Clermont en Auvergne. Son mérite l'éleva aux premières charges de la Magiftrature ; il fut trois ans Confeiller au Parlement de Paris, douze ans Avocat-Général, & vingt ans premier Préfident ; il s'oppofa aux prétentions des Guifes, qui lui fufcitèrent tant de défagrémens, qu'il fut obligé d'abdiquer la Magiftrature. La caufe qu'on en rapporte eft, qu'ayant été appelé à un Confeil Privé, auquel préſidoit le Cardinal de Lorraine, il refufa de dire fon avis debout & découvert, prétendant qu'il ne voyoit là perfonne qui méritât de lui (premier Préfident) une telle foumiffion. Le Cardinal s'emporta, lui reprocha d'avoir manqué de refpect à la Majefté Royale, dont il avoit mal parlé ; il effraya le bonhomme Lifet, âgé pour lors de foixante-huit ans, qui foiblit, & demanda pardon au Cardinal, *Ex viro, congreſſu primo, mulier poſteriore factus*, dit M. de Thou (*Hiſt.* Lib. VI). Il fe retira du Parlement, parce que les Guifes l'exigèrent. Il eft à remarquer qu'après trente-cinq ans de Magiftrature, il étoit fi pauvre, qu'on fut obligé de lui donner pour vivre l'Abbaye de S. Victor de Paris, où il fe retira, & s'occupa à écrire fur les matières de Religion. Mais, s'il avoit été un grand Magiftrat, fes Ecrits prouvèrent qu'il étoit un mauvais Controverfifte. Les Proteftans le tournèrent en ridicule de la manière la plus outrageante ; il faut lire la lettre Macaronique de Bèze, intitulée

Epistola Magistri Benedicti Passavantii responsiva ad commissionem sibi datam à venerabili D. Petro Lyseto, nuper Curiæ Pariensis Præside, nunc verò Abbate Sancti Victoris propè muros; elle est d'ordinaire imprimée à la suite des *Epistolæ obscurorum virorum.* On y trouve une analyse assez plaisante de la plupart des Livres de Controverse de Liset, & on le turlupine sur-tout, relativement à la défense, qu'il vouloit être générale, de traduire la Bible en langue vulgaire, & de la laisser entre les mains des laïques. On sait combien cette même question a été depuis agitée, toujours dans le même esprit. — Les Protestans firent quantité de mauvaises plaisanteries sur Liset, n'épargnant pas même sa figure, & Bèze lui fit cette Epitaphe, sous le titre d'*Epitaphe de Messire Pierre Liset, preux & vaillant Champion :*

> Hercules desconfit jadis
>
> Serpens, Géans & autres bestes.
>
> Roland, Olivier, Amadis
>
> Firent voler lances & testes ;
>
> Mais, n'en déplaise à leurs conquestes,
>
> Liset, tout sot & ignorant,
>
> A plus fait que le demourant
>
> Des Preux de nations quelconques,
>
> Car il feit mourir en mourant
>
> La plus grand' beste qui fut onques.

Le nom de *Passavant,* ou *Passevent,* comme l'écrit La Croix du Maine, est un personnage imaginaire, auquel on attribuoit toutes les turlupinades qui se débitoient alors. Nous en avons parlé au mot PASQUIN.

¹ Il mourut le 7 Janvier 1554, âgé de soixante-douze ans, époque, comme l'a fort bien remarqué Bayle, ignorée par La Croix du Maine, qui suppose que Pierre Liset florissoit en 1557. (M. DE LA MONNOYE).

PIERRE LE LOYER, Angevin, Sieur DE LA BROSSE, natif de Huillé ou Huilhé, près la ville de Durestal en Anjou, homme docte ès Langues, grand Poëte Grec, Latin & François, Jurisconsul, Historien & Philosophe *. Il a fait imprimer un sien Œuvre en vers François, qu'il intitule *Erotopegnie* ou passe temps d'Amour, imprimé à Paris l'an 1576 ¹. Il a gaigné une des fleurs des jeux floraux à Tolose l'an 1572, pour avoir composé l'Idille sur le Loir & autres vers, sur le sujet qui lui fut proposé. Ils ont été imprimés en ladite ville de Tolose, audit an 1572, chez Arnauld Colomiez **. Ledit Pierre le Loyer a composé en vers François un Poëme à l'imitation de Ronſard en ſa Franciade, & du ſieur du Faux en Anjou, Paſchal Robin en ſon *Angiade*, ou Hiſtoire d'Anjou, lequel Œuvre il intitule *Thierry d'Anjou*, il n'eſt encore imprimé. Il florit en Anjou cette année 1584. Je n'ai pas connoiſſance de ſes autres écrits François.

*Il naquit le 24 Novembre 1550, & mourut à Angers, en 1634, âgé de quatre-vingt-quatre ans, après avoir exercé pendant toute ſa vie une charge de Conſeiller au Préſidial de cette Ville. Il eut de Jeanne Corneilleau, ſon épouſe, deux fils, *Pierre*, Conſeiller, & *François*, Avocat au Préſidial d'Angers. La date de ſa naiſſance, que nous avons rapportée, eſt la ſeule vraie. Ménage, dans ſes *Remarques ſur la vie de Pierre Ayrault*, & Bayle, qui l'a copiée, ſe ſont trompés, en le faiſant naître en 1540 (ou bien il falloit dire qu'il vécut quatre-vingt-quatorze ans, comme quelques-uns l'ont écrit).

1 L'*Erotopégnie*, eſt un titre employé par les Poëtes Latins les plus anciens, tels que *Livius Andronicus*, *Nævius*, *Pacuve*, *Lævius*, même *Lælius*, mais que les meilleurs Critiques jugent n'appartenir qu'à l'unique *Lævius*, qui avoit fait, non pas un, mais pluſieurs Livres ἐρωτοπαιγνίων, ou plutôt *Erotopægniorum*, car il avoit latiniſé le mot. Mais peut-être que, ſans remonter ſi haut, le Loyer n'a eu en vue que l'*Erotopagnion*, ou du *Hieronimus Angerianus*, Poëte Napolitain, connu vers l'an 1524, ou d'un *Gervaſius Sepinus*, François, en 1553. (M. DE LA MONNOYE).

** Ses Œuvres & Mêlanges Poëtiques, imprimés en 1579, contiennent les *Amours de Flore*, ou *Recueil d'Odes, Sonnets, Chanſons, Idylles*, & la *Nephelococugie*, ou la *Nuée des Cocus*, *Comédie*, dit l'Auteur, *non moins docte que facétieuſe*, pièce ridicule, ſans diſtinction d'actes, où, parmi des groſſiéretés, & même des ordures, on trouve des plaiſanteries fort ſpirituelles. Le Loyer, dans ſes Poëſies amoureuſes, a pris le ton plaintif du plus grand nombre des Poëtes, & ſa ſœur, *Marguerite le Loyer*, a mis à ce ſujet un fort joli Quatrain, à la tête des Poëſies de ſon frère :

> Si vos Amours ſont du tout vrayes,
> Vous êtes malheureux vrayment ;
> Mais ſi elles ſont pures bayes,
> Que ſert feindre tant de tourment.

Mais, de toutes les productions de Pierre le Loyer, la plus ſingulière, eſt celle qui a pour titre : *Edom*, ou les *Colonies Iduméanes en l'Aſie & en l'Europe*, ſuivies des *Colonies d'Hercule, Phénicien & de Tyr*. Il n'eſt pas étonnant que La Croix du Maine n'en ait pas parlé, car elles ne parurent qu'en 1620, à Paris, *in-8°*. Il dédia ſon Livre au Roi d'Angleterre, Jacques I. Son Epître Dédicatoire eſt fort longue & fort curieuſe. Le morceau qu'il publia, n'étoit qu'une partie d'un grand Ouvrage qu'il avoit compoſé ſur les

Origines, Migrations & Colonies des Peuples; le reste n'a point paru. Avec une imagination vive & peu réglée, il n'est pas étonnant que son érudition, assez étendue, mais dénuée de critique, n'ait servi qu'à l'entraîner dans des écarts, quelquefois fort singuliers. Il prétend dans ses *Colonies Iduméanes*, que les Angevins tirent leur origine d'Esaü..... Il trouve dans Homère (*Odyssée*, Liv. V, v°. 183) son nom, son surnom, celui de sa patrie, du lieu de sa naissance, & il prouve très-sérieusement qu'Homère a prédit que *Pierre le Loyer*, *Angevin*, *Gaulois*, *d'Huillé*, devoit un jour exister. (Voyez-le, pag. 224.). Le meilleur de ses Ouvrages, est celui qui a pour titre, *Discours & Histoire des spectres, visions, apparitions*, &c. Paris, 1605, *in-*4°. Du Verdier a donné un assez long extrait de plusieurs de ses Poësies. On peut consulter Bayle, au mot LE LOYER (PIERRE); Ménage, sur la vie de Pierre Ayrault, & les Mémoires de Niceron, Tom. XXVI, p. 317 & suiv.

PIERRE DE LA LONGNE. Il a écrit plusieurs Poësies Françoises, & entre autres les Rondeaux qui se voyent contre les Lansquenets, imprimés avec la Chronique de Bretagne, d'Alain Bouchard. Il florissoit en l'Université de Caën en Normandie, l'an 1500 ou environ [1].

[1] M. Huet, Chap. 24 de ses *Origines de Caën*, n°. 12, parlant de PIERRE DE LA LONGNE, Ecolier de Caën, ne fait mention d'aucuns Rondeaux, mais seulement d'une *Balade*, en 1514, *contre les Lansquenets*, pièce enjouée, qu'il ne juge pas méprisable. (M. DE LA MONNOYE).

PIERRE DE LOSTAL, Sieur D'ESTREM. Il a mis en lumière quelques siens Discours Philosophiques, n'étant pour lors âgé que de vingt ans, imprimés à Paris chez Pierre Chevillot l'an 1579, auquel temps il florissoit, je ne sçai s'il est encore vivant. J'ai opinion qu'il aura peu depuis ce temps-là composer plusieurs autres beaux Œuvres, desquels je n'ai pas connoissance pour le jourd'hui [1].

[1] Les *Scaligerana secunda* le traitent de *Fou* avec justice. Il est fort décrié, il y a long-temps, pour ses grandes phrases empoulées, vides de sens. On a de lui le *Soldat François*, & l'*Avant-victorieux*, plus mauvais encore l'un & l'autre que les *Discours Philosophiques*. Du Verdier, un de ses admirateurs, écrit L'OSTAL. Il est traité un peu trop durement, relativement à sa jeunesse. On lit à la fin de son Livre ; page dernière :

> Encore vingt ans n'ont borné ma jeunesse,
> Mais par neuf ans j'ay suivi les neuf Sœurs.
> Si mes Ecrits ne sentent leur vieillesse,
> Le jeune Avril n'a que de jeunes fleurs. (M. DE LA MONNOYE).

PIERRE

PIERRE MACÉ, Sieur DE LA PERCHE, natif de la ville du Mans, & Avocat audit lieu (comme l'on voit par l'infcription de fon Livre). Il a écrit deux Livres de l'impofture & tromperie des Diables, Devins, Enchanteurs, Sorciers, & autres femblables, imprimés à Paris chez Jean Poupy, l'an 1579. Il a davantage écrit un Livre contre les Athées, Juifs, & autres fectes, lequel Livre il a intitulé *Les cinq points d'erreur*. Il ne les a encore fait imprimer. Il florit au pays du Maine, cette année 1584.

PIERRE MACÉ (Frère), autre que le fufdit. Il a écrit en vers François la vie de Madame Sainte Marthe, laquelle nous avons par devers nous écrite à la main.

PIERRE MAHÉ, natif de Vannes en Bretagne, & Avocat audit lieu 1584, Poëte Latin & François. Il a mis en lumière un fien Livre intitulé les trois journées de l'aveuglement d'Amour, imprimé. Il a écrit un Livre d'Epigrammes Latins, imprimés chez Denys du Pré, felon que j'ai entendu de François de la Coudraye fon ami.

PIERRE MARIN BLONDEL, Lodunois *. Il a écrit plufieurs Comédies Françoifes, comme lui-même le témoigne en l'une de fes Odes, imprimées avec la Tragédie de Médée, compofée par Jean de la Perufe, &c. Nous avons parlé de lui ci-deffus, faifant mention de Pierre l'Anglois fieur de Beleftat, & encore en autres lieux de cette Bibliothèque. Il florit en Poictou cette année 1584.

* On ne fait rien de plus particulier de cet Auteur, que ce qu'en ont écrit La Croix du Maine & du Verdier; quoiqu'il s'annonce pour Poëte Comique dans fon Ode à la Pérufe, où il dit :

> . . . . Au moins fi la vie
> Ne me faut, quelque Comédie
> Là bas je lui envoierai.

ces Comédies n'ont jamais paru, & l'Ode à la Pérufe ne donne pas lieu de les regretter. — Voy. la Biblioth. Franç. de M. l'Abbé Goujet, Tom. XII, pag. 68.

PIERRE MAUCLERC, Duc de Bretagne, l'an 1200 ou environ *. Il a écrit plusieurs Poësies Françoises en langue usitée de son temps, elles ne sont encore imprimées.

* Revenant de la malheureuse expédition d'outre-mer, où il avoit été fait prisonnier avec S. Louis, il n'eut pas le bonheur de revoir sa patrie. Il mourut en mer sur la fin du mois de Mai 1250. Son corps fut apporté en France, & enterré dans l'Abbaye de S. Ived de Braisne. Les Auteurs ne s'accordent pas sur la raison qui lui fit donner le surnom de *Mauclerc*. L'opinion la plus probable, me paroît celle-ci. Il avoit étudié dans les Ecoles de Paris. On sait qu'alors on appeloit *Clercs*, ceux qui s'appliquoient à l'étude des Lettres. *Pierre*, après s'y être adonné, les quitta, pour prendre le parti des armes ; de-là on lui donna le nom de *Mauclerc*, *mauvais Clerc*, *déserteur de la Littérature*, qu'on nommoit alors *Clergie*. Voyez les notes sur l'*Histoire de Bretagne*, par D. Morice, Tom. I, pag. 499. — Il mourut le 22 Juin 1250.

PIERRE DE LA MESCHINIERE, Poëte François. Il a écrit un Poëme François qu'il a intitulé *La Ceocyre*, imprimé à Lyon l'an 1579 *.

* On ne devine pas ce qu'étoit ce Poëme François de *la Ceocyre*, attribué par La Croix du Maine à Pierre de la Meschiniere. On a de lui un Recueil de cent cinquante-un Sonnets, entremêlés de Stances, de Chansons, d'Epigrammes, où il a chanté son amour malheureux pour une Demoiselle qui ne l'aima point, & à laquelle, bien conseillé, il renonça ; mais, ne voulant pas perdre en entier le fruit de ses soupirs & de ses peines, il fit imprimer ses vers à Lyon, *in-4°*. en 1578, avec cinq Odes, dont l'une a pour objet la mort d'Adonis, une Elégie, quatre Eglogues, & quelqu'autres petites pièces de vers, toutes très-médiocres. Ce Poëte étoit de la Ville de Lyon, ou du Lyonnois. — Voy. la Biblioth. Françoise de M. l'Abbé Goujet, Tom. XIV, pag. 198.

PIERRE MICHAULT, Poëte & Orateur François, Secrétaire du Comte de Charrolois, fils du Duc de Bourgongne, en l'an 1466 *. Il a écrit un Livre intitulé le Doctrinal de Cour, divisé en douze Chapitres, lequel Livre est composé, partie en vers, & partie en prose. Il a été imprimé à Genéve *in-8°*. & contient 28 feuilles.

* On ne sait rien de plus, de la vie de Pierre Michault, que ce qu'en dit La Croix du Maine. Son nom même ne se trouve pas dans l'*Etat des Officiers & Domestiques des Ducs de Bourgogne de la seconde race*, quoiqu'il soit qualifié, *Secrétaire du Comte de Charollois*, ce qui fait présumer qu'il étoit mort

avant Philippe-le-Bon, auquel il adreſſe ſon *Doctrinal de Court*; ou qu'il s'étoit
retiré du ſervice du Comte de Charollois , avant l'élévation de ce Comte
à la Souveraineté, en 1467. Le *Doctrinal de Court*, dont on connoît deux
Editions ; l'une , *in-4º*. ſans date , & ſans lieu d'impreſſion marqué; l'autre ,
in-8º. Genève , Vivian, 1522, eſt un Ouvrage Allégorique & Moral , en
proſe & en vers, aſſez dans le goût des Compoſitions d'Olivier de la Marche,
dont nous avons parlé plus haut , & qui étoit contemporain de Pierre Michault. Il eſt diviſé en douze Chapitres. — Il donne une aſſez bonne idée du
langage qu'il convient de tenir à la Cour , dans ce qu'il appelle la déclinaiſon
du vocatif :

> Flattez donc Seigneurs & Serviteurs ,
>
> Flattez Dames & flattez Damoiſelles ,
>
> Tirez à vous ces haux & nobles cueurs
>
> Par vos doulces vocatives cautelles ;
>
> Puis recitez ſouvent doulces nouvelles ,
>
> Et au beſoing faictes-les toutes neufves ,
>
> En allégant en ſe ſubtilles preuves.

La *Danſe des Aveugles*, autre Poëme, compoſé dans le goût du *Doctrinal*
de Court , eſt attribuée à Pierre Michault dans le Tom. II de l'*Académie des*
Inſcript. & Belles-Lettres, pag. 742. Le but de cette Compoſition Morale, eſt
de montrer que preſque tout dans ce monde eſt aſſujetti à trois guides aveugles , l'*Amour*, la *Fortune* & la *Mort*. Du Verdier , à la fin de la lettre D ,
au mot DANSE , en rapporte l'Argument , tel que l'Auteur l'a donné. — On
lira avec plaiſir ce que Pierre Michault dit du pouvoir de la fortune, à laquelle
il fait tenir ce langage :

> Et ſe nature a formé & tiſſu
>
> Ung corps humain , lait & deffiguré,
>
> Qui ſoit boiteux. contrefait & boſſu ,
>
> Très-mal parlant, de baſſe main yſſu ,
>
> Digne d'être de tous adventuré ,
>
> S'il eſt par moy de mes biens painct[ur]é,
>
> Et par mon veuil mis en bonne grace ,
>
> Il n'eſt ſi grant qu'il ne lui faſſe place.

Il y a deux Editions Gothiques de ce Poëme, *in-4º*. Paris & Lyon , ſans
date. On voit que la verſification n'en eſt pas mauvaiſe pour le temps auquel
il a été compoſé. — Voy. la Bibl. Franç. de M. l'Abbé Goujet , Tom. IX ,
pag. 345.

PIERRE MILHON , Gentilhomme Poictevin , premier
Maître d'Hôtel de Philippes le Long , Roi de France , pour lors
ſeulement Comte de Poictou , en l'an 1320 ou environ. Ledit

Pierre de Milhon étoit bon Poëte Provençal & a écrit plufieurs Poëfies en cette Langue, lefquelles ne font encore imprimées *.

* Voy. Jean de Notre-Dame, Chap. 59 ; & du Verdier, au mot Comte de Poictou.

PIERRE DE MIRAULMONT, natif d'Amiens en Picardie, Confeiller du Roi en la Chambre du Tréfor à Paris, &c. homme docte & grand rechercheur de l'Antiquité. Il a écrit de fort beaux Mémoires fur l'origine & inftitution des Cours Souveraines & autres Jurifdictions fubalternes *, enclofes dans l'ancien Palais de Paris, imprimé audit lieu de Paris l'an 1584, chez Abel l'Angelier, *in-*8°. & contient 24 feuilles. Il florit à Paris cette année 1584.

* Pierre de Miraumont fit réimprimer fon Livre, *fur l'Origine des Jurifdictions*, à Paris, en 1612, *in-*8°. Cette Edition eft beaucoup plus ample que la première. Il la dédia au Chevalier de Sillery. Il y prend les titres d'*Ecuyer, Confeiller du Roi, Lieutenant en la Prévôté de l'Hôtel & grande Prévôté de France.* Lors de la première Edition, il n'étoit encore que *Confeiller en la Chambre du Tréfor à Paris,* charge qu'il exerça vingt-deux ans. Son *Traité de la Chancellerie, avec un Recueil des Chanceliers,* parut, en 1610, à Paris, & la même année il publia fon Livre, intitulé *le Prévôt de l'Hôtel & grand Prévôt de Paris.* Enfin on a imprimé, *in-*4°. en 1651, pour fervir de fuite à ce dernier Ouvrage, un Traité de ce même Auteur, *fur la Jurifdiction & Privilèges de la Prévôté de l'Hôtel du Roi & grande Prévôté de France.* On fait cas de cet Ecrivain, & fes Ouvrages font fouvent cités.

PIERRE DE MONCHAULT, natif de Troye en Champagne. Il a écrit en vers François une Bergerie, fur la mort de Charles IX Roi de France, & fur l'heureufe venue de Henry III du nom, Roi de France & de Pologne, imprimée à Paris chez Jean de Laftre, l'an 1575.

PIERRE MOREAU, Tourangeau. Il a traduit de Grec en François, le Traité de Michel Pfellus, Poëte & Philofophe ancien, touchant l'énergie ou opération des Diables, avec les trente-trois & trente-fixième Chapitres du quatrième Livre de Nicetas de Coloffes en Afie, imprimés à Paris chez Guillaume Chaudiere, l'an 1573 [1].

[1] Ce même Pierre Moreau, dont la Traduction Françoife de *Pfellus*,

περὶ ἐνεργείας δαιμόνων , eſt ici rapportée, en donna une Latine, imprimée l'an 1577, à Paris, & depuis jointe par Gilbert Gaulmin au texte Grec de *Pſellus*, dans l'Edition qu'il en donna, l'an 1615, à Paris, *in*-8°. (M. DE LA MONNOYE).

PIERRE DE MOURET, Picard de nation, autrefois Précepteur de M. le Comte d'Aubigeous, &c. Il a fait un Recueil de la très-noble & très-illuſtre maiſon d'Amboiſe, de laquelle ledit ſieur Comte eſt aujourd'hui chef du nom & des armes. Il ne l'a encore fait imprimer, mais je témoignerai bien qu'il a fait plus de mille lieues de voyage, pour la recherche entière d'icelle, par les plus grandes maiſons de France, pour en trouver tous les Mémoires qui pourroient ſervir, pour en écrire bien amplement : & ce par le commandement de ſes maîtres, qui l'avoient employé à cette charge, tant ils ſont deſireux que cette illuſtre & royale maiſon ſe perpétue & immortaliſe de plus en plus. Il florit cette année 1584.

PIERRE DE NESSON *, ancien Poëte François, oncle de Madame Janette, femme bien doCte en Poëſie. Il a écrit pluſieurs Œuvres en poëſie & rithme Françoiſe, entre leſquelles ſe voit l'Oraiſon qu'il a faite à la Vierge Marie, laquelle eſt imprimée avec le Calendrier des Bergers, de la première édition. Geufroy Thory de Bourges fait mention de lui en ſon Champ-Fleury, & encore Jean Bouchet en ſon jugement Poëtiq. Il a écrit en vers François, l'Hommage fait à Notre-Dame, laquelle compoſition nous avons par devers nous écrite à la main, & ſe commence ainſi :

> *Ma douce nourrice pucelle ,*
> *Qui de votre tendre mamelle , &c.*

* Pierre Neſſon vivoit encore dans le quinzième ſiècle : il étoit Officier en la Comté de Montpenſier, de Jean, premier du nom, Duc de Bourbon, né en 1380, qui fut fait priſonnier à la bataille d'Azincourt, en 1415, & mourut en Angleterre en 1433, après dix-neuf ans de priſon. Neſſon exprima ſes regrets ſur la captivité de ſon Prince, dans le Poëme qu'il lui envoya, ſous le titre de *Lay de la Guerre*. Quant à Madame Jeannette, nièce de Neſſon, ſelon Martin le Franc, dans le *Champion des Dames*, &

fa fille, felon d'autres, voici ce qu'en dit Jean Bouchet, dans le *Jugement Poëtic du fexe féminin :*

> Je n'obliray la fubtile Janette,
> Fille à Neffon, qui de rithme tant necte
> Sçeut bien ufer.

Il l'a joint aux femmes célèbres de fon fiècle, entr'autres, à *Chriftine Pifan.* — Voy. la Biblioth. Franç. de M. l'Abbé Goujet, Tom. IX, pag. 177.

PIERRE OLIVIER, Sieur DU BOUCHET, Avocat au Siége Préfidial du Mans, natif de la Suze au Maine, &c. Il a écrit une Oraifon funèbre fur la mort de Meffire Chreftofle Pérot, Sénéchal du Maine, Baron de Vernie, &c. non encore imprimée; un Recueil de ce qui s'eft paffé au Maine touchant les derniers troubles, non encore imprimé; Hiftoire tragique d'un Géntilhomme d'Auvergne, non encore imprimée; Traité de la dignité & excellence du mariage, non imprimé; Mémoires & Recueils touchant l'antiquité & nobleffe de Meffieurs les Comtes de la Suze au Maine, furnommés de Champagne, lefquels il a préfentés à Meffire Loys de Champagne Comte de la Suze, Chevalier de l'Ordre du Roi, &c. Ils ne font encore imprimés. Il a fait imprimer plufieurs Cantiques & Noëls, & autres menues poëfies chez Hierofme Olivier & autres Imprimeurs du Mans. Il florit au Mans cette année 1584. Je ferois plus ample mention de lui, fi ce n'étoit qu'il fçait affez que je lui fuis ami par autre-part.

PIERRE D'ONDEGHEST, & felon autres D'OUDEGHERST, Docteur ès Droits, natif de la ville de l'Ifle en Flandres. Il a écrit les Annales & Chroniques de Flandres, contenans les faits d'armes des Foreftiers, & Comtes de Flandres, enfemble les fingularités & chofes les plus mémorables advenues au pays de Flandres, depuis l'an de falut 620, jufques en l'an 1476, imprimées à Anvers chez Plantin.

PIERRE D'ORIGNY, Ecuyer, Sieur DE SAINTE-MARIE SOUS BOURG, en Rhetelois, au pays de Champagne, &c. Il a écrit en vers François le Temple de Mars tout-puiffant, imprimé à Rheims par N. Bacquenois, l'an 1559 *; le Hérault de la nobleſſe de France, imprimé à Rheims par Jean de Foigny, l'an 1578. Il florit cette année 1584. Je n'ai pas connoiſſance de ſes autres écrits, il a pour deviſe ce qui s'enſuit, *Un Dieu & une Sainte Marie*, qui eſt une alluſion ou équivoque ſur ſa Seigneurie, &c.

* Le Poëme, dont il eſt ici queſtion, eſt une Allégorie continuelle. L'honneur conduit un jeune Gentilhomme au *Temple de Mars*, & le raſſure contre tous ſujets de crainte : de-là il le conduit chez *Conſeil*, qui lui donne des avis ſolides ſur la manière de ſe conduire, ſoit en paix, ſoit en guerre. Cet Ouvrage fut fait pour François II. La morale en eſt excellente, la verſification n'y répond pas. — Voy. la Biblioth. Françoiſe de M. l'Abbé Goujet, Tom. XII, pag. 392.

PIERRE PAPARIN, de Chaulmont, Docteur ès Droits, Evêque de Gap [1]. Il a écrit une Paraphraſe ou ſens allégoric ſur quatre-vingt Pſalmes de David, imprimés à Paris l'an 1582, auquel temps il floriſſoit.

[1] On l'appeloit PIERRE PAPARIN DE CHAUMONT ; il porta les armes, eut des emplois conſidérables dans cette profeſſion, & s'y acquit de l'honneur. Depuis, comme il avoit des Lettres, s'étant donné à l'Egliſe, il obtint par ſon mérite l'Evêché de Gap, dans la poſſeſſion duquel il mourut le 1 Août de l'an 1600. (Il avoit été fait Evêque de Gap en 1572)... (M. DE LA MONNOYE).

PIERRE DE PASCHAL, Gentilhomme du bas pays de Languedoc, homme très-docte & grand Hiſtorien Latin & François [1]. Il a écrit en François l'Hiſtoire des Rois de France tant en Latin qu'en François, elle n'eſt encore imprimée. Il a mis en lumière un Diſcours des faits & geſtes du Roi Henry II, imprimé à Paris chez Vaſcoſan, & encore aſſure-t-on qu'il a écrit les vies de pluſieurs doctes hommes de France & autres. Je n'ai veu de ſes Œuvres que la vie de Henry II *, & une Oraiſon pour le Seigneur de Mauleon qui fut tué en Italie. Pluſieurs ont penſé que ledit Paſchal promettoit beaucoup d'Œuvres, & qu'il ne les avoit pas ſeulement commencés, comme entre autres Adrien Turnèbe en ſon Poëme qu'il a intitulé de la façon de faire ſon profit des Lettres, traduit en François par Joachim du Bellay: mais je ferai mention de ceci autre-part, & plus à propos. Il floriſſoit ſous Henry II, l'an 1559, il a été bien-aimé de Pierre de Ronſard, qui le loue fort en ſes Œuvres, & autres auſſi.

[1] Ce PIERRE PASCHAL, Gaſcon de Sauveterre, dans le Baſadois, avec un peu de Latin, puiſé dans Nizolius, trouva le ſecret d'en impoſer à un ſiècle auſſi éclairé en cette langue que l'étoit celui de Henri II. Je ne détaillerai point les artifices du perſonnage. Du Verdier, après Turnèbe, les a mis aſſez dans leur jour, ſans que, par un plus grand éclairciſſement, je renvoie, ſoit aux Lettres de Pâquier, ſoit à celles de Phyllarque. Il eſt ſurprenant que Paſchal ait pu trouver tant de dupes. Son *Elogium Henrici II*, & le petit *in-8°.* de ſes Oraiſons & Epîtres, ne ſont que des Compoſitions d'Ecolier. Ce que contient de vrai l'Epitaphe dont on l'a honoré au Cloître de S. Etienne à Toulouſe, c'eſt qu'il mourut le 16 Février 1565, dans ſa 43e année. Il promettoit non-ſeulement l'Hiſtoire du Roi, mais de plus, à la manière de Paul Jove, les Eloges des hommes doctes de ſon temps. Jule Scaliger, à qui l'on manda qu'il ne tiendroit qu'à lui d'y avoir place, s'il vouloit envoyer des Mémoires, écrivit dans cette vue à Augier Ferrier cette Epître, ou plutôt ce chef-d'œuvre de vanité, qui divertira éternellement les Lecteurs. (M. DE LA MONNOYE).

* Je ne connois point d'Ouvrage écrit en François par cet Auteur. Ce qu'on a imprimé de lui ſur Henri II, eſt en Latin, ainſi que ſes Harangues & ſes Lettres. Celles-ci parurent dès l'an 1548, à Lyon. Son Ouvrage ſur Henri II, eſt intitulé : *Henrici II Elogium, Effigies & Tumulus*, & fut imprimé à Paris, en 1560, *in-fol.* & *in-8°.* Il eſt vrai qu'il parut auſſi en François la même année, & ce ne fut point *Paſchal* qui le traduiſit en cette langue, ce fut *Lancelot de Carle*, Evêque de Riez. On le traduiſit auſſi la même année en Italien & en Eſpagnol.

PIERRE PELETIER, Avocat en la Cour de Parlement, & Lieutenant du Bailly du Palais à Paris, &c. Il a écrit une nouvelle table de l'ordre tenu en la pratique Judiciaire en toutes actions tant civiles que criminelles, &c. imprimée à Paris par Gilles Corrozet, l'an 1565.

PIERRE PERRUCELLY[1], Miniſtre à Genêve, appellé vulgairement *Perocely*. Il a écrit pluſieurs Œuvres Latins & François, deſquels je n'ai pas connoiſſance. Il vivoit ſous le règne de Henry II.

* La Croix du Maine ſe trompe ſur le nom propre. Il y a eu ſous François I,

en

en 1543, un Cordelier, Maître des Novices, nommé, non pas *Pierre*, mais *François Perrucel*, depuis Ministre, sous Henri II, & sous Charles IX. Il y a une Epître parmi celles de Calvin, écrite *Perucelio*, de Genève, le 27 Août 1554, & une, signée *Franciscus Perrucellus*, à Calvin, de Francfort, le 29 Juin 1557. Le changement de *Perrucel*, ou *Perrucellus* en *Perrucelli*, est une chose vulgaire dans les noms des hommes de lettres, comme nous l'avons déjà observé plus d'une fois. (M. DE LA MONNOYE).

PIERRE PICHARD, Licentié ès Loix, natif de Silhé le Guillaume, au pays & Comté du Maine. Il a traduit de Latin en vers François un petit Livre écrit en vers Latins, intitulé *De lubrico temporis curriculo*, autrement appellé *La Mer du temps qui court*, &c. imprimé au Mans l'an 1556, chez Gaingnot. Il florissoit en la ville de Fresnay au Maine, l'an 1555.

PIERRE DE PINCÉ, Sieur DU BOIS DE PINCÉ en Anjou, cousin germain de René de Pincé, Conseiller en Parlement, (duquel nous ferons mention ci - après [1]). Il a composé plusieurs fort doctes Poëmes en Latin & en François, lesquels ne sont encore imprimés. Il florit à Paris cette année 1584.

[1] Ménage, dans ses *Remarques sur la vie de P. Ayrault*, dit que ce *Pierre de Pincé fut Maître des Comptes à Paris, & Maître-d'Hôtel du Roi.* (M. DE LA MONNOYE).

PIERRE PINÇONNEAU, Sieur DE LA BROCHARDIERE, natif de la ville de Laval à quinze lieues du Mans, fils aîné de M. Pinçonneau, Lieutenant de ladite ville de Laval au Maine, &c. Il a écrit plusieurs Poësies Françoises, non encore mises en lumière, & entre-autres soixante-quatre Sonnets & plusieurs Odes, Elégies, Stances, Chansons, & autres genres de Poësie Françoise, lesquels se voyent écrits à la main au cabinet de Madame de Polligny près Laval, surnommée de Beaumanoir, sœur de M. de Lavardin au Maine, &c. à laquelle Dame il les a dédiés, en l'an 1579. Il florit en son pays de Laval cette année 1584.

PIERRE PINEAU, dit DES AIGUES, Ministre de la religion réformée. Il a écrit quelques Œuvres ausquelles Matthieu de Launoy a fait réponse.

PIERRE PITHOU [1], Sieur DE SAVOYE, Avocat au Parlement de Paris, frère aîné de François Pithou, Avocat audit lieu & encore de Nicolas Pithou fieur de Champ-Gobert, &c. tous trois natifs de la ville de Troye en Champagne, & iffus d'une très-honorable & bien ancienne famille, & encore (qui eft plus à louer) de parens doctes & fçavants, & tellement éloquents que quelques Poëtes modernes ont laiffé par écrit que ce nom de *Pithou* leur avoit été donné à caufe de leur éloquence : voulant faire allufion fur la Déeffe Pitho : ce qu'a bien remarqué Nicolas de Bourbon de Vandeuvres au pays de Langres, appellé en Latin *Nicolaus Borbonius Vandoperanus Lingonenfis*, &c. au huitième Livre de fes Poëfies. Voici ce que j'ai peu voir de fes écrits François mis en lumière. Le premier Livre de Mémoires des Comtes Héréditaires de Champagne & Brie, imprimés chez Robert Eftienne & Mammert Patiffon à diverfes fois. La première impreffion fut en l'an 1572; le Catalogue des Evêques de Troyes en Champagne, imprimé; le Catalogue des Comtes de Champagne & de Brie, imprimé. Je n'ai point fouvenance d'avoir vu autres Écrits de lui en notre Langue. Il florit cette année 1584 [*].

[1] Il mourut le 1 Novembre 1596, âgé de cinquante-fept ans. Quatre habiles hommes ont écrit fa vie, *Antoine Loifel*, en François, les trois autres, *Jean-Papyre le Maffon*, *Jofias Mercier* & *Jean Boivin*, en Latin. (M. DE LA MONNOYE).

[*] M. *Grofley*, Avocat, Affocié, Correfpondant de l'Académie des Infcriptions, a donné, tout nouvellement, une vie très-intéreffante de Pierre Pithou, l'un des plus habiles Jurifconfultes de fon fiècle, & d'une prodigieufe érudition. Il naquit à Troies le 1 Novembre 1539. Il étudia fous Turnèbe & Cujas, fut attaché pendant quelque temps à la doctrine de Calvin, ce qui penfa lui coûter la vie au maffacre de la S. Barthelemy. Il abjura fes erreurs, & rentra dans le fein de l'Eglife, en 1582. Henri III le fit Procureur-Général de la Chambre de Juftice de Guyenne. Il s'employa utilement à ramener Paris à l'obéiffance de Henri IV, & mourut à Nogent-fur-Seine. Ses Ouvrages font très-connus. On en trouve le Catalogue dans les Mémoires de Niceron, Tom. V.

Il eft appelé le *Varron de la France* dans le *Journal de Henri IV*, Tom. II, pag. 319. — *Ex iis quæ utrâque oratione fcripfit, videtur preffior & nervofior*

videri voluiſſe, & doctior, quàm comptior & facundior. Vavaſſor. de Epigram.
pag. 208. (M. FALCONET).

PIERRE DE LA PLACE, dit *Plateanus*, ou bien à *Platea*,
natif d'Angouleſme, premier Préſident en la Cour des Aydes à
Paris. Il avoit été premièrement Avocat du Roi ſous le règne de
François I, &c. Il étoit homme fort docte en Droit (comme il
a montré par ſes écrits Latins, imprimés il y a long-temps, &
deſquels nous ferons mention autre part) & encore outre cela,
il étoit fort éloquent, & ſur tout grand Hiſtorien, & très-con-
ſommé ès Lettres ſacrées & prophanes. Il a écrit un bien docte
& très-excellent Traité, de la vocation & manière de vivre, à
laquelle chacun eſt appelé, imprimé à Paris chez Federic Morel,
l'an 1561, *in*-4°. & contient 21 feuilles. Ce Livre a été depuis imprimé à Paris chez Robert le Mangnier, l'ayant intitulé autrement qu'auparavant il n'étoit : car le titre dernier eſt
ainſi qu'il s'enſuit, Diſcours politiques ſur la voie d'entrer deue-
ment aux Etats, & la manière de conſtamment s'y maintenir
& gouverner, le tout réduit par Chapitres (ce qui n'avoit pas
été fait à la première Edition). Aucuns ont opinion que ledit
ſieur de la Place ſoit Auteur d'un Livre intitulé de l'Etat de la
Religion de France, imprimé l'an 1557 ; mais je n'en aſſure
rien, d'autant que ſon nom n'eſt point au Livre ſuſdit. Il fut
tué a Paris au mois d'Août, l'an 1572, durant les ſéditions qui
ſe firent ſous le règne de Charles IX, Roi de France.

PIERRE POISSON, Angevin, Sieur DE LA BODINIERE,
autrefois Conſeiller du Roi au Siège Préſidial d'Angers, &c. Il
a traduit de Latin en François le Livre de Pierre de la Ramée,
dit *Ramus*, intitulé *De Militia Cæſaris*, &c. imprimé à Paris
chez Robert le Mangnier, l'an 1583. Gabriel Siméon, Florentin, a mis en lumière un ſien Œuvre, intitulé *Cæſar renou-
velé*, qui eſt un ſujet pareil au ſuſdit Livre. Il a traduit de Latin
en François un Traité des anciens & nouveaux Magiſtrats, &
dignités du peuple Romain, imprimé à Paris chez Timothée
Joüan, l'an 1585. Il a mis en lumière quelques Abrégés ſur

Q q ij

les Couſtumes d'Anjou , imprimés à Angers , chez René Piquenot. Ce ſont comme tables ou repertoires des matières deſdites Couſtumes. Il a écrit premièrement en Latin , & depuis
traduit en François une Chronologie , contenant trois volumes;
elle n'eſt encore imprimée. Il florit à Paris cette année 1584, âgé
de ſoixante ans , ou environ.

F. PIERRE PONCET. Il a écrit deux Traités , contenant
le fondement de l'Euchariſtie en la Meſſe , imprimés à Paris ,
l'an 1566. Nous avons fait mention d'un autre nommé Poncet ,
appelé Maurice. Voy. ci-devant à la lettre M.

PIERRE PORRET, Dauphinois , très-excellent Apothicaire , &c. homme bien expert pour les diſtillations, très-ingé-
nieux , & grand Simpliſte , ou Herboriſte. Je n'ai point cognoiſſance de ſes écrits. Voy. de lui la Préface de Jaques Beſſon,
Dauphinois , en ſon Traité de la manière de tirer des Huiles ,
&c. lequel le loue grandement , comme auſſi fait Jaques Gohorry , Pariſien , en ſon Traité de la racine *Mechiocam*.

PIERRE DE LA PRIMAUDAYE , Sieur dudit lieu , &
de la Barrée en Anjou , Gentilhomme de la Chambre de
Monſieur, frère du Roi, &c. frère de Jaques de la Primaudaye,
Gentilhomme Angevin. Il a écrit un fort beau & bien curieux
Ouvrage , qu'il a intitulé l'Académie Françoiſe , imprimée à
Paris chez Guillaume Chaudiere , l'an 1577 , & encore depuis ,
par pluſieurs autres fois, tant ce Livre a été bien reçu , ſoit pour
le titre du Livre , & pour le contenu en icelui , recueilli fort
laborieuſement. Le ſecond volume de l'Académie Françoiſe dudit ſieur de la Barrée a été imprimé en ladite Ville de Paris ,
chez ledit Chaudiere. Il florit cette année 1584. Sa deviſe &
ſon anagramme tout enſemble ſont tels heureuſement rencon-
trés , *Par prière Dieu m'ayde.*

PIERRE PRIMET, Pariſien , Docteur en la Faculté de
Théologie à Paris , Chanoine Théologal de l'Egliſe du Mans.

Il n'a encore fait imprimer ſes Sermons ou Prédications , faites par lui , tant à Paris , qu'au Mans , à Angers & autres villes de France , eſquelles il a tellement fait paroître ſon ſçavoir & ſon éloquence , que ceux qui ont eu ce bien que d'être ſes Auditeurs , porteront ce témoignage avec moi , qu'il s'en trouve peu , ou point du tout , qui le paſſent ès choſes ſuſdites. Il florit au Mans cette année 1584. Je ferai mention de ſes Ecrits Latins autre-part , & ſi j'euſſe eu cognoiſſance de ce qu'il a écrit en notre langue ſur pluſieurs ſujets de ſa profeſſion , je les euſſe très-volontiers ici employés , encore qu'ils ne ſoient en lumière , mais j'ai opinion qu'il les fera imprimer pour le bien & ſoulage-ment du public.

PIERRE RAGOT , natif de Laval au Maine, de l'Ordre des Frères Preſcheurs , Docteur en Théologie à Paris , &c. Il n'a encore mis ſes Œuvres ſur la preſſe , tant ſur la Théo-logie (en laquelle il eſt fort bien verſé) que ſur autres ſujets propres à ſa profeſſion. Il florit à Paris cette année 1584 *.

* Il mourut l'an 1605 ., ſans avoir laiſſé aucun Ouvrage imprimé.

PIERRE RAIMOND , dit LE PREUX *, ou VAILLANT , natif de Toloſe , ancien Poëte Lyriq. Il a écrit & compoſé plu-ſieurs Poëmes en langue Provençale , non encore imprimés ; Traité contre l'erreur des Arriens ; il a écrit un Traité contre la tyrannie des Princes , & même de ce que les Rois de France & les Empereurs ſe ſont laiſſés aſſubjectir à leurs Curés. Jean de Noſtre-Dame en fait mention en ſon recueil des Poë-tes Provençaux. Ledit Raimond floriſſoit en l'an de ſalut 1226 , ſous Federic II, Empereur. Ses Œuvres ne ſont en lu-mière **.

* On l'appeloit *Lou Prou*. Il ſe diſtingua dans l'expédition de l'Empereur Frédéric II , en Syrie , & le tumulte des armes ne l'empêcha pas de compo-ſer pluſieurs pièces de vers , qu'il adreſſoit à Joſſerande de Puech , d'une maiſon noble & ancienne de Toulouſe. A ſon retour , il choiſit pour objet de ſes vers , une Dame de la maiſon de Cadolet. Il fut un des meilleurs Poëtes de ſon temps , & Pétrarque l'a imité dans beaucoup d'endroits. On croit

qu'il mourut en 1225 , dans la guerre des Comtes de Provence contre les Albigeois.

** V.oy. Jean de Notre-Dame , Chap. 18.

PIERRE DE LA RAMÉE [1], dit Ramus , natif du pays de Vermandois en Picardie, Profeſſeur du Roi en Eloquence & Philoſophie à Paris , homme eſtimé le plus grand Orateur de ſon temps , & reconnu pour tel , même par ceux qui ont écrit contre lui : mais ce qui le fit tant haïr de tous les autres Lecteurs du Roy, & de toute l'Univerſité (par manière de dire) ce fut qu'il fit des animadverſions ou repréhenſions ſur Ariſtote , lequel étoit tenu comme pour un Dieu des Ecoliers de ſon temps , & contre lequel écrire ou ſe bander , c'étoit offenſer par trop : comme ſi Ariſtote n'étoit pas homme , & par conſéquent ſujet à faillir: mais en ce temps-là il y avoit trop de perſonnes bandées contre ledit Ramus , tant pour les choſes ſuſdites que pour voir que ſon renom croiſſoit de telle ſorte , que ceux qui penſoient être les premiers de l'Univerſité , lors qu'il fut reçu Lecteur du Roy , ne ſe trouvoient que des plus petits à comparaiſon de lui , non ſeulement pour l'éloquence , mais pour pluſieurs autres diſciplines & langues diverſes , deſquelles il avoit bonne cognoiſ-ſance. Je prie ceux qui liront ceci , de ne penſer que je l'aye dit , pour avoir été de ſes auditeurs , ou inſtruit en ſa doctrine , mais pour avoir connu (par la vie qu'il a demenée ſur la fin de ſes derniers jours) qu'il n'avoit point l'ame autre que d'un homme de bien & vivant en la crainte de Dieu : & quand j'euſſe eu l'âge compétent pour ouïr ſes leçons , je ne les euſſe pas dédaignées. Voici donc ce qu'il a écrit en notre langue : La Grammaire Françoiſe , imprimée chez André Wechel à Paris , l'an 1562 , ſuivant ſon orthographe & façon d'écrire qui lui a ſemblé la meilleure. Ladite Grammaire a été depuis imprimée chez ledit Wechel , en deux colonnes , de différente orthographe ou écriture , ſavoir de l'ancienne & uſitée des François, & de celle de ſon invention , d'autant que les aprentifs nouvellement façonnés à cela , ſe trouvoient trop empêchés à la lecture d'icelle. La harangue touchant ce qu'ont fait les députés de l'Univerfité de Paris, envers le Roy, écrite premièrement en Latin, par ledit Ramus, & traduite en François par lui-même, imprimée à Paris, l'an 1557. Son Livre des Mœurs & Coutumes a été traduit en François : mais ç'a été par Michel de Caftelnau, enfemble fon Livre de la façon de batailler de Cefar, traduit par Pierre Poiffon Angevin (comme nous avons dit ci-deffus). Remontrance faite au Confeil privé, en la Chambre du Roy, au Louvre, le 18 jour de Janvier l'an 1567, touchant la Profeffion Royale ès Mathématiques, &c. imprimée à Paris, audit an, chez André Wechel. Préface fur le poëme des Mathématiques, imprimée avec les patentes du Roy, touchant l'inftitution de fes Lecteurs en l'Univerfité de Paris. Advertiffement fur la reformation de l'Univerfité de Paris, imprimé l'an 1562, à Paris chez André Wechel, tant en Latin qu'en François. Il fut tué à Paris, l'an 1572, durant les féditions émues à la S. Barthelemy, fous le règne du Roi Charles IX *.

¹ PIERRE, plus connu fous le nom de RAMUS que fous celui de LA RAMÉE. Trois Auteurs ont écrit fa vie, *Jean-Thomas Freigius*, *in-4º*. Bâle, 1575; *Théophile Banofius*, *in-8º*. Francfort, 1577, au - devant du Livre pofthume de Ramus, *De veritate Religionis Chriftianæ*; & Nicolas de Nancel, *Nicolaus Lancelius*, *in-8º*. Paris, 1599. Il eft bon de lire & de conférer ces trois vies, les deux premières écrites par des Proteftans, la troifième par un Cathólique. On y pourra joindre l'Article de RAMUS dans Bayle, & l'*Extemporalis Defenfio* du P. Coffart, Jéfuite, imprimée dans le volume Latin de fes Oraifons & de fes Poëfies, *in-12*. Paris, 1675. (M. DE LA MONNOYE).

* Pierre Ramus, né de parens très-pauvres, dans un Village du Vermandois, fe fentit, dès l'âge de huit ans, un goût décidé pour l'étude. Il vint à Paris chercher les moyens de le fatisfaire; mais ne pouvant y fubfifter, il retourna à fon Village, d'où il revint encore à Paris, & entra, en qualité de Domeftique, au Collège de Navarre, fervant le jour fes Maîtres, & paffant une partie de la nuit à étudier. Enfin il parvint à fe faire recevoir Maître-ès-Arts, & dès-lors il commença à faire voir qu'il devoit exciter une révolution dans les fciences. — Son premier acte public fut de foutenir que tout ce qui étoit dans Ariftote étoit faux. Cette affertion hardie, contre l'Oracle de toutes les Ecoles, étonna l'Europe; Ramus fut traité de *Vifionnaire*, il trouva par-tout des oppofitions. Les Etrangers regardèrent cette entreprife nouvelle comme l'audace la plus condamnable. *Aleffandro Taffoni*, dans fes

Penſieri diverſi, Liv. X , Chap. 3. *Piu audace*, dit-il, *ſu la prova di Pietro Ramo, Autore per altro poco degno déſſere nominato. Queſti dovendo ſecondo l'uſo di Parigi ſoſtener concluſioni prima che foſſe creato Maeſtro , per Bizarria d'ingegno propoſe queſta ſola à qualunque voleſſe argumentare , dando libero campo à tutti.* — *Quæcumque ab Ariſtotele dicta ſunt, falſa & commentitia eſſe.* — *Laquale havendo eccitati contra di lui tutti gl'ingegni. . . . Egli nondimeno con tanta pronteſſa & Sottigliezza di riſpoſte la diſeſe , che ſe rimaner confuſa e ſtupita la citta di Parigi.* —Effectivement les Partiſans d'Ariſtote, ſes adverſaires, eurent recours à l'autorité. Ramus fut condamné par un Jugement ſolennel, en 1543 ; ſes Livres & ſa Doctrine furent en même temps condamnés & défendus. Il continua cependant d'enſeigner au Collège de Preſles, dont il étoit Principal. Henri II, à la ſollicitation des Guiſes, le protégea, & lui donna une Chaire de Profeſſeur Royal , en 1551 ; mais ſes ennemis , ſous prétexte de ſon attachement au Calviniſme , ne ceſsèrent de le perſécuter pour le fait de la Religion. Il fut obligé ſouvent de ſe cacher & de fuir , pour ſe ſouſtraire à leurs pourſuites. Sa Bibliothèque , pendant ſes abſences , fut pillée. Il fit quelques voyages en Suiſſe & en Allemagne , où il jeta les fondemens de ſa nouvelle Philoſophie , qui y fit de grands progrès ; il ſe ſeroit même établi à Genève , ſi Calvin & Bèze euſſent voulu permettre qu'on lui donnât une Chaire de Philoſophie ; mais ils craignoient la ſupériorité de ſes lumières. Il revint en France en 1571 , & , l'année d'après , ſes ennemis n'échappèrent pas l'occaſion du maſſacre de la S. Barthelemi pour s'en défaire. Charpentier, ſon Compétiteur , chargea des aſſaſſins de le tuer : ils le trouvèrent caché dans une cave : Ramus eſſaya de les gagner, en leur donnant tout ce qu'il avoit d'argent ; mais ces infâmes aſſaſſins, après l'avoir accepté , le jetèrent par les fenêtres , dans la Cour du Collège , où ſon cadavre encore palpitant fut cruellement mis en pièces par un tas d'Ecoliers. — Ramus avoit d'excellentes qualités morales , il étoit auſſi déſintéreſſé , que ſobre & chaſte ; ſes mœurs furent à l'abri de la critique même de ſes ennemis ; c'étoit un homme preſque univerſel , le plus grand Philoſophe qu'ait eu l'Univerſité de Paris ; mais ſon attachement invincible à ſes opinions , fut la cauſe de tous ſes malheurs. Les Univerſités de Suiſſe & d'Allemagne adoptèrent les premières , ſa méthode d'Analyſe , ſe conformèrent à ſa Logique, mais ne diſputèrent point contre les ſentimens qui leur étoient oppoſés. Voyez les Mémoires de Niceron , Tom. XIII & XX , pour le Catalogue des Ouvrages de Ramus. — Nous remarquerons à ce ſujet qu'il y eut à l'Univerſité de Paris (1348) dans le quatorzième ſiècle, un Docteur , nommé *Jean d'Outricourt* , ou *d'Outrecourt* (*de Ultricuriâ*) dont les deux Bibliothécaires ne parlent point , & des Ouvrages duquel on tira ſoixante Propoſitions, qui furent condamnées comme Hérétiques , & dans leſquelles on trouve les principes de la meilleure Métaphyſique , & de la Phyſique la plus exacte. Nous en allons rapporter quelques-unes : la dixième : *Quod de ſubſtantiâ materiali aliâ ab animâ noſtrâ , non habemus certitudinem evidentia.* — Le P. Mallebranche ne s'eſt pas mieux exprimé à ce ſujet. — Trente-ſeptième
Quod

Quod in rebus naturalibus non eſt, niſi motus localis diſgregationis, & Congre-
gationis atomalium, quod dicitur generatio & corruptio. — Trente-huitième :
Quod lumen, nihil eſt aliud, quàm quædam corpora quæ nata ſint ſequi motum
Solis vel alterius corporis luminoſi, per motum localem qui ſit in tempore, ſicut
ſonus, ſed ſubitò. — Trente-neuvième : *Totum & partes eſſe æternas, nec*
tranſire de non eſſe ad eſſe, nec è converſo, & univerſum eſſe perfeĉtiſſimum
ſecundùm ſe & ſuas omnes partes. La Religion fut certainement moins inté-
reſſée à la condamnation de ces Propoſitions, que l'on pourroit appeler des
vérités, que l'Ariſtoteliſme qui dominoit alors, & que l'on cherche aujour-
d'hui à faire revivre. Voy. le Tom. IV de l'*Hiſt. de l'Univ. de Paris*, pag. 308
& ſuiv.

PIERRE RAMPION, natif du Dorat en Limoſin, à dix
lieues de Limoges ou environ. Il a écrit une brefve Exhortation
Chrétienne ſur les Sacremens & cérémonies de l'Egliſe, imprimée à Paris.

PIERRE DE RAOUL, Sieur de Bourgues, natif de
Toloſe, homme docte ès Mathématiques, & ſur tout très-
ſçavant pour dreſſer les nativités & horoſcopes. Il a traduit de
Latin en François l'Idée du Théâtre de Jules Camille Italien,
non encore imprimée. Il florit à Paris cette année 1584. J'ai un
deſir extrême, que ce Livre qu'il intitule *l'Idée de Jules Camille,*
ſoit imprimé en brief, afin qu'il ſoit vu de tous, & principalement de ceux qui ont opinion que mes deſſeins & projets ſoient
des entrepriſes ſemblables à celles dudit Camille. Car enfin l'on
ne trouvera en iceux qu'une certaine cabale, ou ſcience cachée
pour la mémoire locale : & quant à mes Œuvres l'on en peut
voir les effets par les Livres que j'en ai écrits, deſquels le nombre ſeroit trop grand pour le réciter en ce lieu, & me réserve à
diſcourir de ceci autre part, & plus à loiſir.

PIERRE REBUFFY, dit Rebuffus, J. C. très-renommé
Lecteur en Droit Canon à Paris, & auparavant à Montpellier (duquel lieu il étoit natif, ſelon qu'aucuns penſent [1]). Il a recueilli les Ordonnances, Edits & Arrêts des Cours
Souveraines & Parlements de France, leſquelles il a réduites
par titres & rubriques, imprimées à Paris *in-fol.* Il a écrit des

Ecoliers & plufieurs autres Livres. Il floriffoit fous Henry II, l'an 1550.

¹ PIERRE REBUFFE, & non REBUFFY, naquit à la fin du quinzième fiécle à Baillargues, à deux lieues de Montpellier. Il enfeigna, en 1518, à Touloufe, enfuite à Cahors, à Poitiers, à Bourges, & enfin à Paris, où il mourut le 2 Novembre 1557. Il s'étoit fait Prêtre en 1547. Sa réputation étoit répandue par toute l'Europe ; le Pape Paul III lui offrit une place d'Auditeur de Rote, qu'il refufa. Nos Rois ne purent le déterminer à accepter aucunes charges de Confeiller dans divers Parlemens, qui lui furent fucceffivement offertes, de même que celle de Préfident du Grand-Confeil ; il les refufa toutes, aimant mieux fon état de Profeffeur. Ses Ouvrages font imprimés en 4 vol. in-fol. (M. FALCONET).

F. PIERRE REGIS ¹. Il a écrit un Difcours familier touchant le Saint Sacrement, imprimé à Paris l'an 1566.

¹ Il étoit de Monjoi, Bourg & Château de Languedoc, dans le Diocèfe de Touloufe, & c'eft ce Jacobin, dont les Bibliothécaires de l'Ordre, pag. 755 du Tom. II de leur Bibliothèque, témoignent n'avoir pu apprendre que le nom. (M. DE LA MONNOYE).

PIERRE RICHIER, furnommé DE L'ISLE, Miniftre à la Rochelle, lequel voyagea ès terres-neuves l'an 1557. Je n'ai point veu de fes écrits, encore qu'il en aye compofé. Le fieur de la Popeliniere fait mention de lui en fon troifième Livre des Trois Mondes ¹.

¹ On trouve une de fes Lettres parmi celles de Calvin. Elle eft la 237ᵉ, datée du 31 Mars 1557, ex Galliâ Antarcticâ, d'où il rend compte à Calvin de la nouvelle Eglife naiffante en ce pays-là, fous la conduite de Villegaignon. Il n'y fit pas long féjour, parce que le fuccès n'ayant pas répondu à fon attente, il en partit le 4 Janvier 1558, & arriva en France fur la fin du mois de Mai fuivant. (M. DE LA MONNOYE).

PIERRE DE RIEZ, ancien Poëte François, vivant en l'an de falut 1280. Il a fait la continuation du Roman de Judas Machabée, commencé par Gaultier de Belle-Perche, comme récite Claude Fauchet en fon Livre des Poëtes *.

* Fauchet, Chap. 123, l'appelle PIEROS DU RIEZ.

PIERRE RIVRIN, ou RIVRAIN, Vandomois, homme docte en Grec & en Latin. Il a traduit de Grec en rithme Françoife, une Exhortation à prier Dieu, écrite en Grec par S. Jean Chryfoftome, avec la louange de parfaite Oraifon, & autres petits Œuvres fpirituels, traduits par le fufdit Auteur, le tout imprimé à Paris chez Eftienne Grouleau, l'an 1547. Il floriffoit du temps de François I.

PIERRE ROBERT, dit OLIVETANUS [1], homme fort docte ès Langues Hebraïque, Grecque & Latine [2]. Il a traduit la Bible en François *, imprimée à Neuf-Chaftel l'an 1535.

[1] Il eft nommé en Latin OLIVETANUS, ce qui l'a fait appeler en François OLIVETAN, quoique fon vrai nom de famille fût OLIVETEAU, & par conféquent PIERRE-ROBERT fes noms de baptême. Sa verfion, tant de l'Ancien Teftament d'après l'Hébreu, que du Nouveau d'après le Grec, achevée dans le cours d'un an, fut imprimée *in-fol.* à Neufchatel, par Pierre de Wingle, dit *Pirot Picard*, 1535, fur la copie qu'en avoit écrite de fa main *Joannes Eutichus Deperius*, c'eft-à-dire, *Bonaventure des Periers*, dont, au-devant du volume, on lit autant de vers acroftiches Latins, qu'il y a de lettres dans *Robertus Olivetanus*. (M. DE LA MONNOYE).

[2] L'année 1535, eft la première de la Prétendue Réforme des Calviniftes. Olivetan étoit parent de Calvin, qui a mis une Lettre Latine au Frontifpice de cette Bible de Neufchatel, Livre rare & recherché, quoique la Traduction foit peu exacte. Ce Traducteur mourut à Rome, en 1538, empoifonné, à ce que l'on dit. (M. FALCONET).

* Sa Traduction de la Bible n'eft autre chofe que la Verfion de le Fevre d'Eftaples, qu'Olivetan retoucha à fa manière. Le premier volume, contenant le Nouveau Teftament, parut, en 1534, *in-fol.* & la Bible entière, en 1535. (Voy. le *Dictionn.* de Profp. Marchand, Article LE FEVRE, pag. 257, notes). Ainfi Olivetan ne devoit pas fe vanter d'avoir traduit fur les textes Originaux. On ne laiffa pas de le croire fur fa parole, comme le rapporte Théodore de Bèze, qui dit de plus, qu'*Olivetan fut aidé par Calvin dans ce travail*. Il nous apprend auffi que cette Edition de la Bible fut faite aux dépens des Vaudois : *Valdenfes primam illam Gallicam ex Hebraïcis interpretationem, Autore quidem Petro Roberto... Adjutore verò J. Calvino, abfolutam fuis fumptibus Neocomi, anno Domini 1535 excudendam curarunt.* (Bèze, *Icones*, fol. 200, v°.) L'Edition, dont je parle, eft très-rare. En voici le titre entier : *La Bible, qui eft toute la Sainte Ecriture, en laquelle font contenus le Vieil Teftament & le Nouveau, tranflatés en François, le Vieil de l'Hébreu, le Nouveau du Grec, avec deux amples Tables*, &c. A la fin on lit : *Achevé d'imprimer en la Ville & Comté de Neufchatel, par Pierre de Wingle & Pirot Picard, l'an 1535, le 4e jour de Juin.* Elle fut vendue chez

M. Colbert 305 liv. chez M. Dufay feulement 79 liv. & chez M. le Comte de Hoym 150 liv. Ces variations prouvent combien la fantaifie influe fur le prix qu'on met aux Livres, qui n'ont de mérite que leur rareté. Il eft certain que l'impreffion de cette Bible eft fort mauvaife, le langage fort groffier , & qu'Olivetan étoit trop peu verfé dans les langues favantes, fur-tout dans l'Hébreu , pour que fon Ouvrage pût être de quelque valeur réelle.

PIERRE DE LA ROCHE, Saintongeois. Il a écrit en vers alexandrins la congratulation fur le mariage du Roi de France très-Chrétien Charles IX , & Madame Elifabeth d'Auftriche, fon époufe, imprimée à Paris l'an 1570 chez Denys du Pré.

PIERRE ROGER , ou ROGIER , Ecuyer , natif de Poictou, fieur DE MIGNÉ, Confeiller du Roi & Magiftrat à Poictiers. Il eft Auteur de la vraie & entiere Defcription du pays de Poictou, du Rochelois, & Ifles Marennes, avec une partie du pays de Xaintonge, imprimée à Paris par François Defprez, en la rue de Montorgueil à l'enfeigne du bon Pafteur. Il promet fur la fin de fon Epître (imprimée avec ladite Defcription de Poictou) de nous faire voir en brief un Difcours touchant la noble & royalle maifon de Lufignan en Poictou, laquelle a conquis & poffédé longuement les Royaumes d'Armenie, Cypre, Hierufalem, & fait plufieurs autres faits héroiques. Il florit cette année 1584.

PIERRE ROGIER, ou ROGER, Poëte Provençal en l'an 1300 ou environ, Chanoine de Clermont en Auvergne, & felon d'autres d'Arles en Provence, ou bien encore de Nifmes en Languedoc, excellent Poëte Comique, &c. Il a écrit en Langue Provençale un Traité contre la Dame fans Mercy. Il fut tué l'an 1330, ou environ *.

* Voy. JEAN DE NOTREDAME , Chap. 60.

PIERRE DE RONSARD , Gentilhomme Vandomois, fils de Meffire Loys de Ronfard fieur de la Poffonniere, près Montoire au Maine, en laquelle terre ledit Pierre de Ronfard naquit: elle eft fituée au bas Vandomois, qui eft du fpirituel du Maine, & du temporel de Chartres, & par conféquent il eft Mançois, ou né au Pays & Comté du Maine : ce que je dis expreſſément, de peur qu'il n'en advienne diſpute entre les Nations qui ſe le voudront attribuer & vendiquer, comme leur nourriſſon, ſans certitude de ſa vraie patrie, & lieu de ſon origine & naiſſance, pour laquelle choſe l'on a vu ſept bien fameuſes Villes diſputer d'Homere & débattre ſon pays : tant il y avoit d'honneur à qui pourroit ſe vanter de l'avoir engendré. Ce Seigneur de Ronſard s'adonna aſſez tard pour apprendre la Langue Grecque, mais ayant l'eſprit bon, & le deſir d'apprendre extrêmement grand, enſemble étant inſtruit par un ſi bon Maître & ſçavant précepteur qu'eſt M. d'Aurat Poëte du Roi (homme tant renommé qu'il n'eſt ici beſoin de le recommander davantage) il devint tellement ſçavant en peu de temps, que tout ſon ſiecle eſt entré en admiration de ſon ſçavoir, & pour ſa docte façon d'écrire en vers, agréable même à ceux qui en ſeroient jaloux, pour une même profeſſion. Auſſi veux-je ici rapporter, ce que aucuns de ſes amis ont trouvé de fatal en ſon nom retourné qui eſt tel, *De don rare priſé*, &c. Autres y ont trouvé pluſieurs autres Anagrammes, mais il n'y en a point de ſi propre que cettuy-cy[1]. Toutes les Œuvres dudit Sieur de Ronſard, enſemble ſa Franciade, & ſes amours commentés par Marc Antoine de Muret & Remy Belleau, ont été imprimées à Paris par diverſes fois, chez Maurice de la Porte & Gabriël Buon, mais elles ont été imprimées en grande marge (que l'on appelle en feuille, ou bien *in-fol.* pour parler ſelon les Imprimeurs & Libraires) cette année 1584. fort correctes & de beaux caractères, chez ledit Buon, revues, recorrigées & augmentées par l'Auteur en cette dernière Edition. Il florit cette année 1584, âgé d'environ ſoixante ans.

[1] La Poëſie Françoiſe n'ayant eu aucune élévation avant Ronſard, on fut ſurpris, lorſque ſes premiers vers parurent, d'y trouver un ſublime auquel on n'étoit point accoutumé. Mellin de S. Gelais, qui ſe voyoit par-là entièrement effacé, prit le parti de faire paſſer pour pédanterie, à la Cour de Henri II, l'érudition de ſon rival. Il le tourna là-deſſus en ridicule autant qu'il put, ce que Ronſard, à la fin de ſon *Hymne ſur la mort de Marguerite, Sœur*

de François I, donne à entendre, lorsqu'invoquant le Génie de cette Reine, il lui adreſſe ces paroles :

> Ecarte loin de mon chef
> Tout malheur, & tout méchef,
> Préſerve-moi d'infamie,
> De toute langue ennemie,
> Et de tout acte malin,
> Et fais que devant mon Prince,
> Déſormais plus ne me pince,
> La tenaille de Melin.

On croit que celui-ci, piqué, lui avoit donné une atteinte dans ſes Stances, *contre un Mal-diſant* ; à quoi je ne vois nulle apparence, parce que s'il avoit voulu déſigner Ronſard dans cette pièce, il ne l'y auroit pas fait originaire d'Ecoſſe, ni du pays des Baſques, puiſque conſtamment Ronſard tiroit ſon origine de Hongrie, par ſon père, *Louis de Ronſard*, & du Vendomois, par ſa mère, *Jeanne de Chaudrier*, car c'eſt *Chaudrier* qu'il faut lire, & non *Chandrier*, comme Bayle & d'autres ont lu, trompés par de mauvaiſes Editions. Ce qu'il y a de ſûr, c'eſt que les deux Poëtes ſe réconcilièrent S. Gelais ayant tâché de ſe diſculper, Ronſard, dont il rechercha l'amitié, oublia généreuſement le paſſé. Il fit même, à cette occaſion, l'Ode :

> Toujours ne tempète, enragée
> Contre ſes bords la mer Egée.

& retoucha, en ces termes, l'endroit, ci-deſſus allégué, de ſon Hymne :

> Préſerve-moi d'infamie,
> De toute langue ennemie,
> Teinte en venin odieux,
> Et fais que devant mon Prince,
> Déſormais plus ne me pince,
> Le caquet des envieux.

De ſon côté, S. Gelais marqua ſolennellement ſa réconciliation par le Sonnet imprimé l'an 1553, dans la ſeconde Edition que Ronſard donna de ſes *Amours de Caſſandre :*

> D'un ſeul malheur ſe peut lamenter celle
> En qui tout l'heur des Aſtres eſt compris,
> C'eſt, ô Ronſard, que tu ne fus épris,
> Premier que moi de ſa vive étincelle.

Je ſais que, pag. 228 du S. Gelais de Paris, 1719, ce Sonnet eſt adreſſé à Clément Marot ; mais c'eſt une mépriſe, il faut très-aſſurément, au lieu de *Sonnet à Clément Marot*, mort il y avoit neuf ans, mettre, *Sonnet à*

Pierre de Ronfard, &, au troifième vers, lire : *C'eft, ô Ronfard*, au lieu de
C'eft, ô Clément : fur quoi l'on peut voir Colletet, pag. 42 de fon *Difcours
du Sonnet*, n°. 9. Je fuis bien-aife de toucher ici ces particularités, qui ne
fe trouvent nulle part auffi exactement rapportées. Ronfard mourut le 27 Décembre 1585. Voy. CLAUDE BINET, dans la vie qu'il en a écrite, & BAYLE,
dans fon *Dictionnaire*, au mot RONSARD *. (M. DE LA MONNOYE).

* Peu de Poëtes ont joui pendant leur vie d'une réputation auffi brillante
que Ronfard. On vit renaître pour lui les applaudiffemens de l'ancienne
Grèce. Les Magiftrats de Touloufe rendirent un Décret, par lequel ils le
nommèrent, par excellence, *Le Poëte François*. Au lieu d'une Fleur, ils lui
firent préfent d'une Minerve d'argent maffif, pour avoir remporté les prix
des Jeux Floraux. Il fit préfent de cette ftatue au Roi Henri II, qui la reçut
avec grand plaifir. Il eut conftamment les bonnes graces, &, en quelque
forte, la familiarité des Rois fous lefquels il vécut; Charles IX fe plaifoit à
lui écrire en vers. Cette faveur ne fut pas ftérile ; il portoit l'habit Eccléfiaftique, & il eut les Prieurés de Croix-Val, de S. Cofme-les-Tours, &
l'Abbaye de Bellozane ; il eut même la Cure d'Evailles. On ne peut pas conclure de ce qu'en dit M. de Thou, « qu'il y exerça les fonctions Curiales »;
il dit feulement « qu'il n'étoit pas de ces Eccléfiaftiques, qui regardent le
» Sacerdoce & fes fonctions Paftorales, comme un engagement à une vie fé-
» rieufe, ou comme un frein à la liberté, &, quelquefois, à la licence que les
» Poëtes fe donnent ». Il rapporte à l'an 1562 un fait d'armes fingulier, de
ce Poëte, jadis Militaire, & alors Prieur, & même Curé : les Proteftans
pilloient les Eglifes des environs, & en vouloient fur-tout aux Bénéficiers ;
Ronfard raffembla quantité de Gentilshommes du voifinage, & d'autres
gens en état de porter les armes, en forma une Compagnie, à la tête de
laquelle il fe mit, pour réprimer les entreprifes des Huguenots ; il étoit alors
dans fa Cure d'Evailles, que M. Falconet, dans fes Recueils, dit être *Evaux*,
fur les Confins d'Auvergne, Capitale du pays de Combrailles, Diocèfe de
Limoges. Sans doute que cette réfolution avoit mis Bèze de mauvaife hu-
meur contre lui, il le traite mal dans fon *Hift. Eccléf.* Tom. II, pag. 538 :
il dit « qu'il étoit doué de grandes graces en la Poëfie Françoife, ayant loué
» fa langue, pour non-feulement fouiller fa veine de toutes ordures, mais
» auffi médire de la religion ». Pâquier, dans fes *Recherch.* Tom. I, Liv. VII,
Chap. 6, p. 706, le met au-deffus de tous les Poëtes modernes, & le compare
à tout ce que l'Antiquité a eu de plus célèbre, fans en excepter Homère, Pin-
dare, Virgile & Horace. Ces éloges font outrés. Ce qu'en dit le Cardinal
du Perron, eft plus raifonnable, quoique fort à l'avantage de Ronfard. « Le
» plus beau génie de Poëte qui ait jamais été, qui malheureufement eft venu
» dans un tems où la langue n'étoit pas faite. Le Grec & le Latin étoient
» parfaits du temps d'Homère & de Virgile. Tous fes Hymnes font beaux,
» l'Eternité admirera fes faifons ; fa lyre n'a pas réuffi dans les Sonnets,
» quoiqu'ils foient du lyrique, ni dans les petits fujets au-deffous de lui ».

Ce jugement mérite quelque confidération. Defpréaux ne l'à jugé que par ce qu'il avoit de ridicule, fans faire aucune attention à fon génie. Il mourut à fon Prieuré de S. Cofme de Tours, âgé de foixante-un ans. Pâquier, quatre ans avant fa mort, fit fon Epitaphe, qu'il lui envoya :

> Has tibi viventi, Magne ô Ronfarde, facramus,
> Quas nunc defunctis, folvimus inferias.
> Haud aliter poteras donari, hoc munere, ut in quem
> Invida mors nullum vindicat imperium.

Il en fit depuis une autre, deux ans après la mort de Ronfard, fe trouvant à S. Cofme-les-Tours, où l'on n'avoit pas érigé le moindre monument à la mémoire de cet illuftre Poëte. *Voy.* Pâquier, Recherches de la France, Tom. I, Liv. VII, Chap. X, pag. 730, & la Bibl. Franç. de M. l'Abbé Goujet, Tom. XII, pag. 192 & fuiv.

PIERRE DE RUERE, iffu de la noble maifon de Ruere en Piedmont, ancien Poëte Provençal, &c. [1] Il a écrit plufieurs Poëmes en Langue Provençale, non encore imprimés. Il florifloit en l'an de falut 1308.

[1] Jean de Notre-Dame, Chap. 56, &, après lui, du Verdier & La Croix du Maine, écrivent DE RUER, ou DE RUÉRE; ils auroient mieux fait d'écrire RUVERE, à l'Italienne, ou en François ROUVERE. Aujourd'hui le mot d'ufage dans les deux langues, eft ROVÉRE. (M. DE LA MONNOYE).

PIERRE SALIAT. Il a traduit de Latin en François une déclamation, contenant la manière de bien inftruire les enfans dès leur commencement, avec un petit traicté de la Civilité puérile, imprimé à Paris, chez Simon de Collines. Il a davantage traduit en François l'hiftoire d'Herodote, Auteur Grec, imprimée à Paris [1]. Elegie nuptiale préfentée à Madame Magdeleine, première fille de France. Il a traduit de Latin en François, l'Oraifon que fit Crifpe Salufte contre Ciceron, & l'Oraifon dudit Ciceron refponfive à celle de Salufte, avec deux autres Oraifons dudit Salufte à Jules Cefar, afin de redreffer la République Romaine, le tout imprimé chez Simon de Collines, l'an 1537, auquel temps florifloit ledit Saliat.

[1] Pierre du Ryer donna, en 1658, une nouvelle Traduction Françoife d'*Hérodote*, d'après la Latine de Laurent Valle, revue par Henri Etienne, Sylburge & Jungerman, au lieu que Saliat n'ayant traduit que fur le fimple
Latin

Latin de Laurent Valle, en a retenu toutes les fautes , & y a de plus ajouté les siennes. (M. DE LA MONNOYE).

F. PIERRE SAICHEESPÉE, ou SECHE-ESPÉE, appelé en Latin *Petrus Aridiensis.*, de l'ordre des Freres Prescheurs ou Jacobins, du Convent du Mans ; Docteur en Théologie, à Paris, &c. Il étoit natif de la Paroisse de Walon près l'Epicelière-Guillard, à trois lieues du Mans. Aucuns l'ont appelé de ce nom *Aridiense*, au lieu de Seche-espée qui étoit son vrai surnom: & même celui qui a mis par ordre les noms des Docteurs qui furent au Concile de Trente, le nomme de ce nom *d'Aridiense*. Que s'il se fût appelé *Sechespeus*, sans vouloir faire un autre nom composé de ces mots *Aridus ensis*, qui est à dire Seche-espée, il n'eût pas été ainsi mal traduit en François, non-plus que celui d'un qui s'appeloit *De la forest*, qui voulut avoir ce nom Latin *de Nemore* ou bien *Nemorensis*, au lieu de s'appeller *de Foresta*, & enfin le Traducteur voulant tourner ce nom en François, il l'appela *de Nemours*. Dequoi j'advertis en passant ceux qui écrivent si obscurement leurs noms en Latin, qu'il est impossible de les traduire, sans s'y abuser. Et avant que finir ce chapitre, je dirai qu'un nommé *Piau* s'appela en Latin *Pius*, au lieu d'avoir mis *Piculus*, & le Traducteur mit *Debonnaire*, vous voyez s'il y a de l'approche de l'un à l'autre. (1) Pour revenir à parler du susdit, je confesse n'avoir point vu de ses Compositions Françoises imprimées, desquelles il en avoit un grand nombre, mais bien de ses Latines, lesquelles se voyent écrites à la main, en la Bibliothéque de Messieurs de la Théologie de Paris, &c. Il florissoit sous Charles IX, l'an 1564.

1 Son nom s'écrivoit SEICHE-ESPÉE. Il mourut à S. Brieu , le 29 Août 1593, sans avoir laissé aucuns Ouvrages, ni Latins, ni François. Quant à la remarque sur *Piculus* & *Picus*, elle est très-fausse, puisque *Picus*, signifiant un *Pivert*, & non pas le *mâle de la Pie*, il s'ensuit que le diminutif *Piculus* ne peut signifier un *Piau*. Voy. la note sur cet endroit, p. 325 du Tom. VI de Baillet, *in*-4°. (M. DE LA MONNOYE).

PIERRE DE SAINCT CLOCT, ou DE SAINCT CLOUD,

ancien Poëte François *. Il a écrit en Vers François, la vie & le
teſtament d'Alexandre le Grand, leſquels Vers s'appellent de
longue ligne, & maintenant on appelle des Vers de douze ſyllabes, Vers Alexandrins, à cauſe que la vie dudit Alexandre a
été compoſée en ce genre de carmes, ſelon que témoigne
Geufroy Thory de Bourges, en ſon Livre intitulé le Champ-
Fleury, auquel lieu il parle dudit Pierre de Sainct Cloct, & de
Jean Linevelois, anciens Poëtes François, Auteurs de ladite
Vie & Roman d'Alexandre le Grand.

* Fauchet, Chap. 14, écrit CLOOT.

PIERRE DE S. JULIEN, Gentilhomme Bourguignon,
iſſu de la noble & ancienne Maiſon de Baleure, près Tournuz,
&c. Doyen de l'Egliſe de Chalons en Bourgongne, grand
Archidiacre de S. Vincent de Maſcon, premier Chanoine ſécu-
lier en l'Egliſe Collégiale de S. Pierre dudit Maſcon(¹). Il a écrit
deux bien doctes Livres de l'Origine des Bourgongnons, & de
l'Antiquité des Eſtats de Bourgongne. Il a écrit un Livre des
Antiquités d'Authun. Deux Livres des Antiquités de Chalon
ſur Saone. Trois Livres de Maſcon. Un de l'Abbaye & ville de
Tournuz, le tout imprimé enſemble, à Paris, chez Nicolas
Cheſneau, l'an 1581, *in-fol.* contenant 200 feuilles, avec
les protraicts des villes de Bourgongne, &c. Il a davantage
écrit l'Hiſtoire des Bourguignons, depuis qu'ils abandonnerent
les Gaules, juſques à leur retour en icelles, comme il témoigne
en ſon épître liminaire du ſuſdit Livre. Il a écrit en Latin de
l'Enfance & de l'Adoleſcence d'iceux Bourguignons, mais les
ſuſdits derniers Livres, ne ſont encore en lumière. Il a traduit
un traicté de Plutarque, de ne point ſe courroucer, imprimé à
Lyon *. Il florit cette année 1584. Je n'ai pas cognoiſſance de
ſes autres écrits.

¹ Pierre de S. Julien de Balleurre, Gentilhomme du Maconois, premier
Chanoine Séculier, en 1557, de S. Pierre de Macon, mourut le 20 Mars
1593 à Châlon-ſur-Saone, où il eſt enterré au Chœur de l'Egliſe Cathédrale, dont il étoit Doyen. Il a fait, entr'autres Ouvrages, l'*Hiſtoire de*

Tournus, Paris, 1581, réimprimée avec augmentation par Pierre Juénin, Chanoine de Tournus, Dijon, 1733, 2 vol. *in-*4°. (M. Falconet).

* Pierre de S. Julien naquit à Baleurre, Château du Diocèse de Châlon, possédé par sa famille. Il étoit l'aîné de seize enfans. On ne sait pas exactement combien d'années il a vécu; mais il est probable que sa vie fut longue, puisqu'on compte quarante - sept ans depuis la publication de son premier Ouvrage, en 1546, jusqu'à sa mort, en 1593. Ce premier Ouvrage fut la Traduction Françoise, non pas d'un seul Traité de Plutarque, comme le dit La Croix du Maine, mais de plusieurs, comme on le voit par le titre que je vais rapporter : *Deux Opuscules de Plutarque, l'un de ne se courroucer, & l'autre de curiosité, ensemble un autre Opuscule du même Plutarque, auquel il est disputé; à sçavoir si les maladies de l'ame tourmentent plus que celles du corps*, Lyon, 1546, *in-*8°. & à Paris, *in-*16. la même année. Ce qu'il a écrit, sur l'origine des Bourguignons, est rempli de fables. Je ne sais ce qui a pu faire croire à M. Falconet que la *Nouvelle Histoire de l'Abbaye & de la Ville de Tournus*, par Juénin, publiée en 1733, n'est qu'une réimpression de l'Ouvrage de S. Julien sur Tournus, avec des augmentations. C'est un Ouvrage absolument différent, beaucoup plus ample, & infiniment plus exact, dont le second volume entier est rempli de pièces justificatives. Juénin avoit bien plus de secours à tirer de l'*Histoire de Tournus*, par Chifflet, publiée, en 1654, en un assez gros vol. *in-*4°. que des recherches de S. Julien, qui n'occupent que quarante-deux pages, dans le Recueil où elles furent insérées. S. Julien, qui avoit été élevé à Tournus, y avoit rassemblé, après les ravages des Huguenots, ce qu'il y avoit pu trouver touchant les Antiquités de cette Abbaye. (Voy. Juénin, Préface de son *Histoire de Tournus*). Dès 1578, il avoit dédié ses *Recherches* à François de la Rochefoucauld, qui en étoit Abbé; mais elles ne parurent qu'en 1581, à la suite de son *Traité de l'Origine des Bourguignons*, & de ses *Antiquités d'Autun, de Châlon & de Macon*. Je citerai ici quelques autres Ouvrages de S. Julien, dont La Croix du Maine n'a point parlé. Il publia, en 1584, *in-*8°. à Lyon, un Livre intitulé : *Gémelles, ou Pareilles, recueillies de divers Auteurs, tant Grecs, Latins, que François*; 2°. un *Discours & Paradoxe de l'Origine de Capet*, à Paris, 1585, *in-*8°. réimprimé plusieurs fois depuis. Vignier ayant entrepris de réfuter cet Ouvrage, en 1587, S. Julien publia, en 1588, sa Réponse, sous le titre d'*Apologie, & plus que juste défense d'honneur & de réputation de P. de S. Julien, assailli par un Anonyme indiscret, & plus lettré que sage*. Ces deux Ouvrages furent réimprimés dans ses *Mélanges Historiques*, publiés, *in-*8°. à Lyon, en 1589, & qui concernent l'Histoire de France, particulièrement celle de Bourgogne. On y trouve des Généalogies, mais qui ne sont pas toujours exactes, comme l'a fait voir l'Auteur de l'*Histoire des Sequanois*. La *Bibliothèque des Auteurs de Bourgogne* cite quelques Ouvrages de S. Julien, demeurés manuscrits, dont un, intitulé, *Chronique des Rois de France, jusqu'à Charles, petit-fils du Roi Jean*, se trouve à la Bibliothèque du Roi.

PIERRE DE S. REMY, gentilhomme, natif de ladite ville de S. Remy en Provence, iſſu de la noble maiſon des Hugolens. * Il a écrit pluſieurs Comédies, & autres genres de Poëſie en Langue Provençale. Il a davantage écrit un traiCté des vices qui avoient cours ès bonnes villes de Provence, durant ſon temps. Ses Œuvres ne ſont imprimées. Il floriſſoit en l'an de ſalut 1230 **.

* Pierre de S. Remy, déſeſpérant d'obtenir le conſentement des parens de ſa maîtreſſe, *Antoinette de Suze*, qu'il vouloit épouſer, & dont il étoit aimé, la tua & ſe tua lui-même. Quelques-uns adouciſſent la cataſtrophe, en ſe contentant de dire qu'ils moururent tous deux de déſeſpoir. Il étoit fertile en ſaillies & en bons mots; il aimoit ſi fort la bonne chère, qu'il diſſipa ſon patrimoine en peu de temps. N'ayant plus de reſſources, il ſe fit Poëte Comique, & ſes Comédies furent trouvées ſi bonnes & ſi bien payées, qu'elles l'enrichirent. Ses Chanſons n'eurent pas moins de ſuccès. Il les adreſſoit à ſa maîtreſſe, *Antoinette de Suze*. Il avoit dédié ſes Poëmes à Marguerite, femme de S. Louis; ainſi il écrivoit encore au moins en 1234. On peut voir ce que dit de ce Poëte Jean de Notre-Dame; mais il y a bien peu de fonds à faire ſur ce que cet Auteur a écrit des Poëtes Provençaux, comme on le verra dans l'*Hiſtoire de nos anciens Troubadours*, que l'on prépare, d'après les ſavantes recherches de M. de Sainte-Palaye, qui a puiſé leur Hiſtoire, principalement dans leurs Ouvrages.

** Voy. JEAN DE NOTRE-DAME, Chap. 33.

PIERRE SANTERRE, PoiCtevin, excellent Muſicien. Il a mis en muſique les cent cinquante Pſalmes de David, imprimés à PoiCtiers, par Nicolas Logerois, l'an 1567. Il floriſſoit à PoiCtiers l'an 1560.

PIERRE SARGET, DoCteur en Théologie, de l'ordre des Auguſtins, à Lyon. Il a traduit de Latin en François, le Livre intitulé *Faſciculus temporum*, qui eſt un Bréviaire des temps, ou chronique abrégée, imprimée à Lyon l'an 1490, ou environ 1. Il floriſſoit en l'an de ſalut 1483.

1 Ce PIERRE SARGET, Auguſtin, TraduCteur du *Faſciculus temporum*, n'eſt autre que le nommé ci-deſſus par La Croix du Maine PIERRE FARGET, ou FERGET, TraduCteur du Livre intitulé, *Les Fleurs & manières de faire des tems paſſez*. Ce Livre, quoique d'une Edition différente, étant véritablement le *Faſciculus temporum*, en François. Voy. dans DU VERDIER, à la fin

de la lettre F, le mot FASCICULE. (Voy. ci-devant les Remarques fur PIERRE FARGET, pag. 278). . . (M. DE LA MONNOYE).

PIERRE SAVONNE, dit TALON, natif d'Avignon, au Comté de Veniffe en Provence. Il a écrit une arithmétique néceffaire à toutes fortes de Marchands, & autres qui font trafiq de diverfes manières, imprimée à Paris chez Nicolas du Chemin l'an 1565. Il a davantage écrit & compofé l'Inftruction & Manière de tenir Livres de raifon ou de comptes, par parties doubles, &c. qui eft un Livre néceffaire à tous Marchands, imprimé à Anvers chez Plantin, l'an 1567, auquel temps l'Auteur floriffoit en ladite ville d'Anvers.

PIERRE SEGUIER (Meffire) iffu de l'ancienne famille des Seguiers à Paris, fecond Préfident en la Cour, &c. homme très-renommé pour fon favoir & bonne vie, en quoi lui a fuccedé fon fils Monfieur le Lieutenant Civil du Chaftelet de Paris, lequel adminiftre fi bien la Juftice & fe porte tellement en fa Charge, & a fi grande cognoiffance des affaires politiques (en un fi bas âge comme il eft) que cela le fait admirer de ceux qui ont cognoiffance de fa valeur & de fes mérites. Nous n'avons rien vu mis en lumière des compofitions & recueils faits par le fufdit Préfident, encore qu'il eût recueilli plufieurs beaux Arrefts, & dreffé des Livres touchant le fait de la Juftice. S'ils font achevés, Meffieurs fes enfans ne délaifferont pas fans les faire voir à la poftérité. Il mourut à Paris l'an 1580, âgé de 76 ans, le 25 d'Octobre, & eft enterré en l'Eglife de Saint André des Arcs, près les Auguftins, auquel lieu fe voit un ample difcours de fa vie, gravé en lettre d'or fur marbre noir, fait par A. Seguier fon fils fufdit [1].

[1] On a de cet illuftre Magiftrat quelques Harangues, & un Traité, *De Cognitione Dei & fui*, qui fut traduit en François, en 1637, par Guillaume Colletet, fous le titre d'*Elémens de la connoiffance de Dieu & de foi-même*. (M. DE LA MONNOYE).

Il y a un *François de Seguier*, Sénéchal de Quercy, en 1560. Voy. l'*Hift. Eccléf. des Egl. Réformées*, Liv. III, pag. 329. — Dans le *Borboniana*, il eft dit qu'ils font originaires de S. Porcien en Bourbonois. (M. FALCONET).

PIERRE DE SOLIERS, Provençal, Peintre, Imager & Statuaire, grand Philofophe, & Poëte en Langue Provençale. Il floriffoit en l'an de falut 1383.

PIERRE SOREL Chartrain. Il a traduit en Vers François, quelques Livres de l'Iliade d'Homère, non encore imprimés. Les Poëfies dudit Sorel, ont été imprimées à Paris chez Gabriel Buon, l'an 1566, in-4°, & contiennent 20 feuilles. Il a traduit de Latin en François, la complainte fur la mort de Meffire Anne de Montmorency, Conneftable de France, imprimée à Paris, chez Rouvillle, l'an 1568, avec plufieurs Sonnets & Elegies. Il mourut à Chartres (lieu de fa nativité) l'an 1568, ou environ.

PIERRE TAHUREAU, Gentilhomme du Maine, Sieur de la Chevalerie & du Chefnay, frere aîné de Jaques Tahureau *, Auteur de ce beau & agréable Livre des Dialogues &c. tous deux enfans de défunct Monfieur le Juge du Maine (comme nous avons dit ci-deffus, parlants dudit Jaques, &c. ce Seigneur de la Chevalerie eft l'un des plus fages & advifés Gentils-hommes & des plus doctes & lettrés qui foit au Maine, & fort bien verfé en la Jurifprudence, de laquelle il fe fert pour pacifier tous ceux, qui auroient envie de procéder. Car déteftant fur-tout les procès, & les maux qui en viennent, il confeille tellement ceux qui ont recours à lui en cela, que pas un n'a defir de procéder plus avant : ce qu'il fait par une bonté née avec lui, & non pour autre chofe que pour l'honneur de Dieu, & l'amitié de fon prochain. Car fa profeffion eft de fuivre les armes, & non la robbe longue, encore que défunct fon pere eût un état de Juge, auquel il s'eft tellement porté, que c'étoit le plus aimé & refpecté, qu'autre qui aye été devant lui, & peut-être de ceux qui viendront après, foit pour reffentir fa générofité & le lieu dont il étoit iffu, que pour fa doctrine & favoir : car pour dire un mot de fa defcente & origine, elle eft de Meffire Bertrand du Guefclin ou Gué-

Aquin Connestable de France , comme j'ai vu par les mémoires
& enseignemens de cette maison. Ce que nous déduirons autre-
part plus amplement. Ledit Pierre Tahureau a écrit plusieurs
fort beaux & doctes Livres , lesquels il n'a encore mis en
lumière , savoir , est , un Livre de la Police & République
Françoise , contenant un discours des Etats & Offices , tant
des nobles que de ceux de robbe longue , & de leur première
institution. Il n'est encore imprimé. L'histoire de notre temps ,
sous les règnes des Rois de France , François I , Henry II , François II , Charles IX , & Henry III , à présent règnant. Elle n'est
encore en lumière. Plusieurs Poësies Françoises , non encore
imprimées , sinon quelques-unes qui sont avec les Œuvres de
son frère susdit , Jaques Tahureau **. Il florit au Maine cette
année 1584 , âgé de 50 ans , ou environ.

* Le P. Niceron a remarqué que La Croix du Maine s'est trompé , ou
bien en supposant *Pierre Tahureau* frère aîné de *Jaques* , ou bien en disant
qu'en 1584 il avoit cinquante ans. En effet , selon ce calcul , *Pierre Tahureau*
ne seroit né que vers 1534 ; or *Jaques* étoit né en 1527.

** Voy. les Memoires de Niceron , Tom. XXXIV, pag. 108 , où il est
dit que *Pierre Tahureau n'a donné aucuns Ouvrages.*

PIERRE DE LA TOUR, Lyonnois. Il a recueilli les Cantiques , & Chansons spirituelles de plusieurs Auteurs François ,
&c. imprimées.

PIERRE TRUEUX , natif du pays de Berry. Il a traduit
de Latin en François un Livre , intitulé la fleur des Aphorismes
d'Hyppocrates , & Commentaires de Galien , imprimé à Paris
chez Jean Ruelle , l'an 1564.

PIERRE TUREL , ou TUREAU , dit *Turellus* , natif
de Dijon en Bourgongne , homme fort versé en Astrologie, &
des plus grands Mathématiciens de son temps ¹. Il a écrit une
table chorographique de Bourgogne *. Il a davantage écrit
l'Histoire de Bourgongne. Je ne sai si elles sont imprimées , pour
le moins je ne les ai point vues encore , mais Pierre de S. Julien

en fait mention en son Histoire des Bourguignons, fol. 13 &
14. Il a écrit plusieurs Livres en Latin, & entre-autres du
Periode ou fin du monde, duquel livre se rit Jaques Tahureau
en ses Dialogues. Toutesfois *Longolius* loue extrêmément ledit
Turellus, en son Oraison prononcée à Poiétiers, l'an 1510,
touchant la louange des François, comparés aux Romains,
imprimée audit an. Il florissoit sous Loys XII & sous François I.

¹ Il étoit d'Autun. Bayle qui, sur la foi de La Croix du Maine, l'a fait de
Dijon, s'est trompé. Il se dit lui-même *Autunois*, dans le titre de son *Computus*, petit *in-4°* de quatorze feuillets, imprimé chez Pierre Gaudoul, à
Paris, 1525, à *Magistro Petro Turrello Augustodunensi*, il écrit toujours
ainsi ce dernier mot, *Astrophilo Divionensis Gymnasii moderatore primario
editus*. La date de cette Edition donna lieu, en 1696, à une correction considérable dans l'*Histoire de l'Abbaye de S. Etienne de Dijon*, où il est dit,
pag. 211 & 212, que Julien Martin, Prêtre, avoit fondé le Collège de cette
Ville en 1531. L'Historien, sur l'avis qui lui fut donné de ce *Computus*, en
cita l'époque & le titre, pag. 327 de son *Errata*, en termes exprès, & recti-
fia par-là ce qu'il avoit dit touchant le temps de la fondation du Collège de
Dijon. Chasseneuz, Part. 12, *Consid.* 60 de son *Catalogue de la gloire du
Monde*, parle d'un *Discours de la vie du Lazare*, en vers Sapphiques, composez
par Pierre Turrel, & recitez à *Autun en plein Théâtre*, l'an 1516. Il ne lui
donne point, en cet endroit, la qualité de *Principal du Collège de Dijon*, mais
seulement, à son ordinaire, celle de *très-savant homme*. Il n'en fait cependant nulle part l'éloge si amplement, que dans la *Consid.* 17 de cette même
Partie douzième du Livre cité, où il lui prodigue ces louanges : *Quid de Petro
Turrello Heduo, qui alter Ptolomæus in Cosmographiâ, alter Alcabitius in Astro-
logiâ, alter Cicero in arte dicendi, alter Bias in Philosophiâ, alter Livius in
Historiâ dici potest, & unum dicere non pudebit, quòd nec majorem recipit Gallia,
nec similis inveniri potest.* Robert Ceneau, *Cænalis*, ou *Senalis*, Evêque
d'Avranches, Liv. I, *de re Gallicâ*, a cru que cet éloge de Turrel étoit de la
façon de Longueil, dans son *Panégyrique de S. Louis & de la France*, prononcé, l'an 1510, au Couvent des Cordeliers de Poitiers. La Croix du Maine
a cru la même chose. La vérité est pourtant qu'il n'est pas dit un seul mot de
Turrel dans le Discours de Longueil. Leur méprise vient de ce que, au lieu
de consulter l'Original, intitulé *Christophori Longolii Oratio de laudibus Divi
Ludovici atque Francorum;* ils s'en sont fiés à Chasseneuz, qui, rapportant un
long endroit, où Longueil nomme plusieurs savans hommes François, il y en
ajoute immédiatement deux de son chef, desquels Longueil n'a fait nulle
mention, savoir, *Ravisius Textor & Pierre Turrel*, donnant à ce dernier les
louanges outrées qu'on vient de lire, & qu'il faut pardonner à un connoisseur
tel que Chasseneuz. Tahureau, dans le second Dialogue de son *Démocri-*
tique ;

tique, en a mieux jugé. Les terminaifons Latines en *ellus* ou en *ellum*, prenant reglément celle en *eau* ou en *el* en François, il eſt arrivé de-là que pluſieurs de ceux qui ne l'ont connu que par ſon nom Latin *Turrellus*, ou *Turellus*, l'ont appelé en François, les uns *Turreau*, comme Bèze, les autres *Turel*, ou *Tureau*, comme La Croix du Maine. Celui-ci ſe trompe de plus, lorſqu'il met au nombre des Compoſitions Latines de Pierre Turrel, *le Période du Monde*. Ce Livre n'a jamais été écrit qu'en François, quoique, pour le peu qu'il contient, il ſoit rempli de citations Latines. Du Verdier ne dit rien de cette *Table Chorographique*, ni de cette *Hiſtoire de Bourgogne*, dont La Croix du Maine fait mention, parce qu'elles n'ont jamais été imprimées ni l'une ni l'autre ; elles étoient en manuſcrit dans la Bibliothèque de Philibert de la Mare, Conſeiller au Parlement de Dijon, qui en rapporte ainſi le titre, pag. 3 de ſon *Hiſtoricorum Burgundiæ Conſpectus : Table Chorographique de Bourgogne, avec l'Hiſtoire des Bourguignons, par Pierre Turrel, Philoſophe & Aſtrologue Dijonnois*; où *Dijonnois* ſe doit prendre, non pas pour né à Dijon, mais pour y demeurant. Il vivoit encore, ce ſemble, en 1542; Guillaume Paradin du moins, dans ſon Livre, *de antiquo Statu Burgundiæ*, imprimé cette année-là, parle du vénérable Pierre Turrel, comme d'un homme alors vivant. On peut voir dans l'Hiſtoire, que le même Paradin a écrite en Latin & en François des choſes de ſon temps, la prédiction faite par Pierre Turrel, de la priſe de François I, à Louiſe de Savoye, mère de ce Prince, particularité, qui, n'ayant été publiée qu'après la mort, tant de Louiſe, que même de François I, me paroît devoir être très-ſuſpecte. On dit qu'étant accuſé à Dijon de ce que, contre la diſpoſition des loix divines & humaines, il faiſoit profeſſion ouverte de l'Aſtrologie Judiciaire, Pierre du Chaſtel, ſon diſciple, depuis ſucceſſivement Evêque de Tulles, de Macon & d'Orléans, plaida ſi éloquemment la cauſe de ſon Maître, que les Juges, prêts auparavant à condamner celui-ci, ne purent s'empêcher de l'abſoudre. Pierre Galland a déduit amplement ce fait, en beau Latin, dans la vie de Pierre du Chaſtel. Il ne faut pas au reſte confondre, avec ce Pierre Turrel, un *Petrus Turrellus, Campanus*, dont on voit un Ecrit, *in-8°*. à Paris, 1576, *contrà Hotomanni Franco-Galliam*, ni croire avec George - Mathias Konigh, dans ſa Bibliothèque, qu'il y ait eu un *Andreas Turrellus, Divionenſis*, Auteur d'un *Panégyrique d'Urbain VIII*, il devoit dire *Andreas Taurellus*, André Thoreau, né, l'an 1594, à Dijon, d'où il ſe tranſplanta en Italie, & dont on peut voir l'éloge dans le Livre Italien qui a pour titre : *Le Glorie de gli incogniti*, imprimé, *in-4°*. à Veniſe, l'an 1647. (M, DE LA MONNOYE).

* La *Table Chorographique de Bourgogne* & *l'Hiſtoire des Bourguignons*, par Turrel, citées par La Croix du Maine, n'ont jamais été imprimées. Elles étoient manuſcrites, comme le dit M. de la Monnoye, dans la Bibliothèque de Philibert de la Mare, Conſeiller au Parlement de Dijon, qui en a fait mention dans le Catalogue des Ouvrages qu'il avoit raſſemblés, pour ſervir

à l'Hiſtoire de Bourgogne. Ce Catalogue fut publié, à Dijon, par Philipes, ſon fils, en 1589, *in-4°.* ſous le titre de *Hiſtoricorum Burgundiæ Conſpectus.* Les Ouvrages François de Pierre Turrel, qui ont été imprimés, ſont, 1°. *La Période,* c'eſt-à-dire, *la Fin du Monde, contenant la diſpoſition des choſes terreſtres par la vertu & influence des Corps Céleſtes,* in-4°. ſans date. Bayle dit que ce Livre fut imprimé en 1531. 2°. *Fatale préciſion pour les Aſtres, & diſpoſition d'icelle ſur la Région de Jupiter, maintenant appelée Bourgoigne, pour l'an* 1529, *& pour pluſieurs années ſubſéquentes,* Lyon, 1528.

PIERRE DE TUXIGANES, Docteur en médecine à Paris. Il a écrit un traicté du régime de ſanté, imprimé avec les Œuvres de Jean Goëurot, Medécin du Roi François I.

PIERRE TOLET, Médecin de l'Hoſpital ou Hoſtel-Dieu de Lyon. Il a traduit de Latin en François, le ſixième Livre de *Paulus Ægineta*, touchant le fait de Chirurgie. Opuſcule de Galien, touchant les enfleures contre nature. Le moyen de guarir par la ſeignée, pris dudit Galien, le tout imprimé à Lyon, par Eſtienne Dolet, l'an 1540. Il a traduit de Latin en François, un diſcours de l'admirable vertu & accompliſſement des facultés (pour la ſanté & conſervation du corps humain) de la racine nouvelle d'Inde de Mechioacan, proprement nommée Rhaindice, imprimé à Lyon, par Michel Joue, l'an 1572 [1]. Il floriſſoit à Lyon ſous le règne du Roi François I, l'an 1540.

[1] Rabelais, Liv. III, Chap. 34, fait mention de ce PIERRE TOLET, ſon ami, qui, ſuivant la remarque du Commentateur, doit lui avoir ſurvécu quelque ſeize à dix-ſept ans, tout au moins, puiſque Rabelais eſt mort en 1553, & que Tolet a traduit le Traité, qu'en 1569, Marcel Donat publia, *in-4°.* à Mantoue, *De Radice purgante, quam Mechioacan vocant.* (M. DE LA MONNOYE).

PIERRE TREDEHAN, Angevin. Il a traduit en François un Dialogue de Platon, intitulé *Theages*, ou de la ſapience, imprimé à Lyon, par Charlot Peſnot, l'an 1564 [1].

[1] Feu M. Dacier fit imprimer, *in-12.* à Paris, 1699, ſa verſion Françoiſe de ce Dialogue, faite d'après le Grec, au lieu que celle de Tredehan n'étoit que d'après la Latine de Marſile Ficin. (M. DE LA MONNOYE).

PIERRE DU VAL, Pariſien, Docteur ès droits, Evéque

de Sées en Normandie , homme docte ès langues , & versé en plusieurs arts, sciences & disciplines, & sur-tout grand Théologien. Il a écrit en Vers François , un fort docte & très-excellent traicté de la grandeur de Dieu , & de la cognoissance que l'on peut avoir de lui , par ses Œuvres, & encore un traicté de la puissance , sapience & bonté de Dieu. Le tout a été imprimé à Paris, chez Federic Morel , l'an 1568 *. Le susdit Livre de la puissance , sapience & bonté de Dieu , avoit été imprimé auparavant par Michel de Vascosan , l'an 1558 , sans que le dit Sieur y eût mis son nom autrement que par lettres capitales ou majuscules (pour parler selon les Imprimeurs) lesquelles sont telles , P. M. D. V. E. D. S. qui est à dire , *Par Monsieur du Val Evesque de Sees*. Je ne sai si ledit Evesque avoit mis son nom en cette façon, de peur que l'on ne pensât que ce fût un je ne sai quel autre *Pierre du Val*, Poëte François, lequel avoit fait imprimer il y a quarante ans & plus , un sien Livre , qu'il intitule le Puy du souverain amour, tenu par la Déesse Pallas , &c. Et avoit mis son nom audit Livre comme s'ensuit, *composé par celui qui porte en son nom tourné*, *Le vrai perdu ou vrai prelude*, qui est l'anagramme dudit Pierre du Val. J'ai dit ceci expressément , pour le respect & amitié que je porte à ce Seigneur du Val, Evesque de Sées , lequel je n'ai jamais vu ne cognu, que par ses Œuvres remplis de savoir & doctrine : car je suis en doute si la postérité penseroit que ce ne fût qu'un même Auteur, que cettui-cy & l'Auteur du Livre susdit : parce que les temps esquels ils vivoient ne sont pas beaucoup eslongnés , & que l'un & l'autre étoient Poëtes (mais fort différens pour leur savoir & composition) car ledit *Vray perdu*, ou *vray prelude*, fit imprimer son Livre l'an 1543 : mais que ceci soit dit pour le soutien de l'un & le blasme de l'autre , qui étoit aussi heureux en son anagramme, qu'un certain *Jean Doingé*, duquel il est parlé au Livre des nouvelles récréations, mises sous le nom de Bonadventure des Periers. Pour revenir (après cette longue digression) à parler dudit Evesque,

T t ij

il a traduit de Grec en François (& ce par le commandement du Roi) un Dialogue de Platon , intitulé *Criton* ou de ce que l'on doit faire , imprimé à Paris l'an 1547, chez Michel Vaſcoſan. Jean le Maſle , Angevin , a commenté le dialogue ſuſdit , & l'a fait imprimer à Paris chez Jean Poupy l'an 1582. Le ſuſdit Pierre du Val mourut l'an 1564.

   * Colletet , dans ſon *Diſcours de la Poëſie Morale* , dit que Pierre du Val, Evêque de Séez , publia , dès 1558, pluſieurs doctes Quatrains , ſous le titre , *De la Grandeur de Dieu* , &c. & d'autres Quatrains encore , *Sur la puiſſance , ſapience & bonté de Dieu* , &c. qui , dit-il , ont été réimprimés d'autres fois en pluſieurs bonnes villes de France. Pierre du Val fut Evêque de Séez vers 1539 , aſſiſta au Concile de Trente , & mourut à Vincennes , en 1564. — Voy. la Bibl. Françoiſe de M. l'Abbé Goujet, Tom. XIV, p. 98. L'Abbé Goujet s'eſt trompé , en faiſant ſuccéder Pierre du Val à Jacques de Silly , en 1539 , à l'Evêché de Séez ; ce ne fut qu'en 1545 qu'il fut nommé à cet Evêché , à la place de Nicolas Dangu , qui l'avoit été en 1539 , à la place de Jacques de Silly. Pierre du Val avoit été Précepteur des enfans de François I.

PIERRE DU VAL , (autre que ledit Evêque de Sées.) Il eſt Auteur du Livre intitulé le Puy du ſouverain amour , tenu par la Déeſſe Pallas , avec l'ordre du nuptial banquet , fait à l'honneur d'un de ſes enfans , fait par celui qui porte en ſon nom tourné , *Le vray perdu* ou *vray prelude* , imprimé à Rouen l'an 1543 , chez Nicolas de Burges , & Jean Petit , *in-8°* & contient 10 feuilles [1].

   [1] Quoique dans ces mots , *Le vrai perdu & vrai prélude* , on trouve par anagramme *Pierre du Val* ; il n'eſt pourtant pas ſûr que ce ſoit là certainement le nom que l'Auteur y a voulu cacher , puiſqu'on y trouve auſſi *Paul Verdier*. Voy. à la fin de la lettre P , dans *DU VERDIER* , le mot Puy. (M. DE LA MONNOYE).

PIERRE DE VALIERES , Poëte Provençal , Eſcuyer tranchant de Philippes le Long, Roi de France, pour lors Comte de Poictou , en l'an 1320. Il a écrit en rithme Provençale , les louanges de Rogere de S. Severin , non encore imprimées.

PIERRE LE VAULDOIS , ou DES VAUX , Citoyen de Lyon, homme fort riche , Auteur de l'héreſie appelée

Vauldoife, ou des Vauldois & *Pauvres de Lyon*. Il a écrit plufieurs Livres en François, & entre-autres un qu'il appelle les témoignages des Sainɗs peres, pour le foutien de la Sainɗe écriture, lequel n'eft encore imprimé [1]. Il vivoit en l'an de falut 1160.

[1] On appelle communément ce PIERRE LE VAULDOIS, Pierre VALDO, ou DE VAUD. Jean-Paul Perrin, Lyonnois, ayant été chargé, en 1603, par le Synode National de Gap, d'écrire l'*Hiftoire des Vaudois*, y travailla, & fon Ouvrage, divifé en trois parties, fut imprimé en un vol. *in-4°*. à Genève, 1619. Les Livres que Pierre Valdo & les Vauldois ont laiffés pour témoignage de leur doɗrine, tant grands que petits, font au nombre de vingt-neuf, fuivant le Catalogue qui s'en trouve depuis la pag. 57 de la première Partie, jufqu'à la fin de la pag. 59. Parmi ces Livres, tous écrits en langue Vaudoife, c'eft-à-dire, entre Piémontoife & Provençale, celui qui a pour titre *Li parlar de li Philofophes & Doɗors*, revient affez au Recueil de ces *Témoignages des Saints Pères*, dont fait ici mention La Croix du Maine. (M. DE LA MONNOYE).

PIERRE VEIRAS, de Nifmes en Languedoc, Profeffeur en médecine à Montpellier, l'an 1581, neveu de M. Jaques Veiras, Doɗeur en médecine, &c. Il a recueilli & rédigé par écrit trois difcours de Laurent Joubert, imprimés avec le traiɗé de la vraie méthode de guarir les playes des arquebufades, imprimé à Lyon, par Barthelemy Vincent, l'an 1581.

PIERRE, ou PEYRE DE VERNEGUE (pour parler felon le langage ancien) Chevalier, fieur dudit lieu de Vernegue, Poëte Comique Provençal l'an 1178. Il a écrit la prife de la ville de Hierufalem, par Saladin, non encore imprimée*.

*Voy. JEAN DE NOTRE-DAME, Chap. 3.

PIERRE VENELLE de Clamecy, Secrétaire de Monfieur de la Ferté. Il a mis par écrit les lettres, contenans les proëffes & bravades faites par la cavalerie légere de France, l'an 1558, imprimées à Paris audit an, par Jean Dallier, auquel temps vivoit ledit Jean Venelle.

PIERRE VIDAL, Tolofain. Il a traduit d'Italien en François, les Epitres de Claude Tolomei, Gentilhomme, natif de

Sienne en Italie, imprimées à Paris, chez Nicolas Bonfons, l'an 1572. Et faut noter qu'elles n'y font pas toutes, mais feulement les plus belles, & les plus mémorables. Il florifloit en l'an fufdit 1572.

PIERRE VIDAL, Tolofain (autre que le fufdit) Poëte Provençal, & fort grand Muficien. Il a écrit un traiété de la manière de retenir, ou retirer fa langue. Il n'eft encore imprimé. François Petrarque fait mention de lui en fon triomphe d'amour. Ledit Pierre Vidal mourut en l'an 1229.

* Voy. JEAN DE NOTRE-DAME, Chap. 26.

PIERRE VIEL, Doéteur en Théologie à Paris, Chanoine de l'Eglife de S. Julien du Mans (de laquelle ville il étoit natif) &c. Il fut député par Meflieurs du Clergé du Maine, pour aller aux Etats de Blois, l'an 1576. Il a traduit de Latin en François, quelques Livres *d'Optatus* (très-renommé entre les Théologiens, lefquels ont été imprimés à Paris. Traiété contre la Symonie, imprimé à Paris chez Chefneau. L'Inftruction pour les enfans & tous autres chrétiens, imprimée à Paris chez Nicolas Chefneau, l'an 1564. Il a traduit en François, les heures à l'ufage du Mans, imprimées à Paris. Il a fait la verfion de plufieurs vies des Sainéts & Sainétes de Latin en François, & entre-autres des Evêques du Mans, lefquelles font imprimées avecques les trois volumes de l'hiftoire des Sainéts, chez Nicolas Chefneau & autres, in fol. l'an 1577. Il mourut au Mans le Dimanche 19 jour d'Août l'an 1582.

PIERRE VIRET, natif d'Orbe en Savoye, Miniftre à Genefve *. Il a écrit plufieurs Livres Latins, & François auffi, entre lefquels il a écrit en notre langue plus d'une douzaine qui font imprimés : mais je n'en ferai pas ici mention & pour caufe. Si eft-ce que Meffieurs les Doéteurs de la faculté de Théologie à Paris, en ont fait un bien ample recit en leurs catalogues des Livres cenfurés, comme auffi l'on en voit les titres d'iceux, au catalogue des Livres défendus par le Concile

de Trente, &c. Il mourut à Pau en Béarn, situé ès monts
Pyrenées, l'an 1571, âgé de soixante ans.

* Il étoit né en 1511, à Orbe, en Suisse, dans le territoire de Berne. Après
avoir travaillé à l'établissement de la Religion Prétendue Réformée en Suisse,
il desservit en France plusieurs Eglises Protestantes. Il quitta celle de Lyon,
en 1563, en conséquence de la Déclaration de Charles IX, qui défendoit à
ses Sujets Protestans d'avoir des Ministres, nés hors le Royaume. Il passa à
Orange, puis en Béarn, à la sollicitation de Jeanne, Reine de Navarre.
Il mourut en 1571, soit à Pau, comme le dit La Croix du Maine, soit
à Ortèz, comme le rapporte Melchior Adam (*Vit. Theol. Extr.* pag. 121).
La plupart de ces faits se trouve dans de Thou (*Hist.* Lib. XXXV) mais
avec une confusion qui en dérange l'Ordre Chronologique. Bayle a donné
un Article fort étendu sur PIERRE VIRET. Il suffit ici d'y renvoyer. Viret
avoit écrit beaucoup de Livres. M. Ancillon, dans la *Vie de Farel*, p. 217,
dit que le nombre en étoit assez grand, pour qu'on pût en former une petite
Bibliothèque.

PIERRE D'UZEZ, gentilhomme & Poëte Provençal,
frere puisné de Guy d'Uzez, sieur dudit lieu en Provence,
l'an 1230. Il se delectoit fort à la musique, en laquelle il
excelloit, & étoit bien versé en la poësie usitée de son temps.
Il a composé plusieurs poësies en cette langue Provençale, non
encore imprimées. Il florissoit l'an susdit 1230 *.

* Voy. JEAN DE NOTRE-DAME, Chap. 27, où il parle aussi, tant de GUI
& d'EBLES D'UZEZ, frères de PIERRE, que d'HELIAS, leur Cousin.

PIERRON MARTINET, Astrophile de Vans en Vivarets,
demeurant à S. Amour en la Franche-Comté de Bourgongne
&c. Il a écrit un Almanach ou Pronostication pour l'an 1571,
imprimé à Lyon l'an 1570, chez Benoist Rigault, avec une
instruction pour ceux qui journellement se mêlent de gouverner
les horloges.

PONS DE BRUEIL, gentilhomme Provençal, natif du
pays des Montagnes, & selon d'autres, il étoit Italien, &c.
Il a écrit quelques chants funébres, en langue Provençale,
sur la mort de sa maîtresse Elix de Merillon, femme de Ozil de
Mercuir. Il a davantage écrit un traité des amours furieuses ou

enragées de André de Franſe, non encore imprimé. Il mourut en l'an 1227, ſous le règne du Roi S. Loys *.

* Voy. Jean de Notre-Dame, Chap. 21.

PONTHUS DE TYARD, gentilhomme Maſconnois, ou de Maſcon, Seigneur de Biſſy, Evêque de Chalon en Bourgongne, fils de Jean de Tiard ſieur de Biſſy, & de Marchiſeul, Lieutenant général au bailliage de Maſconnois, & de Madamoiſelle de Ganay, fille de Monſieur le Chancelier de France, nommé de Gannay *, lequel Jean étoit fils d'Eſtienne de Tiard, jadis Préſident de Dijon, & depuis premier Préſident de Dole en Bourgongne, l'an 1500, ou environ. Ce que j'ai répété aſſez avant, pour l'honneur & reſpect que je porte audit ſieur de Chalon, tant pour ſon ſavoir en la poëſie, ès Mathématiques, en la Philoſophie, & ſur-tout en la Théologie, (qui eſt aujourd'hui ſa principale profeſſion) leſquelles choſes j'ai reconnues en lui par ſes écrits ſeulement, ſans avoir jamais eu ce bien que de le voir ou reconnoître. Il a écrit dès ſes plus jeunes ans, pluſieurs Sonnets amoureux, leſquels il a intitulé *Erreurs amoureuſes*, auquel Livre il n'a pas voulu mettre ſon nom: mais s'il ne le faiſoit que pour crainte qu'il avoit s'ils ſeroient bien reçus & approuvés des plus doctes, je peux aſſurer que je n'ai onques ouy donner jugement de ſes poëſies à aucun (qui fut bien verſé en cette profeſſion) qu'il ne dit & afferma, de n'avoir rien vu de plus docte & mieux élabouré, que ſont ſes Sonnets ſuſdits. Il les a fait imprimer (ou autres ſiens amis pour lui) en l'an 1555, à Lyon chez Jean de Tournes, avec un recueil de vers lyriques de ſa façon. Le premier ſolitaire, ou proſe des muſes & de la fureur poëtique, imprimé à Lyon, chez Jean de Tournes, l'an 1552. Solitaire ſecond de la muſique, imprimé à Lyon chez ledit de Tournes. L'Univers, ou diſcours des parties & de la nature du monde, imprimé à Lyon. Mantice, ou diſcours de la vérité de divination, par Aſtrologie, imprimé à Lyon, l'an 1558, chez

Jean de Tournes. Les deux difcours de la nature du monde &
de fes parties, ont été de rechef imprimés à Paris, chez Mamert
Patiffon, l'an 1578, in-4°. Difcours du temps, de l'an, &
de fes parties, imprimé chez ledit Patiffon, audit an 1578,
in-4°, & auparavant il l'avoit fait imprimer chez Jean de
Tournes, à Lyon, l'an 1556, in-8°, & contenoit 6 feuilles.
Il le compofa en l'an de fon âge trente-un. Toutes les Œuvres
poëtiques, & autres femblables dudit fieur, ont été imprimées
à Paris en un volume. Il florit en fon pays de Bourgongne,
cette année 1584, âgé de foixante ans, ou environ.

* La mère de Pontus de Tyard fe nommoit *Jeanne de Ganay* ; elle étoit
fille de *Claude de Ganay*, Coufin-germain du Chancelier de France, *Jean de
Ganay*; elle étoit donc la nièce, & non pas la fille du Chancelier. Il n'y a point
eu d'*Etienne de Tyard*, Préfident au Parlement de Dijon, comme le dit
encore La Croix du Maine. Nous ne pouvons faire mieux connoître Pontus
de Tyard qu'en rapportant ici ce qu'en dit Pâquier, *Rech.* Tom. I, Liv. VII,
Chap. X, pag. 731. « Il compofa en fa jeuneffe fes *Erreurs amoureufes*, fe
» jouant fur ce mot d'*Erreurs*, à caufe de fon nom *Pontus*... Toutes fois
» depuis il quitta la Poëfie, & en fon lieu embraffa tant la Philofophie que
» Mathématiques, & fur cette opinion traduifit en notre langue les Dialo-
» gues de Leon Hébrieu, *de l'Amour*, Livre qui fous les difcours de
» l'Amour, comprend toute la Philofophie, & pareillement compofa fon
» *Solitaire*, ou de l'*Univers*, plain de très-grande érudition & doctrine.
» Continuant fes études en cette façon, il fut fait Evêque de Châlon-fur-
» Saone en l'an 1571, & de-là en avant adonna tout fon efprit à notre
» Théologie, fur laquelle il fit quelques Livres, entre lefquelles eft l'Ho-
» mélie très-belle fur la Patenoftre.... Il me fouvient qu'eftant le premier
» des Députés du Clergé de fa Province en l'affemblée des Etats, qui fut
» tenue dedans la Ville de Blois, l'an 1588, lui feul fe roidit, pour le fer-
» vice du Roi, contre le demeurant du Clergé, lequel en fes communes déli-
» bérations, ne refpiroit que rébellion & avilliffement de la Majefté de nos
» Rois ; & parce qu'il voyoit une tempête générale, à laquelle nous étions
» de nous-mêmes par notre malheur portés, il eftima, comme le fage Nau-
» tonnier, devoir caller la voile en l'ancienneté de fon âge : il fe démit, fous
» le bon plaifir du Roy, de fon Evéché, entre les mains de Meffire Cefar
» de Tyard, fon neveu, perfonnage de fingulière confidération & mérite ».
Il fe retira en fon Château de Bragni-fur-Saone, où il mourut le 23 Septembre 1605, dans fa quatre-vingt-quatrième année. Il furvécut à tous les
Poëtes de la Pléiade de Charles IX, dont il avoit été. Il avoit formé une
très-belle Bibliothèque, qu'il laiffa à Cefar, fon neveu & fon fucceffeur,

& qui, après fa mort, fut acquife par le Bifayeul de M. le Préfident Bouhier, qui commençoit à former cette Bibliothéque, qui eft devenue fi célèbre & fi nombreufe entre les mains de fon arrière-petit-fils. Voy. fur PONTUS DE TYARD les Mém. de Niceron, Tom. XXI, pag. 292, la Biblioth. des Auteurs de Bourgogne, Tom. II, pag. 333, & la Bibl. Franç. de M. l'Abbé Goujet, Tom. XIV, pag. 34.

PRUDENT DE CHOSELAT, Procureur du Roi & de la Roine fa mere à Sezane. Il a mis en lumière un fien fort gentil traité, qu'il intitule *Difcours œconomique*, monftrant comme de cinq cent livres pour une fois employées, l'on peut tirer par an, quatre mille cinq cent livres de profit honnête, imprimé à Paris, chez Nicolas Chefneau, l'an 1569. L'Auteur compofa ce Livre étant au pays de Lodunois en Poitou, l'an 1567.

S'enfuivent les noms de plufieurs Auteurs inconnus par leurs premières appellations, qui eft caufe que nous les avons mis à la fin de la lettre P, pour ne favoir leurs premiers noms, &c.

...... PAPILLON, &c *. Il a compofé un Livre, intitulé le Trofne d'honneur, comme témoigne l'Autheur de la généalogie des dieux, furnommé *l'Innocent efgaré*.

* Je n'ai pu découvrir jufqu'ici le nom propre de ce Poëte. Il étoit ami de Clément Marot, qui a entendu parler de lui, lorfque, fous le nom de *Frippelippes*, il a dit :

> Ne Papillon pas ne le poind.

le mettant par-là au nombre des beaux efprits, tels que *S. Gelais*, *Heroet*, *Sève*, *Rabelais*, *Brodeau*, &c. qui n'écrivoient point contre lui. Etant tombé malade, le même Marot fit exprès une Epître en vers, pour le recommander à François I. J'ai vu, de ce Papillon, un Poëme manufcrit de près de 400 vers, intitulé : *La Victoire & triomphe d'argent, contre le Dieu d'Amour n'aguères vaincu dedans Paris*. Il commence :

> Au mois de Mai Amour print fes fagettes
> Pour venir voir fes fujets & fujettes...

On trouve dans le Recueil imprimé à Lyon, en 1547, *Le nouvel Amour, inventé par le Seigneur Papillon*, fiction ingénieufe & bien racontée. Voy. la Bibl. Franç. de M. l'Abbé Goujet, Tom XI, pag. 154.

...... PERDIGON, Gentilhomme natif du pays de Gyvauldan, ancien Poëte François. Il a mis par écrit toutes les victoires que Raimond Berrenger, dernier du nom, Comte de Provence, avoit obtenues en ladite Provence, contre les rebelles du pays. Ce Livre n'eft encore imprimé. Il mourut l'an 1262 *.

* Voy. Jean de Notre-Dame, Chap. 35.

...... PICOT (Poëte François affez moderne). Il a écrit quelques poëmes à l'honneur de la Vierge Marie.

...... PISTOLET, ancien Poëte Provençal, Gentilhomme, fervant en la Cour de Philippes le Long, Comte de Poiçtou, l'an 1320, (lequel fut depuis Roi de France). Il a écrit des Chanfons & autres Poëfies en langue Provençale, à la louange de Madame *Sance*, de la maifon de Ville-neuve en Provence: & d'une autre Dame de la maifon *Champ-dieu* en Dauphiné, & de plufieurs autres Dames illuftres. Elles ne font encore imprimées. Il floriffoit en l'an de falut 1321 *.

*Voy. Jean de Notre-Dame, Chap. 59, & l'Article du Comte de Poictou dans *du Verdier*, lettre P.

...... PRÉEL. Il a écrit & compofé en rithme Françoife, une prognoftication, laquelle contient une repréfentation des fots Aftrologues, imprimée l'an 1527 [1].

[1] J'ai autrefois cru que la *Prognoftication*, dont parle Henri Etienne, pag. 525 & 526 de fon *Apologie d'Hérodote*, imprimée chez lui l'an 1566, étoit la même que celle qui parut en quatre feuillets d'impreffion Gothique, in-4°. fous le titre de *Prognoftication de Maître Albert Songe-creux Bifcain*, mais j'ai depuis reconnu que rien n'étoit plus différent, & que ce *Maître Albert Songe-creux Bifcain*, nommé dans la Bibliothèque de S. Victor de Rabelais, n°. 68, *Magifter nofter Songecrufius*, n'eft autre que le Préel, ici mentionné. (M. de la Monnoye).

P. BLANCHART, Mathématicien, Maître d'Ecole à Laon en Laonnois, au pays de Picardie, l'an 1581. Il a écrit & compofé un Calendrier perpétuel, reduit en grande figure, avec l'expofition d'icelle, imprimé à Paris, chez Jean le Clerc, audit an 1581.

P. D. Il a écrit un Livre, intitulé Amiable accufation, & charitable excufe, des maux & événemens de la France, le tout divifé en trois parties, imprimé à Paris, chez Robert le Mangnier, l'an 1576, in-8º, & contient 12 feuilles. Lequel Livre a été dedié à Meffire Guy du Faur, Seigneur de Pybrac, audit an 1576, auquel temps floriffoit l'Auteur dudit Livre.

P. DE MANCHICOUR, premier Chantre en l'Eglife de Tours. Il a compofé dix-neuf chanfons, qu'il a mifes en mufique, imprimées à Paris, chez Pierre Ataignant.

P. D. T. A. Il a écrit en Profe Françoife, un difcours de la réduction de Calais, au Royaume de France, detenu par les Anglois, depuis l'an 1347, imprimé à Paris, chez Claude Micard, l'an 1558.

P. H. G. Il a traduit de Latin en François, une Epître contenant le difcours de la guerre de l'an 1542 & 1543, écrite en Latin par Guillaume Paradin, imprimée à Paris, chez Vivant Gaulterot, l'an 1544.

P. VIENNE, furnommé *l'Amoureux de vertu*, duquel la devife eft, *En Dieu me fie*. Il a écrit en vers François, un petit opufcule, intitulé l'Indignation de Cupido, imprimé à Paris, chez Chrétien Vechel, l'an 1546.

Q.

N. B. La Croix du Maine a fupprimé en entier la lettre Q; Du Verdier n'en a pas fait de même, il l'a donnée en douze Articles.

R A I.

RAIMOND BERRENGER, ou BERRENGUIER, Comte de Provence & de Forcalquier, fils de Ildephons, Roi d'Arragon, Comte & Marquis de Provence, issu de la très-noble & illustre famille des Berrengers d'Arragon, &c. Il épousa Béatrix, sœur de Thomas, Comte de Savoye. Ledit Raimond étoit fort bien versé en la Poësie Provençale, & a mis par écrit plusieurs Poëmes, lesquels ne sont encore imprimés. Il mourut en l'an de salut 1245, âgé de quarante-sept ans *. Dante Poëte Florentin, fait bien ample mention dudit Raimond, comme aussi ont fait plusieurs autres, & principalement Jean de Notre-Dame, ès vies des Poëtes Provençaux.

* Raimond Berenger, Comte de Provence, beau-père de S. Louis, Roi de France, fut, dit Pâquier, non-seulement grand Poëte, mais père de tous les Poëtes, qui, presque tous alors, étoient Gentilshommes, ou grands Seigneurs, « esquels on ne pouvoit facilement remarquer une Poësie pédan- » tesque : d'ailleurs ils voüoient ordinairement leur affection à Dames de » haut parage ». *Recherches de la France*, Tom. I, Liv. VII, Chap. 4, pag. 693. Cette Poësie Provençale eut la plus grande vogue sous le Comte Raimond, qui avoit épousé Richilde, nièce de l'Empereur Federic, auquel cette Poësie plut tellement, qu'il en a conservé la mémoire, dans une pièce de Poësie qu'il composa lui-même en langue Provençale. Voy. à la lettre F, le mot FEDERIC, ou FERRY, & le mot PIERRE RAYMOND, dit LOU PROU; & JEAN DE NOTRE-DAME, Chap. 28. — C'est dans ce temps, & pendant un siècle & demi après, que les Troubadours, ou Poëtes Proven- çaux, eurent toute leur célébrité ; on n'en comptoit que 120 au plus, & de ce nombre étoient les personnages les plus illustres, savoir, un Frederic, Em- pereur ; un Richard, Roi d'Angleterre, une Comtesse de Die, un Raimond, Comte de Provence, un Roi d'Arragon, un Dauphin d'Auvergne, &c. Pétrarque met à la tête de ces Poëtes Arnauld Daniel :

> Era tutti, il primo Arnaldo Daniello,
> Gran Maestro d'Amor, ch'a la sua terra
> Ancor fa honor col' dir' polito & bello.

Tous les Poëtes Provençaux, que La Croix du Maine écrit RAIMOND, sont écrits RÉMOND par Jean de Notre-Dame, que du Verdier a suivi.

RAIMOND CHAUVET, Miniftre à Genêve, &c. Je n'ai point vu fes écrits imprimés, ne autrement, encore qu'il en aye compofé plufieurs.

RAIMOND FERAULT, Gentilhomme Provençal, furnommé *Porcarius*, ou *le Porchier*, Religieux, & enfin Prieur du Monaftere de S. Honoré, en l'Eglife de Lerins en Provence, Poëte Provençal, &c. Il a traduit de Latin en rithme Provençale, la vie d'Andronic fils du Roi de Hongrie, furnommé Saint Honoré de Lerins. Il a traduit plufieurs autres Livres en rithme Provençale, lefquels ne font encore imprimés. Il floriffoit en l'an de falut 1300 *.

* Voy. JEAN DE NOTRE-DAME, Chap. 52.

RAIMOND JOURDAN, Gentilhomme Quercinois, Vicomte de S. Antoine, au pays de Quercy, Poëte Provençal, l'an 1206. Il fe rendit Moine au monaftere de Montmajour. Il a écrit un Livre, intitulé *Lou phantaumary de las Domnas* *.

* Voy. JEAN DE NOTRE-DAME, Chap. 10.

RAIMOND LULLY, (autre que Raimond Lulle, dit *Lulius*.) Il a écrit & compofé en notre Langue Françoife, une prognoftication pour l'an 1543, imprimée à Rouen, audit an, chez Guillaume de la Mothe.

RAIMOND DE MIREVAUX, Chevalier, natif de Carcaffonne, fieur dudit lieu de Mirevaux, Poëte Provençal, &c. Il a écrit un traité des louanges de Provence, non encore imprimé. Il mourut l'an 1218 *.

* Voy. JEAN DE NOTRE-DAME, Chap. 13.

RAIMOND POYNET, grand Mathématicien. Il eft Auteur d'un fort docte petit traité François, intitulé le Cofmolabe, imprimé à Paris, chez Michel Julien, l'an 1566, lequel il a dedié à la Roine mere du Roi. Il floriffoit à Paris, audit an 1566, fous le règne de Charles IX.

RAIMOND RANCUREL, Savoifien, homme des plus
excellents pour la fculpture, & pour l'écriture, qu'autre que
nous ayons connu de notre temps, de quoi font affez de
preuve, les beaux ouvrages qu'il a laiffés pour marque de fon
induftrie & gentilleffe d'efprit, ès plants & protraits de plufieurs villes de France, imprimés avec la Cofmographie de
Belle-Foreft, chez Chefneau & autres. J'ai vu une paire d'Heures, qu'il avoit écrites de fa main, & avoit fait les figures
d'icelles, lefquelles font au cabinet de Madame de Rambouillet,
femme de Meffire Nicolas d'Angennes, Chevalier des deux
ordres du Roi, (au fervice duquel Seigneur il a été par l'efpace
de quelques années:) & dirai bien que tous ceux qui auront
vu de fes ouvrages, confefferont librement que je n'ai rien
avancé de propos, tant à fon avantage, qu'il n'en fût encore
digne de cent fois plus. Il mourut en la ville d'Arras, au pays
de Picardie, l'an 1582, âgé d'environ quarante ans.

RAIMOND DE ROMIEU, Gentilhomme, natif d'Arles
en Provence, Poëte Provençal, en l'an 1355. Il a écrit un
chant funébre, & plufieurs autres Œuvres en langue Provençale, non encore imprimées.

RAIMOND LE ROUX, dit *Rufus*, Doêteur ès droits,
Avocat en la Cour de Parlement, à Paris, homme eftimé
des plus favants en droit canon, qu'autre de fon temps. Il a
écrit une Epître Françoife, dédiée au Roi Henri II, laquelle
eft imprimée, & mife au devant de fon Livre Latin, écrit
contre Charles du Molin, touchant la dignité du Pape, Cardi-
naux, Evêques, & tout le Clergé, &c. imprimée l'an 1553, à
Paris, chez Poncet le Preux, auquel temps floriffoit ledit
Raimond le Roux *.

* Julien Brodeau, pag. 101 de fa *Vie de du Moulin*, dit que Rémond le
Roux, en Latin *Remundus Rufus*, étoit Difciple de Rébuffe.

RAMBAULT D'ORENGE, Gentilhomme Provençal,
natif dudit lieu & principauté d'Orenge, en la Gaule Narbon-

noife, Sieur de Cortefon, Poëte Provençal, en l'an 1229. Il a écrit un Livre, intitulé *La Maitrife d'Amour*. Petrarque fait mention de lui en fon triomphe d'amour &c. Il mourut en l'an fufdit 1229 *.

    * Voy. JEAN DE NOTRE-DAME, Chap. 25. Son nom s'écrit auffi RAMBAUD.

RAMBAULT DE VACHIERES, Gentilhomme Provençal, fils du fieur de Vachieres en Provence, Gouverneur de Salonic. Il a écrit en rithme Provençale un Livre, intitulé *Lous plours de Segle*, & plufieurs autres poëfies, non encore imprimées. Il mourut en l'an 1226 *.

    * Voy. JEAN DE NOTRE-DAME, Chap. 20, qui écrit RAMBAUD DE VACHIERAS.

RAOUL, ancien Poëte François *. Il a écrit en rithme Françoife, un Livre, intitulé *Le Roman des Elles*, felon que recite l'Auteur du Champ-fleury, Geufroy Thory de Bourges. Voy. cy après *Raoul de Houdanc*, pag. 346.

    * Ce RAOUL eft le même que RAOUL DE HOUDAN, ou HOUDANC, dont La Croix du Maine parle plus bas, & fait inutilement deux Articles diftingués. C'eft celui qui fit le Roman des *Efles*, dont il fera parlé plus bas. Il vivoit au milieu du treizième fiècle. Huon de Mery, fur le commencement de fon *Tournoyement de l'Antechrift*, en parle avec éloge, ainfi que de Chreftien de Troie :

> Lefdits Raoul & Chreftiens,
> Qu'oneques bouche de Chreftiens
> Ne dit fi bien comme ils faifoient,
> Car quand ils dirent, ils prenoient
> Li bon François treftout à plain,
> Si comme il leur venoit en main.

Voy. les *Recherches de la France* de Pâquier, Tom. I, Liv. VII, Chap 3 pag. 691 de l'*Ancieneté & Progrès de notre Poëfie Françoife*.

RAOUL DE BEAUVOIS, en Picardie ; ancien Poëte François, vivant en l'an de falut 1250, ou environ *. Il écrit plufieurs poëfies, & entre-autres quelques chanfons amoureufes.

    * Fauchet, Chap. 33, écrit RAOUL DE BIAUVAIS.

RAOU

RAOUL CAILLIER, Poictevin, Avocat au Parlement de Paris, jeune homme fort docte & bien versé en la Poësie Grecque, Latine & Françoise. Il a écrit quelques vers François, sur la pulce de Madame des Roches de Poitiers, imprimés avec les autres de divers Auteurs, tous reduits en un volume, & imprimé à Paris, chez Abel l'Angelier, l'an 1582. Discours du Rien, écrit en prose, non encore imprimé. Il a traduit quelques beaux & fort doctes traités de feu Julien David du Perron (pere de Jaques David du Perron, à présent vivant) &c. lesquels ne sont encore en lumière. Discours de l'Ombre, écrit en prose. Discours du quatre. Discours de l'amour de soi-même. Ils ne sont encore imprimés, non plus que ses autres poësies Françoises, desquelles je mettrai ici le tiltre de quelques-unes. Poëme intitulé le Chat. Poëme du Passereau. Poëme des Avettes ou Abeilles & Mouches à Miel [1]. Il florit à Paris cette année 1584.

[1] On voit à la suite des Poësies de Nicolas Rapin, une Ode Alcaïque Françoise, sur sa mort, par ce CAILLIER, son neveu.*, frère de cette SUSANNE CAILLIER, qui a fait aussi des vers sur le même sujet. (M. DE LA MONNOYE).

* D'autres croient que Raoul Caillier étoit beau-frère, & non pas neveu de Nicolas Rapin. Susanne Caillier étoit sa fille, & le père & la fille eurent la manie de faire des vers François mesurés. Raoul présenta des Stances en vers Héroïques au Roi Henri IV, en faveur des *Vers mesurés*. On a de lui *Les Infidèles Fidèles, Fable Boscagère, de l'invention du Pasteur Calianthe,* faite à l'imitation des Pastorales Italiennes, imprimée en 1603, pièce singulière, où le Poëte, souvent embarrassé dans la conduite de son action principale, se tire d'affaire par une métamorphose ou un enchantement. Dans les *Délices de la Poësie Françoise*, Recueil imprimé en 1620, il y a diverses Poësies de lui, à la tête desquelles il est dit, qu'*elles sont du feu sieur Caillier;* ce qui prouve qu'alors il étoit mort.

Voy. la Bibl. Françoise de M. l'Abbé Goujet, Tom. XIV, pag. 133.

RAOUL LE FEUBVRE, Prêtre, Chapelain du Duc de Bourgongne, nommé Philippes, l'an 1464. Il a composé en François un Livre, qu'il a intitulé le Recueil des Histoires

Troyennes, contenant trois Livres, imprimé à Lyon, in-fol. l'an 1490, de caractères bâtards *.

   * C'eſt le même que le P. Labbe nomme mal RAOUL LE FRÉRE, pag. 311 de ſa *Nova Biblioth. Manuſcript.*

RAOUL DE FERIERES ou FERRIERES, en Normandie, ancien Poëte François, vivant en l'an de ſalut 1250, ou environ. Il a écrit pluſieurs poëſies, & entre-autres des chanſons d'amours, non encore imprimées *.

   * Voy. FAUCHET, Chap. 28.

RAOUL DE GASSIN, autrement appelé Roux ou Raoullet, & Rollet, &c. Gentilhomme Provençal, iſſu de la très-noble maiſon de Gaſſin, ſituée ſur le rivage du Golfe de Grimauld, &c. Poëte, Hiſtorien & Orateur très-renommé de ſon temps, & homme fort adextre aux armes. Il a écrit pluſieurs poëſies en ſa langue. Il ſe rendit enfin Moine en la ville d'Avignon. Il mourut en l'an de ſalut 1229 *.

   * Jean de Notre-Dame, Chap. 24, écrit RAOULX, ou ROOLLET DE GASSIN ; du Verdier ne le nomme que ROOLLET.

RAOUL DE HOUDANC, & ſelon d'autres de Houdon, ancien Poëte François, vivant en l'an de ſalut 1227, du règne du Roi S. Loys. Il a écrit & compoſé un Roman, qu'il a intitulé la voie & le ſonge d'enfer : quelques-uns diſent qu'il eſt Auteur du Roman des Elles [1], duquel nous avons fait mention ci-deſſus, parlant de Raoul ſimplement.

   [1] Le Roman des *Aelles*, ou *Elles*, & dont Fauchet, qui avoue, Chap. 9, ne l'avoir point vu, parle, étoit, autant qu'on en peut juger par le peu qu'il en rapporte, d'après Huon de Méry, une Allégorie morale. Le mot que nous écrivons *aile*, a été autrefois diverſement orthographié. On écrivit d'abord *elle* (comme l'écrit encore La Croix du Maine) enſuite, de peur qu'on ne crût que c'étoit le féminin du pronom *il*, on s'aviſa d'écrire *eſle*, & c'eſt ainſi qu'avoit écrit Raoul de Houdanc, à quoi Borel ne prenant pas garde, & s'imaginant qu'*eſles* étoit une faute pour *iſles*, a cité parmi les Auteurs dont il s'eſt ſervi dans ſon *Tréſor*, Raoul de Houdanc, au *Roman des Iſles*. Geoffroy Tory a écrit *œſles*, Fauchet *æſles*, du Verdier *aëlles*, orthographe employée, pag. 177 des Poëſies de Mellin de S. Gelais,

imprimées, *in-8°*. à Lyon, 1574; fur quoi, il eft à propos de favoir, que Louife de Savoye, mère de François I, appelée pour cela fimplement *Madame*, étant tombée malade à Fontainebleau, l'an 1531, quelques mois après fe crut guérie, ce qui donna lieu à S. Gelais de faire un Douzain, qu'on a, par mégarde, rangé parmi fes Dizains, dont il fait le 86ᵉ en nombre, avec cette Infcription, *à la guérifon de Madame Aelles*, parce que la ftructure de ces vers, diminuant depuis le premier jufqu'au fixième, & croiffant depuis le feptième jufqu'au douzième, repréfentoit la figure de deux ailes, ou, fuivant l'orthographe du Poëte, *Aelles*; mot que dans l'Edition, *in-12*. de Paris, 1719, on a eu tort de fupprimer, & qu'il falloit au bas de la page, expliquer par une note. (M. DE LA MONNOYE).

RAOUL DE MONTFIQUET. Il a écrit un traité, qui s'intitule l'hommage d'honneur, ou reconnoiffances dues par les hommes à Dieu, à leur bon Ange, & à Jefus-Chrift étant au Sacrement de l'Autel, imprimé à Paris, chez le Noir *.

* Le P. Labbe, pag. 356 de fa *Nova Biblioth. Manufcript*. écrit RAOUL DE MONTFIQUES.

RAOUL, ou RODOLPHE DU PARC, natif de Rouen en Normandie. Il a fait la defcription de l'ordre tenu au convoi des obféques & pompes funébres du Roi Henri II, du nom, imprimée à Paris, chez Pierre Richard, l'an 1559.

RAOUL DE PRESLES, premièrement Avocat du Roi au Parlement de Paris, & depuis Confeiller & Maître des Requêtes de l'Hôtel du Roi de France, Charles V, dit le Sage ¹, en l'an de falut 1315, & encore fon Confeffeur, fon Poëte & Hiftorien *. Ledit Raoul de Prefles, eft Fondateur du Collége de Prefle, fitué en l'Univerfité de Paris, près l'Eglife des Carmes, lequel Collége a été depuis rebâti de nouveau, & de beaucoup augmenté d'édifices par Pierre de la Ramée *dit Ramus*, autrefois principal dudit Collége, & entre-autres des maifons qui font joignantes ledit Collége de Beauvais. Le fufdit Raoul a traduit & commenté en François les Livres de de la Cité de Dieu, de S. Auguftin, enfemble le Livre intitulé *Le Compendium hiftorial*, comme témoigne Corrozet, aux Antiquités de Paris. J'ai autrefois vu ladite traduction &

commentaires d'icelui Raoul de Presles, chez Denis du Pré, fils de Galiot, contenus en deux grands volumes écrits à la main sur parchemin, esquels se voit, que la traduction en avoit été commencée l'an 1311, & parachevée l'an 1315. Maître Henri Romain, Licentié en l'un & l'autre droit, a compilé & abregé ledit Œuvre de la Cité de Dieu, de S. Augustin, lequel se voit écrit à la main, chez M. de Clermont d'Amboise, en son château de Galèrande, au Maine. Cetui-ci Raoul de Presles, a fait un abregé ou extrait du Livre intitulé *Somnium Viridarii* **, autrement appelé le Songe du Vergier, contenant la dispute entre les Ecclésiastiques, & les Temporalistes & Séculiers, lequel Livre se voit écrit à la main sur parchemin, en la Bibliothéque de M. le Président Fauchet, à Paris. Nous avons par devers nous, la traduction entière du Livre susdit, appelé le Songe du Verger, imprimée en l'an 1491, qui est un autre Livre que le Roman de la Rose, comme nous avons dit ci-dessus, parlant de Jean de Meun, auquel lieu nous avons remontré, quelle différence il y avoit entre l'un & l'autre, encore que le titre y ait été mis semblable à cetui-ci, par aucuns ignorants. Il florissoit sous le règne de son Maître Charles V, Roi de France, és années susdites 1315.

¹ Il a été aussi Conseiller & Maître-d'Hôtel de Charles VI, comme en fait foi le Manuscrit, intitulé *Radulfi de Praellis Consiliarii & Magistri Hospitiorum Caroli V & Caroli VI Musa, sive Satira prosaïca in vitia sui temporis.* La fiction de ce Poëme est très-ingénieuse. Le P. Labbe, pag. 63 de la *Nova Biblioth. Manuscript.* le cite comme écrit en vélin, & appartenant à Gabriel Naudé. Un Ecrivain, tel que Raoul de Presles, méritoit bien d'être nommé dans le curieux Discours de la Bibliothèque du Louvre, sous les Rois Charles V, Charles VI & Charles VII. Raoul de Presle mourut en 1382. (M. DE LA MONNOYE).

* Rien n'est si peu exact, que ce que dit La Croix du Maine sur cet Ecrivain. Il a confondu les temps & les personnes, au point de supposer, par un Anachronisme inconcevable, que Raoul de Presles étoit Maître des Requêtes de l'Hôtel de Charles V, en 1315 ; je rectifierai cet Article, avec le secours de deux savantes Dissertations que M. Lancelot a publiées sur Raoul de Presles, dans le XIIIᵉ Volume des *Mémoires de l'Académie des Belles-Lettres*, pag. 607 & 617. — Il faut distinguer trois personnes du nom de *Raoul de*

Presles. Le premier, qui porte ce nom, fut Secrétaire de Philippe-le-Bel,
de Louis X, & de Philippes V, au moins depuis 1310 jusqu'en 1319. Ce
fut lui qui fonda, à Paris, le Collège qui porte encore son nom. Il fut accusé
d'avoir été complice de l'empoisonnement de Philippe-le-Bel, mais il fut
déclaré innocent. Il vivoit encore en 1325, & il étoit mort avant 1331,
sans laisser de postérité légitime. — Le second de ce nom, étoit son neveu ; il
fit profession des armes, & on ne peut rien lui appliquer de ce que dit.La
Croix du Maine. — Le troisième étoit fils illégitime du premier, qui l'avoit
eu de Marie Desportes, autrement *des Vertus*, lorsqu'il étoit en prison. Il
obtint des Lettres de légitimation au mois de Décembre 1373. On les trouve
dans le Registre des Chartres, coté 105, pièce 63. Il embrassa la profession
d'Avocat, & composa plusieurs Ouvrages, qui le firent connoître avantageusement de Charles V. Ce Prince le chargea de traduire en François le Livre
de S. Augustin, *de la Cité de Dieu*, & lui assigna, pour cela, une pension considérable. De Presles commença sa Traduction à la Toussaints 1371, & la finit
le premier Septembre 1375, selon la note qui se trouve à la fin du bel
Exemplaire qui est à la Bibliothèque du Roi, celle sans doute que La Croix
du Maine avoit vue, mais dont il avoit mal copié les dates. Il étoit Avocat-
Général en 1371, Maître des Requêtes en 1373, l'année même où il fut
légitimé. Il mourut en 1382, âgé environ de soixante-huit ans. — Un de
ses premiers Ecrits, est intitulé, *Musa*. C'est un Ouvrage Latin, mêlé de
prose & de vers, qu'il dédia à Charles V, vers l'an 1366. C'est une fiction
assez ingénieuse pour ce temps-là, sur les moyens de remédier aux malheurs
de son siècle. M. Lancelot en donne une Analyse assez étendue. Les Manuscrits de cet Ouvrage ne sont pas communs. Il y en a un à la Bibliothèque du Roi, qui paroît être du temps de l'Auteur. Vers 1369, il composa
son *Discours sur l'Oriflamme*, qui est aussi demeuré manuscrit. L'Auteur
s'y étend moins sur cette ancienne Bannière, que sur la nécessité de demander les secours du Ciel, lorsqu'on entreprend une guerre. Sa Traduction du
Traité de la Cité de Dieu, avec un Commentaire de sa façon, fut imprimée
en 2 vol. *in-fol.* à Abbeville, en 1486. On en donna long-temps après une autre
Edition, à Paris, 1531, aussi en 2 vol. *in-fol.* chez Galyot Dupré. L'Edition
d'Abbeville est fort rare. M. Lancelot dit que ce fut le premier Livre, &
peut-être l'unique qui fut imprimé à Abbeville dans les premières années de
l'établissement de l'Imprimerie. Cependant la *Somme Rurale* de Bouthellier
y fut imprimée cette même année, & c'est même l'Edition que Prosper
Marchand cite comme la première qui soit sorti des Presses d'Abbeville
(*Hist. de l'Impr.* pag. 81). — Raoul de Presles travailla ensuite, par ordre
du Roi, à la Traduction de la Bible, qui dût paroître vers 1377. Les Manuscrits n'en sont pas communs. La Croix du Maine n'en parle point, parce
qu'il a cru, & une infinité d'autres Ecrivains après lui, que cette Traduction
étoit de *Nicolas Oresme* ; mais le P. le Long a prouvé, qu'elle étoit de Raoul
de Presles. Cet Auteur traduisit aussi en François un Livre, intitulé *le Roi
Pacifique*, dont M. Lancelot n'a pu trouver aucun Exemplaire, mais qu'il

ſuppoſe ètre un Ouvrage Hiſtorique & Politique. Seroit-ce celui que La Croix du Maine appelle le *Compendium Hiſtorial ?*

** L'Abrégé du *Songe du Verdier*, par Raoul de Preſles, eſt plus connu. Il l'entreprit auſſi par ordre de Charles V. Cet Abrégé, aſſez bien fait, écarte toutes les digreſſions dont l'Ouvrage eſt rempli. Quelques-uns ont attribué le *Songe* même *du Verdier* à Raoul de Preſles, & M. Lancelot penche aſſez vers cette opinion. C'eût été une raiſon de plus, pour déterminer Charles V, à charger de Preſles de faire l'Abrégé de ſon propre Ouvrage.

RAOUL DE SOISSONS, Comte dudit lieu en Picardie, l'an 1250, du temps du Roi S. Loys. Il a écrit quelques poëmes Satyriques, leſquels ſont imprimés avec la vie de Godefroy de Buillon, compoſée par Pierre Defray, Champenois. Il y a eu un autre Comte de Soiſſons, nommé Thierry, duquel nous ferons mention ci-après.

RAOUL SURGUIN, Sieur de Belle-croix, Gentilhomme Angevin, premier & ancien Avocat au Siège Préſidial & Sénéchauſſée d'Anjou, homme fort bien vivant & aimé de tous ceux de ſa robbe, & autres qui l'ont connu & fréquenté. Il a écrit un traité contre certaines remontrances, faites à la première aſſemblée des Etats tenus à Angers, le 14 jour d'Octobre en l'an 1560, imprimé à Paris, chez Nicolas Cheſneau, l'an 1562, *in-8°*, & contient 8 feuilles. Il mourut à Angers, environ l'an 1574 ou 1575, âgé de plus de ſoixante ans. Avant que de mourir, il pourvut ſon gendre Jean de Villemereau, Sieur de la Roche, &c. de ſon état d'Avocat du Roi, comme nous avons dit, parlant dudit Sieur de Ville-mereau [1], *Tom. I, pag. 605 de cette nouvelle Edition.*

[1] Ménage a rapporté cet Article tout au long, pag. 224 de ſes *Remarques ſur la vie de Pierre Ayrault*, & ajoute, que les Remontrances contre leſquelles Raoul Surguin écrivit, étoient de François Grimaudet, Avocat du Roi au Préſidial d'Angers. (M. DE LA MONNOYE).

RAPHAEL DE BONIS, Epidaurien. Il a écrit un Traité pour le préſervatif de la Peſte, imprimé à Paris, l'an 1532, ou bien quelqu'un a traduit ce Livre, ſans y avoir mis ſon nom.

RASSE DE BRINCHAMEL, lequel floriſſoit en l'an 1459 [1]. Il a écrit un Livre intitulé *Le Nuptial*, traitant des Mariages, ſelon les décrets & les loix, le tout à la requête d'Antoine de la Salle. Il a davantage traduit de Latin en François, l'Hiſtoire ou plutôt, Roman de Meſſire Floridan & de la belle Elinde, compoſée premièrement en Latin, par *Nicole de Clemangis*. Cette Hiſtoire a été imprimée à Paris, ſur la fin de la Chronique ou hiſtoire du petit Jean de Saintré, &c. chez Philippes le Noir, l'an 1523.

[1] Je ne puis deviner, quel nom ce peut être que RASSE, à moins que ce ne ſoit HORACE. Quant au *Roman de Floridan & de la belle Ellinde*, voyez dans *DU VERDIER* la note ſur le mot FLORIAN, à la fin de la lettre F. (M. DE LA MONNOYE).

RAVEND, ou RAVENNE GIBON, Pariſien, Abbé de S. Vincent près le Mans, homme docte ès langues & grand Théologien. Il a écrit tant en proſe qu'en vers François, un petit Livre qu'il a intitulé *Eſtrennes*, auquel Livre ſont contenus quelques vers François, ſur la Nativité de Notre Seigneur Jeſus-Chriſt, & ſur autres divers ſujets, &c. le tout imprimé au Mans, par Hiéroſme Olivier, l'an 1568. Expoſition ſur le Pſalme 95, traduit ſelon la vérité Hébraïque, & mis en vers François, par ledit Gibon, imprimé chéz ledit Olivier, l'an 1568, auquel temps floriſſoit ledit Abbé. Il mourut âgé de plus de ſoixante ans, ſous le règne de Charles IX.

RAVEN ou RAVEND GRIMOULT, natif de Falaiſe en Normandie. Il a compoſé une Hiſtoire qu'il a intitulée les Remarques de France : ladite Hiſtoire n'eſt encore en lumière, mais Guy le Feubure, Sieur de la Boderie, en fait mention en l'Epitaphe qu'il a fait ſur la mort dudit Raven Grimoult, Faleſien, imprimé avec ſon Enciclie, *fol.* 326, de la première édition.

REMY BELLEAU, homme docte en Grec & en Latin, & ſur-tout excellent Poëte François, natif de la ville de Nogenle Rotrou au Perche, fur les fins & limites du pays & comté du Maine, autrefois Précepteur de Monseigneur le Marquis d'Elbeuf, Prince très-illuftre, iffu de la très-noble & très-ancienne maifon de Lorraine, &c. [1]. Il a doctement commenté la feconde partie des amours de Ronfard, lefquels commentaires ont été imprimés par plufieurs fois, chez Buon, à Paris, avec ceux de Muret. Il a traduit bien heureufement, & avec beaucoup de grace, de Grec en vers François, les Odes d'Anacréon, imprimées à Paris, chez André Wechel, l'an 1556, avecque plufieurs hymnes & autres poëfies de fon invention : elles ont été de rechef augmentées par l'Auteur, & imprimées à Paris, chez Gilles Gilles, l'an 1574. Ode Paftorale fur la mort de Joachim du Bellay, imprimée à Paris, chez Robert Etienne, l'an 1560. Larmes fur le trépas de M. le Marquis d'Elbeuf, René de Lorraine, & de Madame Loyfe de Rieux fa femme, imprimées à Paris, chez Buon, l'an 1567, avec le tombeau de M. de Guife, compofé par ledit Belleau. Les Bergeries dudit Belleau, imprimées à Paris, par Gilles Gilles, à diverfes fois., qui eft un Œuvre à l'imitation du docte Sannazar, Poëte Italien, à l'imitation defquels Jaques Courtin, Sieur de Ciffé, Gentilhomme Percheron, en avoit projecté de femblables, mais la mort trop cruelle & haftive en fon endroit, l'a empêché de pourfuivre, pour lui avoir tranché le filet de fa vie, avant le temps. Car il mourut à Paris, fort jeune d'ans, & bien vieil en doctrine, le 18 jour de Mars l'an 1584, au grand regret & ennui indicible de fes plus grands amis, & fur-tout au mien qui l'aimois plus que je n'ai eu moyen de lui en porter témoignage durant fa vie. Nous avons fait mention de lui ici devant en fon ordre, & fi l'on trouve que j'aye mis (qu'il floriffoit à Paris cette année 1584.) que l'on fache que depuis que j'ai écrit cela, que j'ai reçu les piteux avertiffements de fon trépas. Pour revenir à parler dudit Belleau, fon ami, & né d'un même pays, je dirai ce qu'il a écrit, outre les Œuvres ci-devant mentionnées. Traité

des

des pierreries ou gemmes & pierres précieufes, lequel Livre
il a intitulé Echanges. Eglogues facrées & autres Œuvres,
tant de fon invention, que de fa traduction, comme l'Eccléfiafte de Salomon, & plufieurs autres Œuvres imprimées à
Paris, chez Mamert Patiffon. Il mourut à Paris, l'an 1577, le
6 jour de Mars ; il a été imprimé un récueil d'Epitaphes faits
fur fon trépas par fes amis.

   * Remi Belleau, né au commencement de 1528, mort le 6 Mars 1577,
ayant à peine commencé fa cinquantième année, fit de bonnes études, &
s'acquit de la réputation par fes talens, dès fa jeuneffe. Il s'attacha à René
de Lorraine, Marquis d'Elbeuf, qu'il fuivit dans le voyage qu'il fit en Italie
pour l'expédition de Naples, en 1557. A fon retour, ce Prince lui confia
l'éducation de fon fils, Charles de Lorraine, depuis Duc d'Elbeuf, &
grand Ecuyer de France. Ce ne fut qu'après ce voyage, que fes talens pour la
Poëfie Françoife furent bien connus, & qu'il fut mis au nombre des fept
Poëtes, dont on forma la Pléiade Françoife. Ronfard l'appeloit le *Peintre de
la Nature ;* Pâquier dit qu'*en matière de gayetez il fut un autre Anacréon de
fon fiècle.* Ses *Bergeries* font une de fes meilleures productions, mais fon
Anacréon, que l'on ofa comparer à l'Original, lorfqu'il parut, perdit, en
paffant par fes mains, les graces, & fur-tout la chaleur, qui caractérifent
le Poëte Grec. Les amis de Belleau, pour le juftifier, prétendirent que fa
grande fobriété empêchoit qu'il ne pût faifir toute la fineffe des fentimens &
la manière agréable d'Anacréon. Il paroit qu'il a joui de fa réputation pendant
toute fa vie ; l'efpèce de pompe funèbre que lui firent fes amis, en eft la
preuve ; ils portèrent fon corps fur leurs épaules, depuis l'Hôtel d'Elbeuf,
où il étoit mort, jufqu'à l'Eglife des Grands-Auguftins, où il fut enterré.
Ronfard fit fon Epitaphe en ces termes :

      Ne taillés mains induftrieufes
      Des pierres pour côuvrir Belleau,
      Lui-même a bâti fon tombeau
      Dedans fes pierres précieufes.

par allufion à un des Ouvrages de ce Poëte, qui lui a fait le plus d'honneur
& qu'il publia en 1576, un an avant fa mort, fous le titre : *Amour & nouveaux efchanges des pierres précieufes, vertus & propriétés d'icelles.* Le goût
& le génie de la langue changèrent bien vîte ; la réputation de Belleau ne
dura pas long-temps. Regnier, IXe Satyre, dit :

      Belleau ne parle pas, comme on parle à la ville,
      Il a des mots hargneux, bouffis & relevés,
      Qui du peuple aujourd'hui ne font pas approuvés.

Cette Satyre parut, au plus tard, vingt-cinq ou trente ans après la mort de

Belleau, puifque Regnier mourut en 1613. — L'Edition la plus complette des Œuvres de Belleau eft celle de Rouen, 1604, *in-12.* deux Tomes.

On a de lui *Diclamen metrificum de Bello Hugonotico*, pièce burlefque de très-bon goût. *Mofcurat*, pag. 276. — Le Cardinal du Perron faifoit encore moins de cas de fa Poëfie, que de celle de Jodelle, qu'il méprifoit beaucoup. Ses vers, dans le *Borboniana*, font traités de *Pois pilés.* — *Voy.* Recherches de la France de Pâquier, Liv. VII, Chap. 6, les Mémoires de Niceron, Tom. XXXI, pag. 169, là Biblioth. Françoife de M. l'Abbé Goujet, Tom. XII, pag. 291.

REMY ROUSSEAU, Orateur François, du temps de Loys XII, Roi de France, l'an 1514. Il a mis en lumière un fien recueil des rufes & fineffes de guerre, extraictes des Œuvres de Jules Frontin, & autres Auteurs, par Emery de S. Rofe, lequel Œuvre, ledit Rouffeau a de beaucoup augmenté, & principalement d'annotations Latines, pour montrer de quels Auteurs ledit de Sainte Rofe, avoit fait les extraits, imprimé à Paris, chez Jean Petit, l'an 1514, *in-8°*, & contient 8 feuilles, imprimées de caractères baftards. Il floriffoit à Paris, l'an fufdit 1514.

RENAULT ou **REGNAULT D'AUDON**, ancien Poëte François, vivant en l'an 1260, ou environ. Il a écrit une Satyre, contre tous les Etats, non encore imprimée *.

   * Voy. FAUCHET, Chap. 90.

RENAULT DE BEAUNE*, Gentilhomme Tourengeau, iffu de la noble & très-ancienne famille des Sieurs de Samblançay & de Beaune en Touraine, premièrement Evêque de Mande, & Chancelier de M. le Duc d'Anjou, l'an 1580, & depuis Archevêque & Patriarche de Bourges en Berry, Primat d'Aquitaine, homme fort docte ès langues, & bien verfé en toutes fciences & difciplines, &c [1]. Il a mis en lumière une fienne fort docte & bien excellente remontrance pour le Clergé de France, laquelle il prononça à Fontainebleau, devant le Roi Henri III, le 17 jour de Juillet l'an 1582, imprimée à Paris, l'an 1582, *in-4°*, & contient 4 feuilles, & depuis imprimée *in-4°*. Sermon funébre, prononcé aux obféques de

Messire René Cardinal de Birague **, Chancelier de France, par ledit Sieur Archevêque, le 6 Décembre l'an 1583, en l'Eglise de S. Catherine du Val des Écoliers, à Paris, &c. imprimée à Paris, l'an 1584, chez Gilles Beys. Je n'ai pas connoissance de ses autres écrits en François. Il florit cette année 1584.

* Renaud de Beaune, second fils de Guillaume de Beaune, Baron de Semblançay, & petit-fils de Jacques, Sur-Intendant des Finances, condamné si injustement à être pendu, sous le règne de François I, à la sollicitation de Madame Louise de Savoye, mère de ce Roi, se distingua parmi tous les Prélats de son siècle, par son attachement à Henri IV, & son zèle à soutenir les droits incontestables de ce Prince à la Couronne. Il prouva, avec une force & une éloquence admirable, aux Ligueurs, cette maxime fondamentale, *que l'on est obligé de reconnoître & d'honorer comme son Roi, celui auquel le Royaume appartient par le droit inviolable d'une succession légitime, sans avoir égard à la religion qu'il professe, ni à ses mœurs.* Il étoit né à Tours, en 1527, & avoit successivement été Conseiller & Président des Enquêtes du Parlement de Paris, ensuite Evêque de Mende, puis Archevêque de Bourges en 1581, Archevêque de Sens en 1596, dont il n'obtint les Bulles qu'en 1602, parce qu'il s'étoit brouillé avec la Cour de Rome, pour avoir donné publiquement l'absolution à Henri IV, dans l'Eglise de S. Denis, sans y être autorisé par cette Cour ; enfin grand Aumônier de France, & Commandeur des Ordres du Roi. Génie hardi, ferme & décidé, qui auroit consenti à établir en France un Patriarche indépendant ; peut-être sur l'espérance que les services qu'il avoit rendus au Roi, le conduiroient à cette place. Il mourut à Paris le 27 Septembre, en 1606, âgé de soixante-dix-neuf ans. Il avoit une mémoire prodigieuse, beaucoup de connoissances ; &, ce qui est plus étonnant encore, un appétit extraordinaire ; après avoir dormi quatre heures, il se relevoit pour déjeûner, ce qui arrivoit à une heure après minuit ; il se reposoit ensuite quatre heures, se mettoit de nouveau à table, faisoit la même chose à huit heures, dînoit à l'ordinaire, faisoit une collation quatre heures après, soupoit amplement, à l'heure accoutumée, & faisoit toujours une collation en se couchant ; voilà sept repas bien comptés ; mais, ce qu'il y a de plus singulier, c'est que cette quantité d'alimens ne l'appesantissoit pas ; il n'avoit, ni indigestion, ni vapeurs, ni assoupissement ; sa tête étoit toujours libre, & prête au travail d'esprit, mais il évitoit tout exercice du corps, crainte d'irriter son appétit. (*Thuanus in vita propria* , Lib III , circà init.)

¹ On trouve dans le *Journal d'Henri III* ce Distique, contre Renaud de Beaune, sur ce qu'en prononçant l'Oraison Funèbre de François, Duc d'Alençon, il trembloit, & portoit souvent la main à sa barbe :

> Quod timet, & patulo promissam pectore barbam
> Demulcet Biturix, hoc Ciceronis habet.

La comparaiſon n'eſt pas juſte du côté de la barbe, que Cicéron ne portoit point longue. Renaud de Beaune fit encore depuis, en 1588, l'Oraiſon Funèbre de la Reine d'Ecoſſe, Marie Stuard. (M. DE LA MONNOYE).

** Il fit pluſieurs Oraiſons Funèbres, outre celle du Cardinal de Birague, mais qui furent poſtérieures à l'Edition de la Bibliothèque de La Croix du Maine, lequel, par conſéquent, n'a pas pu en faire mention. Il prononça, en 1584, celle d'Anne de Thou, femme du Chancelier Cheverny, imprimée la même année, à Paris, chez M. Patiſſon; celle du Duc d'Anjou, dans cette même année 1584; celle de la célèbre Marie Stuart, en 1587, imprimée en 1588. Le P. le Long, en la citant, donne à Renaud de Beaune le titre d'*Archevêque de Sens*, qu'il n'avoit pas encore en ce temps-là. Il avoit été Grand-Aumônier, &, ſelon du Peyrat (*Antiquités de la Chapelle du Roi de France*, pag. 182) il avoit traduit en François les Pſeaumes de David.

RENAULT CHANDON, natif de l'Evêché de Pamiers en Languedoc, Doćteur ès droits. Il a écrit en François un traité de la fortune des Romains, comme témoigne Pierre Bunel, en ſes Epîtres [1].

[1] Voici les termes de Bunel, dans ſon Epître à Chandon. C'eſt la trente-quatrième du Recueil, *An quia de fortunâ Romanorum vernaculâ linguâ conſcripſiſti*, &c. C'étoit une verſion en François du Traité de Plutarque, περὶ τῆς Ρομαίων τύχης, & non pas, comme l'a cru La Croix du Maine, un Ouvrage Original de Chandon. (M. DE LA MONNOYE).

RENAULT DE COUCI (Meſſire) Chevalier, Seigneur Chaſtelain dudit lieu de Couci en Picardie, l'an 1187. Il a écrit pluſieurs Chanſons amoureuſes & autres poëſies Françoiſes, en langue uſitée de ſon temps, mais elles ne ſont encore imprimées. Claude Fauchet, homme très-doćte & bien diligent rechercheur des antiquités Gauloiſes, fait mention dudit Regnault de Couci, en ſon Livre des Poëtes François anciens, *fol.* 124 *.

*Voy. le mot CHASTELAIN DE COUCY dans *DU VERDIER*, & dans *FAUCHET*, Chap. 17.

RENAULT DU FERRIER, Préſident en la Cour de Parlement, à Paris, Orateur & Ambaſſadeur des Rois François I, Charles IX & Henri III, &c [1]. Il a écrit pluſieurs Oraiſons très-doćtes & éloquentes à merveille, leſquelles il a prononcées tant en Latin qu'en François, en divers lieux, où il a été employé pour ſes Maîtres les Rois de France très-chrétiens, & entre-autres celles qu'il fit en l'aſſemblée du S. Concile général de Trente, le 23 jour de Novembre l'an 1562.

[1] On a auſſi écrit REGNAULD, & plus ſouvent ARNAUD (c'eſt même le ſeul qu'on ait retenu, quoiqu'il ſemble que par rapport au Latin *ARNOLDUS*, on dût plutôt dire ARNOULD. Il avoit toujours été en ſon cœur de la Religion (ainſi il ne faut pas s'étonner de la hardieſſe de la Harangue qu'il prononça au Concile de Trente;) mais il n'en fit profeſſion ouverte, que trois ans avant ſa mort (lorſqu'il ſe retira à la Cour du Roi de Navarre, qui le fit ſon Garde-des-Sceaux). Le P. le Long, n°. 12932 de ſa *Bibl. Hiſtor. de Fr.* (anc. Edit.) dit que les Mémoires de l'Ambaſſade de du Ferrier à Veniſe ſont conſervés en 3 vol. *in-fol.* dans la Bibliothèque de M. le Marquis Colbert. Ils étoient auſſi dans celle de M. Baluze, d'où ils ont été transférés à celle du Roi. (On prétend que pendant ſon Ambaſſade à Veniſe, du Ferrier, qui eut des liaiſons intimes avec Fra Paolo Sarpi, qui travailloit alors à ſon *Hiſtoire du Concile de Trente*, lui fournit d'excellens mémoires). Il mourut en 1585, âgé de ſoixante-dix-neuf ans. (M. DE LA MONNOYE).

RENAULT LE QUEUX, Picard de nation, ancien Poëte François. Il a écrit pluſieurs traités en rithme Françoiſe, comme témoigne Jean Bouchet, en ſon Livre intitulé le Temple de bonne renommée.

RENAULT DE SABUEIL, grand Seigneur, & ancien Poëte François, vivant en l'an de ſalut 1260, ou environ. Il a écrit quelques poëmes François, non encore imprimés *.

* Voy. FAUCHET, Chap. 79.

RENÉ DE L'ANGLE, Sieur de la Billaye, premier Conſeiller au Parlement de Rennes en Bretagne, &c *. Je n'ai pas connoiſſance de ſes écrits, mais pluſieurs font honorable mention de lui en leurs Œuvres *.

* Jean de l'Angle, dont nous avons les *Semeſtria*, étoit de cette famille.

RENÉ D'ANJOU, Roi de Sicile, de Naples, de Hieruſalem, d'Arragon, de Vallence, de Sardaigne, de Majorque, & de Corſegue, Duc d'Anjou, de Calabre, de Lorraine, de Guyſe, & de Bar: Comte de Provence, de Forcalquier, &

du Maine; Prince de Piedmont, &c. iſſu de la très-noble
& royale maiſon d'Anjou. Il étoit très-bien verſé en pluſieurs
arts & bonnes diſciplines, & entre-autres choſes, il ſe delectoit grandement à la peinture & protraicture, comme il ſe
voit par pluſieurs images, protraicts & autres ſemblables
choſes faites de ſa main. Il a fait une deſcription du pays &
Comté de Provence. Il a écrit la Carte & deſcription d'Anjou.
Il a compoſé un Livre du Blaſon d'Armoiries, toutes leſquelles choſes, il a peintes & enluminées de ſa main, & les
a préſentées au Roi de France, très-chrétien Loys XI, mais
elles ne ſont encore imprimées [1]. Il a compoſé en vers François,
pluſieurs beaux poëmes, touchant la Paſſion de Notre Seigneur
Jeſus-Chriſt, leſquels ſe voyent gravés & inſcripts en la
Chapelle de S. Bernardin, au convent des Frères mineurs
ou Cordeliers, en la ville d'Angers. Jean Bouchet, raconte
en ſes Annales d'Aquitaine, que ledit René a compoſé pluſieurs Rondeaux, Ballades, Satyres, Comédies & autres
choſes ſemblables [*]. Il mourut en la ville d'Aix en Provence,
l'an 1480, & ſelon d'autres, à Marſeille. Il étoit fils puiſné
de Loys d'Anjou, Roi de Sicile. Ledit René d'Anjou, inſtitua l'ordre des Chevaliers du Croiſſant, en l'an 1464, duquel
la deviſe étoit, *Los en croiſſant* [**].

[1] Nous n'avons rien d'imprimé de ſes Ouvrages que l'*Abuſé en court*, *in-4°*.
& le Roman de la *Conquête de douce Merci*. Voy. ces mots dans DU VERDIER.
Le Manuſcrit de ſon *Tournoi de la Grutuſe*, *avec figures*, eſt à la Bibliothèque du Roi, n°. 445. (M. DE LA MONNOYE).

[*] Il y a une très-bonne maxime dans l'*Abuſé de court*, imprimé à Vienne,
1484, *in-fol*.

> Toſt regarder, & feindre ne riens voir :
> Toſt eſcouter, monſtrant ne riens ſavoir :
> Mot ne ſonner des cas qu'on voit & ſcait ;
> Qu'ainſi ne faict, tart à ſon cas pourvoit.

Voy. la Biblioth. Franç. de M. l'Abbé Goujet, Tom. IX, pag. 366.

[**] Ce fut en 1448 qu'il inſtitua en la Ville d'Angers l'*Ordre des Chevaliers
du Croiſſant*, dont le ſymbole étoit un Croiſſant d'or, avec la deviſe que

cite La Croix du Maine. Après avoir furvécu à fes enfans , il mourut à Aix le 10 Juillet 1480, & par fa mort l'Anjou fut réuni à la Couronne. Il fe confola de fes malheurs , par fon amour pour les Sciences & pour les Arts. Il étoit verfé dans la Théologie & les Mathématiques. Il faifoit fes délices de la Poëfie Provençale. Il peignoit en miniature & fur le verre. On voit encore de fes Ouvrages, en ce genre, à Dijon, à Aix & à Avignon. Ce fut lui qui apporta , dit-on, en France , les *Œillets de Provence*, les *Rofes de Provins*, les *Raifins Mufcats*, les *Pavots blancs*, les *Perdrix rouges*, & y rendit communs les *Coqs d'Inde* , dont il faifoit élever une grande quantité en Provence. (Voy. Bouchet , *Hift. de Provence*, Tom. II, pag. 478). Il étoit fort dévot. On conferve de lui des Heures, ornées de fa main de miniatures précieufes. On raconte qu'il fit condamner à Aix , à être écorché vif, un homme qui avoit mal parlé de la Sainte Vierge. Les parens du coupable offrirent à René beaucoup d'argent , pour racheter ce malheureux du fupplice ; mais René fut fi indigné de cette offre , qu'il fut fur le point de les obliger d'être eux-mêmes les exécuteurs du jugement. Ils eurent bien de la peine à s'en garantir ; quatre Gentilshommes firent volontairement l'office de bourreaux.

RENÉ BELET , Angevin , Sieur de la Chapelle , Avocat des plus doctes & des plus renommés de tout le Siège Préfidial & Sénéchauffée d'Anjou, &c. Il a écrit & compofé de fort doctes Commentaires fur les coûtumes d'Anjou, non encore imprimés. Il a compofé plufieurs Sonnets , lefquels ne font encore imprimés, finon quelques-uns, lefquels fe voyent ès Œuvres de Ronfard [1]. Il a fait imprimer plufieurs beaux & doctes épitaphes, fur la mort de quelques hommes & femmes illuftres. Il florit à Angers, cette année 1584, âgé d'environ foixante ans.

[1] Le Quatrain , qu'on lit au bas du portrait de Ronfard, fans nom d'Auteur, en ces termes :

> Tel fut Ronfard , Auteur de cet Ouvrage,
> Tel fut fon œil, fa bouche & fon vifage,
> Portrait au vif de deux craïons divers,
> Ici le corps, & l'efprit dans fes vers.

eft de ce RENÉ BELET , comme Ménage l'a curieufement obfervé , pag. 323 de fes *Remarques fur la vie de Guillaume Ménage*. (M. DE LA MONNOYE).

RENÉ BENOIST, Angevin *, Docteur en Théologie , à Paris, & Curé de S. Euftache, en ladite ville, homme

très - éloquent, & des plus célébres entre tous ceux de sa profession, tant pour ses prédications ordinaires, que pour les livres en nombre infini, lesquels il a mis en lumière, dont s'ensuivent les titres d'aucuns, que j'ai vus, & non pas de tous, car ils sont en trop grand nombre. Homelies de la Nativité de Jesus - Christ, imprimées à Paris, chez Claude Fremy, l'an 1558. Réponse à un nommé de l'Espine ou *de Spina*, imprimée chez Chesneau, l'an 1562. Probation de l'Adoration de Jesus - Christ, imprimée chez Chesneau. Le triomphe de la Foi, imprimé l'an 1562, chez Chesneau. Traité des Dîmes, chez Chesneau, 1563. Traité du Sacrifice Evangélique, chez Chesneau, 1562. La manière de connoître Jesus-Christ, imprimée chez Chaudiere, l'an 1564. Première Epître à Jean Calvin, chez Chesneau, 1562. Seconde Epître audit Calvin, chez Chesneau, 1562. Instructions pour tous Etats, chez Chesneau, 1565. Epître aux habitans de Nantes, en Bretagne, chez Chesneau, 1562. Le premier Livre de la Communion des Saints, imprimé chez Chaudiere. Instruction pour soi confesser, chez Guillard, 1565. Remontrance première aux Religieuses, chez Chesneau, 1565. Seconde remontrance auxdites Religieuses, chez ledit Chesneau, l'an 1567. Discours de la Confession sacramentelle, chez Chaudiere. Traité des luminaires de l'Eglise, chez Chaudiere, 1565. Probation de la Messe, imprimée l'an 1563, chez Chesneau. Réponse à ceux qui appellent les Chrétiens Idolâtres, chez Chaudiere. Traité du S. Jeûne de Carême, chez Chesneau, 1566. Probation de la manducation de l'hostie en la Messe, chez Chesneau. La manière de se préparer à solemniser la Nativité de Jesus - Christ, imprimée à Paris, chez Chesneau. Catéchisme imprimé à Paris, chez Guillaume Chaudiere, l'an 1566. Exhortation aux fidèles, pour batailler contre l'Antechrist, imprimé chez Chaudiere, 1566. Résolution des points qui sont en controverse ou debat & resolus par les quatre célébres facultés, imprimée à Paris, chez Chesneau. Homelie
du

du jour des Ramaux, imprimée chez Chaudiere, l'an 1566. Antithese des Bulles du Pape, pour les pardons & indulgences, chez Chefneau, 1566. Refolution des ufures, imprimée chez Chefneau, 1565. Deux traités de la Confeffion facramentelle, imprimes chez Sébaftien Nivelle. Refolution des lieux de l'Ecriture Sainte, dépravée & corrompue par les hérétiques de ce temps, imprimée chez Chefneau, l'an 1567. Difcours des miracles de Madame Sainte Geneviefve, imprimé chez Thomas Belot, à Paris. Le premier tome des réponfes au Miniftre nommé de l'Efpine, ou bien *Defpina*, imprimé chez Chaudiere. Catholique difcours des chandelles, torches, & autre ufage de feu en la profeffion de la Foi & Religion chrétienne, imprimé à Paris, chez Jean Poupy, l'an 1575. Brefve réponfe à la remontrance faite à la Royne mere du Roi, pour ceux qui fe difent perfécutés pour la parole de Dieu, imprimée à Paris, chez Guillaume Guillard, l'an 1562. Traité enfeignant en bref, les caufes des maléfices, fortiléges, & enchantemens, imprimé à Paris, chez Jean Poupy, l'an 1579, avec le Livre de Pierre Macé du Mans. Fragment extrait d'un plus ample traité de la Magie repréhenfible & des Magiciens, contenant 19 chapitres, imprimé à Paris, chez Jean Poupy, l'an 1579, avec le Livre dudit Pierre Macé. Avertiffement du moyen par lequel tous troubles & différens, touchant la croix Gaftine, mife devant S. Innocent, à Paris, & autres concernant la Religion, feront aifément affopis & ôtés, imprimé à Paris, l'an 1572, chez Thomas Belot. Epîtres & Evangiles des Dimanches & autres principales Fêtes, expofées par Scholies & familières explications, imprimées à Paris, avec les trois volumes de l'hiftoire des Saints, &c. chez Nicolas Chefneau. Il a écrit plufieurs autres Œuvres de fon invention, defquelles je n'ai pas fouvenance maintenant, & quant à fes traductions en voici les noms de quelques-unes. Il a traduit en François la Sainte Bible [1], laquelle il a enrichie d'annotations fur les lieux dépravés par les hérétiques, impri-

mée à Paris, *in-fol.* Nicolas Chesneau, Buon & autres **.
Le nouveau Teſtament, imprimé en Latin & François, chez
ledit Chesneau, l'an 1566. La Bible Latine & Françoiſe,
avec annotations, imprimée l'an 1565, chez ledit Chesneau.
Il a traduit les Epîtres & Evangiles des Dimanches, imprimées
avec le ſecond volume de l'Hiſtoire des Saints, à Paris, chez
Chesneau, l'an 1577. Il a traduit l'Hiſtoire tragique de Lindan,
imprimée à Paris, chez Guillaume Chaudiere, l'an 1565.
Il a traduit le Livre de l'ordre & cérémonies obſervées au
ſacre & couronnement des Rois de France, imprimé à Paris,
chez Nicolas Chesneau, l'an 1575. Si j'euſſe eu connoiſſance
de ſes autres traductions, j'en euſſe fait le récit en ce lieu.
Il florit à Paris, cette année 1584, ſe travaillant ſans ceſſe
d'annoncer la parole de Dieu, & inſtruire ſes paroiſſiens, à
vivre ſelon les ſaintes loix.

　　* René Benoiſt naquit, en 1521, au Village de Charonnieres, à trois
lieues d'Angers; il y commença quelques études, qu'il continua enſuite à
Angers, où il fut reçu Docteur en Théologie, Prêtre, & enſuite Curé de
S. Morille, au Pont de Cé, Ville d'Anjou, d'où il vint à Paris, en 1548.
Il y recommença ſes études de Philoſophie & de Théologie, & fut reçu
Docteur à Navarre, en 1559. En 1561, il paſſa en Ecoſſe avec Marie Stuard,
veuve de François I, en qualité de ſon Confeſſeur & de ſon Prédicateur
ordinaire; il n'y reſta pas deux ans, & revint à Paris, où il eut la Cure de
S. Pierre-des-Arcis, en 1566, d'où il paſſa à celle de S. Euſtache, en 1569.
Quoique bon ſerviteur du Roi, il gouverna ſa Paroiſſe avec tant d'autorité,
qu'on le nommoit *le Pape des Halles*; il paroît cependant qu'il étoit timide
dans le temps des fureurs de la Ligue, lorſqu'il exhortoit ſon peuple à la
ſoumiſſion dûe aux Rois. La fin de ſes diſcours ambigus étoit ordinairement,
Nous en dirions davantage, mais ce peuple eſt ſi malheureux, qu'il veut être
trompé. Henri IV, en 1593, lui écrivit, & l'invita à le venir trouver avec
deux autres perſonnes d'un eſprit doux & modéré, pour l'inſtruire; il ſe
rendit à une ſeconde lettre de ce Prince, qui ſuivit de près la première; il
entra en conférence avec lui, & le réſultat fut la converſion du Roi, qui
alla à la Meſſe le Dimanche 24 Juillet de la même année. Il fut enſuite
Confeſſeur de ce Prince, & nommé à l'Evêché de Troyes, en 1594; mais
la Cour de Rome refuſa conſtamment de lui donner ſes Bulles, parce qu'il
avoit donné l'abſolution au Roi, ſans y être autoriſé par le Pape. En 1604,
il remit ſon Evêché entre les mains du Roi, & mourut le 7 Mars 1608,
âgé de quatre-vingt-ſept ans, Doyen de la Faculté de Théologie & des

Curés de Paris. Le Roi, Henri III, l'avoit nommé, en 1583, Lecteur &
Professeur Royal en Théologie, place qu'il ne garda que quelques années.

¹ Ce fut à René Benoist une grande témérité d'oser, ne sachant ni Hébreu, ni Grec, entreprendre de traduire, en François, l'Ancien Testament
& le Nouveau. Sa prétendue version, où il n'avoit fait que retoucher celle de
Genève, bien loin de lui faire honneur, lui attira la censure de ses Con-
frères les Docteurs, & du Pape. Il se vit, quelque bonne qu'eût été son intention, obligé à se condamner soi-même, sans qu'il lui fût cependant
possible d'appaiser Rome, ensorte qu'ayant été nommé par le Roi à l'Evêché
de Troies, il fut contraint d'en faire sa démission dix ans après, n'ayant pu,
quelques poursuites qu'il eût faites, obtenir ses Bulles. (M. DE LA MONNOYE).

** Il est certain que cette Traduction de la Bible en langue vulgaire, l'attachement de René Benoist au parti du Roi, quoiqu'il eût des attentions
marquées pour les Chefs de la Ligue; l'aversion de quelques Corps Religieux,
dont il n'approuvoit pas les entreprises séditieuses, le firent regarder à Rome
comme un Calviniste mitigé; c'étoit un honnête homme, de mœurs douces, bon Catholique, & un très-bon Ecclésiastique, auquel on ne pouvoit
rien reprocher que son inclination à ménager tous les intérêts, sans cependant se livrer au mauvais parti, ce qui, dans les temps orageux, tourne
presque toujours mal pour ceux dont les passions douces & honnêtes ne les
portent pas aux extrêmes.

Il eut peut-être tort de refuser si long-temps de signer sa propre condamnation, sur la Traduction de la Bible; il disputa depuis 1591 jusqu'en 1598,
qu'il s'y détermina, & alors on crut que c'étoit son intérêt, & le desir d'obtenir des Bulles de l'Evêché de Troies, qui l'y portoient. Peu d'Auteurs ont
autant écrit, & aussi mal; la construction de ses phrases est toujours obscure
& embrouillée, son style est maussade. — Le Cardinal du Perron ne l'aimoit
pas, & lui étoit secrètement opposé. Richard Simon explique assez plaisamment les motifs qui le déterminèrent à donner une version de la Bible. *Hist.
Crit. du vieux Testament*, Liv. II, Chap. 25. — Voy. les Mém. de Niceron,
Tom. XLI, pag. 1 & suiv. où le Catalogue des Ouvrages connus de René
Benoist, est de 159 Articles. Pierre-Victor Cayet fit son Oraison Funèbre,
imprimée à Paris en 1608. (M. FALCONET).

RENÉ DE BIRAGUE (Messire), Chevalier, Chancelier
de France, & depuis Cardinal sous le Pape Grégoire XIII,
Commandeur de l'ordre des Chevaliers du S. Esprit, institué
par le très-Chrétien Roi de France & de Polongne,
Henri III du nom, &c. Il naquit à Milan (ville capitale de
la Lombardie) le 3 jour de Février l'an 1507, & selon
autres, le 2 jour. Il étoit issu de la tant illustre & renommée

famille des Biragues, laquelle floriffoit il y a plus de trois cent ans [1]. Il a fait imprimer la harangue qu'il prononça aux Etats tenus à Blois, l'an 1577, imprimée à Paris, audit an. Il mourut à Paris, en fon hôtel, le Jeudi 24 jour de Novembre l'an 1583, âgé de foixante-feize ans, & fut enterré le Mardi 6 de Décembre audit an, dans l'Eglife de Sainte Catherine du Val des Ecoliers, à Paris [*]. L'Oraifon funébre prononcée fur fa mort, par M. l'Archevêque de Bourges, Meffire Renault de Beaune, a été imprimée à Paris, l'an 1583, chez Gilles Beys, enfemble plufieurs épitaphes, imprimés chez Federic Morel ; & outre cela, M. de Maumont, Gentilhomme Lymofin, a écrit en Latin, un Eloge & bien ample difcours de fa vie, lequel il fera bientôt imprimer, &c.

[1] René de Birague, Milanois, homme de mérite, difoit de lui-même, en mourant, ainfi que l'a rapporté Dupleix, *Cardinal fans titre, Chancelier fans Sceaux, Prêtre fans bénéfice, Docteur fans doctrine.* — Il avoit été marié, & laiffa une fille unique fi pauvre, qu'elle vécut & fut enterrée aux dépens de quelques perfonnes qui s'intéreffoient à la mémoire de fon père. Botal, fon Médecin, le faifoit faigner fouvent. — L'Hiftorien de Thou en parle diverfement, tantôt bien, tantôt mal. Bochel en dit du bien. Voy. le *Borboniona* ... Mafcurat, pag. 425. (M. Falconet).

[*] Il étoit né le 2 Février 1506, & mourut le 24 Novembre 1583, âgé de foixante-dix-fept ans neuf mois vingt-fix jours. Il avoit été naturalifé François par Charles IX, en 1565. Après la mort du Chancelier de l'Hopital, il fut fait Chancelier de France le 17 Mars 1573, Cardinal en 1578, après la mort de fa femme, *Valentine Balbiane,* & Commandeur de l'Ordre du S. Efprit, lors de l'inftitution de cet Ordre. Voici comme il eft peint dans les *Mémoires de l'Etoile :* « Bien entendu aux affaires d'Etat, fort peu en la Juftice ; de » favoir n'en avoit point. Au refte libéral, voluptueux, homme du temps, » ferviteur abfolu des volontés du Roi, ayant dit fouvent qu'*il n'étoit pas* » *Chancelier de France, mais Chancelier du Roi de France* ». L'*Hiftoire des Grands Officiers de la Couronne* (Tom. VI, pag. 492) dit qu'*il fut Evêque de Lavaur.* C'eft une faute : on l'a confondu avec *Horace de Birague,* fon coufin. Le Cardinal de Birague fut Abbé de Long-pont en 1578, & de S. Pierre de Sens en 1579. Il avoit été Abbé de Flavigny dès 1574. Il laiffa une fille, nommée *Françoife.* Il en eft fait mention dans fon Epitaphe, rapportée au Tom. IV de la nouvelle Edition du *Gallia Chriftiana,* Colonne 464. On y fuppofe qu'il n'avoit que 60 ans & 20 jours, & qu'il mourut le 24 Novembre 1583. *Vixit annos LX, dies XX. Obiit VII Kal. Dec. M. D. LXXXIII.*

Mais c'eſt une erreur qui ſe trouve également dans le *Gallia Chriſtiana* des Frères Sainte-Marthe. J'ai été vérifier l'Epitaphe ſur le tombeau même du Chancelier de Birague : elle porte : *Vixit annos LXXVII. menſes IX. dies XXVI. Obiit VIII. Kal. Decemb. CIƆ. CIƆLXXXIII.* & non pas *VII. Kal. Decemb.* comme on le lit dans la nouvelle Edition du *Gallia Chriſtiana.* Les Chanoines Réguliers du Prieuré de Sainte Catherine firent réparer ce Monument en l'année 1765. Il mérite en effet d'être conſervé , ainſi que celui élevé par le Chancelier de Birague à ſa femme, morte, en 1572 , au mois de Janvier, âgée de 54 ans 6 mois & 20 jours. Comme l'Egliſe du Prieuré de Sainte Catherine eſt entièrement détruite , & que les Chanoines Réguliers ont été transférés à la Maiſon Profeſſe des Jéſuites de la rue S. Antoine , il eſt à préſumer qu'on placera dans l'Egliſe de cette maiſon ces deux Monumens , dont la Sculpture eſt très-belle.

RENÉ BOIVIN, Angevin, homme fort renommé pour le burin & taille douce. Il a gravé les planches des 12 Philoſophes , Poëtes & Orateurs anciens Grecs & Latins , ſavoir eſt d'Homere , Platon, Ariſtote , Virgile , Ciceron & autres , imprimées à Paris & autres lieux. Il a davantage gravé en taille douce, les figures d'un Livre intitulé , la Conquête de la toiſon d'or, par le Prince de Theſſalie , mis en lumière par Jean de Mauregard, imprimée à Paris, *in-fol.* l'an 1563 *.

* Voy. le Supplément Latin de la Biblioth. de Geſner , par *DU VERDIER.*

RENÉ BRETONNAYAU, Angevin , très-docte Médecin & excellent Poëte François , natif de Vernates en Anjou. Il a écrit en vers François , un Livre intitulé l'Eſculape , non encore imprimé. Traité de la génération de l'homme , & le temple de l'Ame , & pluſieurs autres poëſies , le tout imprimé enſemblement , à Paris , par Abel l'Angelier , l'an 1583, *in-*4°, & contient 47 feuilles. Ce Livre eſt fort docte & plain de fort belles & bien curieuſes obſervations *. Il florit à Loches en Touraine , cette année 1584, auquel lieu il fait profeſſion & exerce la Médecine.

* Les matières diſcutées dans ce Traité, ſont intéreſſantes ; elles ont pour objet la génération de l'homme & ſa conception, le ſiège de l'ame, ſa nature & ſes opérations , la fabrique de l'œil & ſon uſage ; l'Auteur s'y montre Anatomiſte , Médecin & Phyſicien , mais rarement Poëte , ſinon dans quelques

Epifodes,, où fon imagination agit plus librement, & fon ftyle fe développe mieux.—— On trouve à la fuite un Traité, qui a pour titre : *La Cof-
métique & Illuftration de la face & des mains*, Ouvrage fait pour l'utilité des
Dames. Cet Auteur n'eft point à méprifer & fes Ouvrages peuvent encore
fervir utilement. —— Voy. la Biblioth. Françoife de M. l'Abbé Goujet,
Tom. XIII, pag. 207.

RENÉ CHOPIN, Angevin, natif de la paroiffe de Bailleul
en Anjou, en la jurifdiction de Baugé, Avocat des plus doctes
& plus renommés de la Cour du Parlement de Paris*, & doué
d'un efprit émerveillable, qui eft accompagné d'une mémoire
fingulière [1], comme je le fai par expérience. Il a peu écrit en
notre langue Françoife, car nous n'avons de lui que l'oraifon
qu'il fit pour le Clergé de France, imprimée l'an 1580, chez
Nicolas Chefneau. Il a écrit plufieurs fort doctes Livres, plains
de belles recherches, pour le droit canon & civil, & encore pour l'hiftoire, lefquels font en lumière, & imprimés
à Paris, à diverfes années, favoir eft du Domaine de France,
des Privileges des ruftiques, & de la police facrée, & encore
des annotations ou Commentaires fur la coûtume d'Anjou **, &
du Maine. Il florit à Paris cette année 1584. Il n'a encore mis
en lumière, fes doctes Plaidoyés & confultations qu'il fait journellement.

* René Chopin, né fur la fin de Mai 1537, Avocat célèbre du Parlement
de Paris, annobli par Henri III en 1578, à caufe de fon Livre, *du Domaine
du Roi*, & du *Traité de la Police Eccléfiaftique*. La ville d'Angers rendit, en
fa faveur, dans une affemblé publique, le 24 Novembre 1581, le décret
le plus honorable, où il fut remercié, au nom du public, & reconnu Citoyen
& Echevin perpétuel de cette Ville; il devint enfuite Ligueur fi furieux,
que Henri IV, le jour de fon entrée à Paris, lui fit ordonner d'en fortir. Il
avoit publié contre les droits de ce Prince, en 1591, le Libelle intitulé :
*Oratio de Pontificis Gregorii XIV ad Gallos Diplomate, à Criticorum notis
vindicato*; ce qui lui attira une réponfe, en ftyle Macaronique, fous le titre : *Antichopinus, imò potiùs Epiftola congratulatoria Magiftri Nicodemi
Turlupini ad M. Renatum Chopinum*, datée de Paris le 27 Août 1592, *anno
à Ligâ natâ feptimo*. L'Auteur Anonyme de cette Réponfe, étoit *Jean Hotman,
Sieur de Villiers*. Les amis de Chopin obtinrent la révocation de l'ordre que
le Roi avoit donné; mais fa femme, *Marie Baron*, fille d'un Procureur au
Parlement, plus furieufe encore que fon mari pour la ligue, devint folle de

rage , le jour même que Henri IV entra dans Paris , & resta telle le peu de temps qu'elle vécut après. Chopin tâcha de réparer ses erreurs par le Panégyrique qu'il fit du Roi , à la fin de 1594. Il mourut le 2 Février 1606 , dans sa soixante-neuvième année , & fut enterré à S. Benoist.

Chopin , habile Avocat , d'un langage empoullé & peu intelligible , comme Bacquet le lui reproche , d'abord appelé *de Dominio* : quand il fut Ligueur *de Dumanio* , & , après sa mort, s'il ne se convertit pas , *de Dæmonio* , mourut de la gangrène à la vessie. Voy. le *Journal d'Henry IV*, Tom. III , pag. 334 , Loisel , *Dialogue* , pag. 531 , & pag. 647 , où il est dit *Tuberoni similis*. (M. Falconet).

1 Papire Masson a fait son éloge plein de particularités curieuses, rapportées plus au long sur la vie de Pierre Ayrault , par Ménage , qui semble n'avoir pas su , que René Chopin avoit été Ligueur. — Ses Ouvrages ont été rassemblés en 5 volumes *in-fol.* Paris, 1663. — Voy. les Mémoires de Niceron , Tom. XXXIV, pag. 160 & suiv. (M. DE LA MONNOYE).

** Choppin eut des Lettres de Noblesse pour son *Livre du Domaine* , & mille pistoles pour la première partie de ses *Commentaires sur la Coutume d'Anjou.*

RENÉ DEDRAIN , natif de Nantes en Bretagne , Docteur ès Droits & Avocat au Siège Présidial de Cahors en Quercy. Il a commenté les Ordonnances de Moulins , faites par Charles IX , Roi de France , l'an 1566 , imprimées à Paris.

RENÉ FAME , Notaire & Secrétaire du Roi François I , l'an 1546. Il a traduit de Latin en François , les divines Institutions de Lactance Firmian , contre les Gentils & Idolâtres , imprimées à Paris, l'an 1546, *in-8°.* & contiennent 32 feuilles *.

* Il y en a une autre Edition , *in-16.* Lyon , Guillaume Gazeau , 1547.

RENÉ FLACÉ , Prêtre & Curé de l'Eglise de la Coûture ès Fauxbourgs du Mans , Poëte Latin & François , Théologien & Orateur , Historien , Philosophe & Musicien. Il naquit en la ville de Noyen , sur la rivière de Sarte , à cinq lieues du Mans , le 28 jour de Novembre , l'an 1530. Cettui-ci mérite pour beaucoup de raisons , d'être recommandé & loué de tous hommes d'honneur , tant pour la bonne vie qu'il méne , que pour les vertus qui sont en lui : car il ne s'adonne qu'à toutes choses profitables au public , & surtout à l'honneur de Dieu , soit en prédications & inſtructions de la jeuneſſe, qu'il a en charge en ſon collége de la Couture au Mans, fort célébre pour être rempli d'une infinité de Gentilshommes & autres enfants de maiſon honorable, auxquels il fait apprendre les lettres humaines, la muſique, l'écriture, & tous autres exercices propres à la jeuneſſe bien inſtruite. Il a compoſé en vers Latins, & depuis traduit en François, un Catéchiſme Catholique, & ſommaire de la doctrine chrétienne, imprimé au Mans, chez Marin Chalumeau, l'an 1576, *in-8°* & contient 10 feuilles. Prières tirées de l'hiſtoire de la Bible, tournées de Latin en vers François, par ledit *Flacé*, imprimées au Mans, l'an 1582, par ledit Chalumeau. Tragédie d'Elips, Comteſſe de Salbery en Angleterre, laquelle fut repréſentée & jouée publiquemeut, au Mans, l'an 1579, au mois de Juin. Elle n'eſt encore imprimée, mais bien la chanſon qu'il fit en l'honneur de ladite Comteſſe, imprimée au Mans, l'an 1579, par Marin Chalumeau. Il a écrit pluſieurs autres tragédies & comédies Françoiſes & pluſieurs Noëls ou Cantiques, non encore imprimés. L'Oraiſon funébre prononcée par lui, en l'honneur de Meſſire Philebert le Voyer, Chevalier de l'Ordre du Roi, Seigneur de Lignerolles au Perche, mari de Madame Anne de Caurienne, iſſue de Florence en Italie, &c. non encore imprimée. Il florit au Mans, cette année 1584. Je ferai mention de ſes compoſitions Latines, autre part, & qui voudra voir de ſes poëſies Latines, liſe ce qui a été imprimé dans la Coſmographie de François de Belleforeſt, au chapitre où il parle des Manceaux, auquel lieu ſe voit un poëme de l'origine d'iceux, compoſé par ledit Flacé.

RENÉ LE FREUX * (Frere). Il a écrit une réponſe aux quatre exécrables articles écrits contre la Sainte Meſſe, compoſés par un Auteur inconnu, imprimée à Paris, chez Nicolas Cheſneau. Conférence dudit René le Freux, & des Miniſtres, imprimée à Paris.

* Son vrai nom eſt DES FREUX, & non LE FREUX. Voy. DU VERDIER, ce mot.

RENÉ GUILLON, Vandomois, dit *Guillonius*, natif de la paroiſſe de S. Oſmane, près S. Calais, au bas Vandomois, Manceau, (qui eſt auſſi le pays de Pierre Ronſard.) Je ne peux paſſer ſous ſilence, ce Seigneur *Guillonius* : car il a illuſtré la langue Françoiſe de pluſieurs belles obſervations, tant en ſes commentaires & annotations ſur la Grammaire Grecque de Nicolas Clenard, qu'en autres Livres qu'il a mis en lumière : & encore ſes leçons ordinaires, eſquelles il annotoit toujours à ſes diſciples & auditeurs quelques remarques, ſoit de Proverbes, d'Etymologies & conformités de notre Langue avec la Grecque. Il a donc mérité d'avoir rang entre ceux qui s'étudient de profiter au publiq par leurs écrits & par leurs lectures ordinaires, deſquelles choſes il a fait profeſſion juſqu'au dernier jour de ſa vie. Et pour dire encore un mot dudit Guillon, il avoit autrefois été ſerviteur de ce Phenix de l'Europe & ornement de la France, Guillaume Budé, ſous lequel il avoit appris la Langue Grecque, de telle ſorte, que ſes Œuvres mis en lumière, en porteront témoignage à jamais [1]. Il mourut à Paris, le Vendredi 8 jour de Décembre l'an 1570, âgé de ſoixante & dix ans, & fut mis en ſépulture en l'Egliſe de S. Etienne du Mont, ou bien au Cemetière d'icelle.

[1] Les Livres que nous avons de lui, de quelques-uns deſquels du Verdier, en ſon *Supplément Latin*, rapporte les Editions, font voir que, ſoit pour le Grec, ſoit pour le Latin, il n'avoit pas beaucoup profité d'avoir été au ſervice de Budé. (M. DE LA MONNOYE).

RENÉ HERPIN, (qui eſt un nom ſuppoſé & contrefait) [1]. Il a écrit une bien ample apologie ou réponſe pour la république de Jean Bodin, Angevin, imprimée ſur la fin de ladite république, des dernières éditions.

[1] Ménage, dans ſes *Remarques ſur la vie de Pierre Ayrault*, p. 143, dit que ce *René Herpin* étoit un homme de la ville d'Angers. Ainſi, quoique ce ſoit un nom ſuppoſé, ce n'eſt pas un nom imaginaire, ou fait à plaiſir. (M. DE LA MONNOYE).

RENÉ LAURENS DE LA BARRE, Sieur dudit lieu,

natif de la ville de Mortaing en Normandie, au Diocèse d'A-
vranches, jeune homme fort docte, & bien curieux de profiter
au public en toutes sortes, comme il a assez montré par effects,
en la publication de plusieurs Livres rares & écrits à la main,
qu'il a mis en lumière, pour faire communication à tous. Il a
écrit un bien docte, & fort curieux traité de l'origine des
Etrennes, non encore imprimé, lequel il m'a communiqué,
tant il m'est ami & familier. Il florit à Paris, cette année 1584.

RENÉ MACÉ, Vandomois (surnommé le petit Moine),
Chroniqueur du Roi, & son Poëte, homme fort estimé de son
temps. Il a écrit la Chronique des Rois de France, non encore
imprimée. Geufroy Thory fait mention de lui en son Champ-
Fleury. Ronsard en fait aussi mention en quelques odes, l'appelant Historien & Poëte très-excellent [1]. Il florissoit sous le
règne de François I.

[1] Guillaume Cretin, qui écrivoit en vers l'*Histoire de France depuis Pharamond*, étant mort en 1525, René Macé, Bénédictin du Monastère de la
Trinité de Vendôme, lui succéda dans la fonction d'Historiographe, aussi
en vers. Cretin en étoit demeuré à la vie de Louis le Gros, qu'il avoit finie.
Macé poursuivit l'Ouvrage. Rien de ces Chroniques, ni de l'un, ni de
l'autre, n'a vu le jour J'ai seulement remarqué (Tom. I, pag. 323) au mot
GUILLAUME CRETIN, qu'il y avoit de celui-ci quatre volumes *in-fol.* manuscrits, à la Bibliothèque du Roi, à quoi j'ajoute qu'on garde au même
lieu la suite de cette Histoire, par René Macé, en un Poëme manuscrit,
qui contient la vie de Louis le jeune. Ce Religieux vivoit encore l'an 1540,
comme en fait foi sa *Description*, en vers, *du passage de l'Empereur Charles-
Quint par la France*, Ouvrage que les Curieux ont pu voir dans la Bibliothèque de M. Foucault. Geoffroy Tori, Germain Colin & Jean Bouchet ont
parlé de MACÉ avec éloge, les deux premiers sur-tout; mais je ne sache pas
que Ronsard se soit souvenu de lui dans ses Odes, ni ailleurs. (M. DE LA
MONNOYE).

RENÉ DE PINCÉ, Gentilhomme Angevin, Conseiller du
Roi au Parlement de Paris, jeune homme fort docte en Grec &
en Latin, & fort bien exercé en l'une & l'autre poësie, &
encore en la Françoise. Il n'a encore rien fait imprimer de ses
Œuvres, mais quand il voudra, il donnera un témoignage

certain que la bonne opinion que l'on a conçue de lui & de fon favoir n'eft pas vaine. Il florit à Paris cette année 1584, nous avons fait mention ci - deffus de Pierre de Pincé , Sieur du Bois de Pincé, fon coufin germain, &c.

RENÉ POYVET (Frere), Jacobin, natif du pays d'Anjou, Docteur en Théologie à Paris, homme fort docte, Prieur du Convent des Cordeliers d'Angoulême, l'an 1568. Je n'ai point vu de fes écrits imprimés [1]. Il fut tué en la fufdite ville d'Angoulême, par les Proteftants, l'an fufdit 1568.

[1] Il y a beaucoup de fautes dans cet Article; 1°. d'avoir placé, dans un Catalogue d'Auteurs, un homme dont on ne rapporte aucun Ouvrage, ni imprimé, ni manufcrit; 2°. de s'être exprimé de façon à donner lieu de douter fi ce René Poyvet étoit Cordelier, ou Jacobin; car, s'il a été Prieur, c'eft des Jacobins, & non des Cordeliers d'Angoulefme, & alors il étoit Cordelier, &, en ce cas, il falloit dire, *Gardien des Cordeliers d'Angoulefme.* (M. DE LA MONNOYE).

RENÉ LE ROULLIER, homme docte, Confeiller du Roi en fa Cour de Parlement, à Paris. Il a écrit un avertiffement & difcours fuccinct des chefs d'accufation & points principaux du procès criminel, fait à Maître Jean Poifle, Confeiller audit Parlement de Paris, imprimé à Paris, l'an 1582, *in-8°*, & contient 5 feuilles [1]. Il florit à Paris, cette année 1584.

[1] Cet Ecrit de René le Roullier pourroit bien être le même que celui qui eft cité, fous le titre de *Légende de M. Jean Poifle*, pag. 727 de l'*Indice Alphabétique du Dialogue des Avocats* d'Antoine Loifel. (M. DE LA MONNOYE).

RENÉ DE RONSIN, Sieur DU PLESSIS, Gentilhomme du Maine, lequel je ne pourrois affez extoller pour la grande connoiffance, ou bien (pour mieux & véritablement parler) pour la perfection qu'il a au jeu du luth, & en mufique, finon que je vouluffe dire qu'il ne céde à aucun en cela, & qu'il en furpaffe beaucoup des plus renommés en cette profeffion, s'il eft ainfi qu'il ait continué fa façon de jouer comme autrefois, je l'ai vu être reputé comme la merveille & quafi miracle des plus excellens joueurs de Luth, tant pour l'air agréable, &

pour la promptitude de fa main, & encore pour le profond favoir de la mufique. Ce qu'il a appris avec un travail & peine ineftimable : car pour parvenir à cette parfaite connoiffance, il a fait une dépenfe infinie, pour voyager par toute l'Europe, & encore jufques en Turquie, pour fe rendre de plus en plus accompli, & fatisfaire à fes defirs, en une fi louable curiofité. Je ferai fin à ces louanges, pour dire que s'il vouloit tant de bien à la France, que de lui communiquer de fes fecrets fur la mufique, que il l'obligeroit à confeffer fon brave nouriffon : mais tous font avares de leurs plus beaux fecrets, ou bien ils n'ont pas un fiècle propre pour le reputer digne de leur departir & communiquer liberalement, ce qui leur a trop coûté à apprendre, & avec un fi long-temps. Il florit a Paris cette année 1584. Nous avons parlé de lui, à la lettre F (*Tom. I, pag.* 235 *de cette nouv. Edit.*) l'appelant François Ronffin, mais fon nom eft René.

RENÉ LE ROY, natif de la ville de la Ferté Bernard au Maine, Docteur en Théologie, & Chanoine Théologal, ou Maître d'école en l'Eglife du Mans, frere aîné de M. Antoine le Roy, Chanoine en ladite Eglife, &c. Il a écrit plufieurs Livres tant en Latin qu'en François, non encore imprimés. Il mourut au Mans le Dimanche 11e jour d'Octobre, l'an 1579, & fut enfepulturé dans l'Eglife de S. Julien.

RENÉ TARDIF, Angevin. Il a écrit quelques poëfies, & autres Œuvres en profe, mais pour cette heure, je n'ai la fouvenance des titres d'iceux.

RENÉ TARON, Avocat du Roi, au Mans, frère aîné de Jean Taron, Sieur de la Roche, Confeiller du Roi au Mans, & encore de M. Taron, Chanoine en l'Eglife de ladite ville du Mans, &c. Il étoit Poëte François & Orateur, & encore plus grand Théologien. Il a traduit de Latin en François, l'Apocalypfe de S. Jean, laquelle n'eft encore imprimée. Elle fe voit écrite à la main avec les Commentaires dudit Taron fur icelle Apocalypfe, le tout écrit de la main de Maître Nicole Manceau, Sieur de la Gaudiniere, grand ami dudit René. Ce Livre fut baillé à Claude de Tefferrand, Gentilhomme Parifien, pour le faire imprimer, & pour cet effet il l'envoya à Lyon, mais pour tout cela il n'eft encore en lumière. Il a écrit plufieurs vers François, tant pour fervir de prières à Dieu, que fur autres fujets des troubles de France, &c. non encore imprimés. Il mourut en la ville d'Alençon, à dix lieues du Mans, l'an 1567, le 18ᵉ jour de Mai. Madame la Ballifve de Sillé au Maine, étoit mère des fufdits, ce que je répéte expreffément, pour ce qu'elle étoit eftimée l'une des plus belles, fages & aprifes Dames de tout fon temps, & qui avoit un jugement & efprit des plus émerveillables, comme même l'on peut voir par le Livre de Jaques Pelletier du Mans, & de Nicolas Denifot, fous le nom de Bonadventure des Periers, intitulé *Les nouvelles recréations* [1]. Nous avons fait très-ample mention du fufdit Sieur de la Roche Taron, fon frère, à la lettre J, (*Tom. I, pag.* 591 *de cette nouv. Edit.*)

[1] Le Conte, fi c'en eft un, où il eft fait mention de la Baillive de Sillé ; c'eft le trente-huitième de ceux qui ont été imprimés fous le nom de *Bonaventure des Périers.* (M. DE LA MONNOYE).

RENÉ THIONNEAU, Doûeur en médecine, & premier Médecin ordinaire de la fuite de l'Artillerie du Roi, exerçant la médecine à Tours, l'an 1580. Il a écrit une Hiftoire émerveillable d'une femme qui a porté un enfant en fon ventre par l'efpace de vingt & trois mois, imprimée à Tours, l'an 1580.

RENÉ VILLATEAU, très-favant Apotiquaire, demeurant à Lyon, l'an 1530, ou environ. Je n'ai point vu de fes écrits : mais Symphorien Champier le loue beaucoup en fon Miroir des Apotiquaires.

RENÉ DE VOYER (Meffire), Vicomte de Paulmy, & de la Roche de Genes, Chevalier de l'Ordre du Roi, Bailly de Touraine, Seigneur d'Argenfon, la Bailloliere, le Pleffis, Cyran, &

Chaſtres, &c. Il naquit en ſon Château de Paulmy, près Loches en Touraine : ſon père s'appelloit Meſſire Jean de Voyer, Vicomte de Paulmy, Chevalier de l'Ordre du Roi, comme nous avons dit (*Tom. I, p. 607 de cette nouv. Edit.*) * Ces deux Seigneurs ont été fort curieux & grands Amateurs des lettres, & de ceux qui en faiſoient profeſſion, & principalement ce Seigneur de Paulmy, à préſent vivant, Bailly de Touraine, comme l'on voit par le témoignage de plus de vingt ou trente des plus doctes hommes de France, leſquels lui ont dedié leurs Œuvres, ſans que je me veuille comprendre en ce rang, encore que je lui aye dedié le diſcours que je fis imprimer l'an 1579, contenant un abrégé de tous mes deſſeins & œuvres, tant faits, que de ceux qui reſtoient à parachever. Il a recueilli pluſieurs antiquités de Touraine, leſquelles il envoya à François de Belle-Foreſt, pour employer en ſa Coſmographie. Elles ſe voient imprimées au 2ᵉ volume d'icelle, en la deſcription de Touraine, *fol.* 30. En ce volume ſuſdit, ſe voit la deſcription de ſon Château de Paulmy, & une bien ample déduction des Seigneurs de cette noble & illuſtre maiſon. Ledit Sieur Vicomte a écrit pluſieurs poëſies Latines & Françoiſes, & entre-autres pluſieurs Sonnets, deſquels il y en a quelques-uns imprimés, avec l'Enciclye de Guy le Fevre, Sieur de la Boderie, *fol.* 157. Il a traduit de Latin en François, les queſtions d'Ariel Bicard, ſur le Livre de la Sphère de *Jean de Sacroboſco*, très-ſavant Mathématicien. Elles ne ſont encore imprimées, mais j'ai opinion qu'il les communiquera au public, enſemble une infinité de Livres fort rares, écrits de ſa main, qui ſont en ſa Bibliothéque, & entre-autres pluſieurs beaux & doctes Livres de feu Guillaume Poſtel, entre leſquels ſe voit ſa confeſſion de foi, écrite & ſignée de ſa main, &c. Il a fait des recueils de pluſieurs belles obſervations qu'il a faites en ſes voyages en Grece, & autres lieux, tant de l'Europe que de l'Aſie & Afrique : mais elles ne ſont encore imprimées. Il florit cette année 1584**.

*La maiſon des DE VOYER, DE PAULMY, deſcend de BASILE DE VOYER,

Chevalier Grec, sous le règne de Charles le Chauve, qui fit bâtir le Château de Paulmy. Jean de Voyer, grand Bailli de Touraine, sous François I, qu'il n'abandonna en aucune occasion, vécut jusqu'au temps de Charles IX; il aimoit beaucoup les Lettres:

> Dux, Legatus, Eques, fudit, fociavit, adauxit
> Hoftes, Hifpanos, Titulos, vi, fœdere, famâ.

** René de Voyer mourut peu de temps après que La Croix du Maine écrivoit, car il ne vivoit plus le 26 Avril 1586. Il fut Bailli de Touraine, en 1571. Il avoit époufé Claude Turpin, en 1580. Il étoit frère aîné de Pierre de Voyer, Chef de la branche, d'où font fortis Meffieurs de Voyer & de Paulmy, qui font actuellement vivans.

RICHARD [1], furnommé *Cœur de Lyon*, fils de Henri Roi d'Angleterre, & élu Empereur des Romains *. Il a écrit plufieurs poëfies en rithme Provençale. Il floriffoit en l'an de falut 1230.

[1] Jean de Notre-Dame, que La Croix du Maine & du Verdier ont fuivi, s'eft lourdement trompé, lorfque, Chap. 49 de fes *Vies des Poëtes Provençaux*, il a fuppofé que ce Roi s'étoit croifé pour la conquête de la Terre-Sainte avec S. Louis, qu'on fait ne s'être embarqué pour ce deffein, que le 25 Août 1248, temps auquel il n'y avoit nul Richard, Roi d'Angleterre, Richard I, furnommé *Cœur de Lion*, étant mort il y avoit près de cinquante ans, & Richard II n'ayant commencé à régner qu'en 1377. (M. DE LA MONNOYE).

* La Croix du Maine a confondu *Richard, Cœur de Lion*, fils de Henri III, Roi d'Angleterre, auquel il fuccéda, avec *Richard de Cornouailles*, frère de Henri III, qui fut élu Roi des Romains en 1257. Jean de Notre-Dame, qui paroît auffi les avoir confondus, a fait bien d'autres méprifes (*Vie de Richard*, parmi celles des Poëtes Provençaux, Chap. 41, pag. 139). Ce ne fut pas *Richard, Cœur de Lion*, ni *Richard de Cornouailles*, qui époufa *Eléonore*, fille du Comte de Provence, ce fut Henri III. *Richard de Cornouailles* époufa, à la vérité, une fille du Comte de Provence, mais elle fe nommoit *Sancie*. Il fe croifa du vivant de S. Louis, mais en 1240, bien avant que S. Louis paffât dans la Terre-Sainte. Il eft encore vrai que *Richard de Cornouailles* fut élu Empereur, ou, pour parler plus exactement, *Roi des Romains*, mais il ne fut point fait prifonnier au retour de fa Croifade, ce fut *Richard, Cœur de Lion*. On pourroit faire bien des remarques femblables fur d'autres Articles des *Vies des Poëtes Provençaux*, par Jean de Notre-Dame, car cet Ouvrage eft plein de fautes de cette efpèce.

RICHARD ARQUIER DE LAMBESC, Poëte Provençal. Il a pourfuivi fort doctement le traité de Pierre d'Auvergne, intitulé *Lou contract del cors & é de l'arma*, c'eſt-à-dire, le contract ou paction du corps & de l'ame. Il n'eſt encore imprimé *. Il floriſſoit en l'an 1280.

* Jean de Notre-Dame, Chap. 49, l'appelle RICARD ARQUIER, & n'en parle qu'à l'occaſion de Pierre d'Auvergne.

RICHARD DE BARBEZIEUX, Sieur dudit lieu, grand Théologien & Mathématicien, & fort bon Poëte Provençal. Il a compoſé en Langue Provençale un Traité, intitulé *Lous Guizardous d'Amours* ¹. Il a davantage écrit pluſieurs chanſons à la louange d'aucunes Dames. Il floriſſoit en l'an 1383.

¹ Jean de Notre-Dame, Chap. 73, écrit *Lous Guyzardons d'Amours*, & non pas *Lous Guizardous*, comme La Croix du Maine & du Verdier. Le Provençal *Guizardon* eſt la même choſe que l'Italien *Guiderdone*, & l'ancien François *Guerdon*, ſynonyme de *récompenſe*. (M. DE LA MONNOYE).

RICHARD LE BLANC. Il a traduit de Latin en François, les quinze Livres de la ſubtilité de Hiérôme Cardan, Médecin Milanois, imprimés à Paris. (*Il y en a 21*). Il a traduit le Dialogue de S. Jean Chryſoſtome, de la dignité ſacerdotale, imprimé à Paris, par Robert Maſſelin, l'an 1553. Il a traduit en vers François, un petit Livre de Heſiode, Auteur Grec, intitulé les Œuvres & les jours, imprimés à Lyon, chez Jean de Tournes, l'an 1547, & à Paris, par Jaques Bogard. Il a revu & recorrigé l'Inſtitution du Prince, compoſée par Guillaume Budé, imprimée à Paris, chez Jean Foucher, l'an 1548. Il a traduit de Latin en François un opuſcule ſur le myſtère de notre foi, colligé des Œuvres de Virgile, & réduit en ordre par *Proba Falconia*, femme bien recommandée en la poëſie, & approuvée de S. Hiérôme, imprimé l'an 1553 *, à Paris, par Robert Maſſelin. Il a traduit en vers François l'Hiſtoire de Tancredus, priſe des vers Latins de Philippes Beroalde, imprimée par ledit Maſſelin, l'an 1553, avec le ſuſdit Livre de *Proba Falconia*. Il floriſſoit ſous le règne de Henri II.

* La Croix du Maine ne parle point de ſa Traduction des *Bucoliques de Virgile*, dont la première Edition parut, en 1554, *in-*8°. Elles ſont traduites

en

en vers François de dix syllabes. La Traduction du premier Livre est de Clément Marot ; & celle des neuf autres de Richard le Blanc. On peut voir dans le cinquième volume de la Bibliothèque Françoise de M. l'Abbé Goujet le jugement qu'il en a porté. Richard le Blanc traduisit aussi en vers François l'Elégie Latine de *la Complainte du Noyer*, qu'il attribue à Ovide. Elle fut imprimée à Paris, en 1554, *in-12*. Il n'en est point fait mention non plus dans La Croix du Maine.

RICHARD BONNE-ANNÉE, Poëte François. Il a écrit un chant Royal, à l'honneur de la Vierge Marie, imprimé à Paris & à Rouen, avec les autres.

RICHARD DE BONNAIRE, Enquêteur du Roi au Mans, & natif de ladite ville, homme estimé des plus excellents pour l'écriture, qu'autre de notre temps (qui est une perfection ordinaire à ceux de cette maison.) Il a écrit quelques instructions touchant la façon de bien écrire, & plusieurs autres beaux secrets, touchant ce bel art: mais il ne les a encore fait imprimer. L'amitié que je lui porte, & l'amour de mon pays, me contraignent de passer ici ses louanges sous silence, & les réserver à dire autre part, pour ne donner occasion à quelques-uns de penser que ces choses susdites en fussent cause, & non la vérité du fait. Il florit au Mans, cette année 1584.

RICHARD DE FOURNIVAL, ou FOURNIVAUX, Chancelier d'Amiens en Picardie, l'an 1250, ou environ. Il a écrit plusieurs Livres, tant en prose qu'en vers François, savoir est les commandemens d'amours, écrits en prose. Plusieurs chansons d'amours. Traité de la puissance d'amour. Le Bestiaire d'amours. En tous lesquels traités susdits il traite d'amour, par raisons & démonstrations naturelles, & exemples pris & imités des bêtes. Il florissoit en l'an 1250, ou environ. Voy. de ceci Claude Fauchet, en son Livre des Poëtes. (*Ch.* 29.)

RICHARD DE L'ISLE, ancien Poëte François, l'an 1300, ou environ. Il a écrit un fabel ou fabliau de honte & de puterie, non encore imprimé. Voy Cl. Fauchet. *Ch.* 19.

RICHARD DES NOVES, Gentilhomme, natif dudit lieu

en Provence, & felon aucuns de Berbentone *. Il a écrit un traité de l'indue occupation qu'ont fait par le paffé les gens d'Eglife, des places & Seigneuries de Provence, fur les Comtes d'icelui pays. Il a davantage écrit plufieurs chanfons en Langue Provençale, à la louange de Raimond Berrenger, dernier du nom, enfemble un chant funèbre de fes vertus & magnanimités. Il mourut en l'an 1270.

* Jean de Notre-Dame, Chap. 37, écrit RICARD DE NOVES, &, au lieu de *Berbentone*, plus correctement *Berbentane*. On écrit & l'on prononce aujourd'hui *Barbantane*.

RICHARD PICHON, natif de Bordeaux, Clerc de ville en ladite ville de Bordeaux. Il a écrit quelque chofe des antiquités de Bordeaux, felon que récite François Habert, Berruyer, en fon Livre de la Monarchie Romaine.

RICHARD ROUSSAT, Docteur en médecine, en l'Univerfité de Montpellier, Chanoine de Langres, & natif de ladite ville, homme fort docte, & fur-tout grand Théologien, Philofophe & Mathématicien (outre la connoiffance qu'il avoit en la médecine.) Il a écrit & compofé en notre Langue Françoife le Livre de l'état & mutation des temps, prouvant par l'autorité de l'Ecriture Sainte, & par raifons aftrologales, la fin du monde être prochaine, le tout divifé en quatre Livres, imprimés à Lyon, chez Guillaume Rouville, l'an 1550. J'ai vu plufieurs Almanachs & Prognoftications, imprimées fous le nom dudit Richard Rouffat, pour l'an 1548, 1549 & 1552; mais je ne fai fi c'eft le fufdit Chanoine de Langres, qui en eft l'Auteur. Il floriffoit à Langres, l'an 1548. Le Sieur de Frigeville a écrit une chronologie, laquelle n'eft pas beaucoup diffemblable du fujet pris par ledit Rouffat, en fon Livre de la mutation des temps.

RICHARD DE SEMILLY *, Poëte François, l'an 1250, ou environ. Il a écrit plufieurs poëmes amoureux, non encore imprimés.

* Voy. FAUCHET, Chap. 25.

RICHARD DE VASSEBOURG, Archidiacre de Verdun en Lorraine, (qui eſt le lieu de ſa nativité) homme des plus dignes de gloire pour le travail incompréhenſible, qu'il a pris à la ſtructure & compoſition de ſes doctes Œuvres, qu'il a mis en lumière, qu'autre qui l'eût devancé : & ceux qui ſe ſont ſervis de ſes écrits, ſans l'avoir nommé & reconnu pour leur principal guide, ſont dignes du nom de Plagiaires. Mais pour venir à ſes écrits, voici ce que j'ai vu de lui. Le premier & ſecond volumes des antiquités de la Gaule Belgique, Royaume de France, Auſtraſie & Lorraine, avec les origines des Duchés & Comtés de l'ancienne & moderne Brabant, Tongre, Ardenne, Hainault, Mozelane, Lothreich, Flandres, Lorraine; Barrois, Luxembourg, Louvain, Vaudemont, Janville, Namur, Chiny & autres Principautés, &c. Le tout compris ſous les vies des Evêques de Verdun en Lorraine, recueillies par ledit Vaſſebourg, avec un abrégé des vies des Papes, Empereurs, Rois & Princes, depuis Jules Céſar, juſques à notre temps. Il commença cet Œuvre en l'an de ſon âge cinquante-cinq, & de notre ſalut 1541, comme il témoigne audit Livre, *fol. 440, pag.* 1 [1]. Les deux volumes ſuſdits, ont été imprimés à Paris, par François Girauld, l'an 1549 [*]. Il a écrit un Livre des faits & geſtes de Godefroy de Bouillon, en la conquête de Hiéruſalem, comme il témoigne en ſes antiquités de la Gaule Belgique, *fol.* 257. Il floriſſoit ſous le règne de Henri II, l'an 1549.

[1] Voici les termes de Richard de Vaſſebourg, ſur leſquels ſe fonde La Croix du Maine, pour conclure que cet Auteur commença ſon Ouvrage, en 1541, à l'âge de cinquante-cinq ans ... *lequel* (il parle de René de Naſſau, Prince d'Orange) *cet an* 1541, *que j'ai écrit ces préſentes, a pris pour femme Dame Anne de Lorraine.* Ces termes, ſelon Bayle, pag. 111 du Tom. V de ſa *Réponſe aux queſtions d'un Provincial*, ſignifient bien que Richard de Vaſſebourg travailloit à ſon Ouvrage l'an 1541, mais non pas qu'il n'y eût point travaillé les années précédentes. D'ailleurs il ne dit point qu'il eût alors cinquante-cinq ans. (M. DE LA MONNOYE).

[*] Il n'a conduit ſon Hiſtoire que juſqu'en 1548. Il ne dit preſque rien depuis cette année juſqu'en 1549. Bayle jugeoit, peut-être trop favorablement, de cet Ouvrage, qu'il regardoit comme excellent. (Voy. *Rép. aux Queſtions*

d'un Provincial, Tom. V, pag. 110). Lenglet prétend, au contraire, qu'il est rempli de faux titres : au reste, son Livre est recherché, & n'est pas commun. Le P. le Long dit qu'il y en avoit un Exemplaire manuscrit dans la Bibliothèque du savant Abbé de Camps, avec des corrections & des augmentations relatives aux familles illustres, par Mathieu Husson, l'Ecossois, Conseiller au Présidial de Verdun. Ce Manuscrit doit avoir passé dans la Bibliothèque du Roi.

RICHIER, ou **RIQUIER** d'Amiens en Picardie, ancien Poëte François, l'an 1300, ou environ. Il a écrit quelques poësies, non encore imprimées. Claude Fauchet en fait mention en la vie d'Adam le Boçu, au Livre des Poëtes François, *fol.* 196 & 197 de la première impression *.

* Fauchet, Chap. 51, écrit RIQUIERS.

ROBERT DE BLOIS, ancien Poëte François, l'an 1250, ou environ. Il a écrit plusieurs chansons amoureuses, non encore imprimées.

* Voy. FAUCHET, Chap. 27.

ROBERT BRINCEL, Poëte François. Il a traduit en rithme Françoise plusieurs Psalmes de David, imprimés avec ceux de Clément Marot & Gilles d'Aurigny.

ROBERT DU CHASTEL, ancien Poëte François, vivant en l'an de salut 1260. Il a écrit quelques poësies amoureuses, non encore imprimées *.

* Fauchet, Chap. 63, écrit DE CASTEL.

ROBERT CHEVALLIER, surnommé D'AGNEAUX, frère d'Antoine Chevallier, duquel nous avons parlé (*Tom. I, pag.* 32 *de cette nouv. Edit.*) tous deux hommes très-doctes, & fort excellens pour leurs traductions des Poëtes &c. natifs de Vire en Normandie. Ils ont traduit les Œuvres de Virgile, Prince des Poëtes Latins, imprimés à Paris, chez Thomas Périer & Guillaume Auvray, l'an 1582, & encore depuis, avec le Latin à côté *. J'ai entendu qu'ils traduisent maintenant les Œuvres du sententieux Horace **, & encore m'a t'on assuré qu'ils font un Œuvre, intitulé *Le Gentilhomme François*, lequel traite du devoir & office d'un homme noble, & fuivant les cours des Rois & Princes, &c. Il n'eſt encore en lumière. Ils floriſſent en leur pays de Normandie, cette année 1584, & ne ceſſent de travailler pour illuſtrer notre Langue, & profiter à tous en général.

* Ces deux frères furent les premiers qui donnèrent une Traduction complette, en vers, de toutes les Œuvres de Virgile. Ils connoiſſoient les langues ſavantes, & ils avoient étudié la nôtre, autant qu'il étoit poſſible alors. Leur Ouvrage auroit pu être meilleur, s'ils euſſent employé plus de temps à le faire ; mais dans leur Epître à Henri III, auquel ils dédièrent leur Traduction, ils diſent n'y avoir mis que deux ans ; c'étoit trop peu pour un Ouvrage d'auſſi longue haleine. Vauquelin, au premier Livre de ſon *Art Poëtique*, où il parle des Traducteurs de Virgile, a trop loué les deux frères, lorſqu'il a dit :

> Mais nos deux Chevaliers, doctes frères, ont joint
> Leurs eſprits, & l'ont mis encore mieux en point :
> Et pour être François Apollon même avoue
> Qu'en eux ſe reconnoît le Cigne de Mantoue.

il devoit ſe contenter de dire, qu'ils avoient mieux réuſſi qu'Octavien de S. Gelais & Des-Maſures, qui les avoient précédés dans la même carrière, que leur verſification étoit plus régulière, & qu'en quelques endroits ils avoient approché de Virgile. La première Edition de 1582, *in-4e.* eſt encore recherchée pour la beauté de l'impreſſion.

** Cette Traduction d'Horace, que La Croix du Maine annonce, parut en 1588, & fut dédiée à Henri III, comme celle de Virgile. Elle a le mérite d'être exacte, en ce que les deux Auteurs entendoient le ſens de ce Poëte ; mais on n'y retrouve rien de ſon eſprit, ni de ſon élévation —Voy. la Bibl. Franç. de M. l'Abbé Goujet, Tom. V, pag. 77 & 313, & ſur quelques autres de leurs Poëſies, le Tom. XV, pag. 10.

ROBERT CIBOLLE, Docteur en Théologie, autrefois Chancelier, & depuis Confeſſeur de Charles V, Empereur des Romains, &c [1]. Il a écrit un Livre de la ſainte Méditation de l'homme ſur ſoi-même *, contenant la déclaration de tout ce qui eſt en l'homme.

[1] De la manière dont s'exprime La Croix du Maine, il eſt aiſé de juger qu'il n'a point connu Robert Cibolle. Il le fait premièrement *Chancelier*, & *depuis Confeſſeur de Charles V, Empereur des Romains*, qui ne peut, ce me ſemble, être pris pour Charles-Quint. Il eſt cependant ſûr que le Manuſcrit

intitulé *Proceſſus puellæ Aurelianenſis*, dont il ſe voit pluſieurs copies, contient ſix Traités pour la juſtification de la Pucelle, recueillis vers le milieu du quinzième ſiècle, l'un deſquels eſt de Robert Cibolle, Docteur en Théologie, Chancelier de l'Univerſité de Paris. L'*Hiſtoire du Collège de Navarre*, met la mort de ce Docteur en 1459. Il avoit compoſé en François, outre l'Ouvrage ſpécifié, un *Traité de Perfection*, dont le P. Labbe, p. 323 de ſa *Nova Biblioth. Manuſcript.* fait mention. Le nom y eſt écrit ROBERT CYBOLE. (M. DE LA MONNOYE).

* Robert Cibole étoit né à Breteuil. Il fut Docteur en Théologie de la Faculté de Paris, Chancelier de l'Egliſe de Paris, & non de l'Univerſité, comme on le dit communément, Camerier du Pape Nicolas V, & Doyen d'Evreux. Du Boulai dit qu'il fut le premier qui écrivit pour la juſtification de la Pucelle d'Orléans. (Voy. *Hiſt. de l'Univ. de Paris*, Tom. V, pag. 600). Il mourut en 1558 (*Gall. Chriſt.* ſeconde Edition, Tom. XI, Col. 623). Son Ouvrage eſt écrit en Latin. C'eſt un examen du procès & de la condamnation de Jeanne d'Arc, par l'Evêque de Beauvais, en 1430 & 1431. Les Manuſcrits en ſont communs. Il y en a un dans la Bibliothèque Harleienne, à Londres, copié ſur le Manuſcrit Original (N°. 1757). Ce Traité fut un des ſix employés dans la réviſion du Procès fait à Jeanne d'Arc. (Voy. LENGLET, *Hiſt. de la Pucelle d'Orléans.*

ROBIN, de Compiegne en Picardie, ancien Poëte François, vivant en l'an de ſalut 1300, ou environ. Il a écrit pluſieurs chanſons du jeu parti d'amours, non encore imprimées *.

* Plus un Ouvrage de Poëſie, intitulé *Traitié*, qui ſont Dits Moraux, &c. Voy. les Mém. de l'Acad. des Inſcriptions, Tom. II, pag. 733.

ROBERT CORBIN, Sieur DU BOYSSEREAU, natif de la ville d'Yſſouldun en Berry. Il a écrit en vers François, un traité de la poëſie & des Poëtes, dédié à Ronſard. Poëme intitulé *Le Songe de la Piaffe*, imprimé à Paris, chez Nicolas Cheſneau, l'an 1574, auquel temps il floriſſoit, & je ne ſais s'il eſt encore vivant.

ROBERT DE CORDON, Sieur DE BOYSBUREAU, Gentilhomme du Maine, père de René de Cordon, Sieur dudit lieu de Boysbureau &c. Cetui-ci étoit en ſon temps eſtimé l'un des plus éloquens hommes & des plus promus ès affaires d'Etat, de tout le pays du Maine. Il avoit fait quelques recueils touchant l'hiſtoire de notre temps, mais ils ne ſont encore imprimés. Il mourut au Mans, fous le règne de Charles IX, aux premiers troubles. Il étoit fort bon ami des Seigneurs de Francour, & de Montchenou, defquels nous avons fait mention ci-devant, parlant de Gervais le Barbier, dit Francour, & de Guillaume Trouillard, Sieur de Montchenou.

ROBERT ESTIENNE, Parifien, père de Henri Eftienne, tous deux Imprimeurs très-doctes & des plus renommés de toute l'Europe, pour le profit qu'ils ont fait en la correction & impreffion des plus excellens Auteurs, Hebreux, Grecs & Latins*, &c. Cetui-ci nommé Robert, étoit fort docte ès Langues Hébraïque, Grecque & Latine, & outre cela en la Françoife, en laquelle il a compofé un traité de Grammaire, imprimé par lui-même, & depuis par fon autre fils, nommé François, l'an 1569[1]. Il a davantage compofé le Dictionnaire François-Latin, auquel les mots François, avecque les manières d'ufer d'iceux, font tournées en Latin **. Ce Livre a été imprimé par plufieurs fois, & depuis imprimé avec les additions de Jean Thierry de Beauvais, Jean le Frere de Laval, & Jean Nicot, Confeiller du Roi, lequel l'a beaucoup augmenté en la dernière édition, imprimée chez Jaques du Puis, à Paris, & autres. Il mourut à Genève, l'an 1559, le 7e jour de Septembre, âgé de cinquante-fix ans ***.

* Le Robert Estienne, dont il eft queftion dans cet Article, doit être Robert I du nom, fils de Henri I, né à Paris en 1503, célèbre Imprimeur, qui époufa *Pétronille*, fille de Joffe Badius. En 1539, le Roi, François I, le choifit pour fon Imprimeur, & la protection de ce Prince le mit conftamment à couvert des mauvais effets de l'averfion, qu'avoit conçue contre lui la Sorbonne, tant à l'occafion de l'Edition Latine qu'il donna du Nouveau Teftament, en 1522, que de celle de fa grande Bible, en 1532. Après la mort de François I, voyant ce qu'il avoit à redouter de fes ennemis, il fe retira à Genève, où il vécut tranquille, & fort honoré même de Calvin. Il mourut dans cette ville le 7 Septembre 1559, âgé de cinquante-fix ans. Il étoit fort riche, & laiffa fes biens à ceux de fes enfans qui s'établiroient à Genève, excluant les autres du droit d'hérédité. Il laiffa trois fils, *Henri*, *Robert* & *François*.

[1] La Grammaire Françoife, que compofa Robert Eftienne, fut, de fon

vivant , imprimée à Genève, en 1558, & réimprimée à Paris, en 1569, par François Estienne , fils de Robert. Ainsi c'est une faute à Ménage, Ch. 4 du Tom. I de ses *Observations sur la langue Françoise* , & ailleurs , de citer cette Grammaire , comme imprimée par l'Auteur , à Paris, en 1569, puisque , dès 1551, Robert Estienne avoit quitté Paris pour s'établir à Genève. C'est dans cette Ville qu'en 1552 , il publia sa *Réponse* , en Latin & en François , *aux Censures des Théologiens de Paris.* (M. DE LA MONNOYE).

** Le *Dictionnaire Latin-François* de Robert Estienne est mal annoncé dans cet Article. Il paroît que La Croix du Maine a voulu parler de la troisième Edition du *Thesaurus linguæ Latinæ* , qui parut , en 1546 , sous le titre de *Dictionarium Latino-Gallicum, multò locupletius thesauro nostro, recèns excuso,* &c. dont il y eut une seconde Edition , également *in-fol.* en 1552.

*** On trouvera de très-bons Articles sur les Estiennes & sur leur Généalogie dans le *Dictionnaire Historique* de Prosper Marchand. Il y a , entr'autres choses , des détails fort curieux sur le prétendu vol des caractères de l'Imprimerie Royale , dont Robert (premier du nom) a été accusé par quelques Ecrivains. Il paroît certain que Robert, en se retirant de Paris à Genève , emporta les matrices des beaux caractères Grecs que François I avoit fait frapper , d'après les médailles de la main d'Angelo Vergecio , par Claude Garamont , excellent Graveur & Fondeur de caractères. Paul Estienne , petit-fils de Robert I , les vendit , en 1612 , à la Seigneurie de Genève, pour 3000 liv. Le Clergé de France supplia le Roi de les réclamer , & obtint, le 27 Mars 1619 , un Arrêt du Conseil, qui ordonna qu'on retireroit pour ladite somme les matrices Grecques : ce qui fut fait par l'entremise de Paul Estienne lui-même , auquel on donna pour cela 400 liv. Il n'est point dit dans l'Arrêt que ces matrices eussent été volées. Ainsi , quoiqu'il ne soit pas facile de déterminer à quel titre elles avoient été emportées à Genève , & se trouvoient dans la famille des Estiennes , il ne paroît pas qu'on soit suffisamment fondé pour accuser de vol un personnage aussi célèbre que *Robert Estienne.*

ROBERT ESTIENNE, Parisien , frère de François Estienne, enfans de Robert Estienne II du nom , (tous deux neveux de Henri) &c. jeuneshommes fort doctes en Grec & en Latin *. Il a composé plusieurs poëmes ès Langues susdites , & encore s'en voit-il plusieurs imprimés ès œuvres de Philippes des Portes, & sur la mort de Messire Chrestofle de Thou , premier Président de Paris, & sur autres personnes de qualité. Il a traduit plusieurs Auteurs Grecs en Latin , & de Latin en François, mais ils ne font encore en lumière. Il est de fort grande espérance,

pour

pour être si docte & savant ès langues en un si bas âge, (ce qui
est une chose commune à tous ceux de sa maison:) car il y en a
eu sept ou huit, tous de ce nom, qui ont mis leurs écrits en
lumière, tant hommes que femmes, tant ils sont nés aux lettres,
& desireux d'apprendre de père en fils. Il florit à Paris cette
année 1584, & fait sa demeure ordinaire chez M. des Portes,
Abbé de Tyron & de Josaphat, près Chartres, lequel l'a fort
recommandé pour l'excellence de son esprit.

  * Robert Estienne, premier du nom, fils de Henri, premier du nom, eut
trois fils, savoir, *Henri II*, *Robert II* & *François II*. De *Robert second*, sor-
tirent *Robert III*, *François III* & *Henri III*, qui, par conséquent, étoient
petits-fils de Robert second, & neveux de Henri second. C'est de ROBERT III,
dont parle La Croix du Maine. Il publia, entr'autres Ouvrages, la Traduction des deux premiers Livres de la *Rhétorique d'Aristote*, & l'Epître de
Grégoire de Nysse, *touchant ceux qui vont en pélerinage à Jérusalem*. Il se dé-
signoit d'ordinaire par ces lettres, R. F. R. N. c'est-à-dire, *Roberti filius*,
Roberti nepos, pour se distinguer de son père. Il commença à imprimer en
1572, & finit en 1629, ce qui donne lieu de fixer à ce temps la date de sa
mort. Nous trouvons dans les Mémoires de M. Falconet qu'il mourut à Paris,
âgé de soixante-dix ans, en 1640. Il avoit toujours une flûte dans sa poche,
qu'un Page lui vola à la table des Maîtres-d'Hôtel. Il intenta un procès à
Parfait, Contrôleur-Général de la Maison du Roi, pour la restitution de sa
flûte; mais la flûte fut perdue, estimée 15 liv. par Arrêt. On lui en fit re-
faire une autre par le Vacher, excellent Ouvrier. Il pria ses amis de composer des vers sur cet événement; Guy & d'autres en firent... Il avoit quelques
talens pour la Poësie, de la gayeté; il aimoit le vin & la bonne chère, fré-
quentoit les bonnes maisons. Laurent Bochel, Avocat, son ami, & lui,
alloient souvent au cabaret, & étoient cur aix de voir les exécutions qui se
faisoient à la Grève. *Borboniana*. — Voy. sur les ESTIENNES les Mémoires de
Niceron, Tom. XXXVI, où on lit, à la page 253: « le nom des Etiennes
» se fait encore connoître avantageusement à Paris, & les descendans de
» cette famille en soutiennent la réputation, par la bonté des Livres qu'ils
» donnent au public, & par la beauté de leurs impressions. On pourroit
» ajouter aux Roberts, dont nous venons de parler, un *Robert IV*, auquel
» ses connoissances dans les langues savantes, & celles de l'Europe, son goût
» pour la Littérature, son talent pour la Poësie Françoise, connu par les
» jolis vers qu'il a faits en plusieurs occasions, quelques Ouvrages mêmes où
» il a gardé l'*incognito*, auroient assigné un rang distingué dans la République
» des Lettres, si la modestie, qui lui est naturelle, & l'amour de la tran-
» quillité, ne lui eussent fait redouter les dangers d'une réputation trop
» brillante ».

LA CR. DU M. *Tome II.*   C c c

ROBERT GARNIER, natif de la ville de la Ferté-Bernard au Maine, premièrement Conseiller du Roi au Siège Préfidial & Sénéchauffée du Maine, & du jourd'hui Lieutenant général criminel audit Siège. La renommée qu'il s'eft acquife par fes doctes écrits & compofitions Françoifes, & fur-tout par fes Tragédies fi bien reçues des plus Savans, ne me permet de reciter ici quelque chofe de fes perfections en ce genre d'écrire. Toutefois je dirai de lui, ce que peut-être tous n'ont pas connu auffi-bien que moi, c'eft que outre la perfection qu'il a de compofer en toutes fortes de vers, il a encore ce rare & excellent don d'Orateur, qui eft une chofe fort peu commune, de voir un bon Poëte & excellent Orateur tout enfemble: mais il a tellement les deux perfections jointes en un, qu'il eft mal aifé de difcerner auquel genre d'écrire il excelle le plus: ce que je peux témoigner pour la fuffifante preuve qu'il en a faite devant les Majeftés des Rois de France, devant lefquelles il a prononcé des harangues fi doctes, que cela l'a rendu tant aimé d'elles, qu'ils ont defiré l'attirer de plus près à leur fervice: mais l'amour de fa patrie l'a retenu, & s'en eft excufé de telle façon, que fon refus n'a été eftimé autre, qu'un defir de ne vouloir faire échange de fa liberté accoutumée, pour s'affujettir à des charges trop pénibles & pefantes, telles que font toutes celles de la Cour & fuite des Princes. Mais pour venir à parler des compofitions dudit Sieur Garnier, voici ce que j'en ai pu voir. Les poëfies qu'il fit imprimer à Tolofe (lorfqu'il faifoit profeffion des loix en ladite Univerfité) pour lefquelles il obtint l'une des fleurs que l'on adjuge aux plus favants compofiteurs, favoir eft l'Aiglantine, dequoi je ferai plus ample mention autre-part, quand je ferai le récit de tous ceux qui ont emporté le prix aux jeux floraux de Tolofe, inftitués par Madame Clemence Ifaure, l'an 1270, ou environ. L'hymne de la Monarchie, imprimée à Paris, chez Gabriel Buon, l'an 1567. Porcie, Tragédie Françoife, repréfentant la cruelle & fanglante faifon des guerres civiles de Rome, &c. imprimée à Paris, chez Robert Eftienne, l'an 1568, pour la première fois. Hipolite, imprimée chez le sufdit, l'an 1573. Marc Antoine, imprimée l'an 1578. Cornelie, imprimée l'an 1574. La Troade, ou la prife & deftruction de Troye, imprimée chez Patiffon, l'an 1579. Antigone ou la piété, & débonnaireté, imprimée chez Robert Étienne, l'an 1580. C'eft une invention de Stace, en fa Thebaide. Bradamant tragicomédie Françoife, écrite à l'imitation du Roland furieux d'Ariofte, imprimée à Paris, chez Mamert Patiffon, l'an 1582. La Sedechie, ou les Juifves, imprimée à Paris, chez Mamert Patiffon, l'an 1583. Toutes les fufdites Tragédies Françoifes ont été reduites en un volume, & imprimées à Paris, chez Mamert Patiffon, à diverfes années. Il a écrit plufieurs fort beaux & très-doctes Sonnets, fur les amours de *Martie*, non encore imprimés. J'ai opinion que c'étoit en faveur de Madame fa femme, nommée Françoife Hubert, de laquelle nous avons fait mention. (*Tome I. pag.* 226 *de cette nouv. Edit.*) Il florit au Mans, cette année 1584 [1].

[1] Il mourut l'an 1590, fuivant Baillet, Art. 1340 de fes *Jugemens des Savans*; mais Jean Vauquelin de la Frenaïe ayant marqué, pag. 679 de fes *Poëfies*, que Robert Garnier étoit mort, quarante-cinq ans après Jean de la Pérufe, & celui-ci étant mort en 1555 ou 56, je crois avec M. l'Abbé le Clerc, qui m'a indiqué ces dates, que la mort de Garnier, âgé de cinquante-fix ans, doit être mife en 1600 ou 1601. (Quelques Lexicographes l'ont même reculée jufqu'à 1602). Cet âge de cinquante-fix ans, donné ici à Garnier *, eft tiré de fon *Eloge de Scévole de Sainte-Marthe.* (M. DE LA MONNOYE).

* Les Mémoires de Niceron, Tom. XXI, pag. 377, mettent fa mort en 1590, comme Baillet. — Les pièces de Garnier ont long-temps fait les délices de la France, parce qu'on n'avoit rien de mieux. « Dès qu'il fe fût préfenté fur le Théâtre de la France, dit Paquier, chacun lui en donna le prix fans aucun contredit, & c'eft ce que dit de lui-même Ronfard, *fur fa Cornelie.* ... « Il dit vray, & jamais nul des nôtres n'obtiendra Requête civile contre cet Arrêt... Garnier nous a fait part de huit Tragédies, toutes de choix & de grand poix ... Poëmes qui, à mon jugement, trouveront lieu dedans la poftérité »... *Recherc. de la Fr.* Tom. I, Liv. VII, Chap. 6, pag. 705. Pâquier jugeoit & parloit comme il étoit naturel de le faire alors. L'Auteur a pris le fujet de fes pièces dans Sénèque le Tragique, ou dans les Auteurs qui portent ce nom, fans s'aftreindre à l'ordre du Poëte Latin,

même fans conferver fouvent le caractère des perfonnages de même nom, qu'il introduit fur la fcène, de forte que ce font moins des Traductions, que des imitations très-libres, où le génie du Poëte François fe développe avec plus d'avantage, que s'il avoit traduit fervilement.—Voy. la Bibl. Franç. de M. l'Abbé Goujet, Tom. VI, pag. 200.

ROBERT GOBIN, Prêtre, Maître ès Arts, Licentié en décret, Avocat en cour d'Eglife, à Paris, Doyen de Chrétienté, de Lagny fur Marne, au Diocèfe de Paris, l'an 1505, (qui font les titres & qualités qu'il fe donne.) Il a écrit en vers François & en profe, un Livre, intitulé *Les Loups raviffans* [1], imprimé à Paris, in-4ª. l'an 1510, par Antoine Verard, & contient 50 feuilles *. C'eft le plus hardi Livre pour parler en toute liberté des Eccléfiaftiques, que nous ayons encore vu écrit par hommes de fa profeffion.

[1] Je me fouviens qu'en 1695, lorfque M. l'Abbé Fyot travailloit à l'Hiftoire de fon Eglife Abbatiale de S. Etienne de Dijon, d'où dépendent les Paroiffes de la Ville, à deux prés, c'eft-à-dire, cinq des fept (cette Abbaye a eté érigée en Evêché, en 1731) je lui offris, pour prouver l'ancienneté de la première de ces Paroiffes, qui eft celle de Notre-Dame, le paffage qui fuit, extrait du Livre des *Loups raviffans*, ici mentionnés... *Il y avoit une fois en la ville de Dijon un ufurier qui fe marioit, & étoit devant le portail de la Vierge Marie, & avoit efpérance de vivre moult longuement. A ladite porte étoit un ufurier, taillé en pierre de taille, lequel jetta une groffe bourfe pleine de deniers à l'ufurier vif, lequel fe marioit, & l'en ferit fi rudement, qu'il le tua & mourut fubitement. Parquoy les autres ufuriers d'icelle ville firent détruire & ôter les autres images d'icelle porte : & cette Hiftoire a été prêchée par Maître Girard, Evêque de Tournay.* Cet Evêque vivoit en 1149. Le fait cependant, tel que je viens de le rapporter, ayant paru fabuleux, a été rejeté. — Le P. Labbe, pag. 346 de fa *Nova Biblioth. Manufcript.* nomme mal cet Auteur HOBIN. (M. DE LA MONNOYE).

* Il y a une Edition Gothique, & fans date, de l'Ouvrage de Robert Gobin. Elle eft intitulée *Les Loups raviffans, autrement dit, Le Doctrinal Moral,* Paris, in-4°. Je ne fais fi c'eft la même que celle dont parle La Croix du Maine, & qu'il date de l'an 1510. Cette fatyre eft affez rare.

ROBERT GROSSE-TESTE, Anglois de nation, dit en Latin *Capito,* & en Langue Angloife *Great-head,* ou bien felon aucuns *Grofthede* &c. Evêque de Linconie * Il a écrit un Livre en notre Langue Françoife, lequel il a intitulé *de l'amour honnête.*

Jean Balée, Anglois, fait mention de lui en la 4e Centurie des
Ecrivains d'Angleterre, *fol.* 304, 305 & 306. Il mourut en l'an
de falut 1253.

*Il fut Evêque de Lincoln, & mourut vers l'an 1253. Il a écrit un très-
grand nombre d'Ouvrages, mais prefque tous en Latin. Il avoit paffé quelques années en France, & avoit affez bien appris notre langue. On trouvera
dans Tannerus (*Biblioth. Britan-Hybern.*) beaucoup de recherches & de
détails fur ce Savant. Il paroît qu'il n'a écrit qu'un feul Ouvrage en François,
qui n'a jamais été imprimé. Il eft intitulé *Le Château d'Amour*, ou, felon
La Croix du Maine, *De l'Amour honnête*. Cette différence de titre vient
peut-être de ce que quelques-uns, le rendant en Latin, ont confondu *de
Cafto & de Caftro* ; car les uns intitulent l'Ouvrage *De cafto Amore*, & les
autres *De Caftro Amoris*. Il eft en vers, & commence par ces mots : *Qui bien
penfe, bien peut dire*. Il y en a beaucoup de Manufcrits en Angleterre. Warton
a publié divers Ecrits fur la vie de *Robert Groffe-Tefte*, & fur fes Ouvrages.
(*Anglia Sacra*, Tom. II, pag. 325 & fuiv.)

ROBERT GAGUIN *, Docteur en décret [1], Miniftre général de l'Ordre de la Trinité**, pour la rédemption des Chrétiens
captifs ou prifonniers, autrement appelés les Mathurins, &c.
natif de Douay en la Gaule Belgique, fur les frontières de la
Picardie. Il étoit grand Théologien, Philofophe, Poëte, Orateur & Hiftorien. Il a traduit de Latin en François (par le commandement de Charles VIII, Roi de France) les commentaires
de Jules Céfar, contenans fept Livres des batailles & conquêtes
des Gaulles, imprimés à Paris, l'an 1539, chez Arnoul &
Charles les Angeliers. Il a davantage traduit le 8e Livre des
commentaires defdites guerres en France, continués par Aulus
Hirtius, qui vivoit de ce temps-la, le tout imprimé audit an
1539, par les fufdits Angeliers. Il a traduit de Latin en François
(par le commandement du Roi fufdit) les faits & geftes de
l'Empereur Charles le Grand, autrement dit *Charle-magne*, Roi
de France. Il a écrit en Latin & depuis traduit en François, un
traité de la Conception de la Vierge Marie, imprimé à Paris.
La chronique & hiftoire des Rois de France, écrite par ledit
Gaguin, tant en Latin qu'en François, imprimée à Paris &
autres lieux, par une infinité de fois. Poëme François, intitulé

La ruyne de bon repos, ou bien *Le Paſſetemps d'oiſiveté*, lequel il écrivit étant à Londres en Angleterre, l'an 1489, imprimé à Paris, l'an 1545. Il a traduit de Latin en François une Epître de Jean Pic, Comte de la Mirandole en Italie, intitulée le conſeil profitable contre les ennuis & tribulations du monde, imprimé à Paris l'an 1518. Il mourut à Paris l'an 1501, le 22ᵉ jour de Mai, & eſt enterré en ſon Convent des Mathurins à Paris.

* Il étoit de Colines, dans le Dioceſe d'Amiens, & non de Douay. Son mérite lui attira une grande conſidération, & la confiance des Rois Charles VIII & Louis XII.

¹ Quelques-uns le qualifient *Hiſtorien du ſeizième ſiècle*, mais mal, puiſqu'il ne conduit ſon Hiſtoire que juſqu'à l'an 1499, & qu'il ne pouvoit guères la conduire plus loin, étant mort le 22 Mai 1501. (M. DE LA MONNOYE).

** Il fut élu Général de ſon Ordre, en 1473. Il fut employé en diverſes Ambaſſades, & chargé de négociations importantes. Il y a lieu de croire qu'il étoit d'une naiſſance obſcure, car il avoue lui-même que l'Ordre des Mathurins lui avoit ſervi de père, & avoit pris ſoin de ſa jeuneſſe. Quoiqu'il ait ſuivi dans ſon Hiſtoire le goût de ſon ſiècle pour les fables & les événemens merveilleux, il s'eſt cependant garanti du préjugé ſi commun de ſon temps, en faveur de l'Aſtrologie Judiciaire. Il déclame vivement contre les abus de cette prétendue Science, dans une de ſes Lettres (Lettre VIII). On l'a regardé comme un Hiſtorien aux gages de Louis XI, quoique, dans la Préface de ſon Hiſtoire, il aſſure qu'il n'a été excité à écrire par les largeſſes d'aucun Prince, *Nullâ Principis munificentiâ provocatus*. Ses *Chroniques de France*, écrites en Latin, parurent pour la première fois, en 1497, *in-4°*. Edition très-rare. Elles ne s'étendoient alors que juſqu'en 1491. On les réimprima, en 1500, *in-fol.* avec une addition, juſqu'en 1499. Elles ont paru pluſieurs fois depuis, continuées par les Editeurs. Pierre Deſray les traduiſit en François, & les publia avec un Supplément juſqu'en 1514, Paris, 1515, *in-fol.* Gaguin traduiſit lui-même, en François, la *Chronique*, ou plutôt le *Roman* (cité par La Croix du Maine) *de Charles-Magne & de Roland*, attribué à Turpin, Archevêque de Reims, mais qu'on ſait depuis long-temps ne pouvoir être de ce Prélat. *La Traduction en François*, que Gaguin fit lui-même de ſon Livre, *ſur l'Immaculée Conception de la Vierge*, eſt, je crois, reſtée manuſcrite. L'Ouvrage Latin parut en 1498. Il eſt rare, & aſſez cher.

ROBERT LE MAÇON, OU **MASSON**, ſurnommé LA FONTAINE, Miniſtre de la Religion prétendue Reformée (afin de parler avec les Théologiens). Il a écrit quelques apologies ou invectives contre Jean Robert, Docteur régent en l'Univerſité d'Orléans, l'an 1569, imprimée en ladite ville & en l'an fufdit 1569, par Eloi Gibier, auquel temps vivoit ledit Sieur de la Fontaine Robert le Maçon.

ROBERT MAIGRET, natif de la ville & cité du Mans, homme eftimé l'un des plus favans Muficiens de fon temps, & duquel il y a plufieurs chanfons de mufique, imprimées avec les livres du recueil, &c. Il mourut en la ville du Mans, l'an 1568, au mois d'Août, âgé de plus de foixante ans.

ROBERT DE MARBEROLLES (Meffire), Chevalier en l'an 1250, ou environ. Il a écrit quelques chanfons amoureufes & autres poëfies, non encore imprimées *.

* Voy. FAUCHET, Chap. 57.

ROBERT DE MAUVOISINS (Meffire), ancien Poëte François, l'an 1260, ou environ. Il a écrit plufieurs poëmes François, non encore imprimés *.

* Voy. FAUCHET, Chap. 68.

ROBERT LE PREVOST. Il a traduit de Latin en François les 29 Livres de l'hiftoire de Jean Sleidan Alleman, déduite depuis le déluge, jufques au temps préfent, en laquelle eft compris l'Etat des quatre Empires fouverains, jufques au règne de Charles V, Empereur, imprimée à G. l'an 1563, chez Nicolas Barbier [1].

[1] Les 26 Livres de Sleïdan, *De Statu Religionis & Reipublicæ* , & les trois, *De quatuor fummis Imperiis* , étant deux Ouvrages féparés, qui n'ont enfemble nulle relation, font ici peu judicieufement confondus par La Croix du Maine, & regardés comme une Hiftoire fuivie, où l'Auteur a compris en 29 Livres, tout ce qui s'eft paffé dans le monde, depuis le déluge jufqu'à la 37e année de l'Empire de Charles-Quint ; il n'y avoit qu'à dire fimplement : « Il a traduit en François les 26 Livres de Sleïdan, intitulés, *Commentarii de Statu Religionis Reipublicæ*, & de plus les trois Livres du même Auteur, *De quatuor fummis Imperiis* , *Babilonico* , *Perfico* , *Græco & Romano* , imprimés d'ordinaire à la fuite de l'Ouvrage précédent, quoiqu'ils n'y ayent aucun rapport ». (M. DE LA MONNOYE).

ROBERT, de Rheims en Champagne, ancien Poëte François,

l'an 1250, ou environ. Il a écrit plusieurs poësies, non encore imprimées *.

* Voy. Fauchet, Chap. 29.

ROBERT RIVAUDEAU, Sieur de la Guillotiere, Gentilhomme Poictevin, Valet de chambre du Roi Henri II, l'an 1549. J'ai opinion qu'il étoit proche parent d'André de Rivaudeau, Gentilhomme Poictevin, Sieur dudit lieu de la Guillotiere, duquel nous avons parlé à la lettre A. (*Tom. I, pag. 20 de cette nouv. Edit.*) Ledit Robert a traduit de Latin en François deux Livres de la noblesse civile du Seigneur *Ofres de Portugal*, imprimés à Paris, ches Jaques Kerver, l'an 1549, *in-8°*.

ROBERT DU TRIEZ, natif de la ville de l'Isle en Flandres. Il a écrit en François un Livre des ruzes, finesses & impostures des esprits malins, imprimé à Cambray, chez Nicolas Lombard, l'an 1563. *in-4°*. & contient 25 feuilles. Il a écrit & composé plusieurs Epigrammes & autres poësies Françoises, tant sur l'amour que sur autres sujets. Il a écrit plusieurs histoires en François, & autres Livres en prose. Il florissoit à Cambray, l'an 1563.

ROBERT, Evêque de Vence, Docteur en Théologie à Paris, Trésorier de la S. Chapelle du Palais audit lieu, & grand Aumônier de Madame [1]. Il a écrit & composé en prose Françoise l'Oraison de la paix, faite & prononcée à Cambray, le 9e jour d'Août, l'an 1529, imprimée à Paris, par Galiot du Pré, audit an 1529, auquel temps ledit Evêque florissoit *.

[1] Ce Robert, Evêque de Vence, n'est autre que le bon *Robert Ceneau*, ou *Cenalis*, que Gesner, Simler & du Verdier écrivent *Senalis*, qui fut nommé à l'Evêché de Vence, en 1529, & ensuite à celui d'Avranches. Calvin, dans son Livre, *De la manière de réformer l'Eglise*, l'appelle *Robert Souppier*, par allusion à son nom *Cenalis*, ou *Ceneaux*. Il changea son nom, & le latinisa, comme avoit fait Guy Jouveneaux, Abbé de S. Sulpice en Berry, qui se fit appeler *Juvenalis*. Son Epitaphe dans l'Eglise de S. Paul à Paris porte qu'il mourut le 27 Avril 1560. Hubert Languet, *Epist. ad Synnæum*, pag. 47, le traite mal *Robertus Cenalis, Arboricensis Episcopus, homo*

homo ineptiſſimus & indoctiſſimus. Il devoit dire *Abrincenſis* ; il s'eſt trompé, de même que *Robertus Cenalis*, qui en ſouſcrivant ſon Epître *de Celibatu*, écrit *Epiſcop. Arboretanus.* (M. Falconet).

* Robert Ceïnalis, né à Paris, fut Evêque de Vence en 1523, & Tréſorier de la Sainte Chapelle, en 1525. Il paſſa à l'Evêché de Riez, en 1530, & à celui d'Avranches, en 1532. Il a écrit beaucoup d'Ouvrages en Latin, dont on trouvera la liſte dans le Tom. XI du *Gall. Chriſt.* & dans le XXXIᵉ de l'*Hiſtoire Eccl.* de Fleury. Le P. le Long le nomme *Ceneau*, du Latin *Cenalis*, ou *Cœnalis.*

ROC LE BAILLY, ou BAILLIF, Sieur DE LA RIVIERE, natif de la ville de Falaiſe en Normandie, Conſeiller & Médecin ordinaire du Roi & de M. le Duc de Mercœur, ou Mercure (pour parler ſelon le vulgaire). Ce Sieur de la Riviere eſt homme fort grand Philoſophe naturel, & curieux des ſecrets cachés en icelle. Il a mis en lumière un ſien Livre, intitulé *Le Demoſterion*, contenant 300 aphoriſmes Latins & François. Ce Livre eſt comme un ſommaire de la médecine Paracelſique, imprimé à Rennes en Bretagne, l'an 1578, par Pierre le Bret, *in-*4°. & contient 25 feuilles ¹. Traité de l'antiquité & ſingularité de la Bretagne Armorique, imprimé audit an, avec le Livre ſuſdit *. Traité du rémede contre la peſte, charbon & pleureſie, imprimé à Paris, par Abel l'Angelier, l'an 1580. Diſcours ſur la vraie ſignification du Comete apparu en Occident au ſigne du Sagittaire, le 10 de Novémbre l'an 1577, imprimé à Rennes, audit an, par Julien du Clos. Premier Traité de l'homme & ſon eſſentielle Anatomie, avec les Elemens, & ce qui eſt en eux, de ſes maladies, médecine & abſolus rémedes ès taintures d'or, corail & antimoine, & magiſtère des perles de leur extraction, imprimé à Paris, par Abel l'Angelier, l'an 1580, *in-*8°, & contient 7 feuilles Second Traité de l'homme, auquel il traite amplement de ſon mouvement. Il n'eſt encore imprimé. Le Livre de l'art ſigné, contenant les ſignes & marques données (non en vain) par la nature à toutes ſortes ou eſpeces d'herbes, arbres, plantes, pierres & autres choſes ſemblables, avec les figures ou protraicts deſdites choſes. Ce Livre n'eſt pas encore imprimé.

Il en fait mention en son Traité de la peste, *fol. 3 , p. 6 ,* Sommaire défense aux demandes, questions & interrogatoires des Docteurs de la faculté de médecine à Paris, faites audit Sieur de la Riviere, imprimée l'an 1579, à Paris, qui est une réponse ou discours imprimé contre lui, audit an 1579, à Paris, chez Pierre l'Huillier. Je n'ai point connoissance de ses autres écrits ou compositions Françoises. Ledit Sieur a été fort long - temps Médecin de M. le Prince de Leon, Messire Henry, Vicomte de Rohan. Il florit en Bretagne, l'an 1584.

[1] Ce Roc le Bailli fut premier Médecin d'Henri IV. Il a plu à cet Auteur d'employer les termes *Demosterion, Edelphe & Spagiric ,* ou *Spagyrique ,* à l'imitation de Paracelse, qui donnoit à ces sortes de mots telle signification qu'il vouloit, sans avoir dessein de les tirer, soit de l'Hébreu, soit du Grec, soit du Latin, quand même, par hasard, ils y auroient eu quelque rapport, leur inventeur n'ayant jamais su aucune de ces langues, hors peut-être un peu de mauvais Latin. Je renvoye donc pour l'intelligence de ce jargon aux *Dictionnaires de Toxites & de Rulandus ,* ou à l'*Amaltheum Castello Brunonianum.* (M. de la Monnoye).

* Qu'on ne prenne pas pour un Livre Historique son *Traité de l'Antiquité & Singularités de la Bretagne Armorique.* Le but principal de l'Auteur, est de parler des Eaux Minérales qui se trouvent dans cette partie de la France. Ce Traité est ordinairement à la suite du *Démostérion ,* qui est assez rare. L'Auteur mourut à Paris, en 1605.

ROGER ou ROGERIN D'ANDELY , ancien Poëte François, vivant en l'an 1260, ou environ. Il a composé plusieurs poëmes, non encore imprimés *.

* Voy. Fauchet , Chap. 37.

ROGER de Cambray en la Gaule Belgique, ancien Poëte François, l'an 1250, ou environ. Il a composé plusieurs poësies amoureuses, lesquels se voyent écrites à la main *.

* Voy. Fauchet, Chap. 60.

ROGIER MAISONNIER , Poictevin. Il a composé plusieurs poësies Françoises.

ROLAND BRISSET , Avocat au Parlement de Paris *. Il a écrit plusieurs Tragédies Françoises, & entre-autres celles-ci.

Thiefte, Andromache, & Baptifte **. Je les ai vu écrites à la main. Il florit cette année 1584.

* Roland Briffet, fieur du Sauvage, né à Tours, fe dit Gentilhomme. Il fit imprimer à Tours, en 1590, *in*-4°. cinq Tragédies, dont les titres font, *Hercules Furieux, Thyefte, Agamemnon, Octavie, & Baptifte.* Ses quatre premières pièces font imitées des Auteurs Tragiques Grecs & Latins, plutôt qu'elles n'en font traduites ; la cinquième, qui eft la mort de S. Jean-Baptifte, eft une Traduction du Latin de Buchanan. Il eft beaucoup parlé de cet Auteur dans les *Recherches fur les Théâtres*, pag. 61 & 62, *fecond âge*, Edit. *in*-4°. & dans l'*Hift. du Théâtre François*, Tom. III, pag. 473. — Il fit imprimer à Tours, en 1591, une Paftorale, intitulée *La Diéromene*, ou *le Repentir d'Amour*, dont on fit une nouvelle Edition à Paris, en 1595.—Voy. la Bibl. Franç. de M. l'Abbé Goujet, Tom. XIII, pag. 372.

** La Croix du Maine, qui avoit en fa poffeffion quelques-unes de ces pièces, les auroit fait imprimer, fi les circonftances malheureufes des temps le lui avoient permis. Elles furent enfin raffemblées en un Recueil, & imprimées à Tours, en 1590, fous le titre de *Premier Livre des Œuvres Poëtiques de R. B. G. T.* c'eft-à-dire, *Roland Briffet, Gentilhomme Tourangeau.* On publia depuis à Rouen, en 1695, *in*-12. la *Diéromene*, ou le *Repentir d'Amour*, Paftorale, traduite de l'Italien de Louis de Groto, & en 1685 une autre Tragédie, intitulée *Les étranges & merveilleufes traverfes d'Amour.* Il y a lieu de croire que la Tragédie d'*Andromaque*, par Briffet, citée par La Croix du Maine, n'exifte point, & que c'eft par méprife qu'il la nommée *Andromaque*, au lieu d'*Agamemnon.*

ROLAND DU JARDIN, Parifien, frère puifné de M. du Jardin, Valet de chambre du Roi, & mari de Madame Sufanne Habert (delaquelle nous ferons tant honorable mention ci-après.) Il a compofé quelques Poëmes François, & entre-autres plufieurs Sonnets, & autres Œuvres en profe, non encore mis en lumière. Il florit à Paris cette année 1584, non fans donner une bonne efpérance de pouvoir faire profit à la république, tant à caufe de fon bon efprit que pour les autres vertus recommandables qui font en lui.

ROLAND PIETRE, ou felon aucuns, ROLAND PIERRE, (car Pietro en Italien, fignifie Pierre) Avocat au Siège Préfidial de Meaux en Brie, & natif dudit lieu, frère de René Pietre, Docteur en médecine à Paris, tous deux hommes très-doctes & favants ès Langues, ayant connoiffance de beaucoup de difcipli-

nes. Cetui-ci nommé Roland a mis en lumière un fi bien docte
Livre, intitulé le premier Livre des Confidérations Politiques,
imprimé à Paris, chez Robert Eftienne, l'an 1566. Il a traduit
de Grec en François, les Livres de Théodorite, Evêque de
Syrie, touchant la nature de l'homme, imprimés à Paris, chez
Michel Vafcofan, l'an 1555, avec de fort doctes annotations
dudit Pietre, fur le Livre fufdit. Il a davantage traduit en
François, les Sermons du jugement dernier. Je ne fai s'ils font
imprimés. Il en fait mention en fes annotations fur Theodorite,
au feuillet 40, pag. 2. Il floriffoit en l'an de falut 1566.

ROLAND SEIGNEUR, natif de la ville du Mans, Sieur
DE BUISSAY & DE LA FOURRERIE, au Maine, jeune homme
autant parfait & excellent pour plufieurs rares vertus & honnêtes
exercices (auxquels il prend plaifir) qu'autre de fa qualité : car
pour le jeu de l'Efpinette & pour la connoiffance de la mufique,
il y eft tellement verfé, que quand je le voudrois mettre par
écrit, on jugeroit que ce feroit chofe impoffible d'en favoir
tant comme il fait, en fi bas âge, & vu le rang ou qualité qu'il
tient, étant homme faifant profeffion des lettres, & fur-tout
de la Jurifprudence. Or pour venir à parler de fes compofitions,
voici ce qu'il a délibéré de faire bientôt mettre en lumière. Un
difcours touchant les vices des hommes, enfemble de leur nature
& qualité, avec les rémedes pour les favoir fuir & éviter. Ce
fujet n'a encore été traité d'aucun de la façon qu'il le veut
pourfuivre, & tant pour l'amour de fon honneur & gloire,
que pour le defir que j'ai que cela fût communiqué à tous, je
defire bien fort qu'il le faffe imprimer. Il a écrit plufieurs poëmes
François, & entre-autres quelques-uns à la louange du Sieur du
Bartaz, imprimés avec fa Sepmaine. Il florit cette année 1584.

ROSTANG BERRENGIER, natif de Marfeille en Pro-
vence, Religieux de l'ordre des Templiers. Il a écrit un Traité
de la faulfe vie des Templiers, lequel n'eft encore imprimé. Il
étoit fort bon Poëte Provençal. Il mourut l'an 1315 *.

* Voy. JEAN DE NOTRE-DAME, Chap. 58.

ROSTANG DE BRIGNOLLE, Religieux de l'Abbaye de S. Victeur de Marseille. Il a écrit tant en rithme Provençale qu'en profe, les vies d'aucuns Poëtes Provençaux. La vie de Marie Magdeleine. La vie de fainte Marthe & de plufieurs autres Saints & Saintes, tous lefquels Livres fufdits font écrits à la main, & non encore imprimés. Il florifloit en Provence, l'an 1435 *.

* Voy. Jean de Notre-Dame, Chap. 76.

ROSTANG D'ENTRE-CHASTEAUX, Poëte Provençal. Il a écrit plufieurs poëmes en Langue Provençale, non encore imprimés *.

* Voy. Jean de Notre-Dame, Chap. 65.

ROUEN PINEL. Il a écrit un traité qu'il intitule les Conditions de la Paix entre le Roi de France, & Maximilien Duc d'Auftriche & leurs pays & alliés, imprimées avec l'entrée du Roi à Rouen.

S'enfuivent les noms de plufieurs Auteurs François, lefquels nous avons expreffément mis après les autres ci-deffus nommés, à caufe de l'incertitude de leurs noms.

.... **RHEGINUS**, de Lyon, Docteur en médecine *. Il a traduit de Latin en François, l'inftruction divine de Hierocles, Philofophe Stoïque, contre les Athées, écrite premiérement en Grec par ledit Hierocles, & depuis traduite par *Aurispa*, Venitien, imprimée à Lyon, l'an 1560, *in-8º*, & contient 10 feuilles. Il florifloit en l'an 1559 *.

* C'eft peut-être Guillaume Rheginus, Médecin, qui publia, en 1564, à Lyon, un Livre intitulé *Medicina exercitamenta, ex felectis linguæ utriufque Autoribus illuftrata.*

RUTEBEUF, excellent Poëte & Joueur d'inftrumens de mufique, en l'an 1260. Il a écrit plufieurs difcours, & autres poëfies Françoifes, non encore imprimées, favoir eft les plaintes de la Terre Sainte, dédiés au Roi S. Loys, la complainte d'Anceau de l'Ifle, la vie de Sainte Elizabeth de Thuringe & autres. Il florifloit en l'an de falut 1310 *.

* Voy. Fauchet, Chap. 83.

R. BIEN-AYMÉ, de Fafquelles, Boulonnois, ou natif du pays de Bolongne fur la mer en la Gaule Belgique , Précepteur de Pierre du Bellay , Gentilhomme Angevin , fils de Meffire René du Bellay , Baron de la Lande , & Seigneur du Pleffis Macé en Anjou , &c. Il a compofé en François un dialogue contenant les principes de la Langue Latine, imprimé à Paris , par Guillaume Nyverd, l'an 1573. Il a davantage compofé un Livre de la vraie façon & méthode de bien nourrir & inftruire les enfans, extraicte de plufieurs Auteurs anciens & modernes. Je ne fai s'il l'a fait imprimer , il en fait mention en fon Epître à Pierre du Bellay fon difciple. Il floriffoit au pays d'Anjou , l'an 1573.

R. BRUSSEL. Il a écrit une catholique expofition fur les Epîtres & Evangiles des Dimanches de l'année , avec les Fêtes folemnelles , tant de notre Seigneur Jefus-Chrift , que de fa glorieufe mère , la Vierge Marie , imprimée à Paris , chez Gabriel Buon , l'an 1575 , au clos Bruneau.

R. PEROT , du Mans [1]. Il a traduit de Latin en François le fommaire des temps , depuis la création du Monde jufques à préfent , écrit prémiérement en Latin par Rodolphe Coudun , imprimé à Paris , chez Michel Vafcofan , l'an 1562 , lequel a été depuis augmenté par Nicolas Bergeron , Avocat en Parlement , lequel l'a fait imprimer par plufieurs fois , avec fes additions. Ledit Perot floriffoit au Mans , audit an 1562.

[1] Le nom de cet Auteur étoit RENÉ. C'eft à lui que Jacques Gohory , fous le nom de *LEO Suavius* , dédia , en 1566 , fon Edition de Paracelfe, *de vitâ longâ*. Il y avoit dans ce temps-là un Médecin à Dole d'un nom , à une lettre près , tout femblable , RENÉ PERROT , dont Gilbert Coufin fait mention en deux endroits de fa *Defcription de la Franche-Comté* , mais qu'il ne faut pas confondre avec le PÉROT , du Mans. (M. DE LA MONNOYE).

R. P. Il a écrit un difcours en profe , par lequel il prouve qu'il ne faut trouver étrange fi à préfent la France eft agitée de guerres civiles , avec le moyen d'obvier à icelles , imprimé Poitiers , l'an 1577 , chez Aymé Menier & Antoine de la Cour

S A I.

Sᴀɪɴᴛᴇ DES PREZ [1], Damoiſelle fort bien verſée & apriſe en la poëſie Françoiſe, laquelle vivoit en l'an de ſalut 1300, ou environ. Elle a écrit quelques poëmes du jeu parti d'amours, non encore imprimés. Claude Fauchet en fait mention en ſes Œuvres.

[1] Le nom Sᴀɪɴᴛᴇ, en Latin *SANCTA*, ſe trouve, pag. 243 de l'*Onomaſticon Sanctum* de Peyronet, pour faire voir que ce nom de baptême n'eſt pas inconnu dans l'Egliſe, qu'il a été donné, & qu'on peut continuer à le donner. Euſébe, Chap. 1 du Liv. V de ſon *Hiſtoire Eccléſ.* fait en deux endroits mention d'un Diacre, nommé *Sanctus*, martyriſé au ſecond ſiècle ; de ce *Sanctus*, a été formé le nom féminin *Sancta*, en François *Sainte*. Guillaume des Autels a célébré ſa maîtreſſe ſous le nom de *Sainte*. Fauchet, Chap. 3, ne cite aucun vers de *Sainte des Prez*, mais rapporte ſimplement le ſens d'un endroit de ſes Poëſies. (M. ᴅᴇ ʟᴀ Mᴏɴɴᴏʏᴇ).

F. SAMSON BEDOUIN, Religieux en l'Abbaye de la Coûture près le Mans, natif du pays & Comté du Maine, &c. Il a écrit un petit Livre qu'il a intitulé les Ordonnances & Statuts de M. de l'Aflac, & du jeu du Trois, imprimé au Mans, par Hierôme Olivier, l'an 1565. Il a compoſé pluſieurs Chanſons, & entre-autres la replique ſur les chanſons des Nuciens ou Nutois, qui autrement ſont appelés ceux de Nuz au bas pays du Maine, &c. imprimées au Mans, par ledit Olivier. Il a écrit pluſieurs Tragédies, Comédies, & Moralités, & quelques coqs à l'Aſne, & autres ſemblables Satyres, leſquelles il faiſoit jouer par les lieux publics de la ville & fauxbourgs du Mans, par aucuns écoliers de ladite ville. Il a écrit pluſieurs Cantiques & Noels imprimés au Mans, par Macé Vaucelles & autres. Il a recueilli & compilé le catalogue des paroiſſes du Maine, imprimé au Mans. Il mourut en ladite Abbaye de la Coûture, l'an 1563, ou environ.

SAVARY DE MAULEON, Gentilhomme, natif d'Angleterre, fort bien verſé en la poëſie Provençale, uſitée de son temps. Il étoit fort docte en plusieurs arts & sciences, & grand amateur de gens de lettres. Il a écrit plusieurs poësies en la Langue Provençale, non encore imprimées. Il mourut étant employé par le Roi de France, en ses guerres, l'an 1245, ou environ *.

* Voy. Jean de Notre-Dame, Chap. 29 & 32.

SAUVAGE D'ARRAS, natif dudit lieu en Picardie, ancien Poëte François, vivant en l'an de salut 1250, ou environ. Il a écrit quelques poësies amoureuses, non encore imprimées *.

* Voy. Fauchet, Chap. 56.

SAULVEUR ACCAURAT, natif d'Uzez en la Gaule Narbonnoise. Il a traduit de Latin en François les Œuvres de Seneque, traitant des Bien-faits, imprimés à Paris, chez Estienne Grouleau, l'an 1561, in-8°. & contiennent 33 feuilles.

SCEVOLE * DE SAINCTE-MARTHE, Gentilhomme, natif de Loudun en Poitou, Trésorier des finances du Roi audit pays de Poitou. Ce Seigneur de Saincte Marthe est tellement heureux en ses compositions, & si bien né à la poësie Latine & Françoise, qu'il a bien mérité de tenir les premiers ou seconds rangs, entre ceux qui se font admirer pour leurs beaux vers & doctes ouvrages, soit en Latin ou en François, comme il a montré par ses bien limées & polies imitations du docte Poëte Italien *Marcel Palingene*, lequel il a traduit avec tant de grace, que cela a détourné plusieurs d'y mettre la main, qui auparavant s'étoient délibéré de le traduire en notre Langue. Il promet de continuer toute la version entière du Zodiaque dudit Palingene, mais il n'en a fait imprimer encore qu'une partie, avec ses autres poësies Françoises, qu'il a intitulées *Ses premières Œuvres*, contenant quatre Livres d'imitations & traductions recueillies de divers Poëtes Grecs & Latins, imprimées à Paris, chez Federic Morel, l'an 1569. Il a fait imprimer plusieurs autres de ses poësies Latines & Françoises, réduites en deux volumes **. Il florit cette année 1584. Il prononça ces jours passés une très-
docte

docte harangue devant le très-Chrétien Roi de France Henri III,
touchant la suppreſſion que Sa Majeſté déliberoit faire des
Etats d'aucuns Tréſoriers de France, mais elle n'eſt encore en
lumière.

¹ Ayant eu pour parrain ſon Ayeul, *Gaucher de Sainte-Marthe*, l'amour
pour la langue de l'ancienne Rome, lui fit changer le nom de *Gaucherius* en
celui de *Scævola*. (M. DE LA MONNOYE).

* GAUCHER, ou SCEVOLE DE SAINTE-MARTHE, naquit à Loudun, le 2
Février 1536, de Louis de Sainte-Marthe, Seigneur de Neuilly, Procureur
du Roi au Siège de Loudun, & de Nicole le Fevre de Bizay. Cette famille
eſt ancienne, noble, & compte une ſuite de perſonnes de mérite, ſur-tout
dans la Magiſtrature & dans les Lettres. Scévole fit ſes études à Paris. Il eut
pour Maîtres Turnébe, Muret & Ramus. Il étudia enſuite la Juriſprudence
à Poitiers & à Bourges; ſa fidélité, au ſervice des Rois Henri III & Henri IV,
fut inviolable. Il fut employé dans pluſieurs affaires importantes & difficiles,
où il réuſſit. Il ramena Poitiers à l'obéiſſance d'Henri IV, fut Intendant des
Finances dans l'armée de Bretagne, ſous le Duc de Montpenſier, Préſident
& Tréſorier de France dans la Généralité de Poitiers, & mourut le 29 Mars
1623, à Loudun, dans ſa quatre-vingt-huitième année. Ses grandes occupations ne l'empêchèrent pas de cultiver les Lettres, dans tous les temps de
ſa vie, avec une application ſoutenue. Ses premières Poëſies furent Latines,
& ſi bonnes, qu'on le regarde, avec raiſon, comme un des meilleurs Poëtes
Latins de ſon ſiècle. Sa *Pédotrophie*, imprimée, *in*-8°. à Paris, chez Mamert
Patiſſon, 1580, où il traite de la manière de nourrir les enfans à la mamelle,
eſt regardée comme un chef-d'œuvre; aucun autre Auteur n'a peut-être
mieux imité le tour & la majeſté de Virgile; il avoit donné, en 1575, un
autre Recueil de ſes Poëſies Latines. Depuis 1570, où il fit ſes premiers
Eſſais, en vers François, juſqu'à la fin de ſa vie, il en compoſa une grande
quantité, & ſur divers ſujets. Le plus ſingulier eût été celui de ſes *Méta-
morphoſes Sacrées*, s'il eût pu le finir, mais il en fut détourné par les malheurs
des guerres civiles, & les emplois qu'il eut à remplir. Il s'exerça dans toutes
ſortes de genres de Poëſies, ainſi qu'on peut le voir dans les Recueils que
l'on en a. Il en donna une Edition en 1600; depuis on en a fait une plus
complette, en 1633. Ces différens Ouvrages ſont, comme il le dit lui-
même:

Eſcrits en divers tems, & d'un ſtyle divers,
Selon que de ſoucy, j'étois pris, &c.

Il laiſſa trois fils, *Abel*, *Scevole* ou *Gaucher*, & *Louis*, qui ſe diſtinguèrent
par leurs talens, & par leur capacité; ils ont eu des deſcendans qui ſe ſont
également rendus conſidérables par leur mérite. — Voy. les Mémoires de

Niceron , Tom. VIII , & la Biblioth. Françoife de M. l'Abbé Goujet ,
Tom. XIV, pag. 324.

** Les Ouvrages François de Scévole de Sainte-Marthe font , 1°. *La
Louange de la ville de Poitiers ,* à Poitiers , 1573 , *in-8°.* 2°. fes Poëfies Françoifes , parmi lefquelles on trouve plufieurs *Imitations de Palingène ,* mais il
n'a point publié la verfion complette de ce Poëte , que La Croix du Maine
dit qu'il avoit promife. Le *Zodiacus vitæ humanæ* de Palingène , eft un Poëme
Latin ; ce qu'il eft bon d'obferver , parce que les termes de La Croix du
Maine pourroient faire croire que c'eft un Poëme Italien. On en a donné ,
il y a environ trente-fix ans , une Traduction Françoife , affez mauvaife ,
en 2 vol. avec des notes qui en relevent peu le mérite. Sainte-Marthe avoit
reçu ordre du Roi , Henri III , de traduire lui-même en François , fon Poëme
Latin , intitulé *Pædotrophia ,* le plus eftimé de fes Ouvrages ; mais fes occupations ne le lui permirent pas. Son petit-fils , *Abel de Sainte-Marthe ,* y
fuppléa , & publia , en 1698 , *in-12.* fa Traduction , fous le titre de *Manière
de nourrir les enfans à la mamelle.* Ses *Eloges des hommes Illuftres ,* écrits en
Latin , ont auffi été traduits en François , par G. Colletet , en 1644.

SEBASTIEN CHASTILLON, ou CHASTEILLON, dit
Caftalio, natif du pays de Savoye , homme docte ès Langues
Hebraïque, Grecque, & Latine [1]. Il a écrit premiérement en
Latin , & depuis traduit en François un Livre qu'il a intitulé en
Latin *Theologia Germanica ,* & en François il lui a donné ce
titre comme s'enfuit , Traité du vieil & nouvel homme. S'il n'en
eft Auteur , pour le moins aucuns le lui mettent à fus. Auffi on
lui attribue le Livre mis fous le nom de *Martin Belie ,* écrit
tant en Latin qu'en François , auquel Theodore de Beze a fait
réponfe : mais je n'affure pas qu'il en foit Auteur , car il n'y a
point mis fon nom [2]. Il a traduit toute la Sainte Bible de Langue
Hebraïque en Latin , & de Latin en François , laquelle a été
imprimée *. On lui met encore à fus un Livre intitulé le Confeil
à la France défolée. Il mourut environ l'an 1563 , fous le règne
de Charles IX.

[1] CHATEILLON étoit fon vrai nom ; il adopta celui de CASTALION , fur ce
que , par hafard , quelqu'un l'ayant ainfi appelé , cela le fit fouvenir de la
fontaine Caftalie , dédiée aux Mufes , & le difpofa , par une vanité de
jeune homme , comme il l'avoua depuis , à prendre un nom , qu'en qualité
de Poëte Grec & Latin , il croyoit lui convenir. Il le quitta dans la fuite , &
reprit le fien , qu'il mit au-devant de fa verfion Françoife de la Bible , en

1555, huit ans avant sa mort, arrivée le 29 Décembre 1563 ; il n'avoit que quarante-huit ans. Bayle, au mot CASTALION, note G, tout à la fin, a raison de ne pas croire que Calvin ait jamais dit ce que le P. Garasse, pag. 201 de sa *Doctrine Curieuse*, lui fait rapporter de Castalion. C'étoit un homme de bonnes mœurs, sobre, qui détestoit les applications boufonnes des passages de l'Ecriture ; aussi dans la 141ᵉ Epître de Calvin, qu'a eu en vue le P. Garasse, sans la citer, n'est-il nullement parlé de Castalion, mais d'*André Osiander*, encore la chose y est-elle autrement contée. (Ce Jésuite Garasse, dans tout ce qu'il a écrit, se montre aussi vain que fourbe & menteur, & c'est avec justice qu'il est universellement méprisé)... (M. DE LA MONNOYE).

² La Croix du Maine, en disant qu'on attribuoit à Castalion le Livre imprimé sous le nom de *Martin Bélie*, devoit écrire *Martin Bellie*, nom tiré de *Mars* & de *Bellum*, parce que l'Auteur de cette Collection, publiée quelques mois après la mort de Servet, y déclaroit la guerre aux Théologiens, qui vouloient que les Hérétiques fussent punis de mort. *(idem)*.

* CHASTILLON, en Latin *CASTALIO*. Le Duchat dit que son vrai nom étoit CASTILLON. Il mourut de la peste, à Basle, le 29 Décembre 1563, ayant à peine passé sa quarante-huitième année. (De Thou, Liv. XXXV, à la fin). Sa Traduction Françoise de la Bible avoit été imprimée, à Basle, en 1555, en 2 vol. *in-fol*. Cette Edition est devenue très-rare, par une raison qui ne doit pas en augmenter le prix ; c'est qu'elle fut trouvée si mauvaise, qu'on la négligea absolument, ce qui fit que les Exemplaires furent dissipés comme ceux des Livres qui n'ont point de débit. Voilà ce qui cause souvent la rareté des Livres, & Bayle a dit quelque part, "qu'un homme qui vou-» droit laisser à ses héritiers une Bibliothèque de Livres rares, pourroit être » sûr d'y réussir, en achetant tous les mauvais Livres qui paroissent » : il est certain qu'après sa mort ils deviendroient des Livres rares. Quiconque sui-vroit dans ce temps-ci le conseil de Bayle, enrichiroit aisément sa succession, mais il risqueroit en même temps de se ruiner lui-même, quelque riche qu'il fût, s'il vouloit en effet acheter tous les mauvais Livres dont nous sommes inondés, soit qu'ils se montrent avec tous les dehors du luxe Typographi-que, soit qu'ils renferment toute la quintessence de l'esprit philosophique du jour, soit enfin que leur mérite consiste dans une grande licence & dans leur peu de respect pour la religion & pour les mœurs : mais revenons à Castillon. Il savoit trop mal le François pour traduire en cette langue. Il se rendit sur-tout ridicule, en inventant certains mots qu'il croyoit propres à mieux exprimer la force du texte qu'il traduisoit. Il appeloit une *Concubine*, une *arrière-femme* ; le *prépuce*, l'*avant-peau*. Il disoit *Brulage* pour *holocauste* ; *Volageurs* pour *augures*, qui prédisoient l'avenir par le vol des oiseaux, &c. Sa Traduction de la Bible est pleine de mots semblables, & son ignorance de notre langue le fait à tout instant tomber dans un étrange galimathias. Son *Conseil à la France désolée*, fut publié, l'an 1562, selon Bayle, qui a donné un Article fort étendu sur ce Savant.

SEBASTIEN COLIN, Médecin, demeurant à Fontenay en Poitou, l'an 1564. Il a traduit de Grec en François l'onziéme Livre d'Alexandre Tralian *, traitant des goutes, avec une briefve expofition d'aucuns mots pour facilement entendre l'Auteur premier, &c. Il a davantage traduit de Latin en François, la pratique & méthode de guarir les goutes, de Maître Antoine le Gaynier, laquelle il a enrichie de plufieurs chofes néceffaires à cette maladie. Le tout a été imprimé à Poitiers, par Enguilbert de Marnef, l'an 1556. Traité de la pefte & de fa guérifon, écrit premiérement en langue Syriaque, par le Médecin *Rafès ou Rafis*, & depuis traduit en Grec par Tralian, & enfin de Grec en François par ledit Colin, le tout imprimé à Poitiers, par Marnef, l'an 1566, avec un épitome des caufes & remedes de la pefte, compofé par ledit Sébaftien Colin, avec un autre traité du régime de vivre, &c.**. Il floriffoit en l'an de falut 1556.

* Il faut écrire *Trallian*, que l'on prononce aujourd'hui *Trallien*. Alexandre Trallien, Médecin & Philofophe célèbre, écrivoit au milieu du fixième fiècle.

** Il a auffi publié un Livre intitulé : *l'Ordre & Régime pour la cure des fièvres, avec les caufes & remèdes des fièvres peftilentielles*, Poitiers, 1558, *in-8°*.

SIMEON MARION, natif du pays de Nivernois [1], Avocat des plus célèbres & des plus renommés du Parlement de Paris, non-feulement pour fon favoir, mais encore pour fon éloquence, fa hardieffe & promptitude d'efprit. Et pour dire en un mot, ce que je ne peux diffimuler, je laiffe à penfer à ceux de notre fiècle combien il faut exceller en divers genres de doctrine & parties recommandables, pour emporter les premiers ou feconds rangs entre tant d'hommes doctes & éloquens, qui honorent ce tant célèbre & par-tout renommé Parlement de Paris, par leurs doctes plaidoyés & harangues tant élabourées. De façon que cela étant tout connu, que ledit Sieur Marion ne céde à aucun à bien plaider [2], mais en paffe beaucoup : l'on ne pourra m'accufer de dire autre chofe que la vérité, quand je laisserai par écrit , qu'il a été de notre temps comme une étoile reluisante en tout ce Parlement. Je n'ai encore vu aucuns de ses écrits imprimés, mais je ne doute pas qu'il veuille demeurer ingrat de les communiquer à la postérité, qui les admirera encore plus que ceux de notre temps, car elle sera exempte de toute jalousie & passion. Il florit à Paris cette année 1584 *.

[1] SIMON MARION, & non SIMÉON, fut Avocat pendant trente-cinq ans , & plaida avec une éloquence merveilleuse & la plus grande réputation, au-dessus de tous les Avocats de son temps. En 1596, il fut Conseiller au Parlement de Paris , puis Président en la seconde des Enquêtes, & , en 1597, il fut reçu Avocat-Général. On n'a imprimé qu'une partie de ses Plai-doyers (il en donna une Edition en 1594). Il mourut le 15 Février 1605. Voyez les notes de Claude Joly , pag. 680 & 707 des Opuscules de Loisel. (M. DE LA MONNOYE).

[2] Il avoit une mémoire excellente. Dans le *Journal d'Henri IV*, Tom. III , pag. 268, il est dit *Accort, fin, subtil, déguisé, plus éloquent que pieux, des premiers du Palais*. Voy. aussi le *Mercure Franç*. Tom. I, fol. 46. Le Cardinal du Perron , M. de Thou , & les autres Ecrivains célèbres de son temps, en ont fait les plus grands éloges. Ses descendans ont suivi le parti des armes , & sont connus sous le nom de *Drui*. Catherine , fille de Simon Marion , épousa Antoine Arnaud, dont elle eut vingt enfans, tous célèbres par leur mérite, chose fort rare , & peut-être unique dans l'Histoire. (M. FALCONET).

* Selon de Thou (*Hist*. Lib. CXXXIV) Marion mourut à Paris le 11 Février 1605, âgé de soixante-quatre ans & trois mois. De Thou en fait un grand éloge , & dit « qu'il défendit avec une grande fermeté les droits de la » Couronne & les libertés du Royaume ». On a restitué en cet endroit de la Traduction de cet Historien, d'après un Manuscrit du Roi, une phrase re-tranchée dans les Editions Latines de l'Histoire de M. de Thou : c'est que « Marion, quoique zélé Catholique , regarda toujours les nouveaux établisse-» mens Religieux, & leurs privilèges, comme très-pernicieux à l'Etat, & les » attaqua avec vigueur ». Il fit, en 1594, un Plaidoyer, plein de force, contre les Jésuites. M. de Thou n'a pas dédaigné d'en donner l'Extrait dans son *Histoire* , pag. 119. Je ne suis pas à portée d'examiner si ce Plaidoyer fait partie de ceux qui ont été publiés.

SIMON D'ANTHIE ou ANTIE, ET D'ATHIES,

ancien Poëte François , vivant en l'an de salut 1250 , ou environ. Il a écrit plusieurs poësies Françoises , & entr'autres des chansons amoureuses non encore imprimées *.

* Voy. FAUCHET , Chap. 38.

SIMON BOUQUET, Parifien, Sieur DE PLANOY EN BRIE, autrefois Sécretaire de la Roine de Navarre, & depuis Echevin du confeil de la ville de Paris, &c. Quiconque a connoiffance de ce Seigneur de Planoy, ne pourra nier qu'il ne foit grandement orné d'un bon jugement naturel, & d'un efprit clairvoyant, fans faire mention de fes autres vertus qui l'accompagnent, dequoi j'en remets le jugement à ceux qui le connoiffent comme moi. Mais pour laiffer ces chofes là à juger à ceux qui voudroient s'y arrêter davantage, je viendrai à parler de ce que j'ai vu de fes inventions & compofitions mifes en lumière, favoir eft l'entrée du Roi de France Charles IX, & de la Roine fon époufe, faite à Paris au mois de Mars l'an 1571, imprimée à Paris l'an 1572, *in-4°.* & contient 20 feuilles, chez Denys du Pré, pour Olivier Codoré, tailleur & graveur de pierres précieufes, avec les protraits & figures de toutes les chofes les plus excellentes qui furent faites à ladite entrée du Roi Charles IX, & de Madame Elifabeth d'Auftriche fa femme. Ce qu'il y a de fon invention eft marqué à la lettre B. qui fignifie Bouquet, dequoi j'avertis les Lecteurs, pour ne frauder ou dérober rien de l'honneur des autres qui mirent la main à cette magnifique & honorable entrée. Il a davantage écrit plufieurs poëfies Françoifes, & entr'autres, il a traduit en vers François le Dialogue de Lucien, intitulé *Mifantrope,* non encore imprimé. Il florit à Paris cette année 1584.

SIMON BRUNEL. Il a traduit de Latin en François la défenfe pour le Roi très-chrétien François I du nom, contre les injures & détractions de Jaques *Omphalius,* compofées par un ferviteur du Roi fufdit, imprimées à Paris, chez Robert Eftienne.

SIMON BOURGOUIN, Valet de chambre du Roi *. Il a traduit en François les vraies narrations de Lucian, Auteur Grec, avec l'oraifon contre la calomnie, médifance, tromperie & faux rapport, le tout imprimé à Lyon, par Gilles & Jaques Huguetan freres, l'an 1540.

* Son vrai nom étoit SIMON BOUGOUINC, Valet-de-Chambre du Roi

Louis XII. Il a composé deux Poëmes Dramatiques : le premier intitulé , *L'homme pescheur & l'homme juste par personnages* , représenté à Tours , vers la fin du quinzième siècle ; le second, l'*Espinette du jeune Prince*, conquérant *le Royaume de bonne Renommée.* Les personnages de cette pièce sont tous des êtres Métaphysiques , en très-grand nombre , qui , chacun, ont le temps de paroître & de parler , car ce Poëme est divisé en cinq Livres , qui forment autant d'actions différentes , où le jeune Prince , tantôt dans le chemin de la raison & de la vertu , tantôt dans celui du vice , céde à différentes impressions jusqu'à ce qu'il parvienne à épouser la *Dame de bon Gouvernement*, qu'il envoie chercher à son *Château des Vertus* , pour la faire couronner Reine.

Voy. la Biblioth. Franç. de M. l'Abbé Goujet , Tom. X , pag. 165 & suiv. & l'Hist. du Théâtre François, Tom. II, pag. 247.

SIMON CHALLUDRE , Parisien , Professeur des saintes lettres , &c. Il a écrit la défense de Charles du Molin, ancien Docteur ès droits , & autres gens de savoir & piété, &c. contre les calomnies des Calvinistes & Ministres de leur secte , abus, usurpations , & erreurs d'iceux , le tout imprimé en divers lieux. Faut noter ici que c'est Charles du Molin qui est Auteur de cette défense pour lui-même , & que c'est un nom supposé & inventé que le susdit *Simon Challudre.* Car ce n'est qu'un ana-gramme ou nom retourné de Charles du Molin , comme pour-ront voir ceux qui y voudront prendre garde. Nous avons parlé de Charles du Molin , à la lettre C. (*Tom. I, pag.* 114 *de cette nouv. édit.*) Il mourut l'an 1566.

SIMON DE COMPIEGNE , Moine de S. Richier en Ponthieu , autrement appelé Simon Greban , natif dudit lieu de Compiegne en Picardie , frère d'Arnoult Greban, (duquel nous avons parlé , *Tom. I , pag.* 58 *de cette nouv. Edit.*) Voy. ci-après Simon Greban , &c.

SIMON DORIE , Gentilhomme Italien , Poëte en Langue Provençale , l'an 1276. Il a écrit quelques poësies en la susdite Langue Provençale. Il étoit parent de Perceval Dorie , Gentil-homme , natif de Genes en Italie , duquel nous avons parlé ci-dessus *.

* Voy. Jean de Notre-Dame , Chap. 38.

SIMON FONTAINE, Théologien. Il a écrit l'Hiſtoire Catholique de notre temps touchant l'état de la Religion Chrétienne , &c. imprimé à Paris, chez Guillaume Julien, l'an 1562.

* Le titre entier de l'Ouvrage de Simon Fontaine , eſt : *Hiſtoire Catholique & Eccléſiaſtique de notre temps , touchant l'état de la Religion Chrétienne , depuis l'an 1517 juſqu'en 1548 , enrichies de pluſieurs choſes notables , depuis 1546 juſqu'en 1550 , par Simon Fontaine, Docteur en Théologie , de l'Ordre de S. François.* Ce Livre parut , *in-8°.* à Paris , en 1558, quatre ans avant l'Edition citée par La Croix du Maine. On croit que Fontaine eſt mort en 1557. — Voy. le Supplément Latin de la Biblioth. de Geſner.

· **SIMON GREBAN** , Secrétaire de M. le Comte du Maine Charles d'Anjou , natif de Compiegne en Picardie , qui fut cauſe qu'il s'appela Simon de Compiegne , &c. frère d'Arnould Greban , Chanoine en l'Egliſe du Mans (comme nous avons dit ci-deſſus.) [1]. Il a continué le Livre des Actes des Apôtres , commencé par ſon frère Arnoul *, leſquels furent joués & repréſentés en pluſieurs villes de France , ſavoir eſt au Mans , à Angers , à Bourges , & autres villes : nous les avons par devers nous écrits à la main , & ſont compoſés en vers François. Maître Pierre Curet ou Cueuvret les a fait imprimer après les avoir revus & corrigés , &c. Il a écrit pluſieurs Elegies , complaintes , & déplorations ſur la mort d'une Roine de France , deſquelles fait mention Jean le Maire , en ſes poëſies. Epitaphes ſur la mort du Roi de France Charles VII , écrits en forme d'Eglogue ou paſtoralle , imprimés à Paris. La Sphere du monde qu'il appelle autrement les vertus de l'Eſpere du monde , imprimée avec un vieil Calendier , &c. Il a traduit par le commandement du Roi de France Philippe le Bel , un Livre intitulé le Cœur de Philoſophie , imprimé à Paris , par Philippes le Noir , l'an 1520, mais je ne ſai s'il y auroit point faute au Livre imprimé. Car s'il étoit ainſi , qu'il eût flori ſous le règne dudit Philippes & de Charles VII , ce ſeroit choſe trop miraculeuſe : qui eſt cauſe que je penſe qu'il y ait faute en l'impreſſion du Livre , qui dit ſur la fin que ce Livre du cœur de Philoſophie ayt été traduit

pa

par ledit Simon Greban, par le commandement du Roi Philippes
le Bel : car c’eſt choſe toute aſſurée, qu’il floriſſoit ſous le
règne de Charles VII, lequel mourut en l’an 1461. Nous avons
pluſieurs de ſes compoſitions écrites à la main & non encore
imprimées. Il mourut au Mans & eſt enterré en l’Egliſe Cathédrale de S. Julien, devant l’image de S. Michel, auquel lieu ſe
voyoit ſa tombe avant les premiers troubles & ſéditions pour
la religion.

[1] On vient de voir, au mot SIMON DE COMPIÉGNE, que ce SIMON, ſurnommé GREBAN, cadet apparemment d’ARNOUL, étoit Moine de S. Riquier
en Ponthieu. Marot, qui a cru *Manceaux* ces deux frères, n’a pas été bien
informé, lorſqu’à l’occaſion des Villes de France, qui, de ſon temps, ſe faiſoient honneur d’avoir produit quelque Poëte célèbre, il dit :

> Les deux Grebans ont le Mans honoré.

puiſque le Mans n’avoit produit ni l’un ni l’autre, & que ſeulement l’un des
deux, ſavoir *Arnoul*, y avoit été Chanoine. Leur grand Ouvrage étoit
d’avoir mis les Actes des Apôtres en rime. *Arnoul*, qui le commença, n’en
ayant fait qu’une partie, *Simon* pourſuivit & l’acheva. Ce n’étoit pas une
ſimple Traduction de proſe Latine en vers François. La Croix du Maine dit
poſitivement que la pièce avoit été jouée dans pluſieurs villes conſidérables,
qu’il nomme, ce qui fait voir que c’étoit une Compoſition Dramatique.
Tout le défaut que je trouve dans l’Hiſtoire qu’il fait de cet Ouvrage, c’eſt
qu’en parlant de *Pierre Cueurt*, ou *Curet*, qu’il veut en avoir été l’Editeur,
il ne marque le lieu, le temps, ni la forme de l’Edition. Il n’a pu omettre
des circonſtances ſi eſſentielles, ſans s’expoſer à faire croire qu’il n’a ſu, quand,
ni comment, ces *Actes des Apôtres* furent originairement publiés. Il ne paroît nulle part qu’il ait connu l’Edition que Guillaume Alabat en publia,
l’an 1541, chez les Angeliers, à Paris. C’eſt un gros *in-folio*, qui, outre
ces *Actes*, mis en rimes, contient de plus le *Myſtère de l’Apocalypſe*, le
tout diviſé en trois parties, reliées en un ſeul volume. Du Verdier & Bayle,
après lui, ont attribué toutes ces pièces au ſeul *Louis Choquet*, ayant ignoré
que les *Actes des Apôtres* étoient des deux frères Grébans, & n’ayant pas
pris garde que des trois parties dont l’*in-folio* eſt compoſé, Louis Choquet
ne ſe reconnoit Auteur que de la dernière, qui eſt l’*Apocalypſe*. Il ne prend
nulle part aux deux précédentes, où il eſt à remarquer que le chiffre eſt
continué, au lieu qu’à la troiſième il recommence : auſſi la dédie-t-il uniquement comme ſienne à Maître Antoine le Coq. Cela me ſemble déciſif.
— Voy. dans *DU VERDIER* le mot LOUIS CHOQUET. — Voy. ſur les frères
GRÉBAN DE COMPIÉGNE, qui ont vécu dans le milieu du quinzième ſiècle,

l'*Hiſtoire du Théâtre François*, Tom. II, pag. 234 & ſuivantes. (M. DE LA MONNOYE).

* Il faut diſtinguer trois Editions du *Myſtère des Apôtres*, par Arnoul & Simon Gréban : la première de 1537, 2 vol. *in-fol.* la ſeconde de 1540, *in-4°.* 2 vol. la troiſième de 1541, à laquelle on a ajouté l'*Apocalypſe de S. Jean*, *in-fol.* 3 vol. On les relie ordinairement en un ſeul vol. Toutes ces Editions ſont rares. L'Edition de 1537 eſt intitulée : *Le triomphant Myſtère des Actes Apôtres, tranſlaté fidèlement, à la vérité Hiſtoriale, écrite par S. Luc à Théophile, & illuſtré de Légendes Authentiques, & Vies des Saints, reçues par l'Egliſe, le tout ordonné par perſonnages..* Il eſt diviſé en neuf Livres. La ſeconde Edition eſt ſemblable à la première. Il y a quelque différence dans la troiſième, indépendamment de l'*Apocalypſe*, qu'on y a jointe. Ce Myſtère fut repréſenté pour la première fois à Bourges, en 1536, & la repréſentation dura quarante jours, ſelon Chaumeau (*Hiſt. de Berry*, pag. 237). Il fut joué depuis au Mans, à Tours, à Angers & à Paris. Ce fut au commencement de l'année 1541 qu'il fut repréſenté dans cette dernière Ville. La proclamation s'y fit avec une grande ſolennité. Cette proclamation eſt en vers, & fut imprimée à Paris cette même année, avec l'ordre dans lequel elle fut faite. Ce morceau eſt imprimé dans les *Recherches ſur les Théâtres* de Beauchamps, pag. 127, *des Auteurs avant Jodelle*, Edit. *in-4°*. Pâquier, dans ſes *Recherches*, Tom. I, Liv. VII, Chap. 5, pag. 700, parle avec éloge des deux Grébans, mais ſur-tout d'Arnoul, dont il cite quelques vers.

SIMON GOULARD [1], natif de Senlis, homme très-docte & extrémement laborieux, comme il l'a bien montré par ſes écrits mis en lumière, depuis peu de temps en ça. Voici ce que j'ai vu de ſes compoſitions. Commentaires ou Annotations ſur la Sepmaine de Guillaume de Salluſte, Sieur du Bartas, imprimés à Paris, chez Abel l'Angelier, Jean Febvrier, Gadouleau & autres par plus de 7 ou 8 diverſes fois, tant ils ont été trouvés pleins d'érudition & de doctrine. Il a enrichi les vies & opuſcules de Plutarque, Auteur le plus renommé d'entre les Grecs, leſquelles ont été imprimées en divers lieux depuis un ou deux ans en çà [2]. Il a traduit dix Livres de Theodoret Evêque de Cyr, touchant la Providence de Dieu, contre les Epicuriens. Deux Livres du même Auteur Theodoret, traduits par ledit Goulart, l'un de la Providence Divine, & l'autre du but de la vie humaine, & du dernier jugement, le tout imprimé à Lauſane, l'an 1578, *in-8°.* & contient 19 feuilles. Il a traduit de Latin en François la République des Suiſſes, écrite par *Joſias Simlerus* Suiſſe de nation, imprimée. Aucuns penſent que François Gentillet Dauphinois en aye fait la traduction, (comme nous avons dit ci-deſſus, *Tom. I de cette nouv. Edit. pag.* 220.) mais les uns & les autres n'y ont mis leur nom, qui eſt cauſe de m'avoir fait tenir ceci en ſuſpens. Il a traduit l'hiſtoire de Portugal, écrite par *Oſorius*. Il a traduit les Livres de Jean Uvier, Médecin du Duc de Cleves, touchant l'impoſture & tromperies des Diables, leſquels avoient été traduits auparavant par Jaques Grevin, Médecin (duquel nous avons fait mention, *Tom. I, pag.* 415 *de cette nouv. édit.*) Il a écrit un traité de ſon invention touchant les forceleries & enchantemens. Je ne ſai s'il eſt imprimé. Pluſieurs Sonnets Chrétiens 3. Pluſieurs Cantiques adaptés à la muſique d'Orlande très-excellent Muſicien, imprimés, &c. Il a écrit une briefve & Chrétienne remontrance aux François, imprimée avec le premier volume des mémoires de l'Etat de France, &c. Il a davantage traduit de Latin en François la Chronique & Hiſtoire univerſelle de Jean Carion, augmentée par Melancton, Peucer & autres, &c. imprimée par Jean Berion, l'an 1579 & 1580, en 2 vol. contenant ſept Livres **. Je n'ai pas connoiſſance de ſes autres écrits. Il florit cette année 1584.

¹ Il ſignoit GOULART, & ſon nom, en Latin, ne doit pas ſe rendre par GOLARDUS, mais par GULARTIUS. Il naquit à Senlis le 20 Octobre 1543, & mourut à Genève le 3 Février 1628, dans ſa quatre-vingt-ſixième année. Ces mots du *Scaligerana ſecunda,* que *Goulart commença tard au Latin,* ne ſignifient pas qu'il apprit tard cette langue, mais qu'il commença tard à y écrire. Je ne ſache pas en effet qu'on voie rien de lui, en Latin, avant la nouvelle Edition, qu'en 1597, âgé de près de cinquante-quatre ans, il donna du Catalogue, *Teſtium veritatis,* d'Illiricus. Il y a fait des additions conſidérables ; qu'on en examine le ſtyle, on verra que Scaliger n'avoit pas tort de dire, qu'il n'auroit jamais cru que Simon Goulart, ayant tant tardé à s'exercer en ce genre, y eût pu ſi bien réuſſir *. (M. DE LA MONNOYE).

* Nous ajouterons ici que Simon Goulart naquit Calviniſte, ou fut attaché de bonne heure au Calviniſme. Il fit ſes études de Théologie à Genève, où il fut fait Miniſtre le 20 Octobre 1566, & ſuccéda, en quelque ſorte, à l'autorité de Calvin, qu'il exerça avec plus de modération que lui, pendant plus de ſoixante ans. Il mourut, après avoir joui d'une parfaite ſanté pendant toute ſa vie. Ce

fut un affez bon Littérateur, un Ecrivain infatigable & l'Apologifte continuel de la Prétendue Réforme.

² Il a fait les Argumens & les notes, ajoutés à la Traduction de Plutarque, par Amyot. — Voy. les *Mélanges* d'Ancillon , ff. 90 , Art. PLUTARQUE. (M. DE LA MONNOYE).

³ Les deux Bibliothécaires n'ont point parlé du *Caton, ou cenfeur Chrétien,* poëme imité plutôt que traduit, en vers François, du Latin de Bèze par Goulart. Cette Traduction parut en 1608 , avec des Quatrains, auffi en vers François , tirés des Epîtres de Sénèque. La verfification en eft feche & dure. Goulart ajouta à fa Traduction trois Difcours en vers François : le premier contre *la Profanité ,* le fecond contre *l'Athéifme*, le troifième contre *l'Incrédulité ,* qui fervent de Commentaire à ce Poëme. — Voy. les Mémoires de Niceron , Tom XXIX, pag. 364 , & la Bibl. Franç. de M. l'Abbé Goujet, Tom. VII , pag. 153 , & Tom. XV, pag. 46. (*idem*).

** J'ajouterai quelque chofe au Catalogue des Ouvrages de SIMON GOU-LART , donné par La Croix du Maine. Son *Hiftoire de Portugal* comprend non-feulement la Traduction des *douze livres* d'Ozorius, depuis 1496 juf-qu'en 1578, mais huit autres, pris de Lopez de Caftanide & d'autres. Elle parut , en 1581 , *in-fol.* La Croix du Maine ne parle point de quelques autres Ecrits François de Simon Goulart, parce qu'ils n'avoient point encore paru , lorfque ce Bibliographe écrivoit. Voici les principaux : 1°. *Les Devins , ou Commentaires des principales fortes de Divinations , traduits du Latin de Gaf-pard Peucer ,* Lyon , 1584, *in-4°.* 2°. *Traité Théologique & Scolaftique , contre le controuvé Sacrifice de la Meffe , traduit du Latin d'Antoine Chandieu ,* 1595 , *in-4°.* 3°. *Confidérations de la confcience humaine ,* avec quelques au-tres Traités, Genève , 1607, *in-8°.* 4°. *L'Hiftoire des Martyrs Proteftans , par Crefpin , augmentés par Goulart ,* Genève , 1597 , *in-fol.* 5°. *Anthologie Chretienne & morale ,* Genève , 1618 , *in-8°.* 6°. *Confidération de la fageffe de Dieu ,* Genève , 1623 , *in-8°.* 7°. Les *Méditations Hiftoriques de Caméra-rius,* traduites du Latin , par Goulart & de Roffet , Paris , 3 vol. *in-8°.* Il y a beaucoup d'additions par Goulart. 8°. *Tréfor d'Hiftoires admirables & mémo-rables de notre temps ,* Paris , 1600 , 2 vol. *in-12.* Je paffe fous filence plufieurs Livres de Piété. 9°. Les *Mémoires de la Ligue,* dont la première Edition parut en 3 vol. *in-8°.* 1587 , & la fuite, en 6 vol. en 1590 , & dans les années fuivantes. Il y déguifa fon nom fous celui de *Samuel de Lis.* M. l'Abbé Goujet l'a fait réimprimer avec des Additions, en 1758, en 6 vol. *in-4°.* Enfin Goulart traduifit les *Portraits* (ICONES) que Th. de Bèze avoit compofés en Latin. (Voy. ci-après ma remarque fur THÉOD. DE BÈZE). Il ne faut pas confondre ce SIMON GOULART avec fon fils, qui fe nommoit de même , & qui a publié quelques Ouvrages.

SIMON HAIE-NEUFVE, natif de la ville de Château-gontier en Anjou, à huit lieues d'Angers, auquel lieu il naquit en l'an de falut 1450. Il étoit Curé de Saint Pater, & enfin fe fit Prêtre, & faifoit fa demeure ordinaire en l'Abbaye de S. Vincent ès fauxbourgs du Mans, auquel lieu il vêquit par longues années, qui fut caufe que plufieurs l'ont appelé en leurs Œuvres, *Maiftre Simon du Mans*, penfant que ce fut le lieu de fa nativité, & entr'autres Geufroy Thorry de Bourges l'appelle ainfi en fon Livre intitulé le Champ-Fleury, auquel endroit il lui donne tant de louange pour le grand favoir qui étoit en lui, & fur-tout en la protraicture & architecture, & encore pour l'écriture, qu'il ne craint point de le comparer à Albert Durer, Michel Ange, & autres des plus excellents peintres & architectes de notre fiècle. Il fe voit de lui plufieurs beaux édifices bâtis de fon induftrie, tant en la ville du Mans, qu'en d'autres lieux. Il n'a point fait imprimer fes Œuvres, mais j'ai vu un nombre infini de fes protraits faits de fa main, au cabinet des Haieneufves, orfevres, demeurants à Angers, fes neveux, lefquels font extrêmement bien faits, & fi bien peints qu'il n'y défaut rien pour la perfection. Il mourut en la fufdite Abbaye de S. Vincent près le Mans, l'an 1546, 11ᵉ jour de Juillet, âgé de quatre-vingt & feize ans, & eft enterré en ladite Abbaye. Il voyagea en Italie & autres lieux, & enfin fe retira audit Monaftère, en l'an de falut 1500, âgé de cinquante ans, en laquelle il demeura par l'efpace de 46 années.

SIMON DE HESDIN, Docteur en Théologie, Religieux des Hôpitaliers de Saint Jean de Hierufalem, du temps de Charles V, Roi de France, l'an 1364, ou environ. Il a traduit les fept premiers Livres des exemples mémorables de Valere le Grand, & les a annotés & augmentés de plufieurs chofes de fon invention, le refte des Œuvres dudit Valere, a été achevé de traduire par Nicolas de Gonneffe, Maître ès Arts & en Théologie : le tout a été imprimé à Lyon, fur le Rofne, l'an 1485, par Matthieu Hufz, *in-fol.* de grand papier & contient 220 feuilles, de caractères baftards.

SIMON DE JOINVILLE. Il a écrit la vie du Roi S. Loys, voy. ci-devant Jean Syre de Jonville, Sénéchal de Champagne: car ceux qui l'ont appelé Simon, se sont trompés & abusés en cela. (Voy. *Tom I, p. 522 de cette nouv. édit.*)

SYMON DE MAILLÉ (Messire), Archevêque de Tours *, issu de la très-noble & très-illustre famille de Maillé en Anjou, &c. homme docte & bien versé en la Théologie & autres disciplines. Il a écrit & composé plusieurs Livres, tant en Latin qu'en François, ensemble traduit quelques Œuvres de S. Basile, & autres Auteurs Grecs & Latins, comme nous dirons plus amplement en autre lieu. Il florit cette année 1584.

* Simon de Maillé, né en 1514, fut Archevêque de Tours en 1554, & mourut le 11 Janvier 1597, dans sa quatre-vingt-troisième année. Maan, dans ses *Vies des Archevêques de Tours*, cite une Traduction Latine de Maillé, de vingt-quatre Homélies de S. Basile, divers Ecrits en vers & en prose, & des Lettres qu'*il seroit fort à souhaiter*, dit-il, *qu'on publiât.* (Maan, *Hist. Eccles. Turon.* pag. 200 & 203). Scévole de Sainte-Marthe, dans ses *Eloges*, Liv. IV, rapporte que cet Archevêque, retiré dans le Château de Brézie, où il occupoit un corps de logis qu'il avoit fait bâtir avec plus d'élégance que de solidité, le bâtiment tomba durant la nuit, & écrasa ceux qui s'y trouvèrent, excepté l'Archevêque seul, qui se tira du milieu des ruines, sans avoir été même blessé. Il avoit été Religieux à l'Abbaye de Lorroux.

SIMON DE MALMEDY, natif du pays de Lorraine, Lecteur du Roi à Paris, Docteur en médecine, & faisant profession d'icelle en ladite ville. Il a écrit en François une Lettre ou Epître, à son cousin Isaac de Malmedy, imprimée sur la fin du discours de la noble & ancienne maison de Crouy en Picardie, Ducs d'Ascot ou d'Arscot, imprimé à Paris, l'an 1566, *in-8°*. Je n'ai autre connoissance de ses écrits François. J'entends qu'il est mort cejourd'hui, qui est le Vendredi 20ᵉ jour du mois d'Avril l'an 1584 (auquel temps j'écri cette Bibliotheque) & m'a t'on rapporté plusieurs étranges cas, & bien dignes de merveilles avenus en son misérable trépas & infortuné genre de mort, duquel je n'ose encore rien assurer, d'autant que j'en oy parler diversement : c'est pourquoi je me reserve à écrire de

cela autre part, jufques à ce que je fois mieux informé, comme
le tout s'eft paffé.

SIMON MARMION, natif de la ville de Valenciennes en
Hainault, homme fort docte & peintre très-excellent. Je n'ai
point vu de fes écrits, mais Loys Guichiardin parle de lui fort
honorablement en fa defcription des pays bas, *fol.* 433. de la
première impreffion.

SIMON DE MONTIERS, Avocat au Parlement de Rouen
en Normandie. Il a traduit de Latin en François, les deux
premiers Livres de l'hiftoire de France écrite par Paule Æmile
Veronnois, imprimés à Paris chez Michel Vafcofan, l'an 1556,
*in-*4°.

F. SIMON NERAULT, Docteur en Théologie, de l'ordre
des Freres Prêcheurs ou Jacobins du Convent de Bourges en
Berry. Il a écrit un Livre intitulé le Flagice de Pefte, imprimé
à Poitiers par Jaques Bouchet, l'an 1530, *in-*8°. & contient 6
feuilles *.

* Jean Bouchet en parle, Ep. 74.

SIMON DE PROVANCHIERES, Médecin, demeurant à
Sens en Bourgongne, l'an 1582. Il a écrit un difcours d'un
enfant confervé en la matrice, par l'efpace de vingt-huit ans,
imprimé en ladite ville de Sens, l'an fufdit 1582. Il a traduit
de Latin en François le difcours de Jean Aillebouft, Médecin à
Sens, touchant le prodigieux enfant de ladite ville de Sens,
lequel fe trouva petrifié, ou lapifié, (c'eft-à-dire reduit &
converti en pierre) dans la matrice d'une certaine femme, &c.
imprimé à Sens, par Jean Savine, l'an 1582 *.

* On a de lui cinq Difcours, imprimés, *in-*4°. à Sens, 1616, touchant
le nommé Jean Godeau de Vauprofonde, à trois lieues de Sens, qui, des
quatorze années qu'il vécut, demeura les quatre dernières fans manger.

SIMON DE VALLAMBERT, ou bien DU VAL-LAMBERT,
natif d'Avalon près Vezelay au Duché de Bourgongne, pre-

miérement Médecin de Madame la Ducheſſe de Savoye & de Berry, l'an 1558, & depuis de M. le Duc d'Orléans. Il a écrit un Livre intitulé le Tréſor des pauvres touchant la nourriture & maladie des enfans, contenant cinq Livres, leſquels ont été imprimés à Poitiers, par les de Marnefs*. Il a traduit de Grec en François un Dialogue de Platon, intitulé Criton, ou de l'obéiſſance qui eſt due à la juſtice, imprimée à Paris, l'an 1542, chez Olivier Maillard. Ce Dialogue a été auſſi traduit par Pierre du Val Evêque de Sees en Normandie, & imprimé à Paris, chez Vaſcoſan, & encore depuis traduit par Jean le Maſle, Angevin, avec ſes commentaires & annotations, imprimées à Paris, chez Jean Poupy (comme nous avons dit ci-deſſus, *p.* 332.) Ledit Valembert a mis en lumière un Livre intitulé, Méditation de l'oraiſon des Chrétiens, priſe du vieil & nouveau teſtament, autrement-intitulé le Trépas des fidèles, imprimé à Paris, par Gueroult Sbire. Traité de la conduite du fait de Chirurgie, imprimé à Paris, chez Vaſcoſan, l'an 1558. Il floriſſoit ſous le Roi François I. & Henri II.

    * Le premier de ſes Ouvrages, dont parle La Croix du Maine, eſt ſans doute le même que ſon *Traité de la manière de nourrir & gouverner les enfans dès leur naiſſance*, imprimé à Poitiers, en 1565, *in-*4°.

SIMON VIGOR *, natif du pays de Normandie, Docteur en Théologie, à Paris, Prédicateur du Roi, & Chanoine Théologal en l'Egliſe de notre Dame à Paris, & depuis Archevêque de Narbonne, &c. **. Il a écrit & compoſé en François l'oraiſon funèbre qu'il prononça aux obſeques & funérailles de Madame Elizabeth de France, Royne d'Eſpagne, imprimée à Paris, chez Claude Fremy, l'an 1568. Ladite oraiſon fut prononcée par ledit Vigor, en l'Egliſe de notre Dame à Paris, le 25e jour d'Octobre l'an 1568. Il floriſſoit ſous le règne du Roi Charles IX, audit an 1568.

    * Simon Vigor étoit d'Evreux. Il fut Recteur de l'Univerſité en 1540. Ayant été fait Grand-Pénitencier d'Evreux, il accompagna l'Evêque au Concile de Trente. A ſon retour, il fut fait Curé de S. Paul à Paris, & non pas Chanoine
de

de Notre-Dame, comme le dit La Croix du Maine. Ses Sermons lui valurent l'Archevêché de Narbonne, auquel il fut nommé, en 1572. Il mourut à Carcaffonne, le premier Novembre 1575. Ce fut ce Simon Vigor & Claude de Saintes qui eurent, en 1566, la fameufe Conférence de controverfe, avec les Miniftres De l'Epine & Sureau du Rofier.

** Il fut nommé Archevêque de Narbonne, non en 1570, comme le dit le Braffeur (*Hiftoire d'Evreux*, pag. 323) & plufieurs après lui, mais à la fin de 1572, fon prédéceffeur n'étant mort qu'au mois de Décembre de cette même année. Il étoit fils de Renaud Vigor, Médecin des Rois Charles IX & Henri III. Il eut, en 1566, une conférence avec quelques Miniftres de la Religion Prétendue Réformée : il avoit pris pour fecond Claude de Saintes, & ils remportèrent tous deux l'avantage. Simon Vigor fit imprimer les Aces de cette Conférence en 1568. Il s'étoit adonné à l'éloquence de la Chaire, & fut Prédicateur de Charles IX. On a imprimé fept volumes de fes Sermons. En 1562, il avoit été député au Concile de Trente, comme Docteur de l'Univerfité de Paris. Il eut un neveu du même nom que lui, & qui fut Auteur de quelques Ecrits.

SIMPHORIEN CHAMPIER, Lyonnois, dit en Latin *Campegius*, Seigneur de la Faverge, Confeiller & premier Médecin du Duc de Lorraine, de Bar, & de Calabre, &c. Ledit Champier étoit Chevalier de l'ordre de S. Georges, en la maifon des Ducs de Lorraine, &c. Il avoit un fils nommé Claude Champier, Sieur de la Baftie, Corcelles & la Faverge, &c. duquel nous avons parlé ci-devant à la lettre C. (*Tom. I, pag.* 132 *de cette nouv. édit.*) *. Le fufdit Symphorian a écrit en François la vie du Capitaine Bayard, Gentilhomme, Sieur dudit lieu en Dauphiné, furnommé *Pierre de Terrail*, &c. imprimée en l'an de falut 1526 **. Le fondement & origine des titres de nobleffe, imprimé à Paris l'an 1535. La nef des Dames vertueufes, imprimée à Paris l'an 1531, chez Philippes le Noir. La nef des Princes, imprimée à Paris. La nef des Sybilles & leurs prophéties & prédictions. Les grandes Chroniques des geftes & vertueux faits des Ducs & Princes de Savoye & Piedmont, &c. imprimées à Paris, par Jean de la Garde, l'an 1516. Les Chroniques de Lorraine, imprimées. Le Triomphe de France, écrit en Latin & en François, imprimé à Lyon & à Paris. L'ordre de Chevalerie, duquel il fait mention en la vie du Capitaine

Bayard. Le miroir des Apotiquaires, imprimé à Paris l'an 1539.
Il a écrit plusieurs très-beaux & très-doctes Livres en Latin,
desquels j'en ai plus d'une douzaine de volumes, imprimés à
Lyon & à Paris : mais nous ferons mention de cela autre part.
Il florissoit du temps du Roi Loys XII, l'an 1507, & sous
François I, l'an 1515 [1].

* Simphorien Champier ayant fait ses études à Paris & à Montpellier,
Antoine, Duc de Lorraine, le prit pour son Médecin, & le mena avec lui
en Italie, où il se trouva à la bataille d'Aignadel, en 1509. Il y retourna, en
1515, avec le même Prince, & se trouva avec lui à la bataille de Marignan,
qui se donna le 15 Septembre ; ce fut après cette bataille que le Duc de
Lorraine, content sans doûte de la bravoure de son Médecin, qualité que
l'on n'attendoit pas de lui, le fit Chevalier, *Eques auratus*, aux éperons
dorés, & non pas de la Toison d'or, ni de l'Ordre de S. Georges, comme
l'écrit La Croix du Maine. L'accollade qu'il avoit reçue, & les armes dont
il se trouvoit décoré, ne l'empêchèrent pas d'aller se faire aggréger au Collège
des Médecins de Pavie, au mois d'Octobre suivant. Il fut deux fois Echevin
de la ville de Lyon, en 1520 & en 1533. Il contribua à deux établissemens
publics de cette Ville, à celui du Collège des Médecins, & du Collège de
la Trinité, donné d'abord à des Professeurs séculiers, ensuite aux Jésuites,
& enfin aux Prêtres de l'Oratoire. On croit que Champier mourut en 1532.

** Il avoit un intérêt personnel à faire la vie & l'éloge du Chevalier
Bayard, il avoit épousé Marguerite du Terrail, proche parente du fameux
Chevalier ; c'est par la même raison qu'il publia un Catalogue des Abbés
d'Aisnay, parmi lesquels sa femme avoit eu un oncle, *Antoine du Terrail*,
en 1438, & un frère, *Théodore du Terrail*, en 1476. La *Vie du Chevalier
Bayard*, par Champier, est regardée comme un vrai Roman, remplie de
fables. Il eut de sa femme, *Marguerite du Terrail*, deux fils, *Antoine &
Claude Champier*. Rustique de Plaisance, qui fit la cérémonie de l'aggréger
au Corps des Médecins de Pavie, loue la beauté de Madame de Champier,
& l'érudition de son mari, que, par allusion au mot *Margarita*, il nomme
la perle des Docteurs, comme son épouse est la perle des femmes. — Nous
n'entrerons point dans le détail des Ouvrages de Champier, le Catalogue
que l'on en trouve dans les deux Bibliothécaires, & qui est encore bien plus
considérable dans les Mémoires de Niceron, prouve que c'étoit un Ecrivain
infatigable. Tout ce qu'il a écrit d'Historique ne mérite aucune considération ; il n'avoit point de critique, étoit très-ignorant en Chronologie, &
se laissoit aller à tout ce qui étoit merveilleux. Ses Traités de Médecine sont
meilleurs, &, quoiqu'en grand nombre, on voit que c'est ce qu'il avoit véritablement étudié. Ses deux Ouvrages intitulés, *Hortus Gallicus & Campus
Elysius Gallia*, imprimés tous deux à Lyon, en 1533, *in-8°*. sont ce qu'il

a fait de mieux. Il prouve, que l'on trouve en France des plantes propres à
la guérison de toutes les maladies auxquelles on y est exposé. Ses Poësies,
pour être considérables, ne font pas plus à rechercher ; il n'a échappé aucune occasion d'y prôner sa noblesse, & de s'y donner des louanges. Dans le
Poëme intitulé, *La Nef des Dames vertueuses*, il se fait dire par la prudence :

> Tout ton vivant tu n'as fait aultre chose
> Que ta personne tenir toujours enclose,
> Pour profiter quelque chose aux humains.

Voy. les Mém. de Niceron, Tom. XXXII, pag. 239 , & la Biblioth. Franç.
de M. l'Abbé Goujet, Tom. X , pag. 206 & suiv.

[1] Jules-Cesar Scaliger , pag. 662 de ses Poësies, en son *Ata*, Poëme en
vers Scazons fort obscurs, en a fait, contre Simphorien Champier , dix ou
douze , mauvais à la vérité, mais très-caustiques , dans lesquels on peut dire
qu'il l'a peint avec du charbon. En voici quelques-uns des plus intelligibles :

> *Champerius quis ille , si petit quisquam ,*
>
> *Ardelio mirus, insolens , tumens , turgens ,*
> *Titulo Archiatri , quod Deus sit atrorum ,*
> *Nam candida ille mentis , haud tenet micam ,*
> *Falsarius , sed invidus ineptasque.*
>
> *Quid si ille falsitaverit suum nomen ,*
> *Campegium è Champerio. Et tacitus dormis ,*
> *Democrite ! ô nec rumperis cachinno.*

Le portrait , quoique chargé , ne laisse pas d'être ressemblant. Celui qu'on
voit dans le P. Ménétrier, depuis la page 154, jusqu'à la pag. 170 de son *Introduction à la lecture de l'Histoire de Lyon* , ne fait guères plus d'honneur à
l'Original. Ce Jésuite , après Scaliger & Guichenon , ne dissimule pas que
Simphorien , pour illustrer sa famille , s'avisa d'enter sa famille sur celle du
Cardinal Laurent *Campegge* , & même d'en prendre les armes & le nom.
Ensuite parcourant quelques Traités Historiques de Simphorien, il les traite ,
sans façon , de fables , d'absurdités & de rêveries. J'ai deviné autrefois que
Rabelais , sur la fin de sa *Bibliothèque de S. Victor* , dans l'endroit où il
rapporte *Campi Clysteriorum per SS. C.* avoit par *SS. C.* désigné *Simphorien
Champier* , Auteur de ce Livre , imprimé l'an 1523, à Bâle , *in-fol.* Je crois
qu'il mourut l'an 1539 ou 40. Guy Patin, dans une Lettre à Charles Spon ,
du 27 Décembre 1658 , croyoit avoir lu que ce fut en 1535. Voy. THÉOPHILE
DU MAS. (M. DE LA MONNOYE).

SOLIN CRINEL, Chirurgien des bandes Françoises. Je
n'ai point vu de ses écrits imprimés ; mais Ambroise Paré, pre-

mier Chirurgien du Roi, fait mention de lui en ſon traité de
la Mumie.

SUSANNE HABERT, Pariſienne, femme de Monſieur
du Jardin, Valet de chambre du Roi Henri III, & ſœur
d'Iſaac Habert (duquel nous avons parlé ci - deſſus) tous
deux enfans de Pierre Habert, natif d'Yſſoudun en Berry,
&c. *. Cette Dame du Jardin a gagné tant d'honneur & de
réputation envers tous ceux qui ont un eſprit capable de pouvoir
juger de la gentilleſſe de ſon eſprit, & de ſon émerveillable &
tout divin entendement, & encore pour les perfections corporelles, que nature lui a prodiguement départies, qu'elle a
emporté le prix par ſur toutes celles de ſa qualité, qui ont jamais
eu réputation pour la beauté du corps & de l'eſprit tout enſemble. Mais j'ai crainte que l'on n'aye opinion, que la trop grande
amitié me tranſporte à parler ainſi: toutesfois je dirai bien cela
que je n'ai onques eu ce bien de la voir ou connoître que par
renommée de ſa vertu: en quoi je ne peux faire autrement que
de l'eſtimer des plus parfaites & accomplies, puiſque je n'ai
encore trouvé aucun qui m'en ait fait rapport qu'à ſa louange,
ſoit de ſon eſprit candide, ou bien de ſes autres actions &
déportemens: & certe, c'eſt bien être parfaite en effet, & non
par idée ou imagination, puiſque ceux du ſiècle où nous ſommes
ne trouvent point à redire en icelle, & quand ils le voudroient
faire, il faudroit que pour dire ainſi, ils uſaſſent de propos tous
contraires à ce qu'ils connoiſſent en leur ame être véritable &
non menſonger. Mais pour revenir à parler de ladite Dame du
Jardin, & pour mettre fin à une ſi longue période, (laquelle ne
m'eſt cauſée d'aucune paſſion, mais pour la merveille de tant
de perfections qui ſont en elle plus qu'ès autres de notre ſiècle)
je dirai que pluſieurs amateurs de vertus m'ont aſſuré qu'elle a
ce don de bien parler, & d'écrire, ſi familier, qu'elle en paſſe
beaucoup en cela, de ceux qui s'eſtiment des premiers, ſans
faire mention de la Philoſophie & des Mathématiques, eſquelles
elle eſt fort bien inſtruite & grandement verſée. Je n'ai encore rien

vu imprimé de ſes écrits & compoſitions, mais quand il lui plaira de les mettre en lumière, elle montrera que les hommes ſe ſont juſqu'ici vantés de ſurpaſſer les femmes en inventions de pluſieurs beaux écrits, & toutefois le jugement en ſera délaiſſé à juger à la poſtérité, qui n'aura égard aux perſonnes, mais aux effets de la choſe. Elle florit à Paris cette année 1584.

*SUSANNE, fille de Pierre Habert & de Jaqueline de Montmillet, ayant épouſé Charles du Jardin, Valet-de-Chambre ordinaire du Roi Henri III, devint veuve à vingt-quatre ans ; elle partagea le reſte de ſa vie, entre les exercices de la piété Chrétienne & l'étude ; elle apprit les langues ſavantes, s'attacha à la lecture de l'Ecriture Sainte & des Pères de l'Egliſe : elle compoſa une explication du Symbole de S. Athanaſe, un Traité de l'Oraiſon, un autre des Sacremens, & divers autres Ouvrages de piété, dont aucun n'a été imprimé. Elle ne ſortoit que pour viſiter les malades & les Hôpitaux ; enfin elle ſe retira aux Bénédictines de la Ville-l'Evêque, où elle mourut, en 1633, âgée d'environ ſoixante-douze ans.

SYBERT LOUVEMBORCH, Licentié ès Loix, natif du pays d'Allemagne. Il a traduit de Latin en François les œconomiques d'Ariſtote, traitant du gouvernement de la choſe familière & domeſtique, imprimé à Paris, chez Chreſtien Wechel, l'an 1522, auquel temps floriſſoit ledit Alleman, en la ville de Cologne ſur le Rhin en la baſſe Almagne, &c.

SYBILLE SCEVE, Lyonnoiſe. Elle a compoſé quelques Œuvres tant en proſe qu'en vers François, mais je ne les ai vues encore imprimées *. Elle floriſſoit ſous le règne de Henri II. Elle étoit parente de Maurice Scève, duquel nous avons fait mention.

*On croit qu'elle étoit ſœur de Claudine Scève, & toutes les deux proches parentes de Maurice. Leurs Ouvrages, que La Croix du Maine annonce, n'ont jamais paru. Il eſt probable que c'eſt à ces deux Sœurs que Marot, étant malade à Lyon, adreſſa le Dixain ſuivant :

> Puiſque vers les Sœurs Damoiſelles
> Il ne m'eſt poſſible d'aller ;
> Sus, dizains, ſus, courez vers elles :
> Au lieu de moi vous faut parler :
> Dictez-leur que me mettre à l'air
> Je n'oſe, dont me poiſe fort,

> Et que pour faire mon effort
> D'aller vifiter leurs perfonnes,
> Je me fouhaite eftre auffi fort
> Qu'elles font & belles & bonnes.

S'enfuivent les noms d'aucuns Auteurs inconnus par leur premier nom.

.... SICILE *, natif de Monts en Hainault en la Gaule Belgique, Herault d'Armes du Roi d'Arragon. Il a écrit le Blafon des couleurs en armoiries, imprimé par plufieurs fois tant à Paris qu'à Lyon.

* Nos Anciens écrivoient non-feulement SICILLE , mais SECILE, CECILLE & CECILE pour SICILE.

.... SORDEL, natif de la ville de Mantou en Italie, Poëte Provençal, &c. Il a écrit plufieurs belles Satyres en rithme Provençale , & entr'autres une en laquelle il reprend tous les Princes de la Chrétienté , compofée en forme de chant funèbre fur la mort d'un Gentilhomme Provençal, nommé *Blachas*. Il a davantage écrit en profe un Livre intitulé, le Progrès & avancement des Rois d'Arragon, en la Comté de Provence. Il a traduit de Latin en profe Provençale (qui étoit la langue ufitée de fon temps) la fomme du Droit. Tous les Livres fufdits fe voyent en la Librairie ou Bibliothéque du Monaftère de Laverne en Provence, pour le moins ils y furent mis de fon temps. Il floriffoit en l'an de falut 1281 *.

* Voy. JEAN DE NOTRE-DAME, Chap. 46.

T A I.

TAILLEVANT, Queux du Roi de France Charles VII, c'est-à-dire son grand Cuisinier, ou maître de sa cuisine, &c. Aucuns l'appellent en Latin *Talleiætus* [1]. Il a écrit en François un Livre de l'art & science d'apprêter toutes sortes de viandes: ce Livre s'appelle communément *Le grand Cuisinier*, & a été imprimé à Paris, par Alin Lotrain & autres. Il florissoit en l'an de salut 1423.

[1] *Talleiætus* n'a point l'air Latin, & ne revient point à *Taillevant* : il y auroit plus de raison à croire que, par rapport à la fonction de *Maître Queux*, ou *grand Cuisinier du Roi*, quelque Savant l'auroit appelé *Thaleiethes*, Θαλειέτης, de Θαλίαι, *Conviva*, & d'ᾖθος, *ingenium*, *indoles*, comme ayant du génie, du talent pour la bonne chère, pour les festins. Il faut aussi, au lieu d'*Alain Lotrain*, lire *Alain Lotrian*. (M. DE LA MONNOYE).

TANNEQUIN FREMILLON *, Chirurgien de la ville de Nismes en Languedoc, l'an 1580. Je n'ai point vu de ses écrits imprimés, toutesfois Jaques Veyras fait mention de lui en son traité de la curation ou guérison des playes d'arquebusade.

* Il est aisé de voir que ce TANNEQUIN FREMILLON est le même que TANNEQUIN GUILLEMET qui suit.

TANNEQUIN GUILLEMET, Chirurgien ordinaire du Roi de Navarre, l'an 1581, & maître Juré en la ville de Nismes en Languedoc. Il a écrit une réfutation responsive au traité de Jaques Veyras, touchant la curation des playes des arquebusades, imprimée avec le traité dudit Veyras *. Je ne sai si ces deux susdits, Fremillon & Guillemet, ne sont qu'un, à cause qu'ils s'appellent tous deux de ce premier nom de Tannequin, & que leurs qualités sont semblables, &c. & ayant écrit mêmes choses en même temps.

* Il a aussi publié un *Traité de la maladie nouvelle*, appelée *Cristaline*, Lyon, 1611, *in-12.* & une *Replique à la Réponse de Jacques Veyras*, à Lyon, 1590.

TANIGY SORIN [1], natif du pays de Normandie, Sieur DE LASSÉ ou LASSAY, Docteur ès droits, Conseiller du Roi à Caen, & Lecteur en droit en ladite Université *. Il a écrit deux Livres de commentaires, sur la coutume de Normandie, tant en Latin qu'en François, imprimés à Caen en Normandie, l'an 1566, ou 1567.

[1] TANNEQUIN, TANNEGUI & TANIGI sont synonymes, comme, en Latin, *Tanneguidus* & *Tanigius*, car *Tanaquillus* est de l'invention de Tannegui le Fèvre, père de Madame Dacier. M. Huet, pag. 415 de ses *Origines de Caën*, dit que *Tanneguy Sorin*, c'est ainsi qu'il écrit ce nom, étoit du Village de Lessay au Cotentin, mal nommé ici par La Croix du Maine, *Lassé*, ou *Lassay*. (M. DE LA MONNOYE).

* Il fut le premier des dix Conseillers nommés lors du rétablissement du Siège Présidial de Caën. M. Huet, outre les *Commentaires sur la Coutume de Normandie*, par Sorin, lui attribue un Livre de la Jurisdiction, & un autre de la Clameur de Haro (*Origines de Caën*, pag. 611 & 612).

TARAUDET DE FLASSANS, Sieur dudit lieu, Orateur Latin & François, & bien versé en la poësie Provençale. Il a écrit un traité, contenant les enseignemens pour se garder des trahisons d'amour. Il florissoit en l'an de salut 1355 *.

* Voy. JEAN DE NOTRE-DAME, Chap. 69.

.... TASSERIE ou TAISSERIE *, Poëte François. Il a écrit quelques chants Royaux à l'honneur de la glorieuse Vierge Marie.

* Son nom étoit GUILLAUME. Il n'est pas nommé parmi les Poëtes du Puy de Rouen, cités dans du Verdier, au mot GUILLAUME ALEXIS, ce qui donne à croire qu'il est postérieur.

THEODORE DE BEZE, natif de Vezelay en Bourgongne*, lequel a succédé en la place & office que tenoit à Genève, Jean Calvin, de Noyon en Picardie, (duquel nous avons parlé à la lettre J. *Tom. I, pag.* 467 *de cette nouv. édit.*) Cetui-ci a été réputé le plus excellent Poëte Latin de son temps, & des plus appris en si bas âge, car en l'an 1548, n'ayant encore que vingt-neuf ans, il mit en lumière ses poësies Latines, qui ont

été

été admirées de tous les François, & encore des Étrangers, & sur-tout des Italiens, lesquels n'ont de coutume de louer les François en leurs compositions que bien rarement **. Il a aussi fait imprimer la continuation des Psalmes de David, imprimés avec la traduction de Clement Marot, le tout en vers François. Il a composé en vers François, une Tragédie qu'il a intitulée *Abraham sacrifiant*, imprimée par Conrad Badius, l'an 1552***. Les harangues prononcées par lui au colloque de Poissy, l'an 1561, le 9e jour de Septembre, imprimées l'an 1561. Il a écrit l'histoire de son temps, imprimée l'an 1580¹. Il a composé en Latin, & depuis traduit en François les vies de plusieurs hommes qu'il a choisis entre tous les anciens & modernes, lesquels ont suivi le parti des protestans, &c. imprimées avec leurs visages, ou effigies, &c. ****. Je ne ferai mention ici de ses Livres écrits contre ceux de la Religion Catholique ou Romaine, ni de plusieurs autres qu'il a composés pour soutenir son parti. Je remets cela à Messieurs les Théologiens, pour les ajouter s'il leur plait au catalogue des Livres censurés par eux & par le Concile de Trente. Il est encore du jourd'hui vivant, & continue sa demeure à Genève, qui est le lieu auquel il s'est retiré il y a plus de 30 ans.

* Théodore de Bèze naquit, le 24 Juin 1519, à Vezelai, Ville du Diocèse d'Autun, & de la Généralité de Paris, d'une famille noble & déjà distinguée dans la Magistrature. Son oncle, *Nicolas de Bèze*, Conseiller au Parlement de Paris, lui fit faire ses premières études à Paris, d'où il l'envoya étudier à Orléans, & ensuite à Bourges, sous Melchior Wolmar, qui lui donna le goût des nouvelles opinions, qu'il défendit avec tant de constance & d'opiniâtreté, pendant le cours d'une très-longue vie, qu'on peut dire qu'il a autant contribué à l'établissement solide du Calvinisme, que Calvin lui-même. Sa vie, & les principales actions où il a paru, sont trop connues pour nous arrêter à les rapporter. Il mourut à Genève le 13 Octobre 1605, âgé de quatre-vingt-six ans & près de quatre mois. Il avoit été marié deux fois. Ayant perdu sa première femme, il se remaria, dans un âge fort avancé, à une jeune personne, qu'il appeloit sa *Sunamite*.

** « Bèze, dit Pâquier, fit, pendant sa jeunesse, divers Poëmes François » & Latins, qui furent très-favorablement embrassés par toute la France, & » singulièrement ses Epigrammes Latins, dedans lesquels il célébroit sa

» maîtreffe , fous le nom de *Candide.* En l'an 1548 , changeant de religion ,
» il fit contenance de les méprifer ». (Voy. Pâquier, *Rech.* Tom. I, Liv. VII,
Chap. 10 , pag. 730). Ces Poëfies font connues fous le titre de *Juvenilia.* En
1545, Robert Eftienne & Conrad Badius en firent une Edition, *in-*8°. fous
le titre *Theodori Beʒæ Veʒelii Poëmata.* Ses Poëfies Françoifes font la Traduction de cent Pfeaumes de David , & des Cantiques tirés de l'Ecriture
Sainte , & d'une Tragédie dont nous allons parler.

*** « Il compofa , dit Pâquier , fur l'avénement du Roi Henri , en
» vers François , le facrifice d'Abraham , fi bien retiré au vif , qu'en le
» lifant , il me fit autrefois tomber les larmes des yeux ». Bèze nous apprend
qu'il voulut réparer , par la fainteté de ce fujet , le fcandale qu'il avoit
caufé par fes Poëfies licentieufes. Cette Tragédie eft fort courte, fans divifion d'actes, ni de fcènes ; c'eft plutôt un long Dialogue qu'une Pièce
Dramatique , dont les Interlocuteurs font , Abraham , Sara , Ifaac, une
troupe de Bergers , l'Ange & Satan. La première Edition en fut faite à
Laufanne , 1550 , *in-*8°. Conrad Badius la réimprima à Paris, en 1553 , &
depuis on l'a réimprimée à Middelbourg , en 1701 , *in-*18. Elle eft en vers
libres.

[1] Quand La Croix du Maine dit que *Bèʒe a écrit l'Hiſtoire de fon temps,* il faut
entendre l'*Hiſtoire Eccléſiaſtique,* en 3 vol. *in-*8°. où il n'a pourtant pas mis fon
nom. Antoine Cathelan, que j'ai remarqué ci-deffus être Auteur du Dialogue
intitulé *Paſſevent Pariſien ,* y affecte de dire toujours *Thadée Bèʒe ,* au lieu
de *Théodore de Bèʒe ,* & fottement quelquefois *de Ofcula ,* au lieu de *Bèʒe.*
(Cet Héréfiarque étoit favant ; l'efprit , & quelquefois le génie , brillent
dans fes Ouvrages , mais , dans fes Ecrits Polémiques & dans la difpute , il
étoit emporté , infolent, & prefque toujours outré).— Voy. la Bibl. Franç.
de M. l'Abbé Goujet , Tom. XIV, pag. 29. (M. DE LA MONNOYE).

**** Ce ne fut point Théodore de Bèze qui traduifit, en François, les *Vies
des Hommes Illuſtres ,* qu'il avoit compofées en Latin ; ce fut Simon Goulard
(comme je l'ai remarqué ci-deffus , à l'Article de GOULARD). Ce dernier a
défigné fon nom par ces trois lettres , *S. G. S.* (*Simon Goulard , Senliſien*)
qu'il a mifes à la tête de fon *Avis au Lecteur ,* dans lequel il a foin d'avertir
qu'il a traduit ce Livre *du confentement de Théodore de Bèʒe.* La Croix du
Maine s'eft trompé à ce fujet, auffi-bien que Camufat, qui l'a fuivi (*Biblioth.
Ciaconii ,* pag. 27). Ils fe font encore trompés, en difant que ces vies étoient
toutes choifies parmi les Proteftans & les Réformés ; car on trouve dans le
nombre, celle de *François I.* Il eft vrai que le titre pouvoit les induire en
erreur. Il eft ainfi conçu : *Les vrais Portraits des Hommes illuſtres en piété &
en doctrine , du travail defquels Dieu s'eſt fervi en ces derniers tems, pour remettre
fur la vraie Religion en divers pays de la Chrétienté , avec les Deſcriptions de
leur vie & de leurs faits plus mémorables : Plus* XLIV *Emblêmes Chrétiens ,*
1581 , *in-*4°. Cette Traduction eft plus rare que l'Edition Latine , qui ce-

pendant n'eſt pas commune. La Tragédie d'*Abraham ſacrifiant*, eſt précédée d'une Préface, datée de Lauſanne, le 1 Octobre 1550, dans laquelle Bèze donne déjà des marques de repentir de s'être livré à la Poëſie.

THEOPHILE DU MAS. Il a traduit de Latin en François, un diſcours de l'antiquité, origine & nobleſſe de la cité de Lyon, enſemble la rebeine ou rebellion & conjuration du peuple [1], contre les Conſeillers & notables Marchands de ladite cité, faite en l'an de ſalut 1529, imprimée à Lyon, l'an 1579, par Guillaume Teſte-for.

[1] Cette *Rebeine*, ou *Rebellion*, eſt la ſédition populaire, arrivée l'an 1529 à Lyon, ſur ce que le bled étant, cette année-là, extrêmement rare & cher, le peuple, qui ſut qu'il y en avoit de grands amas dans la maiſon de Simphorien Champier, la pilla, ce qui donna lieu à Champier, en publiant, ſous le nom de *Pierchanus*, un Livre qui avoit pour titre : *Gallia Celtica ac antiquitatis Civitatis Lugdunenſis, quæ caput eſt Celtarum campus*, d'y faire entrer la deſcription de cette *Rebeine*. Il avoit la choſe tant à cœur, qu'ayant traduit ſon Livre en François, il le débita en même temps. *Théophile du Mas* fut le nom qu'il ſuppoſa pour le Traducteur, & *Morin Piercham* pour l'Auteur, joignant le nom de *Morin* à celui de *Piercham* ou *Champier*, parce que, lorſqu'on fit irruption chez Simphorien Champier, on la fit en même temps chez Morin, riche Marchand, ſon voiſin, dont les greniers étoient pleins de bled. Cet Article eſt comme une addition à celui de Simphorien Champier, dont il ſera encore parlé dans le Supplément Latin. (M. DE LA MONNOYE).

THIBAULT L'ABBÉ, Maitre des enfans de Chœur de l'Egliſe de Saint Cloud, à deux lieues de Paris. Il a recueilli pluſieurs vies des Saints, leſquelles il a traduites en François, entr'autres celles de S. Cloud, & de S. Aurée, imprimées à Paris, chez Nicolas Cheſneau & autres, avec le troiſième volume de l'hiſtoire des Saints.

THIBAULT DE BLAZON, ancien Poëte François, vivant en l'an 1200, ou environ. Il a écrit pluſieurs chanſons amoureuſes, & autres poëmes, non encore imprimés *.

* Fauchet, Chap. 21, écrit THIÉBAULT. Ce nom, venant de l'Allemand *Dietwaldt*, devroit être écrit TIBAULT. *Diet*, ſelon Becman, ſignifie *Domaine*, & *Waldt*, *Préfect*.

THIBAULT DE CHAMPAGNE, Roi de Navarre, pre-
Hhh ij

mier du nom, l'an 1235, VII Comte de Champagne & de Brie *. Il a écrit plusieurs chansons en rithme Françoise, lesquelles ont été mises en musique, & sont notées à une voix. Elles sont au Livre de Messire Henry de Mesmes, Sieur de Roissy & Malassise, lequel est écrit à la main sur parchemin, & non encore imprimé. Il a écrit un discours de la mort du Roi S. Loys, non imprimé. Il mourut en l'an de salut 1277. Plusieurs Auteurs font mention de lui en leurs Œuvres, & entreautres Estienne Pasquier, en son Pourparler du Prince, & Claude Fauchet en son recueil des Poëtes, Pierre Pithou & autres.

* Ce Prince naquit en 1201, quelques mois après la mort de son père, Thibaut IIIe du nom, Comte de Champagne. Il eut pour mère, *Blanche*, fille de Sanche le Sage, Roi de Navarre. Il hérita de ce Royaume, en 1234, par le décès de Sanche le Fort, son oncle maternel, & se croisa en 1236. De retour dans ses Etats, après l'expédition de cette Croisade, il mourut à Pampelune, Capitale de la Navarre, au mois de Juin 1253. Thibaut s'est rendu célèbre par ses Chansons. Blanche, qui gouverna les Etats de son fils pendant sa minorité, aimoit les Poëtes & les Chansons. Elle avoit puisé ce goût à la Cour de son père. La Poësie faisoit alors les délices & l'amusement des personnes du plus haut rang. Elle étoit cultivée à la Cour de Philippe Auguste, lequel avoit pris sous sa protection le jeune Comte de Champagne. C'est au milieu de cette Cour galante qu'il déploya ses talens pour les Chansons, & qu'il surpassa tous ses rivaux en ce genre; du moins il est le seul dont les Chansons & les vers amoureux soient parvenus jusqu'à nous. M. l'Evêque de la Ravaillere nous en a donné une Edition complette, en 2 vol. *in-12.* Paris, 1742, chez Hippolite Louis & Jacques Guérin. On a prétendu, peut-être avec quelque fondement, que la plupart des Chansons du Comte de Champagne avoient pour objet Blanche de Castille, mère de S. Louis, dont Thibaut étoit amoureux; d'autres ont soutenu que cet amour étoit une fable : mais, que ce soit une fable, ou non, il est certain que l'Amour inspira cet auguste Chansonnier, dont le cœur s'enflammoit aisément : témoin la petite aventure qu'il raconte lui-même, dans sa trente-neuvième Chanson, lui être arrivée avec une jeune fille qu'il avoit rencontrée, & à la quelle il voulut parler d'amour, après l'avoir menée dans un bois;

> Vers li m'en vois en riant,
>   Mis l'ai à raison;
> Bele, dites moi comment,
> Pour Dieu, vous avés non.
> Et ele saut maintenant
>   A son baston :
> Si vous venés plus avant,
> Jà aurés la tençon;

> Sire, fuyez vos de ci
> N'ai cure de tel ami,
> Que j'ai molt plus biau choifi,
> K'en claime Robeçon.

La jeune fille cria fi fort (dans ce bon temps on crioit en effet pour être entendu) que le Comte de Champagne, craignant qu'il ne vînt quelqu'un la fecourir, la laiffa là & s'enfuit. Quoi qu'il en foit, il étoit d'ufage que les Poëtes euffent un objet idéal ou réel, auquel ils adreffoient leurs vers ; &, s'il y a quelque chofe de Romanefque dans l'Hiftoire des Amours de Thibaut pour la Reine Blanche, c'eft ce que difent quelques Auteurs, peu dignes de foi, que cette Princeffe, en flattant de quelque efpoir la paffion du Comte de Champagne, en avoit reçu des fervices effentiels. Fauchet & Pâquier font les premiers qui aient tiré de l'oubli les Poëfies de Thibaut. « Nous devons » fur-tout (dit Pâquier, *Recherches*, Tom. I, Liv. VII, Chap. 3, Col. 690) » faire grand état du Comte de Champagne, lequel s'eftant donné pour » maîtreffe la Roine Blanche, mère de Sainct Louis, fit une infinité de » Chanfons amoureufes en faveur d'elle, dont les aucunes furent tranfcrites » en la grande Sale du Palais de Provins, comme nous apprenons des » grandes Chroniques de France, dédiées au Roi Charles VIII ; & qui eft » une chofe grandement remarquable, c'eft qu'au commencement du pre- » mier Couplet de plufieurs Chanfons, il y a des notes de mufique, telle » que portoit ce temps-là, pour les chanter. Et ores que je m'affeure qu'en » cet amour il n'y eut qu'honneur entre eux ; (car cette grande Princeffe » étoit très-fage) fi eft-ce que pour ne rendre fa plume oifeufe, il en ait fait » fort le paffionné ». Pâquier rapporte deux Couplets de la première Chanfon du Comte de Champagne, laquelle commence ainfi :

> Au Rinouviau de la doulfour d'Efté,
> Que réclaircit le doiz à la fontaine.

Cette Chanfon n'eft point dans le Recueil des Poëfies du Comte de Champagne, que nous a donné M. l'Evêque de la Ravaillere. Il eft bon de remarquer ici que Thibaut a obfervé régulièrement dans fes vers le mélange de la rime mafculine & féminine. Les rimes fur-tout font très-riches, fi ce terme peut convenir à une langue qui étoit bien loin encore de la richeffe qu'elle a acquife depuis. Quant à la mufique, c'étoit le beau & véritable Plain-chant Grégorien. Les notes étoient quarrées & rangées fur quatre portées ou barres, fous la clef de *C fol ut*, fans aucune mefure marquée. La cinquième portée, ou barre, ne fut ajoutée aux quatre premières, que vers la fin du règne de S. Louis. La compofition en mufique n'étoit pas fi difficile, ni fi favante, qu'elle l'eft devenue depuis ; elle marchoit d'un pas égal avec la Poëfie ; leur progrès étoit le même. « Il y a (dit M. de la Ravaillere, dans fa *Differtation fur l'ancienneté des Chanfons Françoifes*, qui fe trouve à la fin du premier volume des Poëfies du Comte de Champagne, pag 242 & 243) » entre les Sciences & les Arts une efpèce d'union & de conformité qui les » fait avancer d'un pas affez égal : la naiffance, la perfection & la décadence

„ de l'un femblent entraîner la décadence , la perfection & la naiſſance de „ l'autre. Une Poëſie parfaite fait naître une excellente Muſique „. Si cela eſt , comme on n'en peut pas douter , ne ſoyons point étonnés de la Muſique baroque dont on nous écorche aujourd'hui les oreilles; elle répond parfaitement à la mauvaiſe proſe rimée de nos prétendus Poëtes Lyriques & faiſeurs d'Opéra-Comiques larmoyans, encouragés par nos amateurs de la Muſique à la mode, qui n'eſtiment rien les paroles , & pour qui (tant ils ont de goût !) le *Poëme d'Armide* & la *Gazette* ſont la même choſe. La Philoſophie de ce ſiècle a jeté les fondemens de ce goût anti-national, qui change, altère & détruit juſqu'à nos amuſemens mêmes. L'Opéra d'ERNELINDE , Poëme pitoyable , & bien digne de l'Auteur M. *Poinſinet* , mis en Muſique par M. *Philidor* , ne devoit-il pas , ſuivant nos Enthouſiaſtes modernes , faire époque , & opérer la révolution générale, en anéantiſſant pour toujours les chef-d'œuvres des *Lulli* & des *Rameau ?* Heureuſement la révolution n'eſt point encore conſommée, malgré les efforts redoublés du mauvais goût.

Voy. FAUCHET, Chap. 15 , PASQUIER , dans ſes Lettres à Ronſard , & à l'endroit ci-deſſus cité , & la Bibl. Franç. de M. l'Abbé Goujet, Tom. IX, pag. 8.

THIBAULT LEPLIGNY , ou LEPLEGNY , & ſelon d'autres LESPLAIGNÉ , Vandomois, Apoticaire à Tours. Il a écrit un traité du bois de l'Eſquine, & la manière d'en préparer en breuvage, & uſer d'icelui. Ledit traité eſt imprimé avec les trois premiers Livres de la compoſition des médicamens de Claude Galien , traduits par Jean Breche de Tours , imprimés audit lieu par Jean Rouſſet , l'an 1545. Le promptuaire des médecines ſimples , avec les vertus & qualités d'icelles , le tout écrit en vers François , imprimé à Paris, chez Pierre Sergeant, l'an 1544. Il floriſſoit à Tours en Touraine , ſur la rivière de Loire , auquel lieu il exerçoit l'état d'Apoticaire , ſous le règne de François I , en l'an de ſalut 1544.

THIBAULT DE MAILLY , Picard de nation , ancien Poëte François, vivant en l'an de ſalut 1170, ou environ. Il a écrit un Roman en vieil langage François , non encore imprimé *.

* Voy. FAUCHET , Chap. 8.

THIERRY DE HERY , Lieutenant du premier barbier & chirurgien du Roi Charles. Il a écrit en Latin & en François, la méthode pour guarir la maladie vénerienne, autrement appelée vérolle, avec fes Symptomes, &c. imprimée à Paris 1569, in-8°. par Mathieu David *.

* Voici un affez bon conte au fujet de ce Chirurgien ; nous ne le don-
" nons pas pour nouveau, mais il n'en amufera pas moins : " un Moine de
" S. Denis, qui vouloit faire l'entendu, voyant Maître Thierri de Héry à
" genoux, tourné vers la figure de Charles VIII, le Moine lui dit, Monfieur
" mon ami, vous faillez, ce n'eft pas l'image d'un Saint que celle devant qui
" vous priez : je le fai bien, dit-il, je ne fuis pas fi befte que vous, je connois
" que c'eft la repréfentation du Roi Charles VIII, pour l'ame duquel je prie,
" parce qu'il a apporté la vérole en France, ce qui m'a fait gagner fix ou fept
" mille livres de rente ". Thierri de Héry étoit de Paris, après avoir été
Chirurgien des armées de François I, il alla à Rome, où il amaffa beaucoup
d'argent, à traiter les maladies vénériennes par les frictions ; il revint enfuite
à Paris, où il exerça fon art avec le même fuccès. Il mourut très-riche,
en 1569.

THIERRY DE LA MOTHE, natif de Bar-le-duc. Il a écrit quelque chofe dont je ne me peux fouvenir à préfent.

THIERRY DE LA MOTHE, Parifien, autre que le fufdit. Je n'ai point vu fes Œuvres mifes en lumière.

THIERRY DE SOISSONS *, & felon d'autres RAOUL DE SOISSONS, Comte dudit lieu en Picardie, Poëte François, vivant en l'an de falut 1250. Il a écrit quelques poëfies, & entr'autres des chanfons d'amours, non encore imprimées, & plufieurs vers Satyriques, qu'il appele vers Syrvantois.

* Ce THIERRY ne peut être autre que Raoul, Comte de Soiffons, dont nous avons parlé dans la note fur THIBAUT, Comte de Provence.

THIERRY DE TYMOPHILE, Gentilhomme Picard, (qui eft un nom fuppofé & déguifé) & fous lequel plufieurs Livres ont été mis en lumière par François d'Amboife, Parifien (comme nous avons dit, *Tom. I, p.* 201 *de cette nouv. édit.* ¹.) & entre-autres la comédie Françoife, intitulée *Les Neapolitaines*, imprimée chez Abel l'Angelier, l'an 1584. Le dialogue & devis des Damoifelles, imprimé chez Robert le Mangnier. Les regrets funébres de quelques animaux, traduits d'Italien en François, imprimés à Paris chez Nicolas Chesneau.

* C'eft fous ce nom que François d'Amboife donna plufieurs Traductions de l'Italien en François. — Voy. le mot FRANÇOIS D'AMBOISE, & les Remarques fur la page 550 du VIᵉ volume de Baillet, *in*-4ᵘ.

THOMAS BEAUX-AMIS, Parifien, de l'ordre des Carmes, Docteur en Théologie à Paris, (vulgairement appelé le petit Carme, &c. Il a compofé plufieurs Livres en François, dont s'enfuivent les titres. L'hiftoire des fectes, qui ont oppugné le Saint Sacrement de l'Euchariftie, imprimée à Paris, chez Guillaume Chaudiere, l'an 1570, *in*-4°. & depuis *in*-8°. l'an 1576. La refolution fur certains pourtraicts & libelles, intitulés du nom de Marmite, fauffement impofé contre le Clergé de l'Eglife de Dieu, imprimé à Paris, chez Hierofme de Marnef, l'an 1562. Remontrance falutaire aux dévoyés, qu'il n'eft permis aux fujets fous quelque pretexte que ce foit, de lever les armes contre leur Prince, imprimé à Paris, par Guillaume Chaudiere, l'an 1567*. Oraifon funébre, prononcée à Paris, le 21 jour de Juin l'an 1574, à la fépulture du corps de Meffire Charles de Gondy, Seigneur de la Tour, Maître de la garde-robe du Roi, imprimée à Paris, chez Chaudiere, l'an 1574. La marmite renverfée & fondue, de laquelle notre Dieu parle, par les faints Prophetes, &c. imprimée à Paris, chez Chaudiere, l'an 1572. Il florit à Paris cette année 1584, ** âgé de foixante ans, ou environ. Il a écrit en Latin plufieurs Œuvres, & quant à ceux qu'il a écrits en François, je n'ai connoiffance que des fufdits.

* Sa *Remontrance*, *fur ce qu'il n'eft pas permis aux fujets, fous aucuns pretextes, de prendre les armes contre leur Prince*, fut imprimée à Paris, chez Chaudiere, en 1585, *in*-8°. Je ne connois point l'Edition de 1567, citée par la Croix du Maine. Il femble même que le Livre de *Beaux-amis* paffe conftamment pour avoir été écrit fous Henri III, & non fous Charles IX. Quoi qu'il en foit, on l'a réimprimé dans les *Mémoires de la Ligue*, Tom. IV, pag. 115 de la nouvelle Edition. Beaux-amis étant mort en 1589, les ligueurs, qui voyoient que fon Ouvrage avoit fait une affez forte impreffion fur les efprits, imaginèrent de faire imprimer, fous le nom de cet Auteur, un écrit

où

où il détruisoit tout ce qu'il avoit établi dans sa *Remontrance*. Ils supposoient que ce Religieux avoit confié en mourant, cet Ouvrage à son Libraire, comme s'il se fût cru obligé de réprouver une Doctrine qu'il avoit enseignée de son vivant. (De Thou, *Hist.* Liv. xiv.) Ce Livre parut en 1589, sous le titre de *Déclaration de Thomas Beaux-amis, Carme, sur la Remontrance au Peuple François*, in-8°. chez le même Libraire, qui avoit imprimé la Remontrance. La Croix du Maine n'a pas assez détaillé le titre du dernier Ouvrage de *Beaux-amis*. Voici ce titre plus au long: *La Marmite renversée & fondue, de laquelle parlent les Prophètes, où est prouvé que la Secte Calvinique est la vraie Marmite, avec un Sommaire de ses Empirations, cause de sa ruine, &c.*

   ** Il étoit de Melun, & mourut le 1 Mai 1589. Voy. l'*Hist.* de Thou, Liv. LXXXXV. Son principal Ouvrage est, *Les Commentaires sur l'Harmonie Evangélique* : il est écrit en Latin.

THOMAS CHESNEAU, Angevin. Il a écrit un traité des danses, auquel il est montré, que les danses sont des accessoires & dépendances de paillardise, & par ainsi que d'icelles ne doit être aucun usage entre les Chrétiens, imprimé à Paris, l'an 1564.

THOMAS LE COQ, Normand, Prieur-Curé de la Sainte Trinité de Falaise, & de Notre-Dame de Guibray en Normandie, &c. Il a écrit en vers François une Tragédie morale, représentant l'odieux & sanglant meurtre commis par Cain à la rencontre de son frère Abel, extraite du 4e Chapitre de la Genese, imprimée l'an 1580, chez Bonfons.

THOMAS DE COUCY, Seigneur dudit lieu, issu de la très-noble & très-ancienne maison de Coucy en Picardie. Il a écrit en vieil langage François un Livre, intitulé la loi de Vervin au pays de Thiérasche en Picardie, contenant un formulaire de Justice, tant civile que criminelle. Ledit Livre n'est encore imprimé, il se voit écrit à la main en la Bibliothéque de François de Lalouette, Bailli de la Comté de Vertuz, & Président de Sedan, &c. Ledit Thomas de Coucy, florissoit sous Henri I, l'an 1080, ou environ *. Voy. de lui le traité des Nobles, composé par ledit Sieur de Lalouette, fol. 103. pag. b. & fol. 104. pag. a.

   * La Croix du Maine se mécompte de vingt ans, quand il dit que *Thomas*

de Coucy floriſſoit l'an 1080, ſous Henri I, puiſque ce Roi mourut le 4 Août 1060.

THOMAS ERAD, ou **ERARS**, ancien Poëte François, vivant en l'an de ſalut 1260, ou environ *. Il a compoſé quelques poëſies, non encore imprimées.

* Voy. FAUCHET, Chap. 69.

THOMAS ERIERS, ancien Poëte François l'an 1260, ou environ. Il a écrit quelques chanſons d'amours. Je ne ſai ſi ce n'eſt qu'un même le ſuſdit Erard ou Erars, avec cetui-ci nommé Eriers: car il n'y a gueres de changement en leurs noms, & de différence de leurs profeſſions, & encore du temps auquel ils vivoient *.

* Voy. FAUCHET, Chap. 75, où il eſt diſtingué de THOMAS ERARS, quoi-qu'il y ait grande apparence que ce ne ſoit qu'un ſeul & même Poëte, comme on le préſume ici.

THOMAS GENDROT, natif de la ville du Mans, Maître des enfans de Chœur, ou de la Sallette de l'Egliſe de S. Julien de ladite ville du Mans, &c. homme fort bien verſé en la muſique. Il a écrit quatre Livres de chanſons de muſique à 4, 5, 6, 7 & 8 parties, non encore imprimées. Il florit au Mans cette année 1584, âgé d'environ quarante ans.

THOMAS SIBILLET, ou **SEBILET**, Pariſien, Avocat au Parlement de Paris, homme docte ès langues, & bien verſé en pluſieurs arts & ſciences, leſquelles il a appriſes tant en France qu'en Italie & autres lieux, eſquels il a voyagé tant pour ſon plaiſir que pour connoître les façons de faire des Étrangers *. Il a écrit en ſes jeunes ans un art poëtiq François, imprimé avec le Quintil Horatien, de Charles Fonteine, Pariſien, ſur la défenſe & illuſtration de la Langue Françoiſe, contre Joachim du Bellay, Angevin. Ce Livre fut premiére-ment imprimé en l'an 1548, à Paris, & depuis à Lyon, l'an 1556, par Thibault Payan. Il a traduit la Tragédie Grecque d'Euripide, intitulée *Iphigenia*, imprimée à Paris, par Gilles

Corrozet, l'an 1549**. Il a traduit d'Italien en profe Françoife,
les Contr'amours de Baptifte Fulgofe, Duc de Genes en Italie,
lefquelles il appelle *l'Anteros*, d'un nom Grec. Le Dialogue Latin de Baptifte Platine de Cremone en Italie, contre les folles
amours, traduit par ledit Sibilet. Paradoxe contre l'amour, qui
eft de l'invention de l'Auteur. Le tout imprimé à Paris, chez
Martin le jeune, l'an 1581. Il a traduit de Latin en François,
plufieurs Oraifons de Ciceron, non encore imprimées. La vie
d'*Apolonius Tyaneus*, écrite en Grec par Philoftrate & traduite
en François par l'Auteur fufdit, laquelle n'eft encore imprimée.
L'écuirie de Federic Grifon Neapolitain, imprimée. Traité de
Cefar Fiafque, ou *Fiafchi*, Gentilhomme Ferrarois, touchant
la manière de bien embrider, manier & ferrer les chevaux,
imprimé à Paris, chez Perier & autres. Il a écrit une Grammaire
Françoife, non encore imprimée, de laquelle il fait mention
en fon art poëtiq***. Il a davantage traduit d'Italien en François
un Livre, intitulé les Avis civils de Jean François Lotin, de
Volaterre en Italie, imprimée à Paris, chez Abel l'Angelier &
Jean Richier, l'an 1584, auquel Livre il n'a point mis fon
nom, que par lettres capitales ou majufcules, contenues ès
premières lignes du fonnet mis audevant dudit Livre, ce que
les Grecs appellent *Acrofiches*. Il n'a non plus mis fon nom ès
autres Livres qu'il a fait imprimer, ne fe donnant pas grande
peine d'être connu que par fes amis, & faifant état de profiter
au public, & non pas de s'aquérir une gloire par écrits ou
inventions [1]. Il florit à Paris cette année 1584, âgé d'environ
foixante ans.

 * Thomas Sibilet. C'eft ainfi que Pâquier le nomme, & on doit l'en
croire de préférence à tout autre, puifque Sibilet lui avoit donné les premières Inftructions de la poëfie Françoife. Il fut Avocat du Parlement de
Paris, mais il s'occupa peu du Barreau. Loifel, dans fon *Dialogue des Avocats*,
dit *qu'il s'appliquoit plus à la poéfie Françoife, qu'à la plaidoyerie* : il étoit
habile dans les langues favantes, & fes voyages lui avoient donné la connoiffance & l'ufage de la plûpart de celles de l'Europe. Il eft qualifié dans
les *Mémoires de l'Etoile*, d'*homme de bien & docte*. Pendant les troubles de la
ligue, ils furent mis l'Etoile & lui, en prifon à la Conciergerie du Palais,

d'où ils fortirent en 1589. Sibilet mourut à Paris, au mois de Novembre de la même année, âgé de foixante dix-fept ans. L'Etoile l'ayant rencontré au Palais dix-huit jours avant fa mort, lui dit « qu'il remercioit Dieu de ce » qu'il mourroit bientôt, les gens de bien étant tous les jours en danger de » mourir de mort violente ».

** Cette Traduction de l'*Iphigenie* eft plus à rechercher pour la fingularité du travail & la difficulté de l'exécution, que pour la beauté de la diction, & l'éle-vation de la poëfie, dans laquelle il eft difficile de reconnoître quelques traits qui répondent aux graces de l'original. Sibilet y a employé des vers de toutes fortes de mefures, même des monofyllabes, & il l'a fait exprès, pour y donner, dit-il, un modéle de toutes fortes de vers : il étoit fâché de n'avoir pu y employer le Rondeau. On étoit flatté alors de faire des chofes difficiles & fingulières, c'étoit une efpèce de mérite.

*** Son meilleur Ouvrage & le plus connu, eft fon *Art poétique François*, dont il y a deux éditions, outre celles qu'indique la Croix du Maine, une de Paris, en 1555, une autre de Lyon, en 1576, toutes deux *in*-16. la première de Paris, 1548, *in*-12, eft la plus correcte & la mieux imprimée. On voit dans cet Ouvrage qu'il avoit lu avec attention l'*Art poétique d'Horace*, & nos bons Ecrivains qui l'avoient précédé. Ses définitions font courtes & juftes, fes préceptes affez bien expofés, & ce que l'on y trouve de plus curieux, c'eft l'énumération des Poëtes, qui, de fon temps, avoient acquis le plus de réputation.

¹ Pâquier, Liv. III de fes *Epigrammes*, en adreffe la 41ᵉ à Sibilet, fuivie de la réponfe de celui-ci, à laquelle Pâquier replique, le tout fort mauvais. Ménage, & d'autres, comme je penfe l'avoir remarqué plus haut, ont attribué mal à propos fon *Art poétique* à Charles Fontaine. (Ils ont été trompés fur ce que Sibilet ne mettoit pas d'ordinaire fon nom à fes Ouvra-ges, & parce que l'on trouve à la fuite des deux dernières éditions de fa *poétique*, le *Quintil Horatian de Charles Fontaine*.) (M. DE LA MONNOYE).

Voy. Pâquier, *Recherc. de la France*, Tom. I. Liv. VII. Chap. VI. pag. 703, & Liv. VIII de fes *Lettres*, Let. I, le *Dialogue des Avocats de Loifel*, pag. 523, *Journal de l'Etoile*, Tom. II, pag. 6 & 8, & la Bibl. Franç. de M. l'Abbé Gouget, Tom. III, pag. 94, & Tom. IV, pag. 189.

THOMAS TURQUAN, Général des Monnoyes à Paris, homme docte & fort bien verfé en beaucoup d'arts & fciences. Il a écrit fon avis, pour délibérer fur les mémoires préfentés au Roi, afin d'abolir le conte à fols & à livres, & dorénavant faire tous contrats & obligations par écus, lequel avis il donna en une affemblée faite à Paris, au mois de Septembre l'an 1577,

par devant Monſeigneur le Reverendiſſime Cardinal de Bourbon.
Il a été imprimé à Paris, chez la veuve de Jean Dallier, l'an 1578,
avec la réponſe dudit Général, à ceux qui n'étoient d'avis de changer le conte à ſols & à livres. Il florit à Paris cette année 1584.

TIBAULT BAILLET, Préſident au Parlement de Paris.
Il a été Commis & Député de par le Roi de France Loys XII,
pour réformer les coûtumes de divers pays & nations de France,
& entr'autres celles du Maine, l'an 1508. Il mourut l'an 1524,
& eſt enſépulturé en l'Egliſe de S. Mérry, à Paris.

TOUSSAINS BESSARD, natif d'Auge en Normandie,
homme lequel a beaucoup voyagé ſur mer & ſur terre, & des
plus renommés Pilotes de France. Il a écrit un Dialogue de la
longitude *Eſt-ou eſt*, qui eſt la première partie du miroir du
monde, contenant tous les moyens que l'on pourroit avoir
tenus à la navigation, juſqu'à maintenant, imprimé à Rouen,
in-4°. l'an 1574, chez Martin le Megiſſier, & contient 15
feuilles. Il florit cette année 1584.

TOUSSAINS LE ROY, Prêtre, natif du pays du Maine.
Il a écrit pluſieurs Noels & Cantiques, ſur la Nativité de Notre
Seigneur Jeſus-Chriſt, imprimé au Mans, l'an 1579, par
Hiérôme Olivier. Il a écrit pluſieurs autres poëſies, mais elles ne
ſont encore imprimées. Il florit au Mans cette année 1584.

TOUSSAINS ROUSSET, Chanoine de Mets en Lorraine,
l'an 1571, & maintenant de l'ordre des Jeſuites. Il a traduit de
Latin en François la vie de Sainte Serene, Vierge & Martyre,
imprimée avec le 3e volume de l'hiſtoire des Saints 1427, de
la première édition.

TOUSSAINS THIBOUST ou THIBOULT, Normand,
Docteur en Théologie à Paris, jadis Miniſtre de la Religion
prétendue réformée à Dieppe en Normandie, & depuis réduit à la
Religion Catholique & Romaine, l'an 1581. Je n'ai point vu de
ſes écrits imprimés, mais Jean Bruneau, Avocat à Gyen, fait

mention de lui en son discours au feuillet 101, page 2e de la première impression.

¹ Son nom étoit GIBOULT, comme l'a fort bien écrit du Verdier. Jean Bruneau qui dans son *Discours Chrétien*, imprimé l'an 1581, & cité ici par la Croix du Maine, écrit TIBOUST, ne se souvenoit pas bien du nom de ce Docteur, qu'il dit avoir ouï prêcher à Gyen, il y a plus de vingt-cinq ans, c'est-à-dire, vers 1554, ou 56. (M. DE LA MONNOYE).

TRISTAN DE L'ASCAIGNE, ou **L'ESCAINE**, Licencié en Droit, Official de S. Julian de Sault, près de Sens en Bourgongne, l'an 1540. Il a écrit un Livre intitulé le Lis Chrétien, florissant en la Foi Chrétienne qui est un Livre composé par ledit de l'Ascagne, à la louange du Roi François I, imprimé à Paris, chez Denis Janot, l'an 1540, *in-*4°. & contient 14 feuilles. Il a davantage fait imprimer un Livre qu'il a intitulé, *C'est notre Dame*, imprimé à Paris, chez Jean André, l'an 1548. Il florissoit sous le règne du Roi François I, l'an 1540.

TRAJAN PARADIN, Secrétaire de Madame de Xaintes*. Il a traduit d'Italien en François le 8e Dialogue d'Antoine Brucioli, touchant l'office d'un Capitaine & Chef de guerre, imprimé à Poitiers, chez Marnef, l'an 1551, auquel temps il florissoit en la ville de Xaintes en Xaintonge.

* Cette *Madame de Xaintes* étoit Abbesse de Notre-Dame de Saintes, Ordre de S. Benoît.

TUSAN BERCHET, natif de la ville de Langres en Bourgongne ¹. Il a écrit quelques Œuvres en François, & quant à ses annotations sur la Grammaire de Clenard, j'en ferai mention en autre lieu.

¹ Le nom de baptême paroît manquer ici, TUSAN étant sans doute le nom de la famille paternelle de cet Auteur, & BERCHET, celui de la maternelle. Les *Tusans* étoient Champenois. L'ancien Professeur Royal en Grec, *Jacques Tusan*, étoit de Troies, & celui-ci de Langres. Il est parlé, pag. 532 des Opuscules de Loisel, d'un *Médard Tusan*, Avocat à Paris, neveu du Professeur Jacques Tusan. L'ancienne prononciation étoit *Thouzan*, comme je l'ai fait voir sur les Articles 682 & 684 de Baillet, Tom. II, *in-*4°. (M. DE LA MONNOYE).

V A S.

VALENTIN DU CAUROY, Avocat au Parlement de Paris, l'an 1551. Il a traduit en François un Opuscule de S. Augustin, Evêque de Hyppone en Afrique, touchant l'esprit & la lettre, imprimé à Paris, chez Vascosan, l'an 1551, *in-4°.* & contient 10 feuilles.

VASQUIN PHILEUL, ou PHILIEUL, Docteur ès droits, natif de Carpentras *. Il a écrit & composé en vers François le jeu des Eschets, imprimé à Paris, chez Philippes Danfrie & Robert Breton, l'an 1559, de caractères François. Il a traduit d'Italien en vers François les quatre Livres des amours de François Petrarque, touchant sa Dame, *Laure d'Avignon,* imprimé en Avignon & à Lyon, l'an 1555, par Berthelemy Bonhomme. Hierosme d'Avost de Laval, les a depuis traduits en vers François, & ont été imprimés à Paris, chez Abel l'Angelier, l'an 1583, lesquels sont tellement dissemblables en traduction, que j'en laisse le jugement à tous ceux qui entendent bien cette Langue Italienne. Il a traduit d'Italien en François le Dialogue des devises d'armes & d'amour du Seigneur Paule Jove, Italien, avec un discours de Loys Dominique, sur le même sujet, imprimé à Lyon, chez Guillaume Rouville, l'an 1561, avec lesquels Livres de devises se voyent encore celles de Gabriel Simeon Florentin. Il florissoit à Lyon, l'an 1561. Je ne sai s'il est encore vivant.

* Cet Auteur qui avoit toujours vêcu dans sa province, n'avoit ni le goût, ni l'urbanité des Ecrivains qui fréquentoient la Cour, aussi à la tête de sa traduction des *Amours de Petrarque,* qu'il lui a plu d'intituler *les Livres de Laure d'Avignon,* dit-il, à la Reine Cathérine de Médicis, auquel il l'a dédiée, qu'il n'a ...

   Ni digne engin, ni pouvoir, ni science.

Cependant c'étoit moins le talent, que l'usage du monde qui lui manquoit, car on trouve quelques morceaux de sa traduction fort heureusement tournés, quoique du Verdier ait dit absolument que ses vers étoient rudes & mal rendus. La Croix du Maine auroit dû nous apprendre, de quel Auteur il a traduit le poëme du jeu des échecs, si c'est de Vida, ou d'un autre. Voy. la Bibl. Franç. de M. l'Abbé Goujet, Tom. VII, pag. 99 & 320.

VICTOR BRODEAU, natif de la ville de Tours sur Loire au pays de Touraine, Sécretaire & Valet de chambre du Roi François I, & de la Roine de Navarre, sœur unique du Roi, Duchesse d'Alençon, &c. [1]. Il a écrit en vers François les louanges de Jesus-Christ notre Sauveur, imprimés à Lyon & autres lieux. Elles se voyent aussi écrites à la main sur petit velin de lettre fort bien peinte, en la bibliothéque de frère Mery Desbois, sous-Prieur de l'Abbaye de la Coûture près le Mans, &c. Il a écrit une Epître du pécheur à Jesus-Christ, imprimée à Lyon, chez Étienne Dolet [2]. Il mourut au mois de Septembre, l'an 1540.

[1] Ce VICTOR BRODEAU a été père du Docte Jean Brodeau, célèbre par ses notes sur l'Anthologie, par ses *Miscellanea*, & par d'autres Ouvrages d'érudition* . Marot dans ses Œuvres le nomme *le jeune Brodeau*. C'est dommage que les poësies enjouées de Victor n'ayent pas vu le jour, sa réputation étoit grande, & s'est même conservée dans les vers des Voitures & des Pellissons. (M. DE LA MONNOYE).

* La famille des *Brodeau*, de Tours, a produit plusieurs Savans ; on trouve quelques petites pièces de vers de la façon de Victor, imprimées dans les recueils des Poëtes de son temps ; son poëme des *Louanges de Jesus-Christ notre Sauveur*, est en vers de dix syllabes.

[2] L'Epître que la Croix du Maine indique, sans dire si elle est en prose, ou en vers, fut condamnée par la Faculté de Théologie de Paris, entre 1541 & 1546, & l'Auteur étoit mort dès 1540. (M. DE LA MONNOYE).

VIEILLARS DE CORBIE, natif dudit lieu en Picardie, ancien Poëte François, vivant en l'an de salut 1250, ou environ. Il a écrit plusieurs poësies Françoises, non encore imprimées*.

* Voy. FAUCHET, Chap. 40.

VILLERAY-RIANT (Monsieur), Gentilhomme Parisien Maître des Requêtes de l'Hôtel du Roi, fils de M. de Villerayriant, Président en sa Cour, &c. Je pense beaucoup honorer ce mien Livre d'hommes illustres, quand je trouve moyen d'y employe employer le nom de ce Seigneur de Villeray, car il s'en rencontre bien peu qui méritent tant comme il fait, & qui ayent tant de dons, de grace & perfections, comme j'en ai connu en lui, foit touchant la Jurifprudence, ou pour les lettres Grecques, & pour plufieurs autres fciences, lefquelles reluifent tellement en lui, que Paris peut fe vanter en ayant beaucoup de femblables, de ne céder en rien, mais furpaffer de beaucoup toutes les autres villes du monde. Il n'a encore fait imprimer fes harangues ou oraifons prononcées devant fes Majeftés, & entr'autres celles qu'il a faites étant au fervice de Monfeigneur frère du Roi, non plus que plufieurs beaux & doctes recueils d'affaires d'état néceffaires à tous ceux qui font employés ès affaires de conféquence. J'ai pareillement vu quelques Sonnets compofés par lui, avec beaucoup de grace, & bien heureufement achevés, mais tout ceci n'eft encore en lumière. Il florit à Paris cette année 1584. Je me réferve à écrire plus amplement de lui & de M. fon père ès vies des hommes d'état de Judicature. J'ai fait mention ci-devant d'un autre Seigneur de Villeroy qui eft Meffire Nicolas de Neufville premier Sécretaire d'Etat *.

* On ne fait pourquoi, dans cet Article, La Croix du Maine a fait confufion de VILLERAI avec VILLEROI.

VINCENT DE LA LOUPE, Chartrain, ou né au pays de

Chartres, dit en Latin *Lupanus* *. Il a écrit & compofé premiérement en Latin, & depuis traduit en François, trois fort beaux & bien doctes Livres **, des dignités, Magiftrats & Offices du royaume de France, imprimés à Paris, par Guillaume le Noir, l'an 1564, & encore par plufieurs autres fois, tant cet ouvrage a été bien reçu de tous hommes curieux, pour les belles recherches qu'il contient. Il floriffoit fous le règne du Roi Henri II, l'an 1550.

*VINCENT DE LA LOUPE eft plus connu par fon nom Latin, *VINCENTIUS LUPANUS*, que par fon nom François, quoique fes Ecrits Latins & François ne foient guères plus lus les uns que les autres.

** Son Ouvrage, *Sur les Offices de France*, a eu beaucoup de fuccès. On en a fait plufieurs Editions, foit en Latin, foit en François. Il parut pour la première fois, en Latin, en 1551, à Paris, *in*-8°. Il fut augmenté dans les Editions poftérieures, en 1553, 1560, &c. Le P. le Long s'eft trompé, lorfqu'il a dit (N°. 13401) qu'on avoit réimprimé ce Traité dans le Recueil intitulé *Gallia*, qui fait partie de ce qu'on nomme *les petites Républiques*; on y a fait ufage du Livre de *Lupanus*, dont on a donné des Extraits, que l'on a joints à ceux qu'on a tirés de *du Tillet*. La Traduction Françoife, faite par *Lupanus* lui-même, parut pour la première fois en 1560. Il a auffi publié un Traité Latin, intitulé *Prochotrophe Urbis Carnutenfis*, *id eft, alendorum pauperum ratio*, Paris, 1557, *in*-12.

VIVIAN LE CHARPENTIER, Poëte François. Il a écrit quelques ballades & rondeaux à l'honneur de la Vierge Marie, imprimés avec le recueil qui s'eft fait du livre fufdit *.

* Voy. *DU VERDIER*, au mot GUILLAUME ALEXIS.

URBAIN DE LAVAL (Meffire), Chevalier de l'ordre du Roi, Seigneur du Bois-Dauphin, Vicomte de Brefteau au Maine (non loing de la Seigneurie de la Croix, &c.) iffu de la très-noble & très-ancienne maifon de Laval, fur les frontières & limites de Bretagne, &c. Ce Seigneur du Bois-Dauphin, fut inftruit & nourri aux lettres dès fes plus tendres ans, & les a tellement aimées, que pour en rendre un plus ample témoignage, il a toujours voulu avoir en fa maifon des hommes doctes, & encore a été tellement curieux de Livres qu'il a dreffé une fort riche Bibliothéque en l'une de fes maifons, (comme ont laiffé par écrit ceux qui lui ont dédié des Œuvres) ce qui eft caufe de m'avoir invité à le mettre en ce rang, encore que nous n'ayons point vu de fes compofitions en lumière : & tout autre Gentil-homme, auquel je reconnoîtrai des parties autant recomman-dables (comme j'en ai entendu être en ce Seigneur) fera caufe que j'en ferai le recit, étant fur-tout fort defireux de pouvoir trouver l'occafion de faire mention d'eux ayant un tel argument, afin d'encourager la nobleffe de France, à chérir les vertueux, & careffer les lettres. Il florit cette année 1584.

Y S A.

YSAAC HABERT, Parifien, Valet de chambre du Roi, &c, *Voy. de lui, & de tous les autres qui fe commencent par ce nom d'Ifaac, à la lettre I, ici devant, fans que nous ayons voulu écrire ce nom par un, y, Grec.*

YVES DE BRINON. Il a traduit d'Italien en François, l'hiftoire de Florence, compofée en langue Tofcane, par Nicolas Machiavel Florentin, imprimée à Paris, l'an 1577.

YVES MAGISTRI (Frère), natif de la ville de Laval au Maine, fur les frontières de Bretagne. Il a écrit un Livre, qu'il a intitulé la Guide Eccléfiaftique, imprimée à Paris, l'an 1580. Le miroir chrétien, imprimé à Paris, l'an 1580.

YVES ROUSPEAU, Xaintongeois, Poëte François, & encore plus grand Théologien. Il a fait imprimer plufieurs de fes Livres en la ville d'Alençon, l'an 1565, favoir eft le traité de la préparation à la Cêne, & plufieurs Dialogues, &c. Il a fait imprimer plufieurs poëmes François de fon invention, à Paris, chez Jean le Clerc, favoir eft l'Hymne de l'automne, contenant les louanges de la vigne & du vin. L'antithefe de la terre & des cieux. Quadrains des louanges du faint nom de Jefus, & encore plufieurs fonnets, &c. Il florit cette année 1584.

YVES DU RUBAY, natif du pays du Maine, Maître des requêtes de l'hôtel du Roi, & Chancelier du Royaume d'Efcoffe, homme fort docte, & lequel a été employé en beaucoup d'affaires d'État. Il a écrit plufieurs harangues, tant en Latin qu'en François, lefquelles ne font encore imprimées. Il mourut à Paris, l'an 1563, ou environ.

YVES LE TARTIER, Doyen de l'Églife de Saint Étienne de Troye en Champagne *. Il a traduit en François la vie & paffion de Madame fainte Tanche, recueillie d'une legende des

Saints, écrite par François Arnoul, Chanoine de S. Étienne de Troye. Elle a été imprimée avec le troisième volume de l'histoire des Saints, chez Nicolas Chesneau, à Paris. Voy. le feuillet 396, de la première impression.

* Il fut tué d'un coup de fusil, en 1590. (Voy. le XIIe Volume du *Gall. Christ.* Col. 530) où il est qualifié d'*homme très-savant*. Il avoit dressé un *Procès-verbal des Actes*, faits par les Députés, *du Clergé de France, assemblés à Blois en 1588.* Cet Ouvrage est demeuré manuscrit, mais Godefroy en a publié des fragmens, dans son *Cérémonial François*, Tom. II, pag. 326 & suiv. Le Tartier étoit lui-même Député à ces Etats par le Clergé du Bailliage de Troies. Il paroît que le Compilateur de la *Collection des Procès verbaux des Assemblées générales du Clergé de France, depuis 1560 jusqu'à présent,* imprimée chez Guillaume Desprez, 1767, *in-fol.* n'a eu aucune connoissance du *Procès-verbal*, fait par le Tartier aux Etats de Blois de 1588, qu'il ne le cite point, & qui dit qu'*on n'a pu trouver rien de plus authentique sur les Etats de 1588, & qui approchât le plus du Procès-verbal de l'Etat Ecclésiastique que, 1°. Le Recueil des Discours & Harangues, & autres pièces concernant ces Etats, imprimé par Quinet; 2°. Un Procès-verbal du Tiers-Etat; 3°. Un Journal du sieur Bernard, l'un des Députés de la Bourgogne pour la Ville de Dijon.* Voilà, dit le Compilateur de la Collection, les seules sources, où l'on ait pu puiser, pour donner un Extrait des Actes du Clergé aux Etats de 1588. (Voy. *Collection des Procès-verbaux*, &c. Tom. I, pag. 445.

Fin de la Bibliothèque Françoise de FRANÇOIS DE LA CROIX DU MAINE, Sieur dudit lieu, & de la Vieille-Cour.

APPARENT RARI NANTES IN GURGITE VASTO.

L'on voit peu de Nageurs en une grande Mer.

EPISTRE

EPISTRE

AU TRÈS-CHRESTIEN
ROY DE FRANCE ET DE POLONGNE,
HENRY III
DU NOM.

SIRE, *il y a aujourd'huy un an, que je reçeu tant d'honneur de vostre Majesté, qu'il luy pleut recevoir ce que je luy presentay, touchant mes Desseins & Projects, pour dresser une Bibliotheque, parfaite & accomplie en toutes sortes, lequel j'ay de rechef fait imprimer, afin que une chose si louable ne demeurast ensevelie. Or, est-il (Sire) que depuis ce temps là je n'ay peu avoir ce bien, que de pouvoir faire entendre à vostre Majesté, & luy expliquer les articles principaux contenuz en mes Projects. Mais j'ay opinion que cet œuvre ou plustost histoire des Escrivains en langue Françoise, tesmoignera de ma diligence touchant la recherche que j'ay faite pour illustrer vostre Royaume ; & servira de preuve*

a

que mes deſſeins ne ſont pas des promeſſes ſeulement, mais
des effeᶜts plus que ſuffiſans, pour certifier de ce que j'ay toujours deſiré que l'on cogneuſt en moy : ſçavoir, une très-dé-
votieuſe affection de faire ſervice à voſtre Majeſté en toutes
ſortes. C'eſt donc cette BIBLIOTHÉQUE FRANÇOISE que je
conſacre à voſtre Majeſté (Sire) ſi c'eſt ſon plaiſir de l'accepter de telle affection, comme je luy en fay très-humble
offre & préſent, & cela n'eſt que comme un avant-coureur
des autres volumes que j'ay eſcrits ſur toutes ſortes de matières ou ſubjecᵗs, deſquelles le nombre eſt infiny & preſqu'incroyable. Car ſi je dy qu'il y en a plus de ſept ou huit cents,
non-ſeulement encommencez, mais preſque achevez, j'ay peur
que l'on ne veuille adjouter foy à mes propos, toutesfois j'en
peux toujours faire preuve à ceux qui la décroiroient, en leur
montrant ce que j'en ay de fait.

Or pour venir à parler de cette BIBLIOTHÉQUE
FRANÇOISE, voicy ce qu'elle contient, ſçavoir, eſt un
Catalogue général de tous les hommes & femmes qui ont
eſcrit & compoſé des œuvres de leur invention, ou bien auſſi
qui ont fait des Traductions en langage François depuis
cinq cents ans & plus, juſques au temps de voſtre règne, lequel
je prie à Dieu vouloir bien conſerver, & contient encores un
Abrégé des vies des plus renommez entre ceux que j'y ay
compris, deſquels le nombre eſt de trois mille ou peu s'en
fault. Mais pour dire ce qui m'a fait choiſir cet œuvre pour
en faire préſent à voſtre Majeſté, pluſtoſt que pas un des au-

tres que j'ay prests à mettre en lumière, ç'a esté pour deux occasions principales, dont la premiere est pour avoir eu desir
d'avoir l'amitié de tant d'hommes doctes qui sont aujourd'huy vivants, desquels la plus grande partie est employée au
service de vostre Majesté, & cela sera cause qu'ils pourront,
(s'il leur plaist me vouloir tant porter d'amitié) lui recommander mes desseins & projects pour les accepter, & enfin
les mettre à exécution. La seconde raison a été pour monstrer
combien c'est un grand honneur & louange à la France, (&
par conséquent à celuy qui en est le Roy & Prince Souverain)
de se pouvoir vanter qu'elle est si florissante en hommes doctes, non-seulement qui sont bien versez ès langues Hébraïque,
Grecque, Latine, & autres estrangeres, mais sur-tout en celle
de leur pays & que le nombre est si grand de ceux qui ont
composé en icelle langue Françoise, qu'il y en a plus de trois
mille, ce qui ne se pourra rencontrer ès autres nations étrangères, soyent Italiens, Espagnols, Allemans, Flamans,
Anglois, Éscossois, & autres semblables. Car si nous voulons prendre garde aux Italiens, (lesquels j'ay mis plustost en
avant que les autres, pour ce qu'ils ont de tout temps flory
aux lettres & aux armes) nous trouverons que ceux qui ont
fait la recherche des autheurs qui ont escrit en leur langue, depuis le temps que ces trois doctes hommes Florentins, Dante,
Petrarque & Bocace, florissoient (il y a trois cents ans &
plus) n'en ont mis en leur Catalogue que trois cents, qui ont
escrit ou traduit des œuvres en langue Italienne : ce que pour

ront tefmoigner avec moy , tous ceux qui auront fait lecture
du livre d'Antoine-François Dony Florentin , lequel a
mis en lumière un fien œuvre , qu'il a intitulé la Librairie ,
c'eft-à-dire , le Catalogue des livres Italiens , anciens & modernes , qu'il a fait imprimer depuis quatre ans en çà , fçavoir eft en l'an de falut 1580. Que fi quelques-uns veulent
dire qu'il n'a voulu faire mention que des plus excellens
Écrivains , & qu'il n'a parlé de ceux qui ont peu de réputation , je veux bien accorder qu'il en a paffé beaucoup fous
filence. Mais prenons le cas que ceux qu'il a obmis fuft deux
fois auffi grand que ceux dont il a parlé , le tout ne feroit
que de neuf cens , & c'eft bien loing de trois mille , comme
nous avons entre les noftres ; ce que j'ay expreffément allégué (Sire) afin de monftrer que voftre Royaume n'eft pas feulement célebré & renommé par tout l'Univers , à caufe des
hommes illuftres & vaillans en guerre , mais encores pour les
doctes & fçavans perfonnages qui ont de tout temps fait
profeffion des lettres. Mais pour laiffer ce propos & venir
aux autres œuvres que j'ai compofez , pour illuftrer la France
& les Gaules , je ne craindray point de dire que fi j'apper-
çoy tant foit peu que ce premier volume de ma Bibliothéque
vous ait agréé ou pleu en aucune forte , je continueray à mettre les autres en lumière , en peu de temps : fçavoir eft le fecond volume , qui eft divifé felon les arts & fciences , & lequel enfeigne à trouver promptement tous les autheurs qui ont
efcrit de chacun fubject ou matière , quelle qu'elle puiffe être ;

qui *eſt l'œuvre le plus deſiré de tous nos François. Car cela
eſt de tel ſoulagement, qu'en un inſtant l'on trouve tous ceux
qui ont écrit des choſes pareilles, & d'un meſme argument,
pour leſquelles choſes ſçavoir autrement, que par ce ſecond
volume de la Bibliothéque Françoiſe, il ſeroit trop difficile
& malaiſé, ſinon à ceux qui auroient veu & leu tous les autheurs qui ont jamais eſcrit en François.*

*Le troiſieſme volume eſt des Éſcrivains en Latin, natifs de
la France & des Gaules, leſquels ſont en nombre de cinq ou
ſix mille, ſans faire mention des autres volumes qui en dépendent encores.*

*Et quant eſt des maiſons nobles de France, (qui eſt
l'œuvre que je mettray en lumière après les ſuſdits, ſi voſtre
Majeſté ne me commande de faire du contraire) c'eſt celuy
de la Nobleſſe de voſtre Royaume, à la compoſition duquel j'ay uſé de telle diligence, pour rechercher toutes les
maiſons qui ont tiltre ou qualité de Noble, que j'en ay des
recueils de plus de vingt mille, leſquels j'ay mis par ordre
d'a, b, c, pour ne faſcher aucun, quand je les feray imprimer. Ce qui adviendra lorſqu'il plaira à voſtre Majeſté de
me commander que cela ſe face : car je luy ay toujours tant
porté de reſpect, que je n'ay deſiré mettre en évidence, ſinon
toutes choſes à la gloire & honneur des François, vos très-
humbles ſubjects.*

*SIRE, voilà ce que j'avois à dire maintenant touchant au-
cuns de mes œuvres : & ſi voſtre Majeſté deſiroit de ſçavoir*

quels sont les autres que j'ay escrits & composez pour l'ornement & illustration de vostre tant célèbre & florissant Royaume , je suis prest de faire lecture (quand il luy plaira de me
le commander) du Discours que j'ay fait imprimer il y a
cinq ans , touchant le catalogue général de mes œuvres , lequel a été de rechef imprimé sur la fin de ce livre. Mais
avant que finir ce propos , je ne me peux empescher que je
ne die librement , & que je n'en laisse quelque chose par
escrit , pour estre sçeu de la postérité , que cela est tellement né
avec moy , de m'estre estudié dès mes plus tendres ans , à faire
choses qui peussent un jour estre agréables aux Rois de France,
mes Princes Souverains , que sans que j'aye peine de prouver cela estre vrai , j'en laisse le jugement à ceux qui desire-
ront voir combien de volumes j'ay escrit , pour cet effect : soit
de l'Histoire de France , de la vie de chacun Roy & Roynes ,
& de toutes les autres choses qui en dépendent. Je n'en diray pas plus en cet endroit , car j'en ay assez parlé en
l'Épistre que je présentay à vostre Majesté , il y a jà un an
passé, & aussi que cela se voit aux livres que j'ay fait imprimer
par cy-devant.

Donc pour conclure , je peux dire & soustenir cela estre
vrai , que aucun de tous les hommes vivans , ou bien encores de
ceux qui sont morts , n'a jamais escrit en particulier tant de
livres pour la France , & ce qui concerne les affaires ou Estat
du Royaume , & les choses dignes de demeurer en perpétuelle
recommandation , pour en estre capables , & le mériter en

toutes fortes, comme j'ay fait, & que je le démonstreray toutes les fois qu'il plaira à voftre Majefté de me le commander. Ce que je n'allégue pas pour vouloir me vanter, ou ne me reffentir inférieur à tout autre en cas de mérite : mais certes, je veux dire que pour la bonne affection à fon Prince, que je n'en céde à aucun, & qu'en cela j'en furpaffe beaucoup. Et ce qui me fait parler avec tant de liberté, c'eft que l'on ne peult croire du contraire, quand l'on aura cogneu ce que j'ay fait jufques icy, pour en rendre un tefmoignage irréprochable.

Pour mettre fin à cette Épître, je la finiray après avoir encores dit le dernier point de ce qui m'a fait tant enhardir que d'avoir ofé me préfenter devant voftre Majefté, veu que je n'y ai point autre accez que par un défir extrefme de luy faire fervice. Et certes, fi elle me répute digne de m'employer à faire chofes qui lui foyent agréables, elle me trouvera tellement difpofé en celà, que ce qui femblera à aucuns difficile, me fera tellement aifé, que l'on pourra bien juger, à l'exécution de fes commandemens, combien j'y ay de dévotion. Ce fera donq par ces propos derniers que je finiray ce Difcours, en faifant très-humble fupplication à Dieu, qu'il lui plaife tellement donner fecours & ayde à mes bons & louables deffeins, comme je défire qu'ils fervent de tefmoignage à la poftérité, que j'aye efté du temps d'un Roy fi puiffant, vertueux & magnanime, que tous autres en ces cas luy font inférieurs. Éfcrit à Paris au mois de May, *l'an* 1584, *par le plus humble, le plus fidel, & encores plus affectionné de tous ceux qui ont jamais porté le nom de François,*

FRANSOIS DE LA CROIS-DU-MAINE,
duquel l'Anagramme est telle.

RACE DU MANS, SI FIDÈL' A SON ROY.

PRÉFACE

O U

ADVERTISSEMENT DU Sʳ DE LA CROIX-DU-MAINE, *à ceux qui liront cette Bibliothéque Françoise.*

MESSIEURS, il me semble que c'eſt une choſe bien raiſonnable, & laquelle m'eſt d'importance, de faire mention de ce que contient cet œuvre, mis en lumière par moi : enſemble depuis quel temps je l'ay commencé à dreſſer, & de quelle façon j'y ay procédé pour le rendre tel qu'il eſt. Doncques pour n'uſer de longs propos, je diray que dès l'an de mon âge dix-ſeptieſme, ſçavoir eſt, en l'an de ſalut 1569, étant envoyé en l'Univerſité de Paris pour faire profit aux lettres, j'étois ſi curieux d'avoir toutes ſortes de livres, non-ſeulement en Grec, Latin, & autres langues, & ſur-tout en François, qu'enfin, l'amaz que j'en feis étoit ſi grand, que le Catalogue d'iceux ſe monſ-troit tenir plus d'un juſte volume. De façon qu'il me print dès-lors une envie de mettre à part les Grecs & les Latins, & d'un autre côté les François ou Autheurs qui avoient eſcrit en notre langue, ſans parler des Italiens, Eſpagnols & autres. De-là il vint que je penſay dès-lors à faire comme un inventaire des Eſcrivains en François,

b

tant de noſtre nation que des Eſtrangers. Je parle ainſi, car il y en a pluſieurs qui ont eſcrit en notre langue, & toutesfois ils ſont eſtrangers, ou nez hors la France & les Gaules.

Enfin, je trouvay tant d'hommes qui avoient eſcrit en François, que je commençay dès-lors à dreſſer des recueils ou mémoires des Eſcrivains François : lequel œuvre étant ainſi continué par moy par l'eſpace de quinze ou ſeize ans, je l'ay ſi bien pourſuivi & augmenté de jour à autre, que je n'en ay point voulu m'en ſervir pour moy ſeul, mais j'en ay bien voulu faire part à tous ceux qui le méritent, & entr'autres à vous (Seigneurs François) qui avez & votre païs & votre langue en ſingulière recommandation : & ce qui m'a fait prendre tant de peine à cecy (outre pluſieurs autres œuvres que j'ai faites ſur divers ſubjects) ç'a été pour eſtre tellement né à vouloir monſtrer que la France eſt ſi riche d'hommes doctes, & de ſçavoir, tant ès langues vulgaires que ès autres eſtrangères, que je ne diray pas qu'elle cède à aucune autre nation en ce cas-là, non plus qu'en autres choſes, mais j'oſeray ſoutenir que ſi elle ne les ſurpaſſe, toutesfois elle les eſgalle tellement & ſuit de ſi prez, que cela demeurera indécis entre ceux qui auront l'eſprit capable d'en donner leur ſain & docte jugement. Mais pour revenir à parler de cette *Bibliothéque Françoiſe*, je diray que ſi elle n'eſt tellement accomplie & parfaite, que pluſieurs (& entr'au-

tres les François) défireroient bien qu'elle fuft, qu'eux-
mefmes en font caufe : car il y a plus de cinq ans que j'ay
fait imprimer un mien Difcours, lequel contenoit un Catalogue de mes œuvres & compofition : & entr'autres
chofes, il faifoit mention de cette *Bibliothéque Françoife*,
& par iceluy je priois tous ceux à la cognoiffance defquels
il viendroit, qu'ils me fiffent tant de bien que de m'envoyer des mémoires de leurs efcrits & compofitions. Et
fur ce propos je répéteray ce que j'ay dit autre part, c'eft
que cet advertiffement fut mis en lumière l'an 1579, &
en feiz imprimer 350 exemplaires, afin d'en envoyer à
tous, ou la plus grande partie de mes amis, tant François
qu'Eftrangers, & m'affure que plus de dix mille hommes
ont veu ce Difcours, qui eft caufe que je ne me veux icy
arrêter à en parler davantage. Et toutesfois, tous ou la
plus grande partie de ceux qui firent lecture de cet advertiffement, eurent opinion que ce n'eftoient que des promeffes fans effect.

Or voylà les propos qu'aucuns ont tenu & ont voulu
jufques icy maintenir, que ce n'eftoient que projeds ou
baftimens en l'air, (pour parler felon le vulgaire.) Et quant
eft de moy, voyant que tout ce que j'avois mis en avant
étoit encore plus rejedé que n'étoit l'offre que fift Chreftofle Coulon, de faire une conquête des pays & terres
incognues, cela m'a fait attendre ou furfoir jufques à maintenant, pour monftrer les effects de la chofe avec la pro-

meſſe tout enſemble. Car pour ce faire, je diray qu'après
avoir été environ treize ou quatorze ans à faire toutes ſortes de recherches, & amaſſer des livres, mémoires, tiltres,
enſeignemens, & toutes autres choſes dignes d'un homme qui veut paroiſtre en la profeſſion à laquelle il s'eſtudie
totalement, je me ſuis enfin réſolu de m'acheminer en
cette tant renommée Ville de Paris, pour rendre un ſuffiſant teſmoignage de ce que l'on ne ſe pouvoit perſuader
eſtre vray.

Or voicy la façon de laquelle j'ay uſé en tout ce que j'ay
fait juſques ici, laquelle choſe, ſi je dy aſſez amplement,
c'eſt pour ſatisfaire en cela à pluſieurs qui déſirent d'entendre quel ordre j'ay tenu pour parachever ainſi mes entrepriſes : en premier lieu, je diray qu'après avoir été treze
ou quatorze ans à eſcrire, recueillir & chercher de toutes
pars des Mémoires, & enfin voyant que j'en avois juſques à là, que le tout ſe pouvoit monter juſques au nombre
de ſept ou huit cents volumes, qu'enfin je me délibéray
de faire ma demeure à Paris, & pour cet effeсt, je feis
conduire trois charettes chargées de mes volumes & Mémoires, & de livres tant eſcrits à la main qu'autrement,
& arrivay à Paris le dernier jour de May l'an 1 ſ 8 2, depuis lequel temps je fuz un an entier pour ne faire autre
choſe, que pour penſer m'aquérir des amis, par le moyen
des Lettres, en faiſant profeſſion des hommes doсtes, ne
deſirant rien plus que d'avoir ce bien que d'être cogneu

d’eux: mais le malheur a jusques icy esté si grand & telle-ment bandé contre moy, que tout ce que j’ay toujours desiré d’avoir, m’a toujours fuy jusques ici. Et Dieu veuille que si je n’ay pas esté heureux en tout cecy soit mon der-nier malheur. De façon que cette premiere année, je la passay sans vouloir autrement mettre en lumière aucuns de mes œuvres, jusques à ce que je veisse que j’eusse gaigné par bons offices & devoirs d’amis, tous ceux qui avoient desiré d’empescher mes desseins ou projects, lesquels je pré-sentay au Roy à un an de là, sçavoir est, en May l’an 1583 en suyvant. Et toutesfois, tout cela ne m’a non plus servy qu’à celuy qui, pour vouloir mettre quelque chose par escrit, l’escriroit sur le sable, & qu’un torrent passast après pour l’effacer du tout. Toutesfois je n’ai pas discon-tinué en aucune façon à faire des amis en toutes sortes : & pour conduire mes affaires au port où je desirois tant d’aborder, je me suis advisé (selon qu’il a pleu à Dieu me conseiller) d’user d’une façon que tout homme vivant se-lon la crainte de Dieu doit faire ; sçavoir est, d’oublier toutes les inimitiés passées, ce que j’ay bien monstré ayant escrit amplement les louanges de ceux qui m’ont icy porté moins d’amitié que je ne l’avois méritée, pour beaucoup de raisons : & pour dire en un mot, ayant voulu que tou-tes inimitiés passées ne vinssent plus à se renouveller, pour empescher le cours de mes estudes & l’advancement du bien public envers mon Roy & Prince Souverain, auquel j’ay

deſiré de tout temps faire preuve de ma dévotion & humble ſervice à l'endroit de Sa Majeſté. Mais pour laiſſer cecy
& pour venir à parler d'autres choſes, je veux déclarer
la façon que j'ai obſervée à la ſtructure & compoſition
de cette *Bibliothéque Françoiſe.* En premier lieu, je diray
que je n'ay reçu advertiſſement ou mémoires de tant d'autheurs François deſquels j'ay parlé, ou s'il y en a eu quelques-uns qui m'ayent baillé mémoires, entre ces trois
mille dont j'ay parlé, il ne s'en trouvera pas ſix qui m'ayent
baillé le catalogue de leurs livres, & encore je n'avois
que faire d'avoir ceux qui ſont imprimés, car je les avois
veuz: mais quant à ceux qui reſtoient à mettre en lumière,
ou qu'ils avoient projectés & deſſeignés de faire, je ne les
pouvois pas deviner ny en faire le récit qu'après leur advertiſſement. Je diray davantage, qu'il ne ſe trouvera point
que j'aye reçeu aucuns mémoires, catalogues ou inventaires d'aucuns Imprimeurs ou Libraires, tant de Paris que
d'autres lieux de France, pour faire ce recueil: & ſi quelques-uns en ont opinion, qu'ils s'en enquierent, & l'on
verra s'il eſt autrement que je le dy. Davantage l'on ne
me peut mettre à ſus (ſans par trop s'abuſer) que j'aye
uſurpé ſur aucun en cet œuvre: que s'il y en a qui ayent
de pareils deſſeins (comme j'ai entendu que le Seigneur
de Vauprivaz, Anthoine du Verdier, en avoit entrepris)
cela n'eſt pas avoir rien uſurpé ſur ſes inventions, ny avoir
eſté ſoulagé par ſes mémoires, car jamais je ne l'ay veu ny

cogneu, & avons toujours esté esloignez l'un de l'autre plus de cent lieues, & mon entreprise en cecy estoit il y a plus de quinze ans, comme pourroit tesmoigner un nombre infini d'honnestes hommes qui m'ont cogneu, & visité ma Bibliothéque encommencée depuis ce temps-là. Mais quand ainsi seroit, que quelques-uns vouluslent entrer sur tels propos, je vous laisse à penser si Budée se soucioit de Léonard Portius Italien, & Erasme de Polydore Virgile, & encores plusieurs autres semblables, qui tous ont escrit des subjects pareils. Et si l'on fait doute qui emportera le prix en ce cas: certes, je suis si peu curieux de gloire, que je ne me soucie pas de laisser à juger qui sera le plus estimé des deux ouvrages escrits sur un mesme subject; car outre que j'en ay beaucoup d'autres de plus grande conséquence, je me peux aussi vanter que je n'ay mis ce livre en lumière que pour monstrer à mes amis la bonne volonté que je leur portois, & du tesmoignage que j'en desire laisser par escrit à la postérité.

Or voylà ce que j'avois à dire touchant ceux qui ont escrit des subjects pareils les uns aux autres, & de la dispute qui en a esté en chacun siécle. Et si quelques-uns se veulent comparer aux susdits Budée & Erasme, il leur sera permis de par moy, & n'en suis pas jaloux : car je me suis toujours réputé ne sçavoir qu'une chose, c'est que je ne sçay rien.

Reste maintenant à venir aux autres articles touchant

cette *Bibliothéque Françoise*, lefquels je mettray expreffément en avant pour refpondre à plufieurs qui parlent avec
affez peu de refpect des autheurs, en les calomniant le plus
fouvent en chofes toutes fauffes.

Voicy doncques ce que j'ay à dire touchant ceux qui di-
ront que je me fuis fervy des efcrits d'autruy pour mettre en
mon livre: j'advoue que M. le Préfident Fauchet a fait imprimer depuis quelques années en çà un Catalogue des anciens Poëtes François, duquel le nombre eft de *cent vingt &*
fept, & ne veux pas nier d'autre cofté que Jean de Noftredame Provençal, homme docte, (lequel eft frere de Michel de Noftredame, dit Noftradamus, tant renommé
par les Aftrologues, &c.) n'aye fait imprimer un fien
livre des anciens Poëtes Provençaux, lequel contient les
noms de foixante & feize Poëtes. Ce que j'ay desjà advoué
en ce mien œuvre de la *Bibliothéque Françoise*, lorfque j'ay
fait mention dudit Jean de Noftredame, & encore n'ay-
je pas voulu celer comment je me fuis aydé du livre dudit fieur Claude Fauchet, car en plufieurs endroits de mon
livre je mets ces deux lettres C. F. après que j'ay parlé de
ceux qu'il a alléguez, & cela fignifie le nom dudit fieur
Préfident. Mais il confeffe en fon livre en avoir efté fecouru de la plus grande partie par M. de Roiffy, Meffire
Henri de Mefmes, duquel j'ay veu le livre efcrit à la main
fur parchemin, avec les Chanfons en mufique defdits anciens Poëtes. Ce que j'allégue, afin de monftrer que fi les
uns

uns ont eu fecours de livres par aucuns, l'on les a auffi
bien peu voir comme eux, & toutesfois je n'en veux demeurer ingrat, mais recognoître ceux defquels je me feray fervy ou aydé.

Quant aux autres autheurs defquels je fay mention en
mon œuvre, je les ay veuz ou leuz, & les ay encore pardevers moy pour la plus grande partie, fans que je les aye
empruntez, car je diray bien celà que je n'en ay oncques
deu à aucun Libraire, & fi j'en ay achepté pour plus de dix
mille livres depuis quinze ou feize ans que j'ay commencé
à aymer les lettres. Et ce qui eft le plus à admirer en cecy,
touchant une fi curieufe recherche, c'eft que j'ay efté dix
ans & plus, abfent de la Ville de Paris, fçavoir eft, depuis
l'an 1571 jufques en l'an 1582. Ce que j'ay bien voulu dire,
pour monftrer que fi j'euffe fait ma demeure ordinaire en
icelle Ville, que j'euffe bien un plus grand nombre de livres que je n'ay pas, & euffe peu recueillir plus d'autheurs
pour les employer en ce Catalogue. Mais avant que
paffer plus avant fur autre propos, je diray que ceux qui
voudront juger de ma façon d'efcrire, & qui voudront
prendre garde, fi j'ay bien parlé en noftre langue, & ufé de
façons ordinaires aux bons hiftoriens, que ce n'eft pas icy
que je l'aye peu monftrer. Car qui auroit entendu combien
j'ay efté preffé en cet ouvrage, il admireroit peult-eftre celà
plus que toute autre chofe dont il aye ouy parler. Et à fin que
j'en laiffe quelque chofe par efcrit, non à autre intention

c

que pour me juſtifier à l'endroit de ceux qui ne deman-
dent qu'à trouver à reprendre pour s'en prévaloir ; j'oſeray ſouſtenir qu'il ne ſe trouvera point d'œuvre tel que
ceſtuy-cy qui aye eſté imprimé de la façon, & en appelle
tous les Imprimeurs & Libraires à teſmoings, & autres qui
ſont verſez en cet art ; car je peux aſſeurer qu'il ne s'eſt
paſſé jour depuis le premier que j'ay mis cet œuvre ſur la
preſſe, qu'il ne m'ait eſté de beſoin de fournir aux Imprimeurs un cayer de copie, qui ſont douze pages d'eſcriture, ou bien (pour le mieux donner à entendre) trois
feuilles de grand papier remplies de douze faces ou coſtez
de minute eſcrite de ma main, contenant chacune page
plus de quarante lignes, & chacune ligne plus de douze
ſyllabes, pour fournir à deux compoſiteurs qui travail-
loient ſur ce livre ; ce que je repete aſſez amplement, afin
que cela me ſerve contre ceux qui ſont plus preſts de ca-
lomnier que de bien dire, ou parler des autheurs à leur
louange. J'adjouſteray encores qu'il n'y a aucune copie de
ce livre que celle qui eſt eſcrite de ma main, & laquelle
j'ay expreſſément retirée par devers moy pour m'en ſervir de
preuve quand il ſeroit de beſoing de monſtrer comme le
tout s'eſt fait, meſmes juſques à là que d'avoir minuté la
table & encores les faultes ſurvenues en l'impreſſion de ce
livre, qui ſont choſes que les Autheurs font ordinairement
faire par autruy. Mais j'ay tant de deſir que tout ce que je
fay ſoit ſelon ma volonté, que je ne m'en fie ou rapporte

qu'à moy-mefme. Et outre-plus je laiffois à dire qu'il ne s'eft paffé jour que je n'aye veu quatre efpreuves, qui font les corrections des feuilles que l'on imprime. Et fi quel-ques-uns entrent en defcroyance de cecy, qu'ils s'enquierent comme le tout s'eft paffé : la chofe eft récentement adve-nuë, & par conféquent plus prefte à en fçavoir la vé-rité.

Davantage il n'y a eu jour durant cette entreprife, que je n'aye efté vifité par plufieurs hommes de marque, lef-quels j'ay tellement entretenuz que ils n'euffent pas fçeu que je faifois imprimer mon livre, finon qu'ils voyoient en leur préfence que l'on m'apportoit des efpreuves ou feuilles à corriger.

Or pour venir à parler d'autres chofes, j'ay à vous fup-plier de croire que je n'ay obmis aucun en ce Catalogue des Efcrivains François, duquel j'aye peu avoir cognoif-fance : que s'il s'en trouve quelques-uns qui fe plaignent d'y en voir les uns compris en ce livre & les autres obmis, qu'ils fçachent que nous ne l'avons point fait expreffé-ment, ou bien comme étans poulfés & induits à cela pour quelque occafion : car tant s'en faut que je n'euffe bien voulu y comprendre ceux qui méritent beaucoup, que mefmes je ne doute pas qu'il n'y en ayt en ce livre qui font de fi peu de valeur, & fi peu de recommandation, que je fçay bien que telle fois j'auray parlé d'un valet ou d'un homme encores plus vil & abject : mais en cela nous n'a-

vons eu efgard que pour fatisfaire à noftre principal deffein, qui eftoit de nommer toutes fortes d'autheurs, tant
doctes qu'ignorants, & la différence que nous avons faite
entre ces deux fortes d'hommes eft telle, que nous loüons
les fçavants (felon leur mérite) & quant aux autres, nous
les paffons foubs filence, & nous ne difons chofe d'eux
qui foit à leur blafme ou def-avantage: car nous recitons
feulement leurs œuvres & compofitions, nous réfervant à
en donner noftre jugement autre part.

Je diray encores, que fi ce Catalogue n'eft remply de
plufieurs autheurs qui ont compofé, que je n'ay pas telle
cognoiffance de leurs efcrits comme je defirerois l'avoir,
car j'en euffe fait mention : mais vous fçavez que fi ce
font livres non encores mis en lumiere, & lefquels font
pardevers les autheurs d'iceux, je ne les ay peu comprendre
en ce livre, n'eftant pas un Dæmon, mais bien homme
comme les autres, & par conféquent qui n'a cognoiffance que des chofes communes à tous autres qui entre-
prendroyent d'efcrire un tel fubject qu'eft cettuy-cy. Et avant
que finir ce propos, je veux bien advertir ceux qui ne verront ici leurs efcrits tant imprimez qu'autrement, que fi je
ne les ay nommez ou parlé d'eux, que ce fera pour la feconde édition de ce livre. Donques à fin qu'il ne tienne à
mon devoir & à ma diligence qu'ils ne foyent compris
en cet œuvre, je les advertis que s'ils defirent tant m'honorer, que de m'envoyer le Catalogue de leurs efcrits & com-

poſitions, tant en Latin qu'en François, c'eſt-à-dire, de ce qu'ils ont inventé d'eux-meſmes ou traduit, qu'ils m'en donnent advertiſſement. Car j'eſpére mettre en bref ma Bibliothéque Latine en évidence, & quant à la Françoiſe, on voit deſia comme je m'en ſuis acquité. Mais afin que leurs lettres & mémoires me ſoient ſeurement fait tenir, je croy qu'ils ne pourroyent plus commodément les adreſſer qu'à leurs amis, & penſe qu'il s'en trouvera bien peu qui n'ayent cognoiſſance en cette Ville de Paris pour adreſſer leurs lettres & les faire tenir à ceux auſquels ils eſcriront. Et quant à ma demeure, elle ſe pourra touſiours ſçavoir par les Libraires de cette Ville, (s'il advient que je change du lieu où je ſuis à préſent demeurant, ce que je ne fay jamais qu'avec une trop grande difficulté,) & lors il n'y aura point d'excuſe à faire en mon endroit que je ne les aye reçeuz (ſi elles ſont parvenues entre mes mains,) & aux autheurs de les accuſer de pareſſe. Il reſte encores un point à vous advertir (Seigneurs François) c'eſt que vous n'ayez à trouver mauvais ſi j'ay mis les noms d'aucuns en tel ordre, que (ſelon quelque prompt jugement) vous diriez que j'euſſe failly de faire ainſi, & que je ne fuſſe pas trop abuſé en ce cas. Comme pour exemple ſi vous voyez que j'aye parlé des Rois de France, ſoit de François I, Charles IX & Henri III, direz-vous que je me ſois mépris quand celà eſt venu en leurs rangs de les avoir mis après leurs ſubjects, ou bien qu'ayant parlé du pere ou de la mere que j'aye mis les enfans devant, & encore les difciples devant les maiftres? Certes, ce n'eft en celà que de la peine pour moy, d'avoir ainfi obfervé ceft ordre alphabétiq ou d'A, B, C, mais je l'ay fait partout où celà s'eft rencontré, à fin de fuir toute calomnie, & demeurer en l'amitié de tous.

Je penferois avoir laiffé tous ces articles cy-deffus contenuz comme imparfaicts, fi je n'avois encores employé en ces advertiffements combien cette Bibliothéque fera profitable à toutes fortes d'hommes, & principalement à plufieurs autheurs, defquels leurs noms fe pourroient perdre avec leurs œuvres : car il y en a defquels j'ay parlé qui font fi peu recommandables, que je laiffe à penfer à tous ceux qui ont l'efprit clairvoyant, fi je vivray pour les avoir mis en mon livre, ou s'ils vivront pour les avoir mis au ranc de tant d'honneftes hommes. Et d'autre-part, voicy le profit qui en viendra à ceux qui mourront fans avoir fait imprimer leurs livres avant leur trefpas. Car l'on ne me pourra nier que plufieurs ufurpent & s'attribuent le labeur d'autruy, & ce livre les defcouvrira, d'autant que j'ay parlé tant des œuvres imprimez que de ceux qui ne font encores en lumiere. Voicy les autres commoditez qu'apportera ce livre, c'eft qu'il y a plus grand nombre d'hommes qui ne fçavent pas quels livres fe trouvent imprimez, que de ceux qui en font avertiz, & cette Bibliothéque les en rendra certains. Et pour dire un mot touchant les Libraires ou

Imprimeurs, voicy en quoy je les ay obligez à me vouloir
fouhaiter tout heur & profpérité, c'eft que, ce qu'ils devroient avoir entrepris, je l'ay effectué pour eux, mais je
croy que le travail de cecy leur fembloit trop grand : car
s'il euft efté facile & bien ayfé à faire, ils n'euffent attendu
fi long-temps à le monftrer en évidence ; je ne dy pas
pour efcrire les vies des autheurs, mais feulement faire un
Catalogue de leurs œuvres en François.

Or, il eft tel que ceux qui avoient des livres en leurs
boutiques fans les pouvoir vendre, & que ceux qui
avoient de couftume de les mettre en leurs Magazins,
ou lieux propres pour mettre leurs livres autre part qu'en
Boutiques, feront maintenant contraincts de les amaffer
bien foigneufement pour fatisfaire à tant de perfonnes
curieufes qui en demanderont : & s'ils font efloignez des
villes, ils envoyeront mémoires pour en recouvrer par
leur moyen. C'eft donc-là, le profit que les Libraires re-
fentiront par la publication de ce mien livre, & auffi
ceux qui defireroient voir ceux qui auroient ja entrepris
des fubjects, tant des inuentions que de traductions des
chofes, qu'ils avoient envie de traicter, ou tourner en
noftre langue.

Et pour venir à dire un mot touchant ceux qui difent
que cet œuvre eft laborieux plus qu'autre qu'ils ayent encore veu, vrayement ils le peuvent bien confeffer, mais
ce feroit peu de chofe que de ne l'appeller que laborieux,

veu que ceux qui en feroient de pareils, je fçaurois bien quels tiltres de louange je leur devrois donner. Car s'il arrivoit qu'un Architecte ou un Peintre eussent fait tant de maisons, ou tant de protraicts & bastimens divers, sans que pas-un semblast l'un à l'autre, je m'estudierois à leur donner des Epithetes pareils, ou correspondans à leurs mérites. Et je laisse le jugement de celà à ceux qui verront qu'ayant escrit les louanges de plus de mille hommes, il ne s'en trouvera pas une semblable, mais toutes differentes encores que ce soient tousiours sur un mesme subject, c'est-à-dire, d'hommes recommandez pour les lettres : & je leur laisse à penser comment celà se doit appeller, & si ce mot de laborieux est une assez suffisante récompense de tant de travaux.

Voylà (Messieurs) ce que j'avois à vous dire, & s'il y a encores quelques autres poincts à traicter, dont je ne me fois souvenu en cet advertissement, j'y satisferay (Dieu aydant) une autre fois, avec plus de loisir & de commodité.

Escrit à Paris le 19 jour de May l'an 1584.

IN MANIBUS DOMINI SORTES MEÆ.
Tous mes hazards font en la main de Dieu.

DESSEINS

DESSEINS OU PROJECTS

DU SIEUR DE LA CROIX-DU-MAINE,

Présentez au Très-Chreſtien Roy de France & de Pologne, Henry III du nom, l'an 1583, au mois de May.

Pour dreſſer une Bibliothéque parfaite & accomplie de tous points, s'il plaiſt à Sa Majesté de l'accepter & fournir de Livres, Mémoires ou Recueils pour remplir les cent Buffets, deſquels la forme ou façon eſt icy repré- ſentée : chacun d'iceux contenant cent volumes, qui ſont en nombre de dix mille, diviſés par Livres, Chapitres, Cayers & lieux communs, & encores réduits par ordre d'A, B, C. pour les trouver plus aiſément, le tout mis en tel ordre comme s'enſuit.

Les Titres ou Inſcriptions Générales miſes au-deſſus des cent Buffets de la Bibliothéque du Roi.

Le premier ordre : contenant toutes choſes ſacrées ou qui dépendent d'icelles.

1 Dieu Tout-Puiſſant.
2 Jesus-Christ, vray Fils de Dieu.
3 Le Saint-Eſprit.
4 La Saincte Trinité.

5 Le Royaume célefte, ou habitans de Paradis.
6 Le Clergé univerfel, qui eft l'Eglife de Dieu & fes miniftres.
7 Dignitez des Eccléfiaftiques, ou offices en l'Eglife de Dieu.
8 Divers ordres de religions, entre les Chreftiens.
9 La Religion des Chreftiens, & ce qui en dépend.
10 Diverfitez de Religions entre les hommes.
11 Police facrée ou divine.
12 Les Saincts Sacremens de l'Eglife.
13 Meflanges de chofes divines.
14 Livres faints & facrez.
15 Héréfies diverfes en l'Eglife de Dieu.
16 Les Saincts Conciles de l'Eglife.
17 Les faulx Dieux & Déeffes, adorez des Payens & Idolâtres.

Second ordre des Buffets, touchant les Arts & Sciences.

18 La Saincte Théologie & ce qui en dépend.
19 Jurifprudence.
20 Médecine.
21 Philofophie.
22 Mathématiques.
23 Le grand œuvre des Philofophes ou Alchimiftes.
24 Mufique de toutes façons.
25 La Poëfie & les Poëtes.
26 Hiftoire.
27 Art Oratoire.
28 Grammaire.
29 Ornement de la Langue Françoife.
30 Diverfes Langues Eftrangères.
31 Académies & Univerfitez.

32 Parlements & Cours Souveraines.
33 Couftumiers de France, avec Commentaires.
34 Edicts ou Ordonnances Royales.
35 Police temporelle ou féculière.
36 Arts & Sciences d'hommes libres.
37 Arts & Sciences reprouvées.
38 Arts vils & méchaniques.
39 Les Neuf Mufes.
40 Les Vies des Hommes Doctes de France.
41 Hommes Doctes Eftrangers.

Le troifiefme ordre, contenant la Defcription de l'Univers,
tant en général qu'en particulier.

42 La création du Monde, & de fes Eléments.
43 L'Europe.
44 L'Afie.
45 L'Afrique.
46 Les Terres neufves ou nouveau Monde.
47 Voyages fur les mers & fur terre.
48 La France & les Gaules, & fes illuftrations.
49 Defcription du fpirituel de France.
50 Defcription du temporel de France.
51 L'Hiftoire des François ou Gaulois.
52 L'Hiftoire de noftre temps.
53 La Gaule Celtique ou Lyonnoife & fes antiquitez.
54 La Gaule Belgique.
55 La Gaule d'Aquitaine & Narbonnoife.
56 Les Efpagnes.
57 Les Almagnes.

58 L'Italie.
59 L'Angleterre, l'Escosse & Hibernie.
60 Pologne & Lithuanie.
61 La Grece.
62 Meslanges de divers Royaumes Estrangers.

Le quatriesme ordre, des choses qui concernent le genre humain.

63 L'Homme & ce qui en dépend.
64 Maladies des Hommes & leurs remedes.
65 Femmes illustres & autres.
66 La Sagesse mondaine ou Instructions pour les hommes.
67 Divers exercices des Nobles ou Gentils hommes.
68 Meslanges d'exercices de l'esprit ou du corps.
69 Divers trafiqs & commerces d'hommes, sur mer & terre.
70 Diverses coustumes & façons de vivre par tout l'Univers.
71 Hommes d'honneste exercice.
72 Officiers de robe longue ou de Judicature.

Le cinquiesme ordre, d'hommes illustres en Guerre.

72 Monarques & Empereurs.
73 Roys & Roines de France.
74 Princes de France.
75 Princes de pays estrangers.
76 Hommes illustres en Guerre.
77 Chevaliers de divers ordres.
78 Estats d'hommes nobles, ou suivants les Armes.
79 Officiers de la Maison du Roy, les plus remarquables.

104 Livres de toutes fortes de portraits ou figures.
105 Livres de recréation.
106 Paradis, Purgatoire & Enfer.
107 La fin du Monde.

Fin des Tiltres ou Inſcriptions pour la Bibliothéque du Roi.

EPISTRE AU ROY.

Sire, ce qui m'a donné tant de hardieſſe que d'avoir bien oſé entreprendre de faire très-humble préſent à voſtre Majesté, de ces miens Desseins, ç'a eſté l'aſſeurance que j'ay euë, qu'ils vous feroient agréables pour beaucoup de raiſons, car ils ne contiennent que choſes bien dignes d'un Roy favoriſant les lettres, aimant la vertu, & ſur-tout, deſireux du bien public, qui ſont trois dons de Dieu, que chacun recognoît en voſtre Majesté, avec infinies autres graces, leſquelles je paſſe maintenant ſoubs ſilence, de peur d'encourir le ſoupçon de flatteur.

Et pour monſtrer que ces miens Projeɕts ne ſont point idées ou imaginations, & que les Buffets ou Dreſſoirs (deſquels les tiltres ou inſcriptions générales ſont déduites cy-devant) ſe peuvent aiſément remplir de toutes les matieres deſquelles elles ſont mention : j'oſe bien aſſeurer que le plus difficile de l'entrepriſe eſt fait, comme chacun le pourra facilement juger eſtre vray, par l'inſpeɕtion ou recherche qu'il pourroit faire de la Bibliothéque que j'ay dreſſée depuis neuf mois en ça, en cette tant fameuſe, & tout célébrée Univerſité de Paris, laquelle j'ay commencée dès l'an de mon âge dix-ſeptieſme, & tellement continuée, ſans aucune relâche, depuis douze ou treize ans, qu'elle ſe voit aujourd'huy remplie de huit cens volumes de Mémoires, & Recueils divers, tant eſcrits de ma main qu'autrement, & tous de mon invention ou recherchez par moy, & extraits de tous les livres que j'ay leuz juſques icy, deſquels le nombre eſt infini, comme il ſe peult aiſément voir par les 25 ou 30 mille cayers & chapitres de toutes ſortes de matieres qui peuvent tomber en la cognoiſſance des hommes, leſquels traitent de tant de choſes différentes, qu'il eſt preſque impoſſible de parler, diſcourir, voire imaginer quelque choſe, de laquelle je n'aye fait une bien curieuſe recherche, le tout réduit ſelon les ſciences, arts & profeſſions deſquelles ils traiĉtent.

Et ce qui m'a juſques icy retenu en cette crainte, de n'avoir pluſtôſt fait entendre à voſtre Majesté ces miennes entrepriſes, ce n'a eſté autre choſe que la difficulté du ſubjeĉt, car ſi j'euſſe ſeulement promis la moindre partie contenue dans ma Bibliothéque, je n'euſſe ſervy que de fable ou riſée à la plus grande partie des hommes de ce ſiécle, mais me voyant (avec la ſeule aide de Dieu, qui paſſe toutes autres) parvenu juſques-là, que d'avoir reduit l'œuvre & pourſuivi l'entrepriſe juſques en l'eſtat qu'elle eſt maintenant, je n'ay plus craint (Sire) de m'acheminer en voſtre bonne Ville de Paris (en laquelle vous faites voſtre ſéjour, pour y dreſſer cette mienne Bibliothéque, laquelle j'ay fait amener à grands fraiz & deſpens, car y ayant plus de cinq mille livres de péſant, cela ne ſe peult tranſporter ſans grands couſts & miſe d'argent, eu égard à la diſtance du lieu dont je l'ay fait partir,

Or, pour venir aux principaux points, leſquels m'ont occaſionné de conſacrer à voſtre Majeſté ces miens labeurs, j'ay opinion que ce ne ſera faire choſe qui luy ſoit déſagréable, ſi je fay le récit de quelques-uns que j'ay élabourez pour ſervir d'ornement à la France, & illuſtrer les Gaules de ſes plus remarquables antiquitez.

En premier lieu, j'ay fait la deſcription du Spirituel & Temporel d'icelle, ſi curieuſement que j'ay laiſſé ou peu, ou rien du
tout

tout, à ceux qui voudroient entreprendre un tel fubjeƈt, car j'ay efcrit plus de cent volumes touchant cette recherche. Secondement, j'ay efcrit les vies de tous les Roys de France jufques à voftre régne (lequel Dieu vueille bien profpérer).

Oultre celà, j'ay efcrit plus de cinquante volumes pour les illuftrations des maifons nobles de ce Royaume auquel vous commandez.

Sans faire icy mention de plufieurs autres qui m'ont femblé eftre néceffaires pour l'entière & parfaite illuftration de ce tant célèbre & floriffant Royaume, comme entre autres, des chofes qui appartiennent à la décoration de la langue Françoife, de laquelle j'ay efcrit plufieurs volumes, foit des Proverbes ou Adages, des Etymologies, de l'Ortographe, & pour le dire en un mot, de tout ce que le plus diligent rechercheur pourroit excogiter pour ne laiffer rien à enrichir cette matière.

Mais (Sire) je crain beaucoup, & non fans en avoir occafion, que ce que je vien de réciter touchant un fi grand nombre de volumes, traiƈtans de la France feulement, fans faire mention de tant d'autres que j'ay efcrits fur autres arguments ou fubjeƈts, ne foit caufe, de faire entrer quelques-uns en opinion que je fois pluftoft un vanteur, & hardi promettant, que véritable en mes diƈts ; & me défie encores, que la plus grande partie des hommes qui entendront ces propos, ne les tiennent comme impoffibles, non-feulement à caufe de la trop grande difficulté du fubjeƈt & promeffe, mais encores pour la médiocrité de l'âge où je fuis (laquelle on juge en me voyant) & oultre celà pour la confidération des biens de fortune, aufquels ils mefurent mes forces d'efprit, comme fi l'un dépendoit de l'autre : voire pour avoir fceu que je n'ay efté fecouru d'aucun, foit en argent, ou autre fraiz, ou pour n'avoir eu aucuns hommes foubs ma charge

e

pour m'aider à tranfcrire, & faire les extraicts des livres defquels j'ay fait lecture depuis douze ou treze ans.

Mais en cecy je ne me peux fervir d'autres preuves pour attefter mon dire & le monftrer véritable, qu'en fuppliant très-humblement voftre MAJESTÉ de vouloir commander à quelques-uns de votre COUR (en laquelle il y a un bon nombre d'hommes, d'efprit émerveillable, ornez d'une rare & fingulière doctrine) de vifiter ma Bibliothéque pour en faire rapport à voftre MAJESTÉ, & lors je m'affeure que faifant récit de ce qu'ils y auront veu, & de la diligence de laquelle j'ay ufé depuis douze ou treze ans pour amaffer, & recueillir tant de chofes efparfes, qu'ils ne me trouveront menteur, ny impudent en mes promeffes : mais au contraire, eftans juges équitables, & defpouillez de toute paffion, envie & jaloufie (qui font les trois fléaux des hommes de ce fiécle) ils attefteront, avecques vérité, que j'ai fait la chofe moindre en paroles, qu'elle ne fe trouve par effet.

Si je n'avoy peur d'ufer trop familiérement de là grandeur d'un tel Roy, j'oferois fupplier très-humblement voftre MAJESTÉ, qu'il luy pleuft eflire, laquelle qu'il luy plairoit, de toutes les matières ou fujets contenus entre les cent infcriptions générales, cy-devant récitées, & ayant feulement huit ou quinze jours de délai pour l'accomplir, je me fay for que tout ce qui fe pourra trouver par efcrit touchant cette matière choifie, fera réduit en tel nombre & en tel ordre, qu'il fera bien difficile de pouvoir rien trouver pour y adjoufter, tant je l'auray fçeu rechercher de toutes parts, pour fatisfaire à la preuve, de laquelle j'entrepren de venir à fin, avec tout honneur. Et en ce cas il ne fera pas befoin d'ufer de grande defpenfe, car j'ay opinion que deux cens efcuz fatisferont pour chacun Bufet, & cela fervira de preuve pour juger de tout le reſte des autres qu'il plairoit à voſtre MAJESTÉ de faire dreſſer.

Cette ſomme eſt ſi petite pour un ſi grand Roy (tel que chacun vous recognoiſt) que je ſuis honteux d'avoir mis par eſcrit cette baſſe appréciation, par laquelle on peult ayſément ſupputer combien tous les cent Bufets remplis couſteroient : mais je l'ay faict expreſſément pour monſtrer le peu de couſt ou le débourſement qu'il faudroit faire pour jouïr des choſes ſi rares, pour leſquelles avoir un ſimple gentil-homme, ou autre de moindre qualité, y pourroit frayer ſans s'incommoder ou rendre néceſſiteux ; mais je ne voudrois pas avoir entrepris d'aider aucun, quel qu'il fuſt, pour luy communiquer cette mienne méthode & façon in ouye de dreſſer des Bibliothéques, ſi ce n'eſtoit par voſtre commandement exprès ; ce que j'ay aſſez montré par les effects qui s'enſuivent : car j'oſeray bien dire (ſans que je craigne qu'aucun m'en puiſſe démentir) que ſi j'euſſe voulu accepter les offres, tant en argent qu'en penſions & autres bienfaits qui m'ont eſté libéralement préſentez par pluſieurs grans Seigneurs & Dames de voſtre Royaume & autres lieux, (leſquels avoient un deſir extrême de voir ces miens deſſeins accomplis,) qu'elle fuſt maintenant exécutée de point en point & réduite à ſa fin : mais ce qui m'a touſiours empeſché de ce faire & retardé d'entendre à leurs offres, ça eſté l'eſpérance que j'ay touſiours euë que voſtre MAJESTÉ ne laiſſeroit une ſi louable & vertueuſe entrepriſe en arrière, mais bien au contraire, qu'elle ſe monſtreroit aimer tellement la vertu, en recevant d'un bon acueil ceux qui font profeſſion des lettres, qu'elle ſeule ſatisferoit aux fraiz & deſpenſes d'icelle, (& DIEU veuille, par ſa ſaincte grace, que cette mienne eſpérance ne m'ait point abuſé).

Je laiſſe à penſer à la poſtérité de combien de commoditez

feroit caufe cette Bibliothéque, fi elle eftoit mife en évidence,
& je ne dy rien des profits qui en réuffiroient, fi elle venoit à
fa perfection. En premier lieu, c'eft le moyen de rendre les
moins doctes ou du tout ignares, bien apris & fçavans : & de
faire encores que les vicieux exercent la vertu, s'ils fe conforment
à leur Prince : car comme dit le Proverbe,

A l'exemple du Roy un chacun fe gouverne.

Avant que finir ce difcours, j'oferay encore dire cecy à voftre
Majesté, que je luy ay tant porté de refpect & d'obéiffance,
(comme j'y fuis obligé par les loix divines & humaines) que je
n'ay onques entrepris de mettre aucuns de mes œuvres en lumière, attendant en celà (comme en tous mes autres deffeins)
le commandement d'icelle, touchant l'impreffion ou entière fup-
preffion de tous mes Livres & Mémoires, & principalement de
ceux qui concernent l'Eftat & affaires de France. Et ce qui m'a
fait fur-attendre jufques icy de ne les publier, ç'a efté le Proverbe
commun qui eft tel.

Heureux celuy qui, pour devenir fage,
Du mal d'autruy fait fon apprentiffage.

Ce que nous lifons en grand nombre d'autheurs, touchant
Ariftote, lequel fut blafmé de fon Prince Alexandre, pour avoir
mis en lumière des chofes qu'il defiroit n'eftre communiquées
qu'à luy feul.

Ce qui me fait parler de ces chofes avec tant d'affection, ce
n'eft autre chofe qu'un defir démefuré, (je ne diray pas trop
affectionné à fon Prince & Seigneur Souverain, auquel nous
devons & nos vies & noz corps) de voir que la renommée de
France s'étende fi loin, que toutes nations la reverent pour les

lettres & redoubtent pour les armes, en quoy elle s'eſt montrée
de tout temps floriſſante, & feroit un trop grand malheur,
qu'alors qu'elle doit redoubler en ſa force, & ne perdre rien de
ſa première ſplendeur, qu'elle vint en décadence ſoubs un ſi puiſ-
ſant Roy.

Mais pour le deſir que j'ay, que la renommée du Roy de
FRANCE, ſurpaſſe toutes autres en tous genres de vertus, je feray une très-dévôte ſupplication au DIEU Tout-Puiſſant, que ce
ſoit ſon plaiſir d'octroyer à voſtre MAJESTÉ toutes les choſes
qui ſerviront de teſmoignage aux ſiécles à venir de voſtre regne
bienheureux, & floriſſant en tous hommes de marque.

F I N.

PRINCIPIBUS PLACUISSE VIRIS, NON ULTIMA LAUS EST.
Ce n'eſt peu de cas, que de plaire à ſon Roy.

ADVERTISSEMENT

DU SIEUR DE LA CROIX-DU-MAINE

AUS FRANÇOIS,

Touchant ſes Deſſeins préſentez au Roy l'an 1583.

MESSIEURS, il y a quatre ans & plus que j'ay mis en
lumière un mien DISCOURS, faiſant mention de la plus
grande partie des œuvres que j'avois eſcrites, ce que je m'ad-
viſay de faire, prévoyant que ce m'eſtoit néceſſité d'en uſer
ainſi, ſi je voulois mettre à fin une ſi haulte & difficile entrepriſe, de façon que pour eſtre plus avancé en cet affaire, j'en
envoyay à tous ou la plus grande partie de mes amis, tant de
nation Françoiſe qu'eſtrangers, par tous les endroits de l'Europe,
en intention qu'ils m'aidaſſent de Mémoires & Advertiſſements
touchant les matières deſquelles mon Diſcours faiſoit mention.
J'entens ce ſecours touchant les choſes particulières, deſquelles chacun pouvoit avoir plus grande cognoiſſance que moy en
ſon endroit, & non d'autres façons d'aide ou moyens pour ſoulager une ſi grande & prodigieuſe entrepriſe ; car en celà je n'en
ay de ma vie requis aucun (graces à Dieu,) & ay bonne eſpérance de le pouvoir encores mieux continuer à l'advenir, que je
n'ay fait par le paſſé.

Toutesfois, tous ces advertiſſemens & reſcriptions, tant en
général qu'en particulier, ne m'ont en rien ſervy, car la pro-
meſſe contenuë en mon Diſcours par cy-devant imprimé, s'eſt
trouvée ſi grande, ſi hardie, & tellement ſuperbe, (à peu que

je n'ay dit audacieuſe, ſelon aucuns qui l'appellent ainſi) que
l'on a penſé que cela eſtoit, je ne diray pas ſeulement difficile,
mais du tout impoſſible à faire, principalement à un jeune homme tel qu'ils voyoient que je me diſois par mes eſcrits, ſçavoir
eſt, n'ayant pour lors atteint l'âge de vingt & ſept ans : de façon
que me voyant ainſi ſurpris en mes intentions, je me ſuis délibéré de ſatisfaire (s'il m'eſt poſſible) à ceux qui ont juſques icy
penſé que mes deſſeins eſtoient entrepriſes en l'eſprit ſeulement,
ſans que jamais on en peuſt voir l'effect.

J'ay donques mis expreſſément ces Deſſeins & Projects en lumière avec les tiltres ou inſcriptions générales des choſes, deſquelles j'ay eſcrit divers volumes, & les ay préſentez au Roi, à fin
de me réſouldre totalement, en ce que j'ay à faire à l'advenir; car
s'il accepte cette offre que j'ay faite à SA MAJESTÉ, de luy dreſſer une Bibliothéque accomplie & parfaite, je me fay for de la
rendre preſte dans trois mois. Au contraire, ſi le malheur eſt ſi
grand, & ſi le déſaſtre a tant conſpiré contre les lettres & ceux
qui en font profeſſion, que SA MAJESTÉ n'y veuille entendre,
ce vous ſera un malheur commun, & perte indicible à toute la
France, (SEIGNEURS FRANÇOIS) d'autant que cecy ne ſe pourra, peut-eſtre, aiſément recouvrer de vos ſiécles.

Je parle ainſi, car ſi cela euſt peu eſtre fait par autres, ou bien
nous en euſſions veu leurs effects, ou pour le moins leurs promeſſes : mais je vous appelle tous à teſmoing, ſi cela à jamais eſté
épromis de la façon, quoy qu'on veuille alléguer les deſſeins de
Jule Camile Italien, ou autres ſes ſemblables, qui tous ont ſeulement projecté des façons de dreſſer Librairies, mais ils n'ont jamais monſtré l'exécution d'icelles : auſſi que faiſant conférence
de leurs deſſeins avec ceux-cy, ils ſe trouveront ſi différents, qu'il
n'y a aucune comparaiſon, non que je veuille leur oſter l'hon-

neur qui leur eſt deu, pour de ſi belles & tant louables entrepriſes, mais je ſouſtien que je n'ay en rien entrepris ſur leurs
conceptions, tant s'en fault que je les aye imitées. Si on allégue
encores que Marc VARRON, (le plus docte homme qui ayt jamais porté robbe longue) ayt eſcrit des œuvres à peu-près ſemblables à celles que je dy avoir ia élabourées, je confeſſe qu'il
eſt ſeul entre tous noz devanciers qui ayt eu de plus beaux deſſeins, & eſcrit de plus belles œuvres, mais je ne peux avoir en-
ſuivy ſa façon d'eſcrire, pour n'avoir oncques veu ſes eſcrits: auſſi
n'avons nous aujourd'huy entre toutes les compoſitions d'iceluy
(deſquelles font mention Plutarque, S. Auguſtin, Ciceron,
Iſidore, A. Gelle & autres) que les trois livres de l'agriculture
dudit Varron, & quelques fragments ou livres imparfaits de ſes
24 de la langue Latine.

   Mais il me ſemble que j'entens quelques-uns, qui veulent
mettre en avant les Bibliotheques des Anciens, & parler du
grand nombre de livres, qui eſtoient en icelles: voulant maintenir qu'il eſt aujourd'huy impoſſible d'en avoir un tel nombre,
allegants ſur ce point, la Bibliotheque d'Alexandrie conſtruite
du temps de Ptolemée Philadelphe, Roi d'Egypte, 2. du nom,
regnant avant la nativité de Jeſus-Chriſt 272. ans: contenant
(ſelon aucuns autheurs Grecs & Latins) cinquante mille livres,
& ſelon d'autres, ſept cens mille Volumes.

   En quoy je veux bien les advertir, que les plus ſubtils ſe ſont
juſques icy abuſez, & entre autres H. Cardan, Médecin Milanois, autheur du livre des ſubtilitez, lequel parlant de Mercure
Triſmegiſte, en ſon livre de la Variété des choſes, eſcrit que
ſelon aucuns il a eſcrit plus de trente mille Volumes de diverſes
matières, & penſe, ledit Cardan, qu'ils prenoient un volume
pour une ligne, ou pour un vers ou carme: mais vous voyez s'il

a entendu ce paſſage, & s'il a ſceu l'explication de ce nom de Volume.

Je dy donques, que ſi les livres de la Bibliotheque d'Alexandrie eſtoient aujourd'huy imprimez, qu'ils ne ſe trouveroient excéder le nombre de ſept mille Volumes : ſuppoſant qu'ils appelloient pour lors un Volume ce que nous pourrions eſcrire maintenant dans un cayer, ou chapitre d'un livre : & outre plus j'oſe aſſeurer que ſi Theophraſte Paracelſe (Prince des Alchimiſtes) euſt été de leur temps (lequel a eſcrit environ de 300 Volumes) que les Anciens euſſent nombré celà pour, trente mille Volumes. Pour dire encores un mot touchant ceux qui ſe ſont renduz immortels pour avoir dreſſé des Librairies (deſquelles ſelon aucuns Aſinius Pollio fut le premier inventeur, (je ne peux aſſez louer le Roy François premier du nom, pere des lettres, lequel s'eſt tellement eſtudié pour remettre les Arts & Sciences en leur premiere ſplendeur, qu'il a deſpenſé des biens infiniz à cette curieuſe, & non jamais aſſez louée entrepriſe, comme entre autres ayant fait délivrer par une fois à Guillaume Poſtel (l'honneur de Normandie) la ſomme de quatre mille eſcuz, pour enrichir ſa Bibliotheque, dreſſée à Fonteine belleeau : ſans parler de maiſtre Iuſte Tenelle, Pierre Gilles Albigeois, & autres hommes doctes, auſquels il avoit donné charge de recouvrer Livres, & amaſſer Mémoires de toutes parts, à quelques pris qu'ils fuſſeut; Auſſi avons nous veu arriver, qu'encores qu'il n'ait pas tant eſté heureux en ſes actes belliques, comme ſes devanciers, ou comme ſon fils Henry 2. que néantmoins il a eſté plus parlé de luy, pour ce reſpect, & encores ſera-il ès ſiécles à venir, fait telle honorable mention de ſes libéralitez, à l'endroit des lettres, que ſa renommée durera autant long-temps que les lettres auront vogue & durée. En celà

il monſtroit ſa grandeur d'eſprit comme en toutes autres choſes:
taſchant à ſe rendre immortel, & ſe faire admirer à tous ceux
de ſon ſiécle: faiſant encores par là, que ſes ennemis meſmes le
redoutoient: Auſſi par ce moyen il a ſçeu tant bien gouverner
ſon Royaume, & reſiſter en meſme temps à ſi grand nombre
de forts & puiſſans ennemis, que c'eſt choſe preſque incroyable,
& certes bien digne d'une perpétuelle recommendation.

Que s'il n'euſt eu ſon affection qu'à baſtir des ſuperbes ou
magnifiques Palais, & maiſons ſomptueuſes, dreſſer des jeux &
ſpectacles: porter maſquarades ou Mommeries, commander de
préparer Tournois & combats, faire appreſter des Entrées &
Banquets publics, & infinies autres magnificences, ou appareils
(qui ſont deſpenſes communes, & preſque ordinaires à tous les
Monarques, Empereurs, Rois, Princes, & grands Seigneurs,
tant du paſſé que du préſent) en quoy euſt-il (je ne diray pas
ſurpaſſé) mais ſeulement égalé les Anciens?

Celà donques a eſté cauſe de le faire aymer de tous, & meſmement de ſes plus grands ennemis: car ceux qui luy portoient
envie, pour eſtre contraires à ſa religion, ſe ſont abſtenuz d'eſcrire contre luy, & n'ont voulu en médire pour ce ſeul reſpect
des lettres: comme nous auons veu à l'endroit de quelques-uns
des Proteſtans, deſquels il eſtoit le fléau, & très-ſevere ennémy:
leſquels n'ont pas laiſſé de le mettre au rang des plus célèbres
hommes, qu'ils ont choiſis entre pluſieurs, pour eſcrire leurs
vies: & tout cela s'eſt fait pour la conſidération des lettres,
ſciences & doctrines, deſquelles il a eſté le pere, & ſera à jamais recommandé pour tel.

Or je penſe que cet exemple (lequel j'euſſe peu accompagner
d'infinis autres) ſera ſuffiſant pour faire aimer les lettres, &
chérir ceux qui en font profeſſion, à ceux-là qui deſirent que

l'on face très-honorable mention d'eux, foit de leur vivant, ou après leur trefpas : De façon que pour le defir extrême que j'ay que mon Roy & Prince Souverain, imite fes ayeuls en chofes fi louables, je fuis contraint, pour le fervice que je luy doy, de provoquer Sa Majefté par tous les moyens que je penferay devoir eftre approuvez & bien receuz, pour le rendre amateur de telles chofes, lefquelles luy apporteront des louanges fur-paffantes en toutes celles que l'on peut donner aux Roys.

Pour venir aux autres articles defquels je veux parler, je réciteray très-volontiers la façon de laquelle j'ay ufé pour efcrire un fi grand nombre de Volumes, defquels j'ay fait mention en mon Epiftre au Roy : & ce pour fatisfaire à quelques-uns, qui penfent que celà ne fe peut faire, d'avoir tant efcrit en fi peu de temps, fans avoir eu aucun homme qui m'ait aydé à copier, ou tranfcrire les livres defquels j'ay fait lecture, depuis 12 ou 13 ans en ça. En premier lieu, il eft à préfuppofer que j'ay fait entière profeffion de pourfuivre mes deffeins, depuis l'an de falut 1569. jufques à cefte année 1583. qui font plus de douze ans accomplis : En ces douze années confécutives, j'ay pour le moins employé fix heures à l'eftude par chacun jour : fçavoir eft trois heures à lire, & trois à efcrire, de façon que j'ay peu en chacune heure remplir d'efcriture une feuille de papier, qui font trois feuilles par jour, & en fomme fe font plus de mille par an, tellement que en douze ou treize ans, j'en ay efcrit plus de treize mille : Et pour la crainte que j'ay qu'aucuns par trop legers de langue ou de cerveau, ne penfent que je vueille entendre foubz ce nom de fueille de lieux communs ou extraicts, des mémoires ne contenant quelquefois que dix ou douze lignes : Je veux bien efclarcir ce paffage, pour ceux qui en doubteroient : lefquels je prie bien for de croire, que je n'enten point conter une feuille , ſi elle ne contient plus de cent lignes , & chacune ligne plus de douze ſyllabes : de façon que s'il ſe trouve pluſieurs fueillets eſcrits , je n'appelle point celà fueille entiere d'eſcriture , s'il n'y a près de cent lignes. Ce que je ſuis forcé d'expliquer ainſi par le menu , pour obvier à un nombre infiny d'impoſtures & calomnies d'hommes , qui n'ont pas veu mes mémoires & recueils : ou qui croyent trop légerement au rapport de ceux qui parlent de moy à mon déſavantage : ſans qu'ils puiſſent alléguer autre occaſion , qu'un deſpit & jalouzie qui les accompagne nuiét & jour : ſe fachants de n'avoir pas attaint ce qui ne vient pas pour médire & detraéter d'autruy , mais par un don de Dieu , lequel pourra bien leur eſtre departy , s'ils y procedent de la façon que j'ai ſuivie pour la meilleure , & ayant plus de ſeureté.

En tout ce que j'ay dit cy-deſſus , je n'ay point parlé de ce qui m'a fait mettre en termes ſi generaux , les matieres deſquelles les tiltres ſe voyent au commencement de ce Diſcours , & l'ay fait pour bonne occaſion , car ſi j'avoy publié les trois cents tables des lieux communs , que j'ay faites pour l'explication de ce mien deſſein , (duquel je n'ay parlé qu'en general , ès inſcriptions cy-devant deduites) je craindroy que je ne feiſſe par trop grande ouverture de mes plus ſecrettes & particulieres inventions : d'autant que ces tables ſervent comme d'une clef à l'explication de ce que j'ay eſcrit en articles entiers , ſans les ſpécifier.

Et toutesfois j'en diray un mot touchant celuy que j'ay eſcrit des habitans de Paradis , lequel j'appelle autrement LE ROYAUME CELESTE : dans lequel Bufet je compren les matieres qui s'enſuivent , ſçavoir eſt une bien curieuſe recherche de ce que l'Egliſe des Catholiques croit des eſleuz de Dieu , qui y font leur ſéjour

& demeure, comme font les Seraphins, Cherubins, Thrones, Dominations, Vertus, Puiffances, Principautez, Archanges, Anges, Evangeliftes, Apoftres, premiers & feconds, (qui font les Difciples de Jefus-Chrift,) les Martyrs, Conffeffeurs, SS. Peres, Juges, Prophetes, Patriarches, Sacrificateurs, ou grands Preftres de la Loy, les parens de noftre Seigneur, les Innocens, les Saincts Docteurs de l'Eglife, les Saincts & Sainctes Femmes, canonifées pour leur bonne vie, & autres s'il y en a encores outre ceux-cy.

Voylà ce que j'avois à dire touchant la démonftration de quelques infcriptions mifes au-deffus des Buffets addreffez au Roy, defquels les titres femblent obfcurs à ceux qui en oyent parler, pour ne fçavoir pas ce qui en dépend.

Il me refte maintenant à refpondre à quelques-uns qui s'ef-merveillent de ce que j'entrepren d'efcrire de toutes chofes, veu que (difent-ils,) une feule eft affez fuffifante, pour me tenir du tout bien empefché, fi j'en veux avoir entiere cognoiffance : je refpondray à ceux qui parlent ainfi de moy, qu'ils ne fçavent pas comprendre mes conceptions, & que s'ils entendoient, qui m'a occafionné de dreffer une Bibliotheque generale, & remplie de toutes fortes de livres & Mémoires, qu'ils cefferoient de le trouver mauvais : mais bien au contraire, ils approuveroient ma façon de faire, tant elle eft digne de recommandation : car en premier lieu, je peux par ce moyen, donner fecours à toutes fortes d'hommes, qui auront defir de traicter de quelque matiere que fe puiffe eftre, (fi ainfi eft qu'ils vueillent avoir recours à moy en celà :) quoy faifant je monftreray la courtoifie & libéralité, de laquelle j'ufe à l'endroit de tous ceux qui en font dignes, & ne s'eft jamais trouvé aucun, que j'en aye refufé, (comme j'ay dit autre-part.)

Secondement, je l'ay fait pour fatisfaire à ma curiofité en particulier, laquelle ne peult eftre que louable, & approuvée de tous les hommes, ayant un fain jugement : d'autant que je me fuis monftré en ce faifant, extremément curieux de toutes belles chofes & profitables au public.

Je veux bien encores fatisfaire à d'autres, fur ce qu'ils s'enquerent, à quel propos je pren les noms, pays, & qualitez de la plus grande partie des hommes de marque qui me font cet honneur que de vifiter ma Bibliotheque : les advertiffant que je le fay, pour qu'ils me fervent un jour de tefmoignage, & qu'ils me facent ce bien, d'attefter ce qu'ils auront veu en icelle. Car s'il advient que je ne vueille mettre mes œuvres en lumiere (pour quelques occafions qui pourroient furvenir) je pourray faire un Catalogue, des plus renommez entre quatre ou cinq cens, des plus celebres hommes de l'Europe, qui l'ont veuë, & aufquels j'ay fait ouverture de mes plus beaux deffeins : lefquels je prieray de faire rapport de ce qu'ils y auront peu voir de digne d'eux, & de la pofterité : à fin de certifier (comme tefmoings oculaires) ce que d'autres ne peuvent croire, pour n'y avoir pas efté, ou pour eftimer la chofe impoffible, à caufe de fa trop grande difficulté.

Je penfe avoir affez difcouru des principaux poincts qui m'ont femblé dignes d'eftre employez en cet advertiffement, pour fatisfaire à ceux qui s'enquerent fans ceffe de moy, & parlent de ma Bibliotheque, felon qu'il leur vient à propos : de façon que pour clorre la bouche à tels rechercheurs, & ofter toute occafion à leurs femblables, de faire plus avant inquifition de ce qui me concerne, je diray encores que s'ils defirent fçavoir comment il eft poffible que j'aye peu fournir à tant de fraiz & defpenfes pour dreffer une telle & fi ample Bibliotheque comme la mienne, remplie de ſi grand nombre de Volumes eſcrits à la main, deſquels le nombre eſt de quatre à cinq cens, ſans ceux de ma façon & eſcrits de ma main : que celà s'eſt fait par choſes qui leur feront incogneuës durant qu'ils feront entachez des vices, deſquels il faudroit qu'ils fuſſent exempts pour les pouvoir comprendre. Car c'eſt choſe digne de merveille (& ſuis contraint de la dire & laiſſer par eſcrit, pour en rendre graces à Dieu, de plus en plus) d'avoir oſé entreprendre des choſes ſurpaſſantes les puiſſances des hommes de mediocre fortune. Et toutesfois les avoir peu mettre à fin en ſi bas âge, & en ſi peu de temps : n'ayant encores pour ce faire, eſté ſoulagé, comme ont eſté tant d'hommes des ſiecles paſſez, & du noſtre meſmes : leſquels ont eſté ſecouruz de toutes les façons requiſes pour advancer de beaux Deſſeins : n'ayant encores ſuccedé à aucunes Bibliotheques, ſoit par ſucceſſion hereditaire, Teſtamentaire, ou autrement.

Je vous ay allegué cecy (Seigneurs François) afin de recognoiſtre avec moy les graces de Dieu tout-puiſſant, & que vous & moy, luy rendions louanges (ſi ces miens travaux vous apportent profit) ayant receu un tel bien de ſa main, pour le vous departir & communiquer à tous.

Et pour un plus ample teſmoignage, des graces qu'il depart à ceux qui l'ont touſiours invoqué à leur ayde, je luy prieray en toute devotion, qu'il luy plaiſe avoir mon humble priere pour aggreable : qui eſt de me guider & conduire touſiours en toutes mes œuvres & actions, & que je n'entreprenne jamais aucun ouvrage, ſans avoir premierement invoqué ſon ſainct nom ; à fin que ce qui ſera baſty ſur un tel fondement, ſoit d'eternelle durée.

F I N.

DISCOURS

DU SIEUR DE LA CROIX G. DU MAINE ,

Contenant sommairement les Noms , Tiltres &
Inscriptions , de la plus grande partie de ses Œuvres ,
Latines & Françoises , tant sur l'entiere & parfaicte
illustration de la France & des Gaules, que de plusieurs
autres siens desseins & projects , sur l'histoire &
memoires recueilliz par luy , pour servir à tout
l'Univers.

Dedié & presenté à Monseigneur le Viconte de Paulmy
l'an 1579 , & de rechef mis en lumiere suivant la copie
qui fut imprimée au Mans , audit an 1579 , le 27 jour
de Novembre.

Monsieur , la grande affection & devotion singuliere, que
vous avez aux lettres, & amateurs d'icelles, m'est tellement
cogneue, soit par l'asseuré tesmoignage des plus doctes & sçavants hommes de nostre siecle (dont une grande partie vous a
dedié ses œuvres & compositions) ou bien aussi pour l'expérience que j'en ay faite, que je serois à bon droit reputé par
trop ingrat & mécognoissant, si je ne m'en resouvenois en quelque sorte, & si en trouvant tant soit peu d'occasion, je ne
vous en rendois graces: eu esgard à tant d'honneur qu'il vous
a pleu me faire, que d'avoir bien voulu vous acheminer en un

long

long & penible voyage, pour vifiter ma Bibliotheque: eftant
meu à celà (comme je le conjecture) par l'advertiffement que
vous aviez eu d'aucuns miens amis, qui vous avoient fait le recit des recherches que je faifois, tant pour l'ornement & illuftration de tout le pays de France & des Gaules, & autres chofes
appartenantes à l'hiftoire: que pour voir les Memoires ou Recueils que j'avoy dreffez de la plus grande & meilleure partie
des Maifons Nobles de ce Royaume. En quoy je ne peux dire
& moins affeurer, fi les effects de mon entreprife (lefquels vous
avez veuz tout à loifir) furpaffent la renommée, & le raport
que l'on vous en a fait par cy-devant, ou au contraire, remettant
le tout à voftre docte & fain jugement. Donques pour fatisfaire
à mon devoir, & au defir que j'ay de vous pouvoir complaire,
non en cecy feulement (que j'eftime bien peu) mais en toutes
autres chofes de plus grande conféquence (fi l'occafion s'en offre, & ma puiffance le permet) j'ay bien ofé mettre ce difcours
en lumiere, & à la veuë de tous mes amis, aufquels je me delibere d'en envoyer pour me fecourir en une affaire de telle importance, & le vous dedier (Monfieur) comme à celuy que je
fçay qui fait eftat des hommes defireux de profiter au public, &
qui aime autant l'advancement de fon pays & l'honneur de fon
Roy, qu'autre Seigneur qui vive du jourd'huy. Mais pour n'ufer
d'un plus long preface ou avant-propos, je feray mention des
œuvres appartenants à la France & aux Gaules: de laquelle j'ay
fait fi ample defcription touchant le fpirituel & temporel, que
les plus diligens rechercheurs trouveront bien peu à y adjoufter. Car je l'ay defcrite non-feulement par cartes ou tables,
plants ou protraits, tant des Provinces ou Nations, villes capitales, chafteaux & fortereffes, palais fumptueux & maifons
magnifiques ou d'excellence, que des Temples ou Eglifes, de

g

remarque pour leur baſtiment, ou ſtructure : mais par livres ſeparez (ſelon la diverſité des matieres) y obſervant tout ce qui
ſe peut trouver par eſcrit, ès autheurs qui m'ont devancé , &
y adjouſtant ce que j'ay penſé y défaillir , ſoit en l'ordre & diſpoſition des matieres , ou bien à l'enrichiſſement des choſes qui
y eſtoient néceſſaires , pour la perfection : reduiſant toutes les
matieres, (tant créés de Dieu, que celles qui ont eſté baſties
ou façonnées de la main & induſtrie des hommes) chacune à ſa
part, & les mettant par lieux communs, ou ſeparez les uns des
autres, avecques une obſervation d'ordre alphabetique.

Secondement, j'ay eſcrit autant de juſtes volumes de recher-
ches & ſingularitez, pour l'illuſtration & ornement de chacune
Province , Peuple ou Nation , Villes Capitales, Dioceſes ou
Eveſchez, comme il y en a en tout le pays de la France & des
Gaules. J'ay parlé expreſſément dés Gaules (& repete ſouvent
ce mot) à fin que l'on ne penſe pas, que ſoubs ce nom de
France, je n'entende parler que de la Prevoſté & Vicomté de
Paris , que l'on appelle ordinairement l'Iſle & Gouvernement
de France. Et quant eſt du nom des Gaules, qui ſont quatre en
nombre, ſçavoir eſt la Celtique, Belgique, Aquitaine & Nar-
bonnoiſe (dont la derniere comprend le Languedoc , Provence,
Savoye & Dauphiné) je n'entends pas y comprendre ſoubs ce
nom, autre choſe que ce qui dépend du Royaume , ou de la
Couronne de France. Je ne me ſuis arreſté ſur l'explication ou
intelligence de ce point, que pour ſatisfaire à quelques-uns, &
en prevenir d'autres , qui pourroient ignorer, ſi ſoubs ce nom
général des Gaules j'y comprens la Flandre & Pays-Bas, voire
toute la Baſſe-Allemagne, qui eſt deçà le Rhin, en la Gaule
Belgique, ou bien auſſi la Lombardie & le Piedmont, qui ſont
en la Celtique. Mais pour revenir au propos (duquel je me ſuis

un peu eflongné) je veux bien que l'on fçache que je travaille & continue à efcrire autant de volumes de chacune des nations de France, ou bien (pour le mieux donner à entendre) de tous les pays vivants de couftumes diverfes, & feparées les unes des autres, comme j'en ay defia fait & efcrit pour le pays & Conté du Maine, à la recherche duquel j'ay pluftoft travaillé, qu'à pas un autre, pour y avoir pris mon origine & naiffance : pour lequel illuftrer, j'ay efcrit les volumes qui s'enfuivent, fçavoir eft.

La defcription generale du pays & Conté du Maine, tant du fpirituel que temporel.

Les recherches des antiquitez & fingularitez dudit pays, tant de l'origine, excellence & progrez de laditte nation, que d'autres chofes dignes de memoire, faite par iceux Manceaux.

Les vies des Evefques du Mans.

Les vies des Contes du Maine.

Les vies des plus illuftres & excellents hommes tant en l'eftat Eclefiaftique, que des Doctes & Nobles, & autres femblables, dignes de perpétuelle memoire, pour leur fcience ou vertu : & tant de ceux qui ont y pris naiffance, que des eftrangers qui y ont vefcu & flory.

Memoires de toutes les maifons Nobles du Maine, avecques les genealogies des plus anciennes familles de Nobleffe dudit pays.

Les Annales ou Chroniques des Manceaux, contenant leurs faits & actes les plus genereux, & leurs batailles ou conqueftes les plus memorables, fur leurs voifins ou fur les eftrangers.

Privileges des Manceaux, tant pour le Clergé que des Citoyens & habitans de la Ville.

Les mentionaires, ou catalogue des Autheurs Grecs, Latins,

François & autres femblables, qui ont efcrit ou fait mention des Manceaux, ou Cenomans (pour parler felon les Latins) avecques un recueil ou extrait de ce que chacun d'iceux autheurs, a dit ou efcrit, appartenant à l'hiftoire de cette nation.

Les meurs, couftumes, & façons de faire des Manceaux, & la Police obfervée entre-eux, tant en temps de paix que de guerre.

Recherches des monuments, épitaphes, ou infcriptions, tant antiques que modernes, des hommes les plus dignes de recommandation, qui fe voyent à préfent au Maine, & de celles-là pareillement qui y eftoient au paravant les troubles & guerres civiles, enfemble des livres rares efcrits à la main, & non encores imprimez, lefquels fe voyent en aucunes Bibliotheques, tant des Abbayes, Eglifes, Colleges, Chapitres, Communautez & autres lieux du Maine, que ès cabinets des doctes, Nobles, ou autres hommes curieux & amateurs d'iceux. Tous lefquels volumes j'ay divifez & feparez par livres, les livres par chapitres, & les chapitres par lieux communs. Et d'autant que je ne peux aifément mettre en lumiere tous les œuvres cy-deffus mentionnez, je me fuis deliberé de faire un Epitome ou Abregé de tous les volumes ou memoires fufdits, & le faire imprimer quand la commodité s'y préfentera.

Après avoir fait mention des livres appartenants à la defcription de la France, & à l'illuftration de chacune region ou contrée d'icelle, il me femble que ce ne fera pas mal à propos de racompter en quelle façon j'ay defcrit les vies d'un chacun Roy, qui a regy ou gouverné & commandé à ce Royaume. Donques je diray que j'ay dreffé autant de volumes pour la vie de chacun, comme il y en a qui y ont regné. Sçavoir depuis

Pharamond ou Vvaarmund, jufques au Roy Henry troifiefme
à préfent regnant. Qui font environ de 60 ou 61 volumes de
memoires ou recueils. J'ay dit volumes de recueils, de peur de
me tromper ou méprendre: car je ne fuis pas affeuré fi en impreffion ils pourront tant fe monter, que d'eftre appellez volumes, attendu que les chapitres, ou lieux communs de leurs
vies, ne font quelquefois que rempliz à demy en ce que j'ay efcrit à la main.

Or, pour vous faire mieux entendre (Monfieur) comme j'ay
efcrit un jufte volume de la vie de chacun Roy, je defire bien
vous donner à cognoiftre que l'autheur qui m'a le plus agréé
(pour efcrire les vies) ç'a efté Suetone, lequel a efcrit bien
amplement des 12 Cefars, ou premiers Empereurs de Rome.
Et ce qui a efté la principale caufe, que j'ay plus toft fuivy ou
imité cet autheur que Plutarque, ou autres Grecs & Latins,
c'eft pour ce qu'il reduit la vie de chacun defdits Empereurs par
chapitres ou lieux communs: y remarquant chacun article de
leur vie, foit de vertu ou autrement.

Et outre l'imitation de Suetone, j'ay adjoufté aux vies des
Rois de France, le nombre ou catalogue de toutes fortes d'hommes d'Eftat ou des Gentils-hommes qui ont eu charges, offices,
ou dignitez, foubs iceux Rois, fans y comprendre que les plus
fignalez ou remarquables, & dignes de perpétuelle memoire,
foit pour leur vaillance, dexterité ou autres vertus: Et l'ay fait
avecques grande curiofité & diligence, afin que la poftérité
fache de quels perfonnages d'honneur fe font ferviz nos Rois,
en temps de paix ou de guerre, & par l'aide ou fecours de quels
illuftres hommes ils ont tenu & poffedé par tant d'années ce
Royaume tant floriffant & celebre.

Outre les vies des Rois de France, (lefquelles j'ay efcrites

en langue Françoise, à fin qu'elles puffent venir à la cognoiffance de toutes fortes d'hommes François, fans avoir la peine
de les traduire) j'ay efcrit & recueilly des memoires de plus de
vingt mille maifons Nobles de France, efquels j'ay obfervé ce
qui s'enfuit.

En premier lieu, fi le furnom que retiennent ou portent les
Gentilshommes, eft le nom d'une terre ou feigneurie qui leur
appartienne, ou de laquelle ils foient iffus, ou autrement.

La defcription de la terre, dont ils retiennent le nom, ou de
laquelle ils font feigneurs, & en quel endroit elle eft fituée.

La généalogie, tant du pere que de la mere. Par qui ladite
maifon ou feigneurie a efté erigée en titres honorables, foit de
Viconté, Conté, Marquifat, Duché ou autres femblables, &
foubs quels Rois, & en quel temps.

Quelles alliances font en ladite maifon, foit par mariages des
enfans ou autrement. Les privileges les plus memorables de leur
maifon, terres & feigneuries.

Quels eftats ou charges honorables ils ont eu ès maifons des
Rois, Princes ou autres grands Seigneurs, & foubs lefquels, &
en quel temps.

De quels ordres de chevalerie ils ont efté honorez par les
Rois ou Princes.

Quelles fondations mémorables ils ont faites, tant ès Eglifes
qu'autres lieux.

Quels chafteaux ou édifices de marque ils ont baftiz.

En quelles guerres ou batailles, fiéges ou affaults ils fe font
trouvez pour combattre, & quelles victoires ils en ont rem-
portées.

De quelles belles terres, fiefs, feigneuries ou domaines de remarque ils ont efté jadis Seigneurs, eux ou leurs prédéceffeurs,
& quelles ils poffédent maintenant.

Les noms de tous ceux qui ont efté feigneurs & poffeffeurs
de la terre dont ils portent le nom, ou bien de laquelle ils font
feigneurs, à fin d'entendre fi elle leur eft venuë de don, acqueft,
mariage, fucceffion ou autrement.

Les armes qu'ils portent aujourd'hui, & le blafon d'icelles.
Les autheurs qui font mention, ou qui ont efcrit d'icelle
maifon.

Je ne doute pas que plufieurs ne s'efmerveillent, de ce que
j'ay dit que j'avois recueilly des memoires de plus de vingt mille
maifons nobles de France, mais je les pry (avant que donner
leur jugement de moy, ou de me condamner) qu'ils fçachent,
qu'en Bretagne feule (qui n'eft qu'une partie de la France) il y
en a bien dix-fept mille de compte fait : felon que le Sieur de
la Heriffaye, Confeiller au Parlement de Bretagne, nous a laiffé par efcrit, & affeuré eftre vray au preface de fes Arrefts, imprimez en l'année 1579.

Je n'ay pas déduit cy-deffus, la moitié de tous les points ou
articles, que j'ay recherchez, pour chacune maifon Noble (fi
ainfi eft que l'on puiffe avoir la cognoiffance de tous.) Car vous
fçavez (Monfieur) qu'au memoire particulier que je vous ay
envoyé par cy-devant, efcrit de ma main, j'y en compren bien
d'autres que les fufdits : mais pour la peur que j'ay d'eftre trop
long, ou ennuyeux, je ne les repeteray point en cet endroit :
non que je craigne de defplaire, ou offenfer aucun en une tant
curieufe recherche : car je n'ay pretendu alleguer ou mettre
par efcrit chofe quelconque, qui foit au mépris, ou defadvan-
tage d'aucun Noble, quel qu'il foit, ancien ou moderne, ou
commençant fa nobleffe par luy-mefme, & premier gentilhomme de fa race (comme on parle vulgairement.) Mais tout
au contraire, j'efpere m'eftre totalement gouverné, en tout

ce que j'en ay efcrit, que plus toſt j'acquerray leur amitié & bien-vueillance, que la diſgrace ou défaveur d'eux, ou leurs amis. Et diray encores (pour continuer ce propos) que j'ay pour-ſuivy cette matiere ſi avant, & avec ſi grande peine & travail continu, que je me peux bien vanter d'avoir plus de cinq cens généalogies completes, & plus de mille, ou douze cens eſcuſ-ſons & armoiries des plus Nobles maiſons de France & autres lieux, que j'ay faites & peintes de ma main, ſans les memoires en nombre infini, & preſque incroyable (à qui ne les auroit veuz) que j'ay recherchez & amaſſez de toutes parts, pour par-faire ce qui ſe peut dire à l'honneur & gloire de chacune maiſon Noble, tant en général qu'en particulier.

Mais d'autant qu'un ſi grand nombre de memoires ou re-cueils, ne ſe peut pas aiſément imprimer, ou bien qu'il ſeroit de trop grand couſt & fraiz, tant pour les arbres de genealogies, que pour la graveure des eſcuſſons ou armoyries, il m'a ſemblé que ce ſeroit faire beaucoup pour les amateurs de telles antiqui-tez, d'en faire imprimer ſeulement l'Epitome ou abregé, lequel j'ay mis par ordre d'A, B, C.

Et pour le deſir que j'ay de complaire en cecy à pluſieurs dignes perſonnages, je le mettray bien toſt en lumiere & à la veuë de tous, ſoit pour leur ſatisfaire, ou bien auſſi pour leur donner à cognoiſtre les maiſons dont je n'ay point faiſt de men-tion, à fin d'en recevoir memoires ou advertiſſement par leur moyen. Car je n'en ay obmis ou délaiſſé aucune, dont j'aye peu avoir cognoiſſance, tant je ſuis deſireux & amy du bien public, & des hommes vertueux.

Pour mieux donner à entendre, ce que je comprends en l'Epi-tome dont je viens à parler, je mettray en avant quelques article

ticles que j'ay obfervez en la maifon de Arcourt, lefquels font comme s'enfuit.

Arcour ou Harcourt (& felon aucuns Harrecour) eft l'une des plus Nobles & anciennes maifons de Normandie. De cefte maifon il y a eu des Rois d'Efcoffe, l'an de falut, 1295. des grands Maiftres, Marefchaux & Admiraux, de France. Ils ont efté Contes de Harcour, Ducs d'Aumale, Marquis d'Elbeuf, & fieurs de plufieurs baronnies, chaftelenies, & autres femblables feigneuries, comme de Bonneftabe au Maine, Monfort, Vibraye, Sangrie, S. Saulueur le Viconte, Chaftelerault, la Ferté Bernard, Tilly, Monthyer, du Bailleul en Normandie, Franque-ville, Moyre, Lachoüaniere & autres en nombre infiny : ils ont eu alliances avecques les Nobles maifons de Valois, Bourbon, Anjou, Lorraine, Guife, Alençon, Coucy, Vervin, Sicile, Jainville, Vaudemont, Auaugour, Ferrieres, Savoye, Touteville, Longpont, Champagne, Normandie, Efpagne, Aufchot, Nanffau, Orenge, Chourfes, Malicorne, Lucé, Coüaifmes, Souuray, Carrouges, Affay, Mont-faucon, & autres :

Cefte maifon a duré & continué plus huict cens ans. Elle floriffoit dès l'an de falut 700. D'icelle maifon de Harcour font venus à la maifon de Lorraine, le Duché d'Aumalle, & le Marquifat d'Elbeuf. Ils portent en leurs armes, de gueulles à deux faces d'or.

Jean le Feron, tres-grand & diligent rechercheur de toutes les maifons Nobles, lequel eft trefpaffé depuis quelques années en ça, au très-grand regret de tous amateurs de l'antiquité, & fur-tout au mien (qui n'ay jamais eu cet heur de le voir, ou cognoiftre) en a fait & dreffé la généalogie, laquelle je n'ay encores point veüe : mais j'efpere que les alliez ou amis de cette maifon ne me la celeront pas. Et diray en paffant que ce que j'en vien de dire, je l'ay retiré de mes Memoires ou Recherches.

Laiffant ces exemples des maifons Nobles, je feray mention du Catalogue general, que j'ay fait de tous ceux qui ont jamais efcrit ou compofé en noftre langue Françoife, depuis qu'elle eft reduitte en art, jufques à maintenant : lequel œuvre j'ay nommé la grande Bibliotheque Françoife, & l'ay nommée grande, pource qu'elle contient les noms de deux ou trois mille hommes, tant François qu'eftrangers, & tant des hommes que des femmes, qui ont efcrit, ou compofé en noftredite langue Françoife maternelle ou vulgaire : avecques le dénombrement de tous leurs efcrits, œuvres, ou compofitions.

Et outre ce, j'ay efcrit une autre feconde Bibliotheque Latine, contenant les efcrits ou compofitions Latines de 5 ou 6 mille hommes, tous natifs de la France & des Gaules, fans y comprendre d'autres perfonnes foubs ce nom de François ou Gaulois, que ceux dont j'ay parlé cy-deffus.

Je ne me fuis pas contenté d'avoir mis en icelles Bibliotheques Latine & Françoife, le catalogue des œuvres, ou efcrits de chacun autheur : mais outre celà j'y ay compris chez qui ils font imprimez, en quelle marge ou grandeur, en quelle année, combien ils contiennent de fueilles, & fur-tout, le nom de ceux, ou celles aufquels ils ont efté dediez, fans y obmettre toutes leurs qualitez entieres : Et outre celà j'ay mis le commencement ou premiere ligne de leur ouvrage & compofition, & en quel temps les autheurs d'iceux vivoient, & plufieurs autres menues recherches, que je ne raconte pas icy, lefquelles toutesfois j'ai obfervées en iceux Catalogues.

Je ne peux mettre fi toft en lumiere cette Bibliotheque Fran-

çoife : d'autant que je n'ay pas fceu les noms de tous les hommes doctes, ou autres qui ont efcrit en noftre langue : Et penfe
eftre impoffible, de les pouvoir tous nommer fans l'aide des
amateurs des lettres, ou bien auffi des parents & amis de ceux
qui ont efcrit, ou d'eux-mefmes : tous lefquels je prie & fupplie bien fort, de m'advertir de ce qu'ils verront que j'auray
obmis ou delaiffé à efcrire d'eux, touchant leurs œuvres & compofitions.

Et pour monftrer qui font ceux dont j'ay parlé, & auffi pour
fatis-faire au defir de plufieurs qui voudroient voir cette grande
Bibliotheque imprimée, j'ay fait un Epitome de la fufditte Bibliotheque Françoife, lequel je mettray bien toft en lumiere.
Et pour donner plus facilement à entendre, quelle différence il
y a entre la grande Bibliotheque, & fon Epitome : j'en mettray
une exemple touchant celuy qui eft le premier compris en icelle,
duquel je dy fuccinctement ce qui s'enfuit audit Epitome.

Abel Foullon, natif de Loué, en la Champagne du Maine,
à 6 lieues du Mans, valet de chambre du Roy Henry 2 du nom,
l'an 1559, &c. Il a traduit de Latin en François les Satyres de
Perfe, & le Poëme d'Ovide intitulé *In Ibin*, & les huict livres
de l'Architecture de Vitruue : Et de fon invention, il a efcrit
l'Ufage, & defcription de l'Holometre. Un traicté des machines, engins, mouvements, fontes metalliques & autres telles
inventions : outre plus, la defcription du mouvement perpétuel.

Il mourut à Orleans l'an 1563, âgé de 48 ou 50 ans. Je
penferois avoir laiffé ces deux Bibliotheques, manques ou im-
parfaites, & defaillantes, en ce qui depend de leur principalle
grace & ornement, fi je ne les avois enrichies, & accompagnées
de chacun un volume de Pandectes, fçavoir eft d'un volume

Latin pour la Latine, & d'un François pour la Françoiſe : Et
avant que paſſer outre, je confeſſe librement que je n'ay pas eſté
le premier qui a entrepris un tel genre d'eſcrire, car Geſnerus,
Licoſthenes, & Symlerus, (tous trois for doctes, & très-dili-
gents perſonnages) en ont eſcrit avant moy : mais en Latin
ſeulement, & ſans faire mention que des autheurs Hebreux,
Grecs & Latins, & s'il y en a d'autres (comme des Caldéens,
Aſſyriens ou Arabes) pour le moins ils n'ont point fait mention
des Eſcrivains ès langues vulgaires.

Pour revenir aux deux volumes de Pandectes Latines & Françoiſes, je declareray (le plus brefuement que je pourray) ce
qu'ils contiennent, ſçavoir eſt un très-ample Catalogue de tous
les Autheurs qui ont eſcrit de chacun art, ſcience, ou profeſſion
d'eſtude, leſquels j'ay diviſez, ſelon les ſept arts, que nous appellons liberaux.

Pour declarer plus facilement ce que j'ay dit cy-deſſus, je
mettray en avant l'un des chapitres, voire le dernier, contenu
audit volume de Pandectes de la Bibliotheque Françoiſe : Sçavoir eſt celuy qui fait mention de la Grammaire : lequel j'ay
pluſtoſt mis en avant que pas un des autres, pour monſtrer
combien je ſuis proche de la fin ou achevement d'iceluy
œuvre.

Si quelqu'un eſt deſireux de ſçavoir quels autheurs ont eſcrit, de chacune partie d'icelle Grammaire, il les trouvera
promptement eſdits chapitres. Comme pour exemple : s'il veult
avoir la cognoiſſance de ceux qui ont eſcrit ou compoſé des
Grammaires Françoiſes ou vulgaires : je luy allegue, ou mez en
avant 30 autheurs, qui en ont traicté, ſoit en Latin ou en
François, leſquels je nomme audit volume de Pandectes : Et
outre les noms, d'eux & de leurs livres, j'y adjouſte en-

çores, & advertis les lecteurs, s'ils font imprimez ou non.

Touchant l'orthographe, ou efcriture Françoife 20 autheurs.

De ceux qui ont efcrit de l'étymologie ou origine de chacun mot, ou diction Françoife, 16 autheurs Latins, & 18 François ou vulgaires.

Pour l'art oratoire 6. autheurs François. Pour l'art Poëtique ou inftruction pour apprendre à compofer en vers, ou rithme Françoife 16. autheurs.

Ceux qui ont efcrit des Proverbes ou Adages François 4. autheurs Latins, & 8. François.

Ceux qui ont efcrit des Epithetes 4. autheurs François: 8. autheurs qui ont efcrit des Alphabets, ou exemplaires & inftructions, pour apprendre à efcrire & former les lettres. Touchant ceux-là qui ont efcrit de l'excellence ou illuftration de la langue Françoife 7. autheurs.

Et outre celà j'ay fait un chapitre de ceux qui ont obfervé ou annoté & fait des recueils d'aucunes dictions Françoifes, defcendues de la langue Grecque, dont le nombre des autheurs Latins qui en ont efcrit ou amaffé, eft de vingt & fept, & des François (ou efcrivains en langue Françoife & vulgaire) eft de dix.

Je ne veux pas dire, qu'il n'y ait bien d'autres autheurs qui ayent efcrit d'une chacune partie de Grammaire, voire en plus grand nombre que je ne viens de dire : mais je n'en ay encores peu voir, que le nombre de ceux que j'ay recitez, & en paffé beaucoup d'autres qui ont efcrit fur autres articles, appartenants à la recherche & illuftration de noftre langue, comme de ceux qui ont efcrit des Rhetoriques, & Dialectiques Françoifes, des accents, de la punctuation, & de la prononciation.

De la maniere de bien traduire d'une langue en autre : de la

façon de compofer ou dicter lettres miffives : De ceux qui ont
efcrit des recueils des fentences des Poëtes, ou orateurs François, & autres chofes femblables, dont je n'ay fait le recit que
d'une partie : car fi j'euffe voulu racompter par le menu, toùs
les chapitres, ou lieux communs, defquels j'ay traicté ou fait
mention, touchant les parties de la Grammaire Françoife, j'y
en euffe compris environ de 30. qui font tous des dépendances,
ou appartenances d'icelle.

Je ne parle point des autres livres ou chapitres contenuz ès
fufdicts volumes des Pandectes Latines & Françoifes : lefquels
traictent de la Poëfie, Theologie, Jurifprudence, Medecine,
Hiftoire, Art oratoire, des Mathematiques, de la Philofophie
& autres fciences : de toutes lefquelles j'ay tellement dreffé les
lieux communs ou chapitres, qu'il n'y a autheur (qui ait efcrit
en Latin ou François, de quelque art ou fcience que ce foit)
que l'on ne puiffe trouver aifément en iceux chapitres, pour
l'aide & foulagement de ceux-là, qui auront à difcourir, ou
traicter de chacune matiere qui leur viendra en délibération.

Non content d'avoir efcrit le Catalogue de tous, ou de la
plus grande partie des hommes doctes de la France & des Gaules, & penfant eftre bien peu de chofe, que d'avoir feulement
fait mention de leurs compofitions Latines & Françoifes, j'ay
bien voulu (pour monftrer combien la mémoire de tels & fi
grands perfonnages m'eft faincte & recommandable) efcrire les
vies de ceux qui m'en ont femblé dignes, lefquelles j'ay réduites
en diverfes façons, & à l'imitation de plufieurs graves autheurs,
tant Grecs que Latins, & felon le mérite de chacun : ou bien
(pour ne diffimuler rien de la vérité) je les ay efcrites felon que
j'ay trouvé affez de matiere ou fubject en iceux. Sçavoir eft,

des uns à la façon de Suetone (duquel j'ay cy-devant parlé) des autres à l'imitation de çe tant & à bon droit renommé, & non encor affez loué Plutarque de Cheronnée, autheur Grec. Et le troifiefme (au patron duquel je me fuis conduit) c'eft Paule Joue, qui a efcrit les Eloges ou vies briefvement difcouruës, foubs les vifages, des plus illuftres hommes, tant aux lettres qu'en l'art militaire.

Je diray encores, que je n'ay obmis à efcrire les vies des Roines & Princeffes de France, & autres qui m'ont femblé les plus recommandables, & dignes de perpétuelle mémoire, tant pour leur vertu & fageffe, que pour leur doctrine, & actes les plus mémorables en chacun genre de vivre.

Il me refte encores (pour fatisfaire aux curieux) à déclarer que j'ay efcrit en Latin les vies des autheurs Latins, & en langue Françoife, les vies des hommes les plus doctes qui ont efcrit en François : lefquelles je ferai imprimer à part & fans les confondre ou mefloyer les uns avecques les autres de diverfe profeffion : voire avecques obfervation des fiecles, ou temps qu'ils ont vefcu. Sçavoir eft des Theologiens, Jurifconfuls, Medecins, Poëtes, Hiftoriens, Orateurs, Philofophes, Mathématiciens, Grammairiens & autres.

Et quant aux hommes les plus célebres, tant de l'Eglife que de la nobleffe, & autres de robbe longue, ou eftat de Judicature, j'en ay pareillement efcrit les vies, & les ay mifes felon leurs races & dignitez les plus honorables.

Outre plus, j'ay fait des catalogues des plus excellents hommes de France, en toutes fortes d'honeftes exercices, & de louable vacation, comme des Peintres, Orfevres, Sculpteurs, & Graveurs en toutes fortes d'ouvrages, Architectes, Fondeurs, Ingénieurs, Faifeurs de Machines, Salinateurs, & autres en nombre infiny , lefquels je paffe maintenant foubs filence , de peur de vous ennuyer en un fi long difcours : car fi je ne penfois vous deftourner d'affaires plus ferieufes que celles-cy , j'euffe encore fait mention des Muficiens & Joüeurs de toutes fortes d'inftrumens de Mufique , & autres femblables , tous excellens aux exercices, tant de l'efprit que du corps : Lefquels j'ay comparez aux eftrangers de mefme profeffion , & les ay mis felon l'ordre des temps qu'ils ont vefcu. Je ne diray pas que j'ay efcrit les vies des plus excellents & renommez d'entr'eux , de peur que quelques-uns trop chatoüilleux , ou aifez à efmouvoir, ne diffent que je promets trop de chofes à une fois , & fans que l'on ait encore rien veu qui ait efté mis en lumiere de ma part, pour en faire jugement à l'advenir : Mais avant que finir mon difcours , je diray un mot pour tels calomniateurs, ou perfonnes pluftoft prompts à juger que d'avoir veu , cogneu, ou entendu les chofes comme elles font, & fans fçavoir combien l'entreprife d'icelles eft advancée.

Tout ce que j'ai déduit & raconté cy-deffus, touchant mes efcrits ou compofitions pour la France, ne fuffit pas pour monftrer que j'aye recherché & travaillé fur les points ou articles de l'entiere & parfaite illuftration d'icelle, de laquelle j'ay promis efcrire, au titre ou infcription de ce mien difcours.

Donques pour y fatisfaire, je diray qu'outre les livres fufdits , j'ay encore recueilly & dreffé plufieurs mémoires , pour efcrire l'hiftoire générale des François ou Gaulois, de laquelle je trouve que plufieurs doctes & fçavans perfonnages ont defia efcrit, lefquels font en nombre plus de 500. & penfe avoir la plus grande ou meilleure partie de ce qu'ils en ont fait, fur laquelle je me conduiray en ce que je trouveray de véritable.

Et pour le regard de l'hiftoire de noftre temps, ou bien des

guerres

guerres civiles advenues en France pour la religion, depuis 17 ans ençà : j'ay recherché pour cet effet, les mémoires des plus certains & véritables autheurs qui en ont efcrit, voire de ceux qui en peuvent tefmoigner de vive voix, pour y avoir efté préfents, ou pour l'avoir entendu fidellement de ceux qui en peuvent bien parler avec affeurance, & fans paffion. Ceux qui en ont efcrit, tant d'un party que d'autre, font en nombre de quarante ou environ, foient Latins ou François, mais la plus part n'a encores mis fes œuvres en lumiere.

Si quelques-uns s'efmerveillent de ce que j'entrepren d'efcrire des fubjeɛts qui ont ia efté traiɛtez par tant d'autheurs & graves perfonnages plus doɛtes & fuffifants que moy, je leur refpondray, que ce que j'en fay n'eft pas pour avoir conceu cefte opinion en moy, de pouvoir m'en acquiter plus heureufement que ceux qui auroient a travaillé, ou entrepris d'efcrire fur tels deffeings ou projeɛts: mais feulement, pour ce que la plus part des efcrits de ceux que j'allegue, n'ont encores efté imprimez : joint auffi que j'y veux obferver un ordre ou reigle non encores fuivie, de la façon que je me delibere d'en efcrire.

Et pour monftrer que je ne veux frauder aucun de fon los, ou mérite, je ne tairay pas les noms de ceux defquels je me feray fervy ou aydé, ny mefmement les livres ou mémoires efcrits par eux. Car fi je prétendois m'attribuer chofe quelconque, qui fuft de l'invention d'autruy, je me rendrois digne du nom de Plagiaire : ce que je détefte, & abhorre autant qu'autre qui vive de mon fiecle : Et pour le monftrer en effet, je confefferay avoir entrepris d'efcrire un livre contre telles manieres de gens, ufurpateurs ou fe vendicans le labeur d'autruy, lequel œuvre j'ay entiltré, la verge ou fleau des Plagiaires, ou de ceux qui s'attribuent & mettent en leur nom, les œuvres, ou

i

compofitions defquelles ils ne font pas autheurs ou inventeurs: Et fi je voy que ce vice s'augmente & continue, j'en publieray ce que j'en ay efcrit.

Cet article me fervira (s'il vous plaift) pour tous les autres lieux où je feray mention des autheurs qui ont efcrit des fubjects pareils à ceux que j'ay traictez, & de ceux-là pareillement dont je me delibere de parler encores par cy-après.

Outre les hiftoires fufdittes j'ay efcrit, ou pluftoft recueilly (j'ufe expreffément de ce mot pour ne fafcher aucuns par trop feveres & critiques cenfeurs) plufieurs autres volumes, traittant des chofes que j'ay penfées eftre néceffaires pour les curieux, ou rechercheurs de tout ce qui s'eft fait & paffé en France, digne de perpétuelle mémoire. Comme des Exemples mémorables des hommes François, à l'imitation de Valere le grand, Sabellic, Baptifte Egnace, Fulgofe, Marule, & autres infiniz, dont je parleray en autre endroit. Et outre l'imitation des fufdits autheurs, j'ay efcrit un autre livre que j'ay entiltré, rencontres mémorables, ou pluftoft fatales & divines. L'hiftoire prodigieufe, traittant des Monftres nez, & des Prodiges advenuz en France, avecques l'interpretation d'iceux. Les Conciles, tant Généraux que Provinciaux, tenuz en France, pour le fait de la Religion, ou pour autres caufes. Recueil des Eftats tenuz en France. Traicté des Parlements de France. Autre traicté des Académies ou Univerfitez de France. Le livre des batailles & rencontres données en France, & des Villes prifes ou affiégées, tant pour le fait de la Religion, que pour autres raifons que je déclareray. Les fuperbes & magnifiques entrées des Roys, Princes, & autres grands Seigneurs, faites par les citoyens ou habitans des Villes, tant à leur réception ou couronnement, que pour autres effects. Arrefts les plus mémorables donnez &

prononcez ès Parlements de France. L'Onomasticon François, à l'imitation de Julius Polux, autheur Grec, qui est un œuvre contenant les noms, ensemble les figures ou protraits de tous les instruments servants aux arts méchaniques & autres semblables.

Le promptuaire des monnoyes de France, tant antiques que modernes, avec leurs protraits ou figures.

Epitaphes ou inscriptions les plus antiques & mémorables qui se voyent par toute la France & les Gaules, avec l'observation de leur escriture antique.

La recherche des Bibliotheques ou Cabinets les plus renommez de France, (qu'aucuns appellent chambres de merveilles) avecques la déclaration des livres rares, Medailles, Protraits, Statues ou Effigies, Pierreries & autres curieuses gentillesses, ou gentilles curiositez qui se voyent ès maisons des Princes, & autres qui font amas de telles magnificences.

La Corne d'abondance Françoise, faisant mention de toutes les choses rares ou exquises, dont se fournist le pays de France, sans en mandier des Estrangers.

Les Divises peinctes, & sans peinture ou figure aussi, des hommes doctes, nobles, & autres semblables, tous natifs de ce Royaume.

Le Calendrier Historial, contenant les naissances, ensemble les trespas de toutes sortes d'hommes François, dignes d'en faire mention pour leur excellence ou vertu, avecques un recueil de ce qui s'est fait ou passé de mémorable en chacun jour, mois & an, du vivant d'iceux hommes, Doctes, Nobles, Eccléfiastiques & autres féculiers, le tout réduit par colomnes ou féparations.

Opufcules Françoises, traitant des choses appartenantes à la France.

Et pour l'illuſtration de la langue Françoiſe, j'ay eſcrit les livres qui s'enſuivent.

Les Etymologies de chacun mot, ou diction Françoiſe.

Les Proverbes ou Adages François, avecques leur interprétation.

Epithetes.

Synonimes.

Traicté de l'Orthographe ou Eſcriture Françoiſe, & pluſieurs autres choſes appartenantes à l'ornement de noſtre langue.

Pour laquelle illuſtrer, j'ay recueilly & obſervé tout ce qui m'a eſté poſſible de trouver pour ſon embelliſſement, tant ès autheurs qui en ont eſcrit premier que moy, que de mon invention particuliere.

Et ſi en cet endroit je n'ay fait mention des choſes qui ſembleront encores néceſſaires d'eſtre traictées, touchant tout ce qui dépend de l'entiere & parfaicte illuſtration des Gaules, (dont j'ay promis eſcrire) j'adverty ceux qui pourroient ſe ſouvenir d'autres articles, non encores par moy déclarez en ce Diſcours, que j'en ay eſcrit au Catalogue général du ſpirituel & temporel des Gaules, dont j'ay parlé cy-devant, lequel j'ay tant exactement recherché, qu'il n'y a ſi petite partie que je n'aye obſervée.

Voylà ce que j'ay penſé devoir eſtre deduict pour le préſent, touchant l'entiere & parfaicte illuſtration de la France & des Gaules, (s'il m'eſt permis d'uſer de ces mots & parler en tels termes) de laquelle j'ay eſcrit infinis volumes & mémoires, dont la plus part ſont achevez, & les autres bien avant encommencez & pourſuivis.

Et quant aux autres choſes que j'ay promis d'eſcrire pour

fervir à tout l'Univers, je les déclareray premier que finir ce
Difcours.

Mais avant que d'en parler, je diray librement que je fuis
tout affeuré, que tant s'en faut que la Poftérité, nos Neveuz &
ceux qui viendront d'eux, fe puiffent perfuader ou croire que
j'aye tant efcrit ou recueilly de Mémoires, comme j'en ay récité
cy-devant, & que j'en déduiray encores par cy-après, que
mefmes ceux du fiecle où nous fommes & de mon temps, voiré
quelques-uns de ceux qui me penfent bien cognoiftre, pour
m'avoir hanté quelques-fois, ou pour s'eftre enquis & informez
de moy & de mes puiffances (j'excepte toufiours en cecy mes
plus fidelles & finguliers amis) tant s'en faut (dy-je) qu'ils le
penfent eftre vray, que tout au contraire ils m'eftimeront trop
audacieux & téméraire d'avoir ofé mettre à la veuë de tant d'excellens & divins perfonnages qui vivent aujourd'huy, & fur-
tout de vous avoir dédié ce mien Difcours, promettant tant
d'ouvrages de ma façon, defquels aucun n'a encores rien
veu d'imprimé ou mis en lumiere jufques à cette année 1579.
Et penferont plus toft telles manieres de gens, que ce foient
pures menteries & des promeffes vaines, qu'autrement : Soit
pour avoir entendu combien je fuis encores jeune d'ans & de
fçavoir, (car à peine ay-je atteint l'an de mon aage vingt &
feptiefme.) Et quand à la doctrine, j'avoue ne fçavoir qu'une
chofe, c'eft que je ne fçay rien : Ou bien pour eftre entachez
d'une certaine jaloufie ou d'autres vices qui me font incogneuz,
pour ne m'en eftre gueres informé, tant je fuis peu curieux d'en
avoir plus ample cognoiffance : Mais les effects de mon entreprife font dès à préfent & feront encores à l'advenir les fuffifans
& irreprochables tefmoings de mes labeurs.

Au demeurant, fi quelques-uns s'efmerveillent de tant d'efcrits ou compofitions que j'ay faictes en fi bas aage : je veux
bien les advertir que celà n'eft tant digne d'admiration, comme
il leur pourroit fembler : Veu qu'il ne s'eft paffé jour, depuis 9
ou 10 ans en ça, que je n'aye employé 6 heures à l'eftude,
pour parfaire une fi haute & difficile entreprife, qu'eft celle
dont j'ay entrepris d'efcrire. Sçavoir eft 3 defdictes heures à
lire, & les 3 autres à efcrire : Sans m'y arrefter aux après-difnées,
finon en temps d'hyver ou autrement fafcheux. Lefquelles heures d'après-midy j'employe à tous honneftes exercices, tant de
l'efprit que du corps : avecques compagnies que je cognois les
plus dignes de fréquentation, pour leurs vertus & gentilleffes,
foit avecques grands Seigneurs ou autres de moindre qualité.
Et ce qui fait que je n'y employe que les matinées, c'eft pour
donner relafche à mon travail, & pour me rendre plus prompt
& mieux difpofé à l'exercice ou continuation d'iceluy : lequel
j'ay prefque réduit en une nature : C'eft-à-dire, que je m'y fuis
tellement façonné, que je ne pourrois durer & m'ennuyroit, fi
je n'employois mon efprit en un fi honnefte exercice : lequel
m'eft extremement agréable. Car s'il eftoit autrement, je le
quitterois-là, & m'en deporterois bien toft, pour n'y avoir
chofe qui me convie ou incite à ce faire que ma propre volonté,
& fur-tout mon inftinct naturel, auquel je ne peux réfifter : Ou
bien encores le defir que j'ay de faire paroiftre que j'ay mieux
aimé m'employer à chofes vertueufes & utiles au public, voire
à tous amateurs des lettres, que de paffer ma vie en un perpétuel filence.

Et ce qui m'occafionne de départir ainfi le jour en deux parties, l'une au travail, & l'autre à la recréation (que nous ap-

pellons efbat) c'eft pour l'expérience que l'on void du proverbe François, qui eft tel:

Un Arc toufiours bandé à la fin fe corrompt.

Lequel fe trouve véritable à l'endroit de quelques-uns, & mefmes des plus doctes de noftre temps, par trop affiduz en leur labeur & travaux, qui leur occafionnent des maladies. Et en cet endroit, j'ay grandement à louer Dieu & luy rendre graces infinies de n'avoir jamais eu mal ou maladie quelconque, qui m'ait retenu au lict, ou qui m'ait empefché un feul jour d'eftudier.

Il me reste encores, pour fatisfaire aux chofes que j'ay promifes au fecond tiltre ou infcription de ce Difcours, de faire mention des livres & mémoires que j'ay recueillis pour l'Hiftoire Univerfelle.

Je diray donques que pour cet effect j'ay dreffé des Tables ou Cartes de l'Univers, tant générales que particulieres, & tant marines que terreftres. Et outre celà des Mémoires, ou plus toft Recueils des Vies de tous les Papes, Empereurs, Rois & Princes, ou Seigneurs de la Chreftienté, & d'autres parties habitables en l'Univers: voire de toutes les Régions & Peuples compris foubz l'eftenduë d'iceluy.

Mais je diray (avant que paffer outre) que je ne me fuis pas tant peiné à cette recherche, comme j'ay fait à l'endroit de la France. Car je n'ay recueilly que les Livres ou Mémoires que j'en ay trouvé imprimez (pour la plus grande partie) & le refte efcrit à la main, foit de ce que j'en ay recouvré par le moyen de mes amis, ou que j'ay tranfcrit des livres qui en ont fait mention, & des autheurs ou efcrivains de telles chofes. Tous lefquels je mets par Buffets, en façon de Dreffoirs, faits pour

aranger les livres : Et les divife ou fépare , felon la fituation
des quatre parties du Monde , duquel ils traictent, c'eſt à fçavoir de l'Europe , de l'Afie, de l'Afrique & Terres neuves ou
nouveau monde, que nous appellons aujourd'huy la quatriefme
partie de la terre.

Si je ne craignois d'eſtre eſtimé par trop préfomptueux ou
arrogant, je dirois encores que j'ay entrepris une chofe, laquelle
j'efpere parfaire & accomplir en bref (avecques l'ayde de Dieu
tout-puiſſant, auquel je m'adreſſe touſiours, & invoque fa faincte
grace en tous mes faicts & actions.) C'eſt de dreſſer une Bibliotheque de telle forte, qu'il n'y aura chofe quelconque, qui
ait eſté cogneuë des hommes, foit de ce qui eſt au ciel, en la
terre, ou ès eaux, & ès abifmes & profonditez de cet Univers,
de laquelle je ne face mention en icelle Bibliotheque ou Cabinet : tant je me fuis peiné pour une fi curieufe & diligente
recherche.

Et pour accomplir une tant fuperbe & magnifique entreprife,
j'ay extraict de tous les autheurs, tant anciens que modernes,
& tant des cogneuz que des incogneuz (pour n'avoir encores
eſté mis en lumiere la plus part de leurs œuvres) toutes les chofes qui peuvent appartenir à un tel deſſein : lefquelles j'ay réduites en tel ordre, & agencées en telle façon, que tout promptement je peux monſtrer la chofe dont il feroit queſtion, ou de
laquelle on me pourroit interroger. Mais pour ce que cecy ne
fe peut autant ayfément comprendre, comme je le voudrois
bien déclarer : Auffi que ce feroit une chofe trop longue à difcourir : je feray contraint (pour le defir que j'ay de vous complaire en toutes chofes, Monfeigneur) de vous envoyer le plant
ou portrait de la defcription de ladite Bibliotheque, lequel contiendra l'ordre que je préten garder en l'affiette & difpofition

des

des Buffets qui feront en icelle, & les tiltres ou infcriptions mifes au deffus de chacun d'iceux.

Mais s'il eft permis d'efpérer de bien en mieux, d'un qui n'afpire qu'à parfaire des entreprifes louables & dignes d'eftre aymées de toutes perfonnes vertueufes: Quelle opinion pourra lon avoir de moy, finon de penfer que tant plus je viendray à continuer en aage & en travail, ou pourfuitte de mes ouvrages encommencez, je pourray en fin tellement parfaire ce que j'ay pour la plus part efbauché, & qui n'eft encores pour le jourd'huy, que comme non limé & mal poly, à caufe du grand nombre de Deffeins, & diverfes entreprifes que je me délibere de continuer le refte de ma vie, lefquelles je pourfuivray fi avant (fi Dieu ne m'en ofte les moyens) que plus toft on s'affeurera de l'achevement d'iceux, que du commencement.

Je diray davantage, fi moy feul & fans ayde ou fecours d'aucun, foit par efcrits ou Mémoires, & autres fraiz ou defpenfes, & fans avoir encores receu gages, préfens, penfions, dons, ou faveurs d'aucuns Rois, Princes, & autres grans Seigneurs, j'ay tant fait de moy-mefme, que d'eftre parvenu jufques là, que d'avoir tant entrepris, & tant effectué tout enfemble : Que pourra lon à l'advenir penfer que je puiffe faire, lors que j'auray plus de moyens que je n'en ay pour le jourd'huy (eftant encores fils de famille, & ne jouiffant d'aucuns biens ou revenuz) ou pour mieux dire, lors que je feray commandé par les Rois ou Princes de ce Royaume, de parachever mon entreprife? A laquelle je fuis feur qu'ils ne me laifferont manquer de moyens néceffaires pour une telle pourfuite. Voire alors que je feray aydé de Memoires ou Advertiffemens, tant des hommes François que des Eftrangers, defquels j'efpere toute faveur, à caufe d'une tant louable & fi faincte entreprife qu'eft cefte-cy.

k

Continuant ce propos, je diray encores, que fi je préfumois tant de moy que d'eftimer pouvoir parachever tous ces miéns Deffeins, fans aide ou fecours d'autruy : ce feroit me tromper moy-mefmes, & m'abufer le premier en celà, quelque diligence que je peuffe faire. Et en cet endroiɛt, je ne craindray point de mettre en avant, & réciter les mefmes mots defquels ufe en une fienne Préface Monfieur Aubert, natif de Poitiers (duquel je ne vous feray point autre récit en cet endroit de fes valeurs ou mérites, veu que vous en pouvez mieux juger que moy.) Voicy doncq ce qu'il dit en quelque fien Avant-propos qu'il a fait imprimer.

>> Je ne me peux engarder de dire que je m'efmerveille de
>> plufieurs de noftre temps, doɛtes certainement ès bonnes lettres
>> (mais médiocres en fortune) qui ont ozé entreprendre de
>> porter tous feuls le fardeau d'une grande Hiftoire, ou d'un
>> autre femblable labeur de longue aleine. Car je leur predy,
>> que fi pour les foulager de travail, ils n'ont le moyen de te-
>> nir à leurs gages 4 ou 6 perfonnes, (finon de plus doɛtes, à
>> tout le moins, de ceux qui ne font pas ignares) il leur fera
>> impoffible de venir à chef de leur entreprife, tout ainfi qu'à
>> un Architeɛte, lequel ayant entrepris quelque fuperbe Palais,
>> voudroit luy-mefmes tirer les pierres de leurs perrieres, fof-
>> foyer les fondemens de l'Edifice, porter la hotte & le mor-
>> tier, & faire tels autres aɛtes, où la feule dureté du travail eft
>> néceffaire, & non l'excellence de l'efprit >>.

Il pourroit fembler à quelques-uns que ce fuft de tels entre-preneurs que moy, aufquels il addreffaft fon propos, mais c'eft une chofe toute manifefte qu'il ne le difoit pas pour mon égard, n'y pour avoir encores ouy parler de tels Deffeins que les miens : Car lors qu'il efcrivoit cecy (qui eftoit l'an de falut 1556.) je n'avois encores aucune cognoiſſance des Lettres, ny meſmes de l'A, B, C, (que l'on montre aux enfans:) Toutesfois je ſuis de ſon opinion en cela: Et c'eſt pourquoy je demande ſecours en cet affaire aux Rois, Princes & grands Seigneurs: Et quant aux autres de moindre fortune, je les prie de m'aider ſeulement de Memoires & tranſcrits (comme encores je ne les ay juſques icy requis d'autres choſes, tant Dieu m'a favoriſé en cette entrepriſe.)

Et s'il advient qu'ils m'en refuſent (ce que je ne deſire pas, pour le bien que je ſouhaite à mon pays & à tout l'Univers) je ne delaiſſeray neant-moins, ains pourſuivray, ſelon ma puiſſance, ce que j'ay ſi avant commencé. Mais il ne pourra pas eſtre ſi toſt achevé, comme il le ſeroit bien, ſi j'eſtois aydé par leur moyen: Or quand ainſi ſeroit, la gloire d'une telle choſe (encores qu'elle ne peuſt du tout s'effectuer) n'en diminueroit pas beaucoup en mon endroit (ſi ainſi eſt qu'il en faille eſpérer aucune.) Car ores que je ne peuſſe du tout achever de ſi grandes & difficiles entrepriſes, toutesfois ce ſera touſiours un honneur pour moy, voire une choſe bien digne de louange, d'y avoir ſeulement aſpiré (comme dit le Proverbe.) Et quand je me deporterois de continuer plus avant un tel ouvrage, ce que j'en ay faict juſques icy, me rendra touſiours bien-voulu, (ſi je ne ſuis bien deceu en mon opinion, & du tout fruſtré de mon attente) voire bien aymé & chery de tous gens d'honneur, auſquels ſeuls je deſire complaire, & non à autres. Et diray encores que ce point de vertu, auquel j'ay aſpiré tout le temps de ma vie, & lequel m'a juſques icy touſiours ſervy de guide, me fait ainſi parler, & me croiſt le courage.

Je ne dy rien en cet endroit de la memoire ou ſouvenance des choſes que j'ay leuës, ou veües, & entenduës, ou pratiquées, tans ès Autheurs qu'en autre part : qui eſt l'une des principales cauſes, & preſque le ſeul motif de toute cette mienne entrepriſe. Car ſi je ne l'euſſe eu telle qu'il a pleu à Dieu de me la donner, (en quoy je le loüe de toute ma puiſſance, & luy rendray à jamais graces immortelles d'un ſi grand heur, & rare bénéfice) je n'euſſe jamais attenté à une ſi haute & difficile entrepriſe qu'eſt cette-cy : Mais elle m'a tant ſoulagé en tous mes deſſeins & conceptions, qu'il ne m'a eſté de beſoing de voir, ou lire & entendre qu'une ſeule fois, (par maniere de dire) les choſes dont je me voulois ſouvenir, en ce qui dépendoit de l'achevement de mon Ouvrage encommencé.

Je confeſſeray toutesfois ne l'avoir pas telle, ne ſi heureuſement départie, comme nous la voyons à l'endroit de quelquesuns, meſmement de ce ſiecle, eſquels elle reluiſt de telle façon, que l'on peut bien (ſans ſe tromper) la nommer prodigieuſe, à cauſe de ſes merveilleux effeɥs : Et advoüeray encores qu'il m'a eſté de beſoing, pour la ſoulager & conſerver, de faire divers Catalogues des Autheurs qui ont fait mention de chacune matiere, dont j'avois en délibération de traiɥer. Leſquels j'ay nommez Mentionnaires, c'eſt-à-dire, Recueil d'Autheurs qui ont eſcrit ou fait mention de chacune choſe, dont j'ay eſté curieux de voir les paſſages & lieux eſcrits ou alleguez par eux, en ce qui concernoit mon entrepriſe, tant ſur l'Hiſtoire que d'autres ſubjeɥs.

Si je mettois en ligne de compté tous les Autheurs du teſmoignage deſquels je me ſuis aydé en mes eſcrits & compoſitions, je donnerois encores plus à penſer en cecy, que je ne peux avoir fait en la plus-part de ce que jay dit cy-deſſus. Car je ſuis ſeur, (& n'en ments point) que le Catalogue d'iceux eſt de plus de dix mille Autheurs, dont j'ay veu & leu la plus gran-

de & meilleure partie de leurs efcrits. Laquelle chofe je monftreray bien evidemment, lors qu'il en fera queftion. Car j'allegue
les paffages d'iceux Autheurs, y obfervant & annotant encores,
en quel livre, en quel chapitre ou article, en quel fueillet,
voire en quelle page ou cofté fe trouve ce que j'ay leu, & en
quelle marge eft ledit livre, & de quelle impreffion, (ce que j'ay
fait, de peur de me tromper au chifre), s'il advenoit qu'il fuft
imprimé d'autre marge qu'en la premiere edition. Et outre celà
des marques ou fignes, lefquels fignifient fi les Autheurs que je
nomme ont parlé bien amplement ou comme en paffant, & fans
s'arrefter beaucoup fur ladiête matiere, & mefmes fi ça efté en
bien ou mal qu'ils ont difcouru des chofes dont ils traiêtent, &
fi celà eft imprimé ou non, fi je les ay, & plufieurs petites recherches dont je ne parle point icy, à caufe de breveté.

J'oferay encores dire, (fans aucune jaêtance ou vanterie,) que
j'en ay par devers moy une bonne partie, voire des plus rares
& mieux choyfis en un fi grand nombre : Et ne me trompe
point d'avoir dit une bonne & grande partie d'iceux : Veu que
le Catalogue de mes Livres, tant de ceux-là que j'ay encores
du jourd'huy, que de ceux que j'ay eu quelque-fois, (je parle
ainfi d'autant que j'en ay donné, perdu & prefté une grande partie) fe monte bien environ de 2000 volumes de livres. Et
quant à ceux qui font efcrits à la main, & pour la plus part non
imprimez, j'en ay plus de 300, fans y comprendre mes Volumes de Memoires ou Recueils. Lefquels livres efcrits à la main,
j'efpere faire imprimer en brief, pour le bien & advancement
du public, & des amateurs des lettres, & fur-tout de l'hiftoire :
ne taifant en l'Edition d'iceux, les noms, pays & furnoms defdits Autheurs, voire avecques un abregé de leurs vies, efcrites
par moy, & mifes au devant de leurs œuvres : Me contentant

feulement de dire, que ce fera de ma Bibliotheque qu'ils feront fortis, & que ça efté par ma diligence qu'ils auront efté mis en lumiere. Et quant à ceux de mon invention, j'en diray un mot avant que finir ce difcours.

Cet œuvre que j'ay appellé cy-deffus Mentionnaires, (qui eft comme un livre de lieux communs, ou amas d'Autheurs qui ont fait mention de chofes particulieres) eft l'un des plus penibles & laborieux ouvrages de tous ceux que j'ay encommencez. Mais ce travail ne m'a pas efté defagréable ou ennuyeux, d'autant qu'il eft d'un merveilleux foulagement pour ceux qui traictent diverfes chofes, & qui fe meflent de l'Encyclopaidie. Car en chacune matiere dont je veux traicter, j'ay recours aufdicts Mentionnaires, & lors je trouve aifément les noms de tous ceux qui ont efcrit ou fait mention de la chofe dont je veux avoir entiere cognoiffance : Et fi je ne m'y fuffe ainfi gouverné, j'euffe entrepris une chofe à laquelle il euft efté bien difficile, voire impoffible de parvenir, fans le fecours d'un tel œuvre, qui n'eft gueres diffemblable aux volumes des Pandectes, dont j'ay parlé cy-devant.

S'il m'eft permis d'augmenter ce Difcours d'un paffage ou exemple que je defire bien vous déclarer, touchant ces Mentionnaires : Je vous diray que pour efcrire bien au long la Vie de Meffire Guillaume du Bellay, Seigneur de Langey, (Vice-Roy en Piedmont l'an 1543 ou environ) je me fuis fervy de 63 Autheurs Latins, & de 65 François, qui ont fait mention de luy en leurs Efcrits : fans y comprendre en ce nombre fufdit, plufieurs de fes parens & alliez, & mefmement de fes fervans ou domeftiques : Et outre ceux-là, plufieurs autres dignes perfonnages qui l'avoient cogneu ou fréquenté familierement, tant aux guerres qu'en fa maifon & autres lieux, & tant dès le temps de fa jeuneſſe, que lors qu'il eſtoit plus aagé : De tous leſquels je me ſuis enquis, & bien avant informé de ſa vie, & deportemens en toutes affaires, pour en eſcrire avecques plus d'aſſeurance.

J'ay pluſtoſt mis en avant (pour exemple de mon propos) le Seigneur de LANGEY, que pas-un des autres, dont j'ay eſcrit les vies : Et l'ay fait pour beaucoup de conſiderations, ſoit pour ce que c'eſt le premier, duquel j'ay eu deſir dès mes jeunes ans, d'eſcrire la vie & meurs, à cauſe qu'il eſt né au Maine, (ce que je prouve bien au diſcours de ſa vie, contre l'opinion toutesfois de pluſieurs doctes & ſçavans perſonnages, qui ont eſcrit qu'il eſtoit né en autres Dioceſes ou Eveſchez) que pour n'ignorer point combien vous aimez ceux qui ſont excellents aux lettres & aux armes : Au nombre deſquels ceſtuy-cy peut à bon droit tenir le premier ranc, comme auſſi le teſmoigne quelqu'un en ſon Epitaphe ou Sur-tombeau, qui eſt tel.

> *Cy giſt* LANGEY *, qui de plume & d'eſpée,*
> *A ſurmonté Ciceron, & Pompée.*

Mais laiſſant ce propos, je viendray à parler des autres œuvres que j'ay élabourées, (oultre les ſuſdictes) tant pour l'hiſtoire & ſes dépendances, que pour autres ſubjects, que j'ay eſtimez neceſſaires à un homme curieux de toutes choſes dignes de ſçavoir. En quoy j'ay à vous ſupplier très-humblement (Monſieur) de croire que je n'en feray pas recit, & ne les mettray pas en compte, pour faire encores plus qu'au-paravant entrer quelques-uns en admiration, ou pluſtoſt deffiance de moy, & de mes labeurs ou travaux continuz. Mais ſeulement pour ne vous celer rien de mes Œuvres & Entrepriſes, Eſcrits ou Compoſitions, deſquelles voicy les Noms ou Tiltres de quelques-unes, qui m'ont femblé refter au Catalogue dont j'ay cy-devant parlé.

LA SAGESSE MONDAINE, qui eft un Difcours, enfeignant les moyens, defquels il faut ufer pour fe gouverner & vivre paifiblement entre toutes fortes d'hommes : Et mefmes pour fe donner à garde des ruzes & tromperies des Abufeurs en toutes fortes d'Eftatz & Vocations.

PARADOXE, qu'il n'y a aucun, en ce bas Monde, plus heureux l'un que l'autre : Avecques la comparaifon des plus heureux, aux moins heureux ou infortunez, felon l'opinion des hommes : lefquelles chofes je deduiray for amplement, avecques plufieurs exemples memorables, qui ferviront de tefmoignage à ce propos.

Traicté des Songes ou Vifions de nuict, &c. Problefmes de diverfes fortes, dont les uns font veritables, les autres vrayfemblables, & les autres font recreatifs & facetieux.

Diverfes leçons, tant Latines que Françoifes, divifées en plufieurs livres, & de diverfes fortes ou façons d'efcrire. Car j'en ay dreffé les uns à l'imitation de quelques efcrivains modernes, comme de Turnebe, Victorius, Muret, Pithou, & autres Autheurs que je nommeray en temps & lieu : Les autres à la façon de Pierre Meffie, Anthoine du Verdier, Pierre Breflay, & autres femblables, tous lefquels fe font monftrez for doctes & très-diligens en telles recherches. Lefquels livres de diverfes leçons j'ay reduits par les fciences & felon les diverfes profeffions d'eftude, fçavoir eft, felon la Theologie, Jurifprudence, Medecine, Philofophie, Mathematiques, Poëfies, Hiftoire & les autres arts.

Recueil de Poëfie Latine & Françoife, departy en deux livres.

Oraifons

Oraiſons faictes en la louange des Arts & Sciences, ou autres diverſes profeſſions d'Eſtude.

Louanges des Eſtats des Nobles ou des dignitez affectées aux Gentilshommes & non à autres.

Louanges des Eſtats, ou Offices de Judicature, qu'aucuns appellent de robbe longue.

Louanges des honeſtes exercices, tant ſpirituels que cor‑porels.

En tous leſquels livres je traite des Privileges de chacun des ſuſdits Eſtats, Dignitez ou Offices, & des Ceremonies gar‑dées en iceux, tant à l'interrogatoire & inquiſition, qu'à l'inſ‑tallation ou reception de chacun, voire la façon de preſter le ſerment, & autres choſes neceſſaires de ſçavoir en tel cas : Et meſmement des fraiz ou deſpenſes qu'il faut faire, avant que prendre quelque degré ou licence, & premier que d'eſtre receu en l'adminiſtration d'iceux, & de la taxe faicte & adjugée pour cet effet, par Arreſts des Cours de Parlement.

Opuſcules faites d'autre façon & en autre ſorte que les ſuſ‑dites.

Epiſtres liminaires, tant Latines que Françoiſes : Qui eſt un Volume, contenant un Amaz ou Recollection des plus doctes Epiſtres, Prefaces & autres choſes ſemblables, miſes au devant des livres des plus ſçavans hommes & renommez en toutes ſortes de doctrines, & de bien parler : Leſquelles j'ay miſes par ordre & ſelon les diverſes matieres dont elles traicteront, pour ne rien meſloier.

Anagrammes ou Noms retournez des Doctes, Nobles, Ec‑cléſiaſtiques & autres perſonnes dignes de recommendation, leſ‑quels j'ay ſeparez ou diviſez en quatre livres, tant le nombre que j'en ay recueilly eſt grand.

1

Le Promptuaire des vifages des hommes dignes de perpétuelle memoire, divifé en plufieurs lieux.

Les Armes ou Armoiries, & Efcuffons des hommes Doctes, Nobles, Eccléfiaftiques, & d'autres Eftats, &c. divifez en plufieurs livres.

Les Teftamens & dernieres volontez des plus infignes perfonnages de France.

Divers habits ou accouftremens des anciens François ou Gaullois, tant des hommes que des femmes.

Traicté des Gemmes ou Pierres précieufes.

Traicté contre les Sorciers & Magiciens.

Paradoxe ou fentence debatue contre la commune opinion, auquel j'effaye de prouver qu'il n'y a rien aujourd'huy de nouveau au monde, & que toutes les chofes qui ont maintenant cours, ont efté en ufage auparavant, & cogneuës des Anciens.

Traicté de la Pierre Philofophale.

Je ne feray point mention des autres efcrits que j'ay entre les mains, aufquels je ne ceffe de travailler, & prendre peine de les parachever : Car j'auroy peur que celà tournaft pluftoft en rifée ou moquerie qu'autrement, principalement à l'endroit de ceux qui font couftumiers d'en ufer, defquels le nombre eft plus grand que je ne defirerois. Celà toutes-fois ne me fera pas perdre cœur, ny reboucher en fi belle carriere, mais au contraire, il me fervira d'efpr, pour m'avancer pluftoft au lieu où je defire tant parvenir.

Je diray encores un mot, pour ceux qui auroient opinion que j'euffe mis un fi grand nombre de Deffeins ou œuvres encommencez, en forme de Catalogue, pour couper chemin ou deftourner ceux-là d'efcrire, qui auroient entrepris de pareils fubjects que les miens : Mais j'ay à prier telles perſonnes, de l'aſſeurer & croire fermement que je l'ay pluſtoſt fait pour le deſir que j'ay de voir que ceux qui en ont eſcrit ou commencé de ſemblables, les mettent en lumiere, ou qu'ils m'en communiquent par lettres ou autrement, (ſi leur plaiſt de me faire ce bien) à fin que ſi je leur peux aider ou faire ſervice qui leur ſoit agreable, ils me recognoiſſent tel, que pluſieurs de mes Amis m'ont eſprouvé, lors qu'ils m'ont employé en telles affaires, en me declarant familierement quelles eſtoient leurs entrepriſes : Et tant s'en faut, qu'en me faiſant ouverture de leurs conceptions, ils ayent apperçeu que j'en aye eſté jaloux ou envieux tant ſoit peu, qu'au contraire ils m'ont cogneu par effect, combien j'eſtois deſireux, que ce qu'ils avoient encommencé ſe parachevaſt, & qu'ils le fiſſent imprimer. Et en ce cas je ne les ay jamais refuſez de choſe quelconque, dont ils m'ayent requis, (ſi elle a eſté en ma puiſſance.) S'il eſtoit beſoin en cecy d'uſer de preuve, j'en nommerois pluſieurs (deſquels je tay les noms en cet endroit) qui me ſerviroient pour teſmoigner mon dire, auſquels je me ſuis monſtré tellement liberal, & ſi entier amy, que je leur ay envoyé le Catalogue des Autheurs qui faiſoient mention des choſes dont ils vouloient traicter : Et outre celà, je leur ay preſté les Livres ou Memoires qui leur eſtoient neceſſaires pour cet affaire, tant imprimez qu'eſcrits à la main : Voire je leur ay donné advertiſſement (ſelon qu'ils m'en requeroient) de l'ordre qui eſtoit requis de garder en la facture de leurs ouvrages. Je ne dy pas cecy par reproche, ou pour mettre en avant les courtoiſies deſquelles j'ay uſé à l'endroict de ceux qui m'ont recherché : mais ſeulement je l'ay dict, pour monſtrer que je ſuis plus preſt d'ayder que d'eſconduire ou refuſer ceux-là qui auroient recours à moy en telles choſes, à tous leſquels j'ad-

vouëray toufiours librement d'eftre leur inférieur, & moins fuffifant en toutes fortes, tant j'ay peu d'opinion de moy, & que
je fuis exempt du vice que nous appellons Amour de foy-
mefme.

Je ne fay point de doute (Monfieur) que plufieurs ayans ouy
faire recit de tant d'œuvres ou compofitions (defquelles j'ay fait
mention en ce Difcours) ne defirent auffi bien que mes Amis,
aufquels je l'envoyeray, de les voir bien toft imprimées. Mais
en cecy, j'ay à les advertir que je fuis autant ou plus defireux
qu'ils ne font, que celà fe face au pluftoft qu'il me fera poffible,
voire dès à prefent, s'il eftoit en ma puiffance de l'executer
avecques ma volonté.

Toutefois je ne le peux faire commodément, jufques à ce
que je fois à Paris, auquel lieu j'efpere bien toft m'acheminer
pour y faire un long féjour, tant pour jouir de la prefence des
plus doctes hommes de l'Europe, qui y font leur demeure, que
pour eftre en lieu propre, pour faire imprimer mes Œuvres, &
avoir toutes fortes de livres qui viennent de toutes pars en icelle
ville, & encores pour la commodité que je pretens avoir de
pouvoir refcrire, & recevoir lettres de tous mes amis, qui font
ès Villes & Univerfitez de France, dont Paris eft la premiere,
& prefque fituée au milieu de toutes les autres.

Sur ce point, je veux bien advertir ceux qui liront ce mien
Difcours ou qui en oiront parler, que je ne fuis pas d'opinion
de mettre en lumiere les grans Volumes & Memoires entiers
des chofes dont j'ay parlé cy-deffus, qu'après en avoir fait imprimer les Epitomes ou abregez de chacun d'iceux: tant pour
remplir tout à mon aife ce qui pourroit y defailly, que pour ne
precipiter des chofes de telle conféquence, comme font celles
que je me propofe de traiter efdits Volumes, eftans accomplis.

Joint que je pourray eftre fecouru en tel cas de plufieurs, qui feront advertis de mes Deffeins & conceptions, defquels je ne pouvois auparavant eftre aidé, ny recevoir telle faveur, (comme j'efpere l'acquerir par tous bons offices & devoirs d'Amy) n'ayant point encores declaré, jufques à maintenant, quelle eftoit mon intention, & quelles chofes j'avois entreprifes de traicter en mes Œuvres.

Après un fi grand nombre de promeffes faites par moy, & entre tant de volumes dont j'ay parlé cy-deffus, j'ay crainte de declarer encores, (& auffi ne le peux-je faire fans hazarder beaucoup mon honneur, à l'endroict de quelques-uns de mauvaife façon, & pluftoft nez pour médire ou détracter d'autruy, qu'à juger des chofes felon la verité) combien j'ay efcrit d'autres Memoires, Livres ou Recueils de toutes fortes d'affaires ou maniements, & de chofes qui m'ont femblé dignes d'un homme de libre vacation, comme je fuis : Defquels efcrits je ne feray point mention pour cette heure, me refervant à en efcrire plus amplement ès Annotations ou Commentaires, que je preten faire & publier en brief fur ce Difcours : Efquels je fuis refouls de me licentier de telle forte, que je declareray tout au long, & avec la plus grande facilité dont je pourray ufer, les chofes que je ne dy en cet endroit, que comme à demy, & peut eftre avecques trop grande obfcurité, principalement pour l'égard de ceux qui ne m'ont ouy devifer familierement de tels Deffeins & entreprifes : enfemble des Ouvrages que j'ay encommencez pour rendre une Bibliotheque parfaicte, & accomplie en toutes chofes requifes, à un qui fait entiere profeffion des Arts & Sciences, & fur-tout de l'Hiftoire, qui eft mon principal but, & auquel j'ay de tout temps afpiré.

Si je n'ay ufé en ce Difcours de motz plus propres, & parlé

en termes plus elegants ou correctz , ou bien encores fi je ne
l'ay tyffu d'autre façon , que ceux qui me cognoiffent affez , s'y
attendoient , je vous fupply très-humblement (Monfieur) d'ex-
cufer le vice ou imperfection , qui eft telle en moy (à mon très-
grand regret) de ne me pouvoir fi heureufement expliquer ou
faire entendre mes conceptions par efcrits , comme je le pourrois bien mieux faire de vive voix , & en difcourant familierement avecques ceux qui me feroient cet honneur que de m'ouyr
parler , ou traicter de cette affaire en toute liberté : Ce que
pourront bien affeurer tous ceux avecques lefquels je converfe
ordinairement , & communique en toute privauté.

Je dy cecy , non pas pour avoir jamais eu occafion de vous
celer rien lors qu'il vous a pleu m'honorer tant , que de me vifiter par plufieurs fois , foit par lettres ou autrement : Mais pour
ce que voz affaires vous détournoient autre part , & que je ne
vous en ay point tant dit , comme j'efpere vous en difcourir plus
au long en autre lieu.

Changeant quelque peu de propos , & pour fatisfaire , s'il
m'eft poffible , à quelques-uns de difficile croyance , je main-
tiendray encores que je n'ay rien dit , ou racompté cy-deffus ,
qui ne foit veritable , ayant fait mention de tant de Livres ou
Volumes par moy entrepris , & pour la plus grande part achevez (graces à Dieu , auquel j'en remets toute la gloire & honneur , fi aucun m'en eft attribué) mais au contraire il fe trouvera
toufiours (fi on veut prendre la peine de s'en informer , ou en-
querir plus avant) que j'ay moins promis que tenu de promeffe :
Soit que l'on aye égard au nombre de mes Volumes ou Memoires , ou que l'on recherche en particulier la compofition &
facture de chacun Ouvrage cy-deffus mentionné.

Paffant plus outre , je ne craindray point de dire que le nombre de mes Memoires ou Recueils eſt tel, que tant s'en faut, que ceux qui n'auroient employé qu'une journée à les voir, peuſſent diſcourir ou faire entier rapport de tout le contenu en iceux, que meſmes ils n'auroient pas aſſez de temps, en quinze jours, voire en un mois, pour faire entiere lecture de la ſeule inſcription des chapitres ou lieux communs, & cayers contenuz en chacun livre deſdicts Volumes ou Memoires : Ce que je ne dy pas pour m'en authoriſer davantage, mais ſelon que la verité du fait me convie de le dire.

Or eſt-il, que je ſeroy bien marry d'entendre que quelques-uns interpretaſſent ou definiſſent ce nombre de Volumes (deſquels j'ay tant parlé cy-deſſus) à la façon de Hierome Cardan, Medecin Milanois, lequel faiſant mention en quelque ſien œuvre, de 36 mille Volumes, (que pluſieurs Autheurs Grecs maintiennent avoir eſté jadis compoſez par MERCURE TRISMEGISTE) ne ſe peut perſuader qu'il ſoit ainſi : & ſouſtient qu'il fault pluſtoſt entendre pour les 36 mille Volumes, trente-ſix mille vers ou carmes. Mais il monſtre bien en celà qu'il n'a pas leu (ou s'il l'a leu, il n'en a rien dit,) que les Egyptiens luy dedierent, & mirent en ſon nom, tous les livres qu'ils compoſoient, le diſant Inventeur de toutes choſes, Prince & Autheur de Sapience & Eloquence : Ou bien ne s'eſt pas ſouvenu que ce mot de Volume (ſelon les anciens,) ne s'entend pas comme nous le prenons aujourd'huy : Car ils appelloient pour lors un Volume ou Rolleau, ce qui pourroit maintenant eſtre eſcrit en un cayer ou chapitre d'un livre, à cauſe de la commodité du papier que nous avons maintenant, laquelle leur eſtoit incognuë : J'ay parlé de cecy autre-part, c'eſt pourquoy je ne m'arreſteray point davantage ſur ce propos.

J'aurois encores plus grande occaſion de me faſcher, s'il ad-

venoit que ceux-là qui liront ou auront ouy parler d'un fi grand
nombre de mes Efcrits (lefquels j'ay reduicts par Volumes)
euffent cette opinion de moy, que je miffe tout exprès ce Difcours en lumiere, pour reffembler ou tenir quelque chofe du
naturel de ceux-là, qui ont autre-fois efté repris & accufez (je
ne diray pas fi ç'a efté à bon droit ou fans occafion) d'avoir fe-
mé quelques cayers ou fragmens, & imperfections de leurs livres, faifant mention de l'Hiftoire de France, des Vies des
Hommes Illuftres, des Difcours fur la Republique des François
ou Gaulois, & autres chofes femblables, entreprifes par iceux,
defquelles on voyoit feulement quelques cayers ou chapitres envoyez à leurs amis, ou efpars çà & là, pour eftre veuz & s'acquerir un renom. Defquelles manieres de faire fe font ris &
moquez par efcrits, deux grands perfonnages de France, fçavoir eft Adrian Turnebe, & Joachim du Bellay : dont le dernier
a mis en lumiere une fienne traduction en vers François, prife
& imitée des vers Latins, que ledit Turnebe avoit au paravant
fait imprimer, laquelle il a intitulée, *Du nouveau moyen de faire
fon profit de l'eftude des Lettres*, &c. Je fçay bien toutesfois (encores qu'ils ayent deguifé les noms de ceux contre lefquels ils
efcrivent) de quels perfonnages ils entendoient parler, & fi ce
qui leur mettent à fus, eft veritable ou non : mais je n'en diray
rien pour le prefent, me refervant à en efcrire autre-part.

Je diray donques (en pourfuivant mon propos) que pour eviter un tel renom, je fuis contraint d'efclarcir ce paffage & de
donner à cognoiftre que chacun Volume dont j'enten parler, eft
de la longueur & un peu plus large que le papier que l'on appelle communement de Troye en Champagne, duquel on ufe en
la Chambre des Comptes à Paris & en autres lieux, ou bien du
fin papier d'Auvergne contrefait fur celuy de Venife, qui eft
fait

fait de coton, duquel je me fers ordinairement : Et quant à la
groffeur ou efpoiffeur d'iceux volumes, elle eft quelques-fois de
demy pied de Roy, (parlant icy felon les mefures de France.)
Les uns font de 3 ou 4 doigts, & les autres moindres, en groffeur feulement : car la longueur & largeur de chacun d'iceux eft
pareille : Tellement que les cent rempliffent un Buffet ou cabinet, ayant environ de fept pieds de hauteur, & plus de trois de
largeur, contenant douze piles de Volumes, reduites en douze
layettes ou feparations : De laquelle forte de Volumes ou Memoires efcrits à la main, tant de mon invention & efcriture
qu'autrement, j'en ay plus de fept cens aujourd'huy : Et ay
bonne efperance de multiplier encores ce nombre à l'advenir,
(avecques l'aide de Dieu tout-puiffant) comme j'ay fait depuis
quelques ans en ça.

Je vous retien pour eftre trop long-temps à la lecture de ce
Difcours (Monfieur) mais je vous fupplie bien humblement de
ne le trouver mauvais ains de me permettre s'il vous plaift de
dire, que je ne fay point de doute que plufieurs ne fe rient, de
voir que j'ay promis de mettre tant d'œuvres en lumiere de ma
façon : qui eft bien loing de le trouver bon, & de m'encourager
de les pourfuivre, s'ils ne font achevez : Mais ce qui me fait
peu foucier de tel genre d'hommes, fi prompts à juger, c'eft
l'experience qui m'eft par trop cogneuë, que cela eft tout commun à ceux qui entreprennent de grandes chofes, & difficiles à
parachever, (je ne diray pas impoffibles, car ce que j'entre-
prends eft faifible, voire bien aifé à ceux qui l'ont projecté de la
façon que j'ay fait) d'eftre calomniez, peu prifez & moquez de
ceux là qui ne s'oferoient vanter d'en pouvoir autant faire, &
qui ne pourroient auffi l'executer, s'ils l'avoient entrepris (je
parle ici pour les calomniateurs feulement & non d'autres, car

je refpecte toufiours les bien advifez, qui n'ont garde de s'oublier en telle façon:) Et qui outre leur impuiffance, font extremement jaloux de voir reluire en ceux qu'ils penfent rabaiffer par leur medifance, ce qui les fait obfcurcir, & tenir en tenebres: ou bien fi ce n'eft d'envie qu'ils le facent, c'eft par faute de bon & fain jugement: qui n'eft pas une moindre imperfection que l'autre.

Et s'il m'eft permis en cecy de croiftre mon Difcours d'un exemple fervant à ce propos, (lequel eft des plus remarquez qui fe treuve de noftre âge.)

Je diray que Chreftofle Colom Genevois, a efté l'un des premiers qui a defcouvert ou donné cognoiffance des Terres, que nous appellons aujourd'huy le Nouveau Monde, ou la quatriefme partie de la Terre habitable: Et toutes-fois nous lifons qu'il fut fept ou huit ans auparavant que de pouvoir perfuader aux Rois, Princes, & autres de fon temps, que les chofes fuffent ainfi comme nous les avons depuis cogneües eftre vrayes, au grand efbahiffement de tous les Doctes & fçavants hommes du Monde. Or eft-il que ce que j'ay entrepris n'eft pas de telle defiance, ne fi difficile à croire, comme ce qu'il promettoit monftrer par fa fcience ou induftrie, ou par livres qu'il avoit euz de ceux qui y avoient des-ja voyagé, (comme l'affeurent aucuns.) Car tout ce que j'allegue ou recite en ce mien Difcours, je le peux monftrer à l'œil, & fans aller autre-part qu'en mon Eftude ou Bibliotheque: Mais quant à luy, il eftoit bien eflongné des chofes qu'il promettoit de faire voir par experience, (fi l'on y vouloit faire voyage,) & n'en pouvoit luy-mefme affeurer que par conjectures, ou pour fe fier aux Efcrits d'un qu'il croyoit y avoir ja efté, n'y ayant point encores voyagé ledit Colom, lors qu'il maintenoit fes propos eftre veritables. Toutefois il fervit

de rifée (pour un temps) à ceux aufquels il parloit de telles
chofes, qui leur fembloient ne fe pouvoir faire : mais en fin il
s'eft acquis un renom qui durera autant long-temps que les hommes feront vivans & habitans en la terre.

Je penfe avoir fatisfait aux deux principaux poincts, defquels
j'avois promis de parler, touchant mes Efcrits pour la France &
l'Univers : Il me refte maintenant de paffer outre, pour donner
à entendre, quel ordre j'ay gardé à la pourfuitte de mon entier
Deffein : Et fi je le voulois declarer auffi amplement, comme il
feroit bien requis, je ferois par trop long, & paradventure plus
ennuyeux que je ne defire : De façon que, pour eviter toute
prolixité, je me referveray à efclarcir celà, & le difcourir plus
entierement dans un livre que je me propofe de mettre bien toft
fur la preffe, (s'il ne me furvient quelque empefchement par
trop grand qui m'en detourne) lequel j'ay nommé LE MICRO-
COSME, ou Petit Monde, qui eft comme un Epitome ou Abregé,
contenant fommairement tout, ou la plus grande partie de ce
que j'ay efcrit, & de ce que je veux encore efcrire, touchant
les chofes qui appartiennent à l'Homme, & à la cognoiffance de
toutes affaires mondaines, foit pour l'Hiftoire & autres cas
dignes d'eftre fceuz.

Mais avant que de venir à parler de l'homme & de fes parties, j'ay penfé qu'il eftoit neceffaire, (pour bien parachever
mon entreprife) de commencer cet Œuvre par fon Createur :
Et pour cet effet, j'ay dreffé des Memoires, lefquels j'ay feparez
en trois divers Volumes, traitant de DIEU tout-puiffant, de
JESUS-CHRIST fon Fils, & du Sainct ESPRIT, qui font trois,
& tous trois ne font qu'un.

J'ay defia pourfuivy bien avant un fi fainct Ouvrage, & recueilly de toutes parts, ce qui fe peut dire, croire, & trouver

par efcrit, en toutes fortes d'Autheurs, Antiques & Modernes, Chreftiens & autres: Et diray encores que je n'ay voulu, ou peu faire autrement, que je n'aye commencé mon entreprinfe au nom treffainct d'une tant facrée Trinité, où repofe tout mon appuy & confiance, & fans la grace ou faveur de laquelle je ne veux & ne peux rien entreprendre.

Or eftant venu là, que de parler de Dieu, j'y finiray mon Difcours, comme auffi je defire de finir en luy, & mes jours, & ma vie, non fans luy faire très-humble & devotte fupplication, de vous donner un tel heur, que je me le defire pour moy-mefme. Efcrit au Maine, ce 27 jour de Novembre en l'an de falut 1579.

F I N.

SONNETS DE MONSIEUR LE GRAS,

Advocat au Parlement de Roüen, &c. envoyez au Seigneur de la Croix du Maine, l'an 1582, en Janvier, touchant le discours de ses œuvres.

*A**YANT** leu ton D**ISCOURS**, où tant asseurément,*
*Tu promets de **LA** **FRANCE**, à la France merveille.*
*Nous sommes (DE **LA** **CROIX**) comme un qui se réveille,*
Tout ravy d'avoir veu, ce qu'il a veu dormant :

Nous sommes de merveille épris, non autrement
Que celuy qui ne sçait au vray s'il dort ou veille,
Quand contre son espoir, luy bat l'œil ou l'oreille,
Chose qui monstrueuse, arrive rarement.

En tel ravissement, ta promesse nous plonge,
Qu'à part-nous, hors de nous, nous disons c'est un songe :
Tant difficile à croire, est ce que tu promets.

Encores craignons-nous, si à l'honneur & gloire,
De la France en effet ta promesse tu mets,
Qu'à peine nous puissions, si grand prodige croire.

AUTRE SONNET, PAR LE MESME AUTHEUR,
sur les desseins dudit Sieur de la Croix.

*C'**EST** tousiours une loy, ferme & inviolable,*
Que la voix de Nature enseigne à noz esprits,
Que le moindre au plus grand peult bien estre compris,
Et que non du plus grand le moindre soit capable.

Mais (docte DE LA CROIX) qu'un sçavoir admirable
D'un admirable esprit, en si jeune âge apris,
Rend les plus admirez de grand merveille épris :
Tu montres cette loy, non tousiours veritable.

Car lors que ton cerveau (bien qu'il ne soit si grand
Que tout cet Univers) tout l'Univers comprend,
Et tous les œuvres grands qu'enclost sa largeur ronde.

Est-ce pas le plus grand, dans le moindre enfermer ?
Il faut qu'il soit ainsi, ou plus tost estimer,
Que tu as le cerveau, plus grand que tout le Monde.

*ODE sur la Bibliotheque & autres Escripts du Sieur
DE LA CROIS, tirée de l'Anagramme du nom d'icelui,
qui est* FRANÇOIS DE LA CROIS, *Anagramme.*

ESCRIS D'OR IL FAÇONA.

L'ON peut, à ce que je crois,
Mon très-docte DE LA CROIS,
Dire de la fourmiliere
Des Autheurs, qui en lumiere
Nous font sortir tous les jours,
Tant de livres, & discours,
Ce qu'en sa Metamorphose
Le doux Ovide propose
Des quatre Ages, qui divers
Ont regné par l'Univers.

L'un d'une plume honorée,
Nous fait une œuvre dorée
    L'un moins docte, & diligent,
Baftit un livre d'argent.
    L'un qui quelque renom emble,
Faict un volume qui femble,
(Pour n'eftre docte, & ferain)
A la palleur de l'airain.
    Bref l'un qui dans fa poictrine
N'a ny fçavoir ny doctrine,
Pour bien un œuvre eftoffer,
Nous forge un livre de fer,
Dont la roüille mefprifée
Sert à chacun de rifée.
    Mais tes Efcripts, mon LA CROIS,
Qui celebrent noz grands Rois,
Et ne permettent qu'efteinte
Tombe la memoire fainte
De tant d'Efcrivains fçavants
Jadis en France vivants,
Sont dorez, voire ont un luftre,
Qui plus que l'or eft illuftre.
    Or le grand Pere des cieux
T'a d'un don fi precieux
Honoré dès ton enfance,
T'en donnant bien affeurance
Dans ton beau nom & furnom,
Riche de très-grand renom.
    Car le tournant lettre à lettre,
Pour en evidence mettre

Le deſtin qu'il t'a donné,
Sur le point que tu es né,
Je voy qu'il a honnorée
D'une plume bien dorée
Ton ame, & ta main encor,
Pour tracer des livres d'or.

    Parquoy la race future,
Se paiſſant de la lecture
De tes ſublimes Eſcrits,
Deſquels nous ſommes eſpris,
Dira de toy, (car l'envie
Qui, pendant qu'il eſt en vie,
Suit de ſon pied tortueux
L'homme docte & vertueux,
Ne ſera point empeſchante,
Que ton los elle ne chante)
Qui ces livres maçonna,
ESCRIS D'OR IL FAÇONNA.

ANDRÉ DE ROSSANT.

ART DONNÉ DES ARTS.

S O N N E T S.

IN BIBLIOTHECAM FRANCISCI
A CRUCE-COENOMANA.

Quis novus hîc variis redit alter Ulyſſeus oris,
  Undique congeſtæ, cui revehuntur opes ?
Scilicet Iliacæ non ſunt hæc præmia gazæ,
  Raptori rapuit quas maris unda ſuo,

Fallor ?

Fallor? an Alcinoi funt hæc Phæacia dona,
  Quanta nec incolumis Troade nauta ferat?
Hi veri tripodes, fulvóque ex ære lebetes.
  Alter quos Ithacus (DE CRUCE docte) refers.
Nympharum, peregrè rediens, hos abdis in antrum:
  Nam Nympharum antrum Bibliotheca tua eft.

IN EAMDEM.

Non libraria, quod videtur, hæc eft,
Indigefta librûm, rudífque moles:
Eft Libraria fed Librariarum:
Vel Thefaurus opum reconditarum,
In quo repperias labore nullo,
Per certos titulos, notáfque certas,
Rerum quicquid & artium bonarum eft.

JOANNES AURATUS, Poëta Regius.

DE GALLICA NOBILISS. ET DOCTISS. D.
DE LA CROIX BIBLIOTHECA, JOANNIS CAURRÆI Moreliani Carmen.

JUPPITER effe probat fe divûm hominumque Monarcham,
  E fuperis ad fe quòd trahat ima Polis:
Vos, ait ille, traham, fed veftrûm non trahar ulli,
  O Dij terricolæ: Juppiter ergò Deus.
Sic Jove major eris, Jovis aut affinis habendus
  DE CRUCE, Rex celfo conftituende Polo.

Namque ut Phœbicolas, tot ab Orci fauce, reducas,
    Quos sacra Calliope jusserat esse Deos,
Non modò per flavas Cereris spatiaris aristas
    Ad Cereris generum, sed properare juvat.
Fallor ego, residens Gallorum in finibus omnes
    Phœbicolas Gallis tu rediisse jubes.
Nec tibi fune opus est, quo Juppiter attrahit imos,
    Eloquii allectas melle fluente tui.
Dùm trahis hos, nusquàm traheris, quia temporis hæres
    Est Pluto, æternus tempore major ovas.

S O N N E T.

Le haut Roy Jupp'ter, pour son pouvoir d'attraire
    Dans son palais Astré, tous les terrestres Dieux,
    Exalte sur tous eux ses lauriers glorieux,
    Et se vante sur eux comme Monarque & Pere.
De la Croix, si j'estois le Parangon d'Homere,
    Ma bouche te diroit Roy de ce Roy des Cieux.
    Car tu tires plus fort, du lac oblivieux
    Ce grand camp d'Apollon qui gîsoit soubs la biere.
Ainsi que Juppiter tu n'uses de cordeau,
    Ains le miel distillant de ton docte cerveau
    Ces enterrez retire au climat de la France.
Ce sont d'Hercul' Gaulois les chenons eloquents,
    Qui de ce camp François te font le guide-dance,
    Pour eux & toy sauver de la lime des ans.

                         Jean des Caurres de Morœul.

SONNET à Monſieur DE LA CROIX-DU-MAINE.

Dᴇ ʟᴀ Cʀᴏɪx, *je me plais & deplais à la fois.*
  Je me plais, pour avoir de toy la cognoiſſance,
  Je me deplais auſſi pour n'avoir jouiſſance
  De tant de biens d'eſprit, que nous depart ta voix.

Je m'eſiouys pourtant, qu'à la cour de nos Rois,
  Phebus & ſa neufveine entrent en bienveillance :
  Encor ſuis-je faſché, de quoy leur eſpérance
  S'y retranche au reveil des troubles, que tu vois.

Et bien que ces neuf ſeurs ſe monſtrent toutes nuës,
  Si eſt-ce que leur chœur a de plus beaux threſors,
  Que les plus grands amas des richeſſes connues,

Ny que les grands Ceſars, ny que les gros Milors.
  Mais je dy plus de toy : car ſi tu continues,
  Ton renom volera meſme par ſus les nues.

Paſchal Robin, ſieur du Faux en Anjou.

SONNET *de* Jᴜʟɪᴇɴ ᴅᴜ Tʜɪᴇʀ, *Gentilhomme du Maine, neveu de Monſieur de Beauregard, Secretaire d'Eſtat, &c. envoyé à François de la Croix-du-Maine, ſieur dudit lieu, & de la Vieille-Cour, lors qu'il eſtoit au Mans.*

Lᴇ Noble empanaché, le ſainct troupeau d'Egliſe,
  Le grave Philoſophe, & ſubtil Orateur,
  Le Peintre perſpectif, & cil qui non flateur
  Par un fardé diſcours l'hiſtoire ne deguiſe :

n ij

Du Poëte facré , la docte gaillardife
  Et le rare Artifan , d'ouvrages inventeur
  Voire quiconque foit, des vertus amateur
  T'admire (DE LA CROIX) t'honore & fi te prife.
Chacun tant foit-il grand, defire te cognoiftre,
  Pour l'admiration qu'en toy l'on voit paroiftre.
  L'eftranger par fes vers à ton nom donne bruit,
Les FRANÇOIS de ton lós font enfler leur hiftoire.
  Noftre Age & ta Cité , de ton honneur font gloire,
  Et tous d'un appetit s'attendent à ton fruit.

AD DÆDALAM DOMINI DE LA CROIX,
Varronis Gallici Bibliothecam Gallicam Epigramma.

Hᴁc tibi fixa Crucis non funt fine numine divûm
  Nomina, Letbæos non aditura lacus.
In Cruce parta homini preciofo fanguine vita eft,
  Quem Chriftus, foboles fudit amica Dei :
Sic tua CRUX centum Daphnæis aucta viretis,
  Et vitam, & vitæ flumina viva parit.
Innumeri muta proceres fub nocte jacebant,
  Quos facili luerat Pegafis unda modo :
Tu tibi Pegafiæ, CRUCEE, ô bene confciùs undæ,
  Confocios, Phœbi caftra, jacere doles.
Caftra jacère doles Phœbique, tuofque fodales,
  Et Clario redimis caftra fepulta lacu.
Hìnc gravis ille tuæ Crucis eft cruciatus, ut illos
  Hac Cruce tu folvas, queis tua vita redux.

Illa tuam fic caftra Crucem agnoviffe parentem,
  Téque fuum difcant nofcere ritè patrem.
Cùm verò tua Crux Francam tot reddat in oram,
  Plumbeus eft, fulvam hanc qui neget effe Crucem.

Janus Edoardus du Monin.

SONNET du mefme Autheur, au Sieur DE LA CROIX-DU-MAINE.

JE fuis Arbitre ou Juge, en un procès pendant
  Au parlement des feurs Concierges de Parnaffe,
  Tu es du different le fubject mis en place,
  La Terre eft demandante & le ciel défendant.
Elle dit, que de toy fon eftre eft dépendant,
  Comme du Chancelier des tiltres de fa race.
  Le ciel montre LA CROIX ta mere fur fa face,
  Aux quatre gons mondains, fes quatre arcs debandant.
Or s'il faut qu'à droit fil, la caufe je retiffe,
  Le Ciel par mon arreft en payera l'Efpice :
  Car le Ciel orgueillift fon beau front de ta Croix :
Ne te rendant au ciel, tu rends le ciel à terre.
  Faifant rentrer en jeu du vieil Chaos la guerre :
  Vole donq non terrain, fur les celeftes toicts.

A Monſieur DE LA CROIX-DU-MAINE, ſur
ſa Bibliotheque.

S O N N E T.

Par HIEROSME D'AVOST, de Laval.

Peuet eſtre on me voudra de menſonge taxer,
(De la Croix,) ſi je dy, qu'en la fleur de voſtre âge,
Heureux, vous avez eu ſur les vieux l'avantage,
Ayant effectué ce qu'ils n'ont ſçeu penſer.

    Vraîment je ſuis menteur, je le veux confeſſer,
Et cognoy qu'indiſcret, j'ay mis ma foy en gage,
Tentant (mais bien en vain) d'eſcrire en cette page
Ce que tous les eſcrits du monde on voit paſſer.

    Le miracle eſt ſi grand, que l'on ne le peut croire,
Mais celà (DE LA CROIX) redouble voſtre gloire,
Car l'homme ne peut pas, comme homme imaginer

    Ce que vous, tout divin, luy faites apparoiſtre :
S'il ſe veult exempter de plus y ruminer,
Vous aille voir, & lors il le pourra cognoiſtre.

                  DE MUERTE VIDA.

*Au Sieur DE LA CROIX-DU-MAINE, Sonnet par
le Sieur DU BREIL.*

Empongne ta Cythare, alme Latonien,
Et vous jumelles ſœurs, apprenez à bien dire,
Icy pour revenger & Maſye & Thamyre,
De la Croix vous r'appelle au combat ancien.

Que feras-tu Phœbus mieux que le Thracien ?
Cettuy-cy en joüant rocs & chefne attire.
Mufes que ferez-vous , fi vous avez du pire ,
La Croix de voftre honneur enrichira le fien.
  Doncques fi tu m'en crois ô grand Dieu de Pathare ,
Sans joufte avec honneur quitte luy ta Cythare ,
Que tu perdrois honteux contre fi bon fonneur.
  Et vous docte troupeau , fi voftre voix guerriere
Trop foible en ce combat , eft plus forte en priere ,
Rachetez fans combattre humblement voftre honneur.

A MONSIEUR DE LA CROIX.

S O N N E T.

Que n'ai-je la faveur de la mufe amiable ,
  Pour façonner un vers bravement compaffé ?
  Que n'ay-je le fçavoir de ceux du temps paffé ,
  Dont on verra l'honneur à tout jamais durable ?
Que n'ay-je à mon vouloir un efprit tout femblable ?
  Que ne m'a le deftin ce bon-heur pourchaffé ?
  En cent mille papiers j'euffe desja tracé
  De tes perfections la loüange admirable.
Ton efprit clair-voyant , & ton bon jugement
  Me fourniroient affez matiere & argument ,
  Mais par fur tout ta grace à la France defcrire.
Je trouverois en toy mille & mille raifons ,
  Dont je pourrois encor embellir mes chanfons ,
  Si j'euffe été doüé du fçavoir de bien dire.

Autre S o n n e t du mesme Autheur.

Je veux importuner à ce coup les neuf sœurs,
  Et voire Apollon mesme, afin que je te face
  Un present (mon LA CROIX *) qui ressente leur grace,*
  Et qui soit esmaillé de leurs plus riches fleurs.
Eslargissez moy donc vos divines faveurs,
  O Phœbus, ô trouppeau qui errez sur Parnasse,
  Et toy douce Clion, qui jamais ne fus lasse
  De m'avoir peint ces vers des plus braves couleurs.
C'est icy que je chante à la race Françoise,
  Le beau nom DE LA CROIX *, qui de façon Gregeoise*
  A du los des François un bel œuvre entrepris.
Voire tel que si Dieu par sa bonté suprême
  Daigne favoriser & luy & ses escrits,
  Des merveilles sera à bon droit la huictiesme.

Honoré du Teil Provençal.

TABLE RAISONNÉE

TABLE RAISONNÉE

PÈRES DE L'ÉGLISE.

ÉGLISE, DISCIPLINE, LITURGIE.

TRAITÉS ET INSTRUCTIONS SUR LA RELIGION.

MORALE CHRÉTIENNE ET LIVRES ASCÉTIQUES.

CONTROVERSISTES, ORTHODOXES ET HÉTÉRODOXES.

ARTICLE II.

JURISPRUDENCE CANONIQUE ET CIVILE.

ARTICLE III.

SCIENCES ET ARTS.

PHILOSOPHIE, MORALE.

POLITIQUE.

MÉDECINE ET CHIRURGIE.

ANATOMIE ET CHIRURGIE.

ARTICLE IV.

HISTOIRE NATURELLE, PHYSIQUE SPÉCULATIVE ET PRATIQUE.

PHYSIQUE SPÉCULATIVE.

PHYSIQUE PRATIQUE ET BEAUX ARTS.

ARTICLE V.

HISTOIRE.

COSMOGRAPHIE ET CHRONOLOGIE.

HISTOIRE ECCLÉSIASTIQUE.

HISTOIRE GRECQUE ET ROMAINE.

HISTOIRE DE FRANCE.

France, par du Haillan, & Histoire de France du même, 72

Histoire de France & d'Allemagne, par Jean Sleïdan, 589

HISTOIRE DES ROIS DE FRANCE.

La Vie de Charles Magne, par Eginhart, traduite du Latin, 171

Du déclin de la maison de Charles Magne, 138

Histoire de S. Louis, par le Sire de Joinville, 523

Vie du Roi S. Louis IX, par Geoffroi de Beaulieu, *Manuscrit.* 272

Histoire de Ville-Hardouin en François plus intelligible, 87

Histoire de France de Monstrelet, 175

Mémoires concernant le gouvernement du Royaume de France, du tems de Charles VI, 428

Histoire de Charles VII, par Alain Chartier, 11

Chronique du Roi Louis XI, vulgairement dite scandaleuse, par Jean de Troye, 599

Voyage de Naples de Charles VIII, ou Journal par André de la Vigne, 22

Les Chroniques de Louis XII, par Jean d'Anton, 484

Louange du Roi Louis XII, & Histoire singulière de ce Prince, 152

Les Gestes de François I de Valois, Roi de France, en vers Latins, traduits en prose Françoise, 179

Belli inter Franciscum Galliæ Regem & Carolum V, Imperatorem, anno 1542

inchoati, Historia apologo expressa. 500

Commentaires des dernières guerres du Roi Henri II & de l'Empereur Charles V, 232

Relation du voyage du Roi Henri II aux Pays-Bas, & du Siége de Metz par Charles V, 81

Oracles sur les destinées des trois illustres Valois de France, 147

Histoire ou Abrégé de la vie de Charles IX, par Arnoult Sorbin, 58

Recueil des troubles advenus en France, sous François II & Charles IX, 521

Dissuasion de la paix fourrée, adhortation au peuple de France : Déploration de la mort du Roi Charles IX, 396

L'Adrien de France au Roi de Pologne, & l'Adrien de Pologne au Roi de France, 130

Réjouissance sur la France désolée, pour l'heureux & desiré retour de très-Chrétien Roi de France & de Pologne Henri III, 70

Prognostication sur le Mariage de Henri Roi de Navarre & de Marguerite de France, 72

Apologie pour Henri IV, par Catherine de Parthenay, 100

HISTOIRE DES PROVINCES ET VILLES DE FRANCE.

Fleurs des Antiquités & singularités de la noble & triomphante Ville & Cité de Paris, 289

Antiquitates Burgundiæ. 447

Annales & Chroniques de Bourgogne, 336

Description de la Ville de Dijon, par Edoard Bredin, 169

Recherches & Antiquités de la Ville de Langres, par Jean Roussat, *Ma-*

MÉLANGES

MÉLANGES DE L'HISTOIRE DE FRANCE.

HISTOIRE DES DIFFÉRENS ÉTATS DE L'EUROPE.

HISTOIRES DE L'ASIE, AFRIQUE ET AMÉRIQUE.

MÉLANGES HISTORIQUES.

GÉNÉALOGIES ET ART HÉRALDIQUE.

ARTICLE VI.

GRAMMAIRE.

EPITRES, DIALOGUES, ALLÉGORIES, &c.

ROMANS ET FABLIAUX.

POETES PROVENÇAUX ET ITALIENS, ET ANCIENS POETES FRANÇOIS.

POEMES, ET AUTRES PIECES DE POESIES FRANÇOISES.

TRAGÉDIES, COMÉDIES ET PIECES DRAMATIQUES FRANÇOISES.

MÉLANGES DE POESIES.

ARTICLE VIII.

PHILOLOGIE, OU MÉLANGES DE LITTÉRATURE.

Fin de la Table des Ouvrages du Tome Premier.

TABLE ALPHABÉTIQUE.

TABLE ALPHABÉTIQUE

Des Auteurs contenus dans le premier Tome de la Bibliothèque Françoise de *LA CROIX DU MAINE*.

A.

B.

D.

E.

F.

G.

Guerfans,

H.

I. J.

K.

L.

M.

N.

O.

P.

T.

V.

Z.

Fin de la Table des Auteurs du Tome Premier.

TABLE RAISONNÉE

Des Ouvrages imprimés ou manuscrits, annoncés dans le second Tome de la Bibliothèque Françoise de LA CROIX DU MAINE.

ARTICLE PREMIER.

ÉCRITURE SAINTE, ÉCRITS DES SAINTS PÈRES, THÉOLOGIE, MORALE CHRÉTIENNE.

ÉCRITURE SAINTE ET COMMENTAIRES.

SAINTS PÈRES.

TRAITÉS DE THÉOLOGIE ; INSTRUCTIONS CHRÉTIENNES.

SUR LES SACREMENS.

THÉOLOGIENS MORAUX ET ASCÉTIQUES.

CONTROVERSISTES, ORTHODOXES ET HÉTÉRODOXES.

ARTICLE II.

JURISPRUDENCE CANONIQUE ET CIVILE.

DROIT CIVIL DE FRANCE.

PRATIQUES CIVILES ET CRIMINELLES ET RECUEILS D'ARRETS.

COUTUMES, ORDONNANCES, ET TRAITÉS PARTICULIERS DE DROIT.

droit des Reitres, l'Ordonnance & l'Infanterie,
difcipline militaire, articles établis pour

ARTICLE III.

SCIENCES ET ARTS.

PHILOSOPHIE MORALE DES ANCIENS.

TRAITÉS ET DISCOURS MORAUX.

ECONOMIE, POLITIQUE, INSTITUTION DÈS PRINCES, ART MILITAIRE.

GÉOMÉTRIE, ARITHMÉTIQUE, ARCHITECTURE ET AUTRES ARTS.

ASTRONOMIE, CONNOISSANCE DES TEMS, ET TRAITÉS RELATIFS.

MÉDECINE ET CHIRURGIE.

HISTOIRE NATURELLE.

ARTICLE IV.

HISTOIRE ANCIENNE ET MODERNE.

CHRONOLOGIE ET HISTOIRE ANCIENNE.

La

HISTOIRE ECCLÉSIASTIQUE.

HISTOIRE DES GAULOIS ET DE FRANCE.

HISTOIRE DES ROIS DE FRANCE.

HISTOIRE DES PROVINCES ET VILLES DE FRANCE.

MÉMOIRES ET TRAITÉS RELATIFS A L'HISTOIRE DE FRANCE.

HISTOIRE DE QUELQUES ÉTATS DE L'EUROPE.

HISTOIRE D'ORIENT, ET D'AMÉRIQUE.

ARTICLE V.

GRAMMAIRE ET ÉLOQUENCE.

ÉTUDE DES LANGUES ET ART D'ÉCRIRE.

ART ORATOIRE.

ANCIENS ORATEURS.

HARANGUES ET DISCOURS SOLEMNELS.

DISCOURS SUR DIFFÉRENS SUJETS, DIALOGUES, LETTRES.

ARTICLE VI.

POÉSIE.

ANCIENS POËTES TRADUITS EN VERS FRANÇOIS.

TROUBADOURS, ET POËTES PROVENÇAUX.

ANCIENS POËTES FRANÇOIS.

POËMES, DISCOURS ET TRAITÉS EN VERS FRANÇOIS.

RECUEILS DE POËSIES FRANÇOISES.

POESIES SUR DIFFÉRENS SUJETS.

ARTICLE VII.

PHILOLOGIE,

OU MÉLANGES SUR DIFFÉRENS SUJETS D'HISTOIRE ET DE LITTÉRATURE.

Fin de la Table des Ouvrages du Tome Second.

TABLE ALPHABÉTIQUE

Des noms des Auteurs cités dans le second Tome de la Bibliothèque Françoise de LA CROIX DU MAINE.

C.

D.

G.

H.

J.

L.

Q.

T.

V.

Fin de la Table des Auteurs du ſecond Volume.

DE L'IMPRIMERIE DE MICHEL LAMBERT,
rue de la Harpe, près Saint Côme.

Errata du Tome premier.

PAGE 25, *lig.* 3 *de la Note.* defpende, *lifez*, defpence.
Pag. 134, *lig.* 35, Sieux. *lif.* Sieur.
Pag. 175, *lig.* 28. Somnius, *lif.* Sonnius.
Pag. 186, *lig.* 29. 1703, *lif.* 1730.
Pag. 194, *lig.* 22. l'ontar *lif.* l'ovrar.
Pag. 217, *lig.* 4. Grater, *lif.* Gruter.
Pag. 234, *lig.* 23. Effacez : *il n'eft point fait mention de Richardot dans la Bibliothèque des Auteurs de Bourgogne, où cependant il n'auroit pas dû être oublié ;* & *lifez.* Richardot étoit de Dole en Franche-Comté.
Pag. 263, *lig.* 24. Supérieur, *lif.* Seigneur.
Pag. 291, *lig.* 2. Maillaire, *lif.* Maittaire.
Pag. 360, *lig.* 28. Gare, *lif.* Gaze, ou Gaza.
Pag. 392. *lig.* 8. *Romanum*, *lif. Reverendum*.
Ibid. *lig.* 9. *Rectorem*, *lif. Anglorum*.
Pag. 498, *lig.* 21. & *la Volerie.* Ajoutez d'Artelouche de Alagona.
Pag. 515, *lig.* 10 & 16. Ralcus, *lif.* Baleus.
Pag. 540, *lig.* 2. Sarlio, *lif.* Serlio.

Errata du Tome fecond.

PAGE 67, *lig.* 6. Bertholin, *lif.* Bartholin.
Pag. 125, *lig.* 26. Cerbidius, *lif.* Corbinius.
Pag. 133, *lig.* 23 & 30. Sibon, *lif.* Sebon.
Pag. 246, *lig.* 28. *mulleus*, *lif. malleus.*
Pag. 291, *lig.* penult. Néphécocugie, *lif.* Néphélococugie.
Pag. 350, *lig.* 3 & 6. Verdier, *lif.* Vergier.

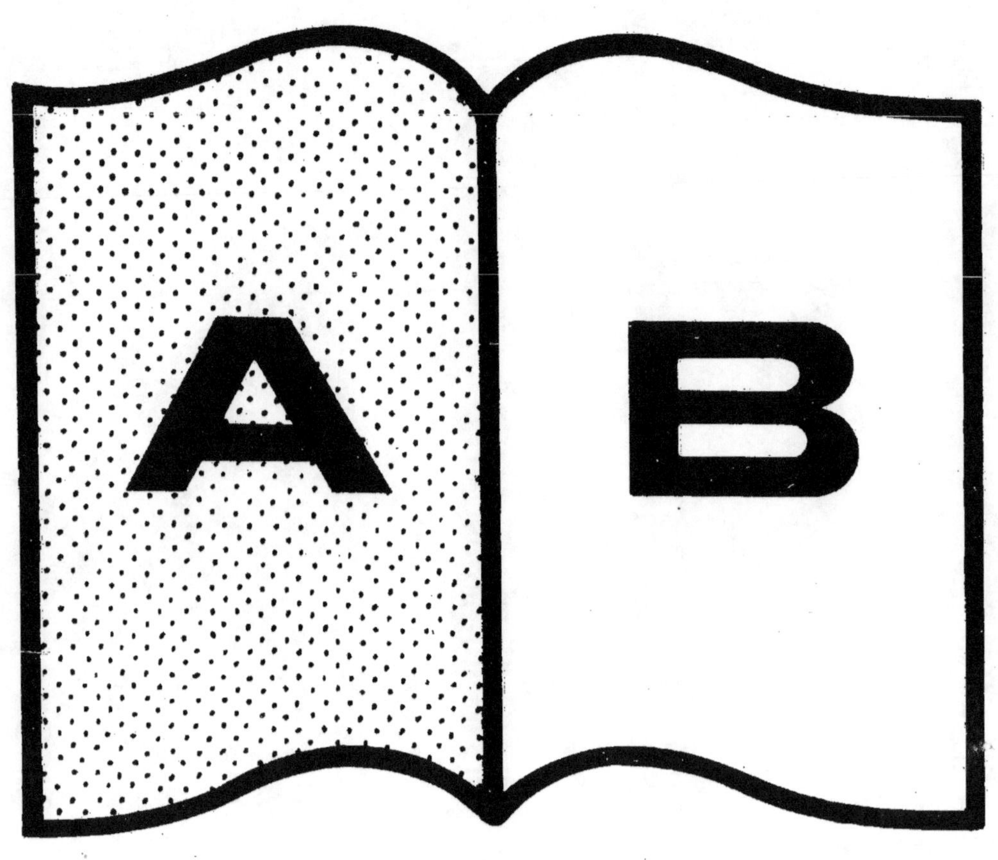

Contraste insuffisant

NF Z 43-120-14